문답식으로 풀어 본

손해배상청구, 이렇게 하세요 !

손해배상청구 방법

편저 : 이창범
감수 : 김태균

산업재해 · 교통사고 · 의료사고

 법문 북스

머 리 말

현대 사회는 모든 직업이 전문화 · 세분화 되어 있으며, 이에 종사하고 있는 근로자수가 2천만 명에 다다르고 있다. 아울러 4차 산업혁명시대를 바라보면서 여러 가지 직업들이 새로이 생기고 또 사라지고 있다. 이에 따라 각 산업현장에서 발생한 산업재해가 해마다 증가하고 이에 대한 사회간접자본의 부담액도 계속 상승하고 있는 추세이다.

산업재해란 노동 과정에서 업무상 일어난 사고 또는 직업병으로 말미암아 근로자가 받는 신체적 · 정신적 장애를 말하며, 산업재해에 대한 보상 및 배상을 위해서는 업무상 재해로 인정받아야 한다. 이러한 산업재해는 미리 예방하는 것이 최우선이지만 부득이하게 발생하는 경우가 비일비재하여 이로 인하여 고통을 받는 사람들이 날로 늘어나고 있고, 이에 대한 분쟁 또한 해마다 증가하여 손해배상소송으로 해결하는 경우가 많이 발생하고 있다.

그래서 정부에서는 산업재해보상보험 사업을 시행하여 근로자의 업무상의 재해를 신속하고 공정하게 보상하며, 재해근로자의 재활 및 사회 복귀를 촉진하기 위하여 이에 필요한 보험시설을 설치 · 운영하고 있다. 그런데 산업현장에서 대형사고가 빈번하게 발생하면서 이를 방지하고, 사업주를 무겁게 처벌하기 위하여 최근에는 국회에서 중대재해처벌 등에 관한 법률을 통과시켜 내년부터 시행하게 되었다.

그래서 이 책에서는 산업재해사고를 당했을 경우 손해배상을 청구하는 복잡한 처리 문제들을 기본법인 민법의 불법행위로 인한 손해배상과 산업재해보상보험법에 의해 그동안 특히 많이 발생한 산업재해사고들을 분야별로 정리하여 사고가 발생하였을 경우 신속하고 정확하게 손해배상을 청구할 수 있도록 대법원 및 대한법률구조공단에 나타 난 자료들을 참고하여 누구나 알기 쉽게 문답식으로 일목요연하게 꾸몄다. 또한 산업재해사고 외에도 일상생활에서 적지 않게 일어나고 있는 교통사고와 의료사고에 대한 손해배상 소송에 관해서도 함께 실었다.

　이러한 자료들은 대법원의 판례와 법제처의 생활법령, 대한법률구조공단의 상담사례와 서식 등을 참고하였으며, 이를 종합적으로 정리ㆍ분석하여 일목요연하게 편집하였다. 여기에 수록된 사례들은 개인의 법률문제 해결에 도움을 주고자 게재하였음으로 참고자료로 활용하시기 바란다.

　이 책이 산업재해사고, 교통사고, 의료사고의 피해자가 되어 손해배상을 청구하려고 하는데 어려움에 처해 있는 분들과 이를 조언하는 실무자들에게 조그마한 도움이 되리라 믿으며, 열악한 출판시장임에도 불구하고 흔쾌히 출간에 응해 주신 법문북스 김현호 대표에게 감사를 드린다.

편저자

목 차

제1장 산업재해사고에 대한 손해배상 소송절차

제2장 산업재해사고와 보상제도

제3장 산업재해보상보험법에 따른 업무상 재해

제4장 산업재해사고에 대한 손해배상 판례

제5장 자동차사고로 인한 손해배상

제6장 의료사고로 인한 손해배상 소송

제1장

산업재해사고에 대한
손해배상 소송절차

제1장 산업재해사고에 대한 손해배상 소송절차

1. 산업재해보상 보험급여와 민사상 손해배상 청구

① 산업재해사고로 피해를 당한 근로자는 근로복지공단에 「산업재해보상보험법」에 따른 보험급여를 지급받는 외에 업무상 재해에 대해 책임이 있는 사업주나 제3자를 상대로 불법행위를 원인으로 민사상 손해배상을 청구할 수 있다.

② 산업재해사고로 피해를 당한 근로자가 민사상 손해배상을 받은 경우 근로복지공단은 손해배상을 받은 금품만큼 보험급여의 금액의 한도 안에서 보험급여를 지급하지 때문에 업무상 재해를 당한 근로자는 「산업재해보상보험법」에 따른 보험급여를 우선 청구하고, 민사상 손해배상액과 차액이 있으면 민사소송을 제기하는 것이 일반적으로 가장 유리한 방법이다(「산업재해보상보험법」 제80조제3항).

③ 산업재해사고에 대해서는 불법행위책임을 원인으로 청구하는 경우가 일반적이나 채무불이행책임을 원인으로 하는 청구를 하는 경우도 있다.

④ 불법행위책임에도 일반불법행위, 사용자책임, 도급인의 책임, 공작물책임 등 여러 가지가 있으나, 대부분 불법행위 중 어떤 불법행위책임을 청구하는 것인지 명확히 하지 않고 청구를 하고 있다.

2. 민사소송절차

2-1. 개관

일반적인 민사소송은 다음과 같이 진행된다.

2-2. 민사전자소송제도

① 우리나라 법원은 2011년 5월 2일부터 민사전자소송을 실시하고 있다.

② 전자민사소송은 다음과 같은 절차로 진행된다.

2-2-1. 사용자 등록

① 전자소송시스템을 이용하려는 사람은 전자소송시스템에 접속하여 본인이 해당하는 회원유형에 맞게 일반 회원가입(개인, 법인) 또는 자격자 회원가입(변호사, 법무사, 회생·파산 사건의 절차관계인회원, 집행관 등)을 한다 (「민사소송 등에서의 전자문서 이용 등에 관한 법률」 제6조제1항, 「민사소송 등에서의 전자문서 이용 등에 관한 규칙」 제4조제1항).

② 법원행정처장은 다음의 어느 하나에 해당하는 경우 등록사용자의 사용을 정지하거나 사용자등록을 말소할 수 있다(「민사소송 등에서의 전자문서 이용 등에 관한 법률」 제6조제3항, 「민사소송 등에서의 전자문서 이용 등에 관한 규칙」 제6조제1항).

1. 등록사용자의 동일성이 인정되지 않는 경우
2. 사용자등록을 신청하거나 사용자정보를 변경할 때 거짓의 내용을 입력한 경우
3. 다른 등록사용자의 사용을 방해하거나 그 정보를 도용하는 등 전산정보처리시스템을 이용한 민사소송 등의 진행에 지장을 준 경우

4. 고의 또는 중대한 과실로 전산정보처리시스템에 장애를 일으킨 경우
5. 사용자등록이 소송 지연 등 본래의 용도와 다른 목적으로 이용되는 경우
6. 등록사용자에게 소송능력이 없는 경우
7. 그 밖에 위의 사유에 준하는 경우
③ 등록사용자가 전자소송시스템을 마지막으로 이용한 날부터 5년이 지나면 사용자등록은 효력을 상실한다(「민사소송 등에서의 전자문서 이용 등에 관한 규칙」 제6조제4항).
④ 사용자 등록 방법 및 자격에 관한 자세한 내용은 대한민국 법원 전자소송 홈페이지 〈 전자소송안내-전자소송준비-회원가입 〉 에서 보실 수 있다.

2-2-2. 소제기

① 대한민국 법원 전자소송 홈페이지에서 전자소송절차 진행에 동의한 후 소장을 작성하여 제출해야 한다.
② 위와 같이 소장을 전자문서로 제출할 때에는 「전자정부법」 제2조제9호에 따른 행정전자서명 또는 「전자정부법」 제2조제2호에 따른 전자서명(서명자의 실지명의를 확인할 수 있는 것을 말함)을 해야 한다(「민사소송 등에서의 전자문서 이용 등에 관한 규칙」 제7조제1항).

2-2-3. 답변서 제출

소장부본을 우편으로 송달받은 피고는 소송절차안내서에 표시된 전자소송인증번호와 사건번호로 전자소송 동의를 한 후 온라인으로 답변

서를 제출할 수 있다.

2-2-4. 송달

① 전자소송에 동의한 당사자 및 대리인은 대법원 전자소송 홈페이지를 통해 전자문서를 송달 받고, 내용을 확인할 수 있다.

② 전자문서 등재사실의 통지는 등록사용자가 전자소송시스템에 입력한 전자우편주소로 전자우편을 보내고, 휴대전화번호로 문자메시지를 보내는 방법으로 한다. 다만, 문자메시지는 등록사용자의 요청에 따라 보내지 않을 수 있다(「민사소송 등에서의 전자문서 이용 등에 관한 법률」 제11조제3항 및 「민사소송 등에서의 전자문서 이용 등에 관한 규칙」 제26조제1항).「

③ 전자문서는 송달받을 자가 등재된 전자문서를 확인한 때에 송달된 것으로 본다. 다만, 그 등재사실을 통지한 날부터 1주 이내에 확인하지 않은 때에는 등재사실을 통지한 날부터 1주가 지난 날에 송달된 것으로 본다(「민사소송 등에서의 전자문서 이용 등에 관한 법률」 제11조제4항).

2-2-5. 사건기록열람

① 전자소송에 동의한 당사자 및 대리인은 해당 사건의 소송기록을 언제든지 온라인상에서 열람 및 출력할 수 있다. 진행 중 사건에 대해 대법원 전자소송홈페이지에서 열람하는 경우는 수수료가 부과되지 않는다(출처: 대한민국 법원 전자소송 홈페이지).

② 등록사용자로서 전자소송 동의를 한 당사자, 사건 본인, 소송대리인 또는 법정대리인, 특별대리인, 보조참가자, 공동소송적 보조참가인, 경매사건의 이해관계인, 과태료 사건의 검사가 전자기록을

열람, 출력 또는 복제하는 방법은 전자소송시스템에 접속한 후 전
자소송홈페이지에서 그 내용을 확인하고 이를 서면으로 출력하거
나 해당사항을 자신의 자기디스크 등에 내려받는 방식으로 한다(「
민사소송 등에서의 전자문서 이용 등에 관한 규칙」 제38조제1항
및 제3조제1호부터 제4호까지).

③ 가사사건이나 회생·파산사건의 전자기록도 위와 같은 방법으로
열람, 출력 등을 할 수 있다(「민사소송 등에서의 전자문서 이용
등에 관한 규칙」 제38조의2).」

2-3. 민사소송절차의 심급제도

① 심급제도

"심급제도"란 법원에 상하의 계급을 두고 하급법원의 재판에 대해
상급법원에 불복신청이 가능하도록 법원간의 심판순서 또는 상하관
계를 정해놓은 제도를 말한다.

② 3심제도

우리나라는 원칙적으로 3심제를 채택하고 있고, 1심과 2심은 사실
심이고 3심은 법률심이다.

③ 항소(제1심판결 불복)

"항소"란 제1심 종국판결에 대해 상급법원에 하는 불복신청을 말한
다(「민사소송법」 제390조제1항).

④ 상고(제2심판결 불복)

1. "상고"란 고등법원이 선고한 종국판결과 지방법원 합의부가 제2
심으로 선고한 종국판결에 대한 불복신청을 말합니다(「민사소송
법」 제422조제1항).

2. 상고심은 법률심으로 판결에 영향을 미친 헌법·법률·명령 또

는 규칙의 위반이 있는 경우에만 제기할 수 있다(「민사소송법」
제423조).

⑤ 항고 및 재항고(결정·명령 불복)

　　1. "항고"란 소송절차에 관한 신청을 기각한 결정이나 명령에 대한
불복신청을 말한다(「민사소송법」 제439조).

　　2. "재항고"란 항고법원·고등법원 또는 항소법원의 결정 및 명령
에 대한 불복신청을 말한다(「민사소송법」 제442조).

　　3. 재항고는 상고심과 같은 법률심으로 재판에 영향을 미친 헌
법·법률·명령 또는 규칙의 위반이 있는 경우에만 제기할 수
있다(「민사소송법」 제442조).

※ 판결, 결정, 명령의 구분

① "판결"이란, 법원이 변론주의에 근거해 「민사소송법」에서 정한
　 일정한 방식에 따라 판결원본을 작성하고 선고라는 엄격한
　 방법으로 당사자에게 고지하는 재판을 말한다.

② 결정의 개념

1. "결정"이란, 임의적 변론(판결에는 반드시 변론이 필요하나 결정
에서는 법관의 재량으로 정할 수 있는데 이를 임의적 변론이라
한다) 또는 서면심리에 의해 법원이 행하는 재판을 말한다.

2. 결정은 소송절차상의 사항(제척·기피의 재판, 참가허가 여부에 대
한 재판, 청구변경의 불허가 재판 등)이나 집행절차에서의 법원
의 처분(지급명령, 추심명령, 전부명령 등)에 대한 판결이다.

③ 명령의 개념

1. "명령"이란, 재판장·수명법관(법원합의부의 재판장으로부터 법률에
정해진 일정한 사항의 처리를 위임받은 합의부원인 법관)·수탁판
사(소송이 계속되고 있는 법원의 촉탁을 받아 일정한 사항의 처

리를 하는 판사)가 행하는 재판을 말한다.

2. 명령은 법관이 행하는 재판이지 법원이 행하는 재판이 아닙니다.
   이 점이 법원이 행하는 판결이나 결정과 구별됩니다.

2-4. 재심절차

① 재심절차는 확정판결에 중대한 오류가 있을 경우 당사자의 청구에
   의해 그 판결의 당부를 다시 재심하는 절차를 말한다.
② 재심절차는 확정된 종국판결에 대한 불복신청이므로 법률에 기재
   된 재심사유에 해당하는 경우에만 제기할 수 있다(「민사소송법」
   제451조제1항).

3. 소장 작성 전 준비서류

업무상 재해를 당한 근로자가 업무상 재해에 대해 책임이 있는 사업
주나 제3자를 상대로 불법행위를 원인으로 민사상 손해배상을 청구하
기 위한 준비서류는 다음과 같다.

1. 원고(피해근로자)의 호적등본, 주민등록등본(위자료와 관련하여
   필요한 서류)
2. 피고(사용자)의 법인등기부등본(피고가 법인인 경우만 해당)
3. 통계청에서 발행하는 생명표(기대여명 산정과 관련하여 필요한
   서류)
4. 사고경위를 입증할 수 있는 자료(증인의 진술서 등)
5. 수입을 인정할 수 있는 자료
   - 산업재해기록상의 평균임금(상용근로자인 경우만 해당함)
   - 고용노동부에서 발행하는 임금구조기본통계조사보고서(정년
     이후 통계임금을 청구하는 경우)

- 대한건설협회 발행 건설업임금실태조사보고서(일용근로자의
경우)

4. 소장 작성 및 제출

① 소송은 법원에 소장을 제출함으로써 제기한다(「민사소송법」 제248조).
② 소장은 원고의 주소지, 피고(사업주)의 주소지 또는 불법행위지(사
고발생지)를 관할하는 법원 중 선택하여 제출할 수 있다(「민사소
송법」 제2조, 제3조 및 제18조)

5. 소장의 기재사항

소장에는 다음의 사항을 적고, 당사자 또는 대리인이 기명날인 또는
서명한다(「민사소송법」 제249조 및 「민사소송법」 제274조제1항).
  1. 당사자의 성명·명칭 또는 상호와 주소
  2. 대리인의 성명과 주소
  3. 사건의 표시
  4. 공격 또는 방어의 방법
  5. 상대방의 청구와 공격 또는 방어의 방법에 대한 진술
  6. 덧붙인 서류의 표시
  7. 작성한 날짜
  8. 법원의 표시

6. 소장 작성 요령

① 기본형식

손해배상책임의 발생부분(사고경위)은 자세히 기재하나, 손해배상의 범위부분(손해액)은 대개의 경우 신체감정결과에 따라 달라지므로 일부청구를 하고 신체감정결과에 따라 청구를 확장하는 것이 보통이다. 다만, 사망사고의 경우에는 손해액을 정확히 계산하여 청구한다.

② 원고

피해근로자 본인뿐만 아니라 통상 가족관계등록부상에 기재된 가족도 함께 기재한다(위자료 등과 관련).

③ 피고

통상 책임 있는 당사자를 모두 기재한다(부진정연대채무).

④ 관할법원의 결정

원고(피해근로자)의 주소지, 피고(사용자)의 주소지, 불법행위지(사고발생지) 3곳을 관할하는 법원 중에서 선택한다.

7. 손해배상액 산정

7-1. 손해 삼분설

대법원은 불법행위에 의한 손해에 대해 침해이익의 성격에 따라 현실로 발생한 적극적 손해, 장래에 얻을 수 있었던 이익의 상실인 소극적 손해, 정신적 손해인 위자료의 3개의 소송물로 구성된다는 손해 3분설을 취하고 있다.

7-2. 손해배상의 범위

채무불이행으로 인한 손해배상의 범위를 정한 민법 제393조는 불법행위로 인한 손해배상에도 준용되므로(동법 제763조), 통상손해와 특별손해의 두 가지 기준에 의해 그 배상범위가 결정된다.

7-2-1. 통상손해

① 불법행위로 인한 손해배상은 통상의 손해를 그 한도로 한다(민법 제393조 제1항). 즉 불법행위가 있으면 일반적으로 발생하는 손해에 대해서는 가해자는 그 전부를 배상하여야 한다.

② **불법행위 등으로 건물이 훼손된 경우의 '통상손해'**

불법행위 등으로 인하여 건물이 훼손된 경우, 수리가 가능하다면 그 수리비가 통상의 손해이며, 훼손 당시 그 건물이 이미 내용연수가 다 된 낡은 건물이어서 원상으로 회복시키는 데 소요되는 수리비가 건물의 교환가치를 초과하는 경우에는 형평의 원칙상 그 손해액은 그 건물의 교환가치 범위 내로 제한되어야 할 것이고, 또한 수리로 인하여 훼손 전보다 건물의 교환가치가 증가하는 경우에는 그 수리비에서 교환가치 증가분을 공제한 금액이 그 손해이다(대법원 2004.2.27.선고, 2002다39456판결).

③ **증권회사가 고객 소유의 주식을 위법하게 처분함에 따른 통상 손해액**

증권회사가 고객 소유의 주식을 위법하게 처분한 불법행위로 인하여 고객이 입게 된 손해의 액은 처분 당시의 주식의 시가를 기준으로 결정하여야 하고, 그 후 주식의 가격이 올랐다고 하더라도 그로 인한 손해는 특별한 사정으로 인한 것이어서 증권회사가 주식을 처분할 때 그와 같은 특별한 사정을 알았거나 알 수 있었고,

또 고객이 주식의 가격이 올랐을 때 주식을 매도하여 그로 인한 이익을 확실히 취득할 수 있었던 경우에 한하여 고객은 그와 같이 오른 가격에 의한 손해배상을 청구할 수 있다(대법원 1995.10.12. 선고, 94다16786판결).

7-2-2. 특별손해

① 특별한 사정으로 인한 손해는 가해자가 그 사정을 알았거나 알 수 있었을 때에 한하여 배상의 책임이 있다(민법 제393조 제2항).

② 즉, 불법행위로 인해 일반적으로 발생하는 손해가 아니라 피해자에게만 존재하는 특별한 사정에 기초하여 발생한 손해에 대해서는 가해자가 그 특별한 사정을 알았거나 알 수 있었을 때에 한해서만 배상책임을 진다. 판례는 차량이 전신주를 들이받아 전선이 절단됨으로써 그 전선으로부터 전력을 공급받아 비닐하우스를 가동하던 피해자가 입은 손해를 특별한 사정으로 인한 손해라고 하였다(대법원 1995.12.12.선고, 95다11344판결).

7-3. 손해배상의 방법 : 금전배상주의

① 손해배상의 방법으로는 원상회복주의와 금전배상주의가 있는데, 우리 민법은 금전배상주의를 취하고 있다(민법 제763조, 제394조).

② 재산적 손해뿐만 아니라 정신적 손해의 배상(위자료)도 금전으로 평가해서 배상해야 한다. 다만, 민법은 명예훼손의 경우에는 법원은 피해자의 청구가 있을 때에, 손해배상에 갈음하여 또는 손해배상과 함께 '명예회복에 적당한 처분'을 명할 수 있도록 하여(민법 제764조), 예외적으로 원상회복의 방법을 인정하고 있다.

8. 손해배상액의 산정방법

8-1. 의 의

손해배상은 금전으로 배상하는 것이 원칙이므로(민법 제763조, 제394조) 배상되어야 할 손해를 금전으로 평가하는 과정이 요구되는데, 이를 '손해배상액의 산정'이라고 한다.

8-2. 배상액 산정의 기준시기 : 불법행위시

손해배상의 산정은 불법행위 당시를 기준으로 한다. 판례는 불법행위로 인한 손해배상채권은 불법행위시에 발생하고 그 이행기가 도래하는 것이므로, 장래 발생할 소극적, 적극적 손해의 경우에도 불법행위시가 배상액 산정의 기준시기가 되고, 이때부터 장래의 손해발생시점까지의 중간이자를 공제한 금액에 대하여 다시 불법행위시부터의 지연손해금을 부가하여 지급을 명할 것이 원칙이라고 하였다(대법원 1994. 2. 25.선고, 93다38444판결).

8-3 손해의 종류

8-3-1. 재산적 손해

불법행위로 인한 재산적 손해는 위법한 가해행위로 인하여 발생한 재산상의 불이익, 즉 그 위법행위가 없었더라면 존재하였을 재산상태와 그 위법행위가 가해진 현재의 재산상태의 차이를 말하는 것이고, 그것은 기존의 이익이 상실되는 적극적 손해와 장차 얻을 수 있는 이익을 얻지 못하는 소극적 손해를 포함하는 것이다(대법원 1996.2.9.선고, 94다53372판결).

8-3-2. 정신적 손해

민법은 불법행위로 정신적 고통을 준 때에는 이를 배상할 책임을 규정하는데, 이러한 정신적 손해를 '재산 이외의 손해'라고 칭하며(제751조 1항), 이에 대한 금전배상을 위자료라고 한다.

8-4. 생명침해 또는 신체상해의 경우-배상액의 산정방법

8-4-1. 적극적 손해

불법행위로 인하여 상실되는 기존의 이익이 적극적 손해이다.

① 치료비

상해를 치료하는데 있어서 드는 각종 비용(입원비·약대·진료비)이 포함된다. 부상으로 인한 후유증으로 사망할 때까지 개호인을 필요로 하는 때에는 그 비용도 포함되고, 그 외에 장차 사용하여야 할 의수·의족 등의 구매비용도 현재의 가격을 기준으로 산정하여 배상하여야 한다.

② 장례비 등

고의 또는 과실에 의하여 타인의 생명을 해한 사람은 그 장례에 관한 비용을 손해로서 배상할 의무가 있고, 누구든지 사망은 피할 수 없는 것이고 그 비용은 사망자의 친족이 당연히 부담할 것이라는 이유로 그 배상의무를 면할 수 없다(대법원 1966.10.11.선고, 66다1456판결). 한편, 장례에서 조객으로부터 받는 부의금은 손실을 전보하는 성질의 것이 아니므로 배상액에서 공제할 것이 아니다(대법원 1976.2.24.선고 75다1088판결).

8-4-2. 소극적 손해(일실이익)

장차 얻을 수 있는 이익을 얻지 못하는 것을 소극적 손해(일실이익)라 한다.

① 일실이익의 산정기준

불법행위로 인한 피해자의 일실이익을 산정함에 있어서는 사고 당시의 피해자의 소득을 기준으로 하여 산정할 수도 있고 추정소득에 의하여 이를 평가할 수도 있는 것이며, 이와 같은 일실이익의 산정은 불확정한 미래사실의 예측이므로 당해 사건에 현출된 구체적 사정을 기초로 하여 합리적이고 객관성 있는 기대수익을 산정하면 족하다(대법원 1991.10.8.선고, 90다19039판결).

② 수입액

봉급생활자의 경우에는 그 임금을 기준으로 산정하는데, 봉급이 증가될 것을 예측할 수 있는 객관적인 자료가 있는 때에는 이를 통상손해로 보아 가해자의 예견 여부를 묻지 않고 일실수입에 포함시킨다(대법원(전원합의체) 1989.12.26.선고, 88다카6761판결).

1) 수입이 가능한 기간

ⓐ 기간산출방법 : 통계에 의한 생명표로부터 사망한 사람의 생존을 측정하는 연수, 이른바 평균(기대)여명을 알 수 있다. 이를 기초로 하여 사망한 사람의 직업·건강상태 등을 고려하여 수입 내지 소득이 가능한 기간이 산출된다.

ⓑ 피해자의 수입이 가능한 최초의 시기 : 원칙적으로 만20세부터라는 것이 판례의 입장이다. 다만 남자로서 군복무중인 때에는 제대하여 노동에 실제로 종사할 수 있는 때를 기준으로 한다(대법원 1966.7.26.선고, 66다1077판결).

ⓒ 수입이 가능한 최종의 시기 : 수입이 가능한 최종의 시기는

피해자의 직업이나 건강상태에 따라 다르다.

(ㄱ) 그 직업이 정년이 정하여져 있는 때에는 그것에 의하여 수입가능연령을 인정하여야 한다(대법원 1969.9.30.선고, 69다1070판결).

(ㄴ) 판례는 일비노동에 종사하는 사람은 만 60세에 이르기까지 가동할 수 있다고 보는 것이 경험칙상 타당하다고 보았다(대법원 1991.3.27.선고, 90다11400판결).

(ㄷ) 또한 대법원은 일반육체노동의 가동연한을 55세로 본 종전의 판례를 폐기하면서, 일반적으로 55세가 넘어서도 가동될 수 있다고 보되, 그 한계연령은 피해자의 연령, 직업, 건강상태 등 구체적인 사정을 고려하여 정하도록 했다(대법원(전원 합의체) 1989.12.26.선고, 88다카16867판결).

(ㄹ) 정신노동자는 일반적으로 육체노동자보다 가동기간이 긴 데, 그러나 특수한 사정을 고려하지 않고 일률적으로 65세로 보아서는 안 된다(대법원 1984.4.10.선고, 83다카614판결).

2) 노동능력상실률

ⓐ 노동능력상실로 인한 일실이익의 산정방법 : 노동능력 상실로 인하여 종전의 직장에 계속 종사할 수는 없으나 노동능력이 남아 있어 다른 직업에 종사할 수 있는 경우, 그 일실이익을 산정하는 방법에는 다음과 같은 것이 있다.

(ㄱ) 평가설(노동능력 상실설) : 정상수입 × 상실률

(ㄴ) 차액설(수입상실설) : 현재수입액-남은노동력으로 재취업이 가능한 직업상의 수입

(ㄷ) 판례는 종전에는 차액설의 입장을 일관하였으나 그 후의 판례에서는 두 가지 방식 중 어느 방식에 의하더라도 무방하다고 한다(대법원 1986.3.25.선고, 85다카538판결).

ⓑ 노동력 상실률의 결정방법 : 노동력 상실률의 결정에는 보통 의사의 감정의견을 기초로 하여 각종 법령에 의한 기준표(자동차손해배상보장법시행령·산업재해보험법시행령·국가배상법시행령 등)나 이들 기준표가 적용되지 않는 경우에는 맥브라이드(Mcbride) 기준표(부상의 등급을 백분율로 세밀하게 분류)를 이용한다.

③ 생활비 등의 공제

ⓐ 피해자는 생명침해에 의하여 얻을 수 있는 이익을 상실하는 동시에 생존한다면 장래 지출하여야 할 생활비를 면하게 되므로, 피해자의 장래에 얻을 수 있는 수익으로부터 생활비를 공제하여야 한다(대법원 1966.3.22.선고, 66다116판결).

ⓑ 그러나 피해자가 사망하지 않고 부상을 입은 때에는 생활비를 공제하여서는 안 된다. 생활비에는 단순한 식생활에 드는 비용뿐만 아니라 피복비·주택비·교통비·문화비 등 생활에 필요한 여러 비용을 포함한다.

ⓒ 한편 미성년자가 성년이 되어 수입이 가능할 때까지의 생활비는 그 친권자나 부양의무자의 부담에 속하는 것이므로, 불법행위로 사망한 미성년자의 일실이익을 산정함에 있어서는 그의 성년에 이르기까지의 생활비는 그 일실이익에서 공제할 것이 아니다(대법원 1970.2.24.선고, 69다1388판결).

④ 중간이자의 공제

ⓐ 손해배상액을 정기적으로 지급하지 않고 현재 일괄지급하기 위해

서는 중간이자를 공제하여야 한다. 금전은 이자를 낳은 자본이므로 미리 받는 배상금은 배상을 할 때부터 피해자가 실제로 이익을 얻을 수 있을 때까지 이자가 생기게 되어, 피해자는 실제로 입은 손해보다 많은 부당이득을 하는 결과가 되기 때문이다.

ⓑ 그 공제방식에는 다음의 세 가지가 있다. 즉 장래 취득할 총금액을 A, 그 현가를 X, 노동가능기간(연수)을 n, 이율을 i 라고 하면

- Hoffmann식 : $X = \dfrac{A}{1+ni}$

- Leibniz식 : $X = \dfrac{A}{(1+i)n}$

- Garpzow식 : $X = A(1-ni)$이다.

ⓒ 판례는 종래 Hoffmann식을 사용하였는데, 그 후에는 법원이 자유로운 판단에 따라 Hoffmann식이나 Leibniz식 어느 방식에 의하여도 무방하다고 한다. 호프만식은 공제되는 중간이 자가 단리 방식인데 비해, 라이프니쯔식은 복리방식인 점에서, 손해배상액은 공제되는 중간이자의 액수가 상대적으로 적은 전자의 경우가 후자에 비해 많게 된다.

8-5. 과실상계

8-5-1. 의 의

채무불이행에 있어서 인정되는 과실상계에 관한 민법 제396조는 불법행위에도 준용된다(동법 제763조). 따라서 손해배상의 책임 및 금액을

정할 때에 피해자의 과실도 이를 참작하여야 한다.

8-5-2. 피해자의 과실

피해자의 과실은 가해자의 과실과 같은 정도의 것은 아니고, 다만 그 것이 손해배상액 산정에 참작된다는 점에서 적어도 신의칙상 요구되는 결과발생 회피의무, 즉 일반적으로 예견가능한 결과발생을 회피하여 피해자가 자신의 불이익을 방지할 주의를 게을리 하는 것을 말한다(대법원 1999.9.21.선고, 99다31667판결).

8-5-3. 피해자 이외의 자(피해자측)의 과실

신의칙 또는 손해부담의 공평이라는 손해배상제도의 이념에 비추어 볼 때, 피해자의 과실에는 피해자 본인의 과실뿐만 아니라 그와 신분상 내지는 사회생활상 일체를 이루는 관계에 있는 자의 과실도 피해자의 과실로서 참작되어야 한다(대법원 1999.7.23.선고, 98다31868판결).

8-5-4. 효 과

① 피해자에게 과실이 인정되면 법원은 손해배상의 책임 및 그 금액을 정함에 있어 이를 참작하여야 하고, 배상의무자가 피해자의 과실에 관하여 주장하지 않는 경우에도 소송자료에 의하여 과실이 인정되는 때에는 이를 법원이 직권으로 심리 판단하여야 한다(대법원 1996.10.25.선고, 96다30113판결).

② 과실상계사유에 관한 사실인정이나 그 비율을 정하는 것은 그것이 형평의 원칙에 비추어 현저히 불합리하다고 인정되지 아니한 한 사실심의 전권사항에 속한다(대법원 1991.7.23.선고, 89다카1275). 과실상계의 비율은 재산상 손해나 정신상 손해에 일률적으로 적용

되어야 한다(대법원 1979.12.11.선고, 79다1733판결).

8-5-5. 관련문제

① **가해행위와 피해자측의 요인이 경합하여 손해가 발생하거나 확대된 경우 과실상계의 인정 여부**

위의 경우 그 피해자측의 요인이 체질적인 소인 또는 질병의 위험도와 같이 피해자의 과실과 무관한 것이라고 할지라도, 당해 질환의 태양·정도 등에 비추어 가해자에게 손해의 전부를 배상시키는 것이 공평의 이념에 반하는 경우에는 과실상계의 법리를 유추적용할 수 있다(대법원 1998.7.24.선고, 98다12270판결).

② **공동불법행위책임에 대한 과실상계에 있어 피해자의 공동불법행위자 각인에 대한 과실비율이 서로 다른 경우, 피해자 과실의 평가방법**

공동불법행위의 경우 법원이 피해자의 과실을 들어 과실상계를 함에 있어서는 피해자의 공동불법행위자 각인에 대한 과실비율이 서로 다르더라도 피해자의 과실을 공동불법행위자 각인에 대한 과실로 개별적으로 평가할 것이 아니고 그들 전원에 대한 과실로 전체적으로 평가하여야 한다(대법원2007.6.14.선고, 2005다32999판결).

③ **공동불법행위자 중의 일부에게 피해자의 부주의를 이용하여 고의로 불법행위를 저지른 사유가 있다고 하여, 그러한 사유가 없는 다른 불법행위자까지도 과실상계를 주장할 수 없는 것인지 여부**

피해자의 부주의를 이용하여 고의로 불법행위를 저지른 경우에는 과실상계가 적용되지 않는다(대법원 1998.7.24.선고, 98다12270). 따라서 피해자의 부주의를 이용하여 고의로 불법행위를 저지른 자가 바로 그 피해자의 부주의를 이유로 자신의 책임을 감하여 달라고 주장하는 것은 허용될 수 없으나, 이는 그러한 사유가 있는 자에게 과실상계의 주장을 허용하는 것이 신의칙에 반하기 때문이므로, 불법행위자 중의 일부에게 그러한 사유가 있다고 하여 그러한 사유가 없는 다른 불법행위자까지도 과실상계의 주장을 할 수 없다고 해석할 것은 아니다(대법원 2007.6.14.선고, 2005다32999 판결).

9. 손해배상책임의 산정 방법

① 손해배상 총액 산정은 [{(적극적 손해 + 소극적 손해) × (1 - 과실비율)} - 휴업급여 및 장해급여 등 + 위자료]의 산식에 따라 계산한다.

② 적극적 손해(치료비, 개호비, 보조구대)

  1. 산재요양 이전에 자비로 치료한 비용, 요양급여에서 제외된 치료비

  2. 향후치료비

  3. 보조구대

  4. 개호비

③ 소극적 손해(일실수입, 일실퇴직금)

  1. 일실수입

    - 치료기간 동안(통상 사고 발생시부터 치료종결시까지)은 예상 수입액 전액

    - 치료종결 후부터는 노동능력상실율에 상응한 금액

    - 치료종결 후부터는 정년까지는 평균임금을 기초로 산정하되, 호봉승급도 인정

    - 정년 이후부터 가동노동기간(통상 60세)까지는 통계임금을

기초로 산정(노동부 발행 임금구조기본통계조사보고서, 대한
건설협회 발행 건설업임금실태조사보고서, 농협중앙회 발행
농협조사월보 등 참조)
2. 일실퇴직금
- 정년까지 근무하지 못하고 조기 퇴직하게 되어 입는 퇴직금
손실
④ 정신적 손해(위자료)
정신적 손해는 업무상 재해를 당한 근로자가 정신적 고통에 대한
손해배상으로서 위자료를 말한다.
⑤ 과실상계
근로자의 과실비율에 따라 계산
⑥ 손익상계
휴업급여, 장해급여, 유족보상급여, 장의비 공제
⑦ 손해배상 산정에 관한 자세한 내용은 대한민국 법원 전자소송 홈
페이지의 손해배상 등 계산프로그램(http://ejpc.scourt.go.kr/)을
통해 확인하실 수 있다.

[Q&A] 산업재해근로자의 손해배상청구는 어떤 방법으로 해야 하나요?

Q. 개인건축업자 甲은 총 공사대금 1,500만원인 개인주택 증축공사를 도급받아 저를 포함한 3인의 일용잡부를 고용하였고, 저는 공사현장 2층에서 일하던 중 발판이 무너져 추락하면서 다리골절상을 입고 노동능력상실율 30%의 판정을 받았습니다. 이 경우 저는 「산업재해보험법」상의 장해보상을 받을 수 있는지, 그리고 손해배상청구소송을 제기하려면 그 절차 및 방법은 어떻게 되는지요?

A. 먼저 위 사안의 경우 「산업재해보상보험법」의 적용 여부를 살펴보면, 「산업재해보상보험법 시행령」제2조 제1항 제3호 '가'에서 건설공사에 있어서는 총 공사금액이 2,000만원 미만인 공사를 산재보험규정이 당연히 적용되는 사업에서 제외하고 있습니다. 그러므로 귀하의 경우는 「산업재해보상보험법」에 정한 보상급여는 받을 수 없다 하겠습니다. 따라서 귀하는 고용주인 건축업자를 상대로 한 민사상 손해배상청구소송을 제기하여야 하는바, 우선 청구할 수 있는 손해배상청구액의 범위로는 치료비, 치료기간 동안의 휴업손해, 노동능력상실에 따른 일실수익, 위자료 등이 될 수 있습니다. 다만, 위 손해배상액에서 본인의 과실부분 만큼은 공제될 것입니다. 그리고 일반적으로 소송제기를 위하여 필요한 서류로는 치료비영수증, 진단서, 사고경위에 관한 증인진술서(인감증명서 첨부), 주민등록표등본 등이며, 이러한 불법행위로 인한 손해배상청구권은 손해 및 가해자를 안 날로부터 3년, 불법행위를 한 날로부터 10년 이내에 청구하여야 함을 주의하시기 바랍니다(민법 제766조). 참고로 손해배상청구소송을 제기하기 전에 건축업자 소유의 재산을 조사하여 재산을 타인에게 빼돌리지 못하도록 미리 가압류하여 보전조치를 취해 둠으로써 강제집행재산을 확보해 두는 것이 좋을 것입니다.

[Q&A] 파견근로자의 산재사고에 관하여 사용사업주 등에게 과실이 있는 경우에 파견사업주도 산재사고로 인한 손해배상책임을 부담하는지요?

Q. 파견근로자의 산재사고에 관하여 사용사업주 등에게 과실이 있는 경우에 파견사업주도 산재사고로 인한 손해배상책임을 부담하는지요?

A. 하급심 판례는 "파견사업의 성격상 파견사업주가 파견근로자의 작업현장에서 직접적으로 근로자를 관리·감독할 지위에 있다고 볼 수는 없으나, 파견근로자보호 등에 관한 법률 제34조, 제35조 제2항에 따라 재해보상에 관한 근로기준법, 산업재해예방에 관한 산업안전보건법 제5조 를 적용함에 있어서는 파견사업주를 사용자 내지 사업주로 보도록 되어 있는 점과 사용자책임에 관한 민법 제756조 의 취지 등을 종합해 보면, 산재사고에 관하여 파견사업주 자신에게 직접적인 과실이 있는 경우는 물론이고, 파견사업주 자신에게 직접적인 과실이 없는 경우에도 파견근로자를 사용하는 사용사업주 등에게 과실이 있다면 파견사업주도 산재사고로 인한 손해배상책임을 져야 한다."고 판시한 바 있습니다
(수원지방법원 2008.7.11. 선고 2008나6950 판결 참조).

그러므로 파견근로자의 산재사고에 관하여 사용사업주 등에게 과실이 있는 경우에 파견사업주도 산재사고로 인한 손해배상책임을 부담하게 될 수 있다고 보입니다(※물론 업무상 재해가 최종적으로 인정될지 여부는 구체적인 사안에 따라 전혀 결론이 달라질 수 있으며, 이는 결국 재판부의 판단을 받으셔야 할 부분입니다.).

[Q&A] 화재 발생 우려가 많은 작업을 하던 중 화재가 발생하여 피용자가 사망한 사고에서 공사수급인, 사용자 등의 책임은 어떻게 되나요?

Q. 인화성 물질 등이 산재한 밀폐된 신축 중인 건물 내부에서 용접작업 등 화재 발생 우려가 많은 작업을 하던 중 화재가 발생하여 피용자가 사망한 사고에서 공사수급인, 사용자 등은 어떠한 손해배상책임을 각 부담하며, 그 채무의 성질은 어떻게 되나요?

A. 판례는 "인화성 물질 등이 산재한 밀폐된 신축 중인 건물 내부에서 용접작업 등 화재 발생 우려가 많은 작업을 하던 중 화재가 발생하여 피용자가 사망한 사고에서 공사수급인은 건물의 점유자로서 그 보존상의 하자에 따른 불법행위로 인한 손해배상책임을, 사용자는 피용자의 안전에 대한 보호의무를 다하지 아니한 채무불이행으로 인한 손해배상책임을 각 부담하며, 그 채무는 부진정연대채무의 관계에 있다"고 인정한 사례가 있습니다 (대법원 1999.2.23. 선고 97다12082 판결 참조). 그러므로 공사수급인은 건물의 점유자로서 그 보존상의 하자에 따른 불법행위로 인한 손해배상책임을, 사용자는 보호의무를 다하지 아니한 채무불이행책임을 각 부담할 수 있고, 그 채무의 성질은 부진정연대채무로 보입니다.

[Q&A] 산업재해보상보험법 제6조 에서 정한 '사업 또는 사업장' 의 의미와 산업재해보상보험관계 적용단위로서 독립한 '사업 또는 사업장'에 해당하는지요?

Q. 산업재해보상보험법 제5조 및 산업재해보상보험법 제6조 에서 정한 '사업 또는 사업장'의 의미와 산업재해보상보험관계 적용단위로서 독립한 '사업 또는 사업장'에 해당하는지 판단하는 기준이 어떻게 되는지요?

A. 판례는 "산업재해보상보험관계의 적용단위가 되는 구 산업재해보상보험법 (2007.4.11.법률제8373호로 전부 개정되기 전의 것)제5조 및 산업재해보상보험법 제6조 에서 정한 '사업 또는 사업장'이란 일정한 장소를 바탕으로 유기적으로 단일하게 조직되어 계속적으로 행하는 경제적 활동단위를 가리키는 것이다. 따라서 장소적 분리 여부는 산업재해보상보험관계 적용단위로서 독립한 '사업 .또는 사업장'에 해당하는지 판단하는 우선적인 기준이다. 다만 사업에 수반되는 업무상 재해의 위험 정도에 따라 사업주 간 보험료 부담이 공평해야 하는 산업재해보상보험제도 고유의 특수성과 법의 취지를 고려하면, 비록 장소적으로 분리된 복수의 경제적 활동단위가 존재한다고 하더라도 이를 동일한 사업주가 운영하는 경우에는 각 조직의 규모, 업무의 내용 및 처리방식 등을 종합하여 각 단위별 경제활동의 내용이 보험가입자의 최종적 사업목적을 위하여 유기적으로 결합되어 있는지, 장소적 분리가 독립된 별개의 '사업 또는 사업장'을 두어야 할 업무상 필요성에서 기인한 것인지, 각 경제적 활동단위가 전체적으로 재해발생의 위험도를 공유한다고 볼 수 있는지 등을 추가적으로 고려하여 독립한 '사업 또는 사업장'에 해당하는지 판단해야 한다. "고 판시한 바 있습니다(대법원 2015.3.12. 선고 2012두5176 판결 참조). 그러므로 위 판례의 태도에 비추어 사업, 사업장의 의미와 독립한 사업, 사업장의 의미를 판단함이 상당하다고 보입니다.

[Q&A] 산업재해보상보험법 제37조 제1항 제1호 다목이 헌법상 평등원칙에 위배되는지요?

Q. 근로자가 사업주의 지배관리 아래 출퇴근하던 중 발생한 사고로 부상 등이 발생한 경우만 업무상 재해로 인정하는 "산업재해보상보험법 제37조 제1항 제1호 다목"이 헌법상 평등원칙에 위배되는 것은 아닌지요?

A. 헌법재판소는 "도보나 자기 소유 교통수단 또는 대중교통수단 등을 이용하여 출퇴근하는 산업재해보상보험(이하 '산재보험'이라 한다) 가입 근로자(이하 '비혜택근로자'라 한다)는 사업주가 제공하거나 그에 준하는 교통수단을 이용하여 출퇴근하는 산재보험 가입 근로자(이하 '혜택근로자'라 한다)와 같은 근로자인데도 사업주의 지배관리 아래 있다고 볼 수 없는 통상적 경로와 방법으로 출퇴근하던 중에 발생한 재해(이하 '통상의 출퇴근 재해'라 한다)를 업무상 재해로 인정받지 못한다는 점에서 차별취급이 존재한다. 산재보험제도는 사업주의 무과실배상책임을 전보하는 기능도 있지만, 오늘날 산업재해로부터 피재근로자와 그 가족의 생활을 보장하는 기능의 중요성이 더 커지고 있다. 그런데 근로자의 출퇴근 행위는 업무의 전 단계로서 업무와 밀접·불가분의 관계에 있고, 사실상 사업주가 정한 출퇴근 시각과 근무지에 기속된다. 대법원은 출장행위 중 발생한 재해를 사업주의 지배관리 아래 발생한 업무상 재해로 인정하는데, 이러한 출장행위도 이동방법이나 경로선택이 근로자에게 맡겨져 있다는 점에서 통상의 출퇴근행위와 다를 바 없다. 따라서 통상의 출퇴근 재해를 업무상 재해로 인정하여 근로자를 보호해 주는 것이 산재보험의 생활보장적 성격에 부합한다. 사업장 규모나 재정여건의 부족 또는 사업주의 일방적 의사나 개인사정 등으로 출퇴근용 차량을 제공받지 못하거나 그에 준하는 교통수단을 지원받지 못하는 비혜택근로자는 비록 산재보험에 가입되어 있다 하더라도 출퇴근 재해에 대하여 보상을 받을 수 없는데, 이러한 차별을 정당화할 수 있는 합리적 근거를 찾을 수 없다. 통상의 출퇴근 재해를 산재보험법상 업무상 재해로 인정할 경우 산재보험 재정상황이 악화되거나 사업주 부담 보험료가 인상될 수 있다는 문제점은 보상대상을 제한하거나 근로자에게도 해당 보험료의 일정 부분을 부담시키는 방법 등으로 어느 정도 해

결할 수 있다. 반면에 통상의 출퇴근 중 재해를 입은 비혜택근로자는 가해자를 상대로 불법행위 책임을 물어도 충분한 구제를 받지 못하는 것이 현실이고, 심판대상조항으로 초래되는 비혜택근로자와 그 가족의 정신적·신체적 혹은 경제적 불이익은 매우 중대하다. 따라서 심판대상조항은 합리적 이유 없이 비혜택근로자를 자의적으로 차별하는 것이므로, 헌법상 평등원칙에 위배된다."고 판시한 바 있습니다. 다만, "심판대상조항을 단순위헌으로 선고하는 경우 출퇴근 재해를 업무상 재해로 인정하는 최소한의 법적 근거마저도 상실되는 부당한 법적 공백상태와 혼란이 발생할 우려가 있다. 그러므로 심판대상조항에 대해 헌법불합치결정을 선고하되 2017.12.31.을 시한으로 입법자의 개선입법이 있을 때까지 계속 적용을 명한다." 고 하여, 헌법불합치결정을 하였습니다(헌법재판소 2016.9.29. 자 2014헌바254 결정 참조).

그러나, 2018.1.1.부터 시행되는 개정 산업재해보상보험법에서 산업재해의 한 종류로 '출퇴근재해'를 신설(제37조제1항제3호 신설)하였으므로 2018.1.1. 이후 근로자가 통상적인 경로와 방법으로 출퇴근 하던 중 발생한 사고에 대하여는 산업재해보상보험법에서 정하는 '업무상재해'에 해당된다고 할 것입니다.(개정 산업재해보상보험법 및 개정이유 참조)

【 산업재해보상보험법 】

제37조(업무상의 재해의 인정 기준) ① 근로자가 다음 각 호의 어느 하나에 해당하는 사유로 부상·질병 또는 장해가 발생하거나 사망하면 업무상의 재해로 본다. 다만, 업무와 재해 사이에 상당인과관계(相當因果關係)가 없는 경우에는 그러하지 아니하다. <개정 2010.1.27., 2017.10.24.>

3. 출퇴근 재해
    가. 사업주가 제공한 교통수단이나 그에 준하는 교통수단을 이용하는 등 사업주의 지배관리하에서 출퇴근하는 중 발생한 사고
    나. 그 밖에 통상적인 경로와 방법으로 출퇴근하는 중 발생한 사고

【 산업재해보상보험법 개정이유 】

현행은 출퇴근 중 발생한 사고의 업무상 재해 인정과 관련하여 사업주가 제공한 교통수단이나 그에 준하는 교통수단을 이용하는 등 사업주의 지배

관리 하에서 발생한 사고만을 업무상 재해로 인정하고 있으나, 공무원·교사·군인 등의 경우 통상적인 경로와 방법으로 출퇴근 중 발생한 사고를 업무상 재해로 인정받아 「공무원연금법」에 따른 급여지급 대상으로 보호받고 있어 형평성의 문제가 제기됨에 따라, 일반 근로자도 통상적인 경로와 방법으로 출퇴근 하던 중 발생한 사고에 대하여 업무상 재해로 인정함으로써 근로자의 복지를 증진하려는 것임.

[Q&A] '의족 파손'이 산업재해보상보험법상 요양급여의 대상인 근로자의 부상에 포함되는지요?

Q. 저는 아파트 경비원으로 근무하고 있습니다. 그런데 제설작업 중 넘어져 의족이 파손되는 등의 재해를 입어 요양급여를 신청하고자 합니다. 업무상 사유로 근로자가 장착한 의족이 파손된 경우 산업재해보상보험법상 요양급여의 대상인 근로자의 부상에 포함되는 것인지요?

A. 판례는 "○○아파트 경비원으로 근무하던 甲이 제설작업 중 넘어져 의족이 파손되는 등의 재해를 입고 요양급여를 신청하였으나, 근로복지공단이 '의족 파손'은 요양급여 기준에 해당하지 않는다는 이유로 요양불승인처분을 한 사안에서, 산업재해보상보험법과 장애인차별금지 및 권리구제 등에 관한 법률의 입법 취지와 목적, 요양급여 및 장애인보조기구에 관한 규정의 체계, 형식과 내용, 장애인에 대한 차별행위의 개념 등에 의하면, 산업재해보상보험법의 해석에서 업무상 재해로 인한 부상의 대상인신체를 반드시 생래적 신체에 한정할 필요는 없는 점 등을 종합적으로 고려하면, 의족은 단순히 신체를 보조하는 기구가 아니라 신체의 일부인 다리를 기능적. 물리적. 실질적으로 대체하는 장치로서, 업무상의 사유로 근로자가 장착한 의족이 파손된 경우는 산업재해보상보험법상 요양급여의 대상인 근로자의 부상에 포함된다"고 판시한 바 있습니다(대법원 2014.7.10. 선고 2012두20991 판결 참조).

그러므로 업무상 사유로 근로자가 장착한 의족이 파손된 경우 산업재해보상보험법상 요양급여의 대상인 근로자의 부상에 포함될 가능성이 높습니다.

[Q&A] 퇴근하기 위하여 자전거를 타고 재직 중인 회사 내 도로를 지나던 중 급정거로 자전거와 함께 넘어지는 사고 발생하였는데, 이것이 산재사고인지요?

Q. 甲 주식회사에 재직 중인 乙이 퇴근하기 위하여 자전거를 타고 甲 회사 내 도로를 지나던 중 급정거로 자전거와 함께 넘어지는 사고를 당하여 요골 하단의 골절 등의 상해를 입었습니다. 그런데 사고 장소 옆으로 출퇴근 시 자전거 등을 이용할 수 있는 도로가 있었음에도 乙은 단지 자신의 편의를 위하여 사고 장소를 이용하여 퇴근하다가 사고가 발생한 것입니다. 이 경우 위 사고를 산업재해보상보험법에 정한 업무상 사고로 볼 수 있는지요?

A. 하급심 판례는 "甲 주식회사에 재직 중인 乙이 퇴근하기 위하여 자전거를 타고 甲 회사 내 도로를 지나던 중 급정거로 자전거와 함께 넘어지는 사고를 당하여 요골 하단의 골절 등을 입자 요양급여를 신청하였는데 근○□♤공단이 불승인처분을 한 사안에서, 사고 장소 옆으로 출퇴근 시 자전거 등을 이용할 수 있는 도로가 있었음에도 乙은 단지 자신의 편의를 위하여 사고 장소를 이용하여 퇴근하다가 사고가 발생한 점 등을 고려하면, 甲회사는 사고 장소에서 자전거 등을 이용하지 못하도록 적절한 관리를 해왔고 위 사고는 乙이 甲 회사의 지시를 위반하여 발생한 것이므로 위 사고를 산업재해보상보험법에 정한 업무상 사고로 볼 수 없고, 乙이 교통수단으로 사용한 자전거는 사업주인 甲회사가 제공한 것으로 볼 수 없는 점 등을 고려하면 위 사고가 甲 회사의 지배·관리 하에서 이루어지는 출퇴근 중 발생한 것이라고 볼 수 없으므로, 乙이 입은 상해는 업무상 재해에 해당하지 않는다."고 판시한 바 있습니다(울산지방법원 2015.9.10. 선고 2014구합5846 판결). 그러나, 2018.1.1.부터 시행되는 개정 산업재해보상보험법에서 산업재해의 한 종류로 '출퇴근재해'를 신설(제37조제1항제3호 신설)하였으므로 2018.1.1. 이후 근로자가 통상적인 경로와 방법으로 출퇴근 하던 중 발생한 사고에 대하여는 산업재해보상보험법에서 정하는 '업무상재해'에 해당된다고 할 것입니다.(개정 산업재해보상보험법 및 개정이유 참조)

【 산업재해보상보험법 】

제37조(업무상의 재해의 인정 기준) ① 근로자가 다음 각 호의 어느 하나에 해당하는 사유로 부상·질병 또는 장해가 발생하거나 사망하면 업무상의 재해로 본다. 다만, 업무와 재해 사이에 상당인과관계(相當因果關係)가 없는 경우에는 그러하지 아니하다. <개정 2010.1.27., 2017.10.24.>

3. 출퇴근 재해

　가. 사업주가 제공한 교통수단이나 그에 준하는 교통수단을 이용하는 등 사업주의 지배관리하에서 출퇴근하는 중 발생한 사고

　나. 그 밖에 통상적인 경로와 방법으로 출퇴근하는 중 발생한 사고

【 산업재해보상보험법 개정이유 】

현행은 출퇴근 중 발생한 사고의 업무상 재해 인정과 관련하여 사업주가 제공한 교통수단이나 그에 준하는 교통수단을 이용하는 등 사업주의 지배관리 하에서 발생한 사고만을 업무상 재해로 인정하고 있으나, 공무원·교사·군인 등의 경우 통상적인 경로와 방법으로 출퇴근 중 발생한 사고를 업무상 재해로 인정받아 「공무원연금법」에 따른 급여지급 대상으로 보호받고 있어 형평성의 문제가 제기됨에 따라, 일반 근로자도 통상적인 경로와 방법으로 출퇴근 하던 중 발생한 사고에 대하여 업무상 재해로 인정함으로써 근로자의 복지를 증진하려는 것임. 다만, 이 사안에서 사고 장소 옆으로 출퇴근 시 자전거 등을 이용할 수 있는 도로가 있었음에도 단지 자신의 편의를 위하여 사고 장소를 이용하여 퇴근하다가 사고가 발생한 점 등을 고려할 때 근로자가 통상적인 경로와 방법으로 출퇴근 하던 중 발생한 사고로 볼 수 있는지 여부는 재판부의 판단을 받으셔야 할 부분입니다.

[Q&A] 산업재해보상보험법 시행령 제29조 가 규정한 출퇴근 중의 사고가 산업재해보상보험법 제37조 제1항 제1호 (다)목이 규정한 '사업주의 지배관리하에서 출퇴근 중 발생한 사고'를 예시적으로 규정한 것인지요?

Q. 망인은 공사현장으로 출퇴근하던 근로자였습니다. 그런데 공사현장은 교통이 불편한 지역에 위치하고 있어 대중교통을 이용한 출·퇴근이 여건상 어려웠고, 회사는 출·퇴근을 위해 별도의 통근차량을 운행하고 있지 않아 망인은 그 소유의 자동차를 이용하여 출·퇴근할 수밖에 없었는바, 망인에게는 출·퇴근 방법에 대하여 선택의 여지가 없었다고 생각합니다. 그런데 산업재해보상보험법 시행령 제29조 가 규정한 출퇴근 중의 사고가 산업재해보상보험법 제37조 제1항 제1호 (다)목 이 규정한 '사업주의 지배관리하에서 출퇴근 중 발생한 사고'를 예시적으로 규정한 것이어서 위와 같은 경우에도 산재사고에 해당하는지요?

A. 판례는 "산업재해보상보험법(이하 '법'이라고 한다) 제37조 제1항 제1호 (다)목, (바)목, 제3항, 산업재해보상보험법 시행령(이하 '시행령'이라고 한다) 제29조 의 내용, 형식 및 입법 취지를 종합하면, 시행령 제29조 는 각 호의 요건 모두에 해당하는 출퇴근 중에 발생한 사고가 법 제37조 제1항 제1호 (다)목 이 규정하고 있는 '사업주가 제공한 교통수단이나 그에 준하는 교통수단을 이용하는 등 사업주의 지배관리하에서 출퇴근 중 발생한 사고'에 해당하는 경우임을 예시적으로 규정한 것이고, 그 밖에 출퇴근 중에 업무와 관련하여 발생한 사고를 모두 업무상 재해 대상에서 배제하는 규정으로 볼 수는 없다." 라고 판시한 바 있습니다(대법원 2012.11.29. 선고 2011두28165 판결 참조). 그러므로 공사현장이 교통이 불편한 지역에 위치하고 있어 대중교통을 이용한 출·퇴근이 여건상 어려웠고, 회사는 출·퇴근을 위해 별도의 통근차량을 운행하고 있지 않아 망인은 그 소유의 자동차를 이용하여 출·퇴근할 수밖에 없었는바, 망인에게는 출·퇴근 방법에 대하여 선택의 여지가 없었다면, 위 사고 또한 업무상 재해로 인정될 가능성이 있습니다.

게다가 2018.1.1.부터 시행되는 개정 산업재해보상보험법에서 산업재해의

한 종류로 '출퇴근재해'를 신설(제37조제1항제3호 신설)하였으므로 2018.1.1. 이후 근로자가 통상적인 경로와 방법으로 출퇴근 하던 중 발생한 사고에 대하여는 산업재해보상보험법에서 정하는 '업무상재해'에 해당된다고 할 것입니다.(개정 산업재해보상보험법 및 개정이유 참조)

【 산업재해보상보험법 】

제37조(업무상의 재해의 인정 기준) ① 근로자가 다음 각 호의 어느 하나에 해당하는 사유로 부상·질병 또는 장해가 발생하거나 사망하면 업무상의 재해로 본다. 다만, 업무와 재해 사이에 상당인과관계(相當因果關係)가 없는 경우에는 그러하지 아니하다. <개정 2010.1.27., 2017.10.24.>

3. 출퇴근 재해
　　가. 사업주가 제공한 교통수단이나 그에 준하는 교통수단을 이용하는 등 사업주의 지배관리하에서 출퇴근하는 중 발생한 사고
　　나. 그 밖에 통상적인 경로와 방법으로 출퇴근하는 중 발생한 사고

【 산업재해보상보험법 개정이유 】

현행은 출퇴근 중 발생한 사고의 업무상 재해 인정과 관련하여 사업주가 제공한 교통수단이나 그에 준하는 교통수단을 이용하는 등 사업주의 지배관리 하에서 발생한 사고만을 업무상 재해로 인정하고 있으나, 공무원·교사·군인 등의 경우 통상적인 경로와 방법으로 출퇴근 중 발생한 사고를 업무상 재해로 인정받아 「공무원연금법」에 따른 급여지급 대상으로 보호받고 있어 형평성의 문제가 제기됨에 따라, 일반 근로자도 통상적인 경로와 방법으로 출퇴근 하던 중 발생한 사고에 대하여 업무상 재해로 인정함으로써 근로자의 복지를 증진하려는 것임.

[Q&A] 중기 소유자가 산업재해보상보험법 제54조 제1항 에 정한 구상권 행사의 상대방인 '제3자'에 해당하는지요?

Q. 중기 소유자가 중기를 임대한 후 임차인의 작업지시에 따라 직접 그 중기를 운전하여 작업하던 중 임차인의 근로자에게 업무상 재해를 입힌 경우, 중기 소유자가 산업재해보상보험법 제54조 제1항 에 정한 구상권 행사의 상대방인 '제3자'에 해당하는지요?

A. 판례는 "중기 소유자가 중기를 임대한 후 임차인의 작업지시에 따라 직접 그 중기를 운전하여 작업하던 중 임차인의 근로자에게 업무상 재해를 입힌 경우, 중기 소유자는 임차인으로부터 임금을 받을 목적으로 근로를 제공한 사람이라고 할 수 없으므로 산업재해보상보험법 제54조 제1항 에 정한 구상권 행사의 상대방인 '제3자'에 해당한다."라고 판시한 바 있습니다(대법원 2006.9.28. 선고 2004다48768 판결 참조). 그러므로 위와 같은 경우 중기 소유자는 산업재해보상보험법 제54조 제1항 에서 정한 구상권 행사의 상대방인 '제3자'에 해당 할 수 있습니다.

[Q&A] 생명보험회사의 통신판매 보험모집인이 산업재해보장보험법상 근로자로서 보험급여대상자에 포함되는지요?

Q. 생명보험회사에서 통신판매 보험모집인으로 일하고 있습니다. 저 또한 산업재해보장보험법상 근로자로서 보험급여대상자에 포함되는지요?

A. 하급심 판례는 "①통신수단을 이용하여 보험모집을 하는 통신판매 보험모집인(이하 'TSR'이라 한다)은 그 업무의 내용과 업무처리방식이 법규와 보험회사의 방침에 의하여 사전 결정되어 있고 그 한도에서 외무원과 비교하여 종속관계가 더 큰 점, ②채용시점에서부터 위임계약서, 각서, 서약서 등을 통하여 보험회사에 대하여 각종 준수의무가 부과되어 있고, 그러한 준수사항 등을 위반하는 경우 직접적인 손해배상책임을 부담하는 이외에 자유롭게 해촉될 수도 있는 불이익을 받을 수도 있는데다가 수당의 공제를 당하는 불이익도 받는 점, ③구체적인 업무수행 과정에서도 사용자로부터 직접적인 지휘감독을 받고 있고, 사실상 출퇴근 시간이 회사측에 의하여 지정되어 있으며 지정된 근무시간과 근무장소에 구속되는 지위에 있는 점, ④ 겸업이 금지되고 스스로 제3자를 고용하여 업무를 대행케 할 수 없어 업무의 대체성이 없고, TSR 업무 수행에 필요한 비품은 물론 고객정보까지도 모두 회사로부터 제공받아 온 점 등 TSR 근무형태의 제반 요소들을 두루 검토해 볼 때 그 업무의 실질에 있어서는 보험회사로부터 업무에 관하여 지휘.감독을 받으면서 회사에 전속되어 회사에 근로를 제공하고 그로부터 그 근로제공의 대가로 임금을 받는 종속적인 노동관계에 있다고 능히 판단할 수 있으므로 산업재해보장보험법상 근로자에 해당한다."라고 판시한 바 있습니다(서울행정법원 2006.4.19. 선고 2005구합32873 판결 참조). 그러므로 생명보험회사의 통신판매 보험모집인도 산업재해보장보험법상 근로자로서 보험급여대상자에 포함될 수 있습니다(※ 물론 위와 같은 결론이 최종적으로 인정될지 여부는 구체적인 사안에 따라 전혀 결론이 달라질 수 있으며, 이는 결국 재판부의 판단을 받으셔야 할 부분입니다.).

[Q&A] 오토바이 퀵서비스업체 배송기사가 노동관계법에 의한 보호를 받을 필요성이 있는 경우에는 근로자에 해당한다고 볼 수 있는지요?

Q. 甲은 오토바이 퀵서비스업체의 배송기사로서, 오토바이를 운전하여 서류를 배송하다가 차량정체로 일시 정지해 있던 승용차를 추돌하여 넘어지는 사고가 발생하여, 그로 말미암아 우측 대퇴골 간부 분쇄골절, 좌측 주관절부 심부 열상, 두부 좌상 등의 상해를 입었습니다. 위 사고가 업무상 재해에 해당함을 이유로, 위 각 상병에 관한 요양신청을 하려고 합니다. 甲은 수행한 업무의 내용상 근로자에 해당하지요? 또 퀵서비스업체도 산업재해보상보험 적용사업체에 해당하는지요?

A. 하급심 판례는 "원고가 수행한 오토바이 배송업무는 사업주의 개별적 지시에 의하여 정해졌고, 원고에게는 그 업무내용을 자율적으로 결정하여 수행할 권한이 없었던 것으로 보인다. 근무시간과 장소도 사업주에 의하여 정해졌고, 계약서상 개인사정으로 조퇴나 결근을 할 경우에는 그의 승낙을 얻도록 되어 있었으며, 지각을 할 경우 1회당 5,000원의 벌금을 징수하고 일방적으로 일을 그만둘 경우에는 그 달의 보수와 공탁금 등을 몰취할 권한이 사업주에게 주어져 있어서, 원고는 그 근무시간과 장소에 원칙적으로 구속되었던 것으로 보인다. 그리고 원고가 물품배송업무를 수행하고 받은 배송료 중 75%를 자신의 보수로 받은 것은 사업주에 대한 관계에서 볼 때 근무시간 중에 수행한 업무의 대가로서 실질상 성과급적 성격을 가진다고 할 수 있으며, 계약서상 근무실적이 좋고 근무기간이 1년을 넘어서면 퇴직금 명목의 급여를 받을 수도 있었던 것으로 보인다. 한편 계약기간이 1년으로 정해져 원칙적으로는 근로제공관계의 계속성이 확보되어 있었고, 근무시간 동안에는 물품배송이 없더라도 그 의뢰가 들어와 자신에게 일이 배당될 때까지 계속 대기하고 있어야 했으므로 그 한도 내에서 사업주에 대한 전속성도 인정된다. 그리고 사업주는 원고를 비롯한 배송기사들로 하여금 배송업무를 수행하는 동안 사업체 상호와 전화번호가 새겨진 유니폼을 착용하게 함으로써 그 사업체의 일원으로서 업무를 수행한다는 사실이 외견상으로도 명백하게 드러나도록 하였다." 라고 하면서, "원고

의 업무내용이 사업주에 의하여 정해지고 업무수행과정에서도 사업주의 개별적 지시를 받았던 점, 사업주에 의하여 근무시간과 장소가 지정되고 원고가 원칙적으로 이의 구속을 받았던 점, 원고가 받은 보수가 배송업무라는 근로의 대가적 성격을 가지는 점, 근로관계의 계속성과 사업주에의 전속성도 인정되는 점 등에 비추어, 원고는 전체적으로 보아 물품배송료의 75%에 상당하는 임금을 받는 것을 목적으로 하여 사업주에게 종속적인 관계에서 오토바이 배송업무라는 근로를 제공함으로써 노동관계법에 의한 보호를 받을 필요성이 있는 근로자에 해당한다고 봄이 상당하다. 그리고 원고가 2003.6.10.경부터 위 사고 발생일까지 30일 이상 배송기사로 근무하였고, 그 외에도 원고와 동일한 지위에 있는 배송기사가 더 있었던 것으로 나타나는 이상, 위 퀵서비스업체는 상시 근로자수가 1인 이상 되는 사업체서 산업재해보상보험의 당연가입대상에 해당한다고 할 것이다."라고 판시한 바 있습니다(부산지방법원 2006.10.18. 선고 2005구단 4261 판결 참조).

그러므로 甲은 수행한 업무의 내용에 따라 근로자에 해당할 수 있고, 또 퀵서비스업체도 산업재해보상보험 적용사업체에 해당할 수 있다고 보입니다(※물론 업무상 재해가 최종적으로 인정될지 여부는 구체적인 사안에 따라 전혀 결론이 달라질 수 있으며, 이는 결국 재판부의 판단을 받으셔야 할 부분입니다.).

[Q&A] 업무의 준비행위 과정에서의 재해도 산업재해인지요?

Q. 甲은 건물 신축공사 중 미장공사 부분을 하도급받고 乙을 고용하였습니다. 이에 甲과 乙은 하도급계약 개시일 전날 밤에 그 다음 날부터의 작업을 준비하기 위하여 공사현장에 작업도구를 갖다 놓았습니다. 그 후 甲이 잠깐 물을 마시는 사이 乙이 소변을 보기 위하여 깜깜한 건물 내부 지하계단으로 진입하다가 발을 헛디뎌 3m 아래로 굴러 떨어져 뇌출혈의 상해를 입고 사망에 이르렀습니다. 이와 같은 경우 산업재해로 볼 수 있는지요?

A. 산업재해보상보험법 제5조 제1호의 업무상 재해는 업무상의 사유에 의한 근로자의 부상, 질병, 신체장해 또는 사망을 말한다고 규정하고 있습니다. 이에 해당하기 위해서는 통상 업무수행성(재해경위를 사용자의 지배 범위에 포함시킬 수 있는지)과 업무기인성(재해와 상병 사이에 인과관계를 인정할 수 있는지)의 두 가지 기준으로 나누어 업무상 재해의 요건을 설명하는 것이 일반적입니다. 업무상의 재해에 해당하기 위하여 요구되는 업무수행성이라 함은 사용자의 지배 또는 관리 하에 이루어지는 근로자의 업무수행 및 그에 수반되는 통상적인 활동과정에서 재해의 원인이 발생한 것을 의미합니다. 근로자의 재해가 업무상 재해로 인정되기 위해서는 그 행위가 당해 근로자의 본래의 업무행위 또는 그 업무의 준비행위 내지 정리행위 등에 해당하여야 합니다.

사안의 경우 甲의 하도급계약 개시 전이므로 甲으로부터 고용된 乙이 공사현장에 작업도구를 내려놓은 행위는 근로자 본래의 업무행위로 보기는 어려울 것입니다. 그러나 그 업무를 개시하기 위한 준비행위로는 볼 수 있을 것이므로 이 과정에서 乙이 사고를 당하여 사망에 이르렀다면 업무상 재해로 인정될 수 있을 것으로 보입니다(대법원 1996.10.11. 선고 96누9034 판결).

[Q&A] 출근 중에 당한 사고가 산업재해에 해당하는지요?

Q. 저희 남편은 항상 그래왔던 것처럼 아침 일찍 남편 소유 자가용을 몰고 출근을 하였습니다. 그러던 어느 날 다른 차량이 저희 남편 차를 들이받아 남편이 교통사고로 사망하게 되었습니다. 업무시간 중은 아니었지만 이 경우에도 산업재해로 인정받을 수 있나요?

A. 근로자의 출·퇴근이 노무의 제공이라는 업무와 밀접·불가분의 관계에 있다 하더라도, 일반적으로 출·퇴근 방법과 경로의 선택이 근로자에게 유보되어 있어 통상 사업주의 지배·관리하에 있다고 할 수 없고, 산재보험법에서 근로자가 통상적인 방법과 경로에 의하여 출·퇴근하는 중에 발생한 사고를 업무상 재해로 인정한다는 특별한 규정을 따로 두고 있지 않은 이상, 근로자가 선택한 출·퇴근 방법과 경로의 선택이 통상적이라는 이유만으로 출·퇴근 중에 발생한 재해가 업무상의 재해로 될 수는 없다. 따라서 출·퇴근 중에 발생한 재해가 업무상의 재해로 되기 위하여는 사업주가 제공한 교통수단을 근로자가 이용하거나 또는 사업주가 이에 준하는 교통수단을 이용하도록 하는 등 근로자의 출·퇴근 과정이 사업주의 지배·관리하에 있다고 볼 수 있는 경우라야 합니다(대법원 1999.12.24. 선고 99두9025 판결, 대법원 2005.9.29. 선고 2005두4458 판결 등 참조).

사안의 경우 위 교통사고는 사업주가 출·퇴근용으로 제공한 교통수단의 이용 중에 발생한 사고라고 할 수 없고, 나아가 어떤 이유로든 망인이 업무수행 중 교통사고를 당하였다거나 망인의 출·퇴근 과정이 사용자의 지배나 관리를 받는 상태였다고 인정할 수도 없으므로 망인이 입은 재해를 업무상 재해에 해당한다고 할 수 없을 것으로 보입니다(대법원 2007.9.28. 선고 2005두12572 전원합의체 판결).

[Q&A] 지병이 있는 상태에서 근무 중 사망시 산업재해가 인정되나요?

Q. 저희 아버지는 심장에 지방이 쌓이는 지방심이라는 지병을 앓고 있었습니다. 그런데 경비원 업무를 하시던 아버지는 야간에 근무를 하게 되어 항상 피로를 호소하시다가 최근에는 업무까지 많아져서 스트레스를 받으셨습니다. 그러던 중 지병인 지방심이 악화되어 근무 중 사망하게 되었습니다. 지병으로 돌아가신 저희 아버지에게 산업재해가 인정이 될까요?

A. 재해가 업무와 직접 관련이 없는 기존의 질병이더라도 업무상의 과로가 질병의 주된 발생원인에 겹쳐서 질병을 유발 또는 악화시켰다면 그 인과관계가 있다고 보아야 할 것이고, 또한 과로로 인한 질병에는 평소에 정상적인 근무가 가능한 기초질병이나 기존질병이 업무의 과중으로 급속히 악화된 경우까지도 포함된다고 할 것입니다(대법원 1990.9.25. 선고 90누2727 판결).

따라서 아버님께서 지병이 있으셨다 하더라도 과중한 업무로 인하여 스트레스를 받아 지병이 악화되어 사망에 이르게 된 경우 업무상 재해로 인정받을 수 있을 것으로 보입니다.

[Q&A] 산업재해보상보험관계 적용단위로서 독립한 '사업 또는 사업장'에 해당하는지요?

Q. 저는 정화조 청소 회사에서 근무하고 있습니다. 그런데 회사의 본사와 제가 출근하는 차고지는 전혀 다른 곳에 위치하여 있습니다. 이렇게 장소적으로 독립되어 있는 경우에도 본사와 차고지가 동일한 사업 또는 사업장으로 인정이 되는지 여부가 궁금합니다.

A. 대법원은 이와 유사한 사안에 대하여 다음과 같이 판시하였습니다. "산업재해보상보험관계의 적용단위가 되는 '사업 또는 사업장'이란 일정한 장소를 바탕으로 유기적으로 단일하게 조직되어 계속적으로 행하는 경제적 활동단위를 가리키는 것이다. 따라서 장소적 분리 여부는 산업재해보상보험관계 적용단위로서 독립한 '사업 또는 사업장'에 해당하는지 판단하는 우선적인 기준이다. 다만 사업에 수반되는 업무상 재해의 위험 정도에 따라 사업주 간 보험료 부담이 공평해야 하는 산업재해보상보험제도 고유의 특수성과 법의 취지를 고려하면, 비록 장소적으로 분리된 복수의 경제적 활동단위가 존재한다고 하더라도 이를 동일한 사업주가 운영하는 경우에는 각 조직의 규모, 업무의 내용 및 처리방식 등을 종합하여 각 단위별 경제활동의 내용이 보험가입자의 최종적 사업목적을 위하여 유기적으로 결합되어 있는지, 장소적 분리가 독립된 별개의 '사업 또는 사업장'을 두어야할 업무상 필요성에서 기인한 것인지 ,각 경제적 활동단위가 전체적으로 재해발생의 위험도를 공유한다고 볼 수 있는지 등을 추가적으로 고려하여 독립한 '사업 또는 사업장'에 해당하는지 판단해야 한다(대법원 2015.3.12. 선고 2012두5176 판결)." 정화조 청소 회사의 경우라도 그 장소적 분리는 차고지의 악취 등을 꺼려하는 인근 주민들을 고려하였기 때문일 수 있고, 본사의 지시에 따라 차고지가 운영된다면 차고지는 정화조 청소업 및 그에 부대되는 사업이라는 최종적 사업목적을 위하여 유기적으로 결합되어 있고 규범적으로 보아 전체적으로 재해발생의 위험도를 공유한다고 볼 수 있을 것이므로 차고지는 독립된 사업 또는 사업장에 해당하지 않는다고 보아야 할 것입니다.

[Q&A] 유해물질 노출 환경에서 발생한 질환도 산업재해에 해당되는지요?

Q. 저희 어머니는 1995년부터 2003년까지 도자기 제조회사에서 유약 처리공정에서 근무하다가 퇴사 후 폐암으로 사망하였습니다. 어머니는 평소에 담배도 피지 않았고, 어떻게 폐암에 걸리게 되었는지 알 수도 없는데 이 경우 산업재해에 해당하여 보상을 받을 수 있는지요?

A. 「산업재해보상보험법」에 의한 재해보상은 업무상 재해에 한하여 인정됩니다. 업무상의 재해에 관한 정의에 관하여 같은 법 제5조 제1호는 "업무상의 재해란 업무상의 사유에 따른 근로자의 부상, 질병, 장해 또는 사망을 말한다."라고 규정하고 있습니다. 위 사안의 경우 일반적으로 도자기 제조회사의 유약 처리공정에서 유약의 주성분인 실리카 중 결정형 유리규산이 분진형태로 노출될 경우에는 폐암을 유발시킬 수 있는 것으로 알려져 있지만 법적으로 그 인과관계를 밝히는데 어려움이 있습니다. 이에 관하여 판례는 "①폐암 진단을 받기 전까지 건강에 별다른 이상이 없었고, ②작업장에 대한 작업환경을 측정한 결과 근로자들이 분진·유기용제·납 등의 유해물질에 노출되고 있다면 비록 그 검출량이 작업환경노출 허용기준 미만이지만 저농도로 장기간 노출될 경우에는 건강상 장해를 초래할 수 있고, ③근로자가 2년 여 동안 1주일씩 교대로 주·야간근무를 반복하였으며 폐암진단을 받기 수개월 전부터는 잦은 연장근무를 하였을 뿐만 아니라, 하루 10시간 내지 12시간 정도의 야간근무를 한 달에 적어도 15일 이상 수행하였고, ④신체 감정회신상 이미 발생한 폐암을 악화시키는 데 영향을 미쳤을 가능성이 50~75%로서 업무관련성을 배제할 수 없다는 의견이라면 비록 망인의 사망원인인 폐암에 이르게 된 의학적 경로가 정확하게 밝혀지지 아니하였다고 하더라도 망인은 암 발생과 관련이 있는 유해물질에 장기간 노출된 상태에서 과도한 업무를 계속하느라 면역기능이 약화되어 폐암이 발병하였거나 발생한 폐암이 조기에 발견되어 치료되지 못한 채 자연적인 진행경과 이상으로 급속히 악화된 후에야 발견됨으로써 그 치료에 불구하고 사망에 이르렀다고 인정함이 상당하므로, 망인의 사망은 업무상 재해에 해당한다."라고 하였습니다(대법원 2005.11.10. 선고

2005두8009 판결).

따라서 귀하의 어머니의 경우도 폐암 진단을 받기 전까지 건강 상태와 어머니가 근무한 작업환경, 근무시간 등이 폐암을 유발 또는 급속히 악화시킬 수 있는 상태라는 것 등을 입증한다면 산업재해로 보호받을 가능성이 있을 것으로 보입니다.

[Q&A] 세대별 발코니 공사도 산업재해보상보험이 적용되는지요?

Q. 甲회사는 乙아파트의 입주자들과 사이에 개별적으로 발코니 섀시 및 발코니 확장공사에 관한 공사계약을 체결하였고, 각 세대별 공사대금은 180만원에서 310만원 정도로 차이가 있습니다. 甲회사는 약 3개월에 걸쳐 20~60명의 인원을 투입하여 동시에 여러 세대의 발코니 공사를 진행하였는데, 저희 아들인 丙은 甲회사에 고용되어 위 乙아파트 125동 1603호의 발코니 설치공사를 보조하던 중 추락하여 사망하는 사고를 당하였습니다. 그런데 위와 같은 공사에 있어서는 세대별 발코니 공사가 독립하여 각각의 사업을 구성하므로 산업재해보상보험 적용제외 사업에 해당하여 유족보상이나 장의비 등을 지급받을 수 없다고 하는데 타당한지요?

A. 「산업재해보상보험법」제6조는 근로자를 사용하는 모든 사업 또는 사업장에 적용하면서 위험률·규모 및 장소 등을 고려하여 대통령령으로 정하는 사업에 대하여는 「산업재해보상보험법」을 적용하지 않고 있으며, 적용제외 사업장에 대하여 같은 법 시행령 제2조는 「고용보험 및 산업재해보상보험의 보험료징수 등에 관한 법률 시행령」제2조 제1항 제2호의 규정에 의한 '총공사금액이 2천만원 미만인 공사'로 정하고 있습니다. 위 사안의 경우 甲회사가 입주자들과 개별적으로 체결한 위 발코니 공사계약은 각 도급단위인 세대마다 서로 다른 최종목적물을 완성하는 것을 목적으로 하는 계약이고, 각 세대별 공사가 장소적으로 분리되어 독립적으로 행하여졌으며, 어느 하나의 공사로 인해 다른 공사에 종사하는 근로자가 업무상 재해를 당할 위험이 있다고 볼 수 없는 점 등에 비추어 보면, 각 세대별 발코니 공사가 독립하여 각각의 사업을 구성한다고 보아 「산업재해보상보험법」의 적용제외 사업으로 볼 수도 있습니다. 그러나 「고용보험 및 산업재해보상보험의 보험료징수 등에 관한 법률」제8조 제1항은 "당연가입 사업주의 각각의 사업이 사업주가 동일인이고, 각각의 사업이 기간의 정함이 있는 사업이며, 사업의 종류 공사실적액 등이 대통령령이 정하는 요건에 해당하는 경우에는 당해 사업 전부를 위 법의 적용에 있어서 하나의 사업으로 본다."라고 하여 동종사업의 일괄적용을 규정하고 있고, 같은 법 시행령 제6조 제1항은 사업주가 「건설산업기본법」제2조제7호제2조제5호의 규정

에 의한 건설업자, 「주택법」제9조의 규정에 의한 주택건설사업자, 「전기
공사업법」제2조제3호의 규정에 의한 공사업자, 「정보통신공사업법」제2조
제4호의 규정에 의한 정보통신공사업자, 「소방시설공사업법」제2조제1항제
2호의 규정에 의한 소방시설업자, 「문화재보호법」제27조에 따른 문화재
수리업자 중 어느 하나의 경우에 해당하면 근로복지공단의 승인을 얻을
필요 없이 당연히 각각의 사업 전부를 하나의 사업으로 보아 산재보험의
적용 여부를 판단하여야 한다고 규정하고 있습니다.

따라서 甲회사의 각각의 사업이 「고용보험 및 산업재해보상보험의 보험료
징수 등에 관한법률」제8조 제1항에 따라 사업주가 동일하고, 각각의 사업
의 기간이 정해져 있으며, 甲회사가 같은 법 시행령 제6조 제1항 제1호
의 건설업자 또는 제2호의 주택건설사업자에 해당한다면 甲회사가 시행한
공사 전부를 하나의 사업으로 보아 그 총공사대금을 기준으로 산재보험을
적용한다면 산재보험 적용대상에 해당한다고 볼 여지가 있으므로(대법원
2006.6.27. 선고 2006두5717 판결), 귀하의 경우 「산업재해보상보험법
」소정의 유족보상이나 장의비 등의 지급을 받을 가능성이 있다고 보입니
다.

[Q&A] 국외로 파견되어 근무 중에 산업재해 발생한 경우의 산재 보험 이 적용되는지요?

Q. 국내 건축회사가 고용되어 국내 현장에서 토목과장으로 근무하던 중에 회사가 외국에서 수주한 공사현장에 파견되어 근무하던 중 산업재해가 발생하였습니다. 산재처리가 가능한가요?

A. 산업재해보상보험법은 보험료징수법 제5조제3항 및 제4항에 따른 보험가 입자가 대한민국 밖의 지역(고용노동부령으로 정하는 지역은 제외한다)에 서 하는 사업에 근로시키기 위하여 파견하는 자(이하 "해외파견자"라 한 다)에 대하여 공단에 보험 가입 신청을 하여 승인을 받으면 해외파견자를 그 가입자의 대한민국 영역 안의 사업(2개 이상의 사업이 있는 경우에는 주된 사업을 말한다)에 사용하는 근로자로 보아 이 법을 적용할 수 있다 고 규정하고 있습니다(산업재해보상보험법 제122조 제1항). 따라서 외국 에 파견된 근로자에게 발생한 산업재해와 관련하여 산업재해보상보험법 제122조에 따라 해외파견자에 대하여 보험가입신청을 하여 승인을 얻었 다면 산재처리가 가능할 것으로 보입니다. 만일 이러한 승인절차가 없다면 원칙적으로 외국에서 발생한 산업재해에 대하여는 산재처리가 불가할 것 으로 보입니다. 다만, 이러한 경우에도 판례는 '국내에서 행하여지는 사업 의 사업주와의 사이에 산업재해보상보험관계가 성립한 근로자가 국외에 파견되어 근무하게 된 경우에 그 근무의 실태를 종합적으로 검토하여 보 았을 때 단순히 근로의 장소가 국외에 있는 것일 뿐 실질적으로는 국내의 사업에 소속하여 당해 사업의 사용자의 지휘에 따라 근무하는 것이라면, 이러한 경우에는 국내 사업의 사업주와의 사이에 성립한 산업재해보상보 험관계가 여전히 유지된다고 보아야 하므로 산재보험법의 적용을 받는다 고 보아야 한다'고 판시하고 있습니다. (대법원 2011.02.24. 선고 2010 두23705 판결)
구체적으로 국내에서 근무한 기간, 외국에서의 근무형태와 근무환경 등을 고려하여 산업재해보상보험법이 직용될 여지가 있을 것으로 보입니다.

[Q&A] 불법인 사업장에서 근무 중 발생한 산업재해에 대하여도 산재처리가 가능한지요?

Q. 불법게임장에 종업원으로 근무하던 중 화재로 인하여 상해를 입었습니다. 이 경우에도 산재처리가 가능한가요?

A. 판례는 '산업재해보상보험법 제1조, 제6조, 산업재해보상보험법 시행령 제2조 등에서 규정하고 있는 산업재해보상보험법의 목적, 입법 취지 및 기본이념, 산업재해보상보험법에 따른 산업재해보상보험 사업의 관장자, 산업재해보상보험 사업에 드는 일부 비용의 국가 지원, '고용보험 및 산업재해보상보험의 보험료징수 등에 관한 법률'에 정해진 보험관계의 성립 및 소멸사유, 보험료의 부담 주체 및 산정방식 등에 관한 여러 규정의 내용과 형식 등을 종합하면, 관계 법령에 의하여 당해 사업이 금지되어 있고 그 금지규정을 위반한 때 형사처벌이 따르게 되는 경우까지 산업재해보상보험 사업의 적용 대상이 되는 산업재해보상보험법 제6조에 규정된 사업이라고 볼 수는 없다'고 판시하여 관계법령에 따라 금지된 사업장에 대하여 산업재해보상보험법상 보험급여의 지급을 청구할 수 없다는 취지로 보고 있습니다. (대법원 2010.08.19. 선고 2010두8393 판결)

이에 의하면 불법게임장에서 발생한 화재로 인하여 게임장 종업원이 상해를 입은 경우에는 산재처리가 불가할 것으로 보입니다.

[Q&A] 화물운송회사와 화물자동차운전용역 계약을 체결한 운전기사에 대하여 산업재해보상보험이 적용되는지요?

Q. 화물운송회사와 화물자동차운전용역 계약을 체결하고 회사로부터 제공받은 트레일러를 운전하다가 산업재해를 입은 경우에도 산재처리가 가능한가요?

A. 판례는 산업재해보상보험법상 보호대상인 '근로기준법상의 근로자'에 해당하는지 여부에 대한 판단기준을 판시하고 있습니다. 이에 따르면 '근로기준법상의 근로자'에 해당하는지 여부는 계약의 형식이 고용계약인지 도급계약인지보다 그 실질에 있어 근로자가 사업 또는 사업장에 임금을 목적으로 종속적인 관계에서 사용자에게 근로를 제공하였는지 여부에 따라 판단하여야 하고, 이러한 종속적인 관계가 있는지 여부는 업무 내용을 사용자가 정하고 취업규칙 또는 복무(인사)규정 등의 적용을 받으며 업무 수행 과정에서 사용자가 상당한 지휘·감독을 하는지, 사용자가 근무시간과 근무장소를 지정하고 근로자가 이에 구속을 받는지, 노무제공자가 스스로 비품·원자재나 작업도구 등을 소유하거나 제3자를 고용하여 업무를 대행하게 하는 등 독립하여 자신의 계산으로 사업을 영위할 수 있는지, 노무 제공을 통한 이윤의 창출과 손실의 초래 등 위험을 스스로 안고 있는지와, 보수의 성격이 근로 자체의 대상적(대상적) 성격인지, 기본급이나 고정급이 정하여졌는지 및 근로소득세의 원천징수 여부 등 보수에 관한 사항, 근로 제공 관계의 계속성과 사용자에 대한 전속성의 유무와 그 정도, 사회보장제도에 관한 법령에서 근로자로서 지위를 인정받는지 등의 경제적·사회적 여러 조건을 종합하여 판단 하여야합니다. 다만, 기본급이나 고정급이 정하여졌는지, 근로소득세를 원천징수하였는지, 사회보장제도에 관하여 근로자로 인정받는지 등의 사정은 사용자가 경제적으로 우월한 지위를 이용하여 임의로 정할 여지가 크다는 점에서, 그러한 점들이 인정되지 않는다는 것만으로 근로자성을 쉽게 부정할 수는 없다고 봅니다.

질문한 사례와 같은 경우에 화물자동차운전용역 계약자체가 근로계약에 해당하지 않더라도 실질적으로 회사와 운전기사가 종속관계에 있는 등 근로자성을 인정할 수 있다면 산재보험법상 보호받을 수 있을 것으로 보입니다. 유사한 사례에서 판례는 운송회사와 화물자동차운전용역계약을 체결한 운전기사가 회사로부터 제공받은 트레일러를 운전하여 운송업무를 하던 중 운전부주의로 사망한 경우에 종속관계를 인정하여 운전기사를 근로자로 인정하는 취지의 판시를 한바 있습니다. (대법원 2010.05.27. 선고 2007두9471 판결)

[Q&A] 노동조합업무 전임자가 아닌 노동조합간부가 회사의 승낙에 의하여 노동조합업무 등을 수행하던 중에 발생한 재해가 산업재해보상보험법 상 업무상 재해에 해당하는지요?

Q. 노조 전임자가 아닌 노동조합 간부로서 회사 노동조합 임시대의원대회에 참석했다가 외의 보고 자료를 가지러 가기 위해 계단을 내려가던 중 발을 헛디뎌 주저앉는 바람에 '좌 슬관절 전방십자인대 파열상'을 입은 경우에 산재처리가 가능한지요?

A. 노조전임자가 아닌 노동조합의 간부가 노동조합 업무 또는 이에 수반하는 행위 중에 발생한 재해가 산업재해보상보험법 상 업무상 재해에 해당하는지 여부가 문제가 될 것으로 보입니다. 이에 대하여 판례는 '노동조합업무 전임자가 근로계약상 본래 담당할 업무를 면하고 노동조합의 업무를 전임하게 된 것이 단체협약 혹은 사용자인 회사의 승낙에 의한 것이라면, 이러한 전임자가 담당하는 노동조합업무는, 업무의 성질상 사용자의 사업과는 무관한 상부 또는 연합관계에 있는 노동단체와 관련된 활동이나 불법적인 노동조합활동 또는 사용자와 대립관계로 되는 쟁의단계에 들어간 이후의 활동 등이 아닌 이상, 회사의 노무관리업무와 밀접한 관련을 가지는 것으로서 사용자가 본래의 업무 대신에 이를 담당하도록 하는 것이어서 그 자체를 바로 회사의 업무로 볼 수 있고, 따라서 전임자가 노동조합업무를 수행하거나 이에 수반하는 통상적인 활동을 하는 과정에서 업무에 기인하여 발생한 재해는 산업재해보상보험법 제5조 제1호 소정의 업무상 재해에 해당한다. 이러한 법리는 노동조합업무 전임자가 아닌 노동조합 간부가 사용자인 회사의 승낙에 의하여 노동조합업무를 수행하거나 이에 수반하는 통상적인 활동을 하는 과정에서 업무에 기인하여 발생한 재해의 경우에도 마찬가지로 적용된다'고 하여 노동조합업무 전임자가 아닌 경우라도 노동조합업무 중에 발생한 재해에 대하여 산업재해보상보험법상 업무상 재해에 해당할 수 있음을 판시한바 있습니다. (대법원 2014.05.29. 선고 2014두35232 판결) 따라서 노동조합업무중에 발생한 사고에 대하여 산재처리가 가능할 여지가 있을 것으로 보입니다.

[Q&A] 노동조합업무 수행 중 사망시 산업재해가 인정되는지요?

Q. 저희 아버지는 회사에서 생산직으로 근무하시다가 얼마 전 회사와 노동조합의 합의로 노동조합업무 전임자로 선임되셨습니다. 그런데 기존에 하던 업무와 상당한 괴리감을 느낀 아버지는 새 일에 적응하기 위하여 수시로 야근을 하였고 건강마저 안 좋아지셨습니다. 그러던 중 아버지는 심근경색으로 돌아가시게 되었습니다. 아버지는 노동조합의 업무를 수행하다가 돌아가셨는데 이것도 회사의 업무로 인정이 되어 산업재해보상보험법의 적용을 받을 수 있을까요?

A. 노동조합업무 전임자가 근로계약상 본래 담당할 업무를 면하고 노동조합의 업무를 전임하게 된 것이 사용자인 회사의 승낙에 의한 것이라면, 이러한 전임자가 담당하는 노동조합업무는, 그 업무의 성질상 사용자의 사업과는 무관한 상부 또는 연합관계에 있는 노동단체와 관련된 활동이나 불법적인 노동조합활동 또는 사용자와 대립관계로 되는 쟁의 단계에 들어간 이후의 활동 등이 아닌 이상, 원래 회사의 노무관리업무와 밀접한 관련을 가지는 것으로서 사용자가 본래의 업무 대신에 이를 담당하도록 하는 것이어서 그 자체를 바로 회사의 업무로 보아야 할 것입니다(대법원 1994.2.22. 선고 92누14502 판결, 1998.12.8. 선고 98두14006 판결, 2003.10.10. 선고 2003두7613 판결 등 참조).

따라서 회사의 승낙 하에 노동조합업무 전임자가 되신 아버지는 회사의 업무를 수행하신 것이고, 그 업무 수행 중 과로와 스트레스로 인한 심근경색으로 사망하게 된 것이라면 업무상 재해에 해당하여 산업재해보상보험법의 적용을 받을 수 있게 될 것입니다(대법원 2005.7.15. 선고 2003두4805 판결).

[Q&A] 휴게시간 중 사망시에도 산업재해보상보험법이 적용되는지요?

Q. 저희 어머니는 회사에서 근무하던 중 휴게시간에 구내 매점에 간식을 사먹으러 가다가 회사 제품하치장에서 회사 소속 트럭에 치여 사망하셨습니다. 저희 어머니도 업무상 재해가 인정되어 산업재해보상보험법이 적용될까요?

A. 휴게시간 중에는 근로자에게 자유행동이 허용되고 있으므로 통상 근로자는 사업주의 지배·관리하에 있다고 할 수 없고, 따라서 근로자가 휴게시간 중에 사업장 내 시설을 이용하여 어떠한 행위를 하다가 부상을 입은 경우에는 업무상 재해라고 할 수 없으나, 한편 휴게시간 중의 근로자의 행위는 휴게시간 종료 후의 노무제공과 관련되어 있으므로, 근로자의 휴게시간 중의 행위가 당해 근로자의 본래의 업무행위 또는 그 업무의 준비행위 내지 정리행위, 사회통념상 그에 수반되는 것으로 인정되는 생리적 행위 또는 합리적·필요적 행위라는 등 그 행위 과정이 사업주의 지배·관리하에 있다고 볼 수 있는 경우에는 업무상재해로 인정하여야 할 것입니다(대법원 1996.8.23. 선고 95누14633 판결 참조).

어머님의 경우 10분간의 휴게시간 동안에 근로자를 위한 복리후생시설인 구내매점을 이용하여 간식을 사 먹는 행위는 근로자의 본래의 업무행위에 수반된 생리적 또는 합리적 행위라고 할 것이므로, 이 사건 사고는 업무상 재해에 해당한다고 할 것입니다(대법원 2000.4.25. 선고 2000다 2023 판결).

[Q&A] 유해물질 노출 작업장에서 일하다 사망시 산업재해인지요?

Q. 저희 형은 석면과 유리규산이 노출되는 작업장에서 8년 정도 근무하다가 폐암이 발생하여 사망하였습니다. 저희 형의 경우에도 업무상 재해에 해당되나요?

A. 발암물질로 알려진 석면과 유리규산에 노출된 작업환경에서 8년 이상 근무하다가 폐암으로 사망한 경우, 망인의 사망원인인 폐암에 이르게 된 의학적 경로가 정확하게 밝혀지지 아니하였다고 하더라도 망인은 암 발생과 관련이 있는 유해물질에 장기간 노출된 상태에서 과도한 업무를 계속하느라 면역기능이 약화되어 폐암이 발병하였거나 발생한 폐암이 조기에 발견되어 치료되지 못한 채 자연적인 진행경과 이상으로 급속히 악화된 후에야 발견됨으로써 그 치료에 불구하고 사망에 이르렀다고 인정함이 상당하므로 망인의 사망이 업무상 재해에 해당할 것으로 보입니다(대법원 2005.11.10. 선고 2005두8009 판결).

[Q&A] 휴게시간 중 축구를 하다 상해를 입은 것이 산업재해인지요?

Q. 제 친구는 회사 근무 중 점심시간에 밥을 먹은 후 동료들과 축구 시합을 하였습니다. 그런데 날아오는 공을 받으려다 착지하는 과정에서 허리를 다치고 말았습니다. 축구시합이 사업장 내에서 이루어졌는데 이 경우 산업재해로 보상을 받을 수 없는지요?

A. 휴게시간 중의 근로자의 행위는 휴게시간 종료 후의 노무제공과 관련되어 있다고 하더라도 기본적으로는 근로자가 휴게시간을 자유로 이용하는 것이 보장되어 있어 통상 사업주의 지배·관리하에 있다고 할 수 없으므로, 근로자가 휴게시간 중에 사업장 내 시설을 이용하여 어떠한 행위를 하다가 부상을 입은 경우에 그 부상이 업무상 재해로 인정되기 위하여는, 그 행위가 당해 근로자의 본래의 업무행위 또는 그 업무의 준비행위 내지 정리행위, 사회통념상 그에 수반되는 것으로 인정되는 생리적 행위 또는 합리적·필요적 행위이거나, 사업주의 지시나 주최에 의하여 이루어지는 행사 또는 취업규칙, 단체협약 기타 관행에 의하여 개최되는 행사에 참가하는 행위라는 등 그 행위과정이 사업주의 지배·관리하에 있다고 볼 수 있는 경우, 또는 그 이용하는 시설의 하자로 인하여 당해 부상을 입은 경우이어야 합니다. 점심시간 중에 사업장 내 축구장에서 친선 축구경기를 하다가 부상을 입은 경우, 업무상 재해에 해당된다고 보기에는 어려울 것으로 보입니다(대법원 1996.8.23. 선고 95누14633 판결).

[Q&A] 국외파견근로자가 국내 사업의 사용자의 지휘에 따라 근무하는 경우 산업재해보상보험법의 적용을 받는지요?

Q. 저는 국내에 있는 회사에 입사한 지 얼마 안되서 중국에 소재한 자회사에 파견되어 근무하기 시작했습니다. 그러던 중 쓰러져 병원에서 '뇌내출혈, 중대뇌동맥의 거미막하출혈'의 진단을 받고 근로복지공단에 요양신청을 하였으나, 해외파견자로서 산업재해보상보험에 가입하지 않은 채 대한민국 밖의 지역에 위치한 회사에서 업무를 수행하다 위 질병이 발생한 것이므로 산업재해보상보험법의 적용대상에 해당하지 아니한다는 이유로 요양을 불승인하는 처분을 받았습니다. 이 경우 산업재해보상보험법 상 보호를 받을 수 있을까요?

A. 이와 같은 사례에서 판례는 "해외파견자의 산업재해에 관하여는 구 산업재해보상보험법 제88조 제1항에 따른 승인절차를 거치지 아니한 이상 산업재해보상보험법이 일반적으로 적용되기는 어렵다고 할 것이나, 국내에서 행하여지는 사업의 사업주와의 사이에 산업재해보상보험관계가 성립한 근로자가 국외에 파견되어 근무하게 되었다고 하더라도, 그 근무의 실태를 종합적으로 검토하여 보았을 때 단순히 근로의 장소가 국외에 있는 것에 불과하고, 실질적으로는 국내의 사업에 소속하여 당해 사업의 사용자의 지휘에 따라 근무하는 경우라면, 국내 사업의 사업주와의 사이에 성립한 산업재해보상보험관계가 여전히 유지되므로 산업재해보상보험법의 적용을 받는다고 보아야 하며(위 98두18503 판결 참조), 이는 구체적으로 업무에 대한 지휘감독관계, 급여관계, 인사관리관계, 산재보험료 납부관계, 국내사업으로의 복귀가 예정되어 있거나 또는 확실하게 예상되는지 여부 및 국내복귀까지의 기간 등의 제반 요소를 종합적으로 고려하여 판단하여야 한다(서울행정법원 2009.8.13. 선고 2008구단10891판결, 서울고등법원 2010.6.16. 선고 2009누20652 참조)."고 판시하고 있습니다.

따라서 귀하의 경우 업무지휘 주체 및 인사관리 주체, 급여 지급 주체, 보험료 납입 관계 등을 고려하여 국내의 사업에 소속하여 그 지휘에 따라 근무하는 경우라면 여전히 산업재해보상보험관계가 유지되어 산업재해보상보험법의 적용을 받을 수 있습니다.

[Q&A] 파견 근로관계에서 실제 사용 사업주가 산업재해로 인한 손해배상 책임을 부담하는지요?

Q. 乙회사는 근로자파견사업 등을 목적으로 설립된 법인으로서, 甲을 고용하여 자동차용 부품 등의 제조·판매업체인 丙의 작업장에서 근로를 제공하게 하였고, 이에 따라 원고는 丙이 제공하는 교통수단으로 작업장에 출근하여 丙의 지휘·감독을 받으며 그가 제공하는 설비와 재료 등으로 사출작업을 함으로써 丙이 생산하는 부품의 제조 업무에 종사하였으며, 甲은 丙의 작업장에서 사출기로 작업하던 중 사출기 안에 손을 집어넣어 이물질을 제거하려다가 오른쪽 팔과 손목 등이 사출기의 상·하 금형 사이에 압착되어 상해를 입는 사고를 당하였는데, 위 사고 당시 丙은 甲에게 사출작업 중의 이물질 제거 방법 등에 관하여 별다른 안전교육 하지 아니하였고, 사출기의 고장 사실을 제대로 확인하지 않았습니다. 이 때 甲은 을이 아닌 丙에게도 보호의무 내지 안전배려의무 위반을 원인으로 하는 손해배상을 청구할 수 있나요?

A. 사용자는 고용 또는 근로계약에 수반되는 신의칙상의 부수적 의무로서 피용자가 노무를 제공하는 과정에서 생명, 신체, 건강을 해치는 일이 없도록 물적 환경을 정비하는 등 필요한 조치를 마련하여야 할 보호의무 또는 안전배려의무를 부담하고, 이러한 의무를 위반함으로써 피용자가 손해를 입은 경우 채무불이행으로 인한 손해배상책임을 집니다(대법원 1999.2.23. 선고 97다12082 판결 등 참조). 그리고 이러한 사용자의 보호의무 또는 안전배려의무 위반 행위가 불법행위의 요건에 해당하는 경우에는 채무불이행책임과 경합하여 불법행위로 인한 손해배상책임도 부담하게 됩니다(대법원 1997.4.25. 선고 96다53086 판결 등 참조).

위 사례와 관련하여 대법원은 "근로자파견에서의 근로 및 지휘·명령 관계의 성격과 내용 등을 종합하면, 파견사업주가 고용한 근로자를 자신의 작업장에 파견받아 지휘·명령하며 자신을 위한 계속적 근로에 종사하게 하는 사용사업주는 파견근로와 관련하여 그 자신도 직접 파견근로자를 위한 보호의무 또는 안전배려의무를 부담함을 용인하고, 파견사업주는 이를 전제로 사용사업주와 근로자파견계약을 체결하며, 파견근로자 역시 사용사업주가 위와 같은 보호의무 또는 안전배려의무를 부담함을 전제로 사용사업주에게 근로를 제공한다고 봄이 타당하다. 그러므로 근로자파견관계에서 사용사업주와 파견근로자 사이에는 특별한 사정이 없는 한 파견근로와 관련하여 사용사업주가 파견근로자에 대한 보호의무 또는 안전배려의무를 부담한다는 점에 관한 묵시적인 의사의 합치가 있다고 할 것이고, 따라서 사용사업주의 보호의무 또는 안전배려의무 위반으로 손해를 입은 파견근로자는 사용사업주와 직접 고용 또는 근로계약을 체결하지 아니한 경우에도 위와 같은 묵시적 약정에 근거하여 사용사업주에 대하여 보호의무 또는 안전배려의무의 위반을 원인으로 하는 손해배상을 청구할 수 있다고 할 것이다. 그리고 이러한 약정상 의무 위반에 따른 채무불이행책임을 원인으로 하는 손해배상청구권에 대하여는 불법행위책임에 관한 민법 제766조 제1항의 소멸시효 규정이 적용될 수는 없다.(대법원 2013.11.28. 선고 2011다60247 판결)"고 판시한 바 있습니다.

따라서 위 판례에 의하면 甲은 사용사업주인 丙에 대해서도 안전배려의무 내지 보호의무 위반을 이유로 손해배상청구를 할 수 있습니다.

[Q&A] 단체협약 또는 회사의 승낙에 의한 **노동조합업무 전임자가 노동조합업무를 수행하거나 이에 수반하는 통상적인 활동을 하는 과정에서 업무에 기인하여 발생한 재해가 업무상 재해에 해당하는지요?**

Q. 甲은 노동조합의 전임자로서 노조회의 보고자료를 가지러 가기 위하여 계단을 내려가다가 발을 헛디뎌 주저앉는 바람에 '좌 슬관절 전방십자인대 파열상'을 입었습니다. 업무상 재해에 해당하나요?

A. 노동조합업무 전임자가 노동조합의 업무를 전임하게 된 것이 단체협약 혹은 사용자인 회사의 승낙에 의한 것이라면, 노동조합업무는, 업무의 성질상 사용자의 사업과는 무관한 상부 또는 연합관계에 있는 노동단체와 관련된 활동이나 불법적인 노동조합활동 또는 사용자와 대립관계로 되는 쟁의단계에 들어간 이후의 활동 등이 아닌 이상, 회사의 노무관리업무와 밀접한 관련을 가지는 것으로서 사용자가 본래의 업무 대신에 이를 담당하도록 하는 것이어서 그 자체를 바로 회사의 업무로 볼 수 있고, 따라서 전임자가 노동조합업무를 수행하거나 이에 수반하는 통상적인 활동을 하는 과정에서 업무에 기인하여 발생한 재해는 산업재해보상보험법 제5조 제1호 소정의 업무상 재해에 해당한다는 것이 대법원의 견해입니다. (대법원 2014.5.29. 선고 2014두35232 판결) 따라서 甲의 부상 역시 업무상 재해에 해당합니다.

10. 산업재해사고에 대한 손해배상 소장 작성례

[서식 예] 손해배상(산)청구의 소(추락사고, 사망)

소　장

원　　고　　1. 김○○(주민등록번호)
　　　　　　2. 이○○(주민등록번호)
　　　　　　3. 김◎◎(주민등록번호)
　　　　　　　원고3은 미성년자이므로
　　　　　　　　법정대리인 친권자 부 김○○, 모 이○○
　　　　　　　원고들의 주소:○○시 ○○구 ○○길○○ (우편번
호)

　　　　　　　전화.휴대폰번호:
　　　　　　　팩스번호, 전자우편(e-mail)주소:
피　　고　　◇◇건설(주)
　　　　　　○○시 ○○구 ○○길 ○○(우편번호)
　　　　　　대표이사 ◇◇◇
　　　　　　전화.휴대폰번호:
　　　　　　팩스번호, 전자우편(e-mail)주소:

손해배상(산)청구의 소

청　구　취　지

1. 피고는 원고 김○○에게 금○○○원, 원고 이○○에게 금○
○○원, 원고 김◎◎에게 금○○○원 및 각 이에 대하여 20
○○.○○.○○.부터 이 사건 소장부본 송달일까지는 연 5%
의, 그 다음날부터 다 갚는 날까지는 연 15%의 각 비율에
의한 돈을 지급하라.
2. 소송비용은 피고의 부담으로 한다.

3. 위 제1항은 가집행 할 수 있다.
라는 판결을 구합니다.

청 구 원 인

1. 당사자의 지위

   소외 망 김◉◉는 피고 ◇◇건설(주)(다음부터 피고회사라고
   함)에 고용되어 작업을 하던 중 ○○소재 건설현장의 5층에
   서 추락하여 사망한 피해자 본인이고, 원고 김○○는 소외
   망 김◉◉의 아버지, 원고 이○○는 소외 망 김◉◉의 어머
   니이며, 원고 김◎◎는 소외 망 김◉◉의 여동생이며, 피고
   ◇◇건설(주)는 소외 망 김◉◉의 고용주로 건설업을 전문으
   로 하는 건설회사입니다.

2. 사건의 개요

   (1) 소외 망 김◉◉는 피고회사에 20○○.○.○. 고용되어 피
       고회사가 서울 ○○구 ○○길 ○○에서 시공중인 ○○아
       파트 건설현장에 투입되었습니다.

   (2) 소외 망 김◉◉는 위 아파트 공사에 투입되어 작업을 하
       던 중 20○○.○○.○○. 40kg의 시멘트를 어깨에 메고
       아파트 외곽에 설치되어 있는 패널을 이용하여 만든 이
       동통로(다음부터 비계라 함)를 따라 4층에서 5층으로 이
       동하던 중 피고회사의 직원인 소외 이◆◆가 잘못 설치
       한 패널이 밑으로 빠지면서 약 15m 정도의 높이에서 추
       락하여 과다출혈 및 심장 파열로 인해 그 자리에서 사
       망하였습니다.

3. 손해배상의 책임

   (1) 피고회사는 건설업을 전문으로 하는 회사로서, 소속직원
       및 다른 근로자들이 작업을 함에 있어 안전하게 할 수
       있도록 사전에 필요한 조치를 취해 사고를 미연에 방지
       해야 할 업무상 주의의무가 있음에도 불구하고, 비계에

부착해 있는 패널을 수시로 점검하여 교체, 수리 등의 적절한 조치를 취하지 않은 채 작업을 시킨 과실로 인해 이 사건 피해자 소외 망 김◉◉로 하여금 위 공사장의 15m 높이에서 떨어져 사망하게 하였습니다.

(2) 따라서 이 사건 사고는 전적으로 피고회사의 감독소홀과 안전배려의무위반 및 공작물의 설치보존상의 하자 등으로 인해 발생된 것으로서, 피고회사는 공작물 등의 소유자, 점유자 및 소외 망 김◉◉의 사용자로서 이 사건 사고로 인하여 소외 망 김◉◉ 및 원고들이 입은 모든 손해를 배상할 책임이 있다 할 것입니다.

4. 손해배상의 범위

(1) 일실수입

소외 망 김◉◉는 19○○.○.○○.생으로 이 건 사고로 사망한 20○○.○○.○○. 현재 만 33세 5개월 남짓한 신체 건강한 대한민국 남자로 기대여명은 40.33년이 되며, 만약 서울시내에 거주하고 있는 소외 망 김◉◉가 이 사건 사고로 사망하지 않았다면 사고일로부터 60세에 도달하는 날까지 향후 약○○개월간은 최소한 도시일용 노동자로 종사하면서 매월 금 ○○○원(도시일용 보통인부 1일노임단가 금 ○○○원×22일)의 수입을 얻을 수 있으나 이 사건 사고로 사망하는 바람에 수입의 전부를 상실하게 되었습니다.

따라서 월 5/12%의 비율로 계산한 중간이자를 공제한 호프만식 계산법에 따른 소외 망 김◉◉의 일실수입을 계산하고 소외 망 김◉◉의 생활비를 그 소득에서 1/3을 공제해보면 이 사건 사고 당시의 현가금이 금 ○○○○원이 됩니다.

【계산】

금○○○원(도시일용보통인부 1일노임단가 금 ○○○원 ×22일)×202.2081(사고일부터 60세에 이르는 날까지 318

개월에 해당하는 호프만계수) × 2/3(생활비 1/3 공제) = 금○○○원

(2) 소외 망 김◉◉의 위자료

소외 망 김◉◉는 평소 신체 건강한 미혼남자였는데 이 사건 사고로 부모를 남겨둔 채 불의에 사망하였으므로 상당한 정신적 고통을 받았을 것은 경험칙상 명백하고, 소외 망 김◉◉의 나이, 가족관계, 이 사건 사고경위 등을 고려할 때 피고회사는 소외 망 김◉◉에게 금 ○○○원을 위자료로 지급함이 마땅하다 할 것입니다.

(3) 상속관계

소외 망 김◉◉의 손해배상채권 금○○○원(일실수입: 금○○○원+위자료: 금○○○원)은 그의 상속인인 원고 김○○에게 1/2(금○○○원=소외 망 김◉◉의 손해배상채권 금○○○원×1/2), 이○○에게 1/2(금○○○원=소외 망 김◉◉의 손해배상채권 금○○○원×1/2)의 비율로 각 상속되었습니다.

(4) 원고들의 위자료

원고들도 소외 망 김◉◉의 사망으로 인하여 크나큰 정신적 고통을 받았을 것임은 경험칙상 명백하므로 피고회사는 소외 망 김◉◉의 부모인 원고 김○○, 원고 이○○에게 각 금 ○○○원, 소외 망 김◉◉의 여동생인 원고 김◎◎에게 금 ○○○원씩을 위자료로 지급함이 마땅하다 할 것입니다.

(5) 장례비

원고 김○○는 소외 망 김◉◉의 장례비로 금 ○○○원을 지출하였습니다.

5. 결론

따라서 피고회사는 원고 김○○에게 금 ○○○원(상속분 : 금 ○○○원+장례비 : 금 ○○○원+위자료 : 금 ○○○원), 원고 이○○에게 금 ○○○원(상속분 : 금 ○○○원+위자료

: 금 ○○○원), 원고 김◎◎에게 금○○○원 및 각 위 돈에 대하여 이 사건 사고 발생일인 20○○.○○.○○.부터 이 사건 소장부본 송달일까지는 민법에서 정한 연 5%의, 그 다음날부터 다 갚는 날까지는 소송촉진등에관한특례법에서 정한 연 15%의 각 비율에 의한 지연손해금을 지급할 의무가 있다 할 것이므로, 원고들은 청구취지와 같은 판결을 구하고자 이 사건 청구에 이르게 되었습니다.

입 증 방 법

1. 갑 제1호증   기본증명서
       (단, 2007.12.31. 이전 사망한 경우 제적등본)
1. 갑 제2호증   가족관계증명서
       (또는, 상속관계를 확인할 수 있는 제적등본)
1. 갑 제3호증   주민등록등본
1. 갑 제4호증   사체검안서
1. 갑 제5호증   사망진단서
1. 갑 제6호증의 1, 2   한국인표준생명표 표지 및 내용
1. 갑 제7호증의 1, 2   월간거래가격표지 및 내용
1. 갑 제8호증의 1 내지 5   각 장례비 영수증

첨 부 서 류

1. 위 입증서류   각 1통
1. 법인등기사항증명서   1통
1. 소장부본   1통
1. 송달료납부서   1통

20○○. ○. ○.

위 원고 1. 김○○(서명 또는 날인)

              2. 이○○(서명 또는 날인)
              3. 김◎◎
                 원고 3은 미성년자이므로
            법정대리인 친권자 부 김○○(서명 또는 날
인)   모 이○○(서명 또는 날
인)

○○지방법원 ○○지원 귀중

소　장

원　　고　○○○ (주민등록번호)
　　　　　○○시 ○○구 ○○길 ○○(우편번호)
　　　　　전화.휴대폰번호:
　　　　　팩스번호, 전자우편(e-mail)주소:
피　　고　주식회사◇◇주택
　　　　　○○시 ○○구 ○○길 ○○(우편번호)
　　　　　대표이사 ◇◇◇
　　　　　전화.휴대폰번호:
　　　　　팩스번호, 전자우편(e-mail)주소:

손해배상(산)청구의 소

청 구 취 지

1. 피고는 원고에게 금 11,000,000원 및 이에 대하여 1993. 2.
　 12.부터 이 사건 소장부본 송달일까지는 연 5%의, 그 다음
　 날부터 다 갚는 날까지는 연 15%의 각 비율에 의한 돈을
　 지급하라.
2. 소송비용은 피고의 부담으로 한다.
3. 위 제1항은 가집행 할 수 있다.
라는 판결을 구합니다.

청 구 원 인

1. 당사자 신분관계
　 원고는 피고회사가 시공하는 건설현장에서 작업중 이 사건 사
　 고로 부상을 입은　직접 피해자이고, 피고회사는 건설공사업

- 68 -

등을 목적으로 설립된 주식회사입니다.

2. 손해배상책임의 발생

원고는 2001.3.11. 피고회사가 시공 중이던 ○○시 ○○구 ○○길 ○○ ◎◎아파트 신축공사현장에 철근공으로 고용되어 일해오던 중 2001. 4. 8. 07:00시경 위 현장에 출근하여 피고회사의 작업감독 소외 김◆◆로부터 작업원 철근공 소외 이◆◆, 박◆◆, 최◆◆, 정◆◆, 양◆◆과 원고 등 6명의 작업원들은 위 공사현장 아파트단지내 사회복지관 지하층 공사장(깊이 약 12m 가로 약 100m 세로 약 80m 정도)에서 철근 배근작업을 하라는 지시를 받고 건물기둥 시공을 위한 철근 배근작업을 하게 되었던 바, 원고와 소외 이◆◆는 같은 조가 되어서 작업을 하게 되었는데, 소외 이◆◆는 지면에서 철근배근작업을 하고 있었고, 원고는 잡부들이 설치해놓은 비계틀작업대(가로 1.5m, 세로 1.2m, 높이 약 5.6m 정도로 조립식 3단으로 설치하였음) 위에 올라가서 철근 배근작업에 열중하고 있는데 같은 날 16시경 갑자기 비계틀작업대가 옆으로 쓰러지는 바람에 위 원고는 지면으로 떨어지면서

1) 우경, 비골(하1/3) 분쇄골절(수술후)
2) 우하퇴부 비골 신경마비
3) 우경골 골수염 등의 중상해를 입게 되었습니다.

위 사고는 잡부들이 철근 배근작업에 앞서 비계틀작업대를 설치하면서 조립을 제대로 하지 아니하고 그것을 견고히 고정도 시키지 아니한 채 불안정하게 설치한 점과 작업감독이 철근공들이 작업대 위에 올라가서 작업에 앞서 작업대에 대한 안전점검을 철저히 실시하지 아니한 점과 공작물설치보존상의 하자 등이 결합되어 발생된 사고로서 피고회사는 위 업무상 과실을 범한 작업감독 소외 김◆◆와 비계틀을 설치한 잡부들의 사용자인 동시에 하자있는 공작물의 소유관리자로서 이 사건 사고로 인하여 원고가 입은 모

든 손해에 대하여 법에 따라 배상할 책임이 있다 할 것입니다.

3. 손해배상의 범위

가. 원고 ○○○의 일실수입

(1) 위 원고는 1954.4.6.생의 신체 건강했던 남자로서 이 사건 사고 발생일인 2001.4.8. 당시 47세 남짓 되어 그 나이 한국인 평균기대여명은 향후 27.77년이고 특별한 사정이 없는 한 만74세까지 생존할 수 있습니다.

(2) 원고는 약 25여년전부터 국내 여러 건설현장을 전전하면서 철근공으로 일해오다가 2001.3.11. 피고회사가 시공하는 아파트신축공사현장에 철근공으로 고용되어 이 사건 사고 당시까지 일해오면서 일당 금 75,000원씩을 지급 받아 왔는바, 이 사건 사고만 없었더라면 경험칙상 철근공으로 노동가능한 만 60세 되는 날(2014.4.5.)까지 앞으로 12년 11개월(155개월)동안을 더 일하면서 위 실제 수익금은 이 사건 공사에 한정된 것이므로 이를 무시하더라도 최소한 2001.1. 현재 우리나라 건설현장의 철근공의 평균임금 상당인 1일 금 68,758원씩 지급 받으면서 월평균 22일 정도씩 가동하여 월 금 1,512,676원(금 68,758원×22일) 상당씩을 수익할 수 있을 것입니다.

(3) 그런데 원고는 이 사건 사고시 우측다리 등에 심한 부상을 입고 사고일로부터 2002.2.12.까지 10개월 남짓 입원치료를 받느라 아무런 노동에 종사하지 못하여 위 수익금 전부를 일실하게 되었고, 치료가 종결된 현재에 이르러서도 그 후유증으로 인하여 철근공으로서 약 40% 상당의 노동력이 감퇴됨으로서 위 수익금 중 이에 상응하게 월 금 605,070원(금 1,512,676원×40/100)씩을 60세가 될 때까지 매월 순차적으로 일실하는 손해를 입게 되었다 할 것입니다.

(4) 그러므로 위와 같은 사실들을 기초로 호프만식 계산법에 따라 월 5/12%의 비율에 의한 중간 이자를 공제하고 이 사건 사고 당시를 기준으로 일시에 청구할 수 있는 현가를 계산하면 금 81,109,172원【금 14,789887원{금 1,512,676원×9.7773(입원치료기간 10개월에 상당한 호프만수치)}+금 66,319,285원[금 1,512,676원×109.6059{119.38932(사고시부터 60세가 될 때가지 155개월에 대한 호프만수치)-9.7773(입원치료기간 10개월에 상당한 호프만수치)}×40/100】임이 계산상 명백하나, 소송형편상 우선 금 20,000,000원만 청구하고 이후 신체감정결과에 따라 확장 청구코자 합니다.

나. 위자료

원고는 이 사건 사고로 우측다리 등에 심한 부상을 입고 10개월이 넘도록 병상에서 요양가료 하였으나 더 이상 치유에 가망이 없어 그 장해가 심하게 남게 되었는바, 원고가 그동안 받아온 고통은 지대하게 컸을 것이고 그와 같은 고통은 향후에도 계속적으로 심적 고통을 받을 것임이 경험칙에 비추더라도 분명한 사실이라 할 것입니다.

피고회사는 위와 같은 원고의 막대한 정신적 피해에 대하여서도 위자할 책임이 있다 할 것이므로 이를 다소나마 위자하려면 최소한 이 사건 사고의 직접피해자인 원고에게 금 10,000,000원의 위자료를 지급함이 상당하다 할 것입니다.

4. 결론

그렇다면 위에서 밝힌 바와 같이 피고회사는 원고에게 우선 금 30,000,000원{금 20,000,000원(일실수입의 일부금)+금 10,000,000원(위자료)} 및 각 이에 대하여 사고발생일인 2001. 4. 8.부터 이 사건 소장부본 송달일까지는 민법에 정해진 연 5%의, 그 다음날부터 다 갚는 날까지는 소송촉진등에관한특례법에 정해진 연 15%의 각 비율에 의한 지연손해금을 지급할 책임이 있다 할 것이므로 원고는 청구

취지와 같은 돈을 지급 받고자 이 사건 소제기에 이른 것입니다.

입 증 방 법

1. 갑 제1호증   기본증명서
1. 갑 제2호증의 1, 2   각 진단서
1. 갑 제3호증의 1, 2   한국인표준생명표 표지 및 내용
1. 갑 제4호증   휴업급여 청구서
1. 갑 제5호증   장해보상 청구서
1. 갑 제6호증   장해급여 지급증서
1. 갑 제7호증   진술서
1. 갑 제8호증의 1, 2   월간거래가격표지 및 내용

첨 부 서 류

1. 위 입증방법   각 1통
1. 법인등기사항증명서   1통
1. 소장부본   1통
1. 송달료납부서   1통

20○○. ○. ○.

위 원고   ○○○ (서명 또는 날인)

○○지방법원 귀중

[서식 예] 손해배상(산)청구의 소(건축자재에 의한 충격, 장해발생)

소 장

원 고   1. 김○○(주민등록번호)
        2. 이○○(주민등록번호)
        3. 김◎◎(주민등록번호)
            원고3은 미성년자이므로
            법정대리인 친권자 부 김○○, 모 이○○
            원고들의 주소:○○시 ○○구 ○○길○○ (우편번호)

        전화.휴대폰번호:
        팩스번호, 전자우편(e-mail)주소:
피 고   ◇◇건설(주)
        ○○시 ○○구 ○○길 ○○(우편번호)
        대표이사 ◇◇◇
        전화.휴대폰번호:
        팩스번호, 전자우편(e-mail)주소:

손해배상(산)청구의 소

청 구 취 지

1. 피고는 원고 김○○에게 금 ○○○원, 원고 이○○에게 금 ○○○원, 원고 김◎◎에게 금 ○○○원 및 각 이에 대하여 20○○.○○.○○.부터 이 사건 소장부본 송달일까지는 연 5%의, 그 다음날부터 다 갚는 날까지는 연 15%의 각 비율에 의한 돈을 지급하라.
2. 소송비용은 피고의 부담으로 한다.
3. 위 제1항은 가집행 할 수 있다.

라는 판결을 구합니다.

청 구 원 인

1. 당사자의 지위

   원고 김○○은 피고 ◇◇건설(주)(다음부터 피고회사라고 함)에 고용되어 작업을 하던 중 서울 ○○구 ○○길 ○○ 소재 건설현장의 10층에서 떨어진 철골조각에 머리를 맞아 중상을 입은 피해자 본인이고, 원고 이○○는 원고 김○○ 의 처, 원고 김○○는 원고 김○○의 자녀이며, 피고 ◇◇ 건설(주)는 원고 김○○의 고용주로 건설업을 전문으로 하는 건설회사입니다.

2. 사건의 개요

   (1) 원고 김○○는 피고회사에 20○○.○.○.부터 일용근로자로 고용되어 피고회사가 시행하는 건축공사현장에서 일해왔습니다.

   (2) 원고 김○○는 20○○.○○.○○. 서울 ○○구 ○○길 ○○에서 시공중인 ○○아파트공사 작업장에 투입되어 건물의 1층에서 건물바닥청소를 하던 중 갑자기 10층에서 가로 10㎝, 세로 10㎝ 정도의 철골조각이 허술한 안전망을 뚫고 아래로 떨어지면서 원고 김○○의 머리를 충격하였는바, 이로 인해 원고 김○○는 의식을 잃고 그 자리에서 쓰러졌습니다.

   (3) 피고회사는 원고 김○○가 심한 출혈을 하자 즉시 인근 병원으로 옮겨 치료를 하였으나 담당의사인 소외 ◉◉◉의 말에 의하면 원고 김○○는 과다한 뇌출혈로 인해 의식을 회복하더라도 상당한 장해가 있을 것이라 하였고, 결국 원고 김○○는 이 사건 사고로 인하여 발생된 뇌출혈로 인한 ○○증세를 보여 결국 영구적으로 20%의 노동력을 상실하게 되었습니다.

3. 손해배상의 책임

  (1) 피고회사는 건설업을 전문으로 하는 회사로서, 소속직원
      및 다른 근로자 들이 안전하게 작업할 수 있도록 사전에
      필요한 조치를 취해 사고를 미연에 방지해야 할 업무상
      주의의무가 있음에도 불구하고, 있으나 마나한 허술한
      안전망을 설치해 놓고 또한 피고회사의 피용인인 소외
      이◆◆가 아래에 사람이 있는지 여부를 확인하지도 않은
      채 10층에서 무거운 철골조각을 떨어뜨려 피해자인 원고
      김○○로 하여금 영구적으로 20%의 노동력을 상실케 하
      는 장애를 입혔습니다.

  (2) 따라서 이 사건 사고는 전적으로 피고회사의 감독소홀과
      안전배려의무위반 및 공작물의 설치보존상의 하자 등으
      로 인해 발생된 것으로서, 피고회사는 공작물 등의 소유
      자, 점유자 및 소외 이◆◆의 사용자로서 이 사건 사고
      로 인하여 원고 김○○ 및 나머지 원고들이 입은 모든
      손해를 배상할 의무가 있다 할 것입니다.

4. 손해배상의 범위

  (1) 치료비

    가. 기존치료비
        원고 김○○는 이 사건 사고로 ○개월간 입원하면서
        수술비 및 치료비로 금 ○○○원을 지출하였습니다.

    나. 향후치료비
        원고 김○○는 향후 1달에 1번씩 물리치료가 필요하여
        이에 필요한 비용이 지출될 것으로 예상되는바, 향후
        치료비는 추후 신체감정결과에 따라 추후에 청구하도
        록 하겠습니다.

  (2) 개호비
      원고 김○○는 의식불명의 상태로 있었던 약 ○○일 동
      안 전혀 거동을 하지 못하여 반드시 한 사람의 개호가
      필요하였는데, 개호비는 추후 신체감정결과에 따라 청구

하도록 하겠습니다.
(3) 일실수입
원고 김○○는 19○○.○○.○○.생으로 이 사건 사고로
장애를 입은 20○○.○○.○○. 현재 만 ○○세 ○○개월
남짓한 신체 건강한 대한민국 남자로 기대여명은 ○○년
이 되며, 만약 서울시에 거주하고 있는 원고 김○○가
이 사건 사고로 장애를 입지 않았다면 사고일로부터 60
세에 도달하는 날까지 향후 약 ○○개월간은 최소한 도
시일용노동자로 종사하면서 매월 금 ○○○원(도시일용
보통인부 1일노임 단가 금 ○○○원×22일)의 수입을 얻
을 수 있으나 이 사건 사고로 인해 영구적으로 20%의
노동력을 상실하게 되어 수입의 일부를 영구적으로 상실
하게 되었습니다.
따라서 월 5/12%의 비율로 계산한 중간이자를 공제한
호프만계산방식에 따른 원고 김○○의 일실수입을 계산
해보면 이 사건 사고 당시의 현가금이 금 ○○○원에 이
르나, 구체적인 액수는 신체감정결과에 따라 확장청구하
기로 하고 우선 일부금으로 금 ○○○원을 청구합니다.
【계산】
가. 사고일부터 퇴원일까지(노동력상실율 100%)
    금 ○○○원(도시일용 보통인부 1일노임단가 금 ○
    ○○원×22일)×○○.○○○○(사고일부터 퇴원일까지
    의 개월수에 해당하는 호프만계수)×100% = 금 ○○
    ○원
나. 그 다음날부터 60세에 도달하는 날까지(노동력상실
    율 20%)
    금 ○○○원(도시일용 보통인부 1일노임단가 금 ○
    ○○원×22일)×[(사고일부터 60세에 도달하는 날까지
    의 개월수에 해당하는 호프만계수)-(사고일부터 퇴
    원일까지의 개월수에 해당하는 호프만 계수)×20% =

금 ○○○원

　다. 합계

　　가+나=금 ○○○원+금 ○○○원=금 ○○○원

(4) 위자료

　원고 김○○은 이 사건 사고 전에는 10세의 자녀를 둔 신체 건강한 남자였으나 이 사건 사고로 인해 예측치 못한 장애를 입은 원고 김○○ 및 장애의 몸으로 세상을 살아가는 모습을 지켜봐야 하는 원고 가족들이 정신적인 고통을 입을 것은 경험칙상 명백하므로, 피고회사는 원고 김○○에게 금 ○○○원, 원고 김○○의 처인 원고 이○○에게 금 ○○○원, 자녀인 원고 김◎◎에게는 금 ○○○원을 각 지급하여 원고들의 정신적인 고통을 금전으로 나마 위자하여야 마땅하다 할 것입니다.

5. 결론

　따라서, 피고는 원고 김○○에게는 금 ○○○원(치료비: 금 ○○○원+일실수입: 금 ○○○원 +위자료: 금 ○○○원)을, 원고 이○○에게는 금 ○○○원(위자료), 원고 김◎◎에게는 금 ○○○원(위자료) 및 각 이에 대하여 이 사건 사고일인 20○○. ○○. ○○.부터 이 사건 소장부본 송달일까지는 민법에서 정한 연 5%의, 그 다음날부터 다 갚는 날까지는 소송촉진등에관한특례법에서 정한 연 15%의 각 비율에 의한 지연손해금을 지급할 의무가 있다 할 것이므로, 원고들은 부득이 청구취지와 같은 판결을 구하고자 부득이 이 사건 청구에 이르게 되었습니다.

입 증 방 법

1. 갑 제1호증　　　　　　　　　가족관계증명서
1. 갑 제2호증　　　　　　　　　　기본증명서
1. 갑 제4호증의 1, 2　　한국인표준생명표 표지 및 내용

1. 갑 제5호증의 1, 2   월간거래가격표지 및 내용
1. 갑 제6호증의 1 내지 5   각 영수증
1. 갑 제7호증   사고확인서

첨 부 서 류

1. 위 입증서류   각 1통
1. 법인등기사항증명서   1통
1. 소장부본   1통
1. 송달료납부서   1통

20○○. ○. ○.

위 원고 1. 김○○(서명 또는 날인)
        2. 이○○(서명 또는 날인)
        3. 김◎◎
        원고 3은 미성년자이므로
법정대리인 친권자 부 김○○(서명 또는 날인)
        모 이○○(서명 또는 날인)

○○지방법원 ○○지원 귀중

소　장

원　　고　○○○ (주민등록번호)
　　　　　○○시 ○○구 ○○길 ○○(우편번호)
　　　　　전화.휴대폰번호:
　　　　　팩스번호, 전자우편(e-mail)주소:
피　　고　◇◇전자산업주식회사
　　　　　○○시 ○○구 ○○길 ○○(우편번호)
　　　　　대표이사 ◇◇◇
　　　　　전화.휴대폰번호:
　　　　　팩스번호, 전자우편(e-mail)주소:

손해배상(산)청구의 소

청 구 취 지

1. 피고는 원고에게 금 21,529,740원 및 이에 대하여 2000.7.
　7.부터 이 사건 소장부본 송달일까지는 연 5%의, 그 다음
　날부터 다 갚는 날까지는 연 15%의 각 비율에 의한 돈을
　지급하라.
2. 소송비용은 피고의 부담으로 한다.
3. 위 제1항은 가집행 할 수 있다.
라는 판결을 구합니다.

청 구 원 인

1. 당사자들의 신분관계
　원고는 이 사건 산재사고의 피해자 본인이고, 피고 ◇◇전자
　산업주식회사(다음부터 피고회사라고만 함)는 전자제품 및

목상제조판매업 등을 목적으로 하는 회사입니다.

2. 손해배상책임의 발생

가. 원고는 피고회사의 기계부 사원으로 근무하던 중 2000.
7.7.18:45경 동료 사원인 소외 ◈◈◈와 짝을 이루어 목재
절단기(G/M-2400 N/C)로 판재절단작업을 하고 있었습니
다. 원고는 작업도중 목재가루, 먼지 등을 흡입하는 집진
기의 흡인력이 약하다는 소리를 전해듣고 1회 작업이 끝
난 후 소외 ◈◈◈에게 집진기를 점검하겠으니 목재절단
기의 재 작동을 잠시 중단하자고 요청하였습니다. 원고가
집진기의 흡인력을 확인하고 있던 중 소외 ◈◈◈는 작업
장의 소음 및 목재절단기가 일으킨 먼지 등으로 인한 시
야장애로 원고가 집진기의 점검을 마친 것으로 오인하여
목재절단기를 가동시켰으며, 그 순간 절단기의 기계 회전
톱에 원고의 오른쪽 손이 빨려 들어가는 사고가 발생하
였습니다. 이로 인해 원고는 오른쪽 제2, 3수지 절단 및
제4수지 연조직 결손의 상해를 입었습니다.

나. 피고회사의 공장은 위험한 기계를 다루는 곳으로 항상 안
전사고의 위험이 상존하고 있습니다. 따라서 피고회사는
평소 직원들에게 안전의식을 주지시켜야하고 절단기, 소
음방지시설 등의 기계 및 작업환경에 대한 사전점검을 하
여야 할 뿐만 아니라 작업 중 그 감시감독을 철저히 하여
야 할 것이나 그와 같은 안전교육, 안전점검, 감시감독을
제대로 다 하지 못한 잘못이 있습니다. 그렇다면 피고회
사는 위 작업현장의 안전관리 등의 총책임자이자 원고 및
소외 ◈◈◈의 사용자로서 민법 제750조, 제756조에 의해
작업도중 소외 ◈◈◈가 원고에게 입힌 모든 손해를 배상
할 책임이 있습니다.

3. 손해배상의 범위

가. 일실수입

(1) 원고는 1968.10.29.생으로 사고 당시인 2000.7.7. 현재 31세 8개월 남짓 된 신체 건강하였던 남자로서 그 나이에 이른 한국인 남자의 기대여명은 42.21년으로 특단의 사정이 없는 한 73세까지는 생존하리라 추정됩니다.

(2) 원고는 1999.10.1. 피고회사에 입사하여 사고 당시 월평균 금 1,360,620원의 소득을 얻고 있었습니다. 원고는 이 사건 사고로 인하여 장해를 입어 상당한 비율의 노동능력을 상실하게 되었는바, 요양기간이 끝난 다음날인 2001.2.6.부터 60세가 달할 때까지 그 상실비율에 따른 월수입을 잃게 되었습니다. 그 상실액에 대해서는 원고에 대한 신체감정결과에 따라 추후 정확한 금액을 청구하기로 하고, 우선 금 25,000,000원을 청구합니다.

나. 위자료

원고는 성실하게 사회생활을 영위하여 오는 것은 물론 가족들과 단란한 생활을 영위하여 오다가 이 사건 사고로 상해를 입고 불구의 몸이 됨으로써 현재 및 장래에 형언할 수 없는 실의와 비탄에 잠겨 있는바, 경험칙상 인정되는 원고의 고통을 위자하려면 최소한 금 10,000,000원은 지급되어야 할 것입니다.

다. 손익상계

원고는 이 사건 산재사고로 인한 장해급여로 금 13,470,260원을 수령하였으며 이에 대해서는 청구금액에서 공제하겠습니다.

4. 결 론

그렇다면 피고는 원고에게 금 21,529,740원(일실수입 금 25,000,000원+ 위자료 금 10,000,000원 - 손익상계 금 13,470,260원) 및 이에 대하여 사고 발생일인 2000.7.7.부터 이 사건 소장부본 송달일까지는 민법에서 정한 연 5%의, 그 다음날부터 다 갚는 날까지는 소송촉진등에관한특례법에서 정한 연 15%의 각 비율에 의한 지연손해금을 지급할 의무가 있다고 할 것입니다.

입 증 방 법

1. 갑 제1호증   기본증명서
1. 갑 제2호증   사고경위서
1. 갑 제3호증   장해진단서
1. 갑 제4호증   근로소득원천징수영수증
1. 갑 제5호증   보험급여지급확인원
1. 갑 제6호증의 1, 2   한국인표준생명표 표지 및 내용

첨 부 서 류

1. 위 입증방법   각 1통
1. 법인등기사항증명서   1통
1. 소장부본   1통
1. 송달료납부서   1통

20○○. ○. ○.

위 원고   ○○○   (서명 또는 날인)

○○지방법원 ○○지원 귀중

[서식 예] 손해배상(산)청구의 소(건축물 붕괴로 인한 사고)

소　장

원　　고　○○○ (주민등록번호)
　　　　　○○시 ○○구 ○○길 ○○(우편번호)
　　　　　전화.휴대폰번호:
　　　　　팩스번호, 전자우편(e-mail)주소:
피　　고　◇◇토건주식회사
　　　　　○○시 ○○구 ○○길 ○○(우편번호)
　　　　　대표이사 ◇◇◇
　　　　　전화.휴대폰번호:
　　　　　팩스번호, 전자우편(e-mail)주소:

손해배상(산)청구의 소

청 구 취 지

1. 피고는 원고에게 금 48,217,114원 및 이에 대한 2002.6.1
   6.부터 이 사건 소장부본 송달일까지는 연 5%의, 그 다음
   날부터 다 갚는 날까지는 연 15%의 각 비율에 의한 돈을
   지급하라.
2. 소송비용은 피고의 부담으로 한다.
3. 위 제1항은 가집행 할 수 있다.
라는 판결을 구합니다.

청 구 원 인

1. 당사자들의 지위
   원고는 이 사건 사고를 당한 피해자 본인으로 피고에게 고용
   된 근로자이고, 피고회사는 이 사건 사고를 야기한 불법행위

자로 원고를 고용한 사용자입니다.

2. 손해배상책임의 발생

피고 ◇◇토건주식회사(다음부터 피고회사라고만 함)는 중부고속도로건설공사를 하는 소외 ◆◆건설주식회사로부터 ○○도 ○○군 소재 위 공사의 일부구간을 도급 받은 회사인바, 원고는 피고회사에 철근공으로 고용되어 고속도로건설현장에서 고속도로 교량날개 옹벽공사작업을 하던 중 2002.6.16. 16:00경 피고회사 소속 현장책임자 성명불상자(이사급)의 독려로 원고가 안전조치가 미비한 위 옹벽을 잡고서 작업을 하다가 옹벽의 철근이 무너지면서 원고를 덮쳐 원고는 제4요추 압박골절상을 입었습니다. 그런데 이러한 위험한 교량옹벽공사에 인부를 투입하는 피고회사로서는 작업인부들의 안전을 고려하여 안전망을 설치하고 안전교육을 실시하는 등 사고를 미연에 방지하여야 함에도 불구하고 이를 게을리 한 점과 위 현장감독자의 무리한 공사독려 등이 이 사건 사고의 직접적인 원인을 제공하였다 할 것입니다. 따라서 피고회사는 자기회사의 불법행위책임 내지 위 현장감독자의 사용자책임에 의하여 이 사건 사고로 원고가 입은 모든 손해를 배상할 책임이 있다 할 것입니다.

3. 손해배상책임의 범위

가. 원고의 일실수입

원고가 이 사건 사고로 상실한 가동능력에 대한 금전적 총평가액 상당의 일실수입손해는 (1)과 같은 기초사실을 근거로 월 12분의 5%의 비율에 의한 중간이자를 공제하는 단리할인법(호프만식 계산법)에 따라 이 사건 사고발생 당시의 현가로 (2)와 같이 계산하면 금 43,217,114원이 됩니다.

(1) 기초사실

(가) .성별: 남자

.생년월일: 1951.10.23.생

.연령(사고당시): 50세 7월 남짓

.기대여명: 25.28년

(나) 직업: 철근공

(다) 가동능력에 대한 금전적 평가: 대한건설협회에서 작성한 건설업임금실태조사보고서에 의한 시중노임단가에 의함(계산의 편의상 사고시점의 시중노임과 2002.9.1.이후의 일용노임으로 계산함).

① 이 사건 사고일인 2002.6.16.부터 2002.8.31.까지 : 월 금 1,850,486원(2002.5. 당시 철근공 시중노임 금 84,113원×월가동일수 22일)

② 2002.9.1.부터 가동연한까지 : 월 금 2,064,766원(2003년 상반기 적용 철근공 시중노임 금 93,853원×월가동일수 22일)

(라) 치료기간 :

사고일(2002.6.16.)부터 같은 해 7.18.까지 입원치료

(마) 후유장해 및 가동능력상실율(신체감정결과)

.후유장해 : 제4요추 압박골절

.맥브라이드 불구평가표상 장해등급 : 척추손상부 I-A-d

.가동능력상실율 : 22%

(바) 가동기간 : 만 60세가 될 때까지(경험칙)

(2) 계산

(가) 사고일(2002.6.16.)부터 2002.7.18.까지 일실수입 (33일간)

1,850,486원×1.09502417(33일의 호프만지수)

= 2,026,326원(원미만 버림)

* 33일의 호프만지수 : 1.09502417 = 1개월의 호프만지수 + (2개월의 호프만지수 - 1개월의 호프만지수)×3/30

(나) 2002.7.19.부터 2002.8.31.까지의 일실수입(1개월 13일)

1,850,486원×1.38638915(2개월 15일의 호프만지수 - 33일의 호프만지수)×0.22(노동능력상실율) = 564,408원(원미만 버림)

* 2개월 15일의 호프만지수 2.48141332 = 2개월의 호프만지수 + (3개월의 호프만지수 - 2개월의 호프만지수)×15/30

(다) 2002.9.1.부터 가동연한(2011.10.22.)까지의 일실수입(109개월 22일)

2,064,766원×89.43646234(112개월 7일의 호프만지수 - 2개월 15일의 호프만지수)×0.22(노동능력상실율) = 40,626,380원(원미만 버림)

* 112개월 7일의 호프만지수 91.91787566 = 112개월의 호프만지수 + (113개월의 호프만지수 - 112개월의 호프만지수)×7/30

∴ ① + ② + ③ = 43,217,114원

나. 위자료

원고는 이 사건 사고로 장기간 치료 및 후유장해로 고생하여 정신적인 고통을 입었을 것임은 경험칙상 명백하므로 피고회사는 원고에게 금 5,000,000원을 지급함이 상당하다 할 것입니다(위 금원은 원고의 자들인 ○①○,○②○,○③○ 3인이 위자료 청구를 하지 않았음을 고려한 금액임).

4. 결론

그렇다면 피고회사는 원고에게 금 48,217,114원 및 이에 대한 이 사건 사고일인 1994.6.16.부터 이 사건 소장부본 송달일까지는 민법에서 정한 연 5%의, 그 다음날부터 다 갚는 날까지는 소송촉진등에관한특례법에서 정한 연 15%의 각 비율에 의한 돈을 지급할 의무가 있다 할 것이므로 그 지급을 구하기 위하여 이 사건 청구에 이른 것입니다.

입 증 방 법

1. 갑 제1호증	기본증명서
1. 갑 제2호증	주민등록등본
1. 갑 제3호증	후유장해진단서
1. 갑 제4호증	보험급여지급증명원
1. 갑 제5호증	확인서
1. 갑 제6호증	신체감정서
1. 갑 제7호증의 1, 2	한국인표준생명표 표지 및 내용
1. 갑 제8호증의 1, 2	월간거래가격 표지 및 내용

첨 부 서 류

1. 위 입증방법	각 1통
1. 법인등기사항증명서	1통
1. 소장부본	1통
1. 송달료납부서	1통

20○○. ○. ○.

위 원고   ○○○ (서명 또는 날인)

○○지방법원 귀중

[서식 예] 손해배상(산)청구의 소(안전시설 미비, 공동불법행위)

소   장

원   고   1. 박○○(주민등록번호)
            2. 서○○(주민등록번호)
            3. 박①○(주민등록번호)
            4. 박②○(주민등록번호)
            원고3, 4는 미성년자이므로
            법정대리인 친권자 부 박○○, 모 서○○
            원고들의 주소:○○시 ○○구 ○○길○○ (우편번호)
            전화.휴대폰번호:
            팩스번호, 전자우편(e-mail)주소:
피   고   1. 주식회사◇◇주택
               ○○시 ○○구 ○○길 ○○(우편번호)
               대표이사 ◇◇◇
               전화.휴대폰번호:
               팩스번호, 전자우편(e-mail)주소:
            2. 주식회사◆◆기업
               ○○시 ○○구 ○○길 ○○(우편번호)
               대표이사 ◆◆◆
               전화.휴대폰번호:
               팩스번호, 전자우편(e-mail)주소:

손해배상(산)청구의 소

청 구 취 지

1. 피고들은 각자 원고 박○○에게 금 28,000,000원, 원고 서
   ○○에게 금 3,000,000원, 원고 박①○, 원고 박②○에게

각 금 1,000,000원 및 각 이에 대한 2001.2.15.부터 이 사건 소장부본 송달일까지는 연 5%의, 그 다음날부터 다 갚는 날까지는 연 15%의 각 비율에 의한 돈을 지급하라.
2. 소송비용은 피고들의 부담으로 한다.
3. 위 제1항은 가집행 할 수 있다.
라는 판결을 구합니다.

청 구 원 인

1. 당사자들의 지위

　원고 박○○는 이 사건 사고를 당한 피해자 본인이고, 원고 서○○는 원고 박○○의 처, 원고 박①○, 원고 박②○는 원고 박○○의 자녀들이며, 피고들은 이 사건 사고를 발생시킨 불법행위자들입니다.

2. 손해배상책임의 발생

　피고 주식회사◇◇주택(다음부터 피고 ◇◇주택이라고만 함)은 ○○시 ○○구 ○○길 ○○에서 신축중인 ○○○○타운 아파트의 건축주이고, 피고 주식회사◆◆기업(다음부터 피고 ◆◆기업이라고만 함)은 피고 ◇◇주택으로부터 위 아파트 공사 중 철근 골조공사 등을 도급 받은 회사인바, 원고 박○○는 1993년경부터 각종 공사장에서 형틀목공으로 일해오다 1998.11.경부터는 피고 ◆◆기업에 고용되어 일해 왔습니다.

　원고 박○○는 2001.2.15. 위 아파트의 지하주차장 옹벽을 설치하기 위하여 유리폼(옹벽을 설치하기 위하여 옹벽 양쪽에 미리 설치하는 조립식 합판)과 유리폼 사이를 고정시키는 후크(조립식 유러폼에 U자 모양의 후크를 부착하고 비계 파이프를 위 후크에 고정하여 유러폼과 유러폼을 고정시키게 하는 것)를 피고 ◇◇주택 현장사무실에서 지하 옹벽공사현장으로 옮기어 지하 옹벽공사장에 적재하던 중 위 후크를 싼 포대 밖으로 돌출한 후크 고리에 원고 박○○의 손장갑이 걸려서 원고는 3-4m 높이의 위 공사현장에 추락함으로서 약 1개월간의 치료를 요하는 양측성 족부 종골골절 등의 상처를 입었습니다.

그런데 이러한 위험한 지하 옹벽공사에 인부를 투입하는 피고들로서는 지하 웅덩이에 작업인부들의 안전을 고려하여 안전망을 설치하고 지하 웅덩이 주변을 드나드는 통로를 정비하여 공사진행에 차질이 없도록 하여야 함에도 불구하고 원고 박○○가 노면이 고르지 않고 협소한 이 사건 공사통로 위에서 후크를 던지다 떨어져 이 사건 사고를 당하게 하였고, 더군다나 이 ◇◇주택은 후크를 부대속에 넣을 경우 돌출부분이 없도록 하여야 함에도 부대 밖으로 후크의 고리가 돌출 되게 함으로써 원고가 추락하는 직접적인 원인을 제공하였다 할 것입니다.

따라서 피고들은 민법 제750조 규정에 의하여 이 사건 사고로 인하여 원고 박○○ 및 나머지 원고들이 입은 모든 손해를 배상할 책임이 있다 할 것입니다.

3. 손해배상책임의 범위

가. 원고 박○○의 일실수입

원고 박○○은 1961.1.5.생으로 사고 당시 40세 1월 남짓한 신체 건강한 남자로서 한국인의 표준생명표에 의하면 그 나이 되는 한국남자의 평균여명이 33.87년 가량이므로 73세까지는 생존할 수 있다 할 것이므로, 원고 박○○는 이 사건 사고를 당하지 아니하였다면 그 잔존여명 이내인 60세가 될 때까지인 2021.1.4.까지 238개월(월미만은 버림)동안 각종 건설현장에서 형틀목수로서 종사하여 매월 금 1,428,746원{64,943원(2001년 상반기 적용 형틀목공 시중노임단가)×22일}의 수입을 얻을 수 있을 것이나, 이 사건 사고로 인하여 노동능력을 상실하여 그에 상당한 수입손실을 입게 되었는바, 이는 차후에 신체감정결과에 따라 그 손해액을 확정하기로 하고 우선 금 23,000,000원만 기대수입 상실금으로 청구합니다.

나. 위자료

원고 박○○는 이 사건 사고를 당하여 장기간 치료를 받았고, 치료종결 이후에도 중대한 장해가 남게 됨으로써 원고 박○○는 물론 위에서 본 바와 같은 신분관계에 있는 나머지 원고들이 심한 정신적 고통을 받았을 것입니다. 따라서 원고들의 신분관계, 연령, 생활환경 및 이 사건 사고의 발생경위와 치료종결 이후의 후유장해의 정도 등 여러 사정을 참작한다면 피고들은 위자료로서 원고 박○○에게 금 5,000,000원 원고 서○○에게 금 3,000,000원 원고 박①○, 원고 박②○에게 각 금 1,000,000원씩을 지급함이 상당하다 하겠습니다.

4. 결론

그렇다면 피고들은 각자 원고 박○○에게 금 28,000,000원 원고 서○○에게 금 3,000,000원 원고 박①○, 원고 박②○에게 각 금 1,000,000원 및 각 이에 대한 이 사건 사고일인 2001. 2. 15.부터 이 사건 소장부본 송달일까지는 민법에서 정한 연 5%의, 그 다음날부터 다 갚는 날까지는 소송촉진등에관한특례법에서 정한 연 15%의 각 비율에 의한 지연손해금을 지급할 의무가 있는바, 원고들은 그 지급을 구하기 위하여 이 사건 청구에 이른 것입니다.

입 증 방 법

1. 갑 제1호증   가족관계증명서
1. 갑 제2호증의 1, 2   각 진단서
1. 갑 제3호증의 1, 2   한국인표준생명표 표지 및 내용
1. 갑 제4호증의 1, 2   월간거래가격 표지 및 내용

첨 부 서 류

1. 위 입증서류   각 1통
1. 법인등기사항증명서   2통
1. 소장부본   2통
1. 송달료납부서   1통

20○○. ○. ○.

위 원고 1. 박○○(서명 또는 날인)
        2. 서○○(서명 또는 날인)
        3. 박①○
        4. 박②○
     원고 3, 4는 미성년자이므로
법정대리인 친권자 부 박○○(서명 또는 날인)
             모 서○○(서명 또는 날인)

○○지방법원 귀중

[서식 예] 손해배상(산)청구의 소(프레스에 의한 사고)

소 장

원   고   ○○○ (주민등록번호)
　　　　　○○시 ○○구 ○○길 ○○(우편번호)
　　　　　전화.휴대폰번호:
　　　　　팩스번호, 전자우편(e-mail)주소:
피   고   ◇◇산업주식회사
　　　　　○○시 ○○구 ○○길 ○○(우편번호)
　　　　　대표이사 ◇◇◇
　　　　　전화.휴대폰번호:
　　　　　팩스번호, 전자우편(e-mail)주소:

손해배상(산)청구의 소

청 구 취 지

1. 피고는 원고에게 금 50,254,154원 및 이에 대한 2002.4.24.
   부터 이 사건 소장부본 송달일까지는 연 5%의, 그 다음날부
   터 다 갚을 때까지는 연 15%의 각 비율에 의한 돈을 지급
   하라.
2. 소송비용은 피고의 부담으로 한다.
3. 위 제1항은 가집행 할 수 있다.
라는 판결을 구합니다.

청 구 원 인

1. 원, 피고의 신분관계
   원고 ○○○은 산업재해사고의 피해자이며, 피고회사는 원고
   ○○○이 근무하던 회사입니다.

2. 손해배상책임의 발생

 1) 피고회사는 ○○시 ○○구 ○○길 ○○에서 특수운동화 및 부품제조를 하는 회사입니다. 원고는 2000. 3. 13. 피고회사의 생산부에 입사하여 사고당일에도 프레스기로 인솔드(운동화 바닥부분에 붙이는 발바닥 모양의 고무)를 찍어내는 작업을 해왔습니다.

 2) 프레스기는 유압 4단으로 1대당 4단의 형틀이 있어 한 단에 1장씩 고무판을 넣고 프레스기 작동 스위치를 누르면 프레스기가 아래쪽 형틀부분부터 차례로 4개의 형틀이 올라가면서 인솔드 4장을 찍어냅니다. 이 같은 프레스기 작업은 이같이 2인이 1조가 되어 1조당 프레스기 8대를 작업하는데 그 중 1인은 프레스기 형틀에 한 장씩 고무판 4장을 각 형틀에 넣고 프레스기 스위치를 작동시키고 다른 한 사람은 고무판에 운동화의 발바닥 형태가 찍혀지면 이것을 프레스기에서 꺼내 상자에 담는 작업을 합니다.

 3) 원고는 사고 당일인 2002.4.24. 14:40경부터 피고회사의 직원인 소외 ◉◉◉과 한 조를 이루어 작업을 하였고 같은 작업을 하던 중 소외 ◉◉◉가 고무판을 프레스기 형틀에 넣었으나, 고무판이 형틀 위에 똑바로 있지 않아 이를 원고는 이를 똑바로 맞추기 위하여 두 손으로 고무판을 형틀에 맞추는 작업을 하고 있는데, 소외 ◉◉◉가 원고의 작업이 종료되었는지 확인도 하지 않고 프레스기 스위치를 작동시켜 갑자기 프레스기 형틀이 올라와 동인의 왼손에 충격을 가하는 바람에 좌전완부 이하 압궤 마멸창 등 중증의 상해를 입은 것입니다.

 4) 이러한 경우 피고회사 직원인 소외 ◉◉◉는 원고가 형틀에 고무판을 맞추고 손을 **빼냈는**지를 확인하고 안전하게 프레스기 스위치를 작동하여야 함에도 이를 게을리 한 잘못으로 이 사건 사고가 발생하였는바, 피고회사는 직

원인 소외 ◉◉◉의 사용자로서 원고에게 가한 육체적, 정신적 손해를 배상할 책임이 있다고 할 것입니다.

3. 손해배상의 범위
 가. 일실수입
  1) 기초사실
   가) 성별, 연령 및 기대여명: 원고는 1947.5.2.생의 신체 건강한 남자로서 이 사건 사고당시 54세 11개월 남짓 되고, 그 기대여명은 22.04년 가량입니다.
   나) 소득실태: 프레스공의 시중노임단가는 사고일에 가까운 2001.9.경에는 1일 금 29,112원(중소기업협동조합중앙회의 제조부문 직종별평균조사노임)으로서, 원고는 이 사건 사고가 없었더라면 매월 22일씩 가동하여 60세까지 수입을 올릴 수 있었습니다.
   다) 치료기간: 원고는 위 상해에 관하여 전남 ○○군 ○○읍 ○○리 ○○○ 소재 ○○병원에서 2002.4.24부터 같은 해 10.20까지 입원치료 하였고, 현재도 통원치료중입니다.
   라) 후유장해: 원고는 이 사건 사고로 인하여 왼손에 충격을 받는 바람에 좌전완부 이하 압궤 마멸창 등 중증의 상해를 입어 운동범위 제한 등의 후유장해가 발생하였는바, 그 장해율은 일응 약 37%정도라고 판단되는 바, 추후 신체감정결과에 따라 확장하겠습니다.
  2) 계산
   (계산의 편의상 중간기간의 월미만은 수입이 적은 기간에 산입하고, 마지막 월미만과 원미만은 버림)
   가) 사고일(2002.4.24)로부터 퇴원(2002.10.20)까지의 일실수입: 금 29,112원×22일×4.9384(5개월에 대한 호프만수치)=금 3,162,867원
   나) 그 이후부터 60세(2007.5.1.)까지의 일실수입 : 금 29,112원×22일×48.5161{53.4545(사고일로부터 60세

까지 60개월에 대한 호프만수치)- 4.9384(사고일로 부터 2002.10.20.까지 입원기간 5개월에 대한 호프만수치)}×0.37(노동능력상실율)=금 11,496,941원

다) 위 가), 나)의 합계: 금 14,659,808원

나. 치료비

원고의 상해에 대한 현재까지의 총치료비는 금 3,592,127원이고, 그 중 금 1,468,978원은 이미 변제를 받았으며, 현재 금 2,123,149원이 남아 있습니다.

다. 치료기간 중의 개호비

원고가 위 입원기간 중 3개월 동안 스스로 거동을 하지 못하여 성인남자 1인의 개호가 필요하였습니다. 개호비용은 금 3,703,263원{금 40,922원(2002년 상반기 적용 건설업보통인부 시중노임)×365/12×2.9752(3개월간의 호프만수치)}로 계산합니다.

라. 위자료

원고가 이 사건 사고로 인하여 상해를 입고 완치가 매우 어려운 정신장애가 생겨 원고는 심한 정신적 고통을 받았을 것임은 경험칙상 명백하므로 피고는 이를 금전적으로나마 위자할 의무가 있다고 할 것인바, 피고는 최소한 금 10,000,000원을 지급하여야 할 것입니다.

4. 결론

구체적인 손해액은 추후 신체감정결과에 따라 확정하기로 하고 피고는 원고에게 금 30,486,220원(일실수익 금 14,659,808원+치료비 금 2,123,149원+개호비 금 3,703,263원+위자료 금 10,000,000원) 및 이에 대하여 이 사건 사고일인 2002. 4. 24.부터 이 사건 소장부본 송달일까지는 민법에서 정한 연 5%의, 그 다음날부터 다 갚는 날까지는 소송촉진등에관한특례법에서 정한 연 15%의 각 비율에 의한 지연손해금을 지급할 의무가 있다고 할 것이므로 원고는 이 사건 청구에 이른 것입니다.

입 증 방 법

1. 갑 제1호증   기본증명서
1. 갑 제2호증   건설기계등록원부
1. 갑 제3호증   입퇴원확인서
1. 갑 제4호증의 1, 2   각 치료비영수증
1. 갑 제5호증   소견서(개호에 관한)
1. 갑 제6호증의 1, 2 한국인표준생명표 표지 및 내용
1. 갑 제7호증의 1, 2   월간거래가격 표지 및 내용

첨 부 서 류

1. 위 입증방법   각 1통
1. 법인등기사항증명서   1통
1. 소장부분   1통
1. 송달료납부서   1통

20○○. ○. ○.

위 원고   ○○○ (서명 또는 날인)

○○지방법원 귀중

[서식 예] 손해배상(산)청구의 소(압박사고, 부상)

소　장

원　　고　　1. 김○○(주민등록번호)
　　　　　　2. 이○○(주민등록번호)
　　　　　　3. 김①○(주민등록번호)
　　　　　　4. 김②○(주민등록번호)
　　　　　　원고3, 4는 미성년자이므로
　　　　　　법정대리인 친권자 부 김○○, 모 이○○
　　　　　　원고들의 주소:○○시 ○○구 ○○길 ○○(우편번호)
　　　　　　　전화.휴대폰번호:
　　　　　　　팩스번호, 전자우편(e-mail)주소:
피　　고　　◇◇주식회사
　　　　　　○○시 ○○구 ○○길 ○○(우편번호)
　　　　　　대표이사 ◇◇◇
　　　　　　전화.휴대폰번호:
　　　　　　팩스번호, 전자우편(e-mail)주소:

손해배상(산)청구의 소

청 구 취 지

1. 피고는 원고 김○○에게 금 53,000,266원, 원고 이○○에게 금 10,000,000원, 원고 김①○, 원고 김②○에게 각 금 5,000,000원 및 각 이에 대하여 2000.2.23.부터 이 사건 소장부본 송달일까지는 연 5%의, 그 다음날부터 다 갚는 날까지는 연 15%의 각 비율에 의한 돈을 각 지급하라.
2. 소송비용은 피고의 부담으로 한다.
3. 위 제1항은 가집행 할 수 있다.
라는 판결을 구합니다.

청 구 원 인

1. 원고 김○○는 1991.6.1.경부터 피고회사에 근무하여 온 피고회사의 피용자이고, 원고 이○○는 원고 김○○의 처이며, 원고 김①○, 원고 김②○는 각 원고 김○○의 자녀들입니다.

2. 그런데 원고 김○○는 2000.3.23. 15:00경 피고회사의 생산현장에서 압력용기 마킹작업을 하던 중 압력용기를 지탱하던 로울러의 한 쪽이 넘어지면서 위 압력용기가 원고 김○○의 왼쪽 손등에 떨어지는 사고(다음부터 "이 사건 사고"라고 함)를 당하였습니다.

3. 원고 김○○는 이 사건 사고로 인하여 상해(맥브라이드 장해평가방식에 의할 때 노동능력상실율이 34.89%인 영구장해)를 입었는바, 아래에서 보는 바와 같이 피고회사는 원고 김○○에게 손해배상금 53,000,266원을 지급할 의무가 있다고 할 것입니다.

   가. 기초사실
   - 생년월일 : 1966.2.14.생
   - 사고당시 나이 : 34세 1개월 남짓
   - 기대여명 : 39.39년
   - 요양기간 : 2000.3.23.부터 같은 해 12. 20.까지
     (8개월남짓)
   - 노동능력상실율 : 34.89%
   - 월수입 : 1,572,605원(18,871,260원×1/12)
   - 요양기간에 대한 호프만수치 : 7.8534
     (8개월에 대한 호프만수치)
   - 사고일부터 만 60세가 될 때(2026.2.13.)까지의 기간에 대한 호프만수치 : 193.4560(298개월에 대한 호프만수치)

   나. 요양기간의 일실수입 :
   금 12,350,296원(금 1,572,605원×7.8534)

다. 사고일부터 만 60세가 될 때까지의 일실수입 추정치 :
　　금 101,836,784원 {1,572,605원×185.6026(193.4560-7.8534)×0.3489}
　　중 추후 신체감정결과에 따라 특정하여 확장 청구하기로
　　하고 우선 금 60,000,000원을 청구합니다.
라. 치료비 : 금 6,982,600원
마. 위자료 : 금 20,000,000원(이 사건의 경위 및 결과, 원고
　　　　　　　김○○의 나이 및　직업, 재산정도 등 제반 사
　　　　　　　정 참작)
바. 공제 : 산재보험금 48,045,300원 수령
사. 합계 : 금 51,287,596원(금 12,350,296원＋금 60,000,000원＋금
　　　　　 6,982,600원 ＋금 20,000,000원-금 48,045,300원)

4. 한편, 한 집안의 가장인 원고 김○○가 영구장애인이 됨으
　로써 원고 이○○, 원고 김①○, 원고 김②○는 상당한 정
　신적 고통을 당하였고 앞으로도 계속　정신적 고통을 받게
　될 것임이 분명하므로 피고회사는 이를 금전적으로나마 위
　자할 의무가 있다고 할 것인바, 위자료액수는 이 사건 사
　고의 경위 및 결과, 원고 김○○의 나이 및 직업, 재산정
　도, 원고들의 관계 등 제반 사정을 참작하여 볼 때 원고
　이○○에게 금 10,000,000원, 원고 김①○, 원고 김②○에
　게 각 금 5,000,000원이 적정하다 할 것입니다.

5. 따라서 피고회사는 원고 김○○에게 금 51,287,596원, 원고
　이○○에게 금 10,000,000원, 원고 김①○, 원고 김②○에
　게 각 금 5,000,000원 및 각 이에 대하여 이 사건 사고발
　생일인 2000.2.23.부터 이 사건 소장부본 송달일까지는 민
　법에서 정한 연 5%의, 그 다음날부터 다 갚는 날까지는 소
　송촉진등에관한특례법에서 정한 연 15%의 각 비율에 의한
　지연손해금을 각 지급할 의무가 있다고 할 것입니다.
　그럼에도 불구하고 피고회사는 현재 이를 거절하고 있으므
　로 원고들은 부득이 위와 같은 각 돈의 지급을 구하기 위하

여 이 사건 청구에 이른 것입니다.

입 증 방 법

1. 갑 제1호증	가족관계증명서
1. 갑 제2호증	소견서
1. 갑 제3호증	후유장해진단서
1. 갑 제4호증	근로소득원천징수내역
1. 갑 제5호증	입퇴원확인서
1. 갑 제6호증의 1, 2	각 치료비영수증
1. 갑 제7호증의 1, 2	한국인표준생명표 표지 및 내용
1. 갑 제8호증의 1, 2	월간거래가격 표지 및 내용

첨 부 서 류

1. 위 입증방법	각 1통
1. 법인등기사항증명서	1통
1. 소장부본	1통
1. 송달료납부서	1통

20○○. ○. ○.

위 원고　1. 김○○(서명 또는 날인)

2. 이○○(서명 또는 날인)

3. 김①○

4. 김②○

원고 3, 4는 미성년자이므로

법정대리인 친권자 부 김○○(서명 또는 날인)

모 이○○(서명 또는 날인)

○○지방법원 ○○지원　귀중

[서식 예] 손해배상(산)청구의 소(업무차량에 의한 사고, 도급자의 책임)

소 장

원   고   ○○○ (주민등록번호)
　　　　　○○시 ○○구 ○○길 ○○(우편번호)
　　　　　전화.휴대폰번호:
　　　　　팩스번호, 전자우편(e-mail)주소:
피   고   1. ◇◇건설주식회사
　　　　　　 ○○시 ○○구 ○○길 ○○(우편번호)
　　　　　　 대표이사 ◇◇◇
　　　　　　 전화.휴대폰번호:
　　　　　　 팩스번호, 전자우편(e-mail)주소:
　　　　　2. ◉◉토건주식회사
　　　　　　 ○○시 ○○구 ○○길 ○○(우편번호)
　　　　　　 대표이사 ◉◉◉
　　　　　　 전화.휴대폰번호:
　　　　　　 팩스번호, 전자우편(e-mail)주소:
　　　　　3. ◈◈◈(주민등록번호)
　　　　　　 ○○시 ○○구 ○○길 ○○(우편번호)
　　　　　　 전화.휴대폰번호:
　　　　　　 팩스번호, 전자우편(e-mail)주소:

손해배상(산)청구의 소

청 구 취 지

1. 피고들은 각자 원고에게 금 59,216,240원 및 이에 대하여 1999.3.31.부터 이 사건 소장부본 송달일까지는 연 5%의, 그 다음날부터 다 갚는 날까지는 연 15%의 각 비율에 의한 돈을 지급하라.
2. 소송비용은 피고들의 부담으로 한다.

3. 위 제1항은 가집행 할 수 있다.
라는 판결을 구합니다.

청 구 원 인

1. 당사자들의 신분관계

　피고 ◉◉토건주식회사(다음부터 ◉◉토건(주)라 함)는 ○○도 ○○군 ○○읍에서 ○○면까지 도로확장공사를 맡은 원수급권자이고 피고 ◇◇건설주식회사(다음부터 ◇◇건설(주)라 함)는 피고 ◉◉토건(주)로부터 위 도로의 축조 및 포장공사 등을 하도급 받은 회사이며, 피고 ◈◈◈는 피고 ◇◇건설(주)의 사원인 사람이고 원고는 농업에 종사하면서 농한기를 이용하여 피고 ◇◇건설(주)에 일용청소인부로 고용된 사람입니다.

2. 손해배상책임의 발생

　가. 피고 ◈◈◈는 1999.3.31. 10:30.경 ○○도 ○○군 ○○면 ○○길 ○○마을앞 노상을 이 사건 사고차량인 전남○마○○○○호 화물차량을 운전하여 ○○군 ○○면 방면에서 ○○읍 방면으로 후진하였던 바, 당시 그곳은 편도 1차선 중앙선이 황색실선의 직선도로였고 한편 도로상에는 당시 흙 등 쓰레기를 청소하던 원고가 있었으므로 이러한 경우 피고 ◈◈◈는 후방을 잘 살피고 안전하게 후진해야 할 업무상 주의의무가 있음에도 불구하고 이를 게을리한 채 진행한 과실로 위 사고차량의 우측 뒷바퀴 부분으로 원고의 좌측다리부분을 1회 역과한 후 다시 앞으로 재역과하여 원고에게 좌측비골 개방성 분쇄골절상 등을 입히는 불법행위를 저질렀습니다.

　나. 피고 ◇◇건설(주)는 피고용인인 피고 ◈◈◈의 사용자로서 피고 ◈◈◈가 피고 ◇◇건설(주)의 사무집행에 관하여 원고에게 가한 이 사건 손해에 대하여 민법 제756조에 기한

사용자책임을 면할 수 없다 할 것이며, 피고 ◉◉토건(주) 또한 위 도로공사현장에서 구체적인 공사의 운영 및 시행을 직접 지시, 지도하고 감시, 독려함으로써 시공자체를 관리하는 지위에 있었으므로, 위 와 같은 안전사고를 미연에 방지하여야 할 관리.감독의 의무가 있음에도 불구하고 이를 게을리 하여 이 사건과 같은 사고를 발생시켰다 할 것이므로 역시 민법 제756조에 의한 불법행위책임을 진다 할 것입니다.

다. 그렇다면 피고들은 각자 원고에 대한 불법행위로 인한 모든 손해를 배상할 책임이 있다 할 것입니다.

3. 손해배상의 범위

가. 일실수입

(1) 기초사실

성별: 여자

생년월일: 1957.1.4.생

사고당시 연령: 42세 3개월 남짓

직업 및 소득실태: 농업에 종사하면서 농한기에 일용청소인부로 고용되었으며, 농업에 대한 객관성 있는 소득자료는 없음.

입원치료기간: 1999.3.31. ~ 2000.4.1.(12개월 남짓)

가동연한: 63세

기대여명: 38.77

노동력상실기간: 1999.3.31 ~ 2020.1.3.까지(20년 9개월 남짓)

농촌일용노동자 월 가동일수: 25일

1999.4.경 성인 여자 농촌일용노임: 금 27,936원

2000.4.경 성인 여자 농촌일용노임: 금 32,053원

노동능력상실율: 28.8%

(2) 계산

(가) 입원치료기간(12개월)의 일실수입

금 27,936원(농촌일용노임)×25일×11.6858(12개월에 상당하는 호프만수치)

= 금 8,161,362원(원미만 버림. 다음부터 같음)

(나) 2000.4.2.부터 63세가 될 때(2020.1.3.)까지(20년 9개월 남짓)

금 32,053원(농촌일용노임)×25일×158.8735{170.5593(1999.3.31.부터 2020. .3. 까지 249개월에 대한 호프만수치)-11.6858(입원치료기간 12개월에 대한 호프만수치)}×0.288=금 36,665,080원

(다) 합계: 금 8,161,362원 + 금 36,665,080원=금 44,826,442원

나. 원고의 치료비

(1) 기왕 치료비

원고에 대한 기왕의 치료비는 별도로 청구하지 않겠습니다.

(2) 향후 치료비

원고에게 예상되는 향후 증세 및 치료과정 등을 살피어 정확히 산출하여 청구하도록 하겠습니다.

다. 위자료

원고는 이 사건 사고로 말미암아 자신의 유일한 생계수단인 신체에 대하여 큰 장해를 입고 말았습니다. 원고는 이 사건으로 인하여 현재 14-5세가 된 자신의 두 자녀의 뒷바라지도 하여야 함에도 불구하고 불구가 된 다리로 인해 항상 누워 있어야만 하는 생활을 하고 있습니다. 이에 따른 원고의 정신적 고통은 매우 크다 할 것이므로 원고는 피고들에 대하여 위자료로 금 20,000,000원을 청구하는 바입니다.

라. 손익상계

원고는 산업재해보상보험법에 의거하여 장해보상일시금으로 금 7,151,760원을 근로복지공단으로부터 지급 받았으므로 이에 위 돈을 공제하여 청구하는 바입니다.

4. 결론

원고의 위 사건으로 인한 손해는 일실수입 금 44,826,442원 및 위자료 금 20,000,000원과 액수 미상의 향후치료비에서 위 장해보상일시금을 공제한 금액이라 할 것입니다.

이에 원고는 피고들에 대하여 향후치료비에 대하여는 증세발현과 치료진행과정, 신체감정결과 등에 따라 추후 정확히 산출하여 청구하기로 하며 우선 그 일부로 위 일실수입 및 위자료 금액의 합계인 금 64,826,442원에서 위 장해보상일시금 7,151,760원을 공제한 금 57,674,682원 및 이에 대하여 이 사건 사고발생일인 1999.3.31.부터 이 사건 소장부본 송달일까지는 민법에서 정한 연 5%의, 그 다음날부터 다 갚는 날까지는 소송촉진등에관한특례법에서 정한 연 15%의 각 비율에 의한 지연손해금을 각자 지급할 것을 청구합니다.

입 증 방 법

1. 갑 제1호증   기본증명서
1. 갑 제2호증   진단서
1. 갑 제3호증   후유장해진단서
1. 갑 제4호증   입.퇴원확인서
1. 갑 제5호증   장해보상청구서
1. 갑 제6호증   장해급여 지급증서
1. 갑 제7호증의 1, 2   한국인표준생명표 표지 및 내용
1. 갑 제8호증의 1, 2   농협조사월보 표지 및 내용

첨 부 서 류

1. 위 입증방법   각 1통
1. 법인등기사항증명서   2통
1. 소장부본   3통
1. 송달료납부서   1통

　　　　　　　　　　20○○. ○. ○.
　　　　위 원고　　○○○　(서명 또는 날인)

○○지방법원 ○○지원　귀중

항 소 장

항소인(원고) 1. ○○○

           2. ◉◉◉

           3. ○①○

    원고들 1 내지 3 주소 ○○시○○구○○길○○(우편번호)

        원고3 ○①○은 미성년자이므로 법정대리인

        친권자 부 ○○○, 모 ◉◉◉

        전화.휴대폰번호:

        팩스번호, 전자우편(e-mail)주소:

           4. ○②○

           5. ○③○

    원고들 4, 5 주소 ○○시 ○○구 ○○길○○(우편번호)

        전화.휴대폰번호:

        팩스번호, 전자우편(e-mail)주소:

피항소인(피고) ◇◇◇

        ○○시 ○○구 ○○길 ○○(우편번호)

        전화.휴대폰번호:

        팩스번호, 전자우편(e-mail)주소:

    위 당사자간 ○○지방법원 20○○가단○○○ 손해배상(산) 청구사건에 관하여 같은 법원에서 20○○.○○.○. 판결선고 하였는바, 원고는 위 판결에 모두 불복하고 다음과 같이 항소를 제기합니다(원고는 위 판결정본을 20○○.○○.○○. 송달받았습니다).

제1심판결의 표시

주문 : 원고들의 청구를 모두 기각한다.
　　　 소송비용은 원고들의 연대 부담으로 한다.

불복의 정도 및 항소를 하는 취지의 진술

항소인(원고)들은 위 판결에 모두 불복하고 항소를 제기합니다.

항 소 취 지

1. 원심판결을 취소한다.
2. 피고(피항소인)는 원고(항소인) ○○○에게 금 78,800,411
   원, 원고(항소인) ◉◉◉에게 금 5,000,000원, 원고(항소인)
   ○①○, 원고(항소인) ○②○, 원고(항소인) ○③○에게 각
   금 2,500,000원 및 위 각 금액에 대하여 20○○. ○. ○.부
   터 이 사건 제1심 판결선고일까지는 연 5%의, 그 다음날부
   터 다 갚는 날까지는 연 15%의 각 비율에 의한 돈을 지급
   하라.
3. 소송비용은 1, 2심 모두 피고(피항소인)의 부담으로 한다.
4. 위 제2항은 가집행할 수 있다.
라는 판결을 구합니다.

항 소 이 유

1. 이 사건 사고의 원인에 관하여
   제1심 판결은 이유 1의 다항에서 원고(항소인, 다음부터 원
   고라고만 함) ○○○가 로울러에 감긴 틀줄이 서로 엉키게
   되자 이를 풀기 위해 로울러의 작동을 멈추었다가 로울러가
   거꾸로 회전하도록 클러치를 작동하는 순간 틀줄이 끊어지
   면서 오른손이 틀줄과 함께 로울러에 빨려 들어가 우측 제
   2, 3, 4, 5 수지 절단창을 입게 되었다고 판시하였습니다.

그렇다면 제1심 판결도 이 사건 사고가 틀줄이 서로 엉키게 되었음에 기인함을 인정하였다고 할 것입니다.

로울러의 한가운데가 마모되어 홈이 패어 있음은 을 제1호증(사진), 갑 제5호증의 9(소외 선장 김■■의 진술), 갑 제5호증의 17(소외 이■■의 진술)에 의하여 인정할 수 있습니다. 그리고 이처럼 패여진 로울러의 홈이 틀줄을 엉키게 하는 하나의 원인이 되었다고 보아야 할 것입니다.

그런데 제1심 판결은 틀줄이 엉키게 된 원인에 대하여는 아무런 설시도 없이 이 사건 사고에 대하여 피의자로서 조사를 받았던 소외 선장 김■■와 피고(피항소인, 다음부터 피고라고만 함)의 남편인 소외 이■■의 증언을 기초로 하여 원고(항소인) ○○○의 과실로 이 사건 사고가 발생한 것처럼 설시하고 있습니다.

그러나 제1심 판결이 설시하고 있는 원고 ○○○의 과실은 사실과 다를 뿐 아니라 부득이 사실로 인정된다고 하더라도 그 내용이 틀줄을 여러 번 감아 말뚝에 감아놓고 앉아서 작업하던 중 로울러를 역회전시키다가 틀줄이 끊어져 사고를 당하였다는 것으로서 과실상계로서 참작됨은 별론으로 하고 피고를 면책하도록 할 정도에 이른다고는 할 수 없는 것입니다.

2. 안전교육에 관하여

증인 박■■는 선원들에게 조심하여 일하라고 할 뿐 정기적으로 안전교육을 실시하지는 아니한다고 증언하였습니다.

산업안전보건법 제3조 제1항, 같은 법 시행령 제2조의2 제1항의 별표1에 따르면 어업에도 같은 법을 일부 적용하도록 되어 있습니다.

같은 법 제14조에 의하면 사업주는 당해 사업장의 관리감독자에게 당해 직무와 관련된 안전·보건상의 업무를 수행하도록 하여야 한다고 하며, 같은 법 제31조 제1항에 의하면 사업주는 당해 사업장의 근로자에 대하여 노동부령이 정하는

바에 의하여 정기적으로 안전·보건에 관한 교육을 실시하여
야 한다고 합니다.

같은 법 시행규칙 제33조 제1항의 별표8에 의하면 매월 2시
간이상의 정기교육을 하여야 한다고 하며 별표8의2에 의하
면 산업안전보건법령에 관한 사항, 작업공정의 유해·위험에
관한 사항, 표준안전작업방법에 관한 사항 등을 교육내용으
로 하여야 한다고 합니다.

사업주인 피고는 물론 관리감독자라 할 수 있는 소외 선장
김■■도 근로자인 원고 ○○○에게 위와 같은 정기적인 안
전교육을 실시하지 아니하여 안전배려의무를 다하지 아니하
였으므로 이 사건 사고에 대하여 책임을 져야 할 것입니다.

첨 부 서 류

1. 항소장부본   1통
1. 송달료납부서   1통

20○○. ○○. ○○.

위 항소인(원고) 1. ○○○ (서명 또는 날인)
              2. ◉●● (서명 또는 날인)
              3. ○①○
              원고3 ○①○은 미성년자이므로
              법정대리인 친권자
              부 ○○○ (서명 또는 날인)
              모 ◉●● (서명 또는 날인)
              4. ○②○ (서명 또는 날인)
              5. ○③○ (서명 또는 날인)

○○지방법원 귀중

채권가압류신청

채 권 자 ○○○

        ○○시 ○○구 ○○동 ○○(우편번호 ○○○-○○○)

        전화.휴대폰번호:

        팩스번호, 전자우편(e-mail)주소:

채 무 자 ◇◇◇

        ○○시 ○○구 ○○동 ○○(우편번호 ○○○-○○○)

        전화.휴대폰번호:

        팩스번호, 전자우편(e-mail)주소:

제3채무자 대한민국

        위 법률상 대표자 법무부장관 ■■■

        (소관 ■■지방법원 ■■지원 공탁공무원)

청구채권의 표시

금 **19,978,765원**(2001.4.25.자 채무자과실에 의한 교통사고로 인한 손해배상금)

가압류할 채권의 표시

별지 제1목록 기재와 같습니다.

신 청 취 지

1. 채무자의 제3채무자에 대한 별지 제1목록 기재의 채권을 가압류한다.
2. 제3채무자는 채무자에게 위의 채권에 관한 지급을 하여서는 아니 된다.

라는 결정을 구합니다.

<h1 align="center">신 청 원 인</h1>

1. 손해배상책임의 발생

채무자는 2001.4.25. ○○:○○경 ○○시 ○○구 ○○길 ○
○○ ○○하수처리장 앞 노상에서 채무자 소유의 서울○○
도○○○○호 차량을 운전하여 진행하던 중 전방주시의무
를 게을리 하여 진행한 과실로 마침 위 차량의 진행방향
같은 차로 전방에서 정차중이던 채권자가 운전하는 서울○
고○○○○호 차량의 뒷범퍼를 위 가해차량의 앞범퍼부분
으로 들이받아 이로 인하여 위 피해차량에 타고 있던 채권
자에게 제4, 5요추간 추간판융기증, 요추부 편타손상 등의
상해를 입게 하였습니다. 원고는 위 상해로 23%(한시 2년)
의 노동능력을 상실하는 장해를 입었습니다.

2. 손해배상책임의 범위

가. 일실수입

　(1) 기초사실

성별 : 남자

생년월일 : 1960.1.10.생

사고당시 연령 : 41세 3개월 남짓

기대여명 : 33.15년

직업 및 소득실태 : 미장공으로 근무

미장공 종사가능연한 : 사고일로부터 60세가 되는
2020.1.10.까지

휴업기간 : 사고일인 2001.4.25.부터 2001.10.25.까지
6개월

노동력 감퇴기간 : 2001.10.26.부터 2003.10.26.까지
24개월

미장공 월 가동일수 : 22일

2001.4.경 미장공 일용노임 : 59,187원

노동능력상실율 : 23%(한시 2년)

(2) 청구내용(계산의 편의상 중간기간의 월미만은 수입이 적은 기간에 산입하고, 마지막 월미만과 원미만은 버림)

◉ 휴업기간인 2001.4.25.부터 2001.10.25.까지의 일실수입(6개월)

[계산]59,187원×22일×5.9140(6개월에 상당하는 호프만지수)=7,700,702원

◉ 2001.10.26.부터 2003.10.26.까지의 일실수입(24개월)

[계산]59,187원×22일×0.23%×22.2984{28.2124(30개월에 상당하는 호프만지수)-5.9140(6개월에 상당하는 호프만지수)}=6,678,063원

[합계] 금 14,378,765원

나. 치료비등

채권자는 위 사고와 관련하여 치료비 등으로 금 600,000원을 지출하였습니다.

다. 위자료

채권자는 이 사건 교통사고로 인하여 6개월 동안이나 입원하여 치료를 받았고 세 자녀와 처를 부양하고 있는 가장으로서 채권자가 위 사고로 인하여 큰 정신적 충격을 받았을 것임은 경험칙상 명백하다 할 것이므로, 채무자는 이를 금전적으로나마 위자할 의무가 있다고 할 것인바, 그 금액은 금 5,000,000원이 상당하다고 하겠습니다.

3. 결 론

1) 따라서 채권자는 채무자에게 금 19,978,765원(=일실수입 14,378,765원 + 치료비등 600,000원 + 위자료 5,000,000원)의 손해배상청구소송을 제기하려고 하는바, 본안소송은 상당한 시일이 소요될 뿐 아니라 채무자에게는 별지 제1목록 기재 채권외에는 집행이 용이한 재산이 없으며, 본안소송동안 위 채권을 처분하거나 영수할 우려가 많으므로 부

득이 이 사건 신청을 하기에 이른 것입니다.

2) 다만, 이 사건에 대한 담보제공은 공탁보증보험증권(▣
▣보증보험주식회사 증권번호 제○○호)을 제출하는 방
법으로 할 수 있도록 허가하여 주시기 바랍니다.

소 명 방 법

1. 소갑 제1호증   교통사고사실확인원
1. 소갑 제2호증   입.퇴원확인서
1. 소갑 제3호증   간이계산서
1. 소갑 제4호증의 1, 2   각 영수증
1. 소갑 제5호증   후유장해진단서
1. 소갑 제6호증의 1, 2   각 사실확인서
1. 소갑 제7호증의 1, 2   한국인표준생명표 표지 및 내용
1. 소갑 제8호증의 1, 2   월간거래가격 표지 및 내용

첨 부 서 류

1. 위 소명방법   각 1통
1. 부동산등기사항증명서(채무자 주소지 토지 및 건물) 1통
1. 가압류신청진술서   1통
1. 송달료납부서   1통

20○○. ○. ○.

위 채권자 ○○○ (서명 또는 날인)

○○지방법원 ○○지원 귀중

가압류할 채권의 표시

금 19,978,765원

채무자가 제3채무자에 대하여 가지는 20○○. ○. ○. 공탁자 ◈ ◈◈가 ■■지방법원 ■■지원 20○○년 금 제○○○○호로 변제공탁한 금 ○○○원의 출급청구권. 끝.

[별지 2]

가압류신청 진술서

채권자는 가압류 신청과 관련하여 다음 사실을 진술합니다. 다음의 진술과 관련하여 고의로 누락하거나 허위로 진술한 내용이 발견된 경우에는, 그로 인하여 보정명령 없이 신청이 기각되거나 가압류이의절차에서 불이익을 받을 것임을 잘 알고 있습니다.

20   .   .   .

채권자(소송대리인) _____ (날인 또는 서명)

※ 채무자가 여럿인 경우에는 각 채무자별로 따로 작성하여야 합니다.

◇ 다 음 ◇

1. 피보전권리(청구채권)와 관련하여
가. 채무자가 신청서에 기재한 청구채권을 인정하고 있습니까?
　　　□ 예
　　　□ 아니오 → 채무자 주장의 요지 :
　　　□ 기타 :

나. 채무자의 의사를 언제, 어떠한 방법으로 확인하였습니까? (소명자료 첨부)

다. 채권자가 신청서에 기재한 청구금액은 본안소송에서 승소할 수 있는 금액으로 적정하게 산출된 것입니까? (과도한 가압류로 인해 채무자가 손해를 입으면 배상하여야 함)

　　□ 예　　　　□ 아니오

2. 보전의 필요성과 관련하여

가. 채권자가 채무자의 재산에 대하여 가압류하지 않으면 향후 강제집행이 불가능하거나 매우 곤란해질 사유의 내용은 무엇입니까?

나. 채권자는 신청서에 기재한 청구채권과 관련하여 공정증서 또는 제소전화해조서가 있습니까?

다. 채권자는 신청서에 기재한 청구채권과 관련하여 취득한 담보가 있습니까? 있다면 이 사건 가압류를 신청한 이유는 무엇입니까?

라. [채무자가 (연대)보증인인 경우] 채권자는 주채무자에 대하여 어떠한 보전조치를 취하였습니까?

마. [다수의 부동산에 대한 가압류신청인 경우] 각 부동산의 가액은 얼마입니까? (소명자료 첨부)

바. [유체동산 또는 채권 가압류신청인 경우] 채무자에게는 가압류할 부동산이 있습니까?

    □ 예   □ 아니오 → 채무자의 주소지 소재 부동산등기부 등본 첨부

사. ["예"로 대답한 경우] 가압류할 부동산이 있다면, 부동산이 아닌 유체동산 또는 채권 가압류신청을 하는 이유는 무엇입니까?

    □ 이미 부동산상의 선순위 담보 등이 부동산가액을 초과함 → 부동산등기부등본 및 가액소명자료 첨부

    □ 기타 사유 → 내용 :

아. [유체동산가압류 신청인 경우]

    ① 가압류할 유체동산의 품목, 가액은?

    ② 채무자의 다른 재산에 대하여 어떠한 보전조치를 취하였습니까? 그 결과는?

3. 본안소송과 관련하여

가. 채권자는 신청서에 기재한 청구채권과 관련하여 채무자를 상대로 본안소송을 제기한 사실이 있습니까?

    □ 예   □ 아니오

나. ["예"로 대답한 경우]

    ① 본안소송을 제기한 법원.사건번호.사건명은?

    ② 현재 진행상황 또는 소송결과는?

다. ["아니오"로 대답한 경우] 채권자는 본안소송을 제기할 예정입니까?
　　□ 예 → 본안소송 제기 예정일 :
　　□ 아니오 → 사유 :

4. 중복가압류와 관련하여

가. 채권자는 신청서에 기재한 청구채권(금액 불문)을 원인으로, 이 신청 외에 채무자를 상대로 하여 가압류를 신청한 사실이 있습니까? (과거 및 현재 포함)
　　□ 예
　　□ 아니오

나. ["예"로 대답한 경우]
　① 가압류를 신청한 법원.사건번호.사건명은?
　② 현재 진행상황 또는 결과(취하/각하/인용/기각 등)는? (소명자료 첨부)

다. [다른 가압류가 인용된 경우] 추가로 이 사건 가압류를 신청하는 이유는 무엇입니까? (소명자료 첨부)

제출 법원	가압류할 물건이 있는 곳을 관할하는 지방법원이나 본안의 관할법원		
제출 부수	신청서 1부 (당사자목록, 청구채권목록, 가 압류채권목록 각4부정도 첨부)	관련 법규	민사집행법 제276조, 제278조
불복 절차 및 기간	**(채권자)** - 가압류신청을 기각하거나 각하하는 결정에 대하여는 　즉시항고(민사집행법 제281조 제2항) - 재판이 고지된 날부터 1주 이내의 불변기간(민사소 　송법 제444조) **(채무자)** - 가압류결정에 대한 이의신청(민사집행법 제283조), 　본안의 제소명령(민사집행법 제287조) - 이의신청의 시기에 관하여는 법률상 제한이 없으므 　로 가압류결정이 유효하게 존재하고 취소.변경을 구 　할 실익이 있는 한 언제든지 할 수 있음. 가압류명 　령이 발령되어 유효하게 존속함에도 불구하고 채권 　자가 본안소송을 제기하지 않는 이상 채무자는 본 　안의 제소명령을 신청할 수 있음.		
기 타	- 국가소송에 있어서는 법무부장관이 국가를 대표함 　(국가를당사자로하는소송에관한법률 제2조). - 국가소송에 있어서 국가에 대한 송달은 수소법원에 　대응하는 검찰청(수소법원이 지방법원지원인 경우에 　는 지방검찰청을 말함)의 장에게 함. 다만, 고등검찰 　청 소재지의 지방법원(산하 지방법원지원을 포함한 　다)에 소가 제기된 경우에는 그 소재지 고등검찰청 　의 장에게 송달함(국가를당사자로하는소송에관한법 　률 제9조 제1항). 소송수행자 또는 소송대리인이 있 　는 경우에는 제1항의 규정에 불구하고 소송수행자 　또는 소송대리인에게 송달함((국가를당사자로하는소 　송에관한법률 제9조 제2항).		

※ 집행절차

```
┌─────────┐        ┌─────────┐        ┌─────────────────────┐
│         │        │         │        │ 보증보험사와 지급    │
│ 가압류  │  →     │ 담보제공│  →     │ 보증위탁계약체결     │
│ 신청    │ 2~3일  │ 명령서  │ 5일내  │                     │  →
│         │  후    │ 수령    │        │ ※ 지참서류 등        │
│         │        │(공탁명령)│       │ 1. 가압류신청서사본  │
│         │        │         │        │ 2. 주민등록표등본    │
│         │        │         │        │ 3. 담보제공명령서    │
│         │        │         │        │ 4. 도장              │
└─────────┘        └─────────┘        └─────────────────────┘
```

```
┌────────────────────────────────────────┐
│ 보험증권을 법원신청과에 제출             │
│ (보험증권앞면 사본 수통을 함께 제출)     │
└────────────────────────────────────────┘
```

※ 가압류 사건에서 선담보제공 방식도입(부동산.자동차.채권에 한함)

1. 부동산, 자동차, 임금 또는 영업자 예금을 제외한 채권에 대한 가압류 사건은 채권자가 가압류신청시에 법원의 담보제공명령 없이 보증보험회사로부터 미리 공탁보증보험증권(보증서)을 발급받아 보증서 원본을 신청서에 첨부하여 제출함
   ★ 가처분 사건과 유체동산 가압류 사건은 제외

2. 가압류신청서상에 담보제공은 증권제출 허가신청 의사표시를 기재하여야 함
   예) 담보제공은 공탁보증보험증권(○○보험증권회사 증권번호 제○○○ - ○○○ - ○○○호)을 제출하는 방법에 의할 수 있도록 허가하여 주시기 바랍니다.

제2장
산업재해사고와 보상제도

제2장 산업재해사고와 보상제도

1. 개론

① 산업재해사고에 대한 보상제도로는 근로기준법에 따른 재해보상과 산업재해보상보험법에 의한 보험급여가 있다.

② 피해 근로자는 가해자에 대한 손해배상청구권과 함께 보상청구권이 있다.

2. 산업재해보상보험법에 의한 보험급여

2-1. 요양급여

2-1-1. 요양급여의 의의

"요양급여"란 근로자가 3일 이내에 치유될 수 없는 업무상 부상 또는 질병에 걸렸을 경우 근로자가 치유될 때까지 산재보험 의료기관에서 요양을 하도록 하는 산업재해보상 보험급여를 말한다(「산업재해보상보험법」 제40조).

2-1-2. 요양급여의 지급 요건 및 범위

① 요양급여의 지급 요건

요양급여는 근로자가 업무상의 사유로 부상을 당하거나 질병에 걸린 경우에 그 근로자에게 지급한다(「산업재해보상보험법」 제40조 제1항). 다만, 부상 또는 질병이 3일 이내의 요양으로 치유될 수 있으면 요양급여를 지급하지 않는다(「산업재해보상보험법」 제40조 제3항).

② 요양급여의 범위

산재근로자에게는 진찰 및 검사, 약제 또는 진료재료와 의지(義肢)
그 밖의 보조기의 지급, 처치, 수술, 그 밖의 치료, 재활치료, 입원,
간호 및 간병, 이송 등이 요양급여로 지급된다(「산업재해보상보험법
」 제40조제4항).

2-1-3. 요양급여의 지급 방법

① 원칙적으로 산재보험 의료기관에서의 요양

근로복지공단은 근로자가 업무상의 사유로 부상을 당하거나 질병에
걸린 경우 원칙적으로 그 근로자를 산재보험 의료기관에서 요양을 하
게 한다(「산업재해보상보험법」 제40조제2항 본문 및 제43조제1항).

② 산재보험 의료기관이란 근로복지공단에 두는 의료기관, 「의료법」
제3조의4에 따른 상급종합병원, 「의료법」 제3조에 따른 의료기관
과 「지역보건법」 제10조에 따른 보건소(「지역보건법」 제12조에 따
른 보건의료원 포함) 중 근로복지공단이 지정한 의료기관 또는 보
건소를 말한다.

③ 예외적으로 요양비 지급

근로복지공단은 부득이한 사유가 있는 경우 근로자를 산재보험 의
료기관에서 요양하게 하는 대신 근로자에게 직접 요양비를 지급할
수 있다(「산업재해보상보험법」 제40조제2항 단서).

2-1-4. 요양기간의 연장 등

① 산재보험 의료기관은 요양급여를 받고 있는 근로자의 요양기간을
연장할 필요가 있는 경우에는 그 근로자의 부상·질병 경과, 치료
예정기간 및 치료방법 등을 적은 진료계획을 근로복지공단에 제출

해야 한다(「산업재해보상보험법」 제47조제1항).

② 전원요양

요양 중인 근로자는 다음의 어느 하나에 해당하는 사유가 있으면 근로복지공단에 전원(轉院)요양을 신청할 수 있다(「산업재해보상보험법」 제48조제2항).

1. 요양 중인 산재보험 의료기관의 인력·시설 등이 그 근로자의 전문적인 치료 또는 재활치료에 맞지 않아 다른 산재보험 의료기관으로 옮길 필요가 있는 경우

2. 생활근거지에서 요양하기 위해 다른 산재보험 의료기관으로 옮길 필요가 있는 경우

3. 상급종합병원에서 전문적인 치료 후 다른 산재보험 의료기관으로 옮길 필요가 있는 경우

2-1-5. 추가상병요양

업무상 재해로 요양 중인 근로자는 다음의 어느 하나에 해당하는 경우에는 그 부상 또는 질병(추가상병)에 대한 요양급여를 신청할 수 있다(「산업재해보상보험법」 제49조).

1. 그 업무상 재해로 이미 발생한 부상이나 질병이 추가로 발견되어 요양이 필요한 경우

2. 그 업무상 재해로 발생한 부상이나 질병이 원인이 되어 새로운 질병이 발생하여 요양이 필요한 경우

2-1-6. 재요양

요양급여를 받은 사람이 치유 후 요양의 대상이 되었던 업무상 부상 또는 질병이 재발하거나 치유 당시보다 상태가 악화되어 이를 치유하

기 위한 적극적인 치료가 필요하다는 의학적 소견이 있으면 재요양을 받을 수 있다(「산업재해보상보험법」 제51조제1항).

2-2. 휴업급여

2-2-1. 휴업 급여의 의의

"휴업급여"란 업무상 사유로 부상을 당하거나 질병에 걸린 근로자가 요양으로 취업하지 못한 기간에 대해 지급하는 보험급여를 말한다(「산업재해보상보험법」 제52조).

2-2-2. 휴업급여의 지급요건

① 휴업급여는 업무상 사유로 부상을 당하거나 질병에 걸린 근로자가 요양으로 취업하지 못한 기간에 대해 지급한다(「산업재해보상보험법」 제52조 본문).

② 다만, 업무상 사유로 부상을 당하거나 질병에 걸린 근로자가 요양으로 취업하지 못한 기간이 3일 이내이면 휴업급여를 지급하지 않는다(「산업재해보상보험법」 제52조 단서).

2-2-3. 휴업급여의 청구

① 휴업급여를 지급받으려는 업무상 재해를 당한 근로자(이하, "산재근로자"라 함)는 휴업급여청구서를 근로복지공단에 제출해야 한다[「산업재해보상보험법」 제52조, 「산업재해보상보험법 시행령」 제21조제1항제1호, 「보상업무처리규정」(근로복지공단 규정 제1239호, 2020.12.4. 발령·시행) 제13조제1항 및 별지 제7호서식].

산 업 재 해 보 상 보 험

[ ] 휴 업 급 여
[ ] 상 병 보 상 연 금   청 구 서

※ 공통란은 모두 기재하시고, 해당 신청란에 [✔] 하고 기재하시기 바랍니다.

접수번호		접수일		처리기간 휴업, 상병 : 7일

산재 근로자	성 명		생년월일	[ ][ ][ ][ ]년 [ ][ ]월 [ ][ ]일
	재해발생일		[ ][ ]년 [ ]월 [ ]일	

수령 계좌	**수령계좌를 변경 하시겠습니까? [ ] 예 [ ] 아니오** 수령희망은행 및 계좌번호: (예금주 :) [ ] 보통계좌 [ ] 보험급여 전용계좌(희망지킴이-압류금지계좌)

청구 기간	년 월 일부터 년 월 일까지 (일간)

확인 사항	① 청구기간 중 취업한 사실이 있습니까? [ ]취업함[ ]취업하지 못함 ② 청구기간 동안 사업주로부터 급여를 받았습니까? [ ]예 [ ]아니오 ③ 이 재해와 동일한 사유로 민법 그 외 법령에 따른 배상 또는 보상을 받았습니까? [ ] 예 [ ] 아니오 ※ 배상 또는 보상금을 수령한 경우 그 내역을 작성해 주세요.

수령일자	수령금액	지급한 자	첨부서류
			합의서, 판결문, 영수증, 기타서류 등

자동 지급 신청	2회차 지급분 부터(휴업급여는 입원요양기간에 한함) 자동지급을 신청할 수 있습니다. 자동지급을 신청하시겠습니까? [ ] 예 [ ] 아니오

위 기재내용을 확인하고 산업재해보상보험법 시행령 제21조제1항에 따라 위와 같이 청구합니다.

　　　　　　　　　　　　　　　　　　　　　　　　년　　월　　일

　　　　　　　　　청 구 인　　　　(서명 또는 인)☎
　　　　　　　　　대 리 인　　　　(서명 또는 인)☎

본인은 (휴업급여·상병보상연금) 청구를 아래 산재보험 의료기관이 대행하여 근로복지공단 고용·산재보험 토탈서비스(**total.kcomwel.or.kr**)를 통하여 제출하는 것에 동의합니다.

　　　　　위임하는 자(청구인)　　　(서명 또는 인)
　　　　　위임받는자(의료기관)　　　(서명 또는 인)

근로복지공단   지역본부(지사)장 귀하

[별지 제7호 서식] <뒷면>

1 구비서류

● 휴업급여

1. 재해가 발생한 달을 포함한 이전 4개월간 임금대장, 연장수당 등이 있는 경우에는 그 내역을 확인할 수 있는 자료

2. 연차수당 및 상여금이 있는 경우 재해가 발생한 달을 포함한 이전 12개월 동안 그 내역을 확인할수 있는 자료

● 상병보상연금

1. 최초 상병보상연금을 청구하는 경우 : 별지 제8호 서식의 중증요양상태진단서

2. 상병보상연금을 받고 있던 중 부상 또는 질병의 상태가 변동된 경우 : 별지 제23호 서식의 중증요양상태변동신고서

2 휴업급여·상병보상연금 청구 관련 안내사항

● 요양을 하더라도 그 기간이 3일 이내이거나 요양으로 인하여 취업하지 못한 기간이 아닌 경우, 요양기간 중 취업한 시간·교정시설에 수용된 기간 등에는 휴업급여·상병보상연금이 지급되지 않습니다.

※ 취업이란 재해 당시 사업(원래 직무 및 다른 직무 포함) 또는 다른 사업으로의 취업 뿐만 아니라 자영업 운영 등을 포함하는 개념이며, 취업한 사실이 있음에도 거짓이나 부정한 방법으로 휴업급여를 받은 경우에는 지급 금액의 2배에 해당하는 금액으로 부당이득으로 납부하여야 합니다.

3 기타 서비스 안내

생략

② 휴업급여 청구는 근로복지공단에 직접 청구하는 외에 근로복지공단의 「고용·산재보험 토탈서비스」를 통해 인터넷으로도 청구할 수 있다.

2-2-4. 휴업급여의 소멸시효

① 휴업급여 청구권은 휴업한 날의 다음날부터 3년간 행사하지 않으면 시효로 소멸한다(「산업재해보상보험법」 제112조제1항제1호).

② 휴업급여 청구권의 소멸시효는 수급권자의 휴업급여 청구로 중단됩니다. 이 경우 휴업급여 청구권의 소멸시효가 휴업급여 청구로 중단되는 경우 그 휴업급여 청구가 업무상 재해 여부의 판단이 필요한 최초의 청구인 경우에는 그 청구로 인한 시효중단의 효력은 다른 보험급여에도 미친다(「산업재해보상보험법」 제113조).

2-2-5. 휴업급여의 지급

① 휴업급여 지급 기한

휴업급여는 휴업급여 지급 결정일부터 14일 이내에 지급해야 한다(「산업재해보상보험법」 제82조제1항).

② 휴업급여 지급액

휴업급여는 1일당 평균임금의 100분의 70에 상당하는 금액을 지급한다(「산업재해보상보험법」 제52조 본문).

③ 휴업급여로 지급된 금품에 대해서는 국가나 지방자치단체의 공과금을 부과되지 않는다(「산업재해보상보험법」 제91조).

④ 미지급 휴업급여의 청구 및 지급

휴업급여 수급권자가 사망한 경우 수급권자의 유족이 사망한 수급권자 대신 미지급 휴업급여를 받으려면 미지급보험급여청구서를 근로복지공단에 제출해야 한다(「산업재해보상보험법」 제81조, 「보상업무처리규정」 제49조제1항 및 별지 제29호서식). 미지급 휴업급여는 미지급 휴업급여 지급 결정일부터 14일 이내에 지급해야 한다(「산업재해보상보험법」 제82조제1항).

⑤ 휴업급여 수급권의 양도 압류 금지 등

휴업급여를 받을 권리는 근로자가 퇴직해도 소멸되지 않는다(「산업재해보상보험법」 제88조제1항). 휴업급여를 받을 권리는 양도 또는 압류하거나 담보로 제공할 수 없다(「산업재해보상보험법」 제88조제2항).

위에 따라 지정된 보험급여수급계좌에 입금된 예금 전액에 관한 채권은 압류할 수 없다(「산업재해보상보험법」 제88조제3항 및 「산업재해보상보험법 시행령」 제81조의2).

⑥ 부당이득 징수

거짓이나 그 밖의 부정한 방법으로 휴업급여를 받은 사람은 그 금액의 2배에 해당하는 금액을 징수받는다(「산업재해보상보험법」 제84조제1항 전단).

⑦ 부당수급자 명단 공개

공단은 거짓이나 그 밖의 부정한 방법으로 보험급여, 진료비, 약제비를 지급받은 부정수급자로서 매년 직전 연도부터 과거 3년간 다음의 어느 하나에 해당하는 자의 명단을 공개할 수 있다. 이 경우 연대책임자의 명단을 함께 공개할 수 있다(「산업재해보상보험법」 제84조의2제1항).

1. 부정수급 횟수가 2회 이상이고 부정수급액의 합계가 1억원 이상인 자

2. 1회의 부정수급액이 2억원 이상인 자

2-3. 상병보상연금

2-3-1. 상병보상연금의 의의

① "상병보상연금"이란 요양급여를 받는 근로자가 요양을 시작한 지 2년이 지난 날 이후에 ⓐ 그 부상이나 질병이 치유되지 않은 상태일 것, ⓑ 그 부상이나 질병에 따른 중증요양상태등급이 제1급부터 제3급까지에 해당할 것, ⓒ 요양으로 인해 취업하지 못하지 못하는 상태가 계속될 것을 요건으로 휴업급여 대신 근로자에게 지급하는 보험급여를 말한다(「산업재해보상보험법」 제66조제1항, 「산업재해보상보험법 시행령」 제65조제1항 및 별표 8).

② "치유"란 부상 또는 질병이 완치되거나 치료의 효과를 더 이상 기대할 수 없고 그 증상이 고정된 상태에 이르게 된 것을 말한다(「산업재해보상보험법」 제5조제4호).

③ "중증요양상태"란 업무상의 부상 또는 질병에 따른 정신적 또는 육체적 훼손으로 노동능력이 상실되거나 감소된 상태로서 그 부상 또는 질병이 치유되지 않은 상태를 말한다(「산업재해보상보험법」 제5조제6호).

2-3-2. 상병보상연금의 지급 요건

요양급여를 받는 근로자가 요양을 시작한 지 2년이 지난 날 이후에 다음의 요건 모두에 해당하는 상태가 계속되면 휴업급여 대신 상병보상연금을 그 근로자에게 지급한다(「산업재해보상보험법」 제66조제1항, 「산업재해보상보험법 시행령」 제65조제1항 및 별표 8).

1. 그 부상이나 질병이 치유되지 않은 상태일 것
2. 그 부상이나 질병에 따른 중증요양상태등급이 제1급부터 제3급까지에 해당할 것

3. 요양으로 인해 취업하지 못하였을 것

2-3-3. 상병보상연금 청구

① 요양급여(재요양 포함)를 받고 있는 산재근로자가 상병보상연금을 청구하려면 상병보상연금청구서에 요양을 하고 있는 산재보험 의료기관에서 발급받은 중증요양상태진단서를 첨부하여 근로복지공단에 제출해야 한다[「산업재해보상보험법 시행령」 제64조제1항, 「보상업무처리규정」(근로복지공단 규정 제1239호, 2020.12.4. 발령·시행) 제40조제1항, 별지 제7호서식 및 별지 제8호서식].

② 상병보상연금 신청은 근로복지공단에 직접 신청하는 외에 근로복지공단의 「고용·산재보험 토탈서비스」를 통해 인터넷으로도 신청할 수 있습니다.

2-3-4. 상병보상연금의 소멸시효

① 상병보상연금을 받을 권리는 상병보상연금 수급권자가 된 날의 다음 날부터 3년간 행사하지 않으면 시효로 소멸한다(「산업재해보상보험법」 제112조제1항제1호).

② 상병보상연금 청구권의 소멸시효는 수급권자의 상병보상연금 청구로 중단됩니다. 이 경우 상병보상연금 청구권의 소멸시효가 상병보상연금 청구로 중단되는 경우 상병보상연금 청구가 업무상 재해 여부의 판단이 필요한 최초의 청구인 경우에는 그 청구로 인한 시효중단의 효력은 다른 보험급여에도 미친다(「산업재해보상보험법」 제113조).

2-3-5. 상병보상연금의 지급

① 상병보상연금은 다음의 상병보상연금표의 중증요양상태등급에 따라 지급한다(「산업재해보상보험법」 제66조제2항 및 별표 4).

상병보상연금표

중증요양상태등급	상병보상연금
제1급	평균임금의 329일분
제2급	평균임금의 291일분
제3급	평균임금의 257일분

② 상병보상연금은 상병보상연금 지급 결정일부터 14일 이내에 지급해야 한다(「산업재해보상보험법」 제82조제1항).

③ 상병보상연금으로 지급된 금품에 대해서는 국가나 지방자치단체의 공과금이 부과되지 않는다(「산업재해보상보험법」 제91조).

2-3-6. 중증요양상태등급의 변동에 따른 상병보상연금의 지급

① 중증요양상태가 변동되어 중증요양상태등급의 변동 신고를 하려는 산재근로자는 중증요양상태 변동신고서에 중증요양상태를 증명할 수 있는 의사의 진단서를 첨부하여 근로복지공단에 제출해야 한다(「산업재해보상보험법 시행령」 제64조제3항, 「보상업무처리규정」 제40조제7항, 별지 제8호서식 및 별지 제23호서식).

② 근로복지공단은 상병보상연금을 받고 있는 근로자의 중증요양상태 등급이 변동되면 수급권자의 청구에 의해 또는 직권으로 그 변동된 날부터 새로운 중증요양상태등급에 따른 상병보상연금을 지급한다(「산업재해보상보험법 시행령」 제64조제2항).

2-3-7. 미지급 상병보상연금의 청구 및 지급

① 상병보상연금 수급권자가 사망한 경우 수급권자의 유족이 사망한 수급권자 대신 미지급 상병보상연금을 지급받으려면 미지급보험급여청구서를 근로복지공단에 제출해야 한다(「산업재해보상보험법」 제81조, 「보상업무처리규정」 제49조제1항 및 별지 제29호서식).

② 미지급 상병보상연금은 미지급 상병보상연금 지급 결정일부터 14일 이내에 지급해야 한다(「산업재해보상보험법」 제82조제1항).

2-3-8. 상병보상연금의 수급권의 양도 및 압류 금지 등

① 상병보상연금을 받을 권리는 근로자가 퇴직해도 소멸되지 않는다(「산업재해보상보험법」 제88조제1항).

② 상병보상연금을 받을 권리는 양도 또는 압류하거나 담보로 제공할 수 없다(「산업재해보상보험법」 제88조제2항).

③ 위에 따라 지정된 보험급여수급계좌에 입금된 예금 전액에 관한 채권은 압류할 수 없다(「산업재해보상보험법」 제88조제3항 및 「산업재해보상보험법 시행령」 제81조의2).

2-3-9. 부당이득 징수

거짓이나 그 밖의 부정한 방법으로 상병보상연금을 지급받은 사람은 그 금액의 2배에 해당하는 금액을 징수받는다(「산업재해보상보험법」 제84조제1항 전단).

2-3-10. 상병보상연금의 지급의 효과

① 휴업급여 지급 중단

  상병보상연금은 휴업급여를 대신하여 지급하는 보험급여이므로 상병보상연금을 지급받는 근로자는 휴업급여를 지급받을 수 없다(「산업재해보상보험법」 제66조제1항).

② 일시보상 해고 가능

요양급여를 받는 근로자가 요양을 시작한 후 3년이 지난 날 이후에 상병보상연금을 지급받고 있으면, 그 3년이 지난 날 이후에는 사용자가 근로자에게 「근로기준법」 제84조에 따른 일시보상을 지급한 것으로 보아 사용자는 요양 중인 근로자를 해고할 수 있다(「산업재해보상보험법」 제80조제4항).

2-4. 장해급여

2-4.-1. 장해급여의 의의

"장해급여"란 근로자가 업무상의 사유로 부상을 당하거나 질병에 걸려 치유된 후 신체 등에 장해가 있는 경우에 그 근로자에게 지급하는 보험급여를 말한다(「산업재해보상보험법」 제57조제1항).

2-4-2. 장해급여의 지급요건

① 장해급여는 근로자가 업무상의 사유로 부상을 당하거나 질병에 걸려 치유된 후 신체 등에 장해가 있는 경우에 그 근로자에게 지급한다(「산업재해보상보험법」 제57조제1항).

② "치유"란 부상 또는 질병이 완치되거나 치료의 효과를 더 이상 기대할 수 없고 그 증상이 고정된 상태에 이르게 된 것을 말한다(「산업재해보상보험법」 제5조제4호).

③ "장해"란 부상 또는 질병이 치유되었으나 정신적 또는 육체적 훼손으로 인해 노동능력이 상실되거나 감소된 상태를 말한다(「산업재해보상보험법」 제5조제5호).

2-4-3. 장해급여의 청구

업무상 재해를 당한 근로자가 치유된 후 장해보상일시금 또는 장해보상연금을 지급받으려면 장해급여청구서에 장해진단서, 방사선 검사 자료, 진료기록부 등 장해의 상태를 확인할 수 있는 서류를 첨부하여 근로복지공단에 제출해야 한다[「산업재해보상보험법」 제36조제2항, 「산업재해보상보험법 시행령」 제21조제1항제2호, 「산업재해보상보험법 시행규칙」 제79조, 「보상업무처리규정」(근로복지공단 규정 제1239호, 2020.12.4. 발령·시행) 제17조제1항, 별지 제11호서식 및 별지 제12호서식].

산 업 재 해 보 상 보 험

[ ] 장해급여   청구서
[ ] 합병증 등   예방관리   신청서

※ 공통란은 모두 기재하시고, 해당 신청란에 [✔] 하고 기재하시기 바랍니다.

접수번호		접수일	처리기간: 10일

산재 근로자	성 명									
	생년월일					년		월		일
	재해발생일									
				년		월		일		

수령 계좌	수령계좌를 변경 하시겠습니까? [ ] 예 [ ] 아니오
	수령희망은행 및 계좌번호: (예금주 :)
	[ ] 보통계좌
	[ ] 보험급여 전용계좌(희망지킴이-압류금지계좌)

확인 사항	① 재해발생 이전에 업무상의 재해 외의 사유로 장해가 남은 사실이 있습니까? [ ] 예 [ ] 아니오

※ 허위나 거짓으로 작성하여 보험급여가 과다 지급될 경우에는 부당이득금
강제징수 등 불이익 처분을 받으실 수 있습니다.

② 이 재해와 동일한 사유로 민법, 그 외 법령에 따른 배상 또는 보상을 받았습니까? [ ] 예   [ ] 아니오

※ 배상 또는 보상금을 수령한 경우 그 내역을 작성해 주세요

수령일자	수령금액	지급한 자	첨부서류
			합의서, 판결문(또는 결정문), 영수증, 기타서류

이송비	이송비용: 원	산출내역

※ 장해진단 및 장해판정을 위한 교통비가 발생한 경우에만 작성하여
주시기 바랍니다.

합병증 등 예방 관리	합병증 등 예방관리를 받고자 하는 구체적 부위(또는 상병명)	합병증 등 예방관리 의료기관명

※ 산업재해보상보험법 제77조에 따라 업무상의 부상 또는 질병이 치유
된 자 중에서 합병증 등 재요양 사유가 발생할 우려가 있는 자는 산
재보험 의료기관에서 그 예방에 필요한 조치를 받을 수 있습니다.

위 기재내용을 확인하고 위와 같이 (장해급여, 이송비, 합병증등예방관리)를 청구
(신청) 합니다.   년   월   일

청 구 인   (서명 또는 인)   ☎
대 리 인   (서명 또는 인)   ☎

<**장해급여 청구 및 합병증 등 예방관리 신청 대행에 대한 위임(동의)장**>

본인은 [ ]장해급여 청구, [ ]합병증 등 예방관리 신청을 아래 산재보험 의료기관이 대행하여 근로복지공단 고용.산재보험 토탈서비스(total.kcomwel.or.kr)를 통하여 제출하는 것에 동의합니다.

위임하는 자(청구인)	(서명 또는 인)
위임받는 자(의료기관)	(서명 또는 인)

부가서비스 제공을 위한 개인정보 이용 동의서(선택사항)

공단의 부가서비스 홍보와 고객만족 향상을 위한 안내 목적으로 개인정보를 이용하고자 하니 아래의 내용을 읽고 동의 여부를 결정하여 주시기 바랍니다.

□ **개인정보 이용 내역**

이용 목적	이용 항목	이용 기간
홍보문자, 전자우편 전송, 감사편지 발송 등	성명, 연락처 (일반전화, 휴대전화, 전자우편 주소)	5년

※ 위의 개인정보 이용에 대한 동의를 거부할 권리가 있습니다. 이 경우 홍보자료 및 사은품 수령에 제한을 받으실 수 있으며, 위 동의를 거부하더라도 산재보험 요양급여 신청 및 보험급여 청구에 대한 불이익은 발생하지 않습니다.

개인정보 이용에 동의하십니까? ([ ] 예, [ ] 아니오)

년   월   일

성명   (서명 또는 인)

※ 보험급여 결정에 관한 통지 등 민원접수 처리결과 안내는 「산업재해보상보험법」및 같은 법 시행령, 「민원 처리에 관한 법률」에 따라 본 개인정보 동의와 무관하게 통지됨을 알려드립니다.

근로복지공단   **지역본부(지사)장 귀하**

2-4-4. 장해등급의 판정

① 장해등급 기준은 제1급부터 제14급까지 14단계의 다음과 같은 등급이 있다(「산업재해보상보험법」 제57조제2항, 「산업재해보상보험법 시행령」 제53조제1항 및 별표 6).

제1급
1. 두 눈이 실명된 사람
2. 말하는 기능과 씹는 기능을 모두 완전히 잃은 사람
3. 신경계통의 기능 또는 정신기능에 뚜렷한 장해가 남아 항상 간병을 받아야 하는 사람
4. 흉복부 장기의 기능에 뚜렷한 장해가 남아 항상 간병을 받아야 하는 사람
5. 두 팔을 팔꿈치관절 이상의 부위에서 잃은 사람
6. 두 팔을 완전히 사용하지 못하게 된 사람
7. 두 다리를 무릎관절 이상의 부위에서 잃은 사람
8. 두 다리를 완전히 사용하지 못하게 된 사람
9. 진폐의 병형이 제1형 이상이면서 동시에 심폐기능에 고도 장해가 남은 사람

제2급
1. 한쪽 눈이 실명되고 다른 쪽 눈의 시력이 0.02 이하로 된 사람
2. 두 눈의 시력이 각각 0.02 이하로 된 사람
3. 두 팔을 손목관절 이상의 부위에서 잃은 사람
4. 두 다리를 발목관절 이상의 부위에서 잃은 사람
5. 신경계통의 기능 또는 정신기능에 뚜렷한 장해가 남아 수시로 간병을 받아야 하는 사람
6. 흉복부 장기의 기능에 뚜렷한 장해가 남아 수시로 간병을 받아야 하는 사람

제3급
1. 한쪽 눈이 실명되고 다른 쪽 눈의 시력이 0.06 이하로 된 사람
2. 말하는 기능 또는 씹는 기능을 완전히 잃은 사람
3. 신경계통의 기능 또는 정신기능에 뚜렷한 장해가 남아 평생 동안 노무에 종사할 수 없는 사람
4. 흉복부 장기의 기능에 뚜렷한 장해가 남아 평생 동안 노무에

종사할 수 없는 사람
5. 두 손의 손가락을 모두 잃은 사람
6. 진폐증의 병형이 제1형 이상이면서 동시에 심폐기능에 중등도 장해가 남은 사람

제4급
1. 두 눈의 시력이 각각 0.06 이하로 된 사람
2. 말하는 기능과 씹는 기능에 뚜렷한 장해가 남은 사람
3. 고막 전부가 상실되거나 그 외의 원인으로 두 귀의 청력을 완전히 잃은 사람
4. 한쪽 팔을 팔꿈치관절 이상의 부위에서 잃은 사람
5. 한쪽 다리를 무릎관절 이상의 부위에서 잃은 사람
6. 두 손의 손가락을 모두 제대로 못 쓰게 된 사람
7. 두 발을 발목발허리관절(족근중족관절) 이상의 부위에서 잃은 사람

제5급
1. 한쪽 눈이 실명되고 다른 쪽 눈의 시력이 0.1 이하로 된 사람
2. 한쪽 팔을 손목관절 이상의 부위에서 잃은 사람
3. 한쪽 다리를 발목관절 이상의 부위에서 잃은 사람
4. 한쪽 팔을 완전히 사용하지 못하게 된 사람
5. 한쪽 다리를 완전히 사용하지 못하게 된 사람
6. 두 발의 발가락을 모두 잃은 사람
7. 흉복부 장기의 기능에 뚜렷한 장해가 남아 특별히 쉬운 일 외에는 할 수 없는 사람
8. 신경계통의 기능 또는 정신기능에 뚜렷한 장해가 남아 특별히 쉬운 일 외에는 할 수 없는 사람
9. 진폐증의 병형이 제4형이면서 동시에 심폐기능에 경도장해가 남은 사람

제6급
1. 두 눈의 시력이 각각 0.1 이하로 된 사람
2. 말하는 기능 또는 씹는 기능에 뚜렷한 장해가 남은 사람
3. 고막 대부분이 상실되거나 그 외의 원인으로 두 귀의 청력이 모두 귀에 대고 말하지 아니하면 큰 말소리를 알아듣지 못하게 된 사람
4. 한쪽 귀가 전혀 들리지 않게 되고 다른 쪽 귀의 청력이 40센티

미터 이상의 거리에서는 보통의 말소리를 알아듣지 못하게 된 사람

5. 척주에 극도의 기능장해나 고도의 기능장해가 남고 동시에 극도의 척추 신경근장해가 남은 사람

6. 한쪽 팔의 3대 관절 중 2개 관절을 제대로 못 쓰게 된 사람

7. 한쪽 다리의 3대 관절 중 2개 관절을 제대로 못 쓰게 된 사람

8. 한쪽 손의 5개의 손가락 또는 엄지손가락과 둘째 손가락을 포함하여 4개의 손가락을 잃은 사람

제7급

1. 한쪽 눈이 실명되고 다른 쪽 눈의 시력이 0.6 이하로 된 사람

2. 두 귀의 청력이 모두 40센티미터 이상의 거리에서는 보통의 말소리를 알아듣지 못하게 된 사람

3. 한쪽 귀가 전혀 들리지 않게 되고 다른 쪽 귀의 청력이 1미터 이상의 거리에서는 보통의 말소리를 알아듣지 못하게 된 사람

4. 신경계통의 기능 또는 정신기능에 장해가 남아 쉬운 일 외에는 하지 못하는 사람

5. 흉복부 장기의 기능에 장해가 남아 쉬운 일 외에는 하지 못하는 사람

6. 한쪽 손의 엄지손가락과 둘째 손가락을 잃은 사람 또는 엄지손가락이나 둘째 손가락을 포함하여 3개 이상의 손가락을 잃은 사람

7. 한쪽 손의 5개의 손가락 또는 엄지손가락과 둘째 손가락을 포함하여 4개의 손가락을 제대로 못 쓰게 된 사람

8. 한쪽 발을 발목발허리관절(족근중족관절) 이상의 부위에서 잃은 사람

9. 한쪽 팔에 가관절(假關節, 부러진 뼈가 완전히 아물지 못하여 그 부분이 마치 관절처럼 움직이는 상태)이 남아 뚜렷한 운동기능장해가 남은 사람

10. 한쪽 다리에 가관절이 남아 뚜렷한 운동기능장해가 남은 사람

11. 두 발의 발가락을 모두 제대로 못 쓰게 된 사람

12. 외모에 극도의 흉터가 남은 사람

13. 양쪽의 고환을 잃은 사람

14. 척주에 극도의 기능장해나 고도의 기능장해가 남고 동시에 고도의 척추 신경근장해가 남은 사람 또는 척주에 중등도의 기

능장해나 극도의 변형장해가 남고 동시에 극도의 척추 신경근 장해가 남은 사람

15. 진폐증의 병형이 제1형·제2형 또는 제3형이면서 동시에 심폐 기능에 경도 장해가 남은 사람

제8급

1. 한쪽 눈이 실명되거나 한쪽 눈의 시력이 0.02 이하로 된 사람
2. 척주에 극도의 기능장해가 남은 사람, 척주에 고도의 기능장해가 남고 동시에 중등도의 척추신경근 장해가 남은 사람, 척주에 중등도의 기능장해나 극도의 변형장해가 남고 동시에 고도의 척추 신경근장해가 남은 사람 또는 척주에 경미한 기능장해나 중등도의 변형장해가 남고 동시에 극도의 척추 신경근장해가 남은 사람
3. 한쪽 손의 엄지손가락을 포함하여 2개의 손가락을 잃은 사람
4. 한쪽 손의 엄지손가락과 둘째 손가락을 제대로 못 쓰게 된 사람 또는 엄지손가락이나 둘째 손가락을 포함하여 3개 이상의 손가락을 제대로 못 쓰게 된 사람
5. 한쪽 다리가 5센티미터 이상 짧아진 사람
6. 한쪽 팔의 3대 관절 중 1개 관절을 제대로 못 쓰게 된 사람
7. 한쪽 다리의 3대 관절 중 1개 관절을 제대로 못 쓰게 된 사람
8. 한쪽 팔에 가관절이 남은 사람
9. 한쪽 다리에 가관절이 남은 사람
10. 한쪽 발의 5개의 발가락을 모두 잃은 사람
11. 비장 또는 한쪽의 신장을 잃은 사람

제9급

1. 두 눈의 시력이 0.6 이하로 된 사람
2. 한쪽 눈의 시력이 0.06 이하로 된 사람
3. 두 눈에 모두 반맹증 또는 시야협착이 남은 사람
4. 두 눈의 눈꺼풀이 뚜렷하게 상실된 사람
5. 코가 고도로 상실된 사람
6. 말하는 기능과 씹는 기능에 장해가 남은 사람
7. 두 귀의 청력이 모두 1미터 이상의 거리에서는 큰 말소리를 알아듣지 못하게 된 사람
8. 한쪽 귀의 청력이 귀에 대고 말하지 아니하면 큰 말소리를 알아듣지 못하고 다른 귀의 청력이 1미터 이상의 거리에서는 보

통의 말소리를 알아듣지 못하게 된 사람

9. 한쪽 귀의 청력을 완전히 잃은 사람
10. 한쪽 손의 엄지손가락을 잃은 사람 또는 둘째 손가락을 포함하여 2개의 손가락을 잃은 사람 또는 엄지손가락과 둘째 손가락 외의 3개의 손가락을 잃은 사람
11. 한쪽 손의 엄지손가락을 포함하여 2개의 손가락을 제대로 못 쓰게 된 사람
12. 한쪽 발의 엄지발가락을 포함하여 2개 이상의 발가락을 잃은 사람
13. 한쪽 발의 발가락을 모두 제대로 못 쓰게 된 사람
14. 생식기에 뚜렷한 장해가 남은 사람
15. 신경계통의 기능 또는 정신기능에 장해가 남아 노무가 상당한 정도로 제한된 사람
16. 흉복부 장기의 기능에 장해가 남아 노무가 상당한 정도로 제한된 사람
17. 척주에 고도의 기능장해가 남은 사람, 척주에 중등도의 기능장해나 극도의 변형장해가 남고 동시에 중등도의 척추 신경근장해가 남은 사람, 척주에 경미한 기능장해나 중등도의 변형장해가 남고 동시에 고도의 척추 신경근장해가 남은 사람 또는 척주에 극도의 척추 신경근장해가 남은 사람
18. 외모에 고도의 흉터가 남은 사람
19. 진폐증의 병형이 제3형 또는 제4형이면서 동시에 심폐기능에 경미한 장해가 남은 사람

제10급

1. 한쪽 눈의 시력이 0.1 이하로 된 사람
2. 한쪽 눈의 눈꺼풀이 뚜렷하게 상실된 사람
3. 코가 중등도로 상실된 사람
4. 말하는 기능 또는 씹는 기능에 장해가 남은 사람
5. 14개 이상의 치아에 치과 보철을 한 사람
6. 한 귀의 청력이 귀에 대고 말하지 않으면 큰 말소리를 알아듣지 못 하게 된 사람
7. 두 귀의 청력이 모두 1미터 이상의 거리에서는 보통의 말소리를 알아듣지 못하게 된 사람
8. 척주에 중등도의 기능장해가 남은 사람, 척주에 극도의 변형장

해가 남은 사람, 척주에 경미한 기능장해나 중등도의 변형장해가 남고 동시에 중등도의 척추 신경근장해가 남은 사람 또는 척주에 고도의 척추 신경근장해가 남은 사람

9. 한쪽 손의 둘째 손가락을 잃은 사람 또는 엄지손가락과 둘째 손가락 외의 2개의 손가락을 잃은 사람

10. 한쪽 손의 엄지손가락을 제대로 못 쓰게 된 사람 또는 둘째 손가락을 포함하여 2개의 손가락을 제대로 못 쓰게 된 사람 또는 엄지손가락과 둘째 손가락외의 3개의 손가락을 제대로 못 쓰게 된 사람

11. 한쪽 다리가 3센티미터 이상 짧아진 사람

12. 한쪽 발의 엄지발가락 또는 그 외의 4개의 발가락을 잃은 사람

13. 한쪽 팔의 3대 관절 중 1개 관절의 기능에 뚜렷한 장해가 남은 사람

14. 한쪽 다리의 3대 관절 중 1개 관절의 기능에 뚜렷한 장해가 남은 사람

제11급

1. 두 눈이 모두 안구의 조절기능에 뚜렷한 장해가 남거나 또는 뚜렷한 운동기능 장해가 남은 사람

2. 두 눈의 눈꺼풀에 뚜렷한 운동기능장해가 남은 사람

3. 두 눈의 눈꺼풀의 일부가 상실된 사람

4. 한쪽 귀의 청력이 40센티미터 이상의 거리에서는 보통의 말소리를 알아듣지 못하게 된 사람

5. 두 귀의 청력이 모두 1미터 이상의 거리에서는 작은 말소리를 알아듣지 못하게 된 사람

6. 두 귀의 귓바퀴가 고도로 상실된 사람

7. 척주에 경도의 기능장해가 남은 사람, 척주에 고도의 변형장해가 남은 사람, 척주에 경미한 기능장해나 중등도의 변형장해가 남고 동시에 경도의 척추 신경근장해가 남은 사람 또는 척주에 중등도의 척추 신경근장해가 남은 사람

8. 한쪽 손의 가운데손가락 또는 넷째 손가락을 잃은 사람

9. 한쪽 손의 둘째 손가락을 제대로 못 쓰게 된 사람 또는 엄지손가락과 둘째 손가락 외의 2개의 손가락을 제대로 못 쓰게 된 사람

10. 한쪽 발의 엄지발가락을 포함하여 2개 이상의 발가락을 제대

로 못 쓰게 된 사람

11. 흉복부 장기의 기능에 장해가 남은 사람

12. 10개 이상의 치아에 치과 보철을 한 사람

13. 외모에 중등도의 흉터가 남은 사람

14. 두 팔의 노출된 면에 극도의 흉터가 남은 사람

15. 두 다리의 노출된 면에 극도의 흉터가 남은 사람

16. 진폐증의 병형이 제1형 또는 제2형이면서 동시에 심폐기능에 경미한 장해가 남는 사람, 진폐증의 병형이 제2형·제3형 또는 제4형인 사람

제12급

1. 한쪽 눈의 안구의 조절기능에 뚜렷한 장해가 남거나 뚜렷한 운동기능장해가 남은 사람

2. 한쪽 눈의 눈꺼풀에 뚜렷한 운동기능장해가 남은 사람

3. 한쪽 눈의 눈꺼풀의 일부가 상실된 사람

4. 7개 이상의 치아에 치과 보철을 한 사람

5. 한쪽 귀의 귓바퀴가 고도로 상실된 사람 또는 두 귀의 귓바퀴가 중등도로 상실된 사람

6. 코가 경도로 상실된 사람

7. 코로 숨쉬기가 곤란하게 된 사람 또는 냄새를 맡지 못하게 된 사람

8. 쇄골(빗장뼈), 흉골(복장뼈), 늑골(갈비뼈), 견갑골(어깨뼈) 또는 골반골(골반뼈)에 뚜렷한 변형이 남은 사람

9. 한쪽 팔의 3대 관절 중 1개 관절의 기능에 장해가 남은 사람

10. 한쪽 다리의 3대 관절 중 1개 관절의 기능에 장해가 남은 사람

11. 장관골에 변형이 남은 사람

12. 한쪽 손의 가운데손가락 또는 넷째 손가락을 제대로 못 쓰게 된 사람

13. 한쪽 발의 둘째 발가락을 잃은 사람 또는 둘째 발가락을 포함하여 2개의 발가락을 잃은 사람 또는 가운데발가락 이하의 3개의 발가락을 잃은 사람

14. 한쪽 발의 엄지발가락 또는 그 외에 4개의 발가락을 제대로 못 쓰게 된 사람

15. 신체 일부에 심한 신경증상이 남은 사람

16. 척주에 경미한 기능장해가 남은 사람, 척주에 중등도의 변형장해가 남은 사람 또는 척주에 경도의 척추 신경근장해가 남은 사람
17. 두 팔의 노출된 면에 고도의 흉터가 남은 사람
18. 두 다리의 노출된 면에 고도의 흉터가 남은 사람

제13급
1. 한쪽 눈의 시력이 0.6 이하로 된 사람
2. 한쪽 눈에 반맹증 또는 시야협착이 남은 사람
3. 한쪽 귀의 귓바퀴가 중등도로 상실된 사람 또는 두 귀의 귓바퀴가 경도로 상실된 사람
4. 5개 이상의 치아에 치과 보철을 한 사람
5. 한쪽 손의 새끼손가락을 잃은 사람
6. 한쪽 손의 엄지손가락 뼈의 일부를 잃은 사람
7. 한쪽 손의 둘째 손가락 뼈의 일부를 잃은 사람
8. 한쪽 손의 둘째 손가락 끝관절을 굽혔다 폈다 할 수 없게 된 사람
9. 한쪽 다리가 다른 쪽 다리보다 1센티미터 이상 짧아진 사람
10. 한쪽 발의 가운데발가락 이하의 1개 또는 2개의 발가락을 잃은 사람
11. 한쪽 발의 둘째 발가락을 제대로 못 쓰게 된 사람 또는 둘째 발가락을 포함하여 2개의 발가락을 제대로 못 쓰게 된 사람 또는 가운데발가락 이하의 3개의 발가락을 제대로 못 쓰게 된 사람
12. 척주에 경도의 변형장해가 남은 사람 또는 척주의 수상 부위에 기질적 변화가 남은 사람
13. 외모에 경도의 흉터가 남은 사람
14. 두 팔의 노출된 면에 중등도의 흉터가 남은 사람
15. 두 다리의 노출된 면에 중등도의 흉터가 남은 사람
16. 진폐증의 병형이 제1형인 사람

제14급
1. 한쪽 귀의 청력이 1미터 이상의 거리에서는 작은 말소리를 알아듣지 못하게 된 사람
2. 한쪽 귀의 귓바퀴가 경도로 상실된 사람
3. 3개 이상의 치아에 치과 보철을 한 사람

4. 두 팔의 노출된 면에 경도의 흉터가 남은 사람
5. 두 다리의 노출된 면에 경도의 흉터가 남은 사람
6. 한쪽 손의 새끼손가락을 제대로 못 쓰게 된 사람
7. 한쪽 손의 엄지손가락과 둘째 손가락 외의 손가락 뼈의 일부를 잃은 사람
8. 한쪽 손의 엄지손가락과 둘째 손가락 외의 손가락 끝관절을 굽폈다 폈다 할 수 없게 된 사람
9. 한쪽 발의 가운데발가락 이하의 1개 또는 2개의 발가락을 제대로 못 쓰게 된 사람
10. 신체 일부에 신경증상이 남은 사람
11. 척주에 경미한 변형장해가 남은 사람 또는 척추의 수상 부위에 비기질적 변화가 남은 사람

② 장해등급 기준에 해당하는 장해가 둘 이상 있는 경우 그 중 심한 장해에 해당하는 장해등급을 그 근로자의 장해등급으로 합니다. 다만, 장해계열이 다른 제13급 이상의 장해가 둘 이상 있는 경우에는 장해등급을 조정한다(「산업재해보상보험법 시행령」 제53조제2항).

2-4-4. 장해급여의 지급

① 장해급여는 수급권자의 선택에 따라 장해급여표에 따른 장해보상연금 또는 장해보상일시금으로 지급됩니다(「산업재해보상보험법」 제57조제2항·제3항 본문 및 별표 2).

② 이미 장해가 있던 사람이 업무상 부상 또는 질병으로 같은 장해부위에 장해정도가 심해진 경우에는 가중 장해에 해당하는 장해보상일시금(장해보상연금) 지급일수에서 기존 장해에 해당하는 장해보상일시금(장해보상연금)의 지급일수를 뺀 금액에 급여 청구사유 발생 당시(연금지급 당시)의 평균임금을 곱하여 산정한 금액을 지급

한다(「산업재해보상보험법 시행령」 제53조제4항).

③ 근로복지공단은 장해보상연금 수급권자 중 그 장해상태가 호전되거나 악화되어 치유 당시 결정된 장해등급이 변경될 가능성이 있는 사람에 대해서는 그 수급권자의 신청 또는 직권으로 장해등급을 재판정하여 그 변경된 장해등급에 따라 장해급여를 지급할 수 있다(「산업재해보상보험법」 제59조제1항·제2항).

④ 재요양을 받고 치유된 후 장해상태가 종전에 비하여 호전되거나 악화된 경우에는 그 호전 또는 악화된 장해상태에 해당하는 장해등급에 따라 장해급여를 지급한다(「산업재해보상보험법」 제60조제2항 전단).

2-5. 간병급여

2-5-1. 간병급여의 의의

① "간병급여"란 요양급여를 받은 사람 중 치유 후 의학적으로 상시 또는 수시로 간병이 필요하여 실제로 간병을 받는 자에게 지급되는 산업재해보상 보험급여(이하, "보험급여"라 함)를 말한다(「산업재해보상보험법」 제61조제1항).

② "치유"란 부상 또는 질병이 완치되거나 치료의 효과를 더 이상 기대할 수 없고 그 증상이 고정된 상태에 이르게 된 것을 말한다(「산업재해보상보험법」 제5조제4호).

2-5-2. 간병급여의 대상

간병급여의 지급 대상은 다음과 같다(「산업재해보상보험법」 제61조제2항, 「산업재해보상보험법 시행령」 제59조제1항 및 별표 7).

간병급여의 지급 대상

구분	지급 대상
상시 간병급여	1. 신경계통의 기능, 정신기능 또는 흉복부 장기의 기능에 장해등급 제1급에 해당하는 장해가 남아 일상생활에 필요한 동작을 하기 위해 항상 다른 사람의 간병이 필요한 사람 2. 두 눈, 두 팔 또는 두 다리 중 어느 하나의 부위에 장해등급 제1급에 해당하는 장해가 남고, 다른 부위에 제7급 이상에 해당하는 장해가 남아 일상생활에 필요한 동작을 하기 위해 항상 다른 사람의 간병이 필요한 사람
수시 간병급여	3. 신경계통의 기능, 정신기능 또는 흉복부 장기의 기능에 장해등급 제2급에 해당하는 장해가 남아 일상생활에 필요한 동작을 하기 위해 수시로 다른 사람의 간병이 필요한 사람 4. 장해등급 제1급(제53조제2항에 따른 조정의 결과 제1급이 되는 경우를 포함)에 해당하는 장해가 남아 일상생활에 필요한 동작을 하기 위해 수시로 다른 사람의 간병이 필요한 사람

2-5-3. 간병급여의 청구

간병급여를 청구하려는 자는 간병급여청구서 및 간병요구도 평가 소견서에 다음의 사항을 적은 서류를 첨부하여 근로복지공단에 청구해야 한다[「산업재해보상보험법」 제61조제2항, 「산업재해보상보험법 시행령」 제59조제6항, 「산업재해보상보험법 시행규칙」 제50조 및 「보상업무처리규정」(근로복지공단 규정 제1239호, 2020.12.4. 발령·시행) 제30조제1항, 별지 제12호의2서식 및 별지 제12호의3서식].

1. 간병시설이나 간병을 받은 장소의 명칭 및 주소
2. 간병을 한 사람의 이름·주민등록번호 및 수급권자와의 관계(간병시설에서 간병을 받지 않은 경우만 해당함)
3. 실제 간병을 받은 기간
4. 간병에 든 비용 및 그 명세

산 업 재 해 보 상 보 험

간병급여 청구서

접수번호	접수일	처리기간 : 7일

<table>
<tr><td rowspan="2">산 재
근로자</td><td>성 명</td><td colspan="2">생년월일　　　　　년　　월　　일</td></tr>
<tr><td colspan="3">재해발생일　　　　　년　　월　　일</td></tr>
<tr><td rowspan="4">수령
계좌</td><td colspan="3">**수령계좌를 변경 하시겠습니까?　[ ] 예　　　　[ ] 아니오**</td></tr>
<tr><td colspan="3">수령희망은행 및 계좌번호:　　　　　　(예금주 :　　　)</td></tr>
<tr><td colspan="3">[ ] 보통계좌</td></tr>
<tr><td colspan="3">[ ] 보험급여 전용계좌(희망지킴이-압류금지계좌)</td></tr>
<tr><td>청구
기간</td><td colspan="3">년　　월　　일 부터　　　년　　월　　일 까지(일간)</td></tr>
<tr><td rowspan="3">간병인
인적
사항</td><td>성 명</td><td>주민등록번호</td><td>　　　　　-　　</td></tr>
<tr><td>주 소</td><td colspan="2">휴대전화</td></tr>
<tr><td>산재근로자와의
관계</td><td colspan="2"></td></tr>
</table>

확인 사항	① 간병을 어디에서 받고 있습니까?　　　[ ] 재가　　[ ] 요양소　　[ ] 기타시설 ※ 간병을 요양소나 기타 시설에서 받은 경우만 기재합니다.

시설명	소재지	간병비용

② 다른 법률에 따라 간병서비스를 받고 있습니까? [ ]예　　[ ]아니오
※ 예라고 체크한 경우에만 기재합니다. [ ]노인장기요양보험(등급:　)
[ ]장애인활동지원급여　[ ]기타

③ 이 재해와 동일한 사유로 민법 그 외 법령에 따른 배상 또는 보상을 받았습니까? [ ] 예　　[ ] 아니오
※ 배상 또는 보상금을 수령한 경우 그 내역을 작성해 주세요

수령일자	수령금액	지급한 자	첨부서류
			합의서, 판결문(또는 결정문), 영수증, 기타서류

자동 지급 신청	간병장소가 "재가"인 경우 2회분부터 자동지급을 신청할 수 있습니다. 자동지급을 신청하겠습니까?　　　[　]예　　　[　]아니오 * 간병장소, 간병인이 변경되는 경우 즉시 신고(유선신고 가능) 하여야 합니다.

※ 구비서류: 간병인의 인적사항을 증명할 수 있는 서류(기존에
　　　　　이미 제출하신 경우에는 생략할 수 있습니다)

　　　위 기재내용을 확인하고 산업재해보상보험법시행령 제21조제1항에 따라
위와 같이 청구합니다.

　　　　　　　　　　　　　　　　　　　　　년　　　월　　　일
　　　　　　　　청 구 인　　　　　(서명 또는 인)☎
　　　　　　　　대 리 인　　　　　(서명 또는 인)☎

※ 유의사항
1. 간병급여는 무료장해보호시설에 입소한 경우는 지급되지 않습니다.
2. 간병급여 지급 대상이 된 경우 매 2년 경과시 마다 간병요구도 평
　가를 실시하며, 그 결과에 따라 간병급여 지급 여부가 결정됩니다.

　　　　근로복지공단　　　　　　　지역본부(지사)장 귀하

2-5-4. 간병급여 청구권의 소멸시효

① 간병급여를 받을 권리는 간병을 받은 날의 다음날부터 3년간 행사하지 않으면 시효로 소멸한다(「산업재해보상보험법」 제112조제1항제1호).

② 간병급여 청구권의 소멸시효는 수급권자의 간병급여 청구로 중단됩니다. 이 경우 간병급여 청구가 업무상 재해 여부의 판단이 필요한 최초의 청구인 경우에는 그 청구로 인한 시효중단의 효력은 다른 보험급여에도 미친다(「산업재해보상보험법」 제113조).

2-5-5. 간병급여의 지급

① 간병급여는 간병급여의 지급 대상에 해당되는 사람이 실제로 간병을 받은 날에 대해 지급한다(「산업재해보상보험법」 제61조제2항 및 「산업재해보상보험법 시행령」 제59조제2항).

② 간병급여로 지급된 금품에 대해서는 국가나 지방자치단체의 공과금이 부과되지 않는다(「산업재해보상보험법」 제91조).

2-5-6. 간병급여의 지급 기한 및 지급기준 금액

① 간병급여는 지급 결정일부터 14일 이내에 지급해야 한다(「산업재해보상보험법」 제82조제1항).

② 상시 간병급여 지급기준 금액은 1일당 44,760원이고, 수시 간병급여 지급기준 금액은 1일당 29,840원이며, 가족·기타 간병인급여 지급기준 금액은 1일당 41,170원이고, 수시 간병급여 지급기준 금액은 1일당 27,450원이다[「산업재해보상보험법」 제61조제2항, 「산업재해보상보험법 시행령」 제59조제3항 및 「산업재해보상보험법에 따른 간병급여 지급기준 금액」(고용노동부 고시 제2020-152

호, 2021.1.1. 시행)].

③ 간병급여의 대상자가 무료요양소 등에 들어가 간병 비용을 지출하지 않았거나, 간병급여 지급 기준보다 적은 금액을 지출한 경우에는 실제 지출한 금액을 지급한다(「산업재해보상보험법」 제61조제2항 및 「산업재해보상보험법 시행령」 제59조제4항).

④ 간병급여 수급권자가 재요양을 받는 경우 그 재요양 기간 중에는 간병급여를 지급하지 않는다(「산업재해보상보험법」 제61조제2항 및 「산업재해보상보험법 시행령」 제59조제5항).

2-5-7. 미지급 간병급여의 청구 및 지급

① 간병급여 수급권자가 사망한 경우 수급권자의 유족이 사망한 수급권자 대신 미지급 간병급여를 지급받으려면 미지급보험급여청구서를 근로복지공단에 제출해야 한다(「산업재해보상보험법」 제81조, 「보상업무처리규정」 제49조 및 별지 제29호서식).

② 미지급 간병급여는 미지급 간병급여 지급 결정일부터 14일 이내에 지급해야 한다(「산업재해보상보험법」 제82조제1항).

2-5-8. 간병급여 수급권의 양도 및 압류 금지 등

① 간병급여를 받을 권리는 근로자가 퇴직해도 소멸되지 않는다(「산업재해보상보험법」 제88조제1항).

② 간병급여를 받을 권리는 양도 또는 압류하거나 담보로 제공할 수 없다(「산업재해보상보험법」 제88조제2항).

③ 위에 따라 지정된 보험급여수급계좌에 입금된 예금 전액에 관한 채권은 압류할 수 없다(「산업재해보상보험법」 제88조제3항 및 「산업재해보상보험법 시행령」 제81조의2).

2-5-9. 부당이득 징수

거짓이나 그 밖의 부정한 방법으로 간병급여를 지급받은 사람은 그 금액의 2배에 해당하는 금액을 징수받는다(「산업재해보상보험법」 제84조제1항 전단).

2-6. 유족급여

2-6-1. 유족급여의 의의

① "유족급여"란 근로자가 업무상의 사유로 사망한 경우 유족에게 지급되는 산업재해보상 보험급여를 말한다(「산업재해보상보험법」 제62조제1항).

② "유족"이란 사망한 자의 배우자(사실상 혼인 관계에 있는 자를 포함) · 자녀 · 부모 · 손자녀 · 조부모 또는 형제자매를 말한다(「산업재해보상보험법」 제5조제3호).

2-6-2. 유족급여의 지급 방법

유족급여는 유족보상연금이나 유족보상일시금으로 지급합니다(규제「산업재해보상보험법」 제62조제2항).

2-6-3. 유족보상연금

유족보상연금을 받을 자격이 있는 사람(이하 "유족보상연금 수급자격자"라 함)에게는 원칙적으로 유족보상연금을 지급한다.

2-6-4. 반액 유족보상연금(반액 유족보상일시금)

① 유족보상연금 수급권자가 원하면 유족보상일시금의 100분의 50에

상당하는 금액을 일시금으로 지급하고 유족보상연금은 100분의 50을 감액하여 지급한다(「산업재해보상보험법」 제62조제3항).

② 반액 유족보상일시금을 지급받고 유족보상연금의 100분의 50을 감액하여 지급을 받으려는 사람은 유족급여청구서를 근로복지공단에 제출해야 한다[「산업재해보상보험법 시행령」 제21조제1항제4호, 「보상업무처리규정」(근로복지공단 규정 제1239호, 2020.12.4. 발령·시행) 제31조제1항 및 별지 제15호서식].

2-6-5. 유족보상연금 차액일시금

① 유족보상연금을 받던 사람이 그 수급자격을 잃은 경우 다른 수급자격자가 없고 이미 지급한 연금액을 지급 당시의 각각의 평균임금으로 나누어 산정한 일수의 합계가 1,300일에 못 미치면 그 못미치는 일수에 수급자격 상실 당시의 평균임금을 곱하여 산정한 금액을 수급자격 상실 당시의 유족에게 일시금으로 지급한다(「산업재해보상보험법」 제62조제4항).

② 유족보상연금 차액일시금을 지급받으려는 유족은 유족보상연금 차액일시금청구서를 근로복지공단에 제출해야 한다(「보상업무처리규정」 제33조 및 별지 제16호서식).

2-6-6. 유족보상일시금

유족보상일시금은 근로자가 사망할 당시 유족보상연금수급권자가 없는 경우에 지급한다(「산업재해보상보험법」 제62조제2항).

산 업 재 해 보 상 보 험

[ ] 유 족 급 여
[ ] 진폐유족연금 청구서
[ ] 장 의 비

※ 공통란은 모두 기재하시고, 해당 신청란에 [✔] 하고 기재하시기 바랍니다.
(앞면)

접수번호		접수일	처리기간 : 10일	
사업장	사업장 관리번호 사업개시번호( )	사업장명	소재지	
재해자	성 명	주민등록번호		
	주 소 ☎		직종	
	재해발생일		채용년월일	
유족 급여	수급방법 [ ] 연금 [ ] 일시금 [ ](일시금,연금)×1/2			
	재해발생원인 및 상황 ※ 최초 유족급여 청구에만 기재하며, 육하원칙에 의거 작성하여 주십시오.(별지 첨부)			
	구비 서류	1. 근로자의 사망진단서 또는 사체검안서 1부(사인미상인 경우 사체부검소견서 1부) 2. 주민등록등본 또는 「가족관계의 등록에 관한 법률」에 따른 증명서 1부 ※ 행정정보 공동이용에 동의하는 경우에는 주민등록등본은 공단 직원이 확인하며, 주민등록등본만으로 수급권자 확인이 곤란한 경우에 가족관계 증명서가 필요합니다.		
장의비	장제실행자 성명	사망자와의 관계	장제실행일	비용
미지급 보험급 여	산재근로자가 사망하기 전에 청구하지 않은 보험급여가 있으면 청구하시겠습니까? ( ) 예 ( )아니오			
수령 계좌	**수령희망은행 및 계좌번호:** (예금주 :) [ ] 보통계좌 [ ] 보험급여 전용계좌(희망지킴이-압류금지계좌)			

확인 사항	① 이 재해와 동일한 사유로 민법, 그 밖의 법령에 따른 배상 또 는 보상을 받은 사실이 있습니까? ( )예 ( )아니오			
	② 배상 또는 보상금을 수령한 경우 그 내역(①에서 "예"라고 체 크한 경우에만 작성합니다.)			
	수령일자	수령금액	지급한 자	첨부서류
				합의서, 판결문, 영수증, 기타 서류 등

부가서비스 제공을 위한 개인정보 이용 동의서[선택사항]

공단의 부가서비스 홍보와 고객만족 향상을 위한 안내 목적으로 개인정
보를 이용하고자 하니 아래의 내용을 읽고 동의 여부를 결정하여 주시기
바랍니다.

□ 개인정보 이용 내역

이용 목적	이용 항목	이용기간
홍보문자, 전자우편 전송, 감사편지 발송 등	성명, 연락처 (일반전화, 휴대전화, 전자우편, 주소)	5년

※ 위의 개인정보 이용에 대한 동의를 거부할 권리가 있습니다. 이 경
우 홍보자료 및 사은품 수령에 제한을 받으실 수 있으며, 위 동의를
거부하더라도 산재보험 요양급여 신청 및 보험급여 청구에 대한
불이익은 발생하지 않습니다.

개인정보 이용에 동의하십니까? ([ ] 예, [ ] 아니오)

년 월 일

성명 (서명 또는
인)

※ 보험급여 결정에 관한 통지 등 민원접수 처리결과 안내는 「산업재
해보상보험법」및 같은 법 시행령, 「민원 처리에 관한 법률」에 따
라 본 개인정보 동의와 무관하게 통지됨을 알려드립니다.

본인은 (유족급여, 진폐유족연금, 장의비, 미지급보험급여) 청구 기재내용
이 사실임을 확인하고 산업재해보상보험법 시행령 제21조제1항에 따라
위와 같이 청구합니다.

년 월 일

청 구 인 : (서명 또는 인) ☎
대 리 인 : (서명 또는 인) ☎

근로복지공단 지역본부(지사)장 귀하

안 내 문

1. 유족급여 지급방법

■ 연금지급이 원칙 〔평균임금*365일*(52~67%)/12월〕상당액 매월 지급)이
  며 50% 일시금 지급은 연금수급권자가 원하는 경우 유족일시금(평균임금
  1,300일분 상당)의 50%를 일시금으로 지급 하고 유족보상 연금은 50% 감
  액하여 지급

<유족보상연금 수급자격자의 범위>

근로자가 **사망할 당시 그 근로자와 생계를 같이 하고 있던 유족 중**
다음 각 호의 어느 하나에 해당하는 자

1) 배우자(사실혼 포함)

2) 부모 또는 조부모로서 각각 60세 이상인 자

3) 자녀로서 25세 미만인 자

4) 손자녀로서 19세 미만인 자

5) 형제자매로서 19세 미만이거나 60세 이상인 자

6) 위의 어느 하나에 해당하지 아니하는 자녀·부모·손자녀·조부
  모 또는 형제자매로서 「장애인복지법」제2조에 따른 장애인 중 고
  용노동부령으로 정한 장애정도에 해당하는 자(장애의 정도가 심
  한 장애인)

※ 유족보상연금 수급자격자 중 **유족보상연금을 받을 권리의 순위**
  는 **배우자·자녀·부모·손자녀·조부모 및 형제자매의 순서**
  로 함

---

* 유족 중 유족보상연금 수급권자가 없는 경우, 유족급여를 연금의 형
  태로 지급하기 곤란한 경우 (근로자가 사망당시 유족보상연금 수
  급권자가 외국에 거주하는 자일 경우 또는 내국인 수급권자가
  국외로 이주하는 경우)에 일시금으로 지급

<유족보상 일시금 수급권자 순위>

1) 근로자가 사망할 당시 그 근로자와 생계를 같이 하고 있던 배우자·
  자녀·부모·손자녀 및 조부모

2) 근로자가 사망할 당시 그 근로자와 생계를 같이 하고 있지 아니하
  던 배우자·자녀·부모·손자녀 및 조부모 또는 근로자가 사망할 당시
  근로자와 생계를 같이 하고 있던 형제자매

---

2. 유족보상연금수급자격자의 실격

- ■ 수급자격자가 사망한 경우
- ■ 수급자격자가 재혼한 때 (사망근로자의 배우자에 한하며, 사실상 혼인관계에 있는 경우를 포함)
- ■ 사망한 근로자와의 친족관계가 끝난 경우
- ■ 자녀가 25세가 된 경우, 손자녀 또는 형제자매가 19세가 된 경우
- ■ 법 제63조제1항제4호에 따른 장애인이었던 자로서 그 장애 상태가 해소된 경우
- ■ 근로자가 사망할 당시 대한민국 국민이었던 유족보상연금 수급자격자가 국적을 상실하고 외국에서 거주하고 있거나 외국에서 거주하기 위하여 출국하는 경우
- ■ 대한민국 국민이 아닌 유족보상연금 수급자격자가 외국에서 거주하기 위하여 출국하는 경우
  ※ 연금의 수급자격을 잃은 때에는 지체없이 관할 지역본부(지사)에 신고하여야 합니다.

3. 유족보상연금의 지급정지 등

- ■ 법 제64조제2항에 따라 유족보상연금을 받을 권리가 이전된 경우에 유족보상연금을 새로 지급받으려는 사람은 공단에 유족보상연금 수급권자 변경신청을 하여야 함
- ■ 법 제64조제3항에 따라 유족보상연금 수급권자가 3개월 이상 행방불명이면 같은 순위자(같은 순위자가 없는 경우에는 다음 순위자)의 신청에 따라 행방불명된 달의 다음 달 분부터 그 행방불명 기간 동안 그 행방불명된 사람에 대한 유족보상연금의 지급을 정지하고, 법 제62조제2항 및 법 별표 3에 따라 산정한 금액을 유족보상연금으로 지급하며, 이 경우 행방불명된 종전의 유족보상연금 수급권자는 법 제62조제2항 및 법 별표 3에 따른 가산금액이 적용되는 유족보상연금 수급자격자로 보지 않음
- ■ 유족보상연금의 지급이 정지된 사람은 언제든지 그 지급정지의 해제를 신청할 수 있음
  ※ 통상임금은 근로기준법시행령 제6조의 규정에 의하여 산출합니다.

2-7. 장의비

2-7-1. 장의비의 의의

① "장의비"란 업무상의 사유로 사망한 근로자의 장제를 지낸 유족 등에게 지급되는 산업재해보상 보험급여를 말한다(「산업재해보상 보험법」 제71조제1항).

② "유족"이란 사망한 자의 배우자(사실상 혼인 관계에 있는 자를 포함)·자녀·부모·손자녀·조부모 또는 형제자매를 말한다(「산업재해보상보험법」 제5조제3호).

2-7-2. 장의비 청구

① 장의비를 지급받으려는 수급권자는 장의비청구서를 근로복지공단에 제출해야 한다[「보상업무처리규정」(근로복지공단 규정 제1239호, 2020.12.4. 발령·시행) 제44조제1항 전단 및 별지 제15호서식].

② 유족이 아닌 자가 장제를 지내고 장의비를 받으려고 하는 때에는 장제에 실제 든 비용을 증명하는 서류를 장의비청구서에 첨부하여 근로복지공단에 제출해야 한다(「보상업무처리규정」 제44조제1항 후단).

2-7-3. 장의비 지급

① 유족이 장제를 지낸 경우
장의비는 근로자가 업무상의 사유로 사망한 경우에 지급하되, 평균임금의 120일분에 상당하는 금액을 그 장제(葬祭)를 지낸 유족에게 지급한다(「산업재해보상보험법」 제71조제1항 본문).

② 유족이 아닌 사람이 장제를 지낸 경우
장제를 지낼 유족이 없거나 유족의 행방불명 등으로 부득이하게 유

족이 아닌 사람이 장제를 지낸 경우에는 평균임금의 120일분에 상당하는 금액의 범위에서 「건전가정의례준칙」제4장에 따른 상례에 따라 실제 지출된 비용을 그 장제를 지낸 자에게 지급한다(「산업재해보상보험법」 제71조제1항 단서 및 「보상업무처리규정」 제44조제2항·제3항).

③ 장의비의 최고금액과 최저금액

장의비가 「장의비 최고·최저 금액」에 따른 장의비 최고금액인 16,334,840원을 초과하거나 장의비 최저금액인 11,729,120원에 미달하면 그 최고금액 또는 최저금액을 각각 장의비로 한다(「산업재해보상보험법」 제71조제2항, 「산업재해보상보험법 시행령」 제66조제1항 및 제2항).

④ 공과금의 면제

장의비로 지급된 금품에 대해서는 국가나 지방자치단체의 공과금이 부과되지 않는다(「산업재해보상보험법」 제91조).

⑤ 수급권의 양도 및 압류 등 금지

장의비를 받을 권리는 양도 또는 압류하거나 담보로 제공할 수 없다(「산업재해보상보험법」 제88조제2항).

2-7. 직업재활급여

2-7-1. 직업재활급여의 의의

"직업재활급여"란 장해등급 제1급부터 제12급까지의 장해급여자(이하, "장해급여자"라 함) 중 취업을 위해 직업훈련이 필요한 사람에게 직업훈련비용 및 직업훈련수당을 지급하고, 장해급여자의 고용을 유지하는 사업주에게는 직장복귀지원금, 직장적응훈련비 및 재활훈련비를 지급하는 보험급여를 말한다(「산업재해보상보험법」 제72조제1항).

2-7-2. 직업재활급여의 종류

직업재활급여의 종류는 ① 취업을 위해 직업훈련이 필요한 사람에게 지급하는 직업훈련비용, 직업훈련수당과 ② 사업주에게 지급하는 직장복귀지원금, 직장적응훈련비 및 재활운동비가 있다(「산업재해보상보험법」 제72조제1항).

2-7-3. 그 밖의 재활지원

① 맞춤형통합서비스

근로복지공단은 업무상 재해를 당한 근로자(이하, "산재근로자"라 함)의 직업복귀 및 사회복귀 촉진을 위하여 산재근로자를 직업복귀 취약정도에 따라 분류하고 요양·재활·보상 서비스를 적기에 체계적으로 제공하는 맞춤형통합서비스를 운영하고 있으며 맞춤형통합서비스는 내일찾기서비스 일반서비스로 구분된다.

② 창업 지원

근로복지공단은 업무상 재해를 입은 산재근로자의 자립기반 구축 등 복지증진을 위해 근로복지공단 명의로 점포를 임차하여 산재근로자에게 운영하도록 하는 산재근로자 창업지원사업을 시행하고 있다.

③ 의료재활 지원(후유증상관리)

근로복지공단은 장해보상을 받은 후 부상 또는 질병의 특성상 합병증 등 증상이 발생되었거나 발생될 염려가 있는 사람에 대해 간편한 절차로 진료를 받을 수 있도록 하는 합병증 및 후유증상 관리제도를 시행하고 있다(「산업재해보상보험법」 제77조).

④ 사회생활 지원

근로복지공단은 산재근로자의 사회복귀 촉진을 지원하기 위해 심리상담, 희망찾기프로그램, 사회적응프로그램, 재활스포츠, 취미활동반, 지역사회자원 연계, 산재근로자 멘토링프로그램 등의 사업을 하고 있다[「산업재해보상보험법」 제1조, 제92조, 「산재근로자 사회심리재활지원규정」(근로복지공단 규정 제1214호, 2020.7.14. 발령, 2020.7.15. 시행) 제1조 및 제2조].

⑤ 생활 지원

근로복지공단은 산재근로자와 그 유족의 복지 증진을 위한 사업 수행을 위해 산재근로자 및 자녀 장학사업과 산재근로자 생활안정자금 대부사업 그리고 산재근로자 및 자녀 대학학자금 대부사업을 시행하고 있다[「산업재해보상보험법」 제92조제1항제2호 및 「산재근로자 생활지원규정」(근로복지공단 규정 제1193호, 2020.3.6. 발령, 2020.4.1. 시행) 제1조 및 제3조].

[Q&A] 산업재해보상보험법상의 보험급여에는 어떤 종류가 있나요?

Q. 근로자가 사업장에서 일하던 중 업무상 재해를 당할 경우 그 재해 근로자는 어떠한 보상을 받을 수 있는지요?

A. 산업재해보상보험법이 적용되는 사업 또는 사업장에서 일하는 근로자가 업무상 사유로 재해를 당한 경우에는 그 재해근로자에게 요양급여, 휴업급여, 장해급여, 간병급여, 유족급여, 상병보상연금, 장의비, 직업재활급여, 진폐보상연금 및 진폐유족연금과 같은 보상을 하여 주는바, 그 내용을 보면 다음과 같습니다(같은 법 제1조, 제5조, 제36조, 제91조의3, 제91조의4).

(1) 요양급여

요양급여는 근로자가 업무상의 사유에 의하여 부상을 당하거나 질병에 걸린 경우에 당해 근로자에게 지급하는 것으로서 요양비의 전액으로 하되, 부득이한 경우를 제외하고는 공단이 설치한 보험시설 또는 공단이 지정한 의료기관에서 요양하게 하고, 다만 부상 또는 질병이 3일 이내의 요양으로 치유될 수 있는 때에는 요양급여를 지급하지 아니합니다(같은 법 제40조 제3항, 3일 이내의 요양을 요하는 경우에는 근로기준법 제78조의 규정에 의하여 사용자가 자기비용으로 요양보상을 실시하여야 함). 요양급여의 범위는 진찰 및 검사, 약제 또는 진료재료와 의지(義肢) 그 밖의 보조기의 지급, 처치·수술 그 밖의의 치료, 재활치료, 입원, 간호 및 간병, 이송, 그 밖에 고용노동부령으로 정하는 사항으로 하며 요양급여의 범위나 비용 등 요양급여의 산정기준은 고용노동부령으로 정하여 고시하게 됩니다(산업재해보상보험법 제40조).

(2) 휴업급여

휴업급여는 업무상 사유에 의하여 부상을 당하거나 질병에 걸린 근로자에게 요양으로 인하여 취업하지 못한 기간에 대하여 지급하되, 1일당 지급액은 평균임금의 100분의 70에 상당하는 금액으로 합니다. 다만, 취업하지 못한 기간이 3일 이내인 때에는 이를 지급하지 아니하고 이 경우에는 근로기준법 제79조의 규정에 의하여 사용자사업주가 평균임금의 100분의 60을 지급하여야 합니다((산업재해보상보험법 같은 법 제52조).

(3) 장해급여

장해급여는 근로자가 업무상의 사유에 의하여 부상을 당하거나 질병에 걸려 치유되었으나 신체 등에 상당인과관계가 있는 장해가 남게 되는 경우에 지급하는 보험급여를 말하며(같은 법 제57조), 여기서 '치유'라 함은 부상 또는 질병에 대한 의학적 치료의 효과를 기대할 수 없게 되거나 또는 그 증상이 고정된 상태에 이른 것을 말하며, '상당인과관계'라 함은 장해가 당해 부상 또는 질병으로 인하여 발생하였음이 의학상 명백한 경우를 말하고, '장해'라 함은 업무상 부상 또는 질병이 치유되었으나 당초의 상병과 의학적인 상당인과관계가 인정되어 신체에 잔존하는 영구적인 정신적 또는 육체적 훼손상태로 인하여 생긴 노동력의 손실 또는 감소를 말합니다.

즉, 장해급여는 업무상 상병에 걸려 치유되었으나 당해 상병과 상당인과관계가 있는 장해가 신체에 잔존하고 있는 경우에 지급되는바, 그 지급사유로는, 첫째 업무상 부상 또는 질병의 치유 후 신체에 장해가 잔존하여야 하고, 둘째 잔존하는 신체의 장해가 신체장해등급 1급 내지 14급에 해당하는 상태라야 합니다.

장해급여는 장해등급에 따라 장해보상연금 또는 장해보상일시금으로 하되, 그 장해등급의 기준은 대통령령으로 정하는바 이를 보면 다음과 같습니다.

장해급여표(제57조제2항관련, 2015.1.20. 일부개정, 2015.4.21. 시행)(2010.5.20. 일부개정, 2010.11.21. 시행)

(평균임금기준)

장해등급	장해보상연금	장해보상일시금	장해등급	장해보상연금	장해보상일시금
1급	329일분	1,474일분	8급	-	495일분
2급	291일분	1,309일분	9급	-	385일분
3급	257일분	1,155일분	10급	-	297일분
4급	224일분	1,012일분	11급	-	220일분
5급	193일분	869일분	12급	-	154일분
6급	164일분	737일분	13급	-	99일분

7 급	138일분	616일분	14급	-	55일분

(4) 간병급여

간병급여는 「산업재해보상보험법」 제40조의 규정에 의한 요양급여를 받은 자가 치유 후 의학적으로 상시 또는 수시로 간병이 필요하여 실제로 간병을 받는 자에게 지급하는 것으로서 간병급여의 지급기준 및 방법 등에 관하여 필요한 사항은 대통령령으로 정하게 됩니다(같은 법 제61조).

(5) 유족급여

유족급여는 근로자가 업무상의 사유에 의하여 사망한 경우에 유족에게 지급하는 것으로서 유족보상연금 또는 유족보상일시금으로 하되, 유족보상일시금은 유족급여를 연금의 형태로 지급하는 것이 곤란한 경우로서 대통령령이 정하는 경우에 한하여 지급하고, 유족보상연금의 수급권자가 원하는 경우에는 유족보상일시금의 100분의 50에 상당하는 금액을 일시금으로 지급하고 유족보상연금은 100분의 50을 감액하여 지급합니다(산업재해보상보험법 제62조).

또한, 유족보상연금을 받던 자가 그 수급자격을 잃은 경우 다른 수급자격자가 없고 이미 지급한 연금액을 지급 당시의 각각의 평균임금으로 나눈 일수의 합계가 1,300일에 미달하는 경우에는 그 미달하는 일수에 수급자격상실 당시의 평균임금을 곱하여 산정한 금액을 유족보상연금수급자격자가 아닌 다른 유족에게 일시금으로 지급하게 됩니다(같은 법산업재해보상보험법 제62조 제4항).

유족급여(제62조제2항관련, 2015.1.20. 일부개정, 2015.4.21. 시행 2010.5.20. 일부개정, 2010.11.21. 시행)

유족급여의 종류	유족급여의 금액
	유족보상연금액은 다음의 기본금액과 가산금액을 합산한 금액으로 한다. 1. 기본금액 　급여기초연액(평균임금에 365를 곱하여 얻은 금액)의 100분의 47에 상당하는 금액

유족보상 연금	2. 가산금액 유족보상년금수급권자 및 근로자가 사망할 당시 그 근로자와 생계를 같이 하고 있던 유족보상연금 수급자격자 1인당 급여 기초연액의 100분의 5에 상당하는 금액의 합산액. 다만 그 합산금액 이 급여기초연액의 100분의 20을 넘을 때에는 급여 기초연액의 100분의 20에 상당하는 금액으로 한다.
유족보상 일시금	평균임금의 1,300일분

(7) 장의비

장의비는 근로자가 업무상의 사유에 의하여 사망한 경우에 지급하되,
평균임금의 120일분에 상당하는 금액을 그 장제를 지낸 유족에게 지
급하며, 이에 의한 장의비가 대통령령이 정하는 바에 따라 고용노동부
장관이 고시하는 최고금액을 초과하거나 최저금액에 미달하는 경우에
는 그 최고금액 또는 최저금액을 각각 장의비로 하게 됩니다(산업재해
보상보험법 제71조, 같은 법 시행령 제66조).

(8) 직업재활급여

장해급여 또는 진폐보상연금을 받은 자나 장해급여를 받을 것이 명백
한 자로서 대통령령으로 정하는 자, 즉 장해급여자 중 취업을 위하여
직업훈련이 필요한 자에 대하여 실시하는 직업훈련에 드는 비용 및
직업훈련수당내지 업무상의 재해가 발생할 당시의 사업에 복귀한 장해
급여자에 대하여 사업주가 고용을 유지하거나 직장적응훈련 또는 재활
운동을 실시하는 경우에 각각 지급하는 직장복귀지원금, 직장적응훈련
비 및 재활운동비를 의미합니다(산업재해보상보험법 제72조 내지 제
75조).

(9) 진폐보상연금 및 진폐유족연금

근로자가 진폐에 걸릴 우려가 있는 작업으로서 암석, 금속이나 유리섬
유 등을 취급하는 작업 등 고용노동부령으로 정하는 분진작업(산업재
해보상보험법 시행규 칙 제32조에 따라「산업안전보건기준에 관한 규
칙」 제605조제2호에 따른 분진작 업과 명백히 진폐에 걸릴 우려가
있다고 인정되는 장소에서의 작업)에 종사하여 진폐에 걸리면 산업재

해보상보험법상의 업무상 질병이 됩니다.

진폐보상연금은 업무상 질병인 진폐에 걸린 근로자에게 지급하는데, 같은 법 제5 조 제2호 및 제36조제6항에 따라 정하는 평균임금을 기준으로 하여 다음 표에 따 라 산정하는 진폐장해등급별 진폐장해연금과 기초연금을 합산한 금액으로 하며, 이 경우 기초연금은 최저임금액의 100분의 60에 365를 곱하여 산정한 금액으로 합니다(같은 법 제91조의3).

진폐장해연금표(제91조의3제2항 관련, 2015.1.20. 일부개정, 2015.4.21. 시행 평균임금기준

장 해 등 급	진 폐 장 해 연 금
제 1 급	132 일분
제 3 급	132 일분
제 5 급	72 일분
제 7 급	72 일분
제 9 급	24 일분
제 11 급	24 일분
제 13 급	24 일분

진폐유족연금은 진폐근로자가 진폐로 사망한 경우에 유족에게 지급하는 사망 당시 진폐근로자에게 지급하고 있거나 지급하기로 결정된 진폐보상연금과 같은 금액으로 합니다. 이 경우 같은 법 제62조제2항 및 위 유족급여표(같은 법 별표3)에 따라 산정한 유족보상연금을 초과할 수 없습니다(같은 법 제91조의4).

[Q&A] 업무상 사유로 근로자가 장착한 의족이 파손된 경우에 산업재해보상보험법상 요양급여 대상인 근로자의 부상에 포함되는지요?

Q. 교통사고로 한쪽다리를 절단한 후 의족을 착용하여 아파트 경비원으로 근무하고 있습니다. 의족을 착용하고 근무하며 제설작업 중 넘어지면서 의족이 파손되는 재해를 입었습니다. 의족이 파손된 것에 대하여 산재로 보상 받을 수 있나요?

A. 산업재해보상보험법상 업무상 재해로 인한 부상의 대상인 신체를 반드시 생리적 신체에 한정하지 않는다는 것이 판례의 입장입니다. (대법원 2014.7.10. 선고 2012두20991 판결) 위 판결에 의하면 의족은 단순히 신체를 보조하는 기구가 아니라 신체의 일부인 다리를 기능적·물리적·실질적으로 대체하는 장치로서, 업무상의 사유로 근로자가 장착한 의족이 파손된 경우는 산업재해보상보험법상 요양급여의 대상인 근로자의 부상에 포함되는 것으로 볼 수 있습니다.

따라서 업무상 사유로 의족이 파손된 경우에는 산업재해보상보험법 제40조 제1항 소정의 부상에 해당되는 것으로 볼 수 있고, 이에 따라 산업재해로 요양급여의 지급을 신청할 수 있을 것으로 보입니다.

[Q&A] 산업재해보상보험법 제84조 제1항 제1호의 '거짓이나 그 밖의 부정한 방법으로 보험급여를 받은 경우'의 의미는?

Q. 저는 업무상 재해를 당하여 의료기관에서 치료 및 재활 중입니다. 어느 정도 회복이 되어 간병이 반드시 필요한 상황은 아니었으나, 간병인이 있으면 편하여 간병이 필요하다는 취지로 거짓으로 진술하여 간병비 등을 보험료를 지급받았습니다. 이에 대하여 지급받은 보험금에 대하여 부당이득 징수처분을 받았습니다. 어떻게 해야 하나요?

A. 산업재해보상보험법 에84조 제1항 제1호는 거짓이나 그 밖의 부정한 방법으로 보험급여를 받은 경우에 급여액의 2배에 해당하는 금액을 징수하도록 규정하고 있습니다. 위 법 제1항 제1호 "거짓이나 그 밖의 부정한 방법으로 보험급여를 받은 경우"와 관련하여 판례는 '보험급여를 받은 자가 주관적으로 거짓이나 그 밖의 부정한 방법임을 인식하면서 적극적으로 받을 수 없는 보험급여를 받은 경우를 말하는 것으로 보아야 할 것'이라고 판시하고 있습니다. (대법원 2013.02.15. 선고 2011두1870 판결)

만약 부당이득금 징수 처분에 대하여 행정소송 등으로 다툰다면 간병이 조금이라도 필요했던 사정이 있었을 주장하고, 거짓이나 부정한 방법을 적극적으로 한 것이 아니라는 취지로 다툴 여지가 있을 것으로 보입니다.

[Q&A] 개인적으로 가입하여 받는 보험금을 이유로 산업재해보상 보험법상 보험급여가 공제되는 것인가요?

Q. 사용자의 명의로 된 차량을 운행하여 업무를 하던 중 교통사고로 인하여 산업재해보상보험법상 요양신청을 하였으나, 사용자가 위 차량에 가입한 보험에 의하여 지급받은 자기신체사고보험금은 산재보험금을 공제된다는 이유로 요양급여 불승인 처분을 받았습니다. 개인적으로 가입하여 받는 보험금을 이유로 산업재해상보험법상 보험급여가 공제되는 것인가요?

A. 대법원 판례는 산업재해보상보험봅 제80조와 제87조의 규정의 취지는 '산업재해로 인하여 손실 또는 손해를 입은 근로자는 재해보상 청구권과 산재보험급여수급권을 행사할 수 있고, 아울러 일정한 요건이 충족되는 경우 사용자에 대하여 불법행위로 인한 손해배상청구권도 행사할 수 있으므로, 이들 청구권 상호 간의 관계와 손실의 이중전보를 방지하기 위한 보상 또는 배상액의 조정문제를 규율하는 데에 있다.따라서 산재보험법 제80조 제3항에서 말하는 '동일한 사유'란 산업재해보상보험급여의 대상이 되는 손해와 근로기준법 또는 민법이나 그 밖의 법령에 따라 보전되는 손해가 같은 성질을 띠는 것이어서 산재보험급여와 손해배상 또는 손실보상이 상호 보완적 관계에 있는 경우를 의미한다'라고 규정하고 있습니다. (대법원 2015.01.15. 선고 2014두724 판결)

판례에 따르면 산업재해보상보험법상 보험급여와 상호보완적인 관계에 있는 급여인 경우에는 위 규정이 적용되지 않고 이러한 급여로 인하여 산업재해보상보험법상 보험급여가 공제되지 않는다고 볼 수 있습니다.

구체적으로 위 판례는 사용자가 가입한 자기신체사고보험에 의해 근로자가 지급받은 보험금은 사용자의 손해배상의무의 이행으로 지급받은 것이 아니므로 산업재해보상보험급여에서 공제될 수 없다고 판시한 바 있습니다. 따라서 근로복지공단의 요양급여 불승인처분에 대하여 행정소송 등을 통하여 다툴 수 있습니다.

[Q&A] 가해자로부터 간병비명목으로 금품을 받은 경우에 요양급여에서 위 금액에 공제되나요?

Q. 업무 중 재해로 인하여 병원에 입원하여 치료하는 중 가해자로부터 간병비 명목으로 금품을 지급받았습니다. 산업재해에 따른 요양급여에서 위 금액에 공제되나요?

A. 산업재해보상보험법 제 80조에 따른 다른 급여로 인한 산재보험법상 보험급여의 공제와 관련하여 '산업재해보상보험법(이하 '법'이라 한다) 제61조 제1항은 "간병급여는 제40조에 따른 요양급여를 받은 자 중 치유 후 의학적으로 상시 또는 수시로 간병이 필요하여 실제로 간병을 받는 자에게 지급한다."고 규정하고 있고, 제80조 제3항 본문은 "수급권자가 동일한 사유로 「민법」이나 그 밖의 법령에 따라 이 법의 보험급여에 상당한 금품을 받으면 공단은 그 받은 금품을 대통령령으로 정하는 방법에 따라 환산한 금액의 한도 안에서 이 법에 따른 보험급여를 지급하지 아니한다."고 규정하고 있다. 법 제80조 제3항은 보험급여의 대상이 된 손해와 민사상 손해배상의 대상이 된 손해가 같은 성질을 띠는 것으로서 보험급여와 손해배상이 상호보완적 관계에 있는 경우 중복전보에 의한 부당이득을 막기 위해 서로 대응관계에 있는 항목 사이에서 보험가입자 혹은 근로복지공단의 면책을 인정하고 있는 것으로, 간병급여는 개호기간 중의 개호비에 대응하는 것이므로 간병급여금에 대해서는 그것이 지급되는 개호기간 중의 개호비 상당 손해액만을 위 조항에 따라 공제할 수 있다'고 판시하고 있습니다. (대법원 2012.05.24. 선고 2010두18505 판결)

위 판결은 가해자로부터 받은 금품이 구체적으로 어떤 손해에 대한 배상금 명목인지에 따라 해당 명목으로 지급되는 산재 보험급여만 공제된다는 취지로 볼 수 있습니다. 따라서 가해자로부터 간병비 명목으로 받은 금품은 산업재해보상보험법상 보험급여 중 간병비, 즉 개호비에 대응하는 금액 중에서만 공제될 것이고 다른 명목으로 지급되는 보험급여에서는 공제될 것이 아닌 것으로 보입니다.

[Q&A] 요양급여와 관련하여 기왕증은 어떤 영향을 미치는지요?

Q. 저는 신축 공사 현장에서 일하는 용접공으로서 선반받침대를 제작하다가 작업현장의 바닥에 있는 줄에 걸려 넘어지면서 손목과 어깨 부분을 다쳤습니다. 이 사고로 인해 기왕에 있었던 퇴행성 질환 등이 악화되어 '좌측견관절염좌', '좌측 견관절 회전근개 부분 파열', '좌측 견관절 상부 관절 순 병변' 등의 질병이 발생하였습니다. 이 사고가 업무상 재해 해당한다고 볼 수 있는가요?

A. 이와 같은 사례에서 대법원 판례는 "감정의의 소견에 의하더라도 이 사건 사고로 인하여 이 사건 상병에 따른 통증 등의 증상이 발현·악화되었을 가능성은 충분히 인정된다는 것이고, 여기에 이 사건 사고 후 원고가 이 사건 상병에 따른 통증을 호소하며 수술 등 치료에 나서게 된 점을 더하여 앞서 본 법리에 비추어 보면 원고가 기왕에 가지고 있던 이 사건 상병이 이 사건 사고로 인한 충격으로 자연적인 진행경과를 넘어서 바로 적극적 치료를 하지 않으면 안 될 정도로 급격히 악화되었다고 볼 수 있고, 그렇다면 장해급여는 별론으로 하더라도 요양급여신청을 하고 있는 이 사건에서 원고의 이 사건 상병이 업무상 재해에 해당한다고 볼 여지가 충분하다. "고 판시하고 있습니다. 따라서 귀하의 경우 업무상재해가 인정되어 산업재해보상보험법상 요양급여를 받을 수 있을 것입니다.

[Q&A] 자기신체사고보험금을 산업재해보상보험급여에서 공제하여야 하는지요?

Q. 저는 '甲상회'에 고용되어 일하던 근로자인데, 사업주 명의의 자동차를 운전하여 배송업무를 하던 중 고속도로에서 차량이 폭우로 미끄러져 전복되는 교통사고를 당하여 '제1 요추 골절', '제10흉추 골절', '하반신 마비'의 상병을 입고, 병원에서 요양하였습니다. 위 사고 차량은 자동차보험에 가입되어 있었고, 보험자는 자기신체사고보험금을 요양치료비로 제가 입원한 병원에 지급하였습니다. 이때에 업무상재해로 요양급여를 신청하는 경우 위 자기신체사고보험금이 산업재해보상보험급여에서 공제되어야 하나요?

A. 산업재해보상보험법 제80조 제1항, 제2항 전문, 제3항 본문, 제87조 제1항 본문, 제2항 규정의 취지는 산업재해로 인하여 손실 또는 손해를 입은 근로자는 재해보상 청구권과 산재보험급여수급권을 행사할 수 있고, 아울러 일정한 요건이 충족되는 경우 사용자에 대하여 불법행위로 인한 손해배상청구권도 행사할 수 있으므로, 이들 청구권 상호 간의 관계와 손실의 이중전보를 방지하기 위한 보상 또는 배상액의 조정문제를 규율하는 데에 있습니다. 따라서 산재보험법 제80조 제3항에서 말하는 '동일한 사유'란 산업재해보상보험급여의 대상이 되는 손해와 근로기준법 또는 민법이나 그 밖의 법령에 따라 보전되는 손해가 같은 성질을 띠는 것이어서 산재보험급여와 손해배상 또는 손실보상이 상호 보완적 관계에 있는 경우를 의미한다 할 것입니다.

위와 같은 취지에서 대법원 판례는 "근로자 갑이 사업주 명의의 자동차를 운전하여 배송업무를 하던 중 교통사고를 당하여 위 차량이 가입된 보험회사로부터 자기신체사고보험금을 지급받은 후 근로복지공단에 업무상 재해에 대한 요양급여를 신청하였으나 자기신체사고보험금은 산업재해보상보험급여에서 공제되어야 한다는 이유로 요양급여를 불승인하는 처분을 받은 사안에서, 사용자가 가입한 자기신체사고보험에 의해 근로자가 지급받은 보험금은 사용자의 손해배상의무의 이행으로 지급받은 것이 아니므로 산업재해보상보험급여에서 공제될 수 없다고 본 원심판단은 정당하다."고 판시한 바 있습니다(대법원 2015.1.15. 선고 2014두724 판결). 따라서 이와 같은 사례에서 귀하께서 지급받은 자기신체사고보험금은 산업재해보상보험급여에서 공제되지 않는다고 할 것입니다.

[Q&A] 불법체류외국인근로자도 산업재해보상보험법상 요양급여지를 받을 수 있는지요?

Q. 甲은 취업자격이 없는 외국인으로서 출입국관리법상의 고용제한 규정을 위반하여 고용계약을 체결하고, 근로를 제공하다가 작업 도중 부상을 입었습니다. 甲은 산업재해보상보험법상의 요양급여를 받을 수 있는 대상인가요?

A. 이와 같은 사례에서 대법원 판례는 "외국인이 취업자격이 아닌 산업연수 체류자격으로 입국하여 구 산업재해보상보험법(1994.12.22. 법률 제4826 호로 전문 개정되기 전의 것)의 적용대상이 되는 사업장인 회사와 고용계 약을 체결하고 근로를 제공하다가 작업 도중 부상을 입었을 경우, 비록 그 외국인이 구 출입국관리법상의 취업자격을 갖고 있지 않았다 하더라도 그 고용계약이 당연히 무효라고 할 수 없고, 위 부상 당시 그 외국인은 사용 종속관계에서 근로를 제공하고 임금을 받아 온 자로서 근로기준법 소정의 근로자였다 할 것이므로 구 산업재해보상보험법상의 요양급여를 받을 수 있는 대상에 해당한다."고 판시하였습니다(대법원 1995.9.15. 선고 94누 12067 판결). 따라서 甲은 산업재해보상보험법상의 요양급여를 받을 수 있는 대상에 해당합니다.

[Q&A] 회사내 축구 동호회 도중 입은 골절 부상이 산업재해에 해당하는지요?

Q. 甲은 회사에서 경영법무팀 팀장으로 근무하는 근로자인데, 사내 축구 동호회가 참가한 축구경기 도중 미끄러지는 사고를 당하여 '좌측 요골 원위부 분쇄골절상' 의 상해를 입고 요양승인신청을 하였습니다. 위 사고는 업무상 재해로 인정받을 수 있나요?

A. 근로자가 어떤 행위를 하다가 부상을 입은 경우에 그 부상이 업무상 재해로 인정되기 위해서는, 그 행위가 당해 근로자의 본래의 업무행위 또는 그 업무의 준비행위 내지 정리행위, 사회통념상 그에 수반되는 것으로 인정되는 생리적 행위 또는 합리적·필요적 행위이거나, 사업의 지시나 주최에 의하여 이루어지는 행사 또는 취업규칙, 단체협약 기타 관행에 의하여 개최되는 행사에 참가하는 행위라는 등 그 행위과정이 사업주의 지배 관리 아래 있다고 볼 수 있는 경우이어야 합니. 따라서 근로자가 근로계약에 의하여 통상 종사할 의무가 있는 업무로 규정되어 있지 아니한 회사 외의 행사나 모임에 참가하던 중 재해를 당한 경우에는 그 행사나 모임의 주최자, 목적, 내용, 참가인원과 그 강제성 여부, 운영방법, 비용부담 등의 사정들을 종합하여 사회통념상 그 행사나 모임의 전반적인 과정이 사용자의 지배나 관리를 받는 상태에 있었던 경우에 한하여 이를 업무상 재해로 인정할 수 있습니다. 관련 하급심 판례는 "즉 ㉮ 동호회 축구경기는 휴일이 아닌 평일 이른 아침에 이루어졌고, 축구경기를 한 후 축구동호회 회원들이 정해진 출근시간보다 늦게 회사에 도착하더라도 이 사건 회사가 지각처리를 하거나 특별히 이에 대하여 지적하지는 않았던바, 회사가 동호회 축구경기 참가를 통상적·관례적으로 인정한 것으로 보이는 점, ㉯ 이 사건 회사의 대표이사가 앞서 본 바와 같이 축구동호회 가입 및 축구경기의 참가를 독려하였기 때문에 회사 직원으로서는 사실상 이를 거부하기 어려웠을 것으로 보이는 점, ㉰ 동호회 축구경기의 상대방이 거래처인 경우가 대부분이어서 영업에 도움이 되는 효과를 기대할 수 있는 점, ㉱ 회원들이 매월 일정액의 회비를 부담하기는 하였으나, 대표이사나 이사 등 임원들이 일반 직원보다 회비를 더 많이 부담함으로써 축구회의 운영을 간접적으로 지원하였던 점 등에 비추어 보면, 이 사건 축구경기는 사회통념상

노무관리상 필요에 의하여 사업주가 실질적으로 주최하거나 관행적으로 개최된 행사로서 그 전반적인 과정이 사용자의 지배나 관리를 받는 상태에 있었다고 봄이 상당하다(서울행정법원 2017.6.29. 선고 2017구단8166판결 참조)."고 판시함으로써 위 사고는 업무상 재해에 해당한다고 하였습니다.

따라서 甲의 사고는 업무상 재해에 해당하고 산업재해보상보험법 상의 보호를 받을 수 있을 것이라 판단됩니다.

[Q&A] 사용자가 가입한 자기신체사고보험에 의해 근로자가 지급받은 보험금은 산업재해보상보험급여에서 공제될 수 있는지요?

Q. 甲이 사업주 명의의 자동차를 운전하여 배송업무를 하던 중 교통사고를 당하여 위 차량이 가입된 보험회사로부터 자기신체사고보험금을 지급받았는데 이는 산업재해보상보험급여에서 공제되는 것인가요?

A. 산업재해보상보험법(이하 '산재보험법'이라 한다)제80조 제1항,제2항 전문, 제3항 본문, 제87조 제1항 본문,제2항 규정의 취지는 산업재해로 인하여 손실 또는 손해를 입은 근로자는 재해보상 청구권과 산재보험급여수급권을 행사할 수 있고,아울러일정한 요건이 충족되는 경우 사용자에 대하여 불법행위로 인한 손해배상청구권도 행사할 수 있으므로,이들 청구권 상호간의 관계와 손실의 이중전보를 방지하기 위한 보상 또는 배상액의 조정 문제를 규율하는 데에 있다. 따라서 산재보험법 제80조 제3항 에서 말하는 '동일한 사유'란 산업재해보상보험급여의 대상이 되는 손해와 근로기준법 또는 민법이나 그 밖의 법령에 따라 보전되는 손해가 같은 성질을 띠는 것이어서 산재보험급여와 손해배상 또는 손실보상이 상호 보완적 관계에 있는 경우를 의미한다는 것이 대법원의 견해입니다.
(대법원 2015.1.15. 선고 2014두724 판결)
따라서 甲이 지급받은 보험금은 공제되지 않습니다.

[Q&A] 산업재해보상보험법 시행령 시행 전에 진단서 등을 발급받은 진폐근로자가 시행 이후에 장해등급결정을 받은 경우, 진폐재해위로금의 지급대상이 될 수 있는지요?

Q. 甲은 2010.11.15. 대통령령 제22492호로 개정된 산업재해보상보험법 시행령 시행 이후에 장해등급을 받았지만, 이전에 진단서를 발급받았습니다. 산재법상 재해위로금을 지급받을 수 있을까요?

A. 개정된 산업재해보상보험법 시행령(이하 '개정 시행령'이라 한다) 제83조의2의 내용 및 체계와 개정 연혁, 문언 등을 종합해 보면, 개정 진폐예방법에 의하여 새로 도입된 진폐재해위로금은 개정법 시행 이후 최초로 진폐재해위로금의 지급사유가 발생한 사람부터 적용되고, 지급사유는 개정 산재보험법 제91조의8 의 진폐판정에 따른 진폐장해등급이 결정된 때에 생긴다. 한편 개정 시행령 제83조의2는 진폐판정 및 보험급여의 결정을 위한 진단서 또는 소견서가 개정 시행령 시행 후 최초로 발급된 경우부터 적용하도록 되어 있다. 그러나 이는 개정 산재보험법령이 정한 새로운 진폐장해등급결정 기준의 적용 시기를 규정한 것일 뿐이므로, 그 시행 전에 진단서 등을 발급받은 진폐근로자라도 시행 이후에 장해등급결정을 받으면 진폐재해위로금의 지급대상이 될 수 있다는 것이 대법원의 견해입니다.(대법원 2017.4.7. 선고 2016두51429 판결) 따라서 甲의 경우 재해위로금을 지급받을 수 있습니다.

[Q&A] 업무상 사유로 근로자가 장착한 의족이 파손된 경우 산업재해보상보험법상 요양급여의 대상인 근로자의 부상에 포함되는지요?

Q. 甲은 아파트 경비원으로 근무하던 중 아파트 놀이터 부근에서 제설작업 중 넘어져 의족이 파손되었습니다. 요양급여를 지급받을 수 있나요?

A. 산업재해보상보험법과 장애인차별금지 및 권리구제 등에 관한 법률의 입법 취지와 목적, 요양급여 및 장애인보조기구에 관한 규정의 체계, 형식과 내용, 장애인에 대한 차별행위의개념 등에 의하면, 산업재해보상보험법의 해석에서 업무상 재해로 인한 부상의 대상인신체를 반드시 생래적 신체에 한정할 필요는 없는 점 등을 종합적으로 고려하면, 의족은 단순히 신체를 보조하는 기구가 아니라 신체의 일부인 다리를 기능적.물리적.실질적으로 대체하는 장치로서, 업무상의 사유로 근로자가 장착한 의족이 파손된 경우는 산업재해보상보험법상 요양급여의 대상인 근로자의 부상에 포함된다는 것이 대법원의 견해입니다.(대법원 2014.7.10. 선고 2012두20991 판결) 따라서 甲의 경우 역시 요양급여의 대상에 해당되는 것으로 보입니다.

[Q&A] 단지 고정된 증상의 악화를 방지하기 위한 치료만 필요한 경우, 치료종결 사유에 해당되는지요?

Q. 요양 중인 근로자 甲의 상병을 호전시키기 위한 치료가 아니라 단지 고정된 증상의 악화를 방지하기 위한 치료만 필요한 경우, 치료종결 사유에 해당되는지요?

A. 이에 대하여 대법원 판례(대법원 2017.6.19. 선고 2017두36618 판결)는 "산업재해보상보험법 제5조 제4호는 치유의 의미를 '부상 또는 질병이 완치되거나 치료의 효과를 더 이상 기대할 수 없고 그 증상이 고정된 상태에 이르게 된 것을 말한다.'고 규정하고 있다. 이를 비롯한 산업재해보상보험법 제40조(요양급여), 제51조(재요양), 제57조(장해급여), 제77조(합병증 등 예방관리) 등의 각 규정 내용과 입법 취지 등을 종합하면, 요양 중인 근로자의 상병을 호전시키기 위한 치료가 아니라 단지 고정된 증상의 악화를 방지하기 위한 치료만 필요한 경우는 치료종결 사유에 해당한다고 보아야 한다."라고 판시한 바 있으므로, 치료종결 사유에 해당된다고 보아야 할 것입니다.

[Q&A] 여러 개의 건설공사 사업장을 옮겨 다니며 근무한 근로자가 작업 중 질병에 걸린 경우, 산업 재해에 해당하는지요?

Q. 甲 근로자는 A 사업장에서는 약 4개월간 근무하였으나, A 사업장을 포함하여 약 27년간 여러 건설공사 사업장에서 미장공으로 근무해 왔습니다. 이러한 경우 甲 근로자가 산업재해보상보험법의 적용 대상인 복수의 사용자 아래에서 경험한 모든 업무를 포함시켜 甲 근로자의 질병이 산업 재해에 해당하는지 여부를 판단하여야 하는지요?

A. 이에 대하여 대법원 판례(대법원 2017.4.28. 선고 2016두56134 판결)는 "산업재해보상보험법 제5조 제1호에 정한 '업무상의 재해'는 업무수행 중 업무에 기인하여 발생한 근로자의 부상, 질병, 장해 또는 사망을 뜻하므로 이에 해당하기 위해서는 업무와 재해발생 사이에 인과관계가 있어야 한다. 그리고 그 인과관계는 반드시 의학적·자연과학적으로 명백히 증명하여야 하는 것이 아니라 제반 사정을 고려할 때 업무와 질병 사이에 상당인과관계가 있다고 추단되면 증명된 것으로 보아야 하고, 평소에 정상적인 근무가 가능한 기초질병이나 기존질병이 직무의 과중 등이 원인이 되어 자연적인 진행속도 이상으로 급격하게 악화된 때에도 인과관계가 증명된 것으로 보아야 한다." "여러 개의 건설공사 사업장을 옮겨 다니며 근무한 근로자가 작업 중 질병에 걸린 경우 그 건설공사 사업장이 모두 산업재해보상보험법의 적용 대상이라면 당해 질병이 업무상 재해에 해당하는지 여부를 판단할 때에 그 근로자가 복수의 사용자 아래서 경험한 모든 업무를 포함시켜 판단의 자료로 삼아야 한다."고 판시한 바 있으므로, 그렇게 판단하여야 할 것으로 생각됩니다.

[Q&A] 요양급여도 과실상계가 되나요?

Q. 저는 기존에 앓고 있었던 질병이 있었는데, 지병이 원인이 되어 산업재해가 일어나게 되었습니다. 산업재해보상보험법에 규정되어 있는 요양급여를 받고 싶은데, 제가 원래 앓고 있던 지병으로 인하여 요양급여가 과실상계 되나요?

A. 산업재해보상보험법은 근로자가 업무상 재해를 입은 경우 근로자를 보호하는 생활보장적인 성격을 갖고 있습니다. 이러한 산업재해보상보험법은 단순한 민사상 손해배상과는 성질을 달리하고 있으며, 따라서 민사 손해배상의 과실상계 법리 역시 적용되지 않습니다. 판례는 이에 관하여 "산업재해보상보험 사업을 시행하여 근로자의 업무상의 재해를 신속하고 공정하게 보상하며, 재해근로자의 재활 및 사회 복귀를 촉진하기 위하여 이에 필요한 보험시설을 설치·운영하고, 재해 예방과 그 밖에 근로자의 복지 증진을 위한 사업을 시행하여 근로자 보호에 이바지하는 것을 목적으로 하는 산업재해보상보험법에 의한 보험급여는 사용자가 근로기준법에 의하여 보상하여야 할 근로자의 업무상 재해로 인한 손해를 국가가 보험자의 입장에서 근로자에게 직접 전보하는 성질을 가지고 있는 것으로서 근로자의 생활보장적 성격을 가지고 있다. 또한 산업재해보상보험법에 의한 산업재해보상보험 제도는 불법행위로 인한 손해를 배상하는 제도와 그 취지나 목적을 달리하는 관계로, 법률에 특별한 규정이 없는 한 산업재해보상보험법에 의한 급여지급책임에는 과실책임의 원칙이나 과실상계의 이론이 적용되지 않는다. 그렇다면 이러한 산업재해보상보험법의 입법 취지와 기본 이념, 그에 따른 보험급여의 성격 등을 종합하면, 민사상 손해배상 사건에서 기왕증이 손해의 확대 등에 기여한 경우에 공평의 관점에서 법원이 손해배상액을 정하면서 과실상계의 법리를 유추적용하여 그 손해의 확대 등에 기여한 기왕증을 참작하는 법리가 산업재해보상보험법상 요양급여에도 그대로 적용된다고 볼 수는 없다"고 판시하고 있습니다(대법원 2010.8.19. 선고 2010두5141 판결).

따라서 기존 지병으로 인하여 산업재해보상보험법상 요양급여는 과실상계 처리 되지 않을 것으로 보입니다.

[Q&A] 보험급여를 지급한 근로복지공단이 저에게 구상청구를 했는데 이와 같은 경우 저에게 배상책임이 인정되나요?

Q. 저는 원수급인의 공사 중 일부를 하도급 받은 하도급인입니다. 제가 공사를 수행하기 위해 직원을 태우고 차량에 태워 공사현장으로 출근하던 중 교통사고를 일으켜 좌측 대퇴골 관절 내 개방성 분쇄골절 등의 상해를 입히게 되었고, 근로자는 산업재해보상보험법에 따라 보험급여를 받게 되었습니다. 이 때 보험급여를 지급한 근로복지공단이 저에게 구상청구를 했는데 이와 같은 경우 저에게 배상책임이 인정되나요?

A. 이와 같은 사례에서 대법원 판례는 "① 보험료징수법 제9조 제1항이 건설업 등 대통령령으로 정하는 사업이 여러 차례의 도급에 의하여 시행되는 경우에는 그 원수급인을 사업주로 의제하도록 정한 것은 통상 재정적으로 영세한 처지의 하수급인에 비하여 보험료 납부 능력이 양호한 원수급인으로부터 보험료를 징수할 수 있는 근거를 마련하고, 궁극적으로는 영세한 하수급인에게 고용된 재해 근로자를 신속·공정하게 보상하고자 하는 데에 그 취지가 있는 것이지, 하수급인을 산업재해보상보험관계에서 제외시켜 관련 업무상 재해에 대한 최종 보상책임귀속자로 정하기 위함은 아닌 점, ② 원수급인이 그와 같은 하도급에 관한 보험가입이나 보험료 납부 등의 업무에서 벗어나고자 할 경우 같은 조 제1항 단서, 같은 법 시행령 제7조에 따라 하수급인을 사업주로 인정받고자 하는 신청을 하고 공단으로부터 승인을 받아야 하는데, 위 규정의 취지를 고려하면 이는 종전에 원수급인을 통하여 간접적으로 산업재해보상보험관계에 있던 하수급인의 보험료납부의무 인수에 관한 절차이지, 그와 같은 승인으로 인하여 산업재해보상보험관계에서 아예 배제되어 있던 하수급인이 비로소 산업재해보상보험관계에 편입되는 것이라고 볼 수 없는 점, ③ 산업재해보상보험법 제89조가 하수급인이 업무상의 재해에 대하여 보험급여에 상당하는 금품을 수급권자에게 미리 지급한 경우 보험료징수법 제9조 제1항 단서에 의하여 근로복지공단으로부터 승인을 받았는지 여부와 상관없이 근로복지공단에 대하여 구상할 수 있도록 한 것도 같은 취지로 이해할 수 있고, 만약 하수급인을 근로복지공단이 산업재해보상보험법 제87조에 따라 구상할 수 있

는 제3자에 포함시키면 산업재해보상보험법 제89조에 의한 하수급인의 구상권과 모순되는 결론에 이르게 되는 점, ④ 보험가입자인 원수급인의 그 소속 근로자에 대한 불법행위로 인하여 산업재해가 발생한 경우 그 원수급인은 산업재해보상보험법 제87조 제1항이 정한 '제3자'에서 제외되는 바(대법원 2008.4.10. 선고 2006다32910 판결 등), 가해자가 하수급인이라고 하더라도 직·간접적인 산업재해보상보험관계 내에서 업무에 통상 수반하는 위험이 현실화된 것이라면 그러한 업무상 재해에 대한 최종 보상책임을 근로복지공단으로 하여금 부담하도록 하는 것이 산업재해보상보험의 사회보험적 내지 책임보험적 성격에 부합할 뿐만 아니라 이러한 경우를 가해자가 원수급인인 경우와 달리 취급할 만한 합리적인 이유가 있다고 볼 수도 없는 점 등을 고려하면, 건설업 등 대통령령으로 정하는 사업이 여러 차례의 도급에 의하여 시행되는 때에는 하수급인에게 고용된 근로자가 하수급인의 행위로 인하여 업무상 재해를 입은 경우 그 하수급인은 '보험료징수법 제9조 제1항에 의한 보험가입자인 원수급인과 함께 직·간접적으로 재해 근로자와 산업재해보상보험관계를 가지는 자'로서 산업재해보상보험법 제87조 제1항이 정한 '제3자'에서 제외된다고 보는 것이 타당하다."고 판시하고 있습니다(대법원 2016.5.26. 선고 2014다204666판결 참조).

따라서 귀하의 경우 원수급인과 함께 갑과 직·간접적으로 산업재해보상보험관계에 있는 사람이어서 산업재해보상보험법 제87조 제1항 본문이 정한 '제3자'에 해당한다고 볼 수 없으므로 공단의 보험급여 구상 청구는 받아들여지지 않을 것으로 보입니다.

제3장

산업재해보상보험법에 따른 업무상 재해

제3장 산업재해보상보험법에 따른 업무상 재해

1. 산업재해사고와 민사상 손해배상 청구

① 업무상 재해를 당한 근로자는 근로복지공단에 「산업재해보상보험법」에 따른 보험급여를 지급받을 수 있다. 그러나 「산업재해보상보험법」에 의한 보험급여는 실제 손해를 기준으로 보상하여 주는 것이 아니기 때문에 업무상 재해에 대해 책임이 있는 사업주나 제3자를 상대로 불법행위를 원인으로 민사상 손해배상을 청구할 수 있다.

② 업무상 재해를 당한 근로자가 민사상 손해배상을 받은 경우 근로복지공단은 손해배상을 받은 금품만큼 보험급여의 금액의 한도 안에서 보험급여를 지급하지 때문에 업무상 재해를 당한 근로자는 「산업재해보상보험법」에 따른 보험급여를 우선 청구하고, 민사상 손해배상액과 차액이 있으면 민사소송을 제기하는 것이 일반적으로 가장 유리한 방법이다(「산업재해보상보험법」 제80조제3항 본문).

2. 업무상 재해의 의의

2-1. 업무상 재해의 의의

"업무상 재해"란 업무상의 사유에 따른 근로자의 부상·질병·장해 또는 사망을 말한다(「산업재해보상보험법」 제5조제1호).

2-2. 사고로 인한 업무상 재해의 인정기준

2-2-1. 업무상 사고로 인한 재해가 발생할 것

근로자가 다음의 어느 하나에 해당하는 업무상 사고로 부상 또는 장해가 발생하거나 사망하면 업무상 재해로 본다(「산업재해보상보험법」 제37조제1항 본문).

1. 근로자가 근로계약에 따른 업무나 그에 따르는 행위를 하던 중 발생한 사고
2. 사업주가 제공한 시설물 등을 이용하던 중 그 시설물 등의 결함이나 관리소홀로 발생한 사고
3. 사업주가 주관하거나 사업주의 지시에 따라 참여한 행사나 행사 준비 중에 발생한 사고
4. 휴게시간 중 사업주의 지배관리 하에 있다고 볼 수 있는 행위로 발생한 사고
5. 그 밖에 업무와 관련하여 발생한 사고

2-2-2. 업무와 사고로 인한 재해 사이에 상당인과관계가 있을 것

위의 업무상 재해 인정기준에도 불구하고 업무와 업무상 사고로 인한 재해(부상·장해·사망) 사이에 상당인과관계(相當因果關係)가 없는 경우에는 업무상 재해로 보지 않는다(「산업재해보상보험법」 제37조제1항 단서).

① 상당인과관계의 의의

"상당인과관계"란 일반적인 경험과 지식에 비추어 그러한 사고가 있으면 그러한 재해가 발생할 것이라고 인정되는 범위에서 인과관계를 인정해야 한다는 것을 말한다.

② 인과관계의 입증책임

인과관계의 존재에 대한 입증책임은 보험급여를 받으려는 자(근로자 또는 유족)가 부담한다(대법원 2005.11.10. 선고 2005두8009 판결).

③ 인과관계의 판단기준

업무와 재해사이의 인과관계의 상당인과관계는 보통평균인이 아니
라 해당 근로자의 건강과 신체조건을 기준으로 해서 판단해야 한
다(대법원 2008.1.31. 선고 2006두8204 판결, 대법원 2005.11.10.
선고 2005두8009 판결).

> 하여 현대의학상 그 발병 및 악화의 원인 등이 밝혀지지 아니한
> 질병에까지 곧바로 그 인과관계가 있다고 추단하기는 어렵다고 할
> 것이다.

④ 인과관계의 입증 정도

인과관계는 반드시 의학적, 과학적으로 명백하게 입증되어야 하는
것은 아니고, 근로자의 취업 당시의 건강상태, 발병 경위, 질병의
내용, 치료의 경과 등 제반 사정을 고려할 때 업무와 재해 사이에
상당인과관계가 있다고 추단되는 경우에도 인정된다(대법원 2007.4.12.
선고 2006두4912 판결).

※ 대법원 판례요지

업무상 재해라고 함은 근로자의 업무수행중 그 업무에 기인하여
발생한 질병을 의미하는 것이므로 업무와 질병 사이에 상당인과관
계가 있어야 하고, 이 경우 근로자의 업무와 질병 사이의 인과관계
에 관하여는 이를 주장하는 측에서 입증하여야 하지만, 질병의 주
된 발생원인이 업무수행과 직접적인 관계가 없더라도 적어도 업무
상의 과로나 스트레스가 질병의 주된 발생원인에 겹쳐서 질병을
유발 또는 악화시켰다면 그 사이에 인과관계가 있다고 보아야 할
것이고, 그 인과관계는 반드시 의학적·자연과학적으로 명백히 입증
되어야 하는 것은 아니며 제반 사정을 고려할 때 업무와 질병 사
이에 상당인과관계가 있다고 추단되는 경우에도 입증이 되었다고
보아야 하고, 또한 평소에 정상적인 근무가 가능한 기초질병이나
기존질병이 직무의 과중 등이 원인이 되어 자연적인 진행속도 이
상으로 급격하게 악화된 때에도 그 입증이 된 경우에 포함되는 것
이며, 업무와 질병과의 인과관계의 유무는 보통평균인이 아니라 당
해 근로자의 건강과 신체조건을 기준으로 판단하여야 한다.

---

⑤ 인과관계 판단의 두 기준

1. 업무수행성과 업무기인성

가. "업무수행성(業務遂行性)"이란 사용자의 지배 또는 관리

하에 이루어지는 해당 근로자의 업무수행 및 그에 수반
되는 통상적인 활동과정에서 재해의 원인이 발생한 것을
의미한다.

　나.　"업무기인성(業務基因性)"이란 재해가 업무로 인하여 발
생하였다고 인정되는 관계를 말한다.

2. 업무수행성과 업무기인성의 관계

　가.　1981.12.17. 법률 제3467호로 개정되기 전의 구「산업재해보
상보험법」제3조제1항은 "업무상의 재해라 함은 근로자가
업무수행 중 그 업무에 기인하여 발생한 재해를 말한다."라
고 규정하고 있었고, 판례도 이에 따라 업무수행성과 업무기
인성을 모두 요구하는 것이 주류적 판례였다.

　나.　그러나 1981.12.17. 「산업재해보상보험법」이 법률 제3467호로
개정되면서 "업무상 재해란 업무상의 사유에 따른 근로자의
부상·질병·장해 또는 사망을 말한다."라고 규정하여 '업
무수행'과 '업무기인'이라는 용어를 모두 삭제하였고 이에
따라 업무수행 및 그에 수반되는 통상적인 활동과정 중의 재
해가 아니라도(업무수행성이 없더라도) 업무로 인하여 재해가
발생하였다면(업무기인성이 있으면) 업무와 재해 사이에 상당
인과관계가 인정되어 업무상 재해로 인정될 수 있게 되었다.

　다.　즉, 업무수행성은 업무기인성을 추정하는 기능을 하며 업무
와 재해와의 상당인과관계는 업무기인성에 의해 판단한다.

⑥ 사고로 인한 업무상 재해의 판단 방법

　- 사고의 발생이 시간적·장소적으로 특정될 수 있는 '사고로 인
한 업무상 재해'의 경우에는 그 사고가 업무수행 및 그에 수
반되는 통상적인 활동과정 중에 일어난 재해인가를 먼저 판단하

여 업무수행성이 인정되면 그 재해가 업무가 아닌 다른 이유로 특별히 발생된 경우가 아닌 한 업무기인성을 인정하여 업무상 재해로 인정하는 방법이 주로 사용된다.

- 질병의 발병을 시간적·장소적으로 특정하기도 어려운 '질병으로 인한 업무상 재해'의 경우에는 업무수행성을 판단하는 대신 업무 기인성만을 판단하여 그 업무로 인해 재해가 발생한 것이 입증되면 업무상 재해로 인정하는 방법이 주로 사용됩니다.

2-2-3. 근로자의 고의·자해행위 또는 범죄행위로 인한 재해가 아닐 것

① 근로자의 고의·자해행위나 범죄행위 또는 그것이 원인이 되어 발생한 재해(부상·장해 또는 사망)는 업무상 재해로 보지 않는다(「산업재해보상보험법」 제37조제2항 본문).

② 다만, 그 부상·장해 또는 사망이 정상적인 인식능력 등이 뚜렷하게 낮아진 상태에서 한 행위로 발생한 경우로서 다음 어느 하나에 해당하는 사유가 있으면 업무상 재해로 본다(「산업재해보상보험법」 제37조제2항 단서 및 「산업재해보상보험법 시행령」 제36조).

1. 업무상의 사유로 발생한 정신질환으로 치료를 받았거나 받고 있는 사람이 정신적 이상 상태에서 자해행위를 한 경우

2. 업무상 재해로 요양 중인 사람이 그 업무상 재해로 인한 정신적 이상 상태에서 자해행위를 한 경우

3. 그 밖에 업무상의 사유로 인한 정신적 이상 상태에서 자해행위를 하였다는 상당인과관계가 인정되는 경우

※ **관련판례**

① 외국생활과 과중한 업무에 따른 만성적이고 반복적인 스트레스로 인하여 일시적인 정신착란 상태에서 창문을 통하여 아래쪽

으로 뛰어내려 사망한 것은 업무와 상당인과관계가 있는 재해로 인정된다(대법원 2001.3.23. 2000두10281 판결).

② 우울증이 그 발생에 있어서 업무에 따른 스트레스와 상당한 인과관계가 있다고 의학적으로 판명된 질병이고 망인이 업무와 관련된 일 이외에 달리 신변에 심리적 부담을 줄 만한 사정이 없었다면, 망인의 공무와 그가 앓고 있던 위 우울증 사이의 인과관계는 일단 추단된다고 보아야 할 것이다. 특히 자살은 심한 우울증에서 회복될 때 가장 빈번히 일어난다는 것이 정신의학상 인정되고 있음을 알 수 있으므로 그와 같은 사정과 망인이 자살 당시 보인 증세 및 발병으로부터의 기간 등으로 미루어 볼 때, 공무로 인하여 발생한 망인의 우울증은 이미 위 정신의학에서 말하는 심한 우울증의 상태까지 진행되어 있었다고 보인다(대법원 1999.6.8. 선고 99두3331 판결).

[Q&A] 근로자가 일을 하다가 자신의 실수로 사고가 발생했습니다. 근로자의 실수가 있는 경우에는 산재보상을 받을 수 없나요?

Q. 근로자가 일을 하다가 자신의 실수로 사고가 발생했습니다. 근로자의 실수가 있는 경우에는 산재보상을 받을 수 없나요?

A. 산업재해보상보험은 무과실 책임주의로 근로자의 고의·자해행위나 범죄행위 또는 그것이 원인이 되어 발생한 재해(부상·장해 또는 사망)가 아니라면 근로자의 실수로 인한 경우에도 보상을 받을 수 있습니다.

◇ 업무상 재해의 인정 기준

① 업무상 사고 또는 업무상 질병으로 재해(부상·질병·장해 또는 사망)가 발생하여야 합니다. 업무상 사고 또는 업무상 질병에 해당하는 지 여부에 대해서는 구체적인 사정을 고려하여 판단합니다.

② 업무상 사고 또는 업무상 질병으로 재해가 발생하더라도 업무와 재해 사이에 상당인과관계가 없는 경우에는 업무상 재해로 보지 않습니다.

③ 근로자의 고의·자해행위나 범죄행위 또는 그것이 원인이 되어 발생한 재해(부상·질병·장해 또는 사망)는 업무상 재해로 보지 않습니다. 다만, 그 재해가 정상적인 인식능력 등이 뚜렷하게 낮아진 상태에서 한 행위로 발생한 경우로서 일정한 사유가 있으면 업무상 재해로 봅니다.

④ 근로자의 고의·자해행위나 범죄행위 또는 그것이 원인이 되어 발생한 재해가 아니라면 근로자의 실수가 있는 경우에도 보상을 받을 수 있습니다.

[Q&A] 업무상의 질병에 이환된 경우 그 질병과 업무와의 상당인 과관계 입증 책임은 누구에게 있는지요?

Q. 업무상의 질병에 이환된 경우 그 질병과 업무와의 상당인과관계 입증 책임은 누구에게 있는지요?

A. 「산업재해보상보험법」제5조 제1호에 따르면, "업무상의 재해"를 "업무상의 사유에 따른 근로자의 부상·질병·장해 또는 사망"으로 정의해 놓고, "업무상의 재해의 인정기준"에 대하여는 같은 법 제37조에 규정하고 있습니다. 이와 관련하여 같은 법 시행령 제34조 제3항 및 제4항에서는 근로자의 업무상의 질병 또는 업무상 질병으로 인한 사망에 대하여 업무상재해 여부를 결정하는 경우에는 『별표3』의 기준에 따르도록 규정하고 있습니다. 즉, 우리나라의 업무상 질병의 법제방식은 위 기준에 열거된 질병에 해당될 경우에는 근로자는 당해 질병의 업무기인성의 입증을 면하게 하고, 열거되지 아니한 질병의 경우에는 업무기인성을 입증한 때에 한하여 업무상 질병을 인정하는 방식을 채택하고 있는 바, 이 방식은 근로자의 입증부담을 경감시키며 새로운 직업병 발생에도 신속하게 대처하고 그 범위를 넓게 파악할 수 있는 장점이 있습니다.

그러나, 근로자의 경우 증거자료의 수집능력 부족, 질병원인 규명의 어려움 등으로 인하여 업무와 상병간의 인과관계를 명백히 입증하기 어려운 점이 있으므로, - 자료를 확보할 수 있는데 까지 확보하여 근로복지공단에 요양신청서를 제출하시면, 근로복지공단에서 사실관계 확인, 의학적 소견 조회, 역학조사 등 재해조사를 통하여 업무상 질병에의 해당 여부를 판정하게 됨을 알려드립니다.

[Q&A] 노동조합 간부가 노동조합업무를 수행하던 중 재해를 입은 경우 업무상 재해에 해당하는지요?

Q. 저는 노동조합 전임자가 아닌 노동조합 간부입니다. 그런데 회사 대회의실에서 개최된 노동조합 임시대의원대회 및 상무집행위원회에 참석하였다가, 회의 보고자료를 가지러 가기 위하여 계단을 내려가다가 발을 헛디뎌 주저앉는 바람에 상해를 입었습니다. 이 경우 산업재해보상보험법 제5조 제1호 에서 정한 업무상 재해에 해당하는지요?

A. 판례는 "이 사건 회사 노동조합 ○○지부장이 단체협약에 따라 미리 이 사건 회사에 이 사건 회의 참석자 명단을 통보하면서 원고 등 노동조합 간부에 대한 공가처리를 요청하자, 이에 이 사건 회사는 원고 등 참석자에 대하여 유급공가 처리를 하고 이 사건 회의 장소도 제공한 점, 이 사건 단체협약상 대의원대회와 상무집행위원회는 근무시간으로 인정되고 있는 점, 노동조합업무 전임자가 아닌 원고는 상무집행위원으로서 이 사건 회사 노동조합의 통상적인 활동에 해당하는 이 사건 회의에 참석한 것인 점 등을 고려하여 보면, 노동조합업무 전임자가 아닌 원고가 노조 간부로서 사용자인 이 사건 회사의 승낙을 얻어 이 사건 회의에 참석한 것으로 보아야 하고, 원고의 이 사건 회의 참석은 통상적인 노동조합업무에 해당하여 이 사건 회사의 노무관리업무와 밀접한 관련을 가지는 것으로서 그 자체를 바로 이 사건 회사의 업무로 볼 수 있으므로, 이 사건 상병은 원고가 사용자인 이 사건 회사의 승낙에 의하여 노동조합업무를 수행하거나 이에 수반하는 통상적인 활동을 하는 과정에서 그 업무로 인하여 입은 것으로 산업재해보상보험법 제5조 제1호 소정의 업무상 재해에 해당한다고 보아야 한다."라고 판시한 바 있습니다(대법원 2014.5.29. 선고 2014두 35232 판결 참조).

그러므로 노동조합업무 전임자가 근로계약상 본래 담당할 업무를 면하고 노동조합의 업무를 전임하게 된 것이 단체협약 혹은 사용자인 회사의 승낙에 의한 것이라면, 이러한 전임자가 담당하는 노동조합업무는, 업무의 성질상 사용자의 사업과는 무관한 상부 또는 연합관계에 있는 노동단체와 관련된 활동이나 불법적인 노동조합활동 또는 사용자와 대립관계로 되는 쟁의단계에 들어간 이후의 활동 등이 아닌 이상, 회사의 노무관리업무와 밀접한 관련을 가지는 것으로서 사용자가 본래의 업무 대신에 이를 담당하도록 하는 것이어서 그 자체를 바로 회사의 업무로 볼 수 있고, 따라서 전임자가 노동조합업무를 수행하거나 이에 수반하는 통상적인 활동을 하는 과정에서 업무에 기인하여 발생한 재해는 산업재해보상보험법 제5조 제1호 소정의 업무상 재해에 해당한다고 보입니다.

또한 이러한 법리는 노동조합업무 전임자가 아닌 노동조합 간부가 사용자인 회사의 승낙에 의하여 노동조합업무를 수행하거나 이에 수반하는 통상적인 활동을 하는 과정에서 업무에 기인하여 발생한 재해의 경우에도 마찬가지로 적용된다고 보입니다.

[Q&A] 산업재해보상보험법 시행령 제53조 제4항 중 '이미 장해가 있던 사람'에서 말하는 '장해'가 업무상 재해로 인한 장해로 한정되는지요?

Q. 저는 이미 장해가 있었는데, 업무상 부상으로 같은 부위에 장해의 정도가 더 심해졌습니다. 이러한 경우 산업재해보상보험법 시행령 제53조 제4항 중 '이미 장해가 있던 사람'에서 말하는 '장해'가 업무상 재해로 인한 장해로 한정되는지요?

A. 판례는 "산업재해보상보험법 제5조 제1항 제5호 에서 "장해란 부상 또는 질병이 치유되었으나 정신적 또는 육체적 훼손으로 인하여 노동능력이 손실되거나 감소된 상태를 말한다."고 정의하고 있다. 한편 산업재해보상보험법 시행령 제53조 제4항 (이하 '이 사건 규정'이라 한다)은 '이미 장해가 있던 사람이 업무상 부상 또는 질병으로 같은 부위에 장해의 정도가 심해진 경우에'그 심해진 장해에 대한 장해급여에 관하여 규정하고 있다. 이 사건 규정은 이미 장해가 있는 부위에 업무상 재해로 그 정도가 더 심해진 경우 그 부분에 한하여 장해보상을 한다는 데 그 취지가 있다. 한편 이 사건 규정은 구 산업재해보상보험법 시행령(2008.6.25.대통령령 제20875호로 전부 개정되기 전의 것, 이하 같다)제31조 제4항 (이하 '종전 규정'이라 한다)과 같은 내용이다. 종전 규정에는 기존 장해와 관련하여 괄호 안에 '업무상 재해 여부를 불문한다' 고 명시적으로 규정되어 있었는데 이 사건 규정에는 괄호 부분이 삭제되었다. 이는 산업재해보상보험법이 2007.12.14.법률 제8694호로 전부 개정되면서 '장해'에 관한 정의 규정이 위와 같은 내용으로 신설되었고, 그 시행령 역시 전부 개정되면서 상위법에 '장해'에 관한 정의 규정이 있게 됨으로써 이 사건 규정에서 종전 규정의 괄호 부분이 필요 없게 되어 삭제된 것으로 봄이 타당하고, 산업재해보상보험법과 그 시행령의 전부 개정에도 불구하고 장해급여에 관한 내용은 거의 같아 종전 규정의 '업무상 재해 여부를 불문한다'는 부분이 불합리하다는 반성적 고려에 의한 것이라고도 보기 어렵다. 이 사건 규정의 문언, 취지 및 그 개정 경과 등에 비추어 보면, 이 사건 규정 중 '이미 장해가 있던 사람'에서 말하는 '장해'란 업무상 재해로 인한 장해 여부를 불문한다고 해석함이 타당하다." 라고 판시한 바 있습니다

(대법원 2011.10.27. 선고 2011두15640 판결 참조)

그러므로 산업재해보상보험법 시행령 제53조 제4항 중 '이미 장해가 있던 사람'에서 말하는 '장해'가 업무상 재해로 인한 장해로 한정되지는 않는다고 보입니다.

[Q&A] 비관 자살이 산업재해보상보험법 제37조 제2항 및 같은 법 시행령 제36조 제2호 에서 정한 업무상 재해에 해당하는지요?

Q. 망인은 미역 채취·가공업체 근로자가 지게차를 운전하던 중 지게차 전복 사고로 하반신이 마비되어 병원에서 재활치료를 받아오다가 병원 인근 모텔에서 커터 칼로 자신의 하복부를 수회 갈라 과다출혈로 사망하고 말았습니다. 이 경우, 망인의 사망은 산업재해보상보험법 제37조 제2항 및 같은 법 시행령 제36조 제2호 에서 정한 업무상 재해에 해당하는지요?

A. 하급심 판례는 "미역 채취·가공업체 근로자가 지게차를 운전하여 건미역 상자를 옮기는 작업을 하던 중 지게차가 전복되는 사고로 하반신이 마비되어 병원에서 재활치료를 받아오다가 병원 인근 모텔에서 커터 칼로 자신의 하복부를 수회 갈라 하복부 및 회음부 자절창에 의한 과다출혈로 사망한 사안에서, 망인이 위 사고로 40대 초반에 불과한 나이에 하반신 마비가 되어 인간으로서의 존엄을 유지할 최소한의 기본적 신체기능마저 유지하기 어려운 장애를 안게 되었고 향후 그러한 장애가 회복될 가능성도 거의 없었던 점 등에 비추어 보면, 위 사고로 말미암아 비참한 처지에 놓인 망인의 절망감과 좌절감, 노모에 대한 죄책감 등이 우울증으로 볼만한 상태로 발전한 끝에 정신적 억제력이 현저히 떨어진 나머지, 망인으로 하여금 자살이라는 극단적인 방법에 이르게 한 것으로 망인의 자살과 위 사고로 인한 망인의 업무상 상해는 상당인과관계가 있으므로, 망인의 사망은 산업재해보상보험법 제37조 제2항 및 같은 법 시행령 제36조 제2호 에서 정한 업무상 재해에 해당한다."고 판시한 바 있습니다(서울행정법원 2011.1.7. 선고 2010구합33337 판결 참조).

그러므로 위와 같은 경우 업무상 재해로 인정될 가능성이 있습니다(※물론 업무상 재해가 최종적으로 인정될지 여부는 구체적인 사안에 따라 전혀 결론이 달라질 수 있으며, 이는 결국 재판부의 판단을 받으셔야 할 부분입니다.).

[Q&A] 티켓다방의 종업원인 미성년자가 무면허로 오토바이를 운전하여 차배달을 가던 중 부상을 당한 것이 '업무상 재해'에 해당하는지요?

Q. 티켓다방의 종업원으로 근무하던 미성년자가 무면허로 오토바이를 운전하여 차배달을 가던 중 교통표지판에 부딪쳐 부상을 당했습니다. 위 부상이 산업재해보상보험법상의 '업무상 재해'에 해당한다고 할 수 있을까요?

A. 하급심 판례는 "티켓다방의 종업원으로 근무하던 미성년자가 무면허로 오토바이를 운전하여 차배달을 가던 중 교통표지판에 부딪쳐 부상을 당한 사안에서, 종업원이 원동기장치자전거 운전면허가 없음을 알고 고용한 사업주가 비록 종업원에게 오토바이를 운전하여 차배달을 하라고 지시하지는 않았다 하더라도 무면허운전을 하지 못하도록 적극적으로 제지하지도 아니하였을 뿐 아니라, 항상 무면허운전을 할 수 있는 상황을 방치하고 묵인해 왔던 것으로 보이는 점, 사업주의 지시에 따른 차배달은 종업원의 본래의 업무로서 차배달을 위한 오토바이 운전행위는 이러한 업무에 수반하는 필요한 행위라고 볼 수 있는 점, 무면허운전이라 하여 바로 업무수행성이 부정되는 것은 아닌데다가 배달업무의 성격상 교통사고는 업무수행을 위한 운전과정에서 통상 수반되는 위험의 범위 내에 있다고 보이는 점 등을 고려할 때, 사업주는 묵시적으로 위 종업원의 무면허운전을 지시 또는 승낙한 것으로 보아야 한다는 이유로, 위 종업원이 입은 부상이 산업재해보상보험법상의 '업무상 재해'에 해당한다." 라고 판시한 바 있습니다(서울행정법원 2005.8.23. 선고 2004구단10381 판결 참조).

그러므로 티켓다방의 종업원인 미성년자가 무면허로 오토바이를 운전하여 차배달을 가던 중 부상을 당했더라도 '업무상 재해'에 해당할 수 있습니다(※물론 업무상 재해가 최종적으로 인정될지 여부는 구체적인 사안에 따라 전혀 결론이 달라질 수 있으며, 이는 결국 재판부의 판단을 받으셔야 할 부분입니다.).

[Q&A] 회사원이 자기 소유의 승용차를 운전하고 출근하던 도중 교통사고가 발생하여 재해를 당한 경우 업무상 재해에 해당하는지요?

Q. 회사원 甲은 출근방법과 그 경로를 임의로 선택하여 그 소유의 차량을 운전하고 출근하던 도중 중앙선을 침범하는 교통사고를 야기하여 재해를 당하였습니다. 비록 회사의 규정에 따라 회사가 그 차량의 유류를 보조하였다 하더라도 차량에 대한 관리·사용권한은 실제로 위 회사원에게 속하여 있었으므로, 사고 당시 위 회사원의 통근과정이 사용자인 회사의 지배·관리하에 있었다고 볼 수 없어 위 회사원이 교통사고로 입은 재해는 업무상 재해에 해당하지 않는 것인가요?

A. 판례는 "산업재해보상보험법 제4조 제1호 소정의 업무상의 재해라 함은 근로자가 사업주와의 근로계약에 기하여 사업주의 지배·관리하에서 근로업무의 수행 또는 그에 수반되는 통상적인 활동을 하는 과정에서 이러한 업무에 기인하여 발생한 재해를 말하므로, 출·퇴근 중의 근로자는 일반적으로 그 방법과 경로를 선택할 수 있어 사용자의 지배 또는 관리하에 있다고 볼 수 없고, 따라서 출·퇴근 중에 발생한 재해가 업무상의 재해로 인정되기 위하여는 사용자가 근로자에게 제공한 차량 등의 교통수단을 이용하거나 사용자가 이에 준하는 교통수단을 이용하도록 하여 근로자의 출·퇴근 과정이 사용자의 지배·관리하에 있다고 볼 수 있는 경우에 해당되어야 한다."라고 하면서 "회사원이 출근방법과 그 경로를 임의로 선택하여 그 소유의 차량을 운전하고 출근하던 도중 중앙선을 침범하는 교통사고를 야기하여 재해를 당한 경우, 비록 회사의 규정에 따라 회사가 그 차량의 유류를 보조하였다 하더라도 차량에 대한 관리·사용권한은 실제로 위 회사원에게 속하여 있었으므로, 사고 당시 위 회사원의 통근과정이 사용자인 회사의 지배·관리하에 있었다고 볼 수 없어 위 회사원이 교통사고로 입은 재해는 업무상 재해에 해당하지 않는다."라고 판시한 바 있습니다(대법원 1997.11.14. 선고 97누13009 판결 참조).

그러므로 회사의 규정에 따라 회사가 그 차량의 유류를 보조하였다 하더라도 차량에 대한 관리·사용권한은 실제로 위 회사원에게 속하여 있는 등으로 위 회사원의 통근과정이 사용자인 회사의 지배·관리하에 있었다고 볼 수 없다면, 위 회사원이 교통사고로 입은 재해는 업무상 재해에 해당하지 않는다고 볼 수 있습니다. 그러나 헌법재판소 2016.9.29. 자 2014헌바254 결정으로 인해 향후 다른 결론이 도출될 수 있습니다. 헌법재판소 2016.9.29. 2014헌바254 결정으로 인해 현행 산업재해보상법이 2017.10.24. 법률 제14933호로 일부개정되어 2018.1.1.부터 시행되게 됩니다. 개정된 산업재해보상법에 따르면 "출퇴근"이란 취업과 관련하여 주거와 취업장소 사이의 이동 또는 한 취업장소에서 다른 취업장소로의 이동을 말하며(제5조 제8호 신설), 사업주가 제공한 교통수단이나 그에 준하는 교통수단을 이용하는 등 사업주의 지배관리하에서 출퇴근하는 중 발생하였거나 그 밖에 통상적인 경로와 방법으로 출퇴근하는 중 발생한 사고로 인하여 근로자가 부상·질병 또는 장해가 발생하거나 사망하면 업무와 재해 사이에 상당인과관계가 부정되는 경우가 아닌 한 출퇴근 재해로서 업무상의 재해에 해당하게 됩니다(제37조 제1항 제3호 신설).

귀하의 사안에 있어, 회사원 甲이 통상적인 경로와 방법으로 출근하던 중 사고가 발생한 것이라면 개정된 산업재해보상법에 따를 때에는 업무상의 재해에 해당할 수 있을 것이라 판단됩니다.

[Q&A] 근로자가 사업주로부터 전근명령을 받고 자신의 승용차를 운전하고 신임지로 부임하던 도중 발생한 교통사고로 입은 재해가 업무상 재해인지요?

Q. 근로자가 사업주로부터 전근명령을 받고 자신의 승용차를 운전하고 신임지로 부임하던 도중 발생한 교통사고로 입은 재해가 업무상 재해에 해당하는 것인가요?

A. 판례는 "구 산업재해보상보험법(1994.12.22. 법률 제4826호로 전문 개정되기 이전의 것) 제3조 제1항 소정의 '업무상의 재해'라 함은 근로자가 사업주와의근로계약에 기하여 사업주의 지배·관리하에서 당해 근로업무의 수행 또는 그에 수반되는 통상적인 활동을 하는 과정에서 이러한 업무에 기인하여 발생한 재해를 말하므로, 전근명령을 받아 신임지에 부임 중인 근로자는 일반적으로 그 방법과 경로를 선택할 수 있어 사업주의 지배 또는 관리하에 있다고 볼 수 없고, 따라서 전근명령을 받아 신임지에 부임 중에 발생한 재해가 업무상의재해로 인정되기 위하여는 사업주가 근로자에게 제공한 차량 등의 교통수단을 이용하거나 사업주가 이에 준하는 교통수단을 이용하도록 하여 근로자의 신임지 부임 과정이 사업주의 지배·관리하에 있다고 볼 수 있는 경우에 해당되어야 한다." 라고 하면서, "근로자가 사업주로부터 전근명령(이동발령)을 받고 신임지로 부임하는 일시, 방법과 그 경로를 임의로 선택하여 자기 소유의 승용차를 운전하고 신임지로 부임하던 도중에 교통사고가 발생하여 재해를 당한 사안에서, 비록 위 사업주의 차량관리요령에 의하면 사업주가 그 차량을 회사의 업무와 대내외활동을 위하여 운행하게 할 수 있도록 되어 있고 그 차량에 대하여 유지비를 보조하도록 되어 있다고 하더라도, 그 차량에 대한 관리, 사용권한은 실제로 근로자에게 속하여 있었던 것이라고 할 것이어서 사고 당시 신임지 부임과정이 사업주의 지배·관리하에 있었다고 볼 수 없다는 이유로, 그 근로자가입은 재해는 업무상 재해에 해당하지 않는다." 라고 판시한 바 있습니다(대법원 1996.9.20. 선고 96누8666 판결 참조).

그러므로 근로자가 사업주로부터 전근명령을 받고 자신의 승용차를 운전하고 신임지로 부임하던 도중 발생한 교통사고로 입은 재해라 할지라도 신임지 부임과정이 사업주의 지배·관리하에 있었다고 볼 수 없었다면 업무상 재해로 인정되지 않을 수 있습니다. 그러나 헌법재판소 2016.9.29. 자 2014헌바254 결정으로 인해 향후 다른 결론이 도출될 수 있습니다. 헌법재판소 2016.9.29. 2014헌바254 결정으로 인해 현행 산업재해보상법이 2017.10.24. 법률 제14933호로 일부개정되어 2018.1.1.부터 시행되게 됩니다. 개정된 산업재해보상법에 따르면 "출퇴근"이란 취업과 관련하여 주거와 취업장소 사이의 이동 또는 한 취업장소에서 다른 취업장소로의 이동을 말하며(제5조 제8호 신설), 사업주가 제공한 교통수단이나 그에 준하는 교통수단을 이용하는 등 사업주의 지배관리하에서 출퇴근하는 중 발생하였거나 그 밖에 통상적인 경로와 방법으로 출퇴근하는 중 발생한 사고로 인하여 근로자가 부상·질병 또는 장해가 발생하거나 사망하면 업무와 재해 사이에 상당인과관계가 부정되는 경우가 아닌 한 출퇴근 재해로서 업무상의 재해에 해당하게 됩니다(제37조 제1항 제3호 신설).

귀하의 사안에 있어, 근로자가 사업주로부터 전근명령을 받고 자신의 승용차를 운전하고 신임지로 부임하는 것은 법 제5조 제8호에서 정한 '한 취업장소에서 다른 취업장소로의 이동'에 해당할 수 있다고 판단되며, 이러한 근로자의 신임지 부임이 통상적인 경로와 방법으로 이루어졌다면 그 과정에서 발생한 사고는 개정된 산업재해보상법에 따를 때에는 출퇴근 재해로서 업무상의 재해에 해당할 수 있을 것이라 판단됩니다.

[Q&A] 통상적인 일요일 당직근무를 위해 자기 소유의 승용차로 출근 중 사고로 사망한 경우 업무상 재해에 해당하는지요?

Q. 통상적인 일요일 당직근무를 위해 자기 소유의 승용차로 출근 중 사고로 사망한 경우 업무상 재해를 인정할 수 있는가요? 또 사업주의 지시로 휴무일 출·퇴근 중 사고로 사망한 경우 출장 중 사망의 경우에 준하도록 한 노동부예규 업무상재해인정기준 제7조 제3항의 취지는 무엇인지요?

A. 하급심 판례는 "산업재해보상보험법 제3조 제1항 소정의 업무상 재해가 성립하려면 당해 재해가 업무에서 기인하여야 하고 이러한 업무기인성이 인정되려면 먼저 그 근로자가 근로관계에 기초하여 사업주의 지배하에 있는 상태 즉 업무수행성이 전제되어야 하는데, 근로자의 출·퇴근 행위는 노무의 제공이라는 업무와 밀접 불가분의 관계에 있다고 하더라도 일반적으로 출·퇴근의 방법과 그 경로의 선택이 근로자에게 유보되어 있어 통상 사업주의 지배관리하에 있다고 할 수 없어 업무수행성을 인정할 수 없고, 따라서 단순한 출·퇴근 중에 발생한 재해가 업무상 재해로 인정되기 위하여는 사업주가 제공한 교통수단을 근로자가 이용하거나 또는 사업주가 이에 준하는 교통수단을 이용하도록 하는 등 근로자의 출·퇴근 과정이 사업주의 지배관리하에 있다고 볼 수 있어야 한다"라고 하면서, "사업주가 제공한 교통수단이나 이에 준한 교통수단이 아닌 위 망인이 사적으로 소유하는 승용차를 이용하여 통상근무에 해당하는 당직근무를 위해 출근하는 것은 그 방법과 경로를 위 망인이 자율적으로 선택할 수 있어 출근의 전 과정이 위 망인에게 유보된 것으로서 그 통근 과정이 사업주인 소외 회사의 지배관리하에 있었다고 볼 수 없다 할 것이니 결국 원고가 위 사고로 인하여 입은 부상을 업무상의 재해로 보지 아니하고 위 유족급여 및 장의비 신청을 불허한 이 사건 처분은 적법하다"라고 판시한 바 있습니다. 또한 위 하급심 판례는 "사업주의 지시로 휴무일 출·퇴근 중 사고로 사망한 경우 출장 중 사망의 경우에 준하도록 한 노동부예규 제234호 업무상재해인정기준 제7조 제3항의 취지는 특별하게 사업주의 출근지시를 받고 휴무일에 출근하는 경우에는 평상시의 통상적인 출근과는 달리 그 일련의 출근 과정이 사업주의 지시에 의한 출장과 같이 근로자가

사업주의 포괄적인 지배관리하에 있다고 할 수 있어 출장의 경우에 준하여 취급한다는 취지이다."라고 판시한 바 있습니다(서울고등법원 1996.3.14. 선고 95구29538 판결 참조).

그러므로 통상적인 일요일 당직근무를 위해 자기 소유의 승용차로 출근 중 사고로 사망한 경우라도, 그 과정이 사업주의 지배, 관리 하에 있었다고 볼 수 없다면 업무상 재해가 부정될 수도 있습니다(※물론 업무상 재해가 최종적으로 인정될지 여부는 구체적인 사안에 따라 전혀 결론이 달라질 수 있으며, 이는 결국 재판부의 판단을 받으셔야 할 부분입니다.).

그러나 헌법재판소 2016.9.29. 자 2014헌바254 결정으로 인해 향후 다른 결론이 도출될 수 있습니다. 헌법재판소 2016.9.29. 2014헌바254 결정으로 인해 현행 산업재해보상법이 2017.10.24. 법률 제14933호로 일부개정되어 2018.1.1.부터 시행되게 됩니다. 개정된 산업재해보상법에 따르면 "출퇴근"이란 취업과 관련하여 주거와 취업장소 사이의 이동 또는 한 취업장소에서 다른 취업장소로의 이동을 말하며(제5조 제8호 신설), 사업주가 제공한 교통수단이나 그에 준하는 교통수단을 이용하는 등 사업주의 지배관리하에서 출퇴근하는 중 발생하였거나 그 밖에 통상적인 경로와 방법으로 출퇴근하는 중 발생한 사고로 인하여 근로자가 부상·질병 또는 장해가 발생하거나 사망하면 업무와 재해 사이에 상당인과관계가 부정되는 경우가 아닌 한 출퇴근 재해로서 업무상의 재해에 해당하게 됩니다(제37조 제1항 제3호 신설).

귀하의 사안에 있어, 근로자의 출근 과정이 사업주의 지배관리하에 있지 않았다 하더라도 근로자의 출근이 통상적인 경로와 방법으로 이루어졌다면 그 과정에서 발생한 사고는 개정된 산업재해보상법에 따를 때에는 출퇴근 재해로서 업무상의 재해로 인정될 가능성이 있을 것이라 판단됩니다.

[Q&A] 회사 소속 택시운전사가 근무 교대 시 교대근무자의 택시를 타고 퇴근하다가 교통사고를 당한 경우 업무상 재해에 해당하는지요?

Q. 택시회사 소속 운전사로서의 근무를 마치고 교대근무자가 운전하던 택시에 타고 자기 집으로 퇴근하다가 사고를 당한 경우, 퇴근하던 운전사의 사망은 업무상 재해에 해당된다고 할 것이어서 그 운전사는 근로기준법에 의한 재해보상을 받을 수 있는지요?

A. 판례는 "택시회사 소속 운전사로서의 근무를 마치고 교대근무자가 운전하던 택시에 타고 자기 집으로 퇴근하다가 사고를 당한 경우, 그것이 위 택시회사가 묵시적으로 이용하도록 한 교통수단을 이용하여 퇴근하던 중 발생한 사고라면, 위 회사의 피용자들의 노동력 제공에는 위 차량을 이용한 퇴근이 필연적인 사실에 비추어 위 퇴근하던 운전사의 사망은 업무상 재해에 해당된다고 할 것이어서 그 운전사는 근로기준법에 의한 재해보상을 받을 수 있다"고 본 사례가 있습니다(대법원 1992.1.21. 선고 90다카 25499 판결 참조).

그러므로 택시회사 소속 운전사로서의 근무를 마치고 교대근무자가 운전하던 택시에 타고 자기 집으로 퇴근하다가 사고를 당한 경우라도, 회사가 묵시적으로 이용하도록 한 교통수단을 이용하여 퇴근하던 중 사고가 발생한 것이고, 회사의 피용자들의 노동력 제공에는 위 차량을 이용한 퇴근이 필연적인 사실 등이 인정된다면 업무상 재해에 해당할 수 있다고 보입니다. 더불어, 헌법재판소 2016.9.29. 2014헌바254 결정으로 인해 현행 산업재해보상법이 2017.10.24. 법률 제14933호로 일부개정되어 2018.1.1.부터 시행되게 됩니다. 개정된 산업재해보상법에 따르면 "출퇴근"이란 취업과 관련하여 주거와 취업장소 사이의 이동 또는 한 취업장소에서 다른 취업장소로의 이동을 말하며(제5조 제8호 신설), 사업주가 제공한 교통수단이나 그에 준하는 교통수단 이용하는 등 사업주의 지배관리 하에서 출퇴근하는 중 발생하였거나 그 밖에 통상적인 경로와 방법으로 출퇴근하는 중 발생한 사고로 인하여 근로자가 부상·질병 또는 장해가 발생하거나 사망하면 업무와 재해 사이에 상당인과관계가 부정되는 경우가 아닌 한 출퇴근 재해로서 업무상의 재해에 해당하게 됩니다(제37조 제1

항 제3호 신설). 개정된 산업재해보상법에서 업무상의 재해를 더 넓게 규정하고 있으므로, 귀하의 사안의 경우 개정된 산업재해보상법이 적용될 경우 업무상의 재해로 인정받을 가능성이 더 높을 것이라 생각됩니다.

[Q&A] 반도체 사업부에서 약 6년 2개월 동안 근무하다가 건강 이상으로 퇴사한 뒤 사망한 경우 업무상 재해에 해당하는 지요?

Q. 甲 주식회사에 입사하여 반도체 사업부에서 약 6년 2개월 동안 근무하다가 건강 이상으로 퇴사한 乙이 이듬해 좌측 난소의 경계성 종양 진단을 받고 이후 난소의 악성 종양 등 진단을 받아 결국 난소암의 골반강 내 전이 등으로 사망하였습니다. 이러한 경우 업무상 재해가 인정될 수 있는가요?

A. 甲 주식회사에 입사하여 반도체 사업부에서 약 6년 2개월 동안 근무하다가 건강 이상으로 퇴사한 乙이 이듬해 좌측 난소의 경계성 종양 진단을 받고 이후 난소의 악성 종양 등 진단을 받아 결국 난소암의 골반강 내 전이 등으로 사망하자, 乙의 아버지가 乙의 사망이 업무상 재해에 해당한다며 ◇◇◇지공단에 유족급여 및 장의비를 청구하였으나 ◇◇◇지공단이 부지급 처분을 한 사안에서, 하급심 판례는 "난소암, 특히 乙에게 발병한 점액성 난소암은 발병률이 낮고 발병원인이나 발생기전이 의학적으로 명백히 밝혀지지 아니한 질병이므로, 발병률이 높거나 발병원인 및 발생기전에 대하여 의학적으로 연구가 다수 이루어진 질병에 비하여 상당인과관계에 대한 증명의 정도가 완화되는 점 등에 비추어 볼 때, 乙에게 난소암이 발병한 원인 및 발생기전이 의학적으로 명확히 규명되지 않았더라도, 乙이 작업장 금선 연결 공정에서 근무하면서 유해 화학물질에 장기간 지속적으로 노출되었고, 상당한 기간 주야간 교대 근무를 하면서 그 기간 동안 피로와 스트레스가 누적되었는데, 이러한 유해요인들이 복합적으로 작용하여 乙에게 좌측 난소의 경계성 종양이 발병하고 이후 재발, 악화되어 악성 종양으로 발전하였다고 볼 수 있어 乙의 질병과 업무 사이에는 상당인과관계가 있다고 추단되므로 乙의 사망은 업무상 재해에 해당한다는 이유로, 처분이 위법하다" 고 본 사례가 있습니다(서울행정법원 2016.1.28. 선고 2013구합53677 판결 참조). 그러므로 문제와 같은 경우 업무상 재해가 인정될 여지가 있습니다(※물론 업무상 재해가 최종적으로 인정될지 여부는 구체적인 사안에 따라 전혀 결론이 달라질 수 있으며, 이는 결국 재판부의 판단을 받으셔야 할 부분입니다.).

[Q&A] 구 산업재해보상보험법 제4조 제1호 에 정한 '업무상 재해'의 의미 및 근로자의 출·퇴근 중에 발생한 재해를 업무상 재해로 인정하기 위한 요건은 어떻게 되는지요?

Q. 휴일에 사무실의 이사회 준비를 위하여 지하철을 이용하여 출근하던 중에 발생한 재해에 대하여 출근에 이용한 지하철노선이 사업주의 지배·관리하에 있는 교통수단이라고 볼 수 없다는 이유로 그로 인한 상병(傷病)은 업무상 재해에 해당하지 않는 것인지요?

A. 판례는 "구 산업재해보상보험법(2007.4.11. 법률 제8373호로 전문 개정되기 전의 것, 이하 '산재보험법'이라 한다) 제4조 제1호 소정의 '업무상의 재해'라 함은 근로자와 사업주 사이의 근로계약에 터잡아 사업주의 지배·관리하에서 당해 근로업무의 수행 또는 그에 수반되는 통상적인 활동을 하는 과정에서 이러한 업무에 기인하여 발생한 재해를 말한다. 그런데 비록 근로자의 출·퇴근이 노무의 제공이라는 업무와 밀접·불가분의 관계에 있다 하더라도, 일반적으로 출·퇴근 방법과 경로의 선택이 근로자에게 유보되어 있어 통상 사업주의 지배·관리하에 있다고 할 수 없고, 산재보험법에서 근로자가 통상적인 방법과 경로에 의하여 출·퇴근하는 중에 발생한 사고를 업무상 재해로 인정한다는 특별한 규정을 따로 두고 있지 않은 이상, 근로자가 선택한 출·퇴근 방법과 경로의 선택이 통상적이라는 이유만으로 출·퇴근 중에 발생한 재해가 업무상의 재해로 될 수는 없다. 따라서 출·퇴근 중에 발생한 재해가 업무상의 재해로 되기 위하여는 사업주가 제공한 교통수단을 근로자가 이용하거나 또는 사업주가 이에 준하는 교통수단을 이용하도록 하는 등 근로자의 출·퇴근 과정이 사업주의 지배·관리하에 있다고 볼 수 있는 경우라야 한다(대법원 1999.12.24. 선고 99두9025 판결, 대법원 2005.9.29. 선고 2005두4458 판결, 대법원 2007.9.28. 선고 2005두12572 전원합의체 판결 등 참조).

위 법리와 기록에 비추어 살펴보면, 원심이 제1심판결의 이유를 인용하여 판시사실을 인정한 다음, 소외 재단법인의 사무국장인 원고가 비록 휴일에 사무실의 이사회 준비를 위하여 대중교통을 이용하여 출근하게 되었더라도 통근방법이나 경로의 선택 등이 원고에게 맡겨져 있었으며 원고가 사무실의 책임자인 점 등에 비추어 원고가 출근에 이용한 지하철노선이 사업주의 지배·관리하에 있는 교통수단이라고 볼 수 없다는 이유로 이 사건 상병은 업무상 재해에 해당한다고 할 수 없다고 판단한 것은 정당하고, 거기에 상고이유 주장과 같은 채증법칙 위배, 업무상 재해에 관한 법리오해의 위법이 없다." 고 본 사례가 있습니다(대법원 2007.10.26. 선고 2007두2791 판결 참조).

그러나 산업재해보상법의 개정으로 인해 향후 다른 결론이 도출될 수 있습니다. 헌법재판소 2016.9.29. 2014헌바254 결정으로 인해 현행 산업재해보상법이 2017.10.24. 법률 제14933호로 일부개정되어 2018.1.1.부터 시행되게 됩니다. 개정된 산업재해보상법에 따르면 "출퇴근"이란 취업과 관련하여 주거와 취업장소 사이의 이동 또는 한 취업장소에서 다른 취업장소로의 이동을 말하며(제5조 제8호 신설), 사업주가 제공한 교통수단이나 그에 준하는 교통수단을 이용하는 등 사업주의 지배관리하에서 출퇴근하는 중 발생하였거나 그 밖에 통상적인 경로와 방법으로 출퇴근하는 중 발생한 사고로 인하여 근로자가 부상·질병 또는 장해가 발생하거나 사망하면 업무와 재해 사이에 상당인과관계가 부정되는 경우가 아닌 한 출퇴근 재해로서 업무상의 재해에 해당하게 됩니다(제37조 제1항 제3호 신설).

귀하의 사안에 있어, 근로자가 사업주로부터 전근명령을 받고 자신의 승용차를 운전하고 신임지로 부임하는 것은 법 제5조 제8호에서 정한 '한 취업장소에서 다른 취업장소로의 이동'에 해당할 수 있다고 판단되며, 이러한 근로자의 신임지 부임이 통상적인 경로와 방법으로 이루어졌다면 그 과정에서 발생한 사고는 개정된 산업재해보상법에 따를 때에는 출퇴근 재해로서 업무상의 재해에 해당할 수 있을 것이라 판단됩니다.

[Q&A] 근로자가 야근을 마치고 승용차를 운전하여 귀가하던 중 졸음운전으로 사고가 발생하여 부상을 입은 것이 업무상 재해에 해당하는지요?

Q. 근로자가 직장에서 새벽까지 계속된 6시간 30분 가량의 시간외 근무를 마치고 승용차를 운전하여 귀가하던 중 졸음운전으로 중앙선을 침범함으로써 덤프트럭과 정면충돌하여 부상을 입은 것이 업무상 재해에 해당하는지요?

A. 판례는 "근로자가 직장에서 오전 9시부터 오후 6시까지의 통상근무를 한데 이어 그다음날 02:30경까지 계속된 시간외근무를 마치고 자신의 승용차를 운전하여 집으로 퇴근하던 중 졸면서 운전하다가 중앙선을 침범한 과실로 반대차선에 마주 오던 덤프트럭을 들이받아 그 충격으로 외상성 뇌출혈 등의 중상을 입었다면, 이는 근로자가 과로한 상태에 있었다는 사실 그 자체나 과로가 수반된 기존의 다른 조건의 자연적 경과에 의하여 유발된 것이 아니라 자신의 자동차운전행위라는 별도의 행위에 매개된 과로가 초래한 졸음운전에 따른 중앙선침범의 결과로 인하여 발생한 것이라고 할 것이어서 위 근로자의 부상은 그 업무수행에 기인된 과로에 통상 수반하는 위험의 범위 내에 있는 것이라고 보기는 어려운 것이기 때문에 위 근로자의 업무와 위 사고로 인한 부상 사이에는 상당인과관계가 없으므로 산업재해보상보험법 제3조 제1항 소정의 업무상의 재해에 해당되지 아니한다"고 본 바 있습니다(대법원 1992.2.14. 선고 91누6283 판결 참조).

그러므로 야근으로 인한 졸음운전으로 사고가 발생하였더라도 업무상 재해에 해당하지 아니할 수 있습니다.

[Q&A] 근로자가 사업주의 카풀권장책에 호응하여 자신의 승용차에 다른 근로자를 동승시켜 출근하다가 교통사고로 부상을 입은 경우, 업무상의 재해에 해당하는지요?

Q. 근로자가 사업주의 카풀권장책에 호응하여 자신의 승용차에 다른 근로자를 동승시켜 출근하다가 교통사고로 부상을 입은 경우, 산업재해보상보험법 제4조 제1호의 업무상의 재해에 해당하는지요?

A. 하급심 판례는 "산업재해보상보험법 제4조 제1호에서도 '업무상의 재해'를 업무상의 사유에 의한 근로자의 부상, 질병, 신체장해 또는 사망을 말한다고 정의하고 있을 뿐 사업주의 지배·관리하에 있는 경우에만 업무상 재해로 본다고 규정하고 있지 않고, 사업주의 지배·관리하에 있는 통근과 관련하여 통근 중 사고 가운데 사용자가 제공한 안전하고 편리한 교통수단을 이용한 근로자의 교통사고는 사업주의 지배·관리하에 있는 경우로 보아 업무상 재해로 인정하는 데 반해 불안전하고 불편한 대중교통이나 도보로 통근하는 근로자의 교통사고는 그렇지 않은 경우로 보아 업무상 재해로 인정하지 않는 것은 불합리하며, 산업재해보상보험제도는 무과실책임의 특수한 손해배상제도라는 성격 외에 근로자의 생존권을 보장하기 위한 사회보장적 성격도 갖고 있으므로 사회보장적 관점에서 볼 때에도 일정한 범위의 통근재해를 산업재해의 하나로 보호할 필요가 있고, 입법에 의하지 않더라도 통근행위의 업무 관련성, 법의 통일적 해석, 법 적용의 형평성 등을 고려할 때 통근재해가 업무상 재해에 해당한다는 해석이 가능하며, 공무원연금법 시행규칙 제14조와의 법체계, 공무원과 일반 근로자의 형평 등을 고려한다면 적어도 근로자가 통상적인 경로와 방법에 의하여 통근 중 발생한 사고로 인하여 부상 또는 사망한 경우를 업무상 재해로 보아야 한다"라고 하면서 "근로자가 사업주의 카풀권장책에 호응하여 자신의 승용차에 다른 근로자를 동승시켜 출근하다가 교통사고로 부상을 입은 경우, 승용차가 적어도 출·퇴근시에는 사업주에 의하여 근로자들의 출·퇴근에 제공된 차량에 준하는 교통수단으로서 출·퇴근시 승용차에 대한 사용·관리권은 근로자에게 전속된 것이 아니라 사업주인 회사에 속해 있었으므로, 근로자의 출·퇴근이 사업주의 지배·관리하에 있었다고 볼 수 있어 위 부상이 산업재해보상보험법 제4조 제1호의 업무상의 재

해에 해당한다."라고 판시한 바 있습니다(서울행정법원 2006.6.14. 선고 2006구합7966 판결 참조). 그러므로 근로자가 사업주의 카풀권장정책에 호응하여 자신의 승용차에 다른 근로자를 동승시켜 출근하다가 교통사고로 부상을 입은 경우, 산업재해보상보험법 제4조 제1호의 업무상의 재해에 해당할 수 있습니다(※물론 업무상 재해가 최종적으로 인정될지 여부는 구체적인 사안에 따라 전혀 결론이 달라질 수 있으며, 이는 결국 재판부의 판단을 받으셔야 할 부분입니다.).

[Q&A] 회사의 트럭 운전기사가 술이 깬 후 회사의 생산물을 운반하라는 상사의 구두 지시에 위배하여 트럭을 운행하다가 교통사고로 사망한 경우, 업무상 재해에 해당할 수 없는 것인지요?

Q. 乙 회사의 트럭 운전기사 甲은, 술이 깬 후 회사의 생산물을 운반하라는 상사의 구두 지시에 위배하여 트럭을 운행하다가 교통사고로 사망하고 말았습니다. 이러한 경우, 음주운전으로 인해 바로 업무수행행위가 부정되는 것이어서 업무상 재해에 해당할 수 없는 것인지요?

A. 판례는 "회사의 트럭 운전기사가 술이 깬 후 회사의 생산물을 운반하라는 상사의 구두 지시에 위배하여 트럭을 운행하다가 교통사고로 사망한 경우, 그 운행이 회사의 지배·관리하의 업무수행을 벗어난 자의적·사적인 행위에 해당한다고 보기 어렵고, 음주운전이라 하여 바로 업무수행행위가 부정되는 것은 아닌데다가 교통사고는 그 운전기사의 업무수행을 위한 운전 과정에서 통상 수반되는 위험의 범위 내에 있는 점 등에 비추어 그 운전기사의 사망은 업무수행 중 그에 기인하여 발생한 것으로서 업무상 재해에 해당한다." 라고 판시한 바 있습니다(대법원 2001.7.27. 선고 2000두5562 판결 참조). 그러므로 음주운전이라 하여 바로 업무수행행위가 부정되는 것은 아니라고 보입니다.

3. 질병으로 인한 업무상 재해의 인정기준

3-1. 업무상 사유로 인한 질병·장해 또는 사망의 발생

근로자가 다음의 어느 하나에 해당하는 질병이 걸리거나 그 질병으로 장해가 발생하거나 사망하면 업무상 재해로 본다(「산업재해보상보험법」 제37조제1항제2호).

1. 업무수행 과정에서 물리적 인자(因子), 화학물질, 분진, 병원체, 신체에 부담을 주는 업무 등 근로자의 건강에 장해를 일으킬 수 있는 요인을 취급하거나 그에 노출되어 발생한 질병
2. 업무상 부상이 원인이 되어 발생한 질병
3. 직장 내 괴롭힘, 고객의 폭언 등으로 인한 업무상 정신적 스트레스가 원인이 되어 발생한 질병
4. 그 밖에 업무와 관련하여 발생한 질병

3-2. 업무와 업무상 사유로 인한 질병·장해·사망 사이에 상당인과관계가 있을 것

① 위의 업무상 재해 인정기준에도 불구하고 업무와 질병·장해·사망 사이에 상당인과관계(相當因果關係)가 없는 경우에는 업무상 재해로 보지 않는다(「산업재해보상보험법」 제37조제1항 단서).

② 상당인과관계의 의의

"상당인과관계"란 일반적인 경험과 지식에 비추어 그러한 사고가 있으면 그러한 재해가 발생할 것이라고 인정되는 범위에서 인과관계를 인정해야 한다는 것을 말한다.

③ 인과관계의 입증책임

인과관계의 존재에 대한 입증책임은 보험급여를 받으려는 자(근로자 또는 유족)가 부담한다(대법원 2005.11.10. 선고 2005두8009 판결).

④ 인과관계의 판단기준

업무와 재해사이의 인과관계의 상당인과관계는 보통평균인이 아니라 해당 근로자의 건강과 신체조건을 기준으로 해서 판단해야 한다(대법원 2008.1.31. 선고 2006두8204 판결, 대법원 2005.11.10. 선고 2005두8009 판결).

⑤ 인과관계의 입증 정도

인과관계는 반드시 의학적, 과학적으로 명백하게 입증되어야 하는 것은 아니고, 근로자의 취업 당시의 건강상태, 발병 경위, 질병의 내용, 치료의 경과 등 제반 사정을 고려할 때 업무와 질병 사이에 상당인과관계가 있다고 추단되는 경우에도 인정된다(대법원 2007.4.12. 선고 2006두4912 판결).

⑥ 인과관계 판단의 두 기준

1. 업무수행성과 업무기인성

    가. "업무수행성(業務遂行性)"이란 사용자의 지배 또는 관리하에 이루어지는 해당 근로자의 업무수행 및 그에 수반되는 통상적인 활동과정에서 재해의 원인이 발생한 것을 의미한다.

    나. "업무기인성(業務基因性)"이란 재해가 업무로 인하여 발생하였다고 인정되는 관계를 말한다.

2. 업무수행성과 업무기인성의 관계

    가. 1981.12.17. 법률 제3467호로 개정되기 전의 구「산업재해보상보험법」제3조제1항은 "업무상의 재해라 함은 근로자가 업무수행 중 그 업무에 기인하여 발생한 재해를 말한다."라고 규정하고 있었고, 판례도 이에 따라 업무수행성과 업무기인성을 모두 요구하는 것이 주류적 판례였다.

    나. 그러나 1981.12.17.「산업재해보상보험법」이 법률 제3467호로 개정되면서 "업무상 재해란 업무상의 사유에 따른 근로자의 부상·질병·장해 또는 사망을 말한다."라고 규정하여 '업무수행'과 '업무기인'이라는 용어를 모두 삭제하였고 이에 따라 업무수행 및 그에 수반되는 통상적인 활동과정 중의 재해가 아니라도(업무수행성이 없더라도) 업무로 인하여 재해가 발생하였다면(업무기인성이 있으면) 업무와 재해 사이에 상당인과관계가 인정되어 업무상 재해로 인정될 수 있게 되었다.

    다. 즉, 업무수행성은 업무기인성을 추정하는 기능을 하며 업무와 재해와의 상당인과관계는 업무기인성에 의해 판단한다.

⑦ 질병으로 인한 업무상 재해의 판단 방법

- 사고의 발생이 시간적·장소적으로 특정될 수 있는 '사고로 인한 업무상 재해'의 경우에는 그 사고가 업무수행 및 그에 수반되는 통상적인 활동과정 중에 일어난 재해인가를 먼저 판단하여 업무 수행성이 인정되면, 그 재해가 업무가 아닌 다른 이유로 특별히 발생된 경우가 아닌 한 업무기인성을 인정하여 업무상 재해로 인정하는 방법이 주로 사용된다.

- 질병의 발병이 시간적·장소적으로 특정되기 어려운 '질병으로 인한 업무상 재해'의 경우에는 업무수행성을 판단하는 대신 업무기인성만을 판단하여 그 업무로 인해 재해가 발생한 것이 입증되면 업무상 재해로 인정하는 방법이 주로 사용된다.

  ※ '질병으로 인한 업무상 재해'의 경우에는 근로자가 업무와 질병에 사이의 인과관계를 입증하기 곤란한 경우가 많기 때문에 규제 「산업재해보상보험법 시행령」 제34조에서는 업무상 질병의 인정기준을 두어 근로자의 인과관계 입증곤란 문제를 해결하고 있다.

3-3. 근로자의 고의·자해행위 또는 범죄행위로 인한 질병·장해·사망이 아닐 것

① 근로자의 고의·자해행위나 범죄행위 또는 그것이 원인이 되어 발생한 질병·장해 또는 사망은 업무상 재해로 보지 않는다(「산업재해보상보험법」 제37조제2항 본문).

② 다만, 그 부상·질병·장해 또는 사망이 정상적인 인식능력 등이 뚜렷하게 낮아진 상태에서 한 행위로 발생한 경우로서 다음 어느 하나에 해당하는 사유가 있으면 업무상 재해로 본다(「산업재해보상보험법」 제37조제2항 단서 및 「산업재해보상보험법 시행령」 제36조).

1. 업무상의 사유로 발생한 정신질환으로 치료를 받았거나 받고 있는 사람이 정신적 이상 상태에서 자해행위를 한 경우
2. 업무상 재해로 요양 중인 사람이 그 업무상 재해로 인한 정신적 이상 상태에서 자해행위를 한 경우
3. 그 밖에 업무상의 사유로 인한 정신적 이상 상태에서 자해행위를 하였다는 상당인과관계가 인정되는 경우

3-4. 업무상 질병의 인정기준

3-4-1. 업무상 질병의 종류

업무상 재해로 인정되는 업무상 질병의 종류는 다음과 같다(「산업재해보상보험법」 제37조제1항제2호).

1. 재해성 질병: 업무상 부상이 원인이 되어 발생한 질병
2. 직업성 질병: 업무수행 과정에서 물리적 인자, 화학물질, 분진, 병원체, 신체에 부담을 주는 업무 등 근로자의 건강에 장해를 일으킬 수 있는 요인을 취급하거나 그에 노출되어 발생한 질병
3. 직장 내 괴롭힘, 고객의 폭언 등으로 인한 업무상 정신적 스트레스가 원인이 되어 발생한 질병
4. 그 밖에 업무와 관련하여 발생한 질병

3-4-2. 직업성 질병과 재해성 질병의 인과관계

업무상 사유로 직업성 질병과 재해성 질병이 발병한 근로자는 의학적·과학적 지식 부족으로 업무와 질병 사이의 인과관계를 입증하기 곤란한 경우가 많기 때문에 규제「산업재해보상보험법 시행령」 제34조에서는 업무상 질병의 인정기준을 두어 「산업재해보상보험법 시행령」 제34조에서 정한 요건이 있는 경우에 인과관계가 있는 것으로 보아

업무상 질병으로 인정하여 근로자의 인과관계 입증곤란 문제를 해결하고 있다.

3-4-3. 업무상 질병의 인정기준

① 직업성 질병의 인정기준

근로자가 「근로기준법 시행령」 별표 5에 따른 업무상 질병의 범위에 속하는 질병에 걸린 경우(임신 중인 근로자가 유산·사산 또는 조산한 경우를 포함) 다음의 요건 모두에 해당하면 업무상 질병(직업성 질병)으로 본다(「산업재해보상보험법」 제37조제5항 및 「산업재해보상보험법 시행령」 제34조제1항).

1. 근로자가 업무수행 과정에서 유해·위험요인을 취급하거나 유해·위험요인에 노출된 경력이 있을 것

2. 유해·위험요인을 취급하거나 유해·위험요인에 노출되는 업무시간, 그 업무에 종사한 기간 및 업무 환경 등에 비추어 볼 때 근로자의 질병을 유발할 수 있다고 인정될 것

3. 근로자가 유해·위험요인에 노출되거나 유해·위험요인을 취급한 것이 원인이 되어 그 질병이 발생하였다고 의학적으로 인정될 것

② 재해성 질병의 인정기준

업무상 부상을 입은 근로자에게 발생한 질병이 다음의 요건 모두에 해당하면 업무상 질병(재해성 질병)으로 본다(「산업재해보상보험법」 제37조제5항 및 「산업재해보상보험법 시행령」 제34조제2항).

1. 업무상 부상과 질병 사이의 인과관계가 의학적으로 인정될 것

2. 기초질환 또는 기존 질병이 자연발생적으로 나타난 증상이 아닐 것

※ "기초질환"이란 현재의 질병에 선행하여 계속적으로 존재하여 현재의 질병발증(疾病發症)의 기초가 되는 병적 상태를 말하며, "기존질병"이란 이전에 발증(發症)한 질병이 이미 치유되었다든가 또는 요양을 요하지 않을 정도로 회복한 상태를 말한다.

③ 업무상 질병의 구체적 인정기준

업무상 질병에 대한 구체적인 인정기준에 대해서는 「산업재해보상보험법 시행령」 별표 3에서 상세하게 정하고 있으며, 구체적인 질병의 유형은 다음과 같다(「산업재해보상보험법」 제37조제5항, 「산업재해보상보험법 시행령」 제34조제3항 및 별표 3).

1. 뇌혈관 질병 또는 심장 질병
2. 근골격계 질병
3. 호흡기계 질병
4. 신경정신계 질병
5. 림프조혈기계 질병
6. 피부 질병
7. 눈 또는 귀 질병
8. 간 질병
9. 감염성 질병
10. 직업성 암
11. 급성 중독 등 화학적 요인에 의한 질병
12. 물리적 요인에 의한 질병
13. 그 밖에 근로자의 질병과 업무와의 상당인과관계(相當因果關係)가 인정되는 질병

3-4-4. 업무상 질병 인정 여부 심의

① 근로복지공단은 업무상 질병의 인정 여부를 심의하기 위해 근로복지공단의 분사무소에 업무상질병판정위원회(이하 "판정위원회"라 함)를 둔다(「산업재해보상보험법」 제38조제1항).

② 근로복지공단은 근로자의 업무상 질병 또는 업무상 질병에 따른 사망의 인정 여부를 판정할 때에는 그 근로자의 성별, 연령, 건강 정도 및 체질 등을 고려해야 한다(「산업재해보상보험법」 제37조제5항 및 「산업재해보상보험법 시행령」 제34조제4항).

③ 판정위원회의 심의 제외 질병

다음의 어느 하나에 해당하는 질병은 판정위원회의 심의에서 제외된다(「산업재해보상보험법」 제38조제2항 및 「산업재해보상보험법 시행규칙」 제7조).

  1. 진폐

  2. 이황화탄소 중독증

  3. 유해·위험요인에 일시적으로 다량 노출되어 나타나는 급성 중독증상 또는 소견 등의 질병

  4. 그 밖에 업무와 그 질병 사이에 상당인과관계가 있는지를 명백히 알 수 있는 경우로서 근로복지공단이 정하는 질병

④ 판정위원회의 심의절차

  가. 근로복지공단 분사무소의 장은 판정위원회의 심의가 필요한 질병에 대해 보험급여의 신청 또는 청구를 받으면 판정위원회에 업무상 질병으로 인정할지에 대한 심의를 의뢰해야 한다(「산업재해보상보험법」 제38조제2항 및 「산업재해보상보험법 시행규칙」 제8조제1항).

  나. 판정위원회는 심의를 의뢰받은 날부터 20일 이내에 업무상 질

병으로 인정되는지를 심의하여 그 결과를 심의를 의뢰한 근로
복지공단 분사무소의 장에게 알려야 한다(「산업재해보상보험법
」 제38조제2항 및 「산업재해보상보험법 시행규칙」 제8조제2항
본문).

디. 다만, 부득이한 사유로 그 기간 내에 심의를 마칠 수 없으면
10일을 넘지 않는 범위에서 한 차례만 그 기간을 연장할 수
있다(「산업재해보상보험법」 제38조제2항 및 「산업재해보상보험
법 시행규칙」 제8조제2항 단서).

3-5. 뇌혈관질병 또는 심장질환의 업무상 질병 인정기준

3-5-1. 뇌혈관 질병 또는 심장 질병의 종류

① 출혈성 뇌혈관질환(뇌출혈)

㉠ 출혈성 뇌혈관 질환은 크게 뇌실질내출혈과 뇌지주막하출혈로
나눌 수 있지만, 뇌실질내출혈로 인해 뇌지주막하출혈이 발생
할 수도 있는 등 두 질환이 전혀 별개의 것이 아니다.

㉡ 따라서 사망한 근로자에 대해 부검 등을 실시하지 않는 한 사
망 당시의 정황으로 보아 뇌실질내출혈이나 뇌지주막하출혈 중
어느 하나의 질환으로 사망하였을 것으로 추정하고 이를 사망
진단서에 기재하는 경우가 많은데, 이 경우 사인을 '뇌출혈'
이라고 나타내기도 한다.

㉢ 뇌실질내출혈

- "뇌실질내출혈"은 뇌속의 동맥이 파열되면서 출혈된 피가
뇌질질 속으로 들어가 뇌조직을 파괴하거나 출혈부위의 정상
적인 뇌조직을 압박하여 심하면 사망에 이르게 하는 질병이다.
- 출혈의 기전은 고혈압에 의한 혈관벽의 변화에 의해서 또는

고 혈압에 자주 동반되는 미세경색에 의해 혈관주위의 지지
조직이 약해져서 혈관벽이 쉽게 파괴되어 출혈을 일으키거나
뇌실질 내의 작은 혈관의 분지에 있는 미세 동맥류가 파괴
되어 발생하는 등 80% 이상이 고혈압으로 인한 것이며, 종
양, 혈액질환, 아밀로이드혈관병변, 혈관종 등이 실질내출혈
의 원인이 된다.

ⓔ 뇌지주막하출혈

- "뇌지주막하출혈"은 지주막하강, 즉 뇌의 표면의 수막강
  내에 원발성으로 혈이 일어나는 것인데, 동맥류의 파열이 가
  장 흔한 원인이고 그 밖에도 뇌내출혈, 동정맥기형의 파괴,
  혈액질환, 혈관염, 뇌막염, 종양, 정맥성 뇌혈관질환, 외상
  등에 의해 지주막하출혈이 발생한다.

② 허혈성 뇌혈관 질환(뇌경색)

  "뇌경색"이란 본래 뇌에 혈액을 공급하는 동맥계의 일부가 동맥
경화나 색전증에 의해 혈관내강이 좁아지거나 폐색됨으로써 그 관
류역의 뇌조직이 괴사에 빠지는 것을 말한다.

③ 심장질환

  ㉠ 심근경색

  "심근경색"이란 관상동맥의 폐색에 의해서 넓은 범위에 걸친
심근의 허혈성 괴사가 생긴 경우를 말한다.

※ 관련판례

만 46세 2월의 중년 여성으로서 고도 고혈압 등의 기존 질환을 가
진 근로자가 과중한 업무에 종사하다가 퇴근길에 급성 심근 경색
으로 사망한 경우, 망인의 고혈압은 업무와 관련이 없다 하더라도
업무의 과중으로 인한 과로와 감원 등으로 인한 스트레스가 고혈
압을 자연적인 진행 속도 이상으로 악화시켜 급성 심근 경색증을

유발하거나 기존 질환인 고혈압에 겹쳐 급성 심근 경색증을 유발
하여 심장마비로 사망에 이르게 하였을 것으로 추단된다는 이유로
망인의 사망이 업무상 재해에 해당한다(대법원 2004.9.3. 선고
2003두12912 판결).

④ 해리성 대동맥류

　　㉠ "해리성대동맥류(解離性大動脈瘤)"란 대동맥 내막이 파열됨
　　　으로 인하여 대동맥의 진강으로부터 높은 압력의 혈액이 빠져
　　　나와서 중막의 내층과 외층을 급속히 해리시키는 질환으로 대
　　　동맥 해리 또는 대동맥 박리(大動脈 剝離)하고도 한다.

　　㉡ 동맥에서 발생하는 질병 중 가장 무서운 병이라 할 수 있으며,
　　　동맥경화가 가장 흔한 원인이고 고혈압이 중요한 선행요인
　　　(90%)으로 생각되고 있다.

3-5-2. 뇌혈관 질병 또는 심장 질병의 업무상 질병 인정기준

① 근로자가 다음의 어느 하나에 해당하는 원인으로 뇌실질내출혈,
지주막하출혈, 뇌경색, 심근경색증, 해리성 대동맥자루(대동맥 혈
관벽의 중막이 내층과 외층으로 찢어져 혹을 형성하는 질병)가 발
병된 경우에는 업무상 질병으로 본다(「산업재해보상보험법」 제37
조제5항 및 「산업재해보상보험법 시행령」 제34조제3항 및 별표 3
제1호가목 본문). 다만, 그 질병이 자연발생적으로 악화되어 발병
한 경우에는 업무상 질병으로 보지 않는다(「산업재해보상보험법」
제37조제5항, 「산업재해보상보험법 시행령」 제34조제3항 및 별표
3 제1호가목 단서).

　1. 업무와 관련한 돌발적이고 예측 곤란한 정도의 긴장·흥분·공
　　포·놀람 등과 급격한 업무 환경의 변화로 뚜렷한 생리적 변화

가 생긴 경우

- "업무와 관련한 돌발적이고 예측 곤란한 정도의 긴장·흥분·공포·놀람 등과 급격한 업무 환경의 변화로 뚜렷한 생리적 변화가 생긴 경우"란 증상 발생 전 24시간 이내에 업무와 관련된 돌발적이고 예측 곤란한 사건의 발생과 급격한 업무 환경의 변화로 뇌혈관 또는 심장혈관의 병변 등이 그 자연경과를 넘어 급격하고 뚜렷하게 악화된 경우를 말한다[「뇌혈관 질병 또는 심장 질병 및 근골격계 질병의 업무상 질병 인정 여부 결정에 필요한 사항」(제2017-117호, 2017.12.29. 발령, 2018.1.1. 시행) 제1호가목].

2. 업무의 양·시간·강도·책임 및 업무 환경의 변화 등으로 발병 전 단기간 동안 업무상 부담이 증가하여 뇌혈관 또는 심장혈관의 정상적인 기능에 뚜렷한 영향을 줄 수 있는 육체적·정신적인 과로를 유발한 경우

- "업무의 양·시간·강도·책임 및 업무 환경의 변화 등으로 발병 전 단기간 동안 업무상 부담이 증가하여 뇌혈관 또는 심장혈관의 정상적인 기능에 뚜렷한 영향을 줄 수 있는 육체적·정신적인 과로를 유발한 경우"란 발병 전 1주일 이내의 업무의 양이나 시간이 이전 12주(발병 전 1주일 제외)간에 1주 평균보다 30퍼센트 이상 증가되거나 업무 강도·책임 및 업무 환경 등이 적응하기 어려운 정도로 바뀐 경우를 말한다(「뇌혈관 질병 또는 심장 질병 및 근골격계 질병의 업무상 질병 인정 여부 결정에 필요한 사항」 제1호나목 전단).
- 해당 근로자의 업무가 "단기간 동안 업무상 부담"에 해당하는지 여부는 업무의 양·시간·강도·책임, 휴일·휴가

- 231 -

등 휴무시간, 근무형태·업무환경의 변화 및 적응기간, 그 밖에 그 근로자의 연령, 성별, 건강상태 등을 종합하여 판단한다(「뇌혈관 질병 또는 심장 질병 및 근골격계 질병의 업무상 질병 인정 여부 결정에 필요한 사항」 제1호나목 후단).

3. 업무의 양·시간·강도·책임 및 업무 환경의 변화 등에 따른 만성적인 과중한 업무로 뇌혈관 또는 심장혈관의 정상적인 기능에 뚜렷한 영향을 줄 수 있는 육체적·정신적인 부담을 유발한 경우

 - "업무의 양·시간·강도·책임 및 업무 환경의 변화 등에 따른 만성적인 과중한 업무로 뇌혈관 또는 심장혈관의 정상적인 기능에 뚜렷한 영향을 줄 수 있는 육체적·정신적인 부담을 유발한 경우"란 발병 전 3개월 이상 연속적으로 과중한 육체적·정신적 부담을 발생시켰다고 인정되는 업무적 요인이 객관적으로 확인되는 상태를 말한다(「뇌혈관 질병 또는 심장 질병 및 근골격계 질병의 업무상 질병 인정 여부 결정에 필요한 사항」 제1호다목 전단).

 - 이 경우 해당 근로자의 업무가 "만성적인 과중한 업무"에 해당하는지 여부는 업무의 양·시간·강도·책임, 휴일·휴가 등 휴무시간, 교대제 및 야간근로 등 근무형태, 정신적 긴장의 정도, 수면시간, 작업 환경, 그 밖에 그 근로자의 연령, 성별 등을 종합하여 판단하되, 업무시간과 작업 조건에 따른 업무와 질병과의 관련성을 판단할 때에는 다음 사항을 고려한다(「뇌혈관 질병 또는 심장 질병 및 근골격계 질병의 업무상 질병 인정 여부 결정에 필요한 사항」 제1호다목 후단).

 ㉠ 발병 전 12주 동안 업무시간이 1주 평균 60시간(발병 전

4주 동안 1주 평균 64시간)을 초과하는 경우에는 업무와 질병과의 관련성이 강하다고 평가함

ⓒ 발병 전 12주 동안 1주 평균 업무시간이 52시간을 초과하는 경우에는 업무시간이 길어질수록 업무와 질병과의 관련성이 증가하는 것으로 평가함. 특히, 다음 각 호의 어느 하나에 해당하는 업무를 수행하는 경우(업무부담 가중요인)에는 업무와 질병과의 관련성이 강하다고 평가함

1) 근무일정 예측이 어려운 업무

2) 교대제 업무

3) 휴일이 부족한 업무

4) 유해한 작업환경 (한랭, 온도변화, 소음)에 노출되는 업무

5) 육체적 강도가 높은 업무

6) 시차가 큰 출장이 잦은 업무

7) 정신적 긴장이 큰 업무

ⓒ 발병 전 12주 동안 업무시간이 1주 평균 52시간을 초과하지 않는 경우라도 2항의 업무부담 가중요인에 복합적으로 노출되는 업무의 경우에는 업무와 질병과의 관련성이 증가함

- 오후 10시부터 익일 6시 사이의 야간근무의 경우에는 주간근무의 30%를 가산(휴게시간은 제외)하여 업무시간을 산출합니다. 다만, 규제「근로기준법」제63조제3호에 따라 감시 또는 단속적으로 근로에 종사하는 사람으로서 사용자가 고용노동부장관의 승인을 받은 경우와 이와 유사한 업무에 해당하는 경우는 제외한다(「뇌혈관 질병 또는 심장 질병 및 근골격계 질병의 업무상 질병 인정 여부 결정에 필요한 사항」제1호 라목).

3-5-3. 그 외의 뇌혈관 질병 또는 심장 질병

위에 열거되지 않은 뇌혈관 질병또는 심장 질병의 경우에도 그 질병의 유발 또는 악화가 업무와 상당한 인과관계가 있음이 시간적·의학적으로 명백하면 업무상 질병으로 본다(「산업재해보상보험법」 제37조제5항 및 「산업재해보상보험법 시행령」 제34조제3항 및 별표 3 제1호나목).

[Q&A] 사업장 또는 자택에서 뇌출혈 등으로 쓰러졌을 때 업무상 재해 에 해당하는지요?

Q. 사업장 또는 자택에서 뇌출혈 등으로 쓰러졌을 때 업무상재해 에 해당하는지요?

A. 근로복지공단에서는 뇌혈관계질환에 관한 요양신청서 또는 유족보상청구서가 제출될 경우에는 자문의사의 소견 뿐만 아니라 발병 경위, 작업시간, 작업량, 기초질환, 기존 치료경력, 주치의 소견 등을 종합적으로 검토하여 그 신청상병과 업무 사이에 상당인과관계가 있는 경우에 한하여 업무상의 재해로 인정해주고 있습니다. 즉, 뇌혈관계질환의 경우 사업장내에서 발병하였다고 하여 반드시 업무상의 재해로 인정되는 것이 아니며, 반대로 자택에서 발병하였더라도 무조건 업무상의 재해가 인정되지 않는 것이 아님을 알려드립니다.

따라서 '뇌출혈'이 업무상의 재해로 인정되기 위해서는 발병전 정신적·육체적인 과로, 급격한 작업환경의 변화 등 상병을 유발할 만한 업무상의 사유가 있었음을 입증할 필요가 있으며, 만일 이를 입증하지 못하거나 고혈압, 고지혈증, 당뇨 등 기초질환의 자연적인 경과로 인하여 발병된 것으로 확인될 경우에는 업무상의 재해로 인정되지 아니함을 알려드립니다.

「산업재해보상보험법」제5조 제1호에 따르면, "업무상의 재해"를 "업무상의 사유에 따른 근로자의 부상·질병·장해 또는 사망"으로 정의해 놓고, "업무상의 재해의 인정기준"에 대하여는 같은 법 제37조에서 규정하고 있습니다. 이와 관련하여 같은 법 시행령 제34조 제3항에서는 근로자의 업무상의 질병 또는 업무상 질병으로 인한 사망에 대하여 업무상재해 여부를 결정하는 경우에는 위 『별표3』의 기준 외에 당해 근로자의 성별, 연령, 건강정도 및 체질 등을 고려하도록 규정하고 있습니다.

3-6. 근골격계질병의 업무상 질병 인정기준

3-6-1. 근골격계 질병의 의의 및 범위

① 근골격계 질병의 의의

"근골격계 질병"이란 특정 신체부위에 부담을 주는 업무로 그 업무와 관련이 있는 근육, 인대, 힘줄, 추간판, 연골, 뼈 또는 이와 관련된 신경 및 혈관에 미세한 손상이 누적되어 통증이나 기능 저하가 초래되는 급성 또는 만성질환을 말한다[「뇌혈관 질병 또는 심장 질병 및 근골격계 질병의 업무상 질병 인정 여부 결정에 필요한 사항」(고용노동부 고시 제2017-117호, 2017.12.29. 발령, 2018.1.1. 시행) 제2호가목1)].

② 근골격계 질병의 범위

㉠ 근골격계 질병은 팔(上肢), 다리(下肢) 및 허리 부분으로 구분한다[「뇌혈관 질병 또는 심장 질병 및 근골격계 질병의 업무상 질병 인정 여부 결정에 필요한 사항」 제2호가목2)].

㉡ "팔 부분(上肢)"은 목, 어깨, 등, 위팔, 아래팔, 팔꿈치, 손목, 손 및 손가락의 부위를 말하며, 대표적 질환으로는 경추염좌, 경추간판탈출증, 회전근개건염, 팔꿈치의 내(외)상과염, 수부의 건염 및 건초염, 수근관증후군 등이 있다.

㉢ "다리 부분(下肢)"은 둔부, 대퇴부, 무릎, 다리, 발목, 발 및 발가락의 부위를 말하며, 대표적 질환으로는 무릎의 반월상 연골손상, 슬개대퇴부 통증증후군, 발바닥의 근막염, 발과 발목의 건염 등이 있다.

㉣ "허리 부분"은 요추 및 주변의 조직을 지칭하며 대표적 질환으로는 요부염좌, 요추간판탈출증 등이 있다.

3-6-2. 근골격계 질병의 업무상 질병 인정기준

① 업무에 종사한 기간과 시간, 업무의 양과 강도, 업무수행 자세와 속도, 업무수행 장소의 구조 등이 근골격계에 부담을 주는 업무(이하 "신체부담업무" 라 함)로서 다음의 어느 하나에 해당하는 업무에 종사한 경력이 있는 근로자의 팔·다리 또는 허리 부분의 근골격계 질병이 발생하거나 악화된 경우에는 업무상 질병으로 봅니다. 다만, 업무와 관련이 없는 다른 원인으로 발병한 경우에는 업무상 질병으로 보지 않는다(「산업재해보상보험법」 제37조제5항 및 「산업재해보상보험법 시행령」 제34조제3항 및 별표 3 제2호가목).

1. 반복 동작이 많은 업무
2. 무리한 힘을 가해야 하는 업무
3. 부적절한 자세를 유지하는 업무
4. 진동 작업
5. 그 밖에 특정 신체 부위에 부담이 되는 상태에서 하는 업무

② 근골격계 질병을 판단할 때에는 해당 질병에 대한 증상, 이학적 소견, 검사 소견, 진단명 등을 확인하여 판단한다[「뇌혈관 질병 또는 심장 질병 및 근골격계 질병의 업무상 질병 인정 여부 결정에 필요한 사항」 제2호나목].

③ 신체부담업무로 인하여 기존 질병이 악화되었음이 의학적으로 인정되면 업무상 질병으로 본다(「산업재해보상보험법」 제37조제5항 및 「산업재해보상보험법 시행령」 제34조제3항 및 별표 3 제2호나목).

④ 신체부담업무로 인해 연령 증가에 따른 자연경과적 변화가 더욱 빠르게 진행된 것이 의학적으로 인정되면 업무상 질병으로 본다(「산업재해보상보험법」 제37조제5항 및 「산업재해보상보험법 시행

령」제34조제3항 및 별표 3 제2호다목).

⑤ 신체부담업무의 수행 과정에서 발생한 일시적인 급격한 힘의 작용
으로 근골격계질환이 발병하면 업무상 질병으로 본다(「산업재해보
상보험법」제37조제5항 및 「산업재해보상보험법 시행령」제34조
제3항 및 별표 3 제2호라목).

⑥ 신체부담업무를 수행한 작업력이 있는 근로자에게 업무수행 중 발
생한 사고로 인해 나타나는 근골격계질환은 업무상 질병의 판단
절차에 따른다[「뇌혈관 질병 또는 심장 질병 및 근골격계 질병의
업무상 질병 인정 여부 결정에 필요한 사항」제2호다목1) 본문].

ㄱ 다만, 신체에 가해진 외력의 정도와 그에 따른 신체손상(골절,
인대손상, 연부조직 손상, 열상, 타박상 등)이 그 근로자의 직
업력과 관계없이 사고로 발생한 것으로 의학적으로 인정되는
경우에는 업무상 사고의 판단 절차에 따른다[「뇌혈관 질병 또
는 심장 질병 및 근골격계 질병의 업무상 질병 인정 여부 결정
에 필요한 사항」제2호다목1) 단서].

ㄴ 위의 "업무수행 중 발생한 사고"란 업무수행 중에 통상의 동
작 또는 다른 동작에 의해 관절 부위에 급격한 힘이 돌발적으
로 가해져 발생한 경우를 말한다[「뇌혈관 질병 또는 심장 질병
및 근골격계 질병의 업무상 질병 인정 여부 결정에 필요한 사
항」제2호다목2) 전단].

ㄷ 이 경우 "급격한 힘이 돌발적으로 가해져 발생한 경우"를 판
단할 때에는 신체부담업무에 따른 신체의 영향과 급격한 힘의 작
용에 따른 신체의 영향을 종합적으로 고려하여 업무관련성 여부
를 판단한다[「뇌혈관 질병 또는 심장 질병 및 근골격계 질병의
업무상 질병 인정 여부 결정에 필요한 사항」제2호다목2) 후단].

3-6-3. 업무관련성의 판단

① 신체부담업무의 업무관련성을 판단할 때에는 신체부담정도, 직업력, 간헐적 작업 유무, 비고정작업 유무, 종사기간, 질병의 상태 등을 종합적으로 고려하여 판단한다[「뇌혈관 질병 또는 심장 질병 및 근골격계 질병의 업무상 질병 인정 여부 결정에 필요한 사항」 제2호라목1)].

② 위의 신체부담정도는 재해조사 내용을 토대로 인간공학전문가, 산업위생전문가, 산업의학 전문의 등 관련 전문가의 의견을 들어 평가하되, 필요한 경우 관련 전문가와 함께 재해조사를 하여 판단한다[「뇌혈관 질병 또는 심장 질병 및 근골격계 질병의 업무상 질병 인정 여부 결정에 필요한 사항」 제2호라목2)].

3-7. 호흡기계, 신경정신계, 림프조혈기계 질병의 업무상 질병 인정기준
3-7-1. 호흡기계 질병의 인정기준

업무상 질병으로 인정되는 호흡기계 질병은 다음과 같다(「산업재해보상보험법」 제37조제5항 및 「산업재해보상보험법 시행령」 제34조제3항 및 별표 3 제3호).

1. 석면에 노출되어 발생한 석면폐증

2. 목재 분진, 곡물 분진, 밀가루, 짐승털의 먼지, 항생물질, 크롬 또는 그 화합물, 톨루엔 디이소시아네이트(ToluentDiisocyanate), 메틸렌 디페닐 디이소시아네이트(Methylene Diphenyl Diisocyanate), 핵산 메틸렌 디이소시아네이트(Hexamethylene Diisocyanate) 등 디이소시아네이트, 반응성 염료, 니켈, 코발트, 포름알데히드, 알루미늄, 산무수물(acid anhydride) 등에 노출되어 발생한 천식 또는 작업환경으로 인하여 악화된 천식

3. 디이소시아네이트, 염소, 염화수소, 염산 등에 노출되어 발생한 반응성 기도과민증후군

4. 디이소시아네이트, 에폭시수지, 산무수물 등에 노출되어 발생한 과민성 폐렴

5. 목재 분진, 짐승털의 먼지, 항생물질 등에 노출되어 발생한 알레르기성 비염

6. 아연·구리 등의 금속분진(fume)에 노출되어 발생한 금속열

7. 장기간·고농도의 석탄·암석 분진, 카드뮴분진 등에 노출되어 발생한 만성폐쇄성폐질환

8. 망간 또는 그 화합물, 크롬 또는 그 화합물, 카드뮴 또는 그 화합물 등에 노출되어 발생한 폐렴

9. 크롬 또는 그 화합물에 2년 이상 노출되어 발생한 코사이벽 궤양·천공

10. 불소수지·아크릴수지 등 합성수지의 열분해 생성물 또는 아황산가스 등에 노출되어 발생한 기도점막 염증 등 호흡기 질병

11. 톨루엔·크실렌·스티렌·시클로헥산·노말헥산·트리클로로에틸렌 등 유기용제에 노출되어 발생한 비염(그 물질에 노출되는 업무에 종사하지 않게 된 후 3개월이 지나지 않은 경우만 해당)

3-7-2. 신경정신계 질병의 인정기준

업무상 질병으로 인정되는 신경정신계 질병은 다음과 같다(「산업재해보상보험법」 제37조제5항 및 「산업재해보상보험법 시행령」 제34조제3항 및 별표 3 제4호).

1. 톨루엔·크실렌·스티렌·시클로헥산·노말헥산·트리클로로에틸렌 등 유기용제에 노출되어 발생한 중추신경계장해(외상성 뇌

손상, 뇌전증, 알코올중독, 약물중독, 동맥경화증 등 다른 원인
으로 발생한 질병은 제외)

2. 다음 어느 하나에 해당하는 말초신경병증

    ㉠ 톨루엔·크실렌·스티렌·시클로헥산·노말헥산·트리클로
    로에틸렌 및 메틸 n-부틸 케톤 등 유기용제, 아크릴아미
    드, 비소 등에 노출되어 발생한 말초신경병증(당뇨병, 알코
    올중독, 척추손상, 신경포착 등 다른 원인으로 발생한 질병
    은 제외)

    ㉡ 트리클로로에틸렌에 노출되어 발생한 세갈래신경마비(그 물
    질에 노출되는 업무에 종사하지 않게 된 후 3개월이 지나
    지 않은 경우만 해당하며, 바이러스 감염, 종양 등 다른 원
    인으로 발생한 질병은 제외)

    ㉢ 카드뮴 또는 그 화합물에 2년 이상 노출되어 발생한 후각
    신경마비

3. 납 또는 그 화합물(유기납은 제외)에 노출되어 발생한 중추신경
계장해, 말초신경병증 또는 폄근마비

4. 수은 또는 그 화합물에 노출되어 발생한 중추신경계장해 또는
말초신경병증(전신마비, 알코올중독 등 다른 원인으로 발생한
질병은 제외)

5. 망간 또는 그 화합물에 2개월 이상 노출되어 발생한 파킨슨증,
근육긴장이상(dystonia) 또는 망간정신병(뇌혈관장해, 뇌염 또는
그 후유증, 다발성 경화증, 윌슨병, 척수·소뇌 변성증, 뇌매독
으로 인한 말초신경염 등 다른 원인으로 발생한 질병은 제외)

6. 업무와 관련하여 정신적 충격을 유발할 수 있는 사건에 의해
발생한 외상후스트레스장애

7. 업무와 관련하여 고객 등으로부터 폭력 또는 폭언 등 정신적 충격을 유발할 수 있는 사건 또는 이와 직접 관련된 스트레스로 인하여 발생한 적응장애 또는 우울병 에피소드

3-7-3. 림프조혈기계 질병의 인정기준

업무상 질병으로 인정되는 림프조혈기계 질병은 다음과 같다(「산업재해보상보험법」 제37조제5항 및 「산업재해보상보험법 시행령」 제34조제3항 및 별표 3 제5호).

1. 벤젠에 노출되어 발생한 다음 어느 하나에 해당하는 질병
    ㉠ 빈혈, 백혈구감소증, 혈소판감소증, 범혈구감소증(소화기 질병, 철결핍성 빈혈 등 영양부족, 만성소모성 질병 등 다른 원인으로 발생한 질병은 제외)
    ㉡ 0.5피피엠(ppm) 이상 농도의 벤젠에 노출된 후 6개월 이상 경과하여 발생한 골수형성이상증후군, 무형성(無形成) 빈혈, 골수증식성질환(골수섬유증, 진성적혈구증다증 등)
2. 납 또는 그 화합물(유기납은 제외)에 노출되어 발생한 빈혈(철결핍성 빈혈 등 다른 원인으로 발생한 질병은 제외)

3-8. 피부, 눈 또는 귀 질병의 업무상 질병 인정기준
3-8-1. 피부 질병의 인정기준

업무상 질병으로 인정되는 피부 질병은 다음과 같다(「산업재해보상보험법」 제37조제5항 및 「산업재해보상보험법 시행령」 제34조제3항 및 별표 3 제6호).

1. 검댕, 광물유, 옻, 시멘트, 타르, 크롬 또는 그 화합물, 벤젠, 디이소시아네이트, 톨루엔·크실렌·스티렌·시클로헥산·노말헥

산 트리클로로에틸렌 등 유기용제, 유리섬유·대마 등 피부에 기계적 자극을 주는 물질, 자극성·알레르겐·광독성·광알레르겐 성분을 포함하는 물질, 자외선 등에 노출되어 발생한 접촉피부염(그 물질 또는 자외선에 노출되는 업무에 종사하지 않게 된 후 3개월이 지나지 않은 경우만 해당)

2. 페놀류·하이드로퀴논류 물질, 타르에 노출되어 발생한 백반증

3. 트리클로로에틸렌에 노출되어 발생한 다형홍반(多形紅斑), 스티븐스존슨 증후군(그 물질에 노출되는 업무에 종사하지 않게 된 후 3개월이 지나지 않은 경우만 해당하며 약물, 감염, 후천성면역결핍증, 악성 종양 등 다른 원인으로 발생한 질병은 제외)

4. 염화수소·염산·불화수소·불산 등의 산 또는 염기에 노출되어 발생한 화학적 화상

5. 타르에 노출되어 발생한 염소여드름, 국소 모세혈관 확장증 또는 사마귀

6. 덥고 뜨거운 장소에서 하는 업무 또는 고열물체를 취급하는 업무로 발생한 땀띠 또는 화상

7. 춥고 차가운 장소에서 하는 업무 또는 저온물체를 취급하는 업무로 발생한 동창(凍瘡) 또는 동상

8. 햇빛에 노출되는 옥외작업으로 발생한 일광화상, 만성 광선피부염 또는 광선각화증(光線角化症)

9. 전리방사선(물질을 통과할 때 이온화를 일으키는 방사선)에 노출되어 발생한 피부궤양 또는 방사선피부염

10. 작업 중 피부손상에 따른 세균 감염으로 발생한 연조직염

11. 세균·바이러스·곰팡이·기생충 등을 직접 취급하거나, 이에 오염된 물질을 취급하는 업무로 발생한 감염성 피부 질병

3-8-2. 눈 또는 귀 질병의 인정기준

① 업무상 질병으로 인정되는 눈 또는 귀 질병은 다음과 같다(「산업재해보상보험법」 제37조제5항 및 「산업재해보상보험법 시행령」 제34조제3항 및 별표 3 제7호).

1. 자외선에 노출되어 발생한 피질 백내장 또는 각막변성

2. 적외선에 노출되어 발생한 망막화상 또는 백내장

3. 레이저광선에 노출되어 발생한 망막박리 · 출혈 · 천공 등 기계적 손상 또는 망막화상 등 열 손상

4. 마이크로파에 노출되어 발생한 백내장

5. 타르에 노출되어 발생한 각막위축증 또는 각막궤양

6. 크롬 또는 그 화합물에 노출되어 발생한 결막염 또는 결막궤양

8. 톨루엔 · 크실렌 · 스티렌 · 시클로헥산 · 노말헥산 · 트리클로로에틸렌 등 유기용제에 노출되어 발생한 각막염 또는 결막염 등 점막자극성 질병(그 물질에 노출되는 업무에 종사하지 않게 된 후 3개월이 지나지 않은 경우만 해당)

9. 디이소시아네이트에 노출되어 발생한 각막염 또는 결막염

10. 불소수지 · 아크릴수지 등 합성수지의 열분해 생성물 또는 아황산가스 등에 노출되어 발생한 각막염 또는 결막염 등 점막자극성 질병

11. 85데시벨[dB(A)] 이상의 연속음에 3년 이상 노출되어 한 귀의 청력손실이 40데시벨 이상으로, 다음 요건 모두를 충족하는 감각신경성 난청(내이염, 약물중독, 열성 질병, 메니에르증후군, 매독, 머리 외상, 돌발성 난청, 유전성 난청, 가족성 난청, 노인성 난청 또는 재해성 폭발음 등 다른 원인으로 발생한 난청은 제외)

ⓐ 고막 또는 중이에 뚜렷한 손상이나 다른 원인에 의한 변화
가 없을 것

ⓑ 순음청력검사결과 기도청력역치(氣導聽力閾値)와 골도청력
역치(骨導聽力閾値) 사이에 뚜렷한 차이가 없어야 하며,
청력장해가 저음역보다 고음역에서 클 것

② 난청의 측정방법(「산업재해보상보험법 시행령」 제34조제3항 및 별
표 3 제7호차목)

1. 24시간 이상 소음작업을 중단한 후 ISO 기준으로 보정된 순음 청력계
기를 사용하여 청력검사를 하여야 하며, 500헤르츠(Hz)(a)·1,000헤
르츠(b)·2,000헤르츠(c) 및 4,000헤르츠(d)의 주파수음에 대한 기도
청력역치를 측정하여 6분법[(a+2b+2c+d)/6]으로 판정

2. 순음청력검사는 의사의 판단에 따라 3~7일 간의 간격으로 3회
이상(음향외상성 난청에 대하여는 요양종결 후 30일 간격으로
3회 이상을 말한다) 실시하여 검사의 유의한 차이가 없는 경우
그 중 최소가청역치를 청력장해로 인정하되, 검사결과가 다음
의 요건 모두를 충족하지 않는 경우에는 1개월 후 재검사 실시

ⓐ 기도청력역치와 골도청력역치의 차이가 각 주파수마다 10데
시벨 이내일 것

ⓑ 상승법·하강법·혼합법 각각의 청력역치의 차이가 각 주
파수마다 10데시벨 이내일 것

ⓒ 각 주파수마다 하강법의 청력역치가 상승법의 청력역치에
비하여 낮거나 같을 것

ⓓ 반복검사 간 청력역치의 최대치와 최소치의 차이가 각 주파
수마다 10데시벨 이내일 것

ⓔ 순음청력도상 어음역(語音域)(500헤르츠, 1,000헤르츠, 2,000

헤르츠)에서의 주파수 간 역치변동이 20데시벨 이내이면 순음 청력역치의 3분법 평균치와 어음청취역치의 차이가 10데시벨 이내일 것

3-9. 간, 감염성 질병의 업무상 질병 인정기준

3-9-1. 간 질병의 인정기준

업무상 질병으로 인정되는 간 질병은 다음과 같다(「산업재해보상보험법」 제37조제5항 및 「산업재해보상보험법 시행령」 제34조제3항 및 별표 3 제8호).

1. 트리클로로에틸렌, 디메틸포름아미드 등에 노출되어 발생한 독성 간염(그 물질에 노출되는 업무에 종사하지 않게 된 후 3개월이 지나지 않은 경우만 해당하며, 약물, 알코올, 과체중, 당뇨병 등 다른 원인으로 발생하거나 다른 질병이 원인이 되어 발생한 간 질병은 제외)
2. 염화비닐에 노출되어 발생한 간경변
3. 업무상 사고나 유해물질로 인한 업무상 질병의 후유증 또는 치료가 원인이 되어 기존의 간 질병이 자연적 경과 속도 이상으로 악화된 것이 의학적으로 인정되는 경우

3-9-2. 감염성 질병의 인정기준

업무상 질병으로 인정되는 감염성 질병은 다음과 같다(「산업재해보상보험법」 제37조제5항 및 「산업재해보상보험법 시행령」 제34조제3항 및 별표 3 제9호).

1. 보건의료 및 집단수용시설 종사자에게 발생한 다음의 어느 하나에 해당하는 질병

㉠ B형 간염, C형 간염, 매독, 후천성면역결핍증 등 혈액전파
　　　　성 질병
　　　㉡ 결핵, 풍진, 홍역, 인플루엔자 등 공기전파성 질병
　　　㉢ A형 간염 등 그 밖의 감염성 질병
　2. 습한 곳에서의 업무로 발생한 렙토스피라증
　3. 옥외작업으로 발생한 쯔쯔가무시증 또는 신증후군 출혈열
　4. 동물 또는 그 사체, 짐승의 털·가죽, 그 밖의 동물성 물체, 넝
　　마, 고물 등을 취급하여 발생한 탄저, 단독(erysipelas) 또는 브
　　루셀라증
　5. 말라리아가 유행하는 지역에서 야외활동이 많은 직업 종사자 또
　　는 업무수행자에게 발생한 말라리아
　6. 오염된 냉각수 등으로 발생한 레지오넬라증
　7. 실험실 근무자 등 병원체를 직접 취급하거나, 이에 오염된 물질
　　을 취급하는 업무로 발생한 감염성 질병

3-10. 직업성 암의 업무상 질병 인정기준

① 업무상 질병으로 인정되는 직업성 암은 다음과 같다(「산업재해보
　상보험법」 제37조제5항 및 「산업재해보상보험법 시행령」 제34조
　제3항 및 별표 3 제10호).
　1. 석면에 노출되어 발생한 폐암, 후두암으로 다음의 어느 하나에
　　해당하며 10년 이상 노출되어 발생한 경우
　　　㉠ 가슴막반(흉막반) 또는 미반성 가슴막비후와 동반된 경우
　　　㉡ 조직검사 결과 석면소제 또는 석면섬유가 충분히 발견된 경우
　2. 석면폐증과 동반된 폐암, 후두암, 악성중피종
　3. 직업적으로 석면에 노출된 후 10년 이상 경과하여 발생한 악성

중피종

4. 석면에 10년 이상 노출되어 발생한 난소암

5. 니켈 화합물에 노출되어 발생한 폐암 또는 코안·코곁굴[부비동(副鼻洞)]암

6. 콜타르찌꺼기(coal tar pitch, 10년 이상 노출된 경우에 해당), 라돈-222 또는 그 붕괴물질(지하 등 환기가 잘 되지 않는 장소에서 노출된 경우에 해당), 카드뮴 또는 그 화합물, 베릴륨 또는 그 화학물, 6가 크롬 또는 그 화합물 및 결정형 유리규산에 노출되어 발생한 폐암

7. 검댕에 노출되어 발생한 폐암 또는 피부암

8. 콜타르(10년 이상 노출된 경우에 해당), 정제되지 않은 광물유에 노출되어 발생한 피부암

9. 비소 또는 그 무기화합물에 노출되어 발생한 폐암, 방광암 또는 피부암

10. 스프레이나 이와 유사한 형태의 도장 업무에 종사하여 발생한 폐암 또는 방광암

11. 벤지딘, 베타나프틸아민에 노출되어 발생한 방광암

12. 목재 분진에 노출되어 발생한 비인두암 또는 코안·코곁굴암

13. 0.5피피엠 이상 농도의 벤젠에 노출된 후 6개월 이상 경과하여 발생한 급성·만성 골수성백혈병, 급성·만성 림프구성백혈병

14. 0.5피피엠 이상 농도의 벤젠에 노출된 후 10년 이상 경과하여 발생한 다발성골수종, 비호지킨림프종(다만, 노출기간이 10년 미만이라도 누적노출량이 10피피엠·년 이상이거나 과거에 노출되었던 기록이 불분명하여 현재의 노출농도를 기준으로 10년 이상 누적노출량이 0.5피피엠·년 이상이면 업무상 질병으로 봄)

15. 포름알데히드에 노출되어 발생한 백혈병 또는 비인두암
16. 1,3-부타디엔에 노출되어 발생한 백혈병
17. 산화에틸렌에 노출되어 발생한 림프구성 백혈병
18. 염화비닐에 노출되어 발생한 간혈관육종(4년 이상 노출된 경우에 해당) 또는 간세포암
19. 보건의료업에 종사하거나 혈액을 취급하는 업무를 수행하는 과정에서 B형 또는 C형 간염바이러스에 노출되어 발생한 간암
20. 엑스(X)선 또는 감마(γ)선 등의 전리방사선에 노출되어 발생한 침샘암, 식도암, 위암, 대장암, 폐암, 뼈암, 피부의 기저세포암, 유방암, 신장암, 방광암, 뇌 및 중추신경계암, 갑상선암, 급성 림프구성 백혈병 및 급성·만성 골수성 백혈병

3-11. 급성 중독 등 화학적 요인에 의한 질병의 업무상 질병 인정기준

업무상 질병으로 인정되는 급성 중독 등 화학적 요인에 의한 질병은 다음과 같다(「산업재해보상보험법」 제37조제5항 및 「산업재해보상보험법 시행령」 제34조제3항 및 별표 3 제11호).

1. 급성 중독
   - 일시적으로 다량의 염화비닐·유기주석·메틸브로마이드·일산화탄소에 노출되어 발생한 중추신경계장해 등의 급성 중독 증상 또는 소견
   - 납 또는 그 화합물(유기납은 제외)에 노출되어 발생한 납 창백, 복부 산통, 관절통 등의 급성 중독 증상 또는 소견
   - 일시적으로 다량의 수은 또는 그 화합물(유기수은은 제외)에 노출되어 발생한 한기, 고열, 치조농루, 설사, 단백뇨 등 급성 중독 증상 또는 소견

- 일시적으로 다량의 크롬 또는 그 화합물에 노출되어 발생한 세뇨관 기능 손상, 급성 세뇨관 괴사, 급성 신부전 등 급성 중독 증상 또는 소견
- 일시적으로 다량의 벤젠에 노출되어 발생한 두통, 현기증, 구역, 구토, 흉부 압박감, 흥분상태, 경련, 급성 기질성 뇌증후군, 혼수상태 등 급성 중독 증상 또는 소견
- 일시적으로 다량의 톨루엔·크실렌·스티렌·시클로헥산·노말헥산·트리클로로에틸렌 등 유기용제에 노출되어 발생한 의식장해, 경련, 급성 기질성 뇌증후군, 부정맥 등 급성 중독 증상 또는 소견
- 이산화질소에 노출되어 발생한 점막자극 증상, 메트헤모글로빈혈증, 청색증, 두근거림, 호흡곤란 등의 급성 중독 증상 또는 소견
- 황화수소에 노출되어 발생한 의식소실, 무호흡, 폐부종, 후각 신경마비 등 급성 중독 증상 또는 소견
- 시안화수소 또는 그 화합물에 노출되어 발생한 점막자극 증상, 호흡곤란, 두통, 구역, 구토 등 급성 중독 증상 또는 소견
- 불화수소·불산에 노출되어 발생한 점막자극 증상, 화학적 화상, 청색증, 호흡곤란, 폐수종, 부정맥 등 급성 중독 증상 또는 소견
- 인 또는 그 화합물에 노출되어 발생한 피부궤양, 점막자극 증상, 경련, 폐부종, 중추신경계장해, 자율신경계장해 등 급성 중독 증상 또는 소견
- 일시적으로 다량의 카드뮴 또는 그 화합물에 노출되어 발생한 급성 위장관계 질병

2. 염화비닐에 노출되어 발생한 말단뼈 용해(acro-osteolysis), 레이노 현상 또는 피부경화증

3. 납 또는 그 화합물(유기납은 제외)에 노출되어 발생한 만성 신부전 또는 혈중 납농도가 혈액 100밀리리터(㎖) 중 40마이크로그램(㎍) 이상 검출되면서 나타나는 납중독의 증상 또는 소견[혈중 납농도가 40마이크로그램 미만으로 나타나는 경우에는 이와 관련된 검사(소변 중 납농도, ZPP, δ-ALA 등을 말함) 결과를 참고]

4. 수은 또는 그 화합물(유기수은은 제외)에 노출되어 발생한 궤양성 구내염, 과다한 타액분비, 잇몸염, 잇몸고름집 등 구강 질병이나 사구체신염 등 신장 손상 또는 수정체 전낭(前囊)의 적회색 침착

5. 크롬 또는 그 화합물에 노출되어 발생한 구강점막 질병 또는 치아뿌리(치근)막염

6. 카드뮴 또는 그 화합물에 2년 이상 노출되어 발생한 세뇨관성 신장 질병 또는 뼈연화증

7. 톨루엔·크실렌·스티렌·시클로헥산·노말헥산·트리클로로에틸렌 등 유기용제에 노출되어 발생한 급성 세뇨관괴사, 만성 신부전 또는 전신경화증(systemic sclerosis, 트리클로로에틸렌을 제외한 유기용제에 노출된 경우에 해당)(고혈압, 당뇨병 등 다른 원인으로 발생한 질병은 제외)

8. 이황화탄소에 노출되어 발생한 다음 어느 하나에 해당하는 증상 또는 소견
   - 10피피엠 내외의 이황화탄소에 노출되는 업무에 2년 이상 종사한 경우

ㄱ 망막의 미세혈관류, 다발성 뇌경색증, 신장 조직검사상 모세관 사이에 발생한 사구체경화증 중 어느 하나가 있는 경우(당뇨병, 고혈압, 혈관장해 등 다른 원인으로 인한 질병은 제외)

ㄴ 미세혈관류를 제외한 망막병변, 다발성 말초신경병증, 시신경염, 관상동맥성 심장 질병, 중추신경계장해, 정신장해 중 두 가지 이상이 있는 경우(당뇨병, 고혈압, 혈관장해 등 다른 원인으로 인한 질병은 제외)

ㄷ ㄴ의 소견 중 어느 하나와 신장장해, 간장장해, 조혈기계장해, 생식기계장해, 감각신경성 난청, 고혈압 중 하나 이상의 증상 또는 소견이 있는 경우

- 20피피엠 이상의 이황화탄소에 2주 이상 노출되어 갑작스럽게 발생한 의식장해, 급성 기질성 뇌증후군, 정신분열증, 양극성 장애(조울증) 등 정신장해

- 다량 또는 고농도 이황화탄소에 노출되어 나타나는 의식장해 등 급성 중독 소견

3-12. 물리적 요인에 의한 질병의 업무상 질병 인정기준

업무상 질병으로 인정되는 물리적 요인에 의한 질병은 다음과 같다(「산업재해보상보험법」 제37조제5항 및 「산업재해보상보험법 시행령」 제34조제3항 및 별표 3 제12호).

1. 고기압 또는 저기압에 노출되어 발생한 다음 어느 하나에 해당되는 증상 또는 소견

   - 폐, 중이(中耳), 부비강(副鼻腔) 또는 치아 등에 발생한 압착증

   - 물안경, 안전모 등과 같은 잠수기기로 인한 압착증

- 질소마취 현상, 중추신경계 산소 독성으로 발생한 건강장해
- 피부, 근골격계, 호흡기, 중추신경계 또는 속귀 등에 발생한 감압병(잠수병)
- 뇌동맥 또는 관상동맥에 발생한 공기색전증(기포가 동맥이나 정맥을 따라 순환하다가 혈관을 막는 것)
- 공기가슴증, 혈액공기가슴증, 가슴세로칸(종격동), 심장막 또는 피하기종
- 등이나 복부의 통증 또는 극심한 피로감

2. 높은 압력에 노출되는 업무 환경에 2개월 이상 종사하고 있거나 그 업무에 종사하지 않게 된 후 5년 전후에 나타나는 무혈성 뼈 괴사의 만성장해(만성 알코올중독, 매독, 당뇨병, 간경변, 간염, 류머티스 관절염, 고지혈증, 혈소판감소증, 통풍, 레이노 현상, 결절성 다발성 동맥염, 알캅톤뇨증(알캅톤을 소변으로 배출 시키는 대사장애 질환) 등 다른 원인으로 발생한 질병은 제외)

3. 공기 중 산소농도가 부족한 장소에서 발생한 산소결핍증

4. 진동에 노출되는 부위에 발생하는 레이노 현상, 말초순환장해, 말초신경장해, 운동기능장해

5. 전리방사선에 노출되어 발생한 급성 방사선증, 백내장 등 방사선 눈 질병, 방사선 폐렴, 무형성 빈혈 등 조혈기 질병, 뼈 괴사 등

6. 덥고 뜨거운 장소에서 하는 업무로 발생한 일사병 또는 열사병

7. 춥고 차가운 장소에서 하는 업무로 발생한 저체온증

[Q&A] 기존질병이 직무의 과중 등이 원인이 되어 자연적인 진행 속도 이상으로 급격하게 악화된 경우, 업무와 재해발생 사이의 인과관계가 증명된 것으로 보아야 하는지요?

Q. 평소에 정상적인 근무가 가능한 기초질병이나 기존질병이 직무의 과중 등이 원인이 되어 자연적인 진행속도 이상으로 급격하게 악화된 경우, 업무와 재해발생 사이의 인과관계가 증명된 것으로 보아야 하는지요?

A. 판례는 "산업재해보상보험법 제5조 제1호 에 정한 '업무상의 재해'는 업무수행 중 업무에 기인하여 발생한 근로자의 부상, 질병, 장해 또는 사망을 뜻하므로 이에 해당하기 위해서는 업무와 재해발생 사이에 인과관계가 있어야 한다. 그리고 그 인과관계는 반드시 의학적·자연과학적으로 명백히 증명하여야 하는 것이 아니라 제반 사정을 고려할 때 업무와 질병 사이에 상당인과관계가 있다고 추단되면 증명된 것으로 보아야 하고, 평소에 정상적인 근무가 가능한 기초질병이나 기존질병이 직무의 과중 등이 원인이 되어 자연적인 진행속도 이상으로 급격하게 악화된 때에도 인과관계가 증명된 것으로 보아야 한다."고 인정한 사례가 있습니다(대법원 2017.4.28. 선고 2016두56134 판결 참조). 그러므로 문제와 같은 경우 인과관계가 증명된 것으로 볼 여지가 있습니다.

[Q&A] 요양 중인 근로자의 상병을 호전시키기 위한 치료가 아니라 단지 고정된 증상의 악화를 방지하기 위한 치료만 필요한 경우, 치료종결 사유에 해당하는지요?

Q. 요양 중인 근로자의 상병을 호전시키기 위한 치료가 아니라 단지 고정된 증상의 악화를 방지하기 위한 치료만 필요한 경우, 치료종결 사유에 해당하는지요?

A. 판례는 "산업재해보상보험법 제5조 제4호 는 치유의 의미를, '부상 또는 질병이 완치되거나 치료의 효과를 더 이상 기대할 수 없고 그 증상이 고정된 상태에 이르게 된 것을 말한다.'고 규정하고 있다. 이를 비롯한 산업재해보상보험법 제40조 (요양급여), 제51조 (재요양), 제57조 (장해급여), 제77조 (합병증 등 예방관리) 등의 각 규정 내용과 그 입법 취지 등을 종합하면, 요양 중인 근로자의 상병을 호전시키기 위한 치료가 아니라 단지 고정된 증상의 악화를 방지하기 위한 치료만 필요한 경우는 치료종결 사유에 해당한다고 보아야 한다(대법원 2008.9.25. 선고 2007두4810 판결 참조)."고 판시한 바 있습니다(대법원 2017.6.19. 선고 2017두36618 판결 참조). 그러므로 요양 중인 근로자의 상병을 호전시키기 위한 치료가 아니라 단지 고정된 증상의 악화를 방지하기 위한 치료만 필요한 경우, 치료종결 사유에 해당할 수 있습니다.

[Q&A] 기존 질환이 자연적인 경과를 넘어서 급격히 악화되었다고 보아, 업무상 재해에 해당한다고 볼 수 있는지요?

Q. 송유관 보수작업을 하던 근로자가 흙더미가 목 뒷부분에 떨어져 그 충격으로 넘어지면서 가슴 부분을 배관에 부딪히는 사고를 당한 후 급성심근경색 등의 진단과 경추간판탈출증이 발견된 사안에서, 근로자의 급성심근경색이나 경추간판탈출증이 위 사고로 인한 충격으로 기존 질환이 자연적인 경과를 넘어서 급격히 악화되었다고 보아, 업무상 재해에 해당한다고 볼 여지가 있는지요?

A. 판례는 "구 산업재해보상보험법(2007.4.11. 법률 제8373호로 전부 개정되기 전의 것, 이하 '법'이라 한다)에 규정된 업무상 재해라 함은 근로자가 업무수행에 기인하여 입은 재해를 뜻하는 것이어서 업무와 재해발생과의 사이에 인과관계가 있어야 하지만, 그 재해가 업무와 직접 관련이 없는 기존의 질병이더라도 그것이 업무와 관련하여 발생한 사고 등으로 말미암아 더욱 악화되거나 그 증상이 비로소 발현된 것이라면 업무와의 사이에는 인과관계가 존재한다고 보아 악화된 부분이 악화 전의 상태로 회복하기까지 또는 악화 전의 상태로 되지 않고 증상이 고정되는 경우는 그 증상이 고정되기까지를 업무상의 재해로서 취급할 것이며, 그의 인과관계에 관하여는 이를 주장하는 측에서 입증하여야 하는 것이나 반드시 의학적, 자연과학적으로 명백하게 입증되어야 하는 것은 아니고, 근로자의 취업 당시의 건강상태, 발병 경위, 질병의 내용, 치료의 경과 등 제반 사정을 고려할 때 업무와 질병 사이에 상당인과관계가 있다고 추단되는 경우에도 그의 입증이 있다고 보아야 할 것이다. 그리고 법에 규정된 요양급여는 업무상 재해로 상실된 노동능력을 일정 수준까지 보장하는 것을 주목적으로 하는 장해급여 등과는 달리 업무상 재해에 의한 상병을 치유하여 상실된 노동능력을 원상회복하는 것을 주목적으로 하는 것이므로, 요양급여는 재해 전후의 장해 상태에 관한 단순한 비교보다는 재해로 말미암아 비로소 발현된 증상이 있고 그 증상에 대하여 최소한 치료효과를 기대할 수 있는 요양이 필요한지에 따라서 그 지급 여부나 범위가 결정되어야 한다(대법원 1999.12.10. 선고 99두10360 판결 , 대법원 2000.6.9. 선고 2000두1607 판결 등 참조)."라고 하면서, "비록 원고의 이 사건 상병 중

급성심근경색증이나 경추간판탈출증이 피고 자문의 등의 소견과 같이 질병의 자연경과에 의한 퇴행성 변화로 볼 수 있는 면이 없지 않더라도, 원고가 이 사건 사고 전까지는 별다른 이상 증세를 보이지 않았던 점과 이 사건 사고의 내용은 흙더미가 원고의 목 뒷부분에 떨어져 그 충격으로 넘어지면서 가슴 부분을 배관에 부딪힌 것으로서 목 부분과 가슴 부분에 직접적인 충격이 가해졌던 점, 원고 주치의 등의 소견 및 피고가 원고의 늑골골절 및 경추부염좌에 대해서는 요양승인을 하였던 점 등에 비추어 볼 때, 원고의 급성심근경색이나 경추간판탈출증 역시 이 사건 사고로 인한 충격으로 기존질환이 자연적인 진행경과를 넘어서 급격히 악화되었다고 봄이 상당하고, 따라서 원고의 위 상병을 업무상 재해에 해당하는 것으로 볼 여지가 충분하다고 할 것이다."라고 판시한 바 있습니다(대법원 2009.8.20. 선고 2009두6919 판결 참조). 그러므로 위와 같은 경우 업무상 재해로 인정될 가능성이 있습니다.

[Q&A] 업무상 재해에 있어서 업무와 질병 또는 사망간의 인과관계에 관한 입증책임의 소재 및 입증의 정도는 어떻게 판단합니까?

Q. 작업 중 추락사고로 인하여 중상을 입고 사망할 때까지 계속하여 입원 및 통원치료를 받던 근로자가 사인이 밝혀지지 않은 채 사망한 경우 추락사고로 인한 상해와 사망 간에 상당인과관계를 인정할 수 있는가요?

A. 판례는 " 산업재해보상보험법 제3조 제1항 소정의 "업무상의 재해"라 함은 근로자가 업무수행중 그 업무에 기인하여 발생한 재해를 말하므로 그 재해가 질병 또는 질병에 따른 사망인 경우에는 업무와의 사이에 상당인과관계가 있어야 하고, 이 경우 근로자의 업무와 질병 또는 위 질병에 따른 사망 간의 인과관계에 관하여는 이를 주장하는 측에서 입증하여야 하는 것이지만, 그 인과관계는 반드시 의학적, 자연과학적으로 명백히 입증하여야만 하는 것은 아니고, 근로자의 취업 당시의 건강상태, 발병경위, 질병의 내용, 치료의 경과 등 제반 사정을 고려할 때 업무와 질병 또는 그에 따른 사망과의 사이에 상당인과관계가 있다고 추단되는 경우에도 그 입증이 있다고 보아야 한다"라고 하면서, " … 부상은 그 상해의 부위 정도로 보아 상당히 중상이라고 할 것이고, 또 원심이 인정한 사실과 기록에 의하면 위 망인은 위 추락사고로 부상하기 전에는 건강하였는데 이 사건 사고로 부상한 이후에는 사망할 때까지 계속하여 입원 및 통원치료를 받아왔는데도 위 사망 당시는 전신탈진 및 기아로 인하여 심폐기능이 약화될 정도의 건강상태가 되어 사망하였다는 것이며 사망할 무렵 계속적으로 극심한 두통을 호소하고 있었고 병원측에서도 위 망인에게 다른 종합병원으로 옮겨서 치료를 받아 보도록 권고하였던 것을 알 수 있는바, 사정이 이와 같다면 원심으로서는 비록 병원에서 위 망인의 사망 3일 전에 위 망인에 대하여 한 일반혈액검사, 간기능검사, 요검사 결과가 정상이라고 진단되어 있다고 하더라도 위와 같이 평소에는 건강하였던 위 망인이 이 사건 추락사고로 인하여 위와 같은 중상을 입고 치료를 받던 중 전신탈진 및 기아로 인한 심폐기능이 약화될 정도로 건강상태가 악화된 원인과 경위, 위 망인이 치료를 받던 도중의 신체상태의 변화, 치료의 경과,

위 망인의 사망원인으로 위 상해 이외의 다른 원인이 가공될 여지가 있었는지 여부, 위 병원에서 다른 병원으로 전원을 권하게 된 연유 등을 좀 더 심리하여 위 상해와 사망과의 사이에 인과관계가 있는지 여부를 면밀히 검토하여 보았어야 할 것이다. 원심이 이에 이르지 아니하고 만연히 위와 같은 이유만으로 위 상해와 사망과의 사이에 상당인과관계가 없다고 단정하고 만 것은 산업재해보상보험법 제3조 제1항 소정의 "업무상 재해"의 인과관계에 관한 법리를 오해하였거나 필요한 심리를 다하지 아니함으로써 판결결과에 영향을 미쳤다는 비난을 면하기 어렵고 이 점을 지적하는 논지는 이유있다."고 하여 원심판결을 파기한 바 있습니다(대법원 1994.6.28. 선고 94누2565 판결 참조).

그러므로 작업중 추락사고로 인하여 중상을 입고 사망할 때까지 계속하여 입원 및 통원치료를 받던 근로자가 정확한 사인이 밝혀지지 않은 채 사망하였고 사망진단서상 사인과 관계없는 신체상황으로 전신탈진 및 기아로 인한 심폐기능약화로 추정되었으나 사망 전 위 망인에 대하여 한 일반혈액검사, 간기능검사, 요검사 결과가 정상이라고 진단된 경우라 할지라도 추락사고로 인한 상해와 사망 간에 상당인과관계를 인정할 가능성이 있다고 보입니다.

[Q&A] 반도체 사업부에서 약 6년 2개월 동안 근무하다가 건강 이상으로 퇴사한 뒤 사망한 경우 업무상 재해에 해당하는 지요?

Q. 甲 주식회사에 입사하여 반도체 사업부에서 약 6년 2개월 동안 근무하다가 건강 이상으로 퇴사한 乙이 이듬해 좌측 난소의 경계성 종양 진단을 받고 이후 난소의 악성 종양 등 진단을 받아 결국 난소암의 골반강 내 전이 등으로 사망하였습니다. 이러한 경우 업무상 재해가 인정될 수 있는가요?

A. 甲 주식회사에 입사하여 반도체 사업부에서 약 6년 2개월 동안 근무하다가 건강 이상으로 퇴사한 乙이 이듬해 좌측 난소의 경계성 종양 진단을 받고 이후 난소의 악성 종양 등 진단을 받아 결국 난소암의 골반강 내 전이 등으로 사망하자, 乙의 아버지가 乙의 사망이 업무상 재해에 해당한다며 ◇◇◇지공단에 유족급여 및 장의비를 청구하였으나 ◇◇◇지공단이 부지급 처분을 한 사안에서, 하급심 판례는 "난소암, 특히 乙에게 발병한 점액성 난소암은 발병률이 낮고 발병원인이나 발생기전이 의학적으로 명백히 밝혀지지 아니한 질병이므로, 발병률이 높거나 발병원인 및 발생기전에 대하여 의학적으로 연구가 다수 이루어진 질병에 비하여 상당인과관계에 대한 증명의 정도가 완화되는 점 등에 비추어 볼 때, 乙에게 난소암이 발병한 원인 및 발생기전이 의학적으로 명확히 규명되지 않았더라도, 乙이 작업장 금선 연결 공정에서 근무하면서 유해 화학물질에 장기간 지속적으로 노출되었고, 상당한 기간 주야간 교대 근무를 하면서 그 기간 동안 피로와 스트레스가 누적되었는데, 이러한 유해요인들이 복합적으로 작용하여 乙에게 좌측 난소의 경계성 종양이 발병하고 이후 재발, 악화되어 악성 종양으로 발전하였다고 볼 수 있어 乙의 질병과 업무 사이에는 상당인과관계가 있다고 추단되므로 乙의 사망은 업무상 재해에 해당한다는 이유로, 처분이 위법하다"고 본 사례가 있습니다(서울행정법원 2016.1.28. 선고 2013구합53677 판결 참조). 그러므로 문제와 같은 경우 업무상 재해가 인정될 여지가 있습니다(※물론 업무상 재해가 최종적으로 인정될지 여부는 구체적인 사안에 따라 전혀 결론이 달라질 수 있으며, 이는 결국 재판부의 판단을 받으셔야 할 부분입니다.).

[Q&A] 업무상 부담으로 중압감을 느낀 나머지 출근하였다가 자살한 사안에서, 업무와 사망 사이에 상당인과관계를 인정할 수 있는지요?

Q. 은행원 甲은 지점장으로 부임한 후 영업실적 등에 관한 업무상 부담과 스트레스로 중증의 우울병 에피소드 등을 진단받고 정신과 치료를 받다가 계속된 업무상 부담으로 중압감을 느낀 나머지 출근하였다가 자살하고 말았습니다. 甲의 업무와 사망 사이에 상당인과관계를 인정할 수 있는지요? 또 개인적인 취약성이 자살을 결의하게 된 데에 일부 영향을 미쳤을 가능성이 있고 자살 직전에 정신병적 증상을 보인 바 없다면 달리 판단하게 되는지요?

A. 판례는 "산업재해보상보험법 제37조 제1항 에서 말하는 '업무상의 재해'란 업무수행 중 업무에 기인하여 발생한 근로자의 부상·질병·신체장애 또는 사망을 뜻하는 것이므로 업무와 재해발생 사이에는 인과관계가 있어야 한다. 그 인과관계는 이를 주장하는 측에서 증명하여야 하지만, 반드시 의학적·자연과학적으로 명백히 증명되어야 하는 것이 아니며 규범적 관점에서 상당인과관계가 인정되는 경우에는 증명이 있다고 보아야 한다. 따라서 근로자가 극심한 업무상의 스트레스와 그로 인한 정신적인 고통으로 우울증세가 악화되어 정상적인 인식능력이나 행위선택능력, 정신적 억제력이 현저히 저하되어 합리적인 판단을 기대할 수 없을 정도의 상황에 처하여 자살에 이르게 된 것으로 추단할 수 있는 경우라면 망인의 업무와 사망 사이에 상당인과관계가 인정될 수 있고, 비록 그 과정에서 망인의 내성적인 성격 등 개인적인 취약성이 자살을 결의하게 된 데에 영향을 미쳤다거나 자살 직전에 환각, 망상, 와해된 언행 등의 정신병적 증상에 이르지 않았다고 하여 달리 볼 것은 아니다." 라고 하면서, "은행원 갑이 지점장으로 부임한 후 영업실적 등에 관한 업무상 부담과 스트레스로 중증의 우울병 에피소드 등을 진단받고 정신과 치료를 받다가 계속된 업무상 부담으로 중압감을 느낀 나머지 출근하였다가 자살한 사안에서, 우울증 발현 및 발전 경위에 망인의 유서내용, 자살 과정 등 제반 사정을 종합하여 보면, 갑이 우울증으로 정상적인 인식능력이나 행위선택능력, 정신적 억제력이 현저히 저하되어 합리적인 판단을 기대할 수 없을 정도의 상황에 처하

여 자살에 이르게 된 것으로 추단되므로 갑의 업무와 사망 사이에 상당인 과관계를 인정할 수 있고, 비록 갑이 다른 지점장들에 비해 지나치게 과다한 업무를 수행하였다거나 회사로부터 지속적인 압박과 질책을 받는 등 특별히 가혹한 환경에서 근무하였던 것이 아니어서 업무상 스트레스라는 객관적 요인 외에 이를 받아들이는 망인의 내성적인 성격 등 개인적인 취약성이 자살을 결의하게 된 데에 일부 영향을 미쳤을 가능성이 있고, 자살 직전에 환각, 망상, 와해된 언행 등의 정신병적 증상을 보인 바 없다고 하여 달리 볼 것은 아니다."라고 판시한 바 있습니다(대법원 2017.5.31. 선고 2016두58840 판결 참조). 그러므로 甲의 업무와 사망 사이에 상당인과관계를 인정할 수 있고, 또 개인적인 취약성이 자살을 결의하게 된 데에 일부 영향을 미쳤을 가능성이 있고 자살 직전에 정신병적 증상을 보인 바 없더라도 이를 달리 판단하지는 않으리라 보입니다.

[Q&A] 여러 개의 건설공사 사업장을 옮겨 다니며 근무한 근로자가 작업 중 질병에 걸린 경우, 업무상 재해에 해당하는지 판단하는 방법은 어떻게 되나요?

Q. 산업재해보상보험법의 적용 대상인 여러 개의 건설공사 사업장을 옮겨 다니며 근무한 근로자가 작업 중 질병에 걸린 경우, 질병이 업무상 재해에 해당하는지를 판단할 때 근로자가 복수의 사용자 아래서 경험한 모든 업무를 포함시켜 판단의 자료로 삼아야 하는지요?

A. 판례는 "여러 개의 건설공사 사업장을 옮겨 다니며 근무한 근로자가 작업 중 질병에 걸린 경우 그 건설공사 사업장이 모두 산업재해보상보험법의 적용 대상이라면 당해 질병이 업무상 재해에 해당하는지 여부를 판단할 때에 그 근로자가 복수의 사용자 아래서 경험한 모든 업무를 포함시켜 판단의 자료로 삼아야 한다."고 판시한 바 있습니다(대법원 2017.4.28. 선고 2016두56134 판결 참조). 그러므로 당해 상병이 업무상 재해에 해당하는지 여부는 당해 공사현장에서 수행한 업무뿐만 아니라 최소한 산업재해보상보험법이 적용되는 것으로 확인되는 그 이전 건설공사 사업장들에서 수행한 업무도 모두 포함하여 판단하여야 할 것입니다.

4. 진폐에 대한 업무상 질병 인정기준

4-1. 진폐의 의의

"진폐"란 분진을 흡입하여 폐에 생기는 섬유증식성(纖維增殖性) 질병을 말한다(「산업재해보상보험법」 제5조제7호).

4-2. 진폐에 대한 업무상 질병 인정기준

① 근로자가 진폐에 걸릴 우려가 있는 작업으로서 암석, 금속이나 유리섬유 등을 취급하는 작업 등 「산업재해보상보험법 시행규칙」으로 정하는 분진작업(이하 '분진작업'이라 함)에 종사하여 진폐에 걸리면 「산업재해보상보험법」 제37조 제1항 제2호가목에 따른 업무상 질병으로 본다(「산업재해보상보험법」 제91조의2).

② '분진'이란 근로자가 작업하는 장소에서 발생하거나 흩날리는 미세한 분말상태의 물질[황사, 미세먼지(PM-10, PM-2.5)를 포함]을 말한다(「산업안전보건기준에 관한 규칙」 제605조제1호).

③ 이 경우 업무상 질병의 요건이 되는 분진작업이란 ㉠「산업안전보건기준에 관한 규칙」 별표 16에서 정하는 다음의 분진작업과 ㉡ 명백히 진폐에 걸릴 우려가 있다고 인정되는 장소에서의 작업을 의미한다(「산업재해보상보험법」 제91조의2, 「산업재해보상보험법 시행규칙」 제32조, 「산업안전보건기준에 관한 규칙」 제605조제2호 및 별표 16).

   1. 토석·광물·암석(이하 '암석등'이라 하고, 습기가 있는 상태의 것은 제외함)을 파내는 장소에서의 작업. 다만, 다음의 어느 하나에서 정하는 작업은 제외합니다.

     - 갱 밖의 암석등을 습식에 의하여 시추하는 장소에서의 작업
     - 실외의 암석등을 동력 또는 발파에 의하지 않고 파내는 장소

에서의 작업

2. 암석등을 싣거나 내리는 장소에서의 작업

3. 갱내에서 암석등을 운반, 파쇄·분쇄하거나 체로 거르는 장소 (수중작업은 제외함) 또는 이들을 쌓거나 내리는 장소에서의 작업

4. 갱내의 1.부터 3.까지의 규정에 따른 장소와 근접하는 장소에서 분진이 붙어 있거나 쌓여 있는 기계설비 또는 전기설비를 이설 (移設)·철거·점검 또는 보수하는 작업

5. 암석등을 재단·조각 또는 마무리하는 장소에서의 작업(화염을 이용한 작업은 제외함)

6. 연마재의 분사에 의하여 연마하는 장소나 연마재 또는 동력을 사용하여 암석·광물 또는 금속을 연마·주물 또는 재단하는 장소에서의 작업(화염을 이용한 작업은 제외함)

7. 갱내가 아닌 장소에서 암석등·탄소원료 또는 알루미늄박을 파쇄·분쇄하거나 체로 거르는 장소에서의 작업

8. 시멘트·비산재·분말광석·탄소원료 또는 탄소제품을 건조하는 장소, 쌓거나 내리는 장소, 혼합·살포·포장하는 장소에서의 작업

9. 분말 상태의 알루미늄 또는 산화티타늄을 혼합·살포·포장하는 장소에서의 작업

10. 분말 상태의 광석 또는 탄소원료를 원료 또는 재료로 사용하는 물질을 제조·가공하는 공정에서 분말 상태의 광석, 탄소원료 또는 그 물질을 함유하는 물질을 혼합·혼입 또는 살포하는 장소에서의 작업

11. 유리 또는 법랑을 제조하는 공정에서 원료를 혼합하는 작업이나 원료 또는 혼합물을 용해로에 투입하는 작업(수중에서 원료

를 혼합하는 장소에서의 작업은 제외함)

12. 도자기, 내화물(耐火物), 형사토 제품 또는 연마재를 제조하는
    공정에서 원료를 혼합 또는 성형하거나, 원료 또는 반제품을
    건조하거나, 반제품을 차에 싣거나 쌓은 장소에서의 작업이나
    가마 내부에서의 작업. 다만, 다음의 어느 하나에 정하는 작업
    은 제외합니다.
    - 도자기를 제조하는 공정에서 원료를 투입하거나 성형하여 반
      제품을 완성하거나 제품을 내리고 쌓은 장소에서의 작업
    - 수중에서 원료를 혼합하는 장소에서의 작업

13. 탄소제품을 제조하는 공정에서 탄소원료를 혼합하거나 성형하
    여 반제품을 노(爐)에 넣거나 반제품 또는 제품을 노에서 꺼내
    거나 제작하는 장소에서의 작업

14. 주형을 사용하여 주물을 제조하는 공정에서 주형(鑄型)을 해체
    또는 탈사(脫砂)하거나 주물모래를 재생하거나 혼련(混鍊)하거
    나 주조품 등을 절삭하는 장소에서의 작업

15. 암석등을 운반하는 암석전용선의 선창(船艙) 내에서 암석등을
    빠뜨리거나 한군데로 모으는 작업

16. 금속 또는 그 밖의 무기물을 제련하거나 녹이는 공정에서 토석
    또는 광물을 개방로에 투입·소결(燒結)·탕출(湯出) 또는 주
    입하는 장소에서의 작업(전기로에서 탕출하는 장소나 금형을
    주입하는 장소에서의 작업은 제외함)

17. 분말 상태의 광물을 연소하는 공정이나 금속 또는 그 밖의 무
    기물을 제련하거나 녹이는 공정에서 노(爐)·연도(煙道) 또는
    연돌 등에 붙어 있거나 쌓여 있는 광물찌꺼기 또는 재를 긁어
    내거나 한곳에 모으거나 용기에 넣는 장소에서의 작업

18. 내화물을 이용한 가마 또는 노 등을 축조 또는 수리하거나 내화물을 이용한 가마 또는 노 등을 해체하거나 파쇄하는 작업

19. 실내·갱내·탱크·선박·관 또는 차량 등의 내부에서 금속을 용접 하거나 용단하는 작업

20. 금속을 녹여 뿌리는 장소에서의 작업

21. 동력을 이용하여 목재를 절단·연마 및 분쇄하는 장소에서의 작업

22. 면(綿)을 섞거나 두드리는 장소에서의 작업

23. 염료 및 안료를 분쇄하거나 분말 상태의 염료 및 안료를 계량·투입·포장하는 장소에서의 작업

24. 곡물을 분쇄하거나 분말 상태의 곡물을 계량·투입·포장하는 장소에서의 작업

25. 유리섬유 또는 암면(巖綿)을 재단·분쇄·연마하는 장소에서의 작업

26. 「기상법 시행령」 제8조제2항제8호에 따른 황사 경보 발령지역 또는 「대기환경보전법 시행령」 제2조제3항제1호 및 제2호에 따른 미세먼지(PM-10, PM-2.5) 경보 발령지역에서의 옥외 작업

[Q&A] 진폐증(의증)이 있는 상태인데 진폐요양시설에서 치료를 받을 수 있는지요?

Q. 진폐증(의증)이 있는 상태인데 진폐요양시설에서 치료를 받을 수 있는지요?

A. 현행 진폐제도에 따르면, 진폐증이 있는 사람이 진폐요양병원에서 입원치료를 받기 위해서는 그 상병상태가 '진폐증에 대한 업무상질병의 인정기준'에 해당되어야 하고, 입원요양에 대하여 근로복지공단으로부터 승인을 받아야 합니다.

즉, 진폐증으로 요양을 하기 위해서는 먼저 진폐증의 합병증이 발병하였거나 심폐기능에 고도장해가 있는 경우 또는 병형이 제4형으로서 대음영의 크기가 1측 폐야의 1/2을 넘어 합병증 감염의 예방이나 그 밖의 조치가 필요한 경우이어야 합니다.

따라서 진폐증에 대하여 요양을 하고자 할 경우에는 진폐 합병증이나 심폐기능의 고도장해 등으로 응급정밀진단이 필요하다는 의학적 소견을 첨부하여 요양급여(또는 재요양)를 신청하여야 합니다. 그러나, 진폐증 의증의 경우 원칙적으로 요양대상자가 될 수 없으며, 예외적으로 폐결핵 환자에 대하여 요양을 허용하고 있습니다.

제4장

산업재해사고에 대한
손해배상 판례

제4장 산업재해사고에 대한 손해배상 판례

■ 하도급을 받은 공사를 수행하던 중 머리 부분을 크게 다치는 사고가
발생한 사건

[판시사항]

갑이 을에게 고용되어 을이 병 주식회사로부터 하도급을 받은 공사를
수행하던 중 머리 부분을 크게 다치는 사고가 발생하자, 갑과 그의 배
우자 정이 병 회사를 상대로 민법 제757조에 따른 손해배상을 구하였
는데, 갑의 노동능력상실률을 평가하기 위하여 복수의 감정 과목에 대
한 신체감정이 이루어진 사안에서, 제반 사정상 위 각 신체감정이 중복
감정일 여지가 있음에도 감정보완이나 추가 사실조회 등에 나아가지
아니한 채 위 각 감정이 중복감정이 아니라는 전제하에 중복장해율로
노동능력상실률을 인정한 원심판단에는 심리미진 등 잘못이 있다고 한
사례

[판결요지]

갑이 을에게 고용되어 을이 병 주식회사로부터 하도급을 받은 공사를 수행하
던 중 머리 부분을 크게 다치는 사고가 발생하자, 갑과 그의 배우자 정이 병
회사를 상대로 민법 제757조에 따른 손해배상을 구하였는데, 갑의 노동능력상
실률을 평가하기 위하여 복수의 감정 과목에 대한 신체감정이 이루어진 사안
에서, 갑의 후유장해로 신경외과의 신체감정서는 '두통 및 기억력 장애'를, 정신
건강의학과의 신체감정서는 '기억력 저하, 실행기능 저하 등의 인지기능장애'를,
신경과의 신체감정서는 '무의욕, 실행기능 저하, 성격변화 등'을 들고 있는데,
이는 사고로 갑에게 생긴 상이한 신체부위의 장해에 대한 감정이 아니라, 모두
갑이 입은 두부손상으로 인한 인지기능장애, 인격장애 등의 정신장해를 대상으
로 한 감정으로 보이는 점 등 제반 사정에 비추어 보면, 위 신체감정이 중복
감정일 여지가 있어 감정보완이나 추가 사실조회 등을 통해 감정이 중복되는

지 세심히 살핀 다음, 중복이 있는 경우 이를 바로잡아 적정한 노동능력상실률을 인정하였어야 하는데도, 이에 이르지 않은 채 위 감정이 중복감정이 아니라는 전제하에 중복장해율로 노동능력상실률을 인정한 원심판단에는 심리미진 등 잘못이 있다고 한 사례.
(출처 : 대법원 2020.6.25. 선고 2020다216240 판결)

■ 인신사고로 인한 손해배상 사건에서 손해배상액을 산정하는 기초가 되는 피해자의 기대여명이 재판상 자백의 대상이 되는지 여부(적극)

[판시사항]

[1] 인신사고로 인한 손해배상 사건에서 손해배상액을 산정하는 기초가 되는 피해자의 기대여명이 재판상 자백의 대상이 되는지 여부(적극) 및 당사자 사이에 다툼이 없는 사실에 관하여 재판상 자백이 성립한 경우, 법원이 이에 배치되는 사실을 증거에 의하여 인정할 수 있는지 여부(소극)

[2] 수급권자가 장해보상연금을 지급받고 있는 경우, 산업재해보상보험법 제80조 제2항 후문에 따라 공제할 장해보상일시금의 액수(=수급권자가 장해보상일시금을 선택하였더라면 지급되었을 장해보상일시금 상당액) 및 수급권자가 장해보상연금을 지급받고 있던 중에 산업재해보상보험법 제59조에 의한 장해등급의 재판정 및 변경이 있거나 같은 법 제36조 제3항에 의한 평균임금의 증감이 있는 경우, 손해배상액에서 공제할 장해보상일시금 상당액 산정의 기준이 되는 평균임금(=최초의 장해등급 및 장해보상연금 지급결정 당시에 적용된 평균임금)

[3] 불법행위로 인해 장래 발생할 소극적, 적극적 손해의 경우, 불법행위 시가 그 손해에 대한 현가산정의 기준시기와 지연손해금의 기산일이 되는지 여부(원칙적 적극) 및 불법행위 시 이후 사실심 변론종결일 이전의 어느 시점을 기준으로 그 이후 발생할 손해를 그 시점으로부터 장래 각 손해발생 시점까지의 중간이자를 공제하는 방법으로 현가를 산정하고 지연손해금은 그 기준시점 이후부터 구하는 것이 허용되는지 여부(원칙적 적극)

[판결요지]

[1] 인신사고로 인한 손해배상 사건에서 손해배상액을 산정하는 기초가 되는 피해자의 기대여명은 변론주의가 적용되는 주요사실로서 재판상 자백의

대상이 된다. 그리고 일단 재판상 자백이 성립하면 그것이 적법하게 취소되지 않는 한 법원도 이에 구속되므로, 법원은 당사자 사이에 다툼이 없는 사실에 관하여 성립된 자백과 배치되는 사실을 증거에 의하여 인정할 수 없다.

[2] 산업재해보상보험법(이하 '산재보험법'이라 한다) 제80조 제2항은 전문에서 '수급권자가 동일한 사유에 대하여 이 법에 따른 보험급여를 받으면 보험가입자는 그 금액의 한도 안에서 민법이나 그 밖의 법령에 따른 손해배상의 책임이 면제된다.'고 규정하고, 후문에서 '이 경우 장해보상연금 또는 유족보상연금을 받고 있는 자는 장해보상일시금 또는 유족보상일시금을 받은 것으로 본다.'고 규정하고 있다. 이처럼 산재보험법 제80조 제2항 후문은 아직 지급이 현실화되지 않은 장해보상연금도 공제의 대상으로 삼는 대신, 공제의 범위를 장해보상일시금 상당액으로 한정함으로써 피재근로자와 사용자의 이익과 책임을 조절하고 있다. 또한 장해보상연금과 장해보상일시금의 구별은 장해급여의 지급방법상 차이에 불과한 점, 특별한 경우를 제외하고는 연금과 일시금의 선택은 수급권자의 의사에 달려 있는 점 등을 종합하면, 산재보험법상 장해보상연금과 장해보상일시금은 그 전체로서 가치가 같다고 보아야 한다.

연금은 본질적으로 장래의 불확정성과 가변성을 특징으로 하는데(산재보험법 제36조 제3항, 제58조 각호, 제59조, 제70조 제2항, 제83조, 제120조 등 참조), 그럼에도 불구하고 산재보험법 제80조 제2항 후문에서 위와 같이 연금과 일시금의 등가성을 규범화하고 있는 것은 수급권자, 손해배상의무자인 보험가입자와 제3자 및 근로복지공단(이하 '공단'이라 한다) 사이의 법률관계를 신속하고 명료하게 확정하기 위한 것으로 볼 수 있다. 이러한 취지에 비추어 보면, 수급권자가 장해보상연금을 지급받고 있는 경우에 산재보험법 제80조 제2항 후문에 따라 공제할 장해보상일시금의 액수는, 연금기간이나 이미 지급된 연금의 액수와 관계없이, 수급권자가 장해보상연금 대신 장해보상일시금을 선택하여 그 지급을 구하였더라면 산재보험법 제57조 제2항 [별표 2]에 따라 지급되었을 장해보상일시금 상당액이라고 봄이 타당하다. 이러한 법리는 수급권자가 장해보상연금을 지급 받고 있던 중에 산재보험법 제59조에 의한 장해등급의 재판정 및 변경이 있거나 산재보험법 제36조 제3항에 의한 평균임금의 증감이 있는 경우에 도 마찬가지로 적용되므로, 이러한 경우에는 변경된 장해등급 또는 사실심 변론종결일 당시의 평균임금이 아니라, 최초의 장해등급 및 장해보상연금 지급결정 당시에 적용된 평균임금(공단이 실제 적용되었어야 할 평균임금 과 다른 평균임금을 적용하여 장해보상연금의 액수를 산정한 경우에는 실 제 적용되었어야 할 평균임금을 의미한다)을 기준으로 산정한 장해보상일 시금 상당액을 손해배상액에서 공제하여야 한다.

[3] 원래 불법행위로 인한 손해배상채권은 불법행위 시에 발생하고 그 이행기 가 도래하므로 장래 발생할 소극적, 적극적 손해의 경우 불법행위 시가 현가산정의 기준시기가 되고, 이때부터 장래의 손해발생 시점까지의 중간 이자를 공제하는 금액에 대해 다시 불법행위 시부터의 지연손해금을 부가 하여 지급하는 것이 원칙이다. 다만 불법행위 시 이후로서 사실심 변론종 결일 이전의 어느 시점을 기준으로 그 이후 발생할 손해를 그 시점으로부 터 장래 각 손해발생 시점까지의 중간이자를 공제하는 방법으로 현가를 산정하되 지연손해금은 그 기준시점 이후부터 구하는 것도 그것이 위와 같은 본래의 방법을 벗어나거나 이에 모순·저촉되는 것이 아닌 한 허용된 다. (출처 : 대법원 2018.10.4. 선고 2016다41869 판결)

■ 요양급여액을 이미 지급받은 경우, 위 급여액 중 기왕치료비와 향후 치료비 손해액 산정에서 공제할 수 있는 금액의 범위

[판시사항]
불법행위 피해자가 산업재해보상보험법에 따라 근로복지공단으로부터 요양급여액을 이미 지급받은 경우, 위 급여액 중 기왕치료비와 향후치료비 손해액 산정에서 공제할 수 있는 금액의 범위

[주 문]
원심판결을 파기하고, 사건을 부산지방법원에 환송한다.

[이 유]
상고이유를 판단한다.

1. 손해배상은 손해의 전보를 목적으로 하므로 피해자가 산업재해보상보험법에 따라 요양급여 등을 이미 지급받은 경우에 그 급여액을 손해배상액에서 공제하는 것은 그 손해의 성질 및 발생기간 등이 동일하여 상호보완적 관계에 있는 것끼리만 할 수 있다(대법원 1995.4.25. 선고 93다61703 판결, 대법원 2012.6.14. 선고 2010다77293 판결 등 참조). 원고가 근로복지공단으로부터 수령한 요양급여는 치료비 손해에 대응하는 것이지만, 이를 기왕치료비와 향후치료비 손해액에서 공제하려면 먼저 요양급여 중 원심이 인정한 기왕치료비, 향후치료비와 발생기간을 같이하는 부분을 특정한 다음 그 부분에 해당하는 금액만을 공제하여야 한다
(대법원 2014.4.10. 선고 2013다95360, 95377 판결 등 참조).

2. 먼저 향후치료비에 관하여 살펴본다. 원심은, 이 사건 향후치료비 중 정기적인 비뇨기과 검사에 지출되는 향후치료비는 이 사건 제1심 변론종결일 다음 날인 2016.7.15. 최초로 지출하는 것으로 보았고, 성형외과 반흔제거술과 정신건강의학과 치료에 소요되는 향후치료비는 원심 변론종결일 다음 날 전액 지출하는 것으로 보아 각 손해액을 산정하였는데, 이는 기록상 원고에 대한 요양급여가 이루어진 기간 후임이 명백하다. 또한 원고에게 지급

된 요양급여 중 위와 같은 향후치료를 위하여 미리 요양급여로 지급된 부분을 인정할 자료도 없으므로, 특별한 사정이 없는 한 원고의 이 사건 청구 중 향후치료비에서 공제되어야 할 요양급여 상당액은 존재하지 아니한다.

3. 다음으로 기왕치료비에 관하여도, 원심으로서는 요양급여가 지급된 대상 기간을 심리한 다음, 원고의 기왕치료비가 발생한 동일한 기간에 대해 원고가 지급받은 요양급여액을 특정하여 그 금액만큼을 기왕치료비 인정금액에서 공제하는 방법으로 기왕치료비 청구에 대한 인용액을 판단하였어야 했다. 그런데도 원심은 원고의 기왕치료비가 발생한 동일한 기간에 대해 원고가 지급받은 요양급여액을 특정하지 아니하였다.

4. 따라서 원고가 청구하는 기왕치료비와 향후치료비에서 원고가 지급받은 요양급여 총액을 공제한 액수를 기왕치료비와 향후치료비에 대한 인용액으로 인정한 원심판결에는 손해배상에 있어 요양급여의 공제에 관한 법리를 오해하고 필요한 심리를 다하지 아니하여 판결에 영향을 미친 잘못이 있다. 이를 지적하는 상고이유의 주장은 이유 있다.

5. 그러므로 원심판결을 파기하고, 사건을 다시 심리·판단하도록 원심법원에 환송하기로 하여, 관여 대법관의 일치된 의견으로 주문과 같이 판결한다.(출처 : 대법원 2018.6.28. 선고 2017다269374 판결)

■ 업무상 재해를 당한 근로자에게 보상될 수 있는 급여액이 아직 현실로 지급되지 않았다는 이유만으로 장래 급여액 상당의 손해에 대하여 보험금을 청구할 권리가 있는지 여부(소극)

[판시사항]

근로자재해보장책임보험의 사용자배상책임 특별약관에 '재해보상관련 법령에 따라 보상되는 재해보상 금액을 초과하여 피보험자가 근로자에 대하여 법률상의 손해배상책임을 부담함으로써 입은 손해'를 보상한다고 규정한 경우, 장래 산업재해보상보험법 등에 따라 업무상 재해를 당한 근로자에게 보상될 수 있는 급여액이 아직 현실로 지급되지 않았다는 이유만으로 장래 급여액 상당의 손해에 대하여 보험금을 청구할 권리가 있는지 여부(소극)

[주 문]

원심판결의 피고 패소 부분 중 134,711,791원 및 이에 대한 지연손해금 부분을 파기하고, 이 부분 사건을 서울고등법원에 환송한다.

[이 유]

상고이유를 판단한다.

원심판결 이유에 의하면 원심은, 피고가 제1심 공동피고 유니슨 주식회사(이하 '유니슨'이라 한다)와 사이에 유니슨 및 영덕풍력발전 주식회사(이하 '영덕풍력'이라 한다), 관련 하청업체 소속 근로자에 한하여 2억 원을 보상한도로 하는 국내근로자재해보장책임보험계약(이하 '이 사건 근재보험'이라 한다)을 체결하였는데, 이 사건 근재보험의 보통약관 제5조 및 사용자배상책임 특별약관 제1조 제1항은 "재해보상보험 특별약관 및 재해보상관련 법령(산업재해보상보험법, 재해보상에 관한 기타 법령을 포함합니다)에 따라 보상되는 재해보상 금액을 초과하여 피보험자가 법률상의 손해배상책임을 부담함으로써 입은 손해"를 보상한다고 규정한 사실, 영덕풍력의 근로자인 원고는 보험기간 내인 2004.12.27. 09:00경 발전기 상단부의 플랫폼에서 볼트 체결 상태를 점검하다가 뚜껑이

열려져 있던 호이스트 개구부로 추락하여 양하지 마비로 인한 보행 장애 등의 장애를 갖게 된 사실을 인정한 다음, 영덕풍력과 유니슨은 사용자로서 피용자인 원고의 안전에 대한 보호의무를 위반함으로써 원고가 입은 손해를 배상할 책임이 있고, 피고는 원고에게 이 사건 근재보험에 따라 2억 원의 한도 내에서 영덕풍력과 유니슨이 산업재해보상보험법(이하 '산재보험법'이라 한다)에 따라 보상되는 재해보상금액을 초과하여 원고에 대하여 부담하는 손해배상책임 부분에 해당하는 보험금을 지급할 의무가 있다고 판단하였다. 나아가 원심은 위 사고로 원고가 입은 향후치료비 및 개호비를 산정함에 있어 그 판시와 같은 이유로 원심 변론종결일 이전까지 산재보험법에 의하여 원고에게 지급된 요양급여, 간병료, 간병급여, 후유증상 진료비는 이를 전액 공제하는 한편, 원심 변론종결일 이후에 지급될 것으로 보이는 후유증상 진료비 및 간병급여는 이를 원고가 현실적으로 지급받지 아니한 이상 피고의 보험금 지급의무가 인정되는 향후치료비 및 개호비 손해액에서 미리 공제할 수 없다고 판단하여 피고의 이 부분 공제주장을 배척하였다.

그러나 원심의 위와 같은 판단은 다음과 같은 이유에서 수긍하기 어렵다.

원심이 인정한 바와 같이 이 사건 근재보험에 적용되는 사용자배상책임 특별약관은 산재보험법 등 재해보상관련 법령에 따라 보상되는 재해보상 금액을 초과하여 피보험자가 근로자에 대하여 법률상의 손해배상책임을 부담함으로써 입은 손해만을 보상한다고 명시하고 있고, 유니슨과 같이 의무적으로 산재보험에 가입하여 사업의 종류에 따라 일률적으로 정해진 산재보험료를 납입하여야 하는 사용자로서는 산재보험법에 의한 재해보상금액과 동일한 금액을 보상하는 재해보상책임 특별약관에 가입할 아무런 이유가 없으므로, 사용자배상책임 특별약관에만 가입한 이 사건 근재보험이 인수한 위험은 업무상 재해를 입은 근로자에 대하여 피보험자가 부담하는 모든 손해배상책임이 아니라, 그 근로자의 손해 중 재해보상관련 법령에 의해 보상되는 범위를 초과하는 부분에 대한 피보험자의 손해배상책임으로 인한 손해에 한정됨이 명백하다. 따라서 이 사건 근재보험의 보험자인 피고는, 근로자가 업무상 재해로 인하여 입은 손해 중 위 법률 등에 따라 이미 보상받은 부분뿐만 아니라 장래에 보상받을 수 있는 부분에 해당하는 손해에 대해서도 보험금지급의무를 지지 않는다고 보아야 하고, 비록 장래에 위 법률 등에 따라 업무상 재해를 당한 근로자에게 보상될 수 있는 급여액이 아직 현실로 지급되지 아니한 경우 피보험자가 근로자에 대하여 여전히 그 급여액 상당의 손해배상책임을 부담한다고 하더라도, 그러한 이유만으로 본래 이 사건 근재보험의 담보범위에 속하지 아니하는 위 장래 급여액 상당의 손해에 대하여 보험금을 청구할 권리가 있다고 볼 수는 없다(대법원 2012.1.12. 선고 2009다8581 판결 참조).

그렇다면 원심으로서는, 위 사고로 원고가 입은 그 판시와 같은 향후치료비, 개호비 손해 중 위 법률 등에 따라 보상받을 수 있는 부분이 있는지 여부, 그 지급예정 금액 및 시기 등에 대하여 나아가 심리하여 이를 확정한 다음, 각각의 장래 급여액을 이 사건 사고 당시의 현가로 환산하여 위 각 손해액에서 공제하고, 각 나머지 손해액에 대해서만 피고의 보험금 지급의무를 인정하였어야 한다.

그럼에도 원심이 그 판시와 같은 이유만으로 장래에 원고가 산재보험법에 따라 지급받을 수 있는 향후치료비 및 개호비가 있다고 하더라도 현실로 지급되지 아니한 이상 피고는 그 부분에 해당하는 손해에 대한 보험금 지급의무를 부담한다고 판단하여 피고의 주장을 배척하고 말았으니, 이 부분 원심판결에는 사용자배상책임 특별약관의 해석에 관한 법리를 오해하여 필요한 심리를 다하지 아니함으로써 판결에 영향을 미친 위법이 있다.

그러므로 나머지 예비적 상고이유에 대한 판단을 생략한 채, 원심판결의 피고 패소 부분 중 위자료 10,000,000원 부분을 제외한 134,711,791원 및 이에 대한 지연손해금 부분을 파기하고, 이 부분 사건을 다시 심리·판단하게 하기 위하여 원심법원에 환송하기로 하여, 관여 대법관의 일치된 의견으로 주문과 같이 판결한다.

(출처 : 대법원 2014.7.10. 선고 2012다1870 판결)

■ 수급인이나 수급인의 피용자의 불법행위로 인한 손해에 대하여 민법
  제756조의 사용자책임을 부담하는지 여부(적극)

[판시사항]

[1] 도급인이 수급인의 일의 진행 및 방법에 관하여 구체적인 지휘감독
   권을 유보하고 공사의 시행에 관하여 구체적으로 지휘감독을 한 경
   우, 수급인이나 수급인의 피용자의 불법행위로 인한 손해에 대하여
   민법 제756조의 사용자책임을 부담하는지 여부(적극) / 여기서
   '지휘감독'의 의미 및 도급인이 수급인의 공사에 대하여 감리적
   인 감독을 한 경우, 양자의 관계를 사용자 및 피용자의 관계와 같
   이 볼 수 있는지 여부(소극)

[2] 갑 유한회사가 을에게 갑 회사가 설치한 주차설비의 정기점검과 보
   수 작업을 포괄적으로 위탁한 후, 병 주식회사로부터 주차타워 수
   선에 관한 공사를 수급하게 되자 위탁계약에 따라 을에게 공사를
   진행하도록 한 사안에서, 제반 사정에 비추어 갑 회사가 을을 상대
   로 공정을 감독하는 데에 불과한 이른바 감리적인 감독을 할 수 있
   는 권한을 가지는 것을 넘어 실질적으로 공사에 관한 지배권을 가지
   고 공사시행 방법과 공사진행에 관하여 구체적으로 을을 지휘감독하
   였다고 보기 어렵다고 한 사례

[주 문]

원심판결 중 피고 오티스엘리베이터 유한회사의 패소 부분을 파기하고, 이 부
분 사건을 대전지방법원 합의부에 환송한다. 원고들의 상고와 피고 2의 상고를
모두 기각한다. 상고비용 중 원고들과 피고 2 사이에 생긴 부분은 각자가 부
담한다.

[이 유]

상고이유에 대하여 판단한다.

1. 책임제한 비율과 위자료에 관한 원고들과 피고 2의 상고이유에 대하여 불

법행위로 인한 손해배상청구사건에서 책임감경사유에 관한 사실인정이나 그 비율을 정하는 것은 그것이 형평의 원칙에 비추어 현저히 불합리하다고 인정되지 않는 한 사실심의 전권사항에 속한다(대법원 2012.4.13. 선고 2009다77198, 77204 판결 등 참조). 원심은 그 판시와 같은 사정을 종합하여 이 사건 사고 발생에 관한 피고 2의 책임을 60%로 제한하였다.

앞에서 본 법리와 기록에 비추어 살펴보면, 원심의 위와 같은 조치는 정당한 것으로 수긍할 수 있고, 거기에 책임제한에 관한 법리를 오해하거나 책임제한비율을 부당하게 정한 위법이 있다고 할 수 없다. 그리고 불법행위로 입은 정신적 고통에 대한 위자료 액수에 관하여는 사실심법원이 제반 사정을 참작하여 이를 확정할 수 있는 것인바, 기록에 비추어 알 수 있는 망인의 나이, 직업, 이 사건 사고의 경위, 망인의 과실 정도 등을 고려하면 원심이 정한 판시와 같은 위자료 액수는 적당하고, 그러한 원심의 판단에 위자료 산정에 관한 법리를 오해한 위법은 없다.

2. 피고 회사의 상고이유에 대하여

가. 원심판결 이유에 의하면, 원심은 피고 회사와 피고 2 사이에 작성된 이 사건 위탁계약서의 내용 등 그 판시 사정들을 종합하여 보면, 위탁계약에서 정하고 있는 ① 피고 회사의 검사조사 등에 관한 각종 권한, ② 피고 2가 피고 회사의 사업운영방침·서비스 규칙·안전규칙 등과 같은 각종 지침을 준수할 의무, ③ 피고 2의 작업 전반에 걸친 보고의무 등을 통하여 피고 회사가 실질적으로 이 사건 공사에 관한 지배권을 가지고 피고 2를 구체적으로 지휘 및 감독하였다고 봄이 상당하다고 판단하였다.

나. 그러나 원심의 위와 같은 판단은 다음과 같은 이유로 이를 수긍할 수 없다.

(1) 도급계약에서 도급인은 도급 또는 지시에 관하여 중대한 과실이 없는 한 수급인이 그 일에 관하여 제3자에게 가한 손해를 배상할 책임을 부담하지 않는 것이 원칙이고, 다만 도급인이 수급인의 일의 진행 및 방법에 관하여 구체적인 지휘감독권을 유보하고 공사

의 시행에 관하여 구체적으로 지휘감독을 한 경우에는 도급인과 수급인의 관계는 실질적으로 사용자와 피용자의 관계와 다를 바가 없으므로 수급인이나 수급인의 피용자의 불법행위로 인하여 제3자에게 가한 손해에 대하여 도급인은 민법 제756조 소정의 사용자책임을 면할 수 없는데, 여기서 지휘감독이란 실질적인 사용자관계가 인정될 수 있을 정도로 공사시행 방법과 공사진행에 관하여 구체적으로 공사의 운영 및 시행을 직접 지시·지도하고 감시·독려하는 것이어야 한다. 그리고 위와 같은 사용자 및 피용자 관계를 인정할 수 있는 기초가 되는 도급인의 수급인에 대한 지휘감독은 현장에서 구체적인 공사의 운영 및 시행을 직접 지시·지도하고 감시·독려함으로써 시공자체를 관리함을 말하며, 단순히 공사의 운영 및 시공의 정도가 설계도 또는 시방서대로 시행되고 있는가를 확인하여 공정을 감독하는 데에 불과한 이른바 감리는 여기에 해당하지 않는다고 할 것이므로 도급인이 수급인의 공사에 대하여 감리적인 감독을 함에 지나지 않을 때에는 양자의 관계를 사용자 및 피용자의 관계와 같이 볼 수 없다(대법원 1983.11.22. 선고 83다카1153 판결 참조).

(2) 원심판결 이유 및 기록에 의하면, 피고 회사는 2011. 4.경 '대성엔지니어링'이라는 상호로 기계 및 부속품 제조업을 영위하는 피고 2와 사이에 피고 회사가 충청 지역에 설치한 주차설비의 정기점검과 고장수리 등 보수 작업을 피고 2에게 포괄적으로 위탁하는 내용의 이 사건 위탁계약을 체결한 사실, 피고 회사는 2011. 9. 19. 엘아이지손해보험 주식회사로부터 위 보험회사의 대전 사옥 주차타워 수선에 관한 이 사건 공사를 수급하게 되자 이 사건 위탁계약에 따라 피고 2로 하여금 이 사건 공사를 진행하도록 한 사실, 이 사건 위탁계약에 따르면 피고 2는 그의 책임으로 직원들을 사용하여 보수 작업을 하되 피고 회사로부터 도면, 수리용 부품, 기타 자재 등을 대여받는 경우 선량한 관리자의 주의로써 사

용, 정비, 보관하여야 하고, 피고 회사의 사업운영방침·서비스 규칙·안전규칙 등과 같은 각종 지침을 준수하도록 규정되어 있었던 사실, 피고 회사는 이 사건 공사현장과 관련하여 공사계약 시에 발주자와 계약서를 작성하는 역할만 하였을 뿐이고 이 사건 공사 작업에 구체적으로 관여한 바는 없으며, 피고 2가 독자적으로 고용한 직원들이 피고 2의 지휘, 감독 및 책임하에 이 사건 공사 작업을 전담한 사실, 이 사건 공사가 진행되는 동안 피고 회사는 피고 2의 직원이 이메일로 보낸 작업일보만 확인하였을 뿐이고 피고 회사의 직원이 이 사건 공사현장과 관련하여 안전수칙을 준수하도록 교육 내지 지시하거나 그 준수 여부를 확인한 적은 없으며, 이 사건 공사현장을 방문하거나 이 사건 공사 작업과 관련하여 피고 2나 그 직원들에게 공사시행 방법과 공사진행에 관하여 구체적으로 지시·감독을 한 바도 없는 사실을 알 수 있다.

위와 같은 사실관계를 앞에서 본 법리에 비추어 살펴보면, 피고 2는 자신이 독자적으로 고용한 직원들을 이용하여 자신의 책임과 지휘·감독하에 주차설비의 점검 및 보수 작업을 실시하기로 하면서 피고 회사가 충청 지역에 설치한 주차설비의 점검 및 보수 작업 전체를 포괄적으로 도급받은 것이지, 피고 회사의 구체적인 지휘·감독을 따르기로 하면서 특정한 행위나 작업을 노무도급받았다고 보기는 어려울 뿐만 아니라, 원심 판시와 같이 위탁계약서에서 피고 2의 보고의무와 각종 지침 준수의무 및 피고 회사의 검사 권한 등에 대하여 추상적으로 규정하고 있다는 사정만으로는 피고 회사가 피고 2를 상대로 공정을 감독하는 데에 불과한 이른바 감리적인 감독을 할 수 있는 권한을 가지는 것을 넘어 피고 회사가 실질적으로 이 사건 공사에 관한 지배권을 가지고 공사시행 방법과 공사진행에 관하여 구체적으로 피고 2를 지휘·감독하였다고 보기도 어렵다.

(3) 그럼에도 원심은 이와 달리 피고 회사가 실질적으로 이 사건 공사

에 관한 지배권을 가지고 피고 2를 구체적으로 지휘·감독하였다고 판단하였으므로, 이러한 원심판결에는 논리와 경험의 법칙을 위반하여 자유심증주의의 한계를 벗어나거나, 도급인의 사용자책임에 관한 법리를 오해하여 판결에 영향을 미친 위법이 있다.

3. 결론

그러므로 원심판결 중 피고 회사 패소 부분을 파기하고, 이 부분 사건을 다시 심리·판단하도록 원심법원에 환송하며, 원고들의 상고와 피고 2의 상고를 모두 기각하고, 상고비용 중 원고들과 피고 2 사이에 생긴 부분은 패소자들 각자가 부담하도록 하여 관여 대법관의 일치된 의견으로 주문과 같이 판결한다.

(출처 : 대법원 2014.2.13. 선고 2013다78372 판결)

■ 파견근로자보호 등에 관한 법률이 적용되는 근로자파견에 해당하는지 판단하는 기준

[판시사항]

[1] 근로자를 고용하여 타인을 위한 근로에 종사하게 하는 경우, 파견 근로자보호 등에 관한 법률이 적용되는 근로자파견에 해당하는지 판단하는 기준

[2] 근로자파견관계에서 사용사업주와 파견근로자 사이에 사용사업주가 파견근로자에 대한 보호의무나 안전배려의무를 부담한다는 묵시적 인 약정이 있다고 할 수 있는지 여부(원칙적 적극) 및 위 의무 위 반으로 손해를 입은 파견근로자가 사용사업주에 대하여 손해배상을 청구할 수 있는지 여부(원칙적 적극)와 위 의무 위반에 따른 채무 불이행책임을 원인으로 하는 손해배상청구권에 대하여 민법 제766 조 제1항의 소멸시효 규정이 적용되는지 여부(소극)

[판결요지]

[1] 파견근로자보호 등에 관한 법률(이하 '파견근로자보호법'이라 한다)의 목적 과 내용 등에 비추어 보면, 근로자를 고용하여 타인을 위한 근로에 종사하 게 하는 경우 그 법률관계가 파견근로자보호법이 적용되는 근로자파견에 해당하는지 여부는 당사자들이 붙인 계약의 명칭이나 형식에 구애받을 것 이 아니라, 계약의 목적 또는 대상에 특정성, 전문성, 기술성이 있는지 여 부, 계약당사자가 기업으로서 실체가 있는지와 사업경영상 독립성을 가지 고 있는지 여부, 계약 이행에서 사용사업주가 지휘·명령권을 보유하고 있 는지 여부 등 그 근로관계의 실질에 따라 판단하여야 한다.

[2] 근로자파견에서의 근로 및 지휘·명령 관계의 성격과 내용 등을 종합하면, 파견사업주가 고용한 근로자를 자신의 작업장에 파견받아 지휘·명령하며 자신을 위한 계속적 근로에 종사하게 하는 사용사업주는 파견근로와 관련 하여 그 자신도 직접 파견근로자를 위한 보호의무 또는 안전배려의무를 부담함을 용인하고, 파견사업주는 이를 전제로 사용사업주와 근로자파견계

약을 체결하며, 파견근로자 역시 사용사업주가 위와 같은 보호의무 또는 안전배려의무를 부담함을 전제로 사용사업주에게 근로를 제공한다고 봄이 타당하다. 그러므로 근로자파견관계에서 사용사업주와 파견근로자 사이에는 특별한 사정이 없는 한 파견근로와 관련하여 사용사업주가 파견근로자에 대한 보호의무 또는 안전배려의무를 부담한다는 점에 관한 묵시적인 의사의 합치가 있다고 할 것이고, 따라서 사용사업주의 보호의무 또는 안전배려의무 위반으로 손해를 입은 파견근로자는 사용사업주와 직접 고용 또는 근로계약을 체결하지 아니한 경우에도 위와 같은 묵시적 약정에 근거하여 사용사업주에 대하여 보호의무 또는 안전배려의무 위반을 원인으로 하는 손해배상을 청구할 수 있다. 그리고 이러한 약정상 의무 위반에 따른 채무불이행책임을 원인으로 하는 손해배상청구권에 대하여는 불법행위책임에 관한 민법 제766조 제1항의 소멸시효 규정이 적용될 수는 없다. (출처 : 대법원 2013.11.28. 선고 2011다60247 판결)

■ 기능공의 일실수입을 월급여액 통계가 아닌 1일 노임에 관한 통계사실에 기초하여 평가하는 경우, 가동일수의 인정 방법

[판시사항]

[1] 기능공의 일실수입을 월급여액 통계가 아닌 1일 노임에 관한 통계사실에 기초하여 평가하는 경우, 가동일수의 인정 방법

[2] 일용직 배전활선전공의 월 가동일수가 문제 된 사안에서, 배전활선전공의 월 가동일수에 관하여 합리적인 사실인정 과정을 거치지 아니한 채 경험칙을 내세워 월 22일로 인정한 원심판결에 법리오해의 위법이 있다고 한 사례

[판결요지]

[1] 근로조건이 산업환경에 따라 해마다 변동하는 기능공의 일실수입을 월급여액 통계가 아닌 그 1일 노임에 관한 통계사실에 기초하여 평가하는 경우에는, 그 가동일수에 관하여도 법원에 현저한 사실을 포함한 각종 통계자료 등에 나타난 월평균 근로일수와 직종별 근로조건 등 여러 사정들을 감안하고 그 밖의 적절한 자료들을 보태어 합리적인 사실인정을 하여야 한다.

[2] 일용직 배전활선전공의 월 가동일수가 문제 된 사안에서, 일정한 기능을 가진 육체노동자의 월 가동일수에 관하여는 노동부에서 공간하는 임금구조 기본통계조사보고서나 옥외근로자직종별임금조사보고서 등 통계자료에 나타난 월 근로일수와 직종별 근로조건 등 여러 사정들을 감안하고 여기에 그 밖의 적절한 자료들을 보태어 월 가동일수에 대한 합리적인 사실인정을 하여야 하는데도, 배전활선전공의 월 가동일수에 관하여 합리적인 사실인정 과정을 거치지 아니한 채 경험칙을 내세워 월 22일로 인정한 원심판결에 법리오해의 위법이 있다고 한 사례.

[주 문]

원심판결의 피고 패소 부분 중 일실수입에 관한 부분을 파기하고, 이 부분 사건을 의정부지방법원 본원 합의부에 환송한다.

[이 유]

상고이유를 판단한다.

1. 상고이유 제1점, 제3점에 관하여

원심은 그 판시와 같은 이유로 피고는 이 사건 사고를 발생하게 한 과실이 있는 크레인 기사의 사용자로서 민법 제756조에 따라 이 사건 사고로 인하여 원고에게 발생한 손해를 배상할 의무가 있다고 한 후, 이 사건 사고에 관한 원고의 과실비율을 20%로 인정하여 피고의 책임을 80%로 제한한다고 판단하였다. 관련 법리와 기록에 비추어 살펴보면, 원심의 위와 같은 판단은 정당한 것으로 수긍이 가고, 거기에 상고이유 주장과 같이 사용자책임, 과실상계에 관한 법리를 오해한 위법이 없다.

2. 상고이유 제2점에 관하여

근로조건이 산업환경에 따라 해마다 변동하는 기능공의 일실수입을 월급여액 통계가 아닌 그 1일 노임에 관한 통계사실에 기초하여 평가하는 경우에는, 그 가동일수에 관하여도 법원에 현저한 사실을 포함한 각종 통계자료 등에 나타난 월평균 근로일수와 직종별 근로조건 등 여러 사정들을 감안하고 그 밖의 적절한 자료들을 보태어 합리적인 사실인정을 하여야 한다(대법원 1999.6.22. 선고 99다12093 판결 등 참조). 원심은 배전활선전공인 원고가 매월 22일씩 가동할 수 있음을 경험칙에 의하여 인정하고 이에 기하여 원고의 일실수입을 산정하였다.

그러나 배전활선전공은 고압전류가 흐르는 상태에서 작업을 하기 때문에 고도의 근력과 주의력이 필요하고 다른 직종에 비하여 위험도가 상당히 높은 점, 통상 일용직 배전활선전공의 경우 월 근무기간이 부정기적이고, 사선배전공사에 비하여 활선배전공사를 하는 경우가 많다고 보기 어려운 점, 우천시 등 기후가 나쁜 때에는 작업이 곤란하여 작업일수의 충분한 확보가 어려운 점, 이러한 이유 등으로 다른 직종에 비하여 임금이 상당히 고액인 점, 노동부 발간 1984년분부터 1990년분까지의 옥외근로자직종별임금조사보고서통계자료에 의하면 건설업체 전규모·통근 일용 옥외 근로자인 전기공의 7년간 월평균 근로일수는 20.8일에 불과한 점, 오늘날 우리의 경제가 선진화되고 레저산업이 발달되어 근로자들도 종전처럼 일과 수입에만 매여 있지 않고 생활의 여유를 즐기려는 추세인 점 등에 비추어 보면 경험칙에 의하여 원고와 같은 일용 배전활선전공의 월 가동일수가 22일이라고 인정하기는 어렵다고 할 것이다.

따라서 원고와 같은 일정한 기능을 가진 육체노동자의 월 가동일수가 며칠인가에 관하여는 노동부에서 공간하는 임금구조기본통계조사보고서나 위에서 본 옥외근로자직종별임금조사보고서 등 통계자료에 나타난 월 근로일수와 직종별 근로조건 등 여러 사정들을 감안하고 여기에 그 밖의 적절한 자료들을 보태어 월 가동일수에 대한 합리적인 사실인정을 하여야 할 것이다. 그럼에도 원심은 원고의 월간 가동일수에 관하여 위와 같은 합리적인 사실인정의 과정을 거치지 아니한 채 경험칙을 내세워 월 22일로 인정하였으니, 원심판결에는 경험칙에 관한 법리를 오해하여 판결에 영향을 미친 위법이 있다. 따라서 이를 지적하는 상고이유 주장은 이유 있다.

3. 결론

그러므로 원심판결의 피고 패소 부분 중 일실수입에 관한 부분을 파기하고, 이 부분 사건을 원심법원에 환송하기로 하여 관여 대법관의 일치된 의견으로 주문과 같이 판결한다.

(출처 : 대법원 2013.9.26. 선고 2012다60602 판결)

■ 재해근로자가 수령한 요양보상 중 근로자의 과실비율에 따른 금원을 사용자의 손해배상액에서 공제할 수 있는지 여부(소극)

[판시사항]

재해근로자가 수령한 요양보상 중 근로자의 과실비율에 따른 금원을 사용자의 손해배상액에서 공제할 수 있는지 여부(소극)

[판결요지]

근로기준법상의 요양보상에 대하여는 사용자는 특단의 사정이 없는 한 그 전액을 지급할 의무가 있고 근로자에게 과실이 있다고 하더라도 그 비율에 상당한 금액의 지급을 면할 수 없는 것이어서 이를 배상액에서 공제할 수 없는 것이므로, 재해근로자가 수령한 요양보상 중 근로자의 과실비율에 따른 금원을 부당이득이라 하여 사용자의 손해배상액으로부터 공제할 수 없다.

[주 문]

상고를 기각한다. 상고비용은 피고가 부담한다.

[이 유]

상고이유를 판단한다.

1. 상고이유 제2점에 대하여

　가. 불법행위로 인한 손해배상사건에서 피해자에게 손해의 발생이나 확대에 관하여 과실이 있는 경우에는 배상책임의 범위를 정함에 있어서 당연히 이를 참작하여야 할 것이나, 과실상계사유에 관한 사실인정이나 그 비율을 정하는 것은 그것이 형평의 원칙에 비추어 현저히 불합리하다고 인정되지 않는 한 사실심의 전권사항에 속한다(대법원 2002.11.26. 선고 2002다43165 판결, 대법원 2005.1.14. 선고 2004다26805 판결 등 참조). 원심은 이 사건 사고의 피해자인 원고에게도 포크레인에 근접하여 업무를 수행하는 과정에서 포크레인의 동태를 제대로 살피지 아니한 잘못이 있다고 보고, 원고의 과실비율을 20%로 산정한 제1심판결을 유지하였는바, 관계 증거들을 위 법리 및 기록에 비추어 살펴보면, 원심의

과실상계사유에 관한 사실인정이나 그 비율 판단은 수긍할 수 있는 범위 내로서 형평의 원칙에 비추어 현저히 불합리하다고 볼 수 없으므로, 원심의 조치에 상고이유의 주장과 같은 채증법칙 위반이나 심리미진 등의 위법이 있다고 볼 수 없다.

나. 근로기준법상의 요양보상에 대하여는 사용자는 특단의 사정이 없는 한 그 전액을 지급할 의무가 있는 것이고 근로자에게 과실이 있다고 하더라도 그 비율에 상당한 금액의 지급을 면할 수 없는 것이어서 이를 배상액에서 공제할 수 없는 것이므로, 재해근로자가 수령한 요양보상 중 근로자의 과실비율에 따른 금원을 부당이득이라 하여 사용자의 손해배상액으로부터 공제할 수 없다(대법원 1981.10.13. 선고 81다카351 전원합의체판결, 대법원 1994.12.27. 선고 94다40543 판결 참조). 같은 취지에서 원심이 피해자가 요양급여액을 제외한 나머지 본인 부담 치료비만 청구하는 경우에는 그 치료비 손해에서 요양급여액을 공제하여서는 안 되고, 나아가 피해자가 수령한 요양급여 중 피해자의 과실비율에 따른 금원을 부당이득이라 하여 손해배상액으로부터 공제하여서도 안 된다고 판단한 것은 정당하고, 거기에 상고이유의 주장과 같은 법리오해 등의 위법이 없다.

다. 상고이유는 상고장에 기재하거나 상고이유서라는 독립된 서면으로 하여야 하고 다른 서면의 기재 내용을 원용할 수 없는 것이며, 상고법원은 상고이유에 의하여 불복신청한 한도 내에서만 조사·판단할 수 있으므로, 상고이유서에는 상고이유를 특정하여 원심판결의 어떤 점이 법령에 어떻게 위반되었는지에 관하여 구체적이고 명시적인 이유의 설시가 있어야 한다(대법원 1991.10.11. 선고 91다22278 판결, 대법원 1998.3.27. 선고 97다55126 판결, 대법원 2008.1.24. 선고 2007두23187 판결 등 참조). 상고이유 중 향후치료비, 위자료 부분에 관하여 보건대, 이 사건에 있어서 상고장에는 상고이유의 기재가 없으며, 피고 소송대리인이 제출한 상고이유서에는 '향후치료비, 위자료 등에 대해서는 피고 보험회사가 원심에서 주장한 내용을 그대로 인용합니다'라고만 기재되어 있는바, 이

러한 상고이유서의 기재는 다른 서면의 기재 내용을 원용하고 있을 뿐
이고, 상고이유를 특정하여 원심판결 중 어떤 부분이 법령에 어떻게 위
반되었는지에 관하여 구체적이고 명시적인 근거를 밝히지 아니한 것이므
로 적법한 상고이유의 기재가 될 수 없다.

3. 결 론

그러므로 상고를 기각하고, 상고비용은 패소자가 부담하도록 하여 관여 대법
관의 일치된 의견으로 주문과 같이 판결한다.

(출처 : 대법원 2008.11.27. 선고 2008다40847 판결)

■ 손해배상청구권의 시효소멸기간의 진행시점 및 그 증명책임의 소재
　(＝시효이익을 주장하는 자)

[판시사항]
　[1] 불법행위 당시에는 예견할 수 없었던 새로운 손해가 발생하거나 예
　　　상외로 손해가 확대된 경우, 손해배상청구권의 시효소멸기간의 진
　　　행시점 및 그 증명책임의 소재(＝시효이익을 주장하는 자)
　[2] 수핵탈출증으로 인한 수술 후 같은 부위에 수핵탈출증이 재발하였
　　　다는 사정만으로는 2차 수술 당시 또는 그 이전에 수핵탈출증의
　　　재발 및 그로 인한 손해를 현실적이고도 구체적으로 인식하였다거
　　　나 인식할 수 있었다고 보기 어렵다고 한 사례

[주 문]
원심판결을 파기하고, 사건을 서울고등법원에 환송한다.

[이 유]
상고이유를 본다.
1. 원심판결 이유에 의하면, 원심은 그 채용증거들을 종합하여 원고(선정당사
　자, 이하 '원고'라고 한다)가 피고 회사에 입사하여 티티카 운전 업무에 종
　사하던 중 2002.4.22. 병원에서 '추간판전위' 진단을 받고, 같은 달 23.
　및 2002.5.20. 두 차례에 걸쳐 제4-5요추간, 제5요추-제1천추간 수핵탈출
　증에 대한 수술(후궁절제술 및 추간판제거술. 이하 '2002.4.23.자 수술'을
　'1차 수술'이라 하고, '2002.5.20.자 수술'을 '2차 수술'이라고 한다)을 받은
　사실, 원고는 2003.10.1.경 티티카 운행으로 인하여 2002.4.22. 산업재해
　가 발생하였다면서 제5요추-제1천추간 및 제4-5요추간 수핵탈출증을 상병
　으로 하는 (최초)요양신청서를 제출하여 2003.11.11. 근로복지공단으로부
　터 요양승인결정을 받은 사실, 그 후 원고는 2003.11.21. 같은 사유로 재
　요양신청을 하고, 2003.12.8. 제5요추-제1천추간 고정융합술, 2004.10.13.
　제4-5요추간 고정융합술을 각 받은 사실 등을 인정한 다음, 피고의 시효소

멸 항변에 대하여 판단하기를, 원고가 제4-5요추간 및 제5요추-제1천추간 추간판탈출증이 발병하였다면서 1·2차 수술을 받은 이상 적어도 원고는 2차 수술을 받은 2002.5.20.경에는 제5요추-제1천추간 추간판탈출증으로 인한 부분을 포함하여 손해 및 가해자를 현실적이고도 구체적으로 인식할 수 있었고, 그로부터 이 사건 소가 제기된 때까지는 3년이 경과하였음이 분명하므로, 원고 등의 손해배상청구권은 이미 시효로 소멸되었다고 보아 피고의 위 항변을 받아들이고 원고의 이 사건 청구를 기각한 제1심판결을 유지하였다(원심은 이 사건 불법행위의 성립 여부에 관해서는 아무런 판단을 하지 않았다).

2. 불법행위로 인한 손해배상청구권은 피해자나 그 법정대리인이 그 손해 및 가해자를 안 날로부터 3년간 행사하지 아니하면 시효로 인하여 소멸하는 것인바, 여기에서 '손해를 안 날'이라 함은 피해자나 그 법정대리인이 손해를 현실적이고도 구체적으로 인식하는 것을 뜻하고 손해발생의 추정이나 의문만으로는 충분하지 않으며, 통상의 경우 상해의 피해자는 상해를 입었을 때 그 손해를 알았다고 볼 수가 있지만, 그 후 후유증 등으로 인하여 불법행위 당시에는 전혀 예견할 수 없었던 새로운 손해가 발생하였다거나 예상 외로 손해가 확대된 경우에는 그러한 사유가 판명된 때에 새로이 발생 또는 확대된 손해를 알았다고 보아야 하고, 이와 같이 새로이 발생 또는 확대된 손해 부분에 대하여는 그러한 사유가 판명된 때로부터 시효소멸기간이 진행된다. 그리고 권리자인 피해자의 위와 같은 주관적 용태, 즉 손해를 안 시기는 시효의 이익을 주장하는 자에게 이를 입증할 책임이 있다(대법원 1982.3.9. 선고 81다977, 81다카500 판결, 대법원 1991.3.22. 선고 90다8152 판결, 대법원 2001.9.14. 선고 99다42797 판결 등 참조). 그런데 원심판결 이유에 의하면 원고가 제4-5요추간 및 제5요추-제1천추간 수핵탈출증으로 1·2차 수술을 받은 뒤 같은 부위에 수핵탈출증이 재발하여 다시 수술을 받게 되었다는 사정 외에 원고가 2차 수술 당시 또는 그 이전에 수핵탈출증의 재발 및 그로 인한 손해를 현실적이고도 구체적으로 인식하였다거나 인식할 수 있었다고 볼 만한 사정의 설시는 없고,

기록을 살펴보아도 그와 같이 볼 증거를 찾아볼 수 없으며, 원심이 설시한 바와 같이 수핵탈출증으로 인한 수술 후 같은 부위에 수핵탈출증이 재발하였다는 사정만으로는 원고가 2차 수술 당시 또는 그 이전에 수핵탈출증의 재발 및 그로 인한 손해를 현실적이고도 구체적으로 인식하였다거나 인식할 수 있었다고 단정하기는 어렵다고 할 것이다.

그렇다면 이 사건 불법행위의 성립 여부는 별론으로 하고, 원고가 적어도 2차 수술 당시에는 이 사건 후유장해로 인한 손해를 현실적이고도 구체적으로 인식할 수 있었다고 단정함으로써 피고의 소멸시효 항변을 받아들여 원고의 이 사건 청구를 기각한 원심판결에는, 소멸시효의 기산점인 손해를 안 날을 확정함에 있어 법리를 오해하였거나 채증법칙을 위배하는 등의 위법이 있고, 이를 지적하는 상고이유는 이유가 있다.

4. 그러므로 원심판결을 파기하고, 사건을 다시 심리·판단하게 하기 위하여 원심법원으로 환송하기로 하여 관여 대법관의 일치된 의견으로 주문과 같이 판결한다.

(출처 : 대법원 2008.7.10. 선고 2008다21518 판결)

■ 사용자가 근로계약상 부수적 의무로서 피용자의 안전에 대한 보호의
무를 지는지 여부(적극)

[판시사항]

[1] 사용자가 근로계약상 부수적 의무로서 피용자의 안전에 대한 보호
의무를 지는지 여부(적극) 및 그 보호의무 위반으로 인한 손해배상
책임이 인정되는 경우

[2] 회사 차량으로 배달업무를 담당하던 피용자가 직원들과의 회식을
마친 후 음주상태에서 차량을 운전하여 귀가하다가 전복 사고를 일
으켜 차량에 적재되어 있던 인화물질로 발생한 화재로 사망한 사안
에서, 그 전복·화재사고와 피용자의 업무 사이에 관련성이 없다는
이유로 사용자의 보호의무 위반으로 인한 손해배상책임을 부정한
사례

[주 문]

원심판결 중 피고 패소 부분을 파기하고, 이 부분 사건을 서울고등법원에 환송
한다.

[이 유]

1. 상고이유 제1점에 대하여

원심은 그 채택 증거를 종합하여, 소외 1은 2001.9.12. 서울 성동구 성수
2가 277-50 동성빌딩 소재 피고 운영의소외 상사에 입사하여 잉크, 인쇄
재료 등을 피고 소유의 (자동차등록번호 생략) 봉고프런티어(이하 '이 사건
차량'이라 한다)를 이용하여 그 거래처에 배달하는 운전기사로 근무하였는데,
소외 상사에 물품을 보관할 창고가 없어 거래처가 서울 시내 등 근거리일
경우 그 날 물품을 차량에 적재하여 배달하고, 안산시, 의정부시, 용인시, 양
주군, 파주시, 안성시, 하남시, 화성시, 원주시 등 장거리일 경우 전날 물품을
차량에 적재하여 보관한 후 거래일 아침에 배달해 온 사실, 동성빌딩 내 주
차장에는 화물자동차를 주차할 수 없도록 하고 있을 뿐만 아니라소외 상사

- 297 -

에 달리 차량을 주차할 주차장이 없었으므로, 소외 1은 이 사건 차량의 열쇠를 휴대하면서 동성빌딩 근처에 주차하거나 이 사건 차량을 이용하여 퇴근한 후 자택 부근에 주차하였고, 서울 시외 등 장거리 거래처로 배달을 나갈 경우에는 그 전날 물품을 적재한 채 이 사건 차량으로 퇴근하여 자택 부근에 주차하기도 한 사실, 소외 1은 이 사건 차량을 출·퇴근 등에 임의로 이용하는 과정에서 2001.10.6.경 음주운전으로 교통사고를 낸 일이 있고, 이로 인하여 피고로부터 차량운행의 제지를 받기도 하였으나, 그 이후에도 이 사건 차량을 계속 출·퇴근 등에 임의로 이용한 사실, 소외 1은 2001.10.31. 저녁 무렵 다음날 안성시에 있는 거래처에 배달할 물품인 이소프로필알코올(특 IPA) 47통(17ℓ/통, 합계 799ℓ), 카스백색 200kg, 진로이슬소주 무광미 400kg, 선우이슬소주 초 100kg, 세척제(스타워시) 3두(두), 브랑켓 5정 등을 이 사건 차량에 적재한 후, 다음날 아침 일찍 출차하는 조건으로 동성빌딩 경비원의 허락하에 동성빌딩 내 주차장에 주차한 다음, 차량 열쇠를 휴대한 채소외 상사 직원인소외 2,3,4와 함께 사무실 근처에 있는 '라성숯불구이집'에서 회식을 하면서 소주를 나누어 마시고 다시 근처에 있는 '레드락' 호프집으로 자리를 옮겨 생맥주를 마시던 중, 21:50경 그곳을 빠져나와 22:10경 혈중알코올농도 0.161%의 술에 취한 상태에서 다음날 배달할 물건이 적재된 이 사건 차량을 운전하여 귀가하다가 서울 광진구 화양동 서울은행 화양동지점 앞에서 진행방향 우측도로 연석을 충돌하고 왼쪽으로 전복되는 사고를 일으켜, 차량에 적재되어 있던 이소프로필알코올 등 인화성 물질이 바닥에 떨어지면서 발생한 알코올 등의 누출로 인한 화재로 전신화염 화상 70% 및 흡입손상을 입고 치료를 받다가 2001. 12. 15. 08:20경 화상으로 인한 진균 패혈증 및 쇼크, 호흡부전에 의한 다발성 장기부전으로 사망한 사실을 인정하였는바, 기록에 비추어 살펴보면, 이러한 원심의 사실 인정은 옳고, 거기에 채증법칙을 위배하여 사실을 오인하거나 심리를 미진한 위법이 있다고 할 수 없다.

2. 상고이유 제2점에 대하여

원심은 위 인정 사실에 기초하여, 소외 1이소외 상사에 입사한 이후 이 사건 차량을 업무용뿐만 아니라 사실상 출·퇴근용으로도 이용하여 왔고, 특히 다음날 서울 시외 등 장거리 거래처로 배달할 경우 이 사건 차량에 배달할 물품을 적재한 채 퇴근한 후 다음날 아침에 바로 거래처로 배달한 점, 소외 1이 이 사건 사고 당시까지 차량 열쇠를 휴대하면서 물품의 적재 여하를 불문하고 이 사건 차량을 사실상 출·퇴근용으로 이용하는 것에 대하여 피고가 묵인하거나 사실상 방치한 것으로 보이는 점, 소외 상사는 이 사건 사고 당일 실장인소외 2를 중심으로 전직원이 회식을 하게 되면서소외 1이 이 사건 차량을 운전할 여건이 되지 않아 부득이 동성빌딩 경비원에게 부탁하여 빌딩 내 주차장에 이 사건 차량을 주차하게 된 점, 소외 1은 회식을 하면서 취할 정도로 음주를 하였으나 다음날 안성시 소재 거래처에 배달을 하여야 하기 때문에 평소대로 이 사건 차량을 운전하여 귀가하다가 이 사건 사고를 일으킨 점, 이 사건 차량에 대부분의 주변온도에서 발화할 수 있고 점화원이 존재하는 경우 상온에서도 화재가 일어날 수 있는 위험물인 이소프로필알코올 799 ℓ 가 적재하게 되었으므로, 사업주인 피고로서는 이러한 위험물을 운반차량에 적재함에 있어 알코올이 샐 우려가 없는 견고한 운반용기에 밀봉한 후 이를 다시 불활성의 완충재를 채운 외장용기에 수납하여야 함은 물론 재해발생의 우려가 높은 다른 휘발성 화학물질을 함께 적재하지 아니하여야 하고, 위험물이 낙하되거나 추락되는 일이 없도록 견고하게 결박하여야 함에도, 이에 미치지 못하는 17 ℓ 용량의 플라스틱용기 47개에 담으면서 밀봉을 소홀히 하였을 뿐만 아니라 외장용기에 수납도 하지 아니하고, 더욱이 다른 휘발성 화학물질과 함께 적재하면서 이들을 견고하게 결박하지도 않은 상태로 적재해 놓은 결과, 이 사건 사고 당시 알코올이 흘러나오면서 화재가 발생하여 순식간에 이 사건 차량 및 주변이 화염에 휩싸여 소외 1이 중상을 입고 사망에 이르게 된 점 등에 비추어, 피고는 그 사업을 수행하면서 사용·지배하고 있는 이 사건 차량에 위험물을 적재함에 있어, 그 업무수행은 물론 출·퇴근시에도 피고의 사실상의 묵인 또는 방치하에 이 사건 차량을 운행하여 온소외 1로 하여금 운전과정에서 피해를 당하지 않도록 보호하고 안전을 배려하여야 할 의무가 있음에도 불구하고, 이러한 보호의무를 다하지 못한 결과소외 1이 이 사건 사고로 사망에 이른 것이므로 피고는소외 1 및 그 유족들인 원고들의 손해를 배상할 책임이 있다고 판단하였다.

그러나 이러한 원심의 판단은 다음과 같은 이유로 수긍하기 어렵다. 사용자는 근로계약에 수반되는 신의칙상의 부수적 의무로서 피용자가 노무를 제공하는 과정에서 생명, 신체, 건강을 해치는 일이 없도록 인적·물적 환경을 정비하는 등 필요한 조치를 강구하여야 할 보호의무를 부담하고, 이러한 보호의무를 위반함으로써 피용자가 손해를 입은 경우 이를 배상할 책임이 있으나(대법원 1999.2.23. 선고 97다12082 판결, 2000.5.16. 선고 99다47129 판결 등 참조), 보호의무 위반을 이유로 사용자에게 손해배상책임을 인정하기 위하여는 특별한 사정이 없는 한 그 사고가 피용자의 업무와 관련성을 가지고 있을 뿐만 아니라 또한 그 사고가 통상 발생할 수 있다고 하는 것이 예측되거나 예측할 수 있는 경우라야 할 것이고, 그 예측가능성은 사고가 발생한 때와 장소, 사고가 발생한 경위 기타 여러 사정을 고려하여 판단하여야 한다(대법원 2001.7.27. 선고 99다56734 판결 참조).

기록에 의하면, 비록소외 1이 평소 피고 등의 묵인 또는 방임하에 퇴근시 가끔 이 사건 차량을 이용하였고, 사고 당일 이 사건 차량의 운행 목적에 퇴근의 편의 외에 다음날 물품배달을 위한 의사가 일부 포함되어 있다고 하더라도, 이 사건 사고는 업무 종료 후 발생하였고 퇴근 후 직원들끼리 가진 회식은 그 참석이 강제된 것이 아니었던 사실, 사고 당시 이 사건 차량 운행의 주된 목적은 다음날 물품을 배달하기 위한 것이라기보다는 퇴근의 편의에 있었고, 소외 1은 퇴근 후 회식자리로 가면서 다음날 출차한다는 조건으로 특별히 동성빌딩 경비원의 승낙을 받아 동성빌딩 내 주차장에 이 사건 차량을 주차하였음에도 회식자리에서의 음주로 인한 0.161%의 주취상태에서 무리하게 이 사건 차량을 출차하여 임의로 운행하다가 사고를 일으킨 사실을 알 수 있으므로, 이러한 사실들을 종합하면, 이 사건 사고와소외 1의 업무 사이에 관련성이 있다고 보기는 어렵고, 따라서 피고에 대하여 보호의무 불이행으로 인한 손해배상책임을 인정할 수는 없다고 할 것이다.

그럼에도 불구하고, 피고에 대하여 보호의무 불이행으로 인한 손해배상책임을 인정한 원심판결에는 보호의무 위반 등 채무불이행으로 인한 손해배상책임에 관한 법리를 오해한 위법이 있고, 이는 판결 결과에 영향을 미쳤음이 명백하다. 이 점을 지적하는 상고이유의 주장은 이유 있다. 다만 기록에 의하면, 원고들은 선택적으로 피고에 대하여 소방법 위반 등 불법행위에 기한 손해배상청구를 하고 있으므로 환송 후 원심으로서는 피고의 소방법 등 법령위반 여부 및 이 사건 사고와 피고의 소방법 등 법령 위반과 사이에 상당인과관계가 있는지 여부 등에 관하여 심리한 다음 위 선택적 청구에 의한 손해배상책임이 있는지에 대하여도 나아가 판단하여야 할 것이다.

3. 결 론

그러므로 나머지 상고이유에 대한 판단을 생략한 채 원심판결 중 피고 패소부분을 파기하고, 이 부분 사건을 다시 심리·판단하게 하기 위하여 원심법원에 환송하기로 하여 관여 법관의 일치된 의견으로 주문과 같이 판결한다.

(출처 : 대법원 2006.9.28. 선고 2004다44506 판결)

■ 근로자가 입은 신체상 재해에 대하여 사용자에게 불법행위책임을 지
 우기 위한 요건 및 그 입증책임의 소재(=근로자)

[판시사항]
 근로자가 입은 신체상 재해에 대하여 사용자에게 불법행위책임을 지우
 기 위한 요건 및 그 입증책임의 소재(=근로자)

[주 문]
상고를 기각한다. 상고비용은 원고가 부담한다.

[이 유]
1. 사용자에게 근로자가 입은 신체상의 재해에 대하여 불법행위책임을 지우기
   위해서는 사용자에게 당해 근로로 인하여 근로자의 신체상의 재해가 발생
   할 수 있음을 알았거나 알 수 있었음에도 불구하고 그 회피를 위한 별다른
   안전조치를 취하지 않은 과실이 인정되어야만 하고, 이러한 과실의 존재는
   손해배상을 청구하는 근로자에게 그 입증책임이 있다(대법원 2000. 3. 10.
   선고 99다60115 판결 참조). 원심은, 그 채용 증거들에 의하여 그 판시와
   같은 사실을 인정한 다음, 원고가 과도한 업무나 정신적 스트레스로 인하여
   심근경색증이 발생 또는 악화되었다고 보기는 어려울 뿐만 아니라, 피고가
   원고에게 그와 같은 신체상의 재해가 발생하거나 악화될 수 있다는 점을
   사전에 알았거나 알 수 있었다고 보기도 어렵다는 이유로 원고의 청구를
   배척하였다.

   앞서 본 법리 및 기록에 비추어 살펴보면, 원심의 증거취사와 사실인정 및
   판단은 정당한 것으로 수긍이 가고, 거기에 상고이유로 주장하는 바와 같은
   채증법칙 위배나 심리미진, 불법행위책임에 관한 법리오해 등의 위법이 없다.
2. 그러므로 상고를 기각하고, 상고비용은 패소한 원고가 부담하기로 하여, 관
   여 대법관의 일치된 의견으로 주문과 같이 판결한다.
(출처 : 대법원 2006.4.28. 선고 2005다63504 판결)

■ 산업재해로 근로자가 사망한 경우에 사용자에게 불법행위로 인한 손
  해배상책임을 지우기 위한 요건

[판시사항]

산업재해로 근로자가 사망한 경우에 사용자에게 불법행위로 인한 손해
배상책임을 지우기 위한 요건

[주 문]

원심판결을 파기하고, 사건을 대구고등법원에 환송한다.

[이 유]

상고이유를 판단한다.

1. 원심의 판단

원심은 그 채택 증거에 의하여, 망 소외 1(이하 '망인'이라 한다)은
1996.12.1. 피고에 입사하여 원사를 지관(실패)에 감는 권취(TAKE-UP)
작업을 담당하는 생산직 사원으로 근무한 사실, 위 회사 생산직 사원의 근
무형태는 1일 3교대로 통상 5일마다 오후조, 오전조, 야간조의 순서로 번
갈아 근무하는데, 설날 때 휴무한 직원은 추석 때에, 추석 때 휴무한 직원
은 설날 때에 각 2교대로 근무 조를 편성하여 근무한 사실, 망인이 근무한
작업장은 온도 38℃, 습도 72%로 고온다습하고, 소음도 정상노출기준을
초과하는 곳인데, 망인은 2000.1.부터 8.까지 사이에 평균 월 27.9일, 시
간외근무시간 125.75시간 정도 근무하였고, 사망하기 직전 1주일 중
2000.9.11.부터 같은 달 14.까지 4일 동안은 추석연휴가 있는 관계로 1
일 2교대로 오후 7시에 출근하여 그 다음날 오전 7시에 퇴근한 사실, 망
인은 같은 달 16. 오후 11시에 근무를 마치고 회사 동료들과 회사 근처에
있는 유료야구배팅(batting)연습장에서 30분 정도 야구배팅운동을 한 뒤
집으로 귀가하여 잠을 자다가 그 다음날 오후 3시경 몸이 굳어져 있는 상
태로 발견되어 병원으로 후송하였으나 이미 사망한 상태였던 사실, 망인의
사체에 대한 부검은 이루어지지 않았으나 망인을 최초로 검안한 의사 소외

2는 망인의 사인을 심장사로 추정하면서, 기존의 심장질환은 없었던 것으로 사료되며 급성 과로로 인한 심장부담 증가 및 이로 인한 급성 심장사의 가능성이 있다는 취지의 소견을 밝힌 사실, 망인은 평소 고혈압 1기의 증세가 있는 이외에 건강에 별다른 이상이 없었으며, 평소에도 운동을 좋아하는 등 건강한 편인 사실을 인정한 다음, 위 인정 사실에 의하면, 피고는 망인 등 피용자들이 쾌적한 환경에서 작업할 수 있도록 작업현장의 환경을 개선하고, 피용자들의 업무를 적절히 조정하여 건강에 무리가 가지 않는 범위 내에서 작업을 할 수 있도록 조치를 취하고 피용자들이 충분한 휴식을 취할 수 있도록 배려하는 등 피용자들의 건강을 세심하게 관리하고 감독하여야 할 주의의무가 있음에도 이를 게을리 한 과실이 있으므로, 이 사건 사고로 인하여 망인 및 그와 가족관계에 있는 원고들이 입은 손해를 배상할 의무가 있다고 판단하였다.

2. 대법원의 판단

그러나 원심의 판단은 다음과 같은 이유로 수긍하기 어렵다.

사용자는 근로계약에 수반되는 신의칙상의 부수적 의무로서 피용자가 노무를 제공하는 과정에서 생명, 신체, 건강을 해치는 일이 없도록 인적·물적 환경을 정비하는 등 필요한 조치를 강구하여야 할 보호의무를 부담하므로(피용자의 건강을 세심하게 관리하고 감독할 의무란 이러한 보호의무를 말하는 것으로 이해된다.), 이러한 사용자에게 근로자가 입은 신체상의 재해에 대하여 민법 제750조 소정의 불법행위책임을 지우기 위해서는 사용자에게 당해 근로 인하여 근로자의 신체상의 재해가 발생할 수 있음을 알았거나 알 수 있었음에도 불구하고 그 회피를 위한 별다른 안전조치를 취하지 않은 과실이 있음이 인정되어야 할 것이고, 위와 같은 과실의 존재는 손해배상을 청구하는 근로자에게 그 입증책임이 있다 할 것이다(대법원 2000.3.10. 선고 99다60115 판결 등 참조). 그런데 기록에 의하여 인정되는 다음과 같은 사정 즉, 피고는 원료 투입시부터 제품출고에 이르기까지 전 공정을 자동화하였고, 특히 망인이 근무한 권취 공정의 경우 각 근로자는 자신이 담당하는 생산라인 앞에 앉아 있다가 자기가 맡은 라인 또는 휴식 등을 취하기 위하여 자리를 비운 동료들의 담당 라인에서 실이 끊어지거나 실이 다 감기어 경보음이 울리면 그 곳으로 가서 작업을 하게 되어 있어, 근로시간 내내 계속적 연속적으로 작업을 반복하는 여타 업무에 비하여 비교적 그 업무의 수행이 자유로울 뿐 아니라 공정에 이상이 없으면 잠시 휴식을 취할 수도 있으므로, 망인이 담당한 업무가 혼자 감당하기에 지나칠 정도로 과중한 것은 아니라 보여지고, 또한 망인은 위와 같은 연장 및 휴일근로를 하면서 이에 상응하는 수당을 모두 받아왔으며 재직기간 중 한번도 위와 같은 근무형태에 대하여 피고에게 이의를 제기하거나, 고혈압이나 건강을 이유로 연장근로를 거부하거나 피고에게 업무수행에 지장이 있다는 점을 알렸다는 아무런 증거가 없는 점 등에 비추어 보면, 피고가 망인에게 판시와 같은 업무를 부과할 경우 그로 인하여 보통의 성인 남자인 피고가 사망에 이를 우려가 있음을 알거나 알 수 있었음에도 불구하고 계속하여 판시 업무를 수행케 하였다고 볼 수는 없다 할 것이다.

그럼에도 불구하고, 원심은 피고에게 과실이 있음을 전제로 망인의 사망에 대하여 불법행위책임을 인정하였는바, 이러한 원심판결에는 불법행위책임에 있어서의 과실에 관한 법리를 오해하였거나 채증법칙을 위반하여 사실을 오인하여 판결에 영향을 미친 위법이 있다 할 것이므로, 이 점을 지적하는 취지의 상고이유 주장은 정당하다.

3. 결 론

그러므로 나머지 상고이유에 대한 판단을 생략한 채 원심판결을 파기하고, 이 사건을 다시 심리·판단하도록 하기 위하여 원심법원에 환송하기로 관여 대법관의 의견이 일치되어 주문과 같이 판결한다.

(출처 : 대법원 2004.7.22. 선고 2003다20183 판결)

■ 건설기계의 조종사를 지휘·감독할 사용자의 지위에 있다고 인정되는 경우, 사업신고대표자는 그 조종사에 대하여 안전배려의무가 있는지 여부(적극)

[판시사항]

[1] 건설기계관리법 및 같은 법 시행령상의 종합건설기계대여업 또는 단종건설기계대여업 신고대표자가 연명신고자 소유의 건설기계에 대하여 자동차손해배상보장법 제3조 소정의 운행자책임을 지는지 및 그 건설기계의 조종사에 대하여 객관적으로 지휘·감독할 관계에 있는지 여부의 판단 방법

[2] 건설기계의 조종사를 지휘·감독할 사용자의 지위에 있다고 인정되는 경우, 사업신고대표자는 그 조종사에 대하여 안전배려의무가 있는지 여부(적극)

[판결요지]

[1] 건설기계관리법(1993.6.11. 법률 제4561호로 전문 개정된 것) 및 같은법 시행령(1993.12.31. 대통령령 제14063호로 전문 개정된 것)에 의하여 2인 이상의 법인 또는 개인이 종합건설기계대여업 혹은 단종건설기계대여업을 공동으로 운영할 경우에는 대표자의 명의로 신고서를 제출하고 이에 각 구성원이 연명하여 신고하도록 규정하고 있는바, 이 경우 대표자가 그 건설기계에 대한 운행을 지배하여 그 이익을 향수하는 책임주체로서의 지위를 가지고 있는지 또 그 건설기계의 조종사에 대하여 객관적으로 지휘·감독할 관계에 있는지 여부는 건설기계관리법 및 같은법시행령이 공동운영을 허용한 취지 및 같은법시행령에 따라 대표자와 연명신고자 사이에 체결된 관리계약상의 사업협동관계 내지 지휘·감독관계 등 실질관계를 따져 결정되어야 할 것이다.

[2] 건설기계의 조종사를 지휘·감독할 사용자의 지위에 있다고 인정되는 경우 사업신고대표자는 그 조종사에 대하여도 직접 근로계약상의 책임을 지는 사용자로서 그 조종사가 근로를 제공하는 과정에서 생명·신체·건강을 해치

는 일이 없도록 물적 환경을 정비하고 필요한 조치를 강구할 보호의무 내
지는 산업안전보건법 제23조 소정의 안전상의 조치의무를 부담하고, 이러
한 보호의무를 위반함으로써 피용자가 손해를 입은 경우 이를 배상할 책
임이 있다.

[주 문]

원심판결을 파기하고, 사건을 대전지방법원 본원 합의부에 환송한다.

[이 유]

상고이유를 본다.

건설기계관리법(1993.6.11. 법률 제4561호로 전문 개정된 것) 및 같은법시행
령(1993.12.31. 대통령령 제14063호로 전문 개정된 것)에 의하여 2인 이상
의 법인 또는 개인이 종합건설기계대여업 혹은 단종건설기계대여업을 공동으로
운영할 경우에는 대표자의 명의로 신고서를 제출하고 이에 각 구성원이 연명
하여 신고하도록 규정하고 있는바, 이 경우 대표자가 그 건설기계에 대한 운행
을 지배하여 그 이익을 향수하는 책임주체로서의 지위를 가지고 있는지 또 그
건설기계의 조종사에 대하여 객관적으로 지휘·감독할 관계에 있는지 여부는 건
설기계관리법 및 같은법시행령이 공동운영을 허용한 취지 및 같은법시행령에
따라 대표자와 연명신고자 사이에 체결된 관리계약상의 사업협동관계 내지 지
휘·감독관계 등 실질관계를 따져 결정되어야 할 것이다(대법원 1998.6.12.
선고 97다30455 판결, 1998.6.26. 선고 98다3306 판결, 1998.10.20. 선
고 98다34058 판결 참조). 그리고 건설기계의 조종사를 지휘·감독할 사용자
의 지위에 있다고 인정되는 경우 사업신고대표자는 그 조종사에 대하여도 직
접 근로계약상의 책임을 지는 사용자로서 그 조종사가 근로를 제공하는 과정
에서 생명·신체·건강을 해치는 일이 없도록 물적 환경을 정비하고 필요한 조
치를 강구할 보호의무 내지는 산업안전보건법 제23조 소정의 안전상의 조치의
무를 부담하고, 이러한 보호의무를 위반함으로써 피용자가 손해를 입은 경우
이를 배상할 책임이 있다 .

그런데 원심이 인정한 사실과 기록에 의하면, 이 사건 덤프트럭의 실제 소유자인 소외 1과 피고 회사는 건설기계대여업을 공동으로 영위하기로 하고 건설기계관리법 등 관계 법령에 따라 이 사건 덤프트럭의 등록명의자인 소외 2를 연명신고자로, 피고 회사를 사업신고대표자로 하여 신고하면서 건설기계대여업관리계약서(을 제2호증, 이하 '이 사건 관리계약서'라 한다)를 작성하여 이를 그 신고서에 첨부하여 제출하였는바, 이 사건 관리계약서에 의하면, 위 소외 1은 이 사건 덤프트럭을 이용한 영업, 그 영업수익의 귀속, 조종사의 급여 등 이 사건 덤프트럭의 운행과 관련한 비용의 주체로서, 피고 회사와는 관계없이 독자적으로 타인과 계약을 체결하고 이 사건 덤프트럭을 사용하여 영업활동을 하고 자신 명의의 세금계산서를 발행하며 피고 회사와는 별도로 부가가치세를 납부하도록 되어 있어 위 소외 1이 자신의 영업에 관하여 피고 회사로부터 어느 정도 독립적인 것으로 보이기는 하나, 반면에 위 관리계약상 위 소외 1과 피고 회사는 상호 동의 없이 이 사건 덤프트럭에 관한 처분행위를 할 수 없고, 위 소외 1은 피고 회사의 사무실 및 주기장 등 시설을 이용하고 피고 회사로부터 회계처리 등 행정편의를 제공받되 그 대가로 매월 일정액의 관리료를 피고 회사에 납부하도록 약정하였으며, 위 소외 1은 이 사건 덤프트럭과 조종사의 관리에 있어 관계 법규 등을 성실히 준수하고, 피고 회사의 지시에 따라 조종사에 대하여 각종 교육을 철저히 이행하여야 하며, 이 사건 덤프트럭에 대하여 반드시 종합보험에 가입하여야 하고, 조종사에 대하여 소정의 근로계약서 및 임금표를 작성 비치하고 근로기준법에 의한 노무관리를 하기로 약정한 점을 알 수 있을 뿐만 아니라, 위 소외 1이 이 사건 관리계약을 체결한 후 이 사건 덤프트럭에 대한 건설기계등록을 하면서 그 등록원부에 '사용본거지 또는 소속 대여회사명'을 피고 회사의 상호인 '(자) 관서건설기계'라고 기재하였고, 위 소외 1이 자신의 이름으로 사업자등록을 하면서도 상호를 피고 회사명인 '관서건설기계'로 하였으며, 실제로도 관리계약을 체결한 모든 덤프트럭의 적재함에 피고 회사의 명칭을 기재하고 있는 점에 비추어 볼 때, 이 사건 관리계약은 위 소외 1이 그 영업에 있어 피고 회사의 상호를 사용하는 것을 예정하고 있었던 것으로 볼 수 있다.

이와 같은 사정에다가 위 법령이 규정하는 대표자와 연명신고자가 공동으로 운영하는 종합건설기계대여업 혹은 단종건설기계대여업은 대표자와 연명신고자의 '공동운영'을 전제로 하고 있는 것으로서 위 제도가 반드시 대표자 책임과 연명신고자의 책임을 분리하려는 취지에서 나온 것은 아니라고 보여지고, 오히려 위와 같이 개인과 법인이 공동사업형태를 취함으로써 종래 지입회사를 통하여 영업을 할 때와 같이 대규모 공사를 수주할 수 있는 이 점을 누릴 수 있다고 보이는 점을 종합하면, 이 사건 덤프트럭의 운행이 이 사건 관리계약에 따라 이루어지는 경우에는 그 실질관계상 피고 회사는 이 사건 트럭의 운행을 간섭하거나 그에 대하여 지배관리할 책무가 있어 그 운행지배를 가지고 있을 뿐만 아니라 관리료를 지급받는 등의 운행이익도 누리고 있어 그 운행자라 할 수 있고, 또 객관적으로 이 사건 트럭의 조종사를 지휘·감독할 사용자의 지위에 있다고 할 수 있다.

그럼에도 불구하고, 원심이 이와 다른 전제하에서 이 사건 관리계약의 성격을 일종의 용역계약에 지나지 않는다고 보고, 피고 회사가 이 사건 사고 당시 이 사건 덤프트럭의 운행자 혹은 객관적으로 그 조종사인 망 소외 3을 지휘·감독할 지위에 있지 아니하다고 판단한 나머지, 위 망인의 부모들인 원고들이 이 사건 덤프트럭 운행중의 위 망인의 사망과 관련한 피고 회사에 대한 이 사건 손해배상청구의 근거로 주장하는 점들에 대하여 나아가 심리하지 아니한 채 이 사건 청구를 기각하고만 조치는 결국 건설기계대여업의 공동운영에 관한 법리를 오해한 나머지 심리를 다하지 아니하여 판결 결과에 영향을 미친 위법을 저지른 것이라 할 것이다. 그러므로 원심판결을 파기하고, 사건을 다시 심리·판단하게 하기 위하여 원심법원에 환송하기로 하여 관여 대법관의 일치된 의견으로 주문과 같이 판결한다.

(출처 : 대법원 2002.11.26. 선고 2000다7301 판결)

■ 노무를 제공하는 근로자라고 할 수 없다는 이유로 지입회사와 지입차
 주 사이에 대내적으로 사용자와 피용자의 관계가 있다고 볼 수 없다
 고 한 사례

[판시사항]

지입차주가 자기 명의로 사업자등록을 하고 사업소득세를 납부하면서
기사를 고용하여 지입차량을 운행하고 지입회사의 배차담당 직원으로부
터 물건을 적재할 회사와 하차할 회사만을 지정하는 최초 배차배정을
받기는 하나 그 이후 제품운송에 대하여 구체적인 지시를 받지는 아니
할 뿐만 아니라 실제 운송횟수에 따라 운임을 지입회사로부터 지급받아
온 경우, 지입차주가 지입회사의 지시·감독을 받는다거나 임금을 목적
으로 지입회사에 종속적인 관계에서 노무를 제공하는 근로자라고 할 수
없다는 이유로 지입회사와 지입차주 사이에 대내적으로 사용자와 피용
자의 관계가 있다고 볼 수 없다고 한 사례

[주 문]

원심판결 중 피고 패소 부분을 파기한다. 이 부분 사건을 청주지방법원 본원
합의부에 환송한다.

[이 유]

상고이유를 판단한다.

1. 원심판결 이유에 의하면, 원심은 그 채용 증거들을 종합하여, 원고 1은 지
 입회사인 피고와 사이에 실질적으로 위 원고 소유이나 피고 소유 명의로
 등록된 8t 카고트럭에 관하여 위수탁관리계약을 체결하여 피고 회사에 지
 입하고, 피고의 배차담당 직원의 지시에 따라 피고에게 화물운송을 의뢰한
 주식회사 엘지의 협력업체인 소외 삼화정밀과 청진산업 주식회사에서 생산
 하는 자동차부품을 기아자동차 아산공장으로 운반하여 온 사실, 위 원고는
 피고의 배차담당 직원의 지시에 따라 1997.1.22. 10:00경부터 삼화정밀
 에서 대기하였으나 기아자동차 아산공장으로부터 빈 박스를 실은 차량이

도착하지 아니하고 또 위 배차담당 직원이 아무런 지시 없이 같은 날 19:00경 퇴근한 탓에 피고에게 연락이 되지 아니하자 주식회사 엘지에 연락하여 지시를 받고 같은 날 22:00경 기아자동차 아산공장으로 가서 빈 박스를 실은 후 다음날인 1997.1.23. 02:00경 삼화정밀로 돌아온 다음, 같은 날 07:00경 삼화정밀에서 자동차부품을 싣고 기아자동차 아산공장으로 출발하여 납품을 하고, 다시 빈 박스를 싣고 삼화정밀에 와서 박스를 하차한 후 같은 날 16:35경 피고의 지시에 따라 청진산업 주식회사에 도착하여 약 30시간 동안 휴식을 취하지 못한 피로한 상태에서 프라스틱 박스를 하차하다가 적재함 위에서 미끌어져 떨어짐으로써 두개골 골절 및 흉추12번 압박골절 등의 상해를 입은 사실을 인정한 다음, 지입차주인 위 원고는 지입회사인 피고의 지시에 따라 정해진 시간에 위 공장에 납품을 하여야 하고 그 지시에 위반하여 정해진 시간에 자동차부품을 납품하지 못할 경우에는 피고가 손해를 부담하여야 하므로 실질적으로 피고의 지시와 감독을 받는다고 할 것이고, 이 사건 사고는 피고의 피용자인 배차담당 직원이 빈박스를 실은 차량이 도착하는 시각에 맞추어 적절하게 배차지시를 하거나 퇴근에 앞서 충분한 조치를 취하여 두거나 아니면 위 원고로 하여금 충분한 휴식을 취하도록 다른 지입차주에게 납품작업을 하도록 하는 등의 적절한 조치를 취하지 아니한 잘못으로 위 원고로 하여금 피로한 상태에서 작업을 하다가 상해를 입게 하였다고 봄이 상당하다 할 것이므로, 피고는 위 배차담당 직원의 사용자로서 피고의 실질적인 지시와 감독을 받고 있는 지입차주인 위 원고 및 그의 가족들인 나머지 원고들이 입은 손해를 배상할 책임이 있다고 판단하고 있다.

2. 그러나 기록에 의하면, 원고 1은 지입차량인 8t 카고트럭의 실질적인 소유자로서 피고와 위수탁관리계약을 체결하여 차량을 피고에게 지입하였으나 자기 명의로 사업자등록을 하고 사업소득세를 납부하면서 위 차량을 자신이 직접 운전하지 않고 기사를 고용하여 운행하는 등 자기의 책임하에 개인운송사업을 하는 사람이고, 지입차주인 위 원고는 피고의 배차담당 직원으로부터 물건을 적재할 회사와 하차할 회사만을 지정하는 최초 배차배정

을 받기는 하나, 그 이후 제품 운송에 대하여 구체적인 지시를 받지는 아니할 뿐만 아니라, 위 원고의 실제 운송횟수에 따라 운임을 지급받아 왔음을 알 수 있다. 사정이 그러하다면, 위 원고가 피고의 배차담당 직원으로부터 최초 배차배정을 받는다고 하더라도 그러한 사정만으로 위 원고가 피고의 지시·감독을 받는다거나 임금을 목적으로 지입회사에 종속적인 관계에서 노무를 제공하는 근로자라고 할 수 없으므로, 지입회사인 피고와 지입차주인 위 원고 사이에 대내적으로 사용자와 피용자의 관계에 있다고 볼 수는 없다.

따라서, 원심이 피고와 위 원고 사이에 사용자·피용자 관계가 있음을 전제로 하여 피고가 위 원고에 대한 보호의무를 다하지 못하므로써 위 원고가 이 사건 사고를 당하도록 하였으니, 피고에게 위 배차담당 직원의 사용자로서 이 사건 사고로 인하여 위 원고 및 그 가족들인 나머지 원고들이 입은 손해를 배상할 책임이 있다고 판단한 것은, 채증법칙을 위배하여 사실을 오인하였거나 지입차주와 지입회사 사이의 대내적인 법률관계에 관한 법리를 오해하여 판결에 영향을 미친 위법을 저지른 것이라고 하지 않을 수 없다. 상고이유 중 이 점을 지적하는 부분은 이유 있다.

3. 그러므로 나머지 상고이유에 대한 판단을 생략한 채, 원심판결 중 피고 패소 부분을 파기하고 사건을 다시 심리·판단케 하기 위하여 원심법원에 환송하기로 관여 법관의 의견이 일치되어 주문과 같이 판결한다.

(출처 : 대법원 2000.10.6. 선고 2000다30240 판결)

■ 사용자에게 근로자에 대한 보호의무 위반을 이유로 한 불법행위책임을 지우기 위한 요건 및 그 입증책임의 소재(=근로자)

[판시사항]

[1] 근로자가 입은 신체상 재해에 대하여 사용자에게 근로자에 대한 보호의무 위반을 이유로 한 불법행위책임을 지우기 위한 요건 및 그 입증책임의 소재(=근로자)

[2] 근로자가 수행한 작업이 경험칙에 비추어 보통의 성년 남자가 혼자서 별다른 무리나 부상 없이 수행할 수 있다고 보아 그에게 발생한 허리 통증에 대하여 사용자에게 근로자에 대한 보호의무 위반을 이유로 한 불법행위책임을 지울 수 없다고 한 사례

[판결요지]

[1] 근로계약에 수반되는 신의칙상의 부수적인 의무로서 근로자에 대한 보호의무를 부담하는 사용자에게 근로자가 입은 신체상의 재해에 대하여 민법 제750조 소정의 불법행위책임을 지우기 위하여는 사용자에게 당해 근로로 인하여 근로자의 신체상의 재해가 발생할 수 있음을 알았거나 알 수 있었음에도 불구하고 그 회피를 위한 별다른 안전조치를 취하지 않은 과실이 있음이 인정되어야 하고, 위와 같은 과실의 존재는 손해배상을 청구하는 근로자에게 그 입증책임이 있다.

[2] 근로자가 수행한 작업이 경험칙에 비추어 보통의 성년 남자가 혼자서 별다른 무리나 부상 없이 수행할 수 있다고 보아 그에게 발생한 허리 통증에 대하여 사용자에게 근로자에 대한 보호의무 위반을 이유로 한 불법행위책임을 지울 수 없다고 한 사례.

[주 문]

원심판결을 파기하고 사건을 서울지방법원 본원 합의부에 환송한다.

[이 유]

상고이유를 본다.

1. 원심판결 이유에 의하면, 원심은 제1심판결을 인용하여, ① 원고 1은 1994.3.5.부터 45일간 직업교육훈련생으로 현장실습업체인 피고 회사 대전공장에서 실습교육을 받은 후 1994.6.5. 피고 회사의 대전공장 생산직 사원으로 입사하여 타이어 제조공정 성형과에 배치되어 1일 3교대로 승용차 타이어 성형공정업무에 종사한 사실, ② 위 원고는 1994년 10월경 작업 중 허리의 통증을 이유로 작업조 주임에게 신고하고 치료를 받은 바 있으나 상태가 호전되지 않자 1995년 3월경 배터리 카 운전업무로 작업공정이 교체되었고, 그럼에도 불구하고 1995.8.8.경부터는 심한 허리통증이 계속되어 이를 이유로 산재처리를 받아 1995.12.31.까지 요양·치료받았으며, 1996.1.15. 고객만족팀으로 전보되었음에도 증세가 호전되지 않자 1996.4.15.부터 1996.8.5.까지 및 1996.9.26.부터 1997.9.14.까지 다시 산재처리에 의한 치료를 받다가 1997.9.30. 자진 사퇴한 사실, ③ 위 원고는 입사 후 배터리 카 운전업무를 담당하기 전까지 피고 회사 대전공장 제조2부 성형3과에서 자동차타이어 제조공정 중 원형의 타이어를 제작하는 작업을 하였는데, 자신의 작업대 약 10여m 지점에 있는 성형공정 앨범카(레커) 진열장소부터 가로 30cm, 세로 90cm 정도의 직사각형 고무판인 타이어 트래드가 100여 개 실려 있는 무게 약 300kg 가량의 앨범카를 혼자 밀고 자신의 작업대로 와 개개의 고무판을 내려 철사를 감싸는 작업을 담당했는데, 1일 약 2~4회 가량 앨범카를 끌어놓아야 했던 사실, ④ 앨범카는 바퀴가 4개 달려 있기는 하나 혼자 밀기에는 무리가 따르는 편이라 2인 1개조로 작업을 하는 것이 적당하고, 더구나 앨범카를 작업대에 고정시키는 것은 더 큰 힘이 소요되는 사실을 인정한 다음, 위 인정 사실에 비추어 보면 위 원고가 피고 회사에 입사하기 이전에는 어느 정도 허리에 통증이 있었다고 하더라도 입사 후 적어도 4개월 가량은 아무런 통증의 호소 없이 정상적으로 작업을 하였던 점에 비추어 원고의 허리 상태가 매우 악화된 것은 피고 회사가 2인 1개조로 하는 것이 적당한 앨범카 운반작업을 위 원고 1인으로 하여금 하도록 한 무리한 작업공정에 기인한 것으로 보이고, 근로자로 하여금 자기 본연의 업무에 부수하여 계

속적으로 무거운 물건을 운반하는 작업을 시키는 사업주로서는 근로자의 건강을 산업재해의 위험으로부터 안전하게 보호하여야 할 주의의무가 있다고 할 것인바, 위 인정 사실에 의하면 이 사건 재해는 피고 회사로서 재해 방지를 위하여 무거운 물건인 앨범카를 운반할 때는 잠깐이라도 반드시 2인 1조로 작업을 하게 하든지, 아니면 근본적으로 위 원고의 작업공정 자체에 2인을 1조로 배정하는 등의 필요한 제반 조치를 제대로 취하지 않은 과실로 발생한 것이라 할 것이고, 따라서 피고 회사는 불법행위자로서 원고들이 입게 된 손해를 배상할 책임이 있다고 판단하고 있다.

2. 근로계약에 수반되는 신의칙상의 부수적인 의무로서 근로자에 대한 보호의무를 부담하는 사용자에게 근로자가 입은 신체상의 재해에 대하여 민법 제750조 소정의 불법행위책임을 지우기 위하여는 사용자에게 당해 근로로 인하여 근로자의 신체상의 재해가 발생할 수 있음을 알았거나 알 수 있었음에도 불구하고 그 회피를 위한 별다른 안전조치를 취하지 않은 과실이 있음이 인정되어야 할 것이고, 위와 같은 과실의 존재는 손해배상을 청구하는 근로자에게 그 입증책임이 있다고 할 것이다.

그런데 원심인정과 기록에 의하면, 위 앨범카의 전체 무게가 300㎏이라고는 하나 바퀴가 4개 달려있고, 진행 바닥이 콘크리트로 포장되어 있고 평평하며, 그 이동거리라야 1회에 3 내지 10m정도이고 하루에 2 내지 4회 위 앨범카의 운반작업을 하였을 뿐이었다는 것으로 이 정도의 작업이라면 경험칙에 비추어 보통의 성년 남자가 혼자서도 별다른 무리나 부상없이 수행할 수 있을 것으로 보여지고(제1심 증인 소외 1, 소외 2의 각 증언 참조), 위 작업으로 인한 위와 같은 재해의 발생 사례가 있고 그 같은 사실이 알려져 있다는 점도 기록상 찾아 볼 수 없으므로, 피고가 위 원고에게 원심이 인정하는 허리 부위의 기왕증이 있음을 알면서도 감히 위 작업에 배치하였다는 등의 특단의 사정이 없는 한 사용자인 피고가 위 원고와 같은 성년 남자가 위 작업을 수행하다가 이 사건과 같은 재해를 당할 수도 있다는 사실을 알았거나 알 수 있었다고 보기는 어렵다고 아니할 수 없고, 그렇다면 피고에게 이 사건 재해 발생을 회피하기 위하여 위 앨범카를 2명이 운반하게 하는 등의 조치 등을 취할 주의의무가 있다고 할 수도 없다고 할 것이다.

따라서 원심이 위와 같은 특단의 사정, 특히 위 원고가 1994년 10월경 피고의 작업조 주임에게 허리통증을 호소한 이후 1995년 3월경 배터리카 운전업무로 배치변경되기까지 피고가 취한 치료조치나 작업계속 조치에 위법하다고 볼 만한 사정이 있는지에 대하여 나아가 심리·판단하지 않은 채, 피고가 위 작업으로 인하여 보통의 성인 남자에게 이 사건과 같은 재해가 발생할 수 있음을 알았거나 알 수 있었다고 인정됨을 전제로 피고에게 위 원고의 이 사건 재해로 인한 불법행위책임을 인정하고 만 것은, 민법상 불법행위책임에 있어 과실에 관한 법리를 오해하였거나 채증법칙을 위반한 사실오인, 심리미진 등의 위법을 저지른 것이라고 할 것이다. 이 점을 지적하는 상고이유의 주장은 이유 있다.

3. 그러므로 다른 상고이유에 대한 판단을 생략한 채 원심판결을 파기하고 사건을 다시 심리·판단하게 하기 위하여 원심법원에 환송하기로 하여 관여 대법관의 일치된 의견으로 주문과 같이 판결한다.

(출처 : 대법원 2000.3.10.선고 99다60115 판결)

■ 불법행위의 피해자가 손해경감조치의무를 불이행하여 손해가 확대된 경우, 손해배상액을 정함에 있어 그 손해확대에 기여한 피해자의 의무불이행의 점을 참작할 수 있는지 여부(적극)

[판시사항]

[1] 불법행위의 피해자가 손해경감조치의무를 불이행하여 손해가 확대된 경우, 손해배상액을 정함에 있어 그 손해확대에 기여한 피해자의 의무불이행의 점을 참작할 수 있는지 여부(적극) 및 피해자의 손해경감조치의무가 수술을 받아야 하는 것으로서 관례적이고 상당한 결과의 호전을 기대할 수 있는 경우, 피해자는 이를 용인할 의무를 부담하는지 여부(적극)

[2] 불법행위로 인한 손해배상 청구소송의 항소심판결 주문이 제1심판결 중 적극적 재산상 손해 및 정신적 손해(위자료) 부분은 항소를 기각하면서 소극적 재산상 손해 부분만 일부 취소하는 취지로 기재되어 있으나, 제1심판결은 주문상 재산적 손해와 정신적 손해를 구분하여 각 손해액을 확정하지 않았고, 그 이유에서도 소극적 재산상 손해배상액과 적극적 재산상 손해배상액을 구분하여 확정하지 않은 경우, 항소심판결 주문의 적부(부적법)

[판결요지]

[1] 신의칙 또는 손해부담의 공평이라는 손해배상제도의 이념에 비추어 볼 때, 불법행위의 피해자에게는 그로 인한 손해의 확대를 방지하거나 감경하기 위하여 노력하여야 할 일반적인 의무가 있으며 피해자가 합리적인 이유 없이 위 손해경감조치의무를 이행하지 않을 경우에는 법원이 그 손해배상액을 정함에 있어 민법 제763조, 제396조를 유추적용하여 그 손해확대에 기여한 피해자의 의무불이행의 점을 참작할 수 있는 것이고, 그 손해경감조치의무가 수술을 받아야 할 의무일 경우, 일반적으로 피해자는 그 수술이 위험 또는 중대하거나 결과가 불확실한 경우에까지 용인하여야 할 의무는 없다고 하겠으나, 그러하지 아니하고 관례적이며 상당한 결과의 호전

을 기대할 수 있는 수술이라면 이를 용인할 의무가 있고 이를 거부하는
것은 합리적인 이유가 없다고 할 것이다.

[2] 불법행위로 인한 손해배상 청구소송의 항소심판결 주문이 제1심판결 중
적극적 재산상 손해 및 정신적 손해(위자료)에 대한 피고의 항소를 기각하
여 제1심판결을 그대로 유지하고 소극적 재산상 손해 부분만 일부 취소하
는 취지로 기재되어 있으나, 제1심판결은 주문상 재산적 손해와 정신적 손
해를 따로 구분하여 각 손해액을 확정하여 놓고 있지 않을 뿐만 아니라
그 이유에서도 소극적 재산상 손해와 적극적 재산상 손해를 합산한 다음
원고가 사고로 인하여 근로복지공단으로부터 수령한 장해일시금을 공제하
여 전체적인 재산상 손해를 산정하고 있을 뿐이고 소극적 재산상 손해배
상액과 적극적 재산상 손해배상액을 구분해서 확정하여 놓지 않은 경우,
항소심판결에 의하여 유지된 적극적 재산상 손해액을 확정할 방도가 없게
되어 이에 대한 집행 자체가 불가능하므로, 항소심판결의 주문은 판결로서
갖추어야 할 명확성을 갖추지 못하여 부적법하다.

[주 문]

원심판결을 파기하고, 사건을 수원지방법원 본원 합의부에 환송한다.

[이 유]

상고이유를 본다.

1. 노동능력상실률 산정의 점에 대하여

원심판결 이유에 의하면, 원심은 원심이 한 서울대학교 의과대학 부속 병원
장에 대한 신체감정촉탁 결과를 채용하여 원고가 원심 변론종결 당시 요천
추 수핵증후군(제5요추 - 제1천추)으로 인한 운동장애의 영구적인 후유증이
남아 있어, 압연공으로서의 노동능력을 27%, 도시일용노동자로서의 노동능
력을 23% 정도 상실하였다고 인정한 다음, 위 노동능력상실비율에 따라
원고의 일실수입을 산정하면서, 원고가 위 장애부위에 대하여 수술을 받을
경우 그 상태가 호전되어 노동능력상실비율이 13% 정도로 낮아질 것이므

로 이를 기준으로 하여 일실수입을 산정해야 한다는 피고의 주장은 이를 받아들이지 아니하였다.

그러나, 원심이 채택한 위 신체감정촉탁 결과에 의하면, 일반적으로 위 장애의 개선을 위하여 수술적 치료를 시행하며 이 경우 환자에 따라 다르기는 하나 그 후유증이 약 13% 정도로 낮아질 것으로 예상되는 사실이 인정되고, 신의칙 또는 손해부담의 공평이라는 손해배상제도의 이념에 비추어 볼 때, 불법행위의 피해자에게는 그로 인한 손해의 확대를 방지하거나 감경하기 위하여 노력하여야 할 일반적인 의무가 있으며 피해자가 합리적인 이유 없이 위 손해경감조치의무를 이행하지 않을 경우에는 법원이 그 손해배상액을 정함에 있어 민법 제763조, 제396조를 유추적용하여 그 손해확대에 기여한 피해자의 의무불이행의 점을 참작할 수 있는 것이고, 그 손해경감조치의무가 수술을 받아야 할 의무일 경우, 일반적으로 피해자는 그 수술이 위험 또는 중대하거나 결과가 불확실한 경우까지 용인하여야 할 의무는 없다고 하겠으나, 그러하지 아니하고 관례적이며 상당한 결과의 호전을 기대할 수 있는 수술이라면 이를 용인할 의무가 있고 이를 거부하는 것은 합리적인 이유가 없다고 할 것이다(대법원 1992.9.25. 선고 91다45929 판결, 1996.1.23. 선고 95다45620 판결 등 참조).

따라서, 이 사건에 있어서, 원심으로서는 원고의 손해감경조치의무에 해당하는 위 장애부위의 수술이 위험 또는 중대하거나 결과가 불확실한 것인지, 아니면 그것이 관례적이며 상당한 결과의 호전을 기대할 수 있는 것인지의 여부에 관하여 좀 더 심리하여 본 다음, 위 수술이 후자의 경우에 해당함에도 원고가 합리적인 이유 없이 수술치료를 거부한다면 원고의 손해배상액을 산정함에 있어 위 손해감경조치의무 위반의 점을 참작하였어야 할 것이다.

그럼에도 불구하고, 원심이 위 수술을 받지 않은 상태에서의 노동능력상실률에 의하여 원고의 일실수입을 산정하고 만 것은 노동능력상실률 산정에 관한 법리를 오해하였거나 심리를 다하지 않아 사실을 잘못 인정한 잘못을 저지른 것이라고 아니할 수 없으므로, 이 점을 지적하는 주장은 이유 있다.

2. 과실상계의 점에 대하여

　원심판결 이유에 의하면, 원심은 제1심판결을 인용하여, 원고에게도 이 사건 손해의 발생 및 확대에 기여한 과실이 있고 그 정도가 10%라고 인정하면서도, 정작 피고가 배상하여야 할 소극적 손해액을 산정함에 있어서는 원고의 위 과실비율을 전혀 참작하지 않고 있으므로 원심판결에는 판결 결과에 영향을 미친 이유모순의 위법이 있다고 할 것이고, 이 점을 지적하는 주장 또한 이유 있다.

3. 위자료액 산정의 점에 대하여

　원심은 제1심판결 중 소극적 재산상 손해에 대한 부분을 제외한 적극적 재산상 손해와 정신적 손해(위자료) 부분에 대한 피고의 항소를 기각하여 이 부분에 대한 제1심판결을 유지하면서도 그에 대한 이유는 전혀 설시하지 않고 있는바, 이는 이유불비의 잘못을 저지른 것이고, 노동능력상실률의 정도가 위자료액 산정에 있어서 중요한 참작사유가 되는 것임에 비추어, 앞서 살핀 바와 같이 노동능력상실률 산정상의 위법이 인정되는 이 사건에 있어 원심의 위와 같은 이유불비의 잘못이 판결 결과에 영향을 미치지 않았다고 단정할 수도 없다. 같은 취지의 주장도 이유 있다.

4. 그리고 직권으로 살피건대, 판결의 주문은 그 내용이 특정되어야 하고 또 그 주문 자체에서 특정할 수 있어야 한다.

　그런데, 원심은 일실수입과 일실퇴직금을 산정한 다음 위와 같이 그 합산액인 금 72,236,264원에 대하여 과실상계는 물론 손익상계도 하지 않은 채 이를 피고가 배상할 원고의 소극적 손해액으로 인정하고, 그 판결주문에서 "원심판결의 원고에 대한 소극적 손해에 관한 부분 중 피고에 대하여 원고에게 금 72,236,264원 및 이에 대한 1996. 6. 3.부터 1999. 1. 20.까지는 연 5푼, 그 다음날부터 완제일까지는 연 2할 5푼의 각 비율에 의한 금원을 초과하여 지급을 명한 피고 패소 부분을 취소하고, 위 취소 부분에 해당하는 원고의 청구를 기각한다. 피고의 나머지 항소를 기각한다."고 함으로써 제1심판결 중 적극적 재산상 손해 및 정신적 손해(위자료)에 대한 피고의 항소를 기각하여 제1심판결을 그대로 유지하고 있으나, 제1심판결은 주

문상 재산적 손해와 정신적 손해를 따로 구분하여 각 손해액을 확정하여 놓고 있지 않을 뿐만 아니라 그 이유에서도 소극적 재산상 손해와 적극적 재산상 손해를 합산한 다음 원고가 이 사건 사고로 인하여 근로복지공단으로부터 수령한 장해일시금 2,432,450원을 공제하여 전체적인 재산상 손해를 산정하고 있을 뿐이고 소극적 재산상 손해배상액과 적극적 재산상 손해배상액을 구분해서 확정하여 놓지 않고 있으므로, 원심판결에 의하여 유지된 이 사건 적극적 재산상 손해액을 확정할 방도가 없게 되어 이에 대한 집행 자체가 불가능하다. 결국 원심판결의 주문은 판결로서 갖추어야 할 명확성을 갖추지 못한 부적법한 것이라 할 것이다.

5. 그러므로, 다른 상고이유에 대한 판단을 생략한 채 원심판결을 파기하여 사건을 원심법원에 환송하기로 하여 관여 대법관의 일치된 의견으로 주문과 같이 판결한다.

(출처 : 대법원 1999.6.25. 선고 99다10714 판결)

■ 사고로 인한 피해자의 후유증이 그 사고와 피해자의 기왕증이 경합하여 나타난 경우, 손해배상의 범위

[판시사항]

[1] 동일한 감정인이 동일한 감정사항에 대하여 서로 모순되거나 불명료한 감정의견을 제출한 경우, 그 감정서를 증거로 채용하여 사실인정을 하기 위하여 법원이 취하여야 할 조치

[2] 사고로 인한 피해자의 후유증이 그 사고와 피해자의 기왕증이 경합하여 나타난 경우, 손해배상의 범위

[3] 기왕증이 있는 경우, 노동능력상실률의 산정 방법

[4] 피해자 주장의 후유장해가 기왕증에 의한 것인지 여부에 다툼이 있는 경우, 그 입증책임의 소재(=피해자)

[판결요지]

[1] 동일한 감정인이 동일한 감정사항에 대하여 서로 모순되거나 매우 불명료한 감정의견을 내놓고 있는 경우에, 법원이 그 감정서를 직접 증거로 채용하여 사실인정을 하기 위하여는 특별히 다른 증거자료가 뒷받침되지 않는 한, 감정인에 대하여 감정서의 보완을 명하거나 감정증인으로의 신문방법 등을 통하여 정확한 감정의견을 밝히도록 하는 등의 적극적인 조치를 강구하여야 한다.

[2] 사고로 인한 피해자의 후유증이 그 사고와 피해자의 기왕증이 경합하여 나타난 것이라면, 그 사고가 후유증이라는 결과 발생에 대하여 기여하였다고 인정되는 정도에 따라 그에 상응한 배상액을 부담케 하는 것이 손해의 공평한 부담이라는 견지에서 타당하다.

[3] 피해자가 기왕의 장해로 인하여 이미 노동능력의 일부를 상실한 경우 당해 사고로 인한 노동능력 상실의 정도를 산정하기 위하여는 기왕에 존재하고 있던 장해와 당해 사건 사고로 인한 장해를 합쳐 현재의 노동능력 상실의 정도를 알아내고 여기에서 기왕의 장해로 인한 노동능력 상실의 정도를 감하는 방법으로 산정함이 타당하다.

[4] 가해자측이 피해자 주장의 후유장해가 기왕증에 의한 것이라고 다투는 경우 가해자측의 그 주장은 소송법상의 인과관계의 부인이고 따라서 피해자가 적극적으로 그 인과관계의 존재 즉 당해 사고와 상해 사이에 인과관계가 있다거나 소극적으로 기왕증에 의한 후유장해가 없었음을 입증하여야 한다.

[주 문]

원심판결을 파기하고 사건을 부산지방법원 본원 합의부에 환송한다.

[이 유]

상고이유를 본다.

1. 노동능력상실률 평가에 대하여

동일한 감정인이 동일한 감정사항에 대하여 서로 모순되거나 매우 불명료한 감정의견을 내놓고 있는 경우에, 법원이 위 감정서를 직접 증거로 채용하여 사실인정을 하기 위하여는, 특별히 다른 증거자료가 뒷받침되지 않는 한, 감정인에 대하여 감정서의 보완을 명하거나 감정증인으로의 신문방법 등을 통하여 정확한 감정의견을 밝히도록 하는 등의 적극적인 조치를 강구하여야 할 것이다(대법원 1993.6.10. 선고 94다10955 판결 참조).

원심이 인용한 제1심판결은, ○○대학교 병원 정형외과 소외인 작성의 신체감정서를 채용하여, 원고 1이 1997.1.7. 이 사건 사고로 좌무지의 중수지관절부 탈구, 단무지신건파열 등의 상해를 입고 좌무지 운동장해의 후유장해가 남아 형틀목공으로서의 가동능력의 25%를 상실하였다고 인정하였는바, 위 감정서 기재에 의하면, 위 원고는 맥브라이드(McBride)의 "후유장해에 대한 종합평가표" Ⅱ-8 항목을 준용하여 일반노동자로서 14%, 목공노동자(McBride의 "손상의 부위에 대한 직업별장해등급표상"에 형틀목공 직업이 없으므로 일반 목공으로 취급)로서 25%의 각 노동능력을 상실하였다고 기재되어 있으나, 맥브라이드(McBride)의 "후유장해에 대한 종합평가표" 중 관절강직 무지 항목에는 Ⅱ-8항이 없으므로 그것이 착오에 의한 것인지, 아니면 특별한 근거가 있어서인지에 관하여는 알 수 있는 아무런 기재가 없고, 또 원심이 인용한 제1심판결도 감정인에 대하여 감정서의 보완을 명하거나 감정증인으로의 신문방법 등을 통하여 정확한 감정의견을 밝히도록 하는 등의 적극적인 조치 없이 위 감정 결과를 직접증거로 채용하여 위 원고의 노동능력상실률을 인정하면서도 이 점에 대한 납득할 만한 설시가 전혀 없다. 따라서 원심에는 심리미진으로 인한 채증법칙 위배의 위법이 있다 할 것이다. 이 점을 지적하는 논지는 이유 있다.

2. 기왕증의 기여도에 대하여

교통사고로 인한 피해자의 후유증이 그 사고와 피해자의 기왕증이 경합하여 나타난 것이라면, 그 사고가 후유증이라는 결과 발생에 대하여 기여하였다고 인정되는 정도에 따라 그에 상응한 배상액을 부담케 하는 것이 손해의 공평한 부담이라는 견지에서 타당하고(대법원 1998.5.15. 선고 96다24668 판결 등 참조), 피해자가 기왕의 장해로 인하여 이미 노동능력의 일부를 상실한 경우 당해 사고로 인한 노동능력 상실의 정도를 산정하기 위하여는 기왕에 존재하고 있던 장해와 당해 사건 사고로 인한 장해를 합쳐 현재의 노동능력 상실의 정도를 알아내고 여기에서 기왕의 장해로 인한 노동능력 상실의 정도를 감하는 방법으로 산정함이 타당하다고 할 것이며(대법원 1996.8.23. 선고 94다20730 판결 등 참조), 한편 피고가 원고 주장의 후유장해가 기왕증에 의한 것이라고 다투는 경우 피고의 위 주장은 소송법상의 인과관계의 부인이고 따라서 원고가 적극적으로 그 인과관계의 존재 즉 당해 사고와 상해 사이에 인과관계가 있다거나 소극적으로 기왕증에 의한 후유장해가 없었음을 입증하여야 할 것이다. 원심 및 제1심의 판결과 그 채택 증거에 의하면, 원고 1은 이 사건 사고 전인 1992.1.29. 소외 덕산토건 주식회사에서 업무상 재해를 당하여 좌측 제1수지 기저골 관절 내 골절의 상병으로 요양하다가 치료 종결하고 1992.6.8. 근로복지공단 대전지역본부로부터 산업재해보상보험법상의 장해등급 제10급 제7호(한 손의 엄지손가락을 제대로 못쓰게 된 사람)의 장해보상일시금 11,735,120원을 수령한 사실, 피고 주식회사 신한은 근로복지공단에 위 원고를 위하여 이 사건 사고로 인한 장해보상금 지급신청을 하였으나, 위 공단은 원고가 이 사건 사고로 좌측 제1수지 중수지 관절운동영역이 1/2 이상 제한되어 한 손의 엄지손가락을 제대로 못쓰게 된 사람으로 장해등급 제10급 제7호의 장해상태에 해당하나 이미 앞서 본 바와 같이 동일한 등급의 장해보상금을 수령한 사실이 있다는 이유로 부지급결정을 한 사실이 인정되는바, 원심은 위와 같은 사실을 인정하면서도 그와 같은 사정만으로 위 원고에게 기왕증으로 인한 노동능력 상실이 있었다는 점을 인정하기에 부족하다는 이유로 위 원고에 대한 노동능력상실률을 산정함에 있어 위 기왕증을 고려하여야 한다는 피고들의 주장을 배척하였다.

그러나 앞서 본 장해보상일시금의 지급 원인과 장해 내용을 살펴보면 오히려 원고에게 기왕증에 의한 후유장해가 있었다고 보일 뿐 아니라 기왕증에 의한 후유장해가 없었다는 점에 대하여는 위 원고가 입증하여야 할 것임에도, 원심이 위 원고가 앞서 본 바와 같은 장해보상일시금을 지급받은 사정만으로 위 원고에게 기왕증으로 인한 노동능력 상실이 있었다는 점을 인정하기에 부족하다는 이유로 위 원고에 대한 노동능력상실률을 산정함에 있어 위 기왕증을 고려하여야 한다는 피고의 주장을 배척한 것은 기왕증의 기여도에 관한 법리를 오해하였거나 입증책임을 전도시킴으로써 판결에 영향을 미친 위법이 있다 할 것이다. 이 점을 지적하는 논지도 이유 있다.

3. 그러므로 원심판결을 파기하고 사건을 원심법원에 환송하기로 하여 관여 법관의 일치된 의견으로 주문과 같이 판결한다.

(출처 : 대법원 1999.5.11. 선고 99다2171 판결)

■ 가해자의 불법행위뿐만 아니라 제3자의 행위 기타 귀책사유가 경합
하여 손해가 발생한 경우에도 가해자가 손해배상책임을 지는지 여부
(적극)

[판시사항]

[1] 가해자의 불법행위뿐만 아니라 제3자의 행위 기타 귀책사유가 경합
하여 손해가 발생한 경우에도 가해자가 손해배상책임을 지는지 여
부(적극)

[2] 사용자가 피용자의 안전에 대한 보호의무를 지는지 여부(적극)

[3] 공작물 자체의 설치·보존상의 하자에 의하여 직접 발생한 화재로
인한 손해배상책임에 관하여 실화책임에관한법률이 적용되는지 여
부(소극)

[4] 인화성 물질 등이 산재한 밀폐된 신축 중인 건물 내부에서 용접작
업 등 화재 발생 우려가 많은 작업을 하던 중 화재가 발생하여 피
용자가 사망한 사고에서 공사수급인은 건물의 점유자로서 그 보존
상의 하자에 따른 불법행위로 인한 손해배상책임을, 사용자는 피용
자의 안전에 대한 보호의무를 다하지 아니한 채무불이행으로 인한
손해배상책임을 각 부담하며, 그 채무는 부진정연대채무의 관계에
있다고 인정한 사례

[판결요지]

[1] 불법행위로 인한 손해배상에 있어 가해자의 불법행위만에 의하여 손해가
발생한 것이 아니라 제3자의 행위 기타 귀책사유 등이 경합하여 손해가
발생한 경우에도 가해자의 불법행위가 손해 발생의 한 원인이 되었다면
가해자는 그로 인하여 피해자가 입은 손해를 배상할 책임이 있다.

[2] 사용자는 근로계약에 수반되는 신의칙상의 부수적 의무로서 피용자가 노무
를 제공하는 과정에서 생명, 신체, 건강을 해치는 일이 없도록 물적 환경
을 정비하는 등 필요한 조치를 강구하여야 할 보호의무를 부담하고, 이러
한 보호의무를 위반함으로써 피용자가 손해를 입은 경우 이를 배상할 책

임이 있다.

[3] 공작물 자체의 설치·보존상의 하자에 의하여 직접 발생한 화재로 인한 손해배상책임에 관하여는 민법 제758조 제1항이 적용될 뿐 실화책임에관한법률은 적용되지 아니한다.

[4] 인화성 물질 등이 산재한 밀폐된 신축 중인 건물 내부에서 용접작업 등 화재 발생 우려가 많은 작업을 하던 중 화재가 발생하여 피용자가 사망한 사고에서 공사수급인은 건물의 점유자로서 그 보존상의 하자에 따른 불법행위로 인한 손해배상책임을, 사용자는 피용자의 안전에 대한 보호의무를 다하지 아니한 채무불이행으로 인한 손해배상책임을 각 부담하며, 그 채무는 부진정연대채무의 관계에 있다고 인정한 사례.

[주 문]

원심판결을 파기하고, 사건을 서울지방법원 본원 합의부에 환송한다.

[이 유]

상고이유와 상고이유보충서 중 상고이유 보충 부분을 함께 판단한다.

제1점에 대하여

원심판결 이유에 의하면 원심은, 피고 성원산업개발 주식회사(이하 피고 성원이라 한다)는 1992.6.10. 조달청장으로부터 경기 이천군 대월면 대대리 88 지상의 농수산물유통센타 창고(이천비축창고) 증축공사 중 토목건축공사 부분을, 피고 2는 같은 달 9. 위 증축공사 중 전기공사 부분을 각각 수급하여 시행하여 온 사실, 피고 2의 피용자인 소외 1은 1993.7.14. 13:32경 위 증축공사현장의 2층 201호실에서 전선가설용 천장틀인 케이블 트레이의 연결작업을 하던 중, 그 바로 밑에 있는 1층 106호실 부근에서 최초로 발화한 불이 1층 벽면 내부에 단열재로 시공한 우레탄과 2층에 저장하고 있던 우레탄에 순차적으로 옮겨 붙어 순식간에 2층으로 연소되는 바람에, 전신화상을 입고 현장에서 심폐기능 정지로 사망(소사)한 사실을 인정한 다음, 이 사건 화재는 위건물 1층 102호실에서 용접공들이 용접작업을 하던 중 용접 불꽃이 주변에 있던 신나 등 인화물질에 튀어 발화하였거나 건물에 설치되어 있던 전선의 합선으로 인하여 발화한 것이라는 원고(선정당사자, 이하 원고라 한다) 및 선정자들의 주장에 대하여, 그 주장사실을 인정할 만한 아무런 증거가 없다는 이유로 이를 배척하였다.

기록에 비추어 살펴보면 원심의 이러한 증거취사 및 사실인정은 옳고, 거기에 상고이유에서 주장하는 바와 같은 채증법칙에 위배하여 사실을 잘못 인정한 위법이 없다. 제1점은 이유 없다.

제2, 3점에 대하여

불법행위로 인한 손해배상에 있어 가해자의 불법행위만에 의하여 손해가 발생한 것이 아니라 제3자의 행위 기타 귀책사유 등이 경합하여 손해가 발생한 경우에도 가해자의 불법행위가 손해 발생의 한 원인이 되었다면 가해자는 그로 인하여 피해자가 입은 손해를 배상할 책임이 있다 할 것이고, 사용자는 근로계약에 수반되는 신의칙상의 부수적 의무로서 피용자가 노무를 제공하는 과정에서 생명, 신체, 건강을 해치는 일이 없도록 물적 환경을 정비하는 등 필요한 조치를 강구하여야 할 보호의무를 부담하고, 이러한 보호의무를 위반함으로써 피용자가 손해를 입은 경우 이를 배상할 책임이 있다 할 것이다.

기록에 의하면 피고 성원은 자신이 수급한 공사 중 일부를 소외 주식회사 삼건엔지니어링 등에게 하도급 주어 그들로 하여금 공사를 시행하게 하였는데, 사고 당일 공사현장에서 작업한 인부 약 92명 중 피고 2에게 소속된 인부들은 같은 피고의 현장감독인 소외 2의, 그 외에 피고 성원 및 그 하도급업체에 소속된 인부들은 피고 성원의 현장감독인 소외 3의 지휘·감독하에 작업을 한 사실, 피고 성원 및 그 하도급업체들이 사고 당일 실시하기로 예정되어 있던 주된 작업은 건물 내벽 등에 우레탄을 뿌리는 작업과 우레탄이 굳은 다음 실내에서 시행할 배관작업, 건물 내벽에 대한 페인트 작업 등이었던 사실, 사고 무렵 이 사건 건물 내부에는 페인트 작업을 위한 신나나 배관작업을 위한 산소용접기와 가스절단기 사용에 필요한 산소통과 프로판가스통 등 인화성이 강한 물질이 도처에 방치되어 있었고, 그 외에도 합판 등이 쌓여 있어 용접 불꽃 등으로 인한 화기(화기)가 이러한 인화성 물질에 인화될 경우 순식간에 건물 전체로 불이 번질 우려가 있었던 사실을 엿볼 수 있는바, 위 건물 1층에서 발화한 불이 순식간에 건물 1층은 물론 2층에까지 번짐으로써 망인이 미처 대피하지 못하고 사망하기에 이른 것은 어떠한 원인으로 발화한 불이 건물 내부 도처에 널려 있던 이러한 인화성 물질에 인화됨으로 인한 것으로 볼 여지가 충분하다.

만일 사실이 그와 같다면 이 사건 사고 당시 다수의 인부들이 밀폐되다시피 한 건물 내부에서 작업을 하게 되었고, 더욱이 그 작업 내용이 용접작업 등 화재 발생의 우려가 있는 작업이었던 관계로 화재가 발생한 경우 다수의 인명피해가 발생할 가능성이 많았으므로, 피고 성원으로서는 화재의 발생에 대비하여 자신이 관리하는 공사현장 도처에 널려 있던 이러한 인화성 물질을 제대로 정리한 다음 인부들로 하여금 작업하도록 하는 등 화재 발생에 대비하여야 할 주의의무가 있음에도 불구하고 이러한 조치를 소홀히 한 채 그들로 하여금 공사현장에서 작업을 하도록 한 과실이 있다 할 것이고, 피고 2로서도 피고 성원으로 하여금 공사현장 도처에 널려 있던 이러한 인화성 물질을 정리하게 한 다음 피용자들로 하여금 공사를 하게 하는 등 그들의 안전을 위하여 필요한 조치를 취하여야 할 의무가 있음에도 불구하고 별다른 안전조치를 취하지 아니한 채 망인을 포함한 소속 인부들로 하여금 현장에서 작업하게 한 과실이 있다 할 것인바(사고 당일 오전 신나를 사용하여 페인트 작업을 하였다면, 작업 종료 후 이러한 물질을 건물 내부에 방치하여서는 아니됨은 물론 환기 등을 통하여 밀폐되다시피 한 건물 내부에서 인화성이 강한 성분을 완전히 배출한 다음 용접 등 다른 작업을 하도록 하여야 할 것이고, 용접 등 다른 작업이 종료된 후 페인트 작업을 하기로 되어 있었다면, 다른 작업시 건물 내부에 신나와 같은 인화성 물질을 방치하여 두어서는 아니될 것이다.), 이 사건 화재의 발화의 직접 원인이 무엇이건 간에 이러한 피고들의 과실 또한 망인이 사망하게 된 한 원인이 되었다 할 것이므로, 피고 성원은 공사중인 이 사건 건물의 점유자로서 그 보존상의 하자에 따른 불법행위로 인한 손해배상책임을, 피고 2는 위 소외 4의 사용자로서 피용자의 안전을 위한 보호의무를 다하지 아니한 채무불이행으로 인한 손해배상책임을 부담한다 할 것이고, 이들의 채무는 부진정연대채무의 관계에 있다 할 것이다.

나아가 공작물 자체의 설치·보존상의 하자에 의하여 직접 발생한 화재로 인한 손해배상책임에 관하여는 민법 제758조 제1항이 적용될 뿐 실화책임에관한법률은 적용되지 아니한다 할 것인바(대법원 1998. 3. 13. 선고 97다34112 판결 참조), 앞서 본 바와 같이 이 사건 사고 당시 이 사건 건물 내부에 신나 등 인화성이 강한 물질이 방치되어 있었다면, 신축공사가 진행중인 이 사건 건물은 사회통념상 공사현장으로서 통상 갖추어야 할 안전성을 갖추지 못한 상태에 있었다고 보아야 할 것이고, 이 사건 화재는 이러한 하자로 인하여 통상의 연소과정과는 달리 순식간에 건물 전체로 확대된 것이라 할 것이므로, 그 화재에 관하여 피고들에게 중과실이 없다고 하여 손해배상책임이 없다고 할 수는 없을 것이다. 그렇다면 원심으로서는 이 사건 화재의 발화 원인이 밝혀지지 아니하였다고 하더라도 피고 성원과 사고 당일 공사현장에서 작업한 다른 업체들과의 관계, 피고들이 사고 당일 어떠한 작업을 하였고 화재 당시 건물 내부에 신나 등 인화성이 강한 물질이 방치되어 있었는지, 또 이러한 인화성 물질이 순식간에 화재가 건물 전체로 번지게 된 데에 대한 어떠한 원인을 제공한 것인지 등에 관하여 보다 상세히 심리하여 이 사건 화재가 순식간에 건물 전체로 번지게 된 것이 공사현장이 통상 갖추어야 할 안전성을 갖추지 못한 하자로 인한 것인지를 살펴보았어야 할 것이다.

그럼에도 불구하고 원심이 이에 이르지 아니한 채 그 판시와 같이 이 사건 화재의 발화 원인이 밝혀지지 아니하였고, 피고들이 망인 등에게 소방복을 지급하는 등의 조치를 취하지 아니한 사실만으로는 중과실이 있다고 볼 수 없다는 이유로 원고 및 선정자들의 청구를 모두 기각한 것은, 채증법칙에 위배하여 사실을 잘못 인정하였거나 불법행위로 인한 손해배상청구에 있어 가해자의 과실이나 실화책임에 관한 법리를 오해한 나머지 심리를 다하지 아니한 위법이 있다 할 것이므로, 이 점을 지적하는 취지의 상고이유의 주장은 이유 있다.

그러므로 원심판결을 파기하고, 사건을 다시 심리·판단하게 하기 위하여 원심법원에 환송하기로 관여 법관의 의견이 일치되어 주문과 같이 판결한다.

(출처 : 대법원 1999.2.23. 선고 97다12082 판결)

■ 일시체류예정인 외국인의 일실이익 산정 방법

[판시사항]

일시체류예정인 외국인의 일실이익 산정 방법

[판결요지]

일시적으로 국내에 체류한 후 장래 출국할 것이 예정되어 있는 외국인의 일실이익을 산정함에 있어서는 예상되는 국내에서의 취업가능기간 내지 체류가능기간 동안의 일실이익은 국내에서의 수입(실제 얻고 있던 수입 또는 통계소득)을 기초로 하고, 그 이후에는 외국인이 출국할 것으로 상정되는 국가(대개는 모국)에서 얻을 수 있는 수입을 기초로 하여 일실이익을 산정하여야 할 것이고, 국내에서의 취업가능기간은 입국 목적과 경위, 사고 시점에서의 본인의 의사, 체류자격의 유무 및 내용, 체류기간, 체류기간 연장의 실적 내지 개연성, 취업의 현황 등의 사실적 내지 규범적 제 요소를 고려하여 인정함이 상당하다고 할 것이며, 이러한 법리는 비록 당해 외국인이 불법체류자라고 하더라도, 당해 외국인의 취업활동 자체가 공서양속이나 사회질서에 반하는 것으로서 사법상 당연무효가 되지 않는 이상, 마찬가지로 적용된다.

[주 문]

원심판결 중 일실수입에 관한 원고들 패소 부분을 파기하고, 이 부분 사건을 인천지방법원 본원 합의부에 환송한다.

[이 유]

원고들 소송대리인의 상고이유를 본다.

원심판결 이유에 의하면, 원심은 망 소외인은 중화인민공화국 (주소 1 생략)에서 거주하던 조선족으로서 1994.6.17. 체류기간이 15일로 정해진 단기상용의 입국허가를 받고 대한민국에 입국한 이후 체류기간 연장허가 없이 불법체류하면서 1995.8.12.부터 인천 서구 (주소 2 생략) 소재 피고 경영의 ○○산업에서 월 금 1,300,000원을 받고 임시공으로 일하여 오던 중 1995.12.25. 이 사건 사고로 사망한 사실, 위 망인은 체류기간 연장허가 없이 이 사건 사고

당일까지 불법으로 체류하고 있고 적발되면 출입국관리법령에 따라 즉시 강제퇴거조치를 당할 지위에 있었고, 망인의 처와 자녀 및 부모들인 원고들도 모두 중국에 거주하고 있어 일정한 기간이 지나면 망인이 스스로 중국으로 돌아갈 가능성도 많았으며 위 ○○산업에 근무한 기간이 4개월 여에 불과할 뿐만 아니라 고용계약기간도 2개월에 불과한 임시직 고용계약이어서 그 재계약 여부도 불투명한 사실 등을 인정하고 나서 사고 당시의 망인의 월수입을 가동기간까지 계속하여 얻을 수 있는 수입으로 평가할 수는 없다고 판단하여 사고일 이후 가동기간까지 국내의 도시일용노임을 기초로 망인의 일실이익을 산정한 (과실상계 후 유족일시금으로 전액 공제되었다) 제1심을 그대로 유지하는 한편 부가적으로 가사 망인이 조선족 교포로서 다른 외국인과는 달리 국적취득의 가능성이 전혀 없지는 않은 점, 현실적으로 많은 중국 교포들이 체류기간을 넘어 체류하면서 상당 기간 소득활동을 하고 있고 그 불법체류기간은 짧게는 1개월에서 길게는 5, 6년인 점 등을 감안하여 이 사건 사고일로부터 3년 정도 대한민국에 거주하면서 월 1,300,000원의 수입을 얻을 수 있다고 보아 일실수입을 계산하더라도 원고들이 수령한 유족일시금을 공제하면 남는 것이 없게 되므로 마찬가지라고 판단하고 있다.

그러나 일시적으로 국내에 체류한 후 장래 출국할 것이 예정되어 있는 외국인의 일실이익을 산정함에 있어서는 예상되는 국내에서의 취업가능기간 내지 체류가능기간 동안의 일실이익은 국내에서의 수입(실제 얻고 있던 수입 또는 통계소득)을 기초로 하고, 그 이후에는 외국인이 출국할 것으로 상정되는 국가(대개는 모국)에서 얻을 수 있는 수입을 기초로 하여 일실이익을 산정하여야 할 것이고, 국내에서의 취업가능기간은 입국 목적과 경위, 사고 시점에서의 본인의 의사, 체류자격의 유무 및 내용, 체류기간, 체류기간 연장의 실적 내지 개연성, 취업의 현황 등의 사실적 내지 규범적 제 요소를 고려하여 인정함이 상당하다고 할 것이며, 이러한 법리는 비록 당해 외국인이 불법체류자라고 하더라도, 당해 외국인의 취업활동 자체가 공서양속이나 사회질서에 반하는 것으로서 사법상 당연무효가 되지 않는 이상, 마찬가지로 적용된다고 할 것이다.

그런데도 이와 다른 견해에서 망인의 일실이익을 산정한 원심판결에는 불법체류자인 외국인 피해자의 일실이익의 산정 방법에 관한 법리를 오해하여 필요한 심리를 다하지 아니한 위법이 있다고 할 것이다(기록상 망인이 우리 나라에서 출국 후 거주한 것으로 예상되는 국가 등에서 취업한다면 얻을 수 있는 소득 등에 관한 아무런 심리가 되어 있지 아니하여 원심의 부가적 판단의 당부도 가릴 수 없다.). 이 점을 지적하는 논지는 이유 있다.

그러므로 나머지 상고이유에 대한 판단을 생략한 채 원심판결 중 일실수입에 관한 원고들 패소 부분을 파기하고 이 부분 사건을 다시 심리·판단하도록 하기 위하여 원심법원에 환송하기로 하여 관여 법관의 일치된 의견으로 주문과 같이 판결한다.

(출처 : 대법원 1998.9.18. 선고 98다25825 판결)

■ 지입회사가 지입차주에 대하여 사용자의 지위에 있는지 여부(적극)

[판시사항]

[1] 건설기계관리법이 시행된 이후에도 종래의 전형적인 지입제 방식으로 지입차량을 관리 · 운영하는 경우, 지입회사가 지입차주에 대하여 사용자의 지위에 있는지 여부(적극)

[2] 지입회사가 지입차량의 운전사에 대해 근로계약상의 사용자로서 보호의무 내지 산업안전보건법 소정의 안전상의 조치의무를 부담하는지 여부(적극)

[판결요지]

[1] 건설기계관리법 및 건설기계관리법시행령이 시행된 후에는 지입차주로서는 지입차량의 등록 명의를 실질관계에 부합하게 자신 앞으로 전환하여 그 차량을 개인이 혼자서 운영하는 개별 건설기계대여업의 형태로 운영하거나 혹은 2인 이상의 법인이나 개인이 공동으로 운영하는 공동 건설기계대여업의 형태로 운영할 수 있음에도 불구하고 여전히 그 등록 명의를 지입회사 앞으로 남겨둔 채 종래의 지입체제를 그대로 유지하여 온 경우, 비록 지입차주가 지입차량의 실질적인 소유자로서 직접 이를 실제로 운영하여 왔다고 할지라도 지입회사는 지입차량의 운행사업에 있어서의 명의대여자로서 제3자에 대하여 그 지입차량이 자기의 사업에 속하는 것임을 표시하였다고 볼 수 있을 뿐만 아니라 객관적으로 지입차주를 지휘·감독하는 사용자의 지위에 있는 것으로 볼 수 있다.

[2] 지입회사는 지입차량의 운전사에 대하여도 직접 근로계약상의 책임을 지는 사용자로서 그 운전사가 근로를 제공하는 과정에서 생명·신체·건강을 해치는 일이 없도록 물적 환경을 정비하고 필요한 조치를 강구할 보호의무 내지는 산업안전보건법 제23조 소정의 안전상의 조치의무를 부담한다.

[주 문]

상고를 기각한다. 상고비용은 피고의 부담으로 한다.

[이 유]

상고이유를 본다.

원심판결의 이유에 의하면, 원심은 거시 증거에 의하여, 소외 1은 1994.4.4. 지입회사인 피고와 사이에서 자신이 실제로 소유하여 오던 (차량등록번호 생략) 15톤 덤프트럭에 관하여 차량위·수탁계약을 체결하고 같은 달 21. 그 등록 명의를 피고 앞으로 변경한 사실, 위 소외 1은 같은 달 30. 소외 동원건설 주식회사에게 위 트럭을 2개월간 임대하기로 하고 같은 해 5.1.부터 위 회사가 시공하는 대명스키장 건설 현장에서 운반 작업을 실시한 사실, 위 소외 1이 위 트럭의 운전기사로 고용한 망 소외 2는 같은 해 6. 2. 위 건설 현장에서 위 소외 1과 함께 흙을 운반하는 작업을 실시하던 중 위 트럭에 고장이 발생하자 이를 수리하기 위하여 위 차량의 적재함이 들린 상태에서 그 아래에서 차량 부품의 교체 작업을 벌이다가 갑자기 적재함이 내려오는 바람에 그 밑에 깔려 경추골절 등으로 인한 호흡마비로 사망한 사실, 위 트럭이 정상적으로 정비된 상태에서는 위 트럭의 운전석 옆에 붙어 있는 덤프레버를 작동시키는 경우 외에는 들려진 적재함이 갑자기 내려오는 경우가 있을 수 없고 또한 이 사건 사고 당시 위 망인이 부품 교체 작업을 하던 곳과 위 덤프레버와의 사이에는 3m 이상의 거리가 있어 위 망인이 부품 교체 작업을 하면서 위 덤프레버를 건드리는 것은 불가능한 사실, 위 사고 당시 그 현장에 함께 있던 위 소외 1은 위 트럭의 수리에 관한 전문지식이나 자격을 갖추지 못한 위 망인이 그 수리 작업을 하는 것을 방치하였으며, 피고는 지입차주나 운전사들에게 해당 중기가 작업 중 고장이 난 경우에 전문자격을 갖춘 정비업소나 정비공으로 하여금 수리를 하도록 하는 등의 안전교육을 실시하는 것을 게을리 한 사실을 인정한 다음, 이 사건 사고는 위 트럭의 지입차주인 위 소외 1이 수리에 관한 전문지식이나 정비자격을 갖추지 못한 위 망인으로 하여금 수리 작업을 하도록 방치하고 또한 위 트럭에 대한 정비를 게을리 한 과실과 피고가 위 소외 1 및 위 망인에게 안전교육을 게을리 한 과실로 인하여 발생한 것인데, 피고는 객관적으로 위 트럭의 지입차주인 위 소외 1을 지휘·감독할 관계에 있는 사용자라 할 것이므로, 피고는 피고 자신의 과실 및 그 피용자인 위 소외 1의 과실로 발생한 이 사건 사고로 인하여 위 망인과 그의 가족인 원고들이 입은 손해를 배상할 책임이 있다고 판단하였다.

중기관리법(1975.7.26. 법률 제2785호)이 1993.6.11. 법률 제4561호에 의하여 현행 건설기계관리법으로 전문 개정되면서 종전에 중기대여업에 관하여는 허가제를 취하던 것이 그 규제 대상을 건설공사에 사용할 수 있는 소형기계까지 포함시켜 그 명칭을 '중기'에서 '건설기계'로 변경함과 아울러 그 대여업에 관하여도 신고제를 취하는 것으로 바뀌었으며, 또한 1993.12.31. 대통령령 제14063호로 전문 개정된 건설기계관리법시행령 제13조가 1대의 건설기계 소유자도 개인으로 개별 건설기계대여업을 영위할 수 있으며 기존의 종합 및 단종 건설기계대여업도 2인 이상의 법인 또는 개인이 공동으로 운영할 수 있는 길이 열리게 된 점은 소론과 같으나, 기록에 의하면, 이 사건 사고 당시 위 트럭의 등록 명의자는 피고였으며 그 운영 방식도 종래의 전형적인 지입제의 방식을 취하였을 뿐이고 달리 지입차주인 위 소외 1이 건설기계대여업의 개별운영자 또는 공동운영자로서 행정당국에 신고되지 아니한 사실을 엿볼 수 있는바, 사실관계가 이와 같다면, 이 사건 사고 당시 이미 새로운 건설기계관리법시행령이 시행된 후이므로 이 사건 트럭의 지입차주인 위 소외 1로서는 그 등록 명의를 실질관계에 부합하게 자신 앞으로 전환하여 이 사건 트럭을 개인이 혼자서 운영하는 개별 건설기계대여업의 형태로 운영하거나 혹은 2인 이상의 법인이나 개인이 공동으로 운영하는 공동 건설기계대여업의 형태로 운영할 수 있었음에도 불구하고 여전히 그 등록 명의를 지입회사인 피고 앞으로 남겨둔 채 종래의 지입체제를 그대로 유지하여 온 이상, 비록 위 소외 1이 이 사건 트럭의 실질적인 소유자로서 직접 이를 실제로 운영하여 왔다고 할지라도 피고는 이 사건 트럭의 운행사업에 있어서의 명의대여자로서 제3자에 대하여 이 사건 트럭이 자기의 사업에 속하는 것임을 표시하였다고 볼 수 있을 뿐만 아니라 객관적으로 지입차주인 위 소외 1을 지휘·감독하는 사용자의 지위에 있다 고 할 것이며(대법원 1990.12.11. 선고 90다7616 판결, 1987.4.14. 선고 86다카899 판결 참조), 또한 이 사건 트럭의 운전사인 위 망인에 대하여도 직접 근로계약상의 책임을 지는 사용자로서(대법원 1992.4.28. 선고 90도 2415 판결 참조) 위 망인이 근로를 제공하는 과정에서 생명·신체·건강을 해치는 일이 없도록 물적 환경을 정비하고 필요한 조치를 강구할 보호의무 내지는 산업안전보건법 제23조 소정의 안전상의 조치의무를 부담한다고 할 것이므로(대법원 1997.4.25. 선고 96다53086 판결 참조), 같은 취지의 원심 판단은 정당하고, 거기에 소론과 같이 지입제도에 관한 법적 규제의 변화 및 피고의 사용자로서의 지위에 관한 심리미진 또는 채증법칙 위배로 인한 사실오인 및 판단유탈 등의 위법이 있다고 할 수 없다. 논지는 이유 없다.

그러므로 상고를 기각하고 상고비용은 패소자의 부담으로 하기로 하여 관여 법관의 일치된 의견으로 주문과 같이 판결한다.

(출처 : 대법원 1998.1.23. 선고 97다44676 판결)

■ 불법행위로 인한 손해배상청구권의 소멸시효의 기산점이 되는 '손해
  및 가해자를 안 날'의 의미

[판시사항]

[1] 불법행위로 인한 손해배상청구권의 소멸시효의 기산점이 되는 '손해
    및 가해자를 안 날'의 의미
[2] 진폐증의 경우, 노동부로부터 진폐요양급여대상자로 결정된 사실을
    통지받은 때를 '손해를 안 날'이라고 본 사례

[판결요지]

[1] 민법 제766조 제1항에서 말하는 '손해'란 위법한 행위로 인한 손해 발생
    의 사실을, '가해자'란 손해배상 청구의 상대방이 될 자를 의미하고, '안 날
    '이란 피해자나 그 법정대리인이 위 손해 및 가해자를 현실적이고도 구체
    적으로 인식함을 뜻하는 것이므로, 결국 여기에서 말하는 '손해를 안 날'이
    란 불법행위의 요건 사실에 대한 인식으로서 위법한 가해행위의 존재, 가
    해행위와 손해의 발생 사이에 상당인과관계 등이 있다는 사실까지 피해자
    가 알았을 때를 의미하는 것이다.
[2] 진폐증은 분진을 흡입함으로써 폐에 생기는 섬유증식성 변화를 주증상으로
    하는 질병으로서, 현대의학으로도 완치가 불가능하고 분진이 발생하는 직
    장을 떠나더라도 그 진행을 계속하는 한편, 그 진행 정도도 예측하기 어렵
    다는 점을 참작하여 볼 때, 피해자가 병원의 검진 결과 진폐근로자에 대한
    요양 기준·폐질등급 기준 및 장해등급 기준에 따른 병형 중 2형에 해당한
    다는 소견을 받고 노동부에 요양신청을 한 후, 노동부로부터 진폐요양급여
    대상자로 결정된 사실을 통지받게 됨으로써 비로소 위와 같은 중증의 진
    폐증에 이환되었다는 사실을 현실적이고도 구체적으로 인식하게 되었다고
    봄이 상당하다고 한 사례.

[주 문]

상고를 기각한다. 상고비용은 피고의 부담으로 한다.

[이 유]

상고이유를 판단한다.

1. 제1점에 대하여

원심판결 이유를 기록에 비추어 살펴보면, 원심이 원고 1이 피고 경영의 ○○○○ 공장에서 실리카샌드(돌가루)를 건조·혼합하여 제품을 만들어 이를 포장하는 작업에 종사하면서, 그 판시와 같은 피고의 과실로 인하여, 호흡하면서 공기 중에 있는 돌가루를 흡입하여 진폐증에 걸리게 되었다는 사실을 인정한 후, 원고들의 이 사건 청구 일부를 인용한 조치는 수긍이 가고, 거기에 채증법칙을 위배하여 사실을 오인하였거나 이유모순의 위법이 있다고 할 수 없다. 이 점에 관한 상고이유는 받아들일 수 없다.

2. 제2점에 대하여

민법 제766조 제1항에서 말하는 '손해'란 위법한 행위로 인한 손해 발생의 사실을, '가해자'란 손해배상 청구의 상대방이 될 자를 의미하고, '안 날'이란 피해자나 그 법정대리인이 위 손해 및 가해자를 현실적이고도 구체적으로 인식함을 뜻하는 것이므로, 결국 여기에서 말하는 '손해를 안 날'이란 불법행위의 요건 사실에 대한 인식으로서 위법한 가해행위의 존재, 가해행위와 손해의 발생과 사이에 상당인과관계 등이 있다는 사실까지 피해자가 알았을 때를 의미하는 것이다(대법원 1989.9.26. 선고 88다카32371 판결, 1994.4.26. 선고 93다59304 판결, 1995.11.10. 선고 95다32228 판결 등 참조).

그런데 원심이 적법하게 확정한 사실관계에 의하면, 원고 1은 피고가 경영하던 ○○○○ 공장에서 약 8년 2개월 동안 근무한 후 1987. 3.경 퇴사하였는데, 퇴직 당시에 이미 호흡 곤란, 피로가 쉽게 오는 증상이 나타나 퇴직 직후 진폐증에 대한 정밀진단을 받고 1년여 동안 집에서 쉬었으나 건강이 회복되지 아니하자 1989.경 병원에서 검진을 받은 결과 폐결핵 및 진폐증 의심 진단을 받았고, 1990.4.2.부터 같은 달 7.까지 서울 영등포구 소재 성모병원에서 검진을 받은 결과, 엑스선 사진 판독 결과가 산업재해보상보험법시행규칙 [별표5] 진폐근로자에 대한 요양 기준·폐질등급 기준 및 장해등급 기준에 따른 병형 중 1형인 1/1(소원형 또는 소불규칙음영이 소수 있는 것)에 해당하나, 심폐기능은 무장해(FO)에 해당한다고 하여 1990. 4. 28. 노동부로부터 무장해판정을 받았고, 그 이후 계속하여 치료를 받아왔으나 건강이 호전되지 아니하자 1992.10.1. 다시 병원의 진단을 받은 결과 진폐증이 의심된다는 것이어서 1993.1.11.부터 같은 달 16.까지 재검진을 한 결과, 엑스선 사진 판독 결과가 위 [별표5] 진폐근로자에 대한 요양 기준·폐질등급 기준 및 장해등급 기준에 따른 병형 중 2형인 2/2(소원형 또는 소불규칙음영이 다수 있는 것)에 해당한다는 소견을 받고 노동부에 요양신청하였고, 1993.4.30. 노동부로부터 진폐요양급여대상자로 결정된 사실의 통지를 받게 되었다는 것인바, 진폐증은 분진을 흡입함으로써 폐에 생기는 섬유증식성 변화를 주증상으로 하는 질병으로서(진폐의예방과진폐근로자의보호에관한법률 제2조 제1호), 현대의학으로도 완치가 불가능하고 분진이 발생하는 직장을 떠나더라도 그 진행을 계속하는 한편 그 진행 정도도 예측하기 어렵다는 점을 참작하여 볼 때, 원고 1이 병원의 검진 결과 진폐근로자에 대한 요양 기준·폐질등급 기준 및 장해등급 기준에 따른 병형 중 2형에 해당한다는 소견을 받고 노동부에 요양신청한 후 1993.4.30. 노동부로부터 진폐요양급여대상자로 결정된 사실을 통지받게 됨으로써 비로소 위와 같은 중증의 진폐증에 이환되었다는 사실을 현실적이고도 구체적으로 인식하게 되었다고 봄이 상당하다 고 할 것이다.

같은 취지에서 원심이, 원고 1이 위와 같은 중증의 진폐증에 걸리게 되었음을 이유로 피고에 대하여 불법행위로 인한 손해배상을 구하는 원고들의 이 사건 손해배상청구권의 단기소멸시효의 기산일을 1993. 4. 30.이라고 판단한 조치는 정당하고, 거기에 소멸시효의 기산점에 관한 법리오해의 위법이 없다. 이 점에 관한 상고이유도 받아들일 수 없다.

3. 제3점에 대하여

원심판결 이유를 기록에 비추어 살펴보면, 원심이 인정한 위자료의 수액은 적정한 것으로 수긍이 가고, 거기에 상고이유에서 내세우는 형평의 원칙 위반 등의 위법이 없다. 이 점에 관한 상고이유 역시 받아들일 수 없다.

4. 그러므로 상고를 기각하고, 상고비용은 상고인인 피고의 부담으로 하기로 관여 법관의 의견이 일치되어 주문과 같이 판결한다.

(출처 : 대법원 1997.12.26. 선고 97다28780 판결)

■ 과실상계 사유에 관한 사실인정이나 과실상계 비율의 결정이 사실심
　의 전권사항인지 여부(적극)

[판시사항]

　[1] 안전 시설을 제대로 갖추지 않고 수영장을 개방함으로 인하여 발생
　　한 사고에 대해 수영장의 점유자에게 공작물의 설치·보존상의 과
　　실로 인한 손해배상책임을 인정한 사례

　[2] 과실상계 사유에 관한 사실인정이나 과실상계 비율의 결정이 사실
　　심의 전권사항인지 여부(적극)

　[3] 부대상고의 제기기간 및 부대상고이유서의 제출기간

[판결요지]

[1] 수영장의 점유자가 원래 경기용 수영장으로 시설된 수영장을 일반인들의
　연습용으로 개방하기 위하여는 수심조절장치나 수위조절판을 설치하여 수
　심을 1.2m 정도로 하되 물을 가득 채움으로써 일반인들이 수영장 안으로
　갑자기 떨어져도 큰 충격을 입지 않도록 조치하여야 함에도 위와 같은 시
　설을 설치하지 않은 채, 수영장 바닥에서 1.2m 정도의 물을 채워 수심만
　유지한 상태에서 수영장을 개방한 과실로 사고가 발생하였으므로, 수영장
　의 점유자는 수영장의 점유자로서 설치·보존상의 과실 내지 일반불법행위
　자로서 위와 같은 안전 시설을 하지 않은 과실로 인하여 발생한 사고로
　인하여 피해자들이 입은 손해를 배상할 책임이 있다고 한 사례.

[2] 불법행위로 인한 손해배상 사건에서 과실상계에 관한 사실인정이나 그 비
　율을 정하는 것은, 그것이 형평의 원칙에 비추어 현저히 불합리하다고 인
　정되지 않는 한, 사실심의 전권사항에 속하는 것이다.

[3] 피상고인은 상고권이 소멸된 후에도 부대상고를 할 수 있지만 상고이유서
　제출기간 내에 부대상고를 제기하고 부대상고이유서를 제출하여야 한다.

[주 문]

피고의 상고를 기각한다. 원고 1의 부대상고를 각하한다. 상고비용은 피고의, 부대상고비용은 원고 1의 각 부담으로 한다.

[이 유]

1. 피고의 상고이유를 판단한다.

　　가. 원심이, 그 내세운 증거에 의하여 판시와 같은 사실을 인정한 다음, 이 사건 사고는 피고가 원래 경기용 수영장으로 시설된 두류수영장을 일반인들의 연습용으로 개방하기 위하여는 수심조절장치나 수위조절판을 설치하여 수심을 1.2m 정도로 하되 물을 가득 채움으로써 일반인들이 수영장 안으로 갑자기 떨어져도 큰 충격을 입지 않도록 조치하여야 함에도 위와 같은 시설을 설치하지 않은 채, 수영장 바닥에서 1.2m 정도의 물을 채워 수심만 유지한 상태에서 개방한 과실로 발생하였다 할 것이므로, 피고는 위 두류수영장의 점유자로서 설치·보존상의 과실 내지 일반불법행위자로서 위와 같은 안전 시설을 하지 않은 과실로 인하여 발생한 이 사건 사고로 인하여 원고들이 입은 모든 손해를 배상할 책임이 있다고 판단하였는바, 기록에 비추어 살펴보면 원심의 이러한 인정과 판단은 옳다고 여겨지고, 거기에 상고이유의 주장과 같은 채증법칙 위배로 인한 사실오인의 위법이 있다고 할 수 없다. 상고이유의 주장은 필경 원심의 전권에 속하는 증거의 취사판단과 사실의 인정을 비난하거나 원심이 인정한 사실과 상치되는 사실을 전제로 원심의 판단을 부당하게 흠잡는 것에 지나지 아니하여 받아들일 수 없다.

　　나. 불법행위로 인한 손해배상 사건에서 과실상계에 관한 사실인정이나 그 비율을 정하는 것은 그것이 형평의 원칙에 비추어 현저히 불합리하다고 인정되지 않는 한, 사실심의 전권사항에 속하는 것인바(대법원 1995. 7. 25. 선고 95다17267 판결 참조), 기록에 의하여 인정되는 이 사건 당시의 제반 사정에 비추어 볼 때, 원심이 원고 1의 과실 비율을

60%로 평가한 것이 형평의 원칙에 비추어 현저히 불합리하다고 인정되지 아니하므로, 원심판결에 상고이유의 주장과 같은 과실상계의 법리를 오해한 위법이 있다고 할 수 없다.

2. 원고 1의 부대상고이유를 판단한다.

피상고인은 상고권이 소멸된 후에도 부대상고를 할 수 있지만 상고이유서 제출기간 내에 부대상고를 제기하고 부대상고이유서를 제출하여야 하는 것인바(대법원 1993. 1. 26. 선고 92다46394 판결 참조), 기록에 의하면 원고 1은 상고소송기록접수통지서가 피고에게 송달된 날로부터 20일이 지난 뒤에 부대상고를 제기하였음이 분명하므로, 위 원고의 부대상고는 부적법한 것으로서 그 흠결을 보정할 수 없는 것이다.

3. 그러므로 피고의 상고를 기각하고, 원고 1의 부대상고를 각하하며, 상고비용과 부대상고비용은 패소자 각자의 부담으로 하기로 관여 법관들의 의견이 일치되어 주문과 같이 판결한다.

(출처 : 대법원 1997.11.28. 선고 97다38299 판결)

■ 실질적인 사업주체가 아닌 명의대여자가 사용자책임을 지기 위한 요건

[판시사항]

가. 실질적인 사업주체가 아닌 명의대여자가 사용자책임을 지기 위한
   요건

나. 사업체를 타인에게 양도하였으나 사업자등록명의가 남아 있는 명의
   잔존자의 사용자책임을 인정한 원심판결을 파기한 사례

[판결요지]

가. 사용자책임의 요건으로서의 사용자관계는 명시적이든 묵시적이든 객관적으
   로 보아 실질적으로 불법행위자를 지휘·감독하여야 할 관계에 있음을 요하
   고, 실질적인 사업주체가 아니더라도 명의대여자로서 명의차용자나 그 피
   용자를 지휘·감독하여야 할 지위에 있다고 보아야 할 경우가 있으나, 이
   경우에 있어서도 명의를 대여하게 된 경위 등 객관적 사정에 비추어 명의
   대여자가 명의차용자나 그 피용자를 지휘·감독하여야 할 지위에 있다고 인
   정되지 않으면 안 된다.

나. 사업체를 타인에게 양도하였으나 아직 사업자등록명의가 남아 있는 명의잔
   존자의 사용자책임을 인정한 원심판결을 법리오해 또는 심리미진을 이유로
   파기한 사례.

[주 문]

원심판결을 파기하고, 사건을 서울고등법원에 환송한다.

[이 유]

상고이유를 본다.

원심판결 이유에 의하면, 원심은 ○○○○○○○라는 상호의 제본소(이하 제본
소라고 한다)에 관하여 피고 명의로 사업자등록이 되어 있는 사실, 위 제본소
의 재단보조공으로 일하던 원고 1이 1991.1.5. 17:30경 재단사 소외 1과 함
께 대형재단기로 책을 재단하다가 위 소외 1의 과실로 재단기에 양손 손가락
이 절단당하는 상해를 입은 사실을 인정한 뒤, 이 사건 사고 당시 위 제본소

- 345 -

의 사업자 명의가 피고로 되어 있다는 점과 이 사건 사고 전에 피고로부터 위 제본소의 영업을 양수하였다는 소외 2가 사고 후 위 원고의 아버지인 원고 2에게 자신을 공장장이라고 소개하면서 노동부에 제출할 취업동의서를 교부받았고, 피고를 고용주로 한 고용계약서를 작성하였으며, 피고가 위 제본소를 위 소외 2에게 양도하였다면서도 따로 양도대금을 받은 바 없는 점 등에 비추어 볼 때, 설사 피고가 위 제본소를 소외 2에게 양도하여 위 소외 2가 이를 경영하다가 이 사건 사고가 발생하였다고 하더라도 피고가 위 제본소의 영업주로서의 지위를 완전히 벗어났다고 보기는 어려워 피고가 여전히 위 소외 1을 지휘·감독하여야 할 지위에 있었다고 볼 것이라는 이유로, 피고는 위 소외 1의 사용자로서 위 사고로 인한 손해를 배상할 책임이 있다고 판단하고 있다.

사용자책임의 요건으로서의 사용자관계는 명시적이든 묵시적이든 객관적으로 보아 실질적으로 불법행위자를 지휘·감독하여야 할 관계에 있음을 요한다고 할 것이고, 실질적인 사업주체가 아니면서도 명의대여자로서 명의차용자나 그 피용자를 지휘·감독하여야 할 지위에 있다고 보아야 할 경우가 있을 것이나, 이 경우에 있어서도 명의를 대여하게 된 경위 등 객관적 사정에 비추어 명의대여자가 명의차용자나 그 피용자를 지휘·감독하여야 할 지위에 있다고 인정되지 아니하면 안된다고 할 것이다.

기록에 의하면, 피고는 1989.10.26. 위 제본소를 설립하면서 소외 3으로부터 자금지원을 받아 기계시설 등 물적설비를 하고, 소외 3이 별도로 경영하는 △△△△에서 의뢰하는 작업을 우선적으로 처리하여 오다가 1990.6.19. 위 소외 3의 동의를 받아 이를 위 소외 2에게 양도하고, 그 후 이 사건 사고시까지 위 소외 2가 이를 경영하였고, 피고는 같은 해 8.6. ㅁㅁㅁ라는 인쇄업체에 취업하여 위 제본소의 경영에는 전혀 관여하지 아니한 사실을 엿볼 수 있고, 기록상 위 소외 2가 위 제본소를 인수하여 경영함에 있어서 피고의 명의를 ㅊ대여받아야 할 특별한 사정이 있다고 보이지도 아니하는바, 이러한 사정이라면, 피고가 위 소외 2에게 위 제본소를 양도하면서 따로 양도대금을 받아야 할 관계에 있다고 단정할 수도 없으므로 피고로서는 자금제공자인 위 소외 3의 동의를 받아 위 제본소를 소외 2에게 양도함으로써 바로 위 제본소의 종업원을 지휘·감독하여야 할 지위에서 벗어났다고 볼 여지가 있고, 또 위 양도 이후에도 그 사업자등록명의가 피고로 남아 있었고, 위 소외 2가 이 사건 사고이후 자신이 공장장이라고 하면서 피고 이름으로 취업동의서와 고용계약서를 작성하였다고 하여 피고가 위 소외 2에게 명의를 대여하여 위 제본소를 경영하게 하였다고 단정할 수도 없다고 할 것이다.

그럼에도 원심이 그 설시와 같은 사유를 들어 위 양도 이후에도 여전히 피고가 위 제본소의 영업주로서 재단사인 위 소외 1을 지휘·감독하는 지위에 있다고 판단하고 말았으니, 원심에는 결국 사용자책임에 있어서의 사용자관계에 관한 법리를 오해하였거나 사용자관계에 있다고 판단함에 있어서 거쳐야 할 심리를 다하지 아니한 위법이 있다고 할 것이고, 이를 탓하는 논지는 이유 있다.

그러므로 원심판결을 파기환송하기로 하여 관여 법관의 일치된 의견으로 주문과 같이 판결한다.

(출처 : 대법원 1995.6.29. 선고 95다13289 판결)

■ 기간만료 후에는 계속 근무할 수 없는 경우의 일실수입 산정방법

[판시사항]

가. 사고 당시 피해자의 직장이 기간을 정한 계약에 기한 것이어서 기간
　　만료 후에는 계속 근무할 수 없는 경우의 일실수입 산정방법
나. 소극적 손해액 산정시 피해자가 수령한 휴업급여금의 공제범위

[판결요지]

가. 피해자가 사고 당시 근무하고 있던 직장이 기간을 정한 타인과의 계약에
　　기한 것이어서 그 계약기간이 만료된 후에는 그 직장에 계속 근무할 수
　　없는 사정이 있다 하더라도 피해자가 그 이후에는 일용노동에 종사하여 벌
　　수 있는 수익밖에 올릴 수 없다고 단정할 수는 없고, 특별한 사정이 없는
　　한 그 가동연한까지 종전 직장에서와 같은 정도의 수익이 있는 유사한 직
　　종에 계속 종사할 수 있는 것으로 봄이 타당하다.
나. 손해배상은 손해의 전보를 목적으로 하는 것이므로 피해자가 근로기준법이
　　나 산업재해보상보험법에 따라 휴업급여나 장해급여 등을 이미 지급받은
　　경우에 그 급여액을 일실수익의 배상액에서 공제하는 것은 그 손해의 성질
　　이 동일하여 상호보완적 관계에 있는 것 사이에서만 이루어질 수 있고, 따
　　라서 피해자가 수령한 휴업급여금이나 장해급여금이 법원에서 인정된 소극
　　적 손해액을 초과하더라도 그 초과부분을 그 성질을 달리하는 손해의 배상
　　액을 산정함에 있어서 공제할 것은 아니고, 같은 이치에서 휴업급여는 휴
　　업기간 중의 일실수익에 대응하는 것이므로 휴업급여금은 그것이 지급된
　　휴업기간 중의 일실수익 상당의 손해액에서만 공제되어야 한다.

[주 문]

상고를 기각한다.
상고비용은 피고의 부담으로 한다.

[이 유]

상고이유를 본다.

1. 상고이유 제1점에 대하여,

원심판결 이유에 의하면, 원심은 원고 1은 1989.12.12. 피고 경영의 천막 생산업체인 '상신직물'에 입사하여 와인더(winder)부에 근무하다가 1991.6.24. 임의퇴직한 뒤 같은 해 9.2. 재입사하여 연신부에서 소외인과 함께 한 조를 이루어 천막제조용 실을 발출하는 연신기계에 실원료를 투입하는 작업을 담당하여 왔는데, 같은 해 10.6. 위 소외인이 결근하였음에도 피고가 작업인원을 보충하지 아니하여 원고가 혼자서 원료투입작업을 하게 되었는바, 일련의 다른 작업에 지장을 초래하지 않게 하기 위하여는 원료배합작업이 차질 없이 이루어져야 하는 사정 때문에 심리적인 압박감을 느낀 상태에서 혼자서 서둘러 원료배합작업을 하던 중 08:15경 과중한 작업량과 부적당한 작업자세로 인하여 허리에 과도한 충격을 당함으로써 제4, 5 요추간, 제5요추 및 제1천추 간 요추간판 탈출증을 입게 된 사실을 인정한 다음, 이 사고는 피고의 작업감독상의 과실로 인하여 발생하였고, 한편 위원고의 과실도 이 사건 사고 발생의 한 원인이 되었다고 할 것이며, 그 과실비율은 50%로 봄이 상당하다고 판단하였다.

원심이 설시한 증거관계를 기록과 대조하여 검토하면 원심의 위 사실인정과 판단은 정당한 것으로 수긍이 가고, 거기에 채증법칙에 위배하여 사실을 오인한 위법이 있다고 할 수 없고, 또한 원심이 인정한 과실상계비율이 현저하게 부당하여 정의와 형평에 어긋난다고 할 수 없다. 논지는 모두 이유가 없다.

2. 상고이유 제2점에 대하여,

원심판결 이유에 의하면, 원심은 원고 1이 1991.9.2. 피고가 운영하는 상신직물에 근로계약기간을 1992.10.2.까지로 하는 내용의 근로계약을 체결하고 재입사하였다가 이 사건 사고로 1992.6.12. 퇴직한 사실, 위 원고는 이 사건 사고 당시 월 금 630,000원의 급료를 받고 있었고, 상여금으로 급료의 총수령액 중 근무기간이 6개월 이상일 경우에 60%, 12개월 이상일 경우에 100%, 24개월 이상일 경우에 200%에 해당하는 금원을 지급받기로 하는 근로계약을 체결한 사실을 인정한 다음, 위 근로계약기간이 만료되는 1992.10.2. 이후에도 위 상신직물의 취업규칙이 정한 정년인 55세가 되는 날인 2021.7.11.까지 위 상여금을 포함한 급료와 위 정년이 될 때까지 계속근속연수 1년에 대하여 30일분의 평균임금에 상당하는 퇴직금 중 각 그 노동능력상실 정도에 상응한 수익을 상실한 것으로 판단하였다.

불법행위로 인한 피해자의 일실수익은 피해자의 노동능력이 가지는 재산적 가치를 정당하게 반영하는 기준에 의하여 산정하여야 하며 사고 당시 일정한 직업에 종사하여 수익을 얻고 있던 자는 특별한 사정이 없는 한 그 수익이 산정기준이 된다 할 것이다. 그리고 위와 같이 사고 당시의 수익을 일실수익산정의 기초로 삼는 것은 사고 당시의 수익이 피해자의 노동능력을 가장 객관적으로 평가할 수 있는 자료가 될 수 있기 때문이고, 그 피해자가 장래 구체적으로도 같은 액수의 수익을 계속 얻게됨을 근거로 하는 것은 아니라 할 것이므로, 피해자가 사고 당시 근무하고 있던 직장이 기간을 정한 타인과의 계약에 기한 것이어서 그 계약기간이 만료된 후에는 그 직장에 계속 근무할 수 없는 사정이 있다 하더라도 피해자가 그 이후에는 일용노동에 종사하여 벌 수 있는 수익밖에 올릴 수 없다고 단정할 수는 없고, 특별한 사정이 없는 한 그 가동연한까지 종전 직장에서와 같은 정도의 수익이 있는 유사한 직종에 계속 종사할 수 있는 것으로 봄이 타당하다(대법원 1987.12.22. 선고 87다카2169 판결 참조).

기록에 비추어 볼 때, 원심의 위 사실인정과 판단은 정당한 것으로 수긍이 가고 거기에 소론이 주장하는 바와 같은 일실수입산정에 관한 법리를 오해한 위법 등이 있다 할 수 없다. 논지는 이유 없다.

3. 상고이유 제3점에 대하여,

손해배상은 손해의 전보를 목적으로 하는 것이므로 피해자로 하여금 근로기준법이나 산업재해보상보험법에 따라 휴업급여나 장해급여 등을 이미 지급받은 경우에 그 급여액을 일실수익의 배상액에서 공제하는 것은 그 손해의 성질이 동일하여 상호보완적 관계에 있는 것 사이에서만 이루어질 수 있다고 할 것이고, 따라서 피해자가 수령한 휴업급여금이나 장해급여금이 법원에서 인정된 소극적 손해액을 초과하더라도 그 초과부분을 그 성질을 달리하는 손해의 배상액을 산정함에 있어서 공제할 것은 아니고, 같은 이치에서 휴업급여는 휴업기간 중의 일실수익에 대응하는 것이므로 휴업급여금은 그것이 지급된 휴업기간 중의 일실수익 상당의 손해액에서만 공제되어야 할 것이다(대법원 1991.7.23. 선고 90다11776 판결 참조).
같은 취지에서 피고의 휴업급여금 3,765,670원의 공제 주장은 휴업기간인 1991.10.7.부터 1992.6.12.까지의 일실수익상당의 손해액인 금 608,528원의 범위 내에서만 이유 있다고 판시한 원심의 판단은 정당한 것으로 수긍이 가고, 거기에 손익상계에 관한 법리를 오해한 위법이 없다. 논지는 이유가 없다.

4. 상고이유 제4점에 대하여,

기록에 의하여 살펴보면, 원심이 산정한 위자료 액수도 적절하다고 보여지므로 원심이 위자료 산정에 있어 경험칙에 위배한 사실인정을 하였거나 법리를 오해하였다는 취지의 논지는 받아들일 수 없다.

5. 피고는 원심판결 패소부분 전부에 대하여 상고하였으나 향후치료비, 보조구구입비, 향후개호비 부분 등에 대하여는 아무런 상고이유를 개진하지 않고 있으므로 이 부분 상고는 이유 없다.

6. 그러므로 상고를 기각하고 상고비용은 패소자의 부담으로 하기로 하여 관여 법관의 일치된 의견으로 주문과 같이 판결한다.

(출처 : 대법원 1995.4.25. 선고 93다61703 판결)

■ 총기간이 414개월을 넘더라도 청구하지 않는 기간을 공제한 후의 현가율의 수치가 240을 넘지 않는 경우, 개호비의 현가액 계산방법

[판시사항]

가. 총기간이 414개월을 넘더라도 청구하지 않는 기간을 공제한 후의 현가율의 수치가 240을 넘지 않는 경우, 개호비의 현가액 계산방법

나. 변론종결 당시의 일반노동임금이 노동능력 상실 당시의 현실로 얻은 수입보다 다액일 경우, 일실수입 산정의 기준

다. 특수한 자연적 조건 아래 발생한 사고라도 불가항력적인 자연력의 기여분을 인정하여 손해배상 범위를 제한할 수 없는 경우

라. 상해의 후유증으로 인한 여명 단축 판단시 신체감정촉탁에 의한 여명감정결과의 증명력

마. 장래 정기적으로 발생하는 손해의 배상을 일시금으로 청구하였다 하더라도, 법원은 정기금으로 지급할 것을 명할 수 있는지 여부

[판결요지]

가. 개호비의 현가액을 계산함에 있어서 총기간이 414개월을 넘더라도 개호비를 청구하지 않는 기간을 공제한 후의 현가율의 수치가 240을 넘지 않는다면 그에 해당하는 수치를 적용하여 현가를 산정할 수 있다.

나. 직장에 종사하는 자가 자기 직장에서 얻고 있던 수입보다 일반노동임금이 많은 경우에는 일반노동에 종사하리라는 개연성이 농후하다고 할 것이므로, 특별한 사정이 없는 한 변론종결 당시의 일반노동임금이 노동능력 상실당시의 현실로 얻은 수입보다 다액일 때에는 그 노동임금을 선택하여 이를 기준으로 하여 일실수입을 산정하여야 하고, 그 특별한 사정은 이를 주장한 측에서 입증하여야 할 것이다.

다. 건설공사현장의 사고로 인한 손해가 통상의 손해와는 달리 강풍 등의특수한 자연적 조건 아래 발생한 것이라 하더라도, 그 공사현장의 안전관리자가 그와 같은 자연적 조건이나 그에 따른 위험의 정도를 미리 예상할 수 있었고 또 과도한 노력이나 비용을 들이지 아니하고도 적절한 조치를 취하

여 자연적 조건에 따른 위험의 발생을 사전에 방지할 수 있었다면, 그러한 사고방지조치를 소홀히 하여 발생한 사고로 인한 손해배상의 범위를 정함에 있어 불가항력적인 자연력의 기여분을 인정하여 가해자의 배상범위를 제한할 것은 아니라고 할 것이다.

라. 상해의 후유증이 평균여명에 어떠한 영향을 미쳐 여명이 얼마나 단축될것인가는 후유증의 구체적 내용에 따라 의학적 견지에서 개별적으로 판단하여야 되고, 신체감정촉탁에 의한 여명감정결과는 의학적 판단에 속하는 것으로서 특별한 사정이 없는 한 그에 관한 감정인의 판단을 존중하여야 한다.

마. 개호비와 같이 장래 일정기간에 걸쳐 일정시기마다 발생하는 손해의 배상을 일시금으로 청구하였다 하더라도 법원은 이를 정기금으로 지급할 것을 명할 수 있고, 정기금으로 지급할 것을 명할 것인지 여부는 법원의 자유재량에 속한다.

[주 문]
상고를 모두 기각한다.
상고비용은 상고인들 각자의 부담으로 한다.

[이 유]
1. 원고 소송대리인의 상고이유를 본다.

    과실상계사유에 관한 사실인정이나 그 비율의 결정에 대하여는 그것이 형평의 원칙에 비추어 현저히 불합리하다고 인정되지 아니하는 한 사실심의 전권사항에 속한다 할 것인데, 기록에 의하여 인정되는 이 사건 사고당시의 제반정황에 비추어 볼 때 원심이 한 원고의 과실비율의 평가는 적정한 것으로 보여지고, 거기에 소론과 같이 과실상계에 관한 법리를 오해하거나 채증법칙에 위반하여 과실상계사유에 관한 사실오인 또는 심리미진의 위법이 있다고 볼 수 없다. 논지는 이유가 없다.

2. 피고 소송대리인의 상고이유를 본다.

    가. 제1점에 대하여

개호비의 현가액을 계산함에 있어서 총기간이 414개월을 넘더라도 개호비를 청구하지 않는 기간을 공제한 후의 현가율의 수치가 240을 넘지 않는다면 그에 해당하는 수치를 적용하여 현가를 산정할 수 있다 할 것이므로(당원 1989.6.27. 선고 88다카15512 판결 참조), 같은 방식으로 개호비의 현가액을 산정한 원심판결은 정당하고, 논지는 이유가 없다.

나. 제2점에 대하여

직장에 종사하는 자가 자기 직장에서 얻고 있던 수입보다 일반노동임금이 많은 경우에는 일반노동에 종사하리라는 개연성이 농후하다고 할 것이므로, 특별한 사정이 없는 한 변론종결 당시의 일반노동임금이 노동능력 상실 당시의 현실로 얻은 수입보다 다액일 때에는 그 노동임금을 선택하여 이를 기준으로 하여 일실수입을 산정하여야 하고, 그 특별한 사정은 이를 주장한 측에서 입증하여야 할 것인데(당원 1992.1.21. 선고 91다39306 판결 참조), 이 사건에서는 원고가 피고 회사와의 근로계약종료일 이후 국내에서도 계속 측량보조공으로 근무할 것이 예상된다고 볼 아무런 증거가 없으므로, 원심이 원고의 일실수입을 농촌일용노임을 기준으로 산정한 조치는 정당하다 할 것이고, 논지는 이유가 없다.

다. 제3점에 대하여

건설공사현장의 사고로 인한 손해가 통상의 손해와는 달리 강풍 등의 특수한 자연적 조건 아래 발생한 것이라 하더라도, 그 공사현장의 안전관리자가 그와 같은 자연적 조건이나 그에 따른 위험의 정도를 미리 예상할 수 있었고 또 과도한 노력이나 비용을 들이지 아니하고도 적절한 조치를 취하여 자연적 조건에 따른 위험의 발생을 사전에 방지할 수 있었다면, 그러한 사고방지조치를 소홀히 하여 발생한 사고로 인한 손해배상의 범위를 정함에 있어 불가항력적인 자연력의 기여분을 인정하여 가해자의 배상범위를 제한할 것은 아니라고 할 것이다.

위와 같은 법리 및 관계증거를 기록과 대조하여 검토하면, 원심이 이 사건 사고발생이나 그 손해의 확대에 피고의 책임을 물을 수 없는 자연력에 의한 불가항력적인 기여분이 있다고 평가할 수 없다고 판단한 조치는 정당한 것으로 수긍이 가고, 원심판결에 소론과 같이 사실오인 또는 자연력의 기여도에 관한 법리를 오해한 위법이 있다고 볼 수 없으며, 소론이 인용하는 당원의 판례는 해일에 의하여 가해자가 해안에 적치하여 두었던 아이빔과 석괴 등이 피해자의 공장을 덮쳐 각종 공장설비를 파손시킨 사건으로, 우리나라의 자연조건으로 보아 해일의 발생 자체가 드물어 그 예상이 매우 어려운 점에 비추어 이 사건과 사안을 달리함은 명백하다. 논지는 이유가 없다.

라. 제4점에 대하여

상해의 후유증이 평균여명에 어떠한 영향을 미쳐 여명이 얼마나 단축될 것인가는 후유증의 구체적 내용에 따라 의학적 견지에서 개별적으로 판단하여야 되고, 신체감정촉탁에 의한 여명감정결과는 의학적 판단에 속하는 것으로서 특별한 사정이 없는 한 그에 관한 감정인의 판단을 존중하여야 하며, 또 개호비와 같이 장래 일정기간에 걸쳐 일정시기마다 발생하는 손해의 배상을 일시금으로 청구하였다 하더라도 법원은 이를 정기금으로 지급할 것을 명할 수 있고, 정기금으로 지급할 것을 명할 것인지 여부는 법원의 자유재량에 속한다할 것이다(당원 1992.11.27. 선고 92다26673 판결 참조).

위와 같은 법리에 비추어 보면, 원심이 제1심법원의 신체감정촉탁결과에 따라 원고의 여명이 이 사건 사고로 인한 후유증으로 인하여 8년 단축되었다고 인정한 다음 개호비 및 향후치료비를 일시금으로 지급을 명한 조치는 정당하다고 할 것이므로, 논지는 이유가 없다.

마. 제5점에 대하여

위자료 액수에 관하여는 사실심 법원이 제반사정을 참작하여 그 직권에 속하는 재량에 의하여 이를 확정할 수 있다 할 것인데(당원 1988.2.23. 선고 87다카57 판결 참조), 원심은 원고의 연령, 재산 및 교육의 정도, 사고의 경위, 쌍방의 과실정도, 치료기간, 후유장해의 부위 및 정도 등을 참작하여 원고의 위자료 액수를 확정하고 있는바, 기록에 나타난 제반사정(특히 원고가 이 사건 사고로 인하여 전신불수가 되어 평생 개호인의 개호를 받아야 되고 또 그 여명까지 단축된 사정) 등에 비추어 보면, 원심의 위자료 액수에 수긍이 가고 거기에 소론과 같이 위자료 산정에 관한 법리를 오해한 위법이 있다고 볼 수 없다.

소론은 그밖에도 피고가 상고하지 아니한 원심공동원고들에 대한 위자료 액수도 다투고 있으나 그 이유없음이 명백하다. 논지는 모두 이유가 없다.

3. 그러므로 상고를 모두 기각하고 상고비용은 상고인들 각자의 부담으로 하기로 하여 관여 법관의 일치된 의견으로 주문과 같이 판결한다.

(출처 : 대법원 1995.2.28. 선고 94다31334 판결)

■ 예견할 수 없었던 손해가 발생하거나 예상외로 손해가 확대된 경우, 손해배상청구권의 시효소멸기간의 진행시점

[판시사항]

상해의 후유증으로 인하여 불법행위 당시에는 예견할 수 없었던 손해가 발생하거나 예상외로 손해가 확대된 경우, 손해배상청구권의 시효소멸기간의 진행시점

[판결요지]

불법행위로 인한 손해배상청구권은 민법 제766조 제1항에 의하여 피해자나 그 법정대리인이 그 손해 및 가해자를 안 날로부터 3년 간 행사하지 아니하면 시효로 인하여 소멸하는 것인바, 여기에서 그 손해를 안다는 것은 손해의 발생 사실을 알면 되는 것이고 그 손해의 정도나 액수를 구체적으로 알아야 하는 것은 아니므로, 통상의 경우 상해의 피해자는 상해를 입었을 때 그 손해를 알았다고 보아야 하지만, 그 후 후유증으로 인하여 불법행위 당시에는 전혀 예견할 수 없었던 새로운 손해가 발생하였다거나 예상외로 손해가 확대된 경우에 있어서는 그러한 사유가 판명된 때에 새로이 발생 또는 확대된 손해를 알았다고 보아야 하고, 이와 같이 새로이 발생 또는 확대된 손해 부분에 대하여는 그러한 사유가 판명된 때로부터 민법 제766조 제1항에 의한 시효소멸기간이 진행된다.

[주 문]

원심판결을 파기하고 사건을 광주고등법원에 환송한다.

[이 유]

원고들 소송대리인의 상고이유를 본다.

1. 원심판결 이유에 의하면 원심은, 원고 1은 1988.7.27. 피고 회사에 배관조공으로 취업하여 피고 회사의 광양제철소 제2냉연공장 설치공사 중 시지엘(CGL)기계설치, 배관공사현장에 근무하여 오던 중 같은 해 9.4. 11:00경 피고 회사의 작업반장인 소외 1로부터 그 판시의 밸브를 잠그라는 지시를

받고 위 밸브를 잠그려다가 고압전선을 잡는 바람에 감전되어 추락하여 다발성골절상 등의 상해를 입은 사실, 원고 2는 위 원고의 처, 원고 3, 원고 4는 그의 자녀인 사실을 인정한 다음, 원고들이 위 소외 1의 사용자인 피고는 위 소외 1의 불법행위로 말미암아 원고들이 입은 손해를 배상할 의무가 있다고 주장하고, 피고는 원고들이 이 사건 사고 후 3년간 위 주장의 피고에 대한 손해배상채권을 행사하지 아니하여 위 채권이 이미 시효로 소멸하였다고 항변한데에 대하여 판단하기를, 원고들은 이 사건 사고 발생 당시 이로 인한 손해발생사실 및 가해자가 피고회사라는 사실을 구체적으로 알았다고 볼 것이고, 원고 1에게 이 사건 사고로 말미암은 위 상해의 후유증 등으로 인하여 이 사건 사고 당시에는 전혀 예견할 수 없었던 새로운 손해가 발생하였다거나 예상외로 손해가 확대되었다고 인정할 수 있는 증거가 없는 이 사건에 있어서, 이 사건 사고일인 1988.9.4.로부터 3년이 경과하였음이 역수상 명백한 1992.12.2.에 이르러서야 비로소 원고들이 이 사건 소를 제기하였음이 기록상 명백하므로 원고들 주장의 피고에 대한 위 손해배상채권은 이미 시효로 소멸하였다고 보아 피고의 위 항변을 받아들이고 원고들의 이 사건 청구를 모두 기각하였다.

2. 불법행위로 인한 손해배상청구권은 민법 제766조 제1항에 의하여 피해자나 그 법정대리인이 그 손해 빛 가해자를 안 날로부터 3년간 행사하지 아니하면 시효로 인하여 소멸하는 것인바, 여기에서 그 손해를 안다는 것은 손해의 발생사실을 알면 되는 것이고 그 손해의 정도나 액수를 구체적으로 알아야 하는 것은 아니므로, 통상의 경우 상해의 피해자는 상해를 입었을 때 그 손해를 알았다고 보아야 할 것이지만, 그 후 후유증으로 인하여 불법행위 당시에는 전혀 예견할 수 없었던 새로운 손해가 발생하였다거나 예상외로 손해가 확대된 경우에 있어서는 그러한 사유가 판명된 때에 새로이 발생 또는 확대된 손해를 알았다고 보아야 할 것이고, 이와 같이 새로이 발생 또는 확대된 손해 부분에 대하여는 그러한 사유가 판명된 때로부터 민법 제766조 제1항에 의한 시효소멸기간이 진행된다고 할 것이다. 기록에 의하면, 원고들은 원고 1이 이 사건 사고로 인하여 다발성늑골골절, 제

2, 3요추좌횡돌기 골절, 제9흉추 압박골절, 우견갑골 골절, 전기화상, 복두 둔상, 우주관절 외과골절, 척골 신경지연마비 등의 상해를 입어 치료가 종 결된 후에도 흉요부 동통과 굴곡으로 인한 신전운동장애, 우전완부 및 수부 의 척측으로의 이상감각 등의 후유증이 남았으므로 이로 인하여 입은 손해 의 배상을 청구하고 있음이 기록상 명백한 바, 다음에서 보는 바와 같이 원고들이 이 사건 사고 당시 원고 1에게 우전완부 및 수부의 척측으로의 이상감각이라는 후유증(병명으로는 우측 척골 신경지연마비)로 인한 손해가 발생할 것을 예상할 수 있었다고 단정하기는 어렵다.

즉 원심이 채용한 갑 제4호증의 기재와 성립에 다툼이 없는 갑 제7호증의 9의 각 기재 내용을 살펴보면, 1990.12.에야 원고 1이 이 사건 사고로 인하여 척골 신경지연마비의 증세가 있고 이로 인하여 우전완부 및 수부의 척측으로의 이상감각이라는 후유증이 남았음이 판명되었고, 이 사건 사고 후인 1988.10.22. 진단을 받았을 때에는 위 원고에게 위와 같은 증세가 나타나지 않았음을 엿볼 수 있는바, 위 척골 신경지연마비증의 내용과 그 병세의 판명경위가 이와 같다면, 원고들이 1990.12. 이전에도 원고 1에게 척골 신경지연마비의 증세가 나타나고 이로 인한 후유증이 남을 것이라는 점을 예상할 수 있었다고 볼 수 있는 아무런 증거가 없는 이 사건에 있어, 원고들이 이 사건 사고 당시에는 원고 1에게 위와 같은 후유증이 남을 것 이라는 점을 예상할 수 없었다고 볼 여지도 충분히 있다고 할 것이다. 따 라서 원심으로서는 원고 1에게 척골신경지연마비의 증세가 나타난 시기, 그 원인 등에 관하여 좀 더 심리하여 본 후 원고들이 이 사건 사고 당시 위 후유증이 발생할 것이라는 것을 예상할 수 없었는지 여부 등을 판단하 였어야 함에도 불구하고 이에 이르지 아니한 채 위와 같이 이 사건 사고 당시 전혀 예상할 수 없었던 후유증으로 인한 손해가 발생하였다는 증거가 없다고 단정하여 원고들의 이 사건 청구를 모두 기각한 것은 증거가치의 판단을 그르쳤거나 필요한 심리를 다하지 아니한 위법을 저지른 것이고, 이 와 같은 위법은 판결에 영향을 미쳤음이 명백하므로, 이 점을 지적하는 논 지는 이유 있다.

그러므로 나머지 상고이유에 대한 판단을 생략하고 원심판결을 파기환송하기로 하여 관여 법관의 일치된 의견으로 주문과 같이 판결한다.

(출처 : 대법원 1995.2.3. 선고 94다16359 판결)

■ 근로자의과실비율에 따른 금원을 사용자의 손해배상액으로부터 공제할 수 없는지 여부

[판시사항]

사용자가 지급한 치료비가 근로기준법상의 요양보상에 해당한다면 근로자의과실비율에 따른 금원을 사용자의 손해배상액으로부터 공제할 수 없는지 여부

[판결요지]

근로기준법상의 요양보상에 대하여는 사용자는 특단의 사정이 없는 한 그전액을 지급할 의무가 있는 것이고 근로자에게 과실이 있다고 하더라도 그 비율에 상당한 금액의 지급을 면할 수 없는 것이어서 이를 배상액에서 공제할 수 없는 것이므로, 사용자가 근로자에게 지급한 치료비가 근로기준법상의 요양보상에 해당한다면 치료비 중 근로자의 과실비율에 따른 금원을 부당이득이라 하여 사용자의 손해배상액으로부터 공제할 수 없다.

[주 문]

원심판결의 원고 1 패소부분 중 금 3,100,704원 및 이에 대한 지연손해금에 관한 부분을 파기하고 이 부분 사건을 대구고등법원에 환송한다.
원고 1의 나머지 상고 및 원고 2, 원고 3, 원고 4의 상고를 모두 기각하고, 이 상고기각 부분에 관한 상고비용은 원고들의 부담으로 한다.

[이 유]

(1) 원고들의 상고이유 제1, 2점에 대하여 본다.
    기록에 의하여 살펴보면, 원심이 인정한 과실상계비율은 수긍이 가고 그것이 현저하게 높아 정의와 형평에 어긋난다고 할 수 없으며, 원심이 산정한 위자료액수도 적절하다고 보여지므로, 원심이 과실상계와 위자료 산정에 있어 경험칙에 위배한 사실인정을 하였거나 법리를 오해하였다는 취지의 논지는 이유 없다.

(2) 원고 1의 상고이유 제3점에 대하여 본다.

원심은 이 사건 사고로 인한 원고 1의 재산상 손해액을 산정함에 있어, 피고들이 이 사건 사고발생 후 원고 1에게 치료비로 지출한 금 5,167,840원 중 위 원고의 과실비율에 해당하는 금 3,100,704원을 공제하였다.

그러나. 근로기준법상의 요양보상에 대하여는 사용자는 특단의 사정이 없는 한, 그 전액을 지급할 의무가 있는 것이고 근로자에게 과실이 있다고 하더라도 그 비율에 상당한 금액의 지급을 면할 수 없는 것이어서 이를 배상액에서 공제할 수 없는 것이므로(당원 1989.7.11. 선고 88다카25571 판결 및 1981.10.13. 선고 81다카351 전원합의체판결 참조), 피고들이 위 원고에게 지급한 위 치료비가 근로기준법상의 요양보상에 해당한다면 위 치료비 중 위 원고의 과실비율에 따른 금원을 부당이득이라 하여 피고들의 손해배상액으로부터 공제할 수는 없다고 할 것이다. 원심이 확정한 바와 같이 이 사건 사고가 발생한 피고들 경영의 정비공장이 사고발생 이전에 이미 산업재해보상보험관계가 성립된 사업장이라면, 피고들이 원고에게 지급한 위 치료비가 근로기준법상의 요양보상에 해당한다고 볼 여지가 충분히 있으므로, 원심으로서는 위 원고의 재산상 손해액을 산정함에 있어 위 치료비가 근로기준법상의 요양보상에 해당하는 지를 밝혀 본 후 그 요양보상에 해당하는 것이라면 특별한 사정이 없는 한 그 일부라도 공제하지 못하는 것임에도 불구하고, 원심이 만연히 위 치료비 중 위 원고의 과실비율에 해당하는 금원을 공제한 것은 근로기준법과 산업재해보상보험법상의 요양보상의 성질 및 손익상계에 관한 법리를 오해한 위법을 범한 것이라고 아니할 수 없다. 이 점을 지적하는 취지가 포함된 논지는 이유 있다.

(3) 그러므로 원심판결의 원고 1 패소부분 중 금 3,100,704원 및 이에 대한 지연손해금에 관한 부분을 파기하여 이 부분 사건을 원심법원에 환송하고, 원고 1의 나머지 상고 및 원고 2, 원고 3, 원고 4의 상고를 모두 기각하며, 이 상고기각부분에 관한 상고비용은 원고들의 부담으로 하기로 하여 관여 법관의 일치된 의견으로 주문과 같이 판결한다.

(출처 : 대법원 1994.12.27. 선고 94다40543 판결)

■ 근로기준법상의 업무상 사망의 의미

[판시사항]

가. 근로기준법 제82조 소정의 업무상 사망의 의미

나. 업무상 재해인 급성요추부염좌상을 치료하다가 급성폐렴으로 사망하자 회사를 상대로 주위적으로는 불법행위로 인한 손해배상청구를, 예비적으로는 근로기준법 소정의 유족보상금의 지급청구를 한 사안에서, 요추부염좌상과 사인인 급성폐렴과는 상당인과관계가 없다고 하여 주위적 청구를 기각하면서, 사망이 업무와는 상당인과관계가 있다고 하여 예비적 청구를 인용한 원심판결을 파기한 사례

[판결요지]

가. 근로기준법 제82조 소정의 업무상 사망으로 인정되기 위하여는 당해 사망이 업무수행중 사망이어야 함은 물론이고 업무에 기인하여 발생한 것으로서 업무와 재해 사이에 상당인과관계가 있어야 하는 것이다.

나. 업무상 재해인 급성요추부염좌상을 치료하다가 급성폐렴으로 사망하자 회사를 상대로 주위적으로는 불법행위로 인한 손해배상청구를, 예비적으로는 근로기준법 소정의 유족보상금의 지급청구를 한 사안에서, 요추부염좌상과 사인인 급성폐렴과는 상당인과관계가 없다고 하여 주위적 청구를 기각하면서, 사망이 업무와는 상당인과관계가 있다고 하여 예비적 청구를 인용한 원심판결을, 망인의 사망원인이 그의 업무상 재해인 급성요추부염좌상과 인과관계가 없다면 그 사망 역시 업무와 인과관계가 없고 업무에 기인한 것도 아니라고 보아야 한다는 이유로 파기한 사례.

[주 문]

원심판결 중 피고 패소부분을 파기한다.

그 부분 사건을 서울고등법원에 환송한다.

[이 유]

상고이유를 판단한다.

원심판결 이유에 의하면, 원심은 망 소외인이 피고 회사의 직원으로서 업무수행중 입은 급성요추부염좌상을 치료하다가 급성폐렴으로 사망한 사건에서, 소외 망인이 입은 급성요추부염좌상과 사망의 원인인 급성폐렴과는 상당인과관계에 있다고 할 수 없다는 이유로 주위적 청구인 피고에 대한 불법행위로 인한 손해배상 청구는 기각하고, 위 망인의 사망은 위 망인의 업무와 상당인과관계가 있다고 하여 예비적 청구인 근로기준법 소정의 유족보상금의 지급청구를 일부 인용하고 있다.

그러나 근로기준법 제82조 소정의 업무상 사망으로 인정되기 위하여는 당해 사망이 업무수행중 사망이어야 함은 물론이고 업무에 기인하여 발생한 것으로서 업무와 재해 사이에 상당인과관계가 있어야 하는 것인데(대법원 1986.8.19 선고 83다카1670 판결; 1990.10.23. 선고 88누5037 판결 참조), 원심판시와 같이 소외 망인의 사망원인이 그의 업무상 재해인 급성요추부염좌상과 인과관계가 없다면 그 사망 역시 업무와 인과관계가 없고 업무에 기인한 것도 아니라고 보아야 할 것임에도 불구하고 원심이 업무와 사망 사이에 상당인과관계가 있다고 판단하였음은 업무상 사망 인정에 있어서 인과관계에 관한 법리를 오해하여 판결에 영향을 미친 위법을 저질렀다고 하겠다. 상고이유 중 이 점을 지적하는 부분은 이유 있다.

그렇다면 이 사건 상고는 이유 있으므로 원심판결 중 피고 패소부분을 파기하고, 사건을 다시 심리판단케 하기 위하여 이 부분 사건을 원심법원에 환송하기로 관여 법관의 의견이 일치되어 주문과 같이 판결한다.

(출처 : 대법원 1994.11.11. 선고 94다30560 판결)

■ 민법 소정의 불공정한 법률행위의 성립요건 및 규정취지

[판시사항]
민법 제104조 소정의 불공정한 법률행위의 성립요건 및 규정취지

[판결요지]
민법 제104조에 규정된 불공정한 법률행위는 객관적으로 급부와 반대급부 사이에 현저한 불균형이 존재하고, 주관적으로 위와 같이 균형을 잃은 거래가 피해당사자의 궁박, 경솔, 또는 무경험을 이용하여 이루어진 경우에 한하여 성립하는 것으로서 약자적 지위에 있는 자의 궁박, 경솔 또는 무경험을 이용한 폭리행위를 규제하려는 데에 그 목적이 있다.

[주 문]
상고를 기각한다. 상고비용은 원고의 부담으로 한다.

[이 유]
상고이유를 본다.

민법 제104조에 규정된 불공정한 법률행위는 객관적으로 급부와 반대급부 사이에 현저한 불균형이 존재하고, 주관적으로 위와 같이 균형을 잃은 거래가 피해당사자의 궁박, 경솔, 또는 무경험을 이용하여 이루어진 경우에 한하여 성립하는 것으로서 약자적 지위에 있는 자의 궁박, 경솔 또는 무경험을 이용한 폭리행위를 규제하려는 데에 그 목적이 있다고 할 것(당원 1988.9.13. 선고 86다카563 판결 참조)이다.

기록에 의하여 살펴보면 원심이 이 사건 사고로 인한 원고의 상해에 관하여 피고 회사에서 산업재해보상보험을 받을 수 있도록 조치를 하여 주면 피고 회사에 대하여 이 사건 사고와 관련한 민형사상의 이의를 제기하지 아니하기로 하는 내용으로 이루어진 원고와 피고 회사 사이의 합의는 원고의 궁박, 경솔, 무경험으로 인하여 이루어진 현저하게 불공정한 법률행위에 해당하여 무효라고 하는 원고의 주장을 배척한 조치는 옳다고 여겨지고, 거기에 소론과 같은 채증법칙 위배로 인한 사실오인의 위법이 있다고 할 수 없다.

논지는 이유 없다. 그러므로 상고를 기각하고, 상고비용은 패소자의 부담으로
하여 관여 법관의 일치된 의견으로 주문과 같이 판결한다.
(출처 : 대법원 1994.11.8. 선고 94다31969 판결)

■ 근로자의 동의를 얻은 이상 과로로 인한 발병에 대하여 사용자측에 과실이 있다고 단정할 수 없다고 한 사례

[판시사항]

근로자가 근로기준법상의 연장근로시간 상한선을 초과하여 근무한 경우에도 근로자의 동의를 얻은 이상 과로로 인한 발병에 대하여 사용자측에 과실이 있다고 단정할 수 없다고 한 사례

[판결요지]

근로자가 근로기준법상의 연장근로시간 상한선을 초과하여 근무한 경우에도 근로자의 동의를 얻은 이상 특별한 사정이 없는 한 근로자의 과로로 인한 발병에 대하여 사용자측에 과실이 있다고 단정할 수 없다고 한 사례.

[주 문]

상고를 모두 기각한다. 상고비용은 원고들의 부담으로 한다.

[이 유]

소송대리인의 상고이유를 판단한다.

원심판결과 원심이 인용한 제1심판결의 이유에 의하면 원심은, 그 내세운 증거에 의하여, 원고 1이 1987.3.1.경 피고의 운전 및 영업직 사원으로 채용되어 근무하던 중 1988.12.29. 23:00경 퇴근 직후 위 원고의 집에서 뇌경색증으로 갑자기 쓰러져 입원치료를 받아오다가 1989.7.경부터 다시 피고 회사에 출근하여 여공들의 작업감독업무를 맡아 오던 중 같은 해 8.10. 12:00경 다시 위 질병이 재발하여 치료를 받았으나 중증도의 현훈 및 우측 부전마비의 영구적인 후유장애가 남게 된 사실을 인정한 다음, 위 원고의 뇌경색증은 육체적 피로가 누적되어 잠복적인 고혈압증세가 생긴 뒤 계속되는 과중한 업무부담으로 정신적, 육체적 과로가 쌓이면서 위 증세가 급격히 악화되어 발병하였을 개연성이 높은 점은 인정이 되나, 한편 위 원고가 피고의 직원으로 채용될 당시는 물론 1987.11.28. 실시된 건강진단에서도 위 원고는 혈압(90/100mmHg)이나 기타 신체의 건강상태가 양호한 것으로 판정되는 등 평소 아무런 질병의

증상을 보인 적이 없어 피고도 위 1차 발병시까지는 위 원고에게 고혈압증세가 있다는 것을 전혀 알지 못하였던 점, 위 원고는 위 1차 발병 후 치료를 받아 오다가 1989.7.10.경 피고의 총무과장인 소외인에게 병원에서도 물리치료와 운동을 권하고 있으니 운동삼아 출근하도록 하여 달라고 부탁하여 위 소외인이 위 원고에게 업무량이 비교적 적은 여공들의 감독업무나 하고 힘들면 언제든지 집에서 쉬도록 하라고 배려하여 위 원고는 일주일에 3, 4일 정도 피고 회사에 출근하였으며, 출퇴근시에도 위 소외인이 차량에 동승시켜주었던 점 등에 비추어 볼 때 피고가 위 원고에게 그 판시와 같은 업무를 부과할 경우 뇌경색증이 발병할 우려가 있음을 알거나 알 수 있었음에도 불구하고 계속하여 판시 업무를 수행케하였다고 보기는 어렵고 달리 피고 회사에게 위 원고의 위와 같은 후유장애발생에 관하여 고의 또는 과실이 있었음을 인정할 만한 증거가 없다고 하여 원고들의 청구를 배척하였는바, 기록에 비추어 검토하여 보면, 원심의 위와 같은 사실인정과 판단은 정당한 것으로 수긍할 수 있고, 거기에 소론과 같이 이유불비 등의 모순이 있다거나 손해배상책임에 있어 과실에 관한 법리를 오해한 위법이 있다고 할 수 없고, 또 근로자가 근로기준법상의 연장 근로시간 상한선을 초과하여 근무한 경우에도 근로자의 동의를 얻은 이상 특별한 사정이 없는 한 근로자의 과로로 인한 발병에 대하여 사용자측에 과실이 있다고 단정할 수는 없다 할 것이므로 논지는 이유 없다. 그러므로 상고를 모두 기각하고 상고비용은 패소자들의 부담으로 하기로 관여 법관들의 의견이 일치되어 주문과 같이 판결한다.

(출처 : 대법원 1994.10.28. 선고 94다33491 판결)

■ 명의사용자의 그 업무수행상 불법행위에 대하여 사용자책임이 있는지 여부

[판시사항]

가. 어떤 사업에 관하여 자기 명의를 사용할 것을 허용한 경우, 명의사용 자의 그 업무수행상 불법행위에 대하여 사용자책임이 있는지 여부

나. '가' 항의 경우 민법 제756조 소정의 사용자책임의 요건으로서의 사용관계 유무의 결정기준

[판결요지]

가. 타인에게 어떤 사업에 관하여 자기의 명의를 사용할 것을 허용한 경우에 그 사업이 내부관계에 있어서는 타인의 사업이고 명의자의 고용인이 아니라 하더라도 외부에 대한 관계에 있어서는 그 사업이 명의자의 사업이고, 또 그 타인은 명의자의 종업원임을 표명한 것과 다름이 없으므로 명의사용을 허가받은 사람이 업무수행을 함에 있어 고의 또는 과실로 다른 사람에게 손해를 끼쳤다면 명의사용을 허락한 사람은 민법 제756조에 의하여 그 손해를 배상할 책임이 있다.

나. 명의대여관계의 경우 민법 제756조가 규정하고 있는 사용자책임의 요건으로서의 사용관계가 있느냐 여부는 실제적으로 지휘·감독을 하였느냐의 여부에 관계없이 객관적으로 보아 사용자가 그 불법행위자를 지휘·감독해야 할 지위에 있었느냐의 여부를 기준으로 결정하여야 한다.

[주 문]

원심판결을 파기하고, 사건을 대구고등법원에 환송한다.

[이 유]

상고이유 제2점을 본다.

원심판결은 그 거시증거에 의하여 피고 회사의 대표이사인 소외 1은 대구고등법원의 법원장 관사 도색공사를 자신의 처남의 친구로서 평소 잘 알고 지내던 소외 2에게 소개하여 주면서, 사업자등록이 되어 있지 아니한 소외 2의 부탁

을 받고 위 소외 2가 그 공사를 도급받을 수 있도록 피고 회사 명의의 사업자등록증 및 견적서를 발행하여 줌으로써 소외 2는 피고 회사의 명의로 이 사건 공사를 도급받았으나, 피고 회사의 관여 없이 원고 1등을 고용하여 독자적으로 공사를 시행하던 중 소외 2의 과실로 이 사건 사고가 발생하였다고 사실인정을 한 후, 위 인정사실에 의하면 명의대여자인 피고 회사가 그 명의를 빌린 소외 2를 사실상으로 지휘, 감독하는 관계에 있었다고 보기 어렵고, 달리 이를 인정할 아무런 증거가 없으므로, 피고에게는 이 사건 사고로 인한 아무런 배상책임이 없다는 취지로 판시하고 있다.

그러나 타인에게 어떤 사업에 관하여 자기의 명의를 사용할 것을 허용한 경우에 그 사업이 내부관계에 있어서는 타인의 사업이고 명의자의 고용인이 아니라 하더라도 외부에 대한 관계에 있어서는 그 사업이 명의자의 사업이고, 또 그 타인은 명의자의 종업원임을 표명한 것과 다름이 없으므로 명의사용을 허가받은 사람이 업무수행을 함에 있어 고의 또는 과실로 다른 사람에게 손해를 끼쳤다면 명의사용을 허락한 사람은 민법 제756조에 의하여 그 손해를 배상할 책임이 있다고 할 것이다 (당원 1959.2.19. 선고 4290민상829 판결; 1969.1.28. 선고 67다2522 판결등 참조).

명의대여관계의 경우 민법 제756조가 규정하고 있는 사용자책임의 요건으로서의 사용관계가 있느냐 여부는 실제적으로 지휘, 감독을 하였느냐의 여부에 관계없이 객관적으로 보아 사용자가 그 불법행위자를 지휘, 감독해야 할 지위에 있었느냐의 여부를 기준으로 결정하여야 할 것이다 (당원 1987.12.8. 선고 87다카459 판결 참조).

이 사건에서와 같이 일정한 수준의 기술인력과 장비 시설등 자격요건을 구비하지 않고는 할 수 없는 건설관계사업의 경우, 피고 회사가 그러한 사업명의를 타인에게 대여하였을 때에는 그에 따른 위험을 방지하기 위하여 명의대여자인 피고 회사는 명의사용자인 소외 2로 하여금 불법행위로 인해 타인에게 손해를 입게 하지 않도록 지휘, 감독해야 할 의무와 책임을 부담하고 있다고 할 것이다. 그럼에도 불구하고 원심이 피고 회사가 소외 2로 하여금 이 사건 도색공사에 관하여 자기의 명의를 사용할 것을 허용한 사실을 인정하면서도 위와 같은 법리에 착안하지 아니하고, 명의대여자인 피고 회사가 그 명의를 빌린 소외 2를 사실상으로 지휘, 감독하는 관계에 있었다고 보기 어렵다는 이유만으로 피고에게 아무런 책임이 없다고 단정한 원심판결은 사용자책임에 관한 법리를 오해한 위법이 있어 판결에 영향을 미친 것이라고 할 것이므로, 이 점을 지적하는 상고논지는 이유 있다 할 것이다.

그러므로 나머지 상고이유에 대한 판단을 생략하고 원심판결을 파기하여 이 사건을 원심인 대구고등법원에 환송하기로 관여 법관의 의견이 일치되어 주문과 같이 판결한다.

(출처 : 대법원 1994.10.25. 선고 94다24176 판결)

■ 하도급인의 설계 잘못으로 인한 책임까지 면제되는지 여부

[판시사항]
하도급공사계약에서 하수급인이 발생사고에 대한 책임을 지기로 약정한 경우 하도급인의 설계 잘못으로 인한 책임까지 면제되는지 여부

[판결요지]
하도급공사계약에서 노무하수급인이 공사에 필요한 안전대책을 하여야 하고 발생사고에 대한 책임을 지기로 약정하였다면, 노무하수급인의 안전관리 소홀로 사고가 발생할 경우 그로 인한 손해는 하도급인과 하수급인의 내부관계에 있어서 하도급인에게 책임이 없고 하수급인에게 책임이 있다는 취지에 불과한 것이지, 하도급인이 설계를 잘못한 과실로 야기된 사고에 대하여서까지 하도급인의 책임을 면하게 하고 하수급인만이 책임을 진다는 취지라고는 볼 수 없다.

[주 문]
상고를 기각한다. 상고비용은 피고의 부담으로 한다.

[이 유]
피고 소송대리인의 상고이유를 본다.

1. 제1점에 대하여

원심판결 이유에 의하면 원심은, 이 사건 사고는 피고와의 노무도급계약에 의하여 이 사건 철골공사를 노무하도급받은 원고 1이 무게 약 200kg의 에이치 빔을 철근콘크리트 벽에 부착시키는 데 사용한 세트앙카가 위 철골구조물의 무게를 이기지 못하고 콘크리트 측면벽에서 뽑히면서 부착되어 있던 에이치 빔이 무너져 내려 위 에이치 빔 위에서 작업을 하고 있던 위 원고가 지상으로 추락하여 일어난 것인데, 피고 회사는 철골공사의 설계를 함에 있어 위 건물벽의 콘크리트 강도가 약하므로 철골구조물의 무게를 더 가벼운 것으로 설계하든가 또는 박히는 깊이가 50-60mm 정도에 불과한 세트앙카를 사용할 것이 아니라 박히는 깊이가 200-250mm 정도 되는 케미칼 앙카를 사용하도록 설계하였어야 함에도 불구하고, 전문설계사에게

설계를 의뢰하지 아니하고 대표이사인 소외인이 직접 설계를 하면서 깊이 박히지 아니하는 세트앙카로 위와 같이 무거운 철골구조물을 부착하도록 설계하여 위 원고에게 세트앙카만을 재료로서 제공한 결과 위 사고가 발생하였다고 인정하고, 이 사건 사고는 피고 회사가 철골공사를 설계함에 있어서 저지른 위와 같은 과실로 인하여 발생하였으므로 피고 회사는 이 사건 사고로 인하여 원고들이 입은 손해를 배상할 책임이 있고, 피고와 위 원고의 계약에서 위 원고가 공사에 필요한 안전대책을 하여야 하고 발생사고에 대한 책임을 지기로 약정한 것은 노무하수급인인 위 원고의 안전관리 소홀로 사고가 발생할 경우 그로 인한 손해는 피고와 위 원고의 내부관계에 있어서 피고에게 책임이 없고 위 원고에게 책임이 있다는 취지에 불과한 것이지, 이 사건 사고와 같이 피고가 설계를 잘못한 과실로 야기된 사고에 대하여서까지 피고의 책임을 면하게 하고 위 원고만이 책임을 진다는 취지라고는 볼 수 없다고 하여 피고에게는 책임이 없다는 피고의 주장을 배척하였다. 기록에 의하여 살펴보면 원심의 위와 같은 인정과 판단은 수긍할 수 있고, 거기에 소론과 같은 채증법칙 위배의 잘못이 있다고 할 수 없다. 논지는 이유 없다.

2. 제2점에 대하여

원심은, 철골기술자인 원고 1로서도 철골구조물의 중량이 무거워 세트앙카만으로는 철골을 지탱하기 어렵다는 것을 알고 이를 피고 회사에게 고지하여 피고 회사로부터 세트앙카 외에 턴버클을 설치하도록 지시를 받았으므로 턴버클이 설치되기 전에는 철골구조물 위에 올라가 작업을 하지 아니하고 비계틀 등을 이용하여 철골작업을 하여야 하고 부득이 철골구조물 위로 올라가 작업을 할 때에는 일시적이나마 지탱력을 보강시키는 조치를 취하여야 함에도 불구하고 위와 같은 조치를 취하지 아니한 과실이 있다고 하여 이 사건 사고 발생에 대한 원고의 과실비율을 30%로 정하였는 바, 기록에 비추어 보면 원심의 위와 같은 조치 또한 정당한 것으로 수긍이 가고 거기에 소론과 같은 과실상계의 비율 결정에 관한 잘못이 있다고 할 수 없다. 논지는 이유 없다.

3. 그러므로 상고를 기각하고 상고비용은 패소자의 부담으로 하기로 하여 관여
   법관의 일치된 의견으로 주문과 같이 판결한다.
(출처 : 대법원 1994.10.21. 선고 94다29461 판결)

■ 피해자의 과실비율만 20%에서 40%로 변경한 원심판결을 과실평가
  가 과중하다고 파기한 사례

[판시사항]

 제1심 판결의 사실관계를 그대로 인용하면서 피해자의 과실비율만 20%
에서 40%로 변경한 원심판결을 과실평가가 과중하다고 파기한 사례

[판결요지]

피해자가 회사 작업장에서 기계의 본체에 부착된 전원스위치를 차단시킨 후
부품교체조립 작업을 하던 중 회사의 전기주임이 작업사실을 확인하지 아니한
채 전원스위치를 넣는 바람에 기계작동으로 부상한 사고에 관한 손해배상청구
사건에서, 제1심 판결이유에 기재된 사실관계를 그대로 인용하면서 피해자 과
실비율만을 20%에서 40%로 변경한 원심판결을 피해자 과실을 지나치게 무
겁게 평가하여 형평의 원칙에 위반하였다 하여 파기한 사례.

[주 문]

원심판결 중 원고패소부분을 파기하고 이 부분 사건을 대구지방법원 합의부에
환송한다.

[이 유]

상고이유를 본다.

(1) 제1심 판결 이유에 의하면 제1심은 원고는 1991.7.1. 피고 회사에 입사
    하여 같은 해 12.31. 14:50경 대구 북구 (주소 생략) 소재 피고 회사 작
    업장에서 주물제작용 원료분쇄기인 후란기계의 본체에 부착된 전원스위치
    를 차단시킨 후 위 기계의 배합모래가 배출되는 상단에 올라가 스크류 컨
    베이어의 쇠날을 교체, 조립하는 작업을 하던 중 피고 회사의 전기주임인
    소외인이 원고의 작업사실을 확인하지 아니한 채 전원스위치를 넣어 위 후
    란기계를 작동시킴으로써 작업을 하던 원고의 왼쪽 손이 회전하는 스크류
    쇠날에 감겨들어가 이로 인하여 원고가 약 10개월간의 치료를 요하는 좌
    측 제3, 4, 5 수지신경손상 및 관절부분강직상을 입은 사실을 인정한 다

음 위 인정사실에 의하면 피고는 위 소외인의 사용자로서 동인의 사무집행 상의 과실로 인하여 일어난 이 사건 사고로 인하여 원고가 입은 손해를 배상할 책임이 있다고 판단하고, 한편 원고로서도 위 작업을 함에 있어 후란기계의 본체에 있는 전원스위치에서는 원고가 작업하는 모습이 잘 보이지 아니하므로 다른 사람이 전원스위치를 작동하지 못하도록 미리 작업사실을 알리거나 전원스위치 옆에 수리작업중이라는 표시를 하여야 하고 또한 스크류 쇠날 옆 기둥에 설치된 안전스위치를 켜놓고 작업을 하여야 함에도 이를 게을리 하여 이 사건 사고를 당한 사실이 인정되는데 이러한 원고의 과실은 이 사건 사고발생의 한 원인으로 경합되었다고 할 것이므로 이를 피고가 배상하여야 할 손해액을 정함에 있어 참작하기로 하되 쌍방의 과실내용에 비추어 원고의 과실을 전체의 20%로 봄이 상당하다고 판시하였으며, 제1회 기일에서 바로 변론을 종결한 원심은 그 판결이유에서 손해배상책임의 발생에 관하여 원심이 설시하는 이유는 원고가 이 사건 사고발생에 기여한 과실비율을 40%로 변경하는 이외에는 제1심판결 해당부분 이유기재와 같으므로 민사소송법 제390조에 의하여 이를 그대로 인용한다고 판시하였다.

(2) 불법행위로 인한 손해의 발생에 관하여 피해자에게도 과실이 있는 경우 그와 같은 사유는 가해자의 손해배상의 범위를 정함에 있어 당연히 참작되어야 하고 양자의 과실비율을 교량함에 있어서는 손해의 공평한 부담이라는 제도의 취지에 비추어 사고발생에 관련된 제반상황이 충분히 고려되어야 할 것이며 과실상계사유에 관한 사실인정이나 그 비율을 정하는 것이 사실심의 전권이라고 하더라도 그것이 형평의 원칙에 비추어 현저히 불합리하여서는 아니된다고 할 것인바, 원심 인용의 제1심판결이 인정한 사실관계하에서 원고의 과실을 살펴보건대, 원심이 위에서 본바와 같은 원고의 과실만을 가지고 그 비율을 40%로 평가한 것은 피고측의 과실내용에 비추어 지나치게 무겁게 평가한 것으로서 형평의 원칙에 현저하게 반하였다고 하지 아니할 수 없고 원심의 이와 같은 잘못은 판결에도 영향을 미쳤다고 할 것이므로 이 점을 지적하는 논지는 이유 있다.

(3) 따라서 나머지 상고이유에 대한 판단을 생략한 채 원심판결 중 원고 패소 부분을 파기하고 이 부분 사건을 원심법원에 환송하기로 하여 관여 법관의 일치된 의견으로 주문과 같이 판결한다.

(출처 : 대법원 1994.8.9. 선고 94다13541 판결)

■ 폭발사고에 의하여 직접 피해자가 상해를 입은 경우 실화책임에 관한
   법률의 적용 여부

[판시사항]

폭발사고에 의하여 직접 피해자가 상해를 입은 경우 실화책임에관한법
률의 적용 여부 및 공항관련시설의 관리·운영과 유지·보수 등의 업무
를 맡고 있는 한국공항공단이 관리하는 지역 내에서 발생한 가스폭발사
고에 대하여 공단의 과실책임을 인정한 원심판결을 심리미진, 이유불비
의 위법이 있다 하여 파기한 사례

[판결요지]

가. 가스의 폭발사고에 의하여 직접 피해자가 상해를 입은 경우에 있어서는 실
   화책임에관한법률이 적용되지 아니한다.

나. 공항관련시설의 관리·운영과 유지·보수 등의 업무를 맡고 있는 한국공항공
   단이 관리하는 지역 내에서 발생한 가스폭발사고에 대하여 공단의 과실책
   임을 인정한 원심판결을 심리미진, 이유불비의 위법이 있다 하여 파기한
   사례.

[주 문]

원심판결 중 피고 한국공항공단의 패소부분을 파기하고, 이 부분 사건을 부산
고등법원에 환송한다. 피고 주식회사 한국종합기술개발공사의 상고를 기각하고,
이 부분 상고비용은 같은 피고의 부담으로 한다.

[이 유]

1. 먼저 피고 주식회사 한국종합기술개발공사(이하 피고 회사라고 한다)의 상
   고이유를 본다. 원심판결 이유에 의하면 원심은, 거시증거에 의하여, 이 사
   건 사고 발생의 경위, 사고 전날 있었던 굴착작업시의 상황, 사고원인조사
   의 결과, 사고장소의 구조 및 사고 후의 정황, 메탄가스의 성질, 사고지점
   일대의 지질 및 사고 무렵의 기상조건 등에 관하여 그 판시와 같은 사실들
   을 인정한 다음, 이 사건 사고는, 교통부 서울지방항공관리국으로부터 김해

국제공항 확장공사를 위한 설계용역을 의뢰받은 피고 회사가 사고 전날인 1988.1.22.(원심이 1.12.이라고 한 것은 오기이다) 피고 한국공항공단(이하 피고 공단이라고 한다) 부산지사 김해국제공항 영림현장 온실내 숙직실로부터 약 2미터 정도 떨어진 곳에서 지질조사를 위한 굴착작업을 하던 중 땅에 박은 천공구에서 같은 날 11:40경부터 약 1,2시간 동안 가스가 분출하다가 점점 줄어 들면서 같은 날 17:00경 멈추자 위 천공구의 입구를 막지 않은 채 작업을 끝낸 바 있는데, 밤새 위 입구를 막지 않은 천공구로부터 지하 매립층에서 발생한 메탄가스가 분출되어 나와 당시의 일기 상황에 의하여 위 온실 밖 집수정에 일부가 고인 후 하수구를 통하여 부엌 안으로 들어가 다시 숙직실 안으로 스며들어 연소범위 내의 농도를 형성하고 있다가 사고 당일인 같은 해 1.23.(원심이 1.13.이라고 한 것도 오기이다) 05:30경 원고 1이 위 숙직실에서 담배를 피우기 위하여 라이타를 켜는 순간 그 라이타 불에 인화되어 순간적으로 폭발함으로써 발생하였을 것이라고 추인하고 있는바, 기록에 의하여 살펴 보면 원심이 한 간접사실들의 인정 및 그에 따른 사고원인의 추인과정은 모두 정당한 것으로 수긍이 간다. 그리고 이 사건 사고 발생의 원인 및 과정이 위와 같다면, 이 사건 사고는, 지질조사작업을 하는 과정에서 지하로부터 가스가 분출하였고 더구나 그 지역이 과거 매립지여서 인화성이 있는 메탄가스가 계속 분출될 가능성도 없지 아니하였으므로 그 분출된 가스가 인화성이나 폭발성은 없는지 그 성분을 확인하고, 나아가 근접한 곳에 숙직실이 딸린 온실이 있어 인화성이 있는 가스가 분출되어 확산될 경우 위 온실내 화기에 인화되어 폭발할 위험이 있음을 예견할 수 있으므로 작업을 마칠 때는 위 가스가 공기 중으로 계속 분출되는 일이 없도록 위 천공구의 입구를 단단히 막는 등의 안전조치를 취하여야 할 주의의무가 있음에도 불구하고 이를 게을리 한 피고 회사의 과실로 인하여 발생하였다 할 것이므로, 원심이 이와 같은 취지에서 피고 회사에 대하여 불법행위로 인한 손해배상책임을 인정한 것도 옳게 수긍이 간다.

한편 이 사건에 있어서와 같이 가스의 폭발사고에 의하여 직접 피해자가 상해를 입은 경우에 있어서는 실화책임에관한법률이 적용되지 아니한다 할 것이므로, 피고 회사의 과실이 중대한 것인지 여부에 관한 원심의 판단에 소론과 같은 잘못이 있다 하더라도 이는 판결에 영향을 미쳤다 할 수 없다. 원심판결에 소론과 같은 채증법칙 위배, 사실오인, 이유불비, 심리미진, 인과관계 및 과실이나 중과실에 관한 법리오해의 위법이 있다 할 수 없으므로, 논지는 모두 이유 없다.

2. 다음으로 피고 공단의 상고이유를 본다. 원심판결 이유에 의하면 원심은, 이 사건 사고 발생의 원인 및 과정을 위와 같이 인정한 다음, 이 사건 사고의 발생에는, 피고 공단으로서도 위 공항 관련시설의 관리·운영과 유지·보수 등의 업무를 맡고 있는 이상 마땅히 그 관리지역 내에서 이루어진 위 지질조사작업의 내용과 그에 따른 안전관리문제를 확인·파악하여 조그만 위해요인도 발생하지 않도록 철저히 감독하고, 필요한 안전조치를 강구하거나 피고 회사에게 이를 요구하여야 함에도 이를 게을리 한 채 아무런 조치도 취하지 아니하고 그대로 방치한 과실이 경합하였다고 하여 피고 공단에 대하여서도 불법행위로 인한 손해배상책임을 인정하고 있다.

그러나 우선 피고 공단의 과실점에 관한 원심의 설시는 구체적이지 못할 뿐만 아니라, 원심이 확정한 사실에 의하더라도 위 지질조사작업은 교통부 서울지방항공관리국이 피고 회사에게 발주하였다는 것이어서 피고 공단이 그 작업의 내용과 그에 따른 안전관리문제를 확인·파악하여야 할 지위에 있다고 볼 수는 없으며, 또한 땅에 천공구를 박아 지질조사를 위한 굴착작업을 하는 것 자체에 공항 관련시설에 어떠한 위험을 가져 올 수 있는 요소가 포함되어 있다고 보이지는 아니하므로 피고 공단이 위 굴착작업시 가스가 계속 분출하리라고 예견할 수 있었다는 등의 특별한 사정이 인정되지 아니하는 이상은 단지 피고 공단이 공항 관련시설의 관리·운영과 유지·보수 등의 업무를 맡고 있다거나 위 지질조사작업이 피고 공단이 관리하는 지역 내에서 이루어졌다는 것만으로 피고 공단에게 전문업체인 피고 회사가 시행하는 지질조사작업을 감독하고 필요한 안전조치를 강구하거나 피고 회사에 대하여 그러한 조치를 취할 것을 요구하여야 할 의무까지 있다고 할 수는 없을 것이고, 피고 공단의 안전관리규정(을 제4호증의 1,2)은 안전사고의 발생을 가능한 한 억제할 목적으로 제정된 것에 불과하여 그 안전관리규정에 공사장 안전관리 등에 관한 조항이 있고 관내에서 안전사고가 발생하였다 하여 곧바로 불법행위책임의 요건이 되는 과실이 있다고 인정할 수도 없다 할 것이다. 결국 기록상 피고 공단이 위 굴착작업시 가스가 계속 분출하리라고 예견할 수 있었다는 등의 특별한 사정이 있었는지 여부가 확정되어 있지 아니한 상태에서 원심이 그 판시와 같은 이유만으로 이 사건 사고 발생에 피고 공단의 과실도 경합되었다고 판단한 것은 손해배상책임에 관한 법리를 오해한 나머지 심리를 다하지 아니하였거나 손해배상책임의 근거를 명시하지 아니한 잘못이 있다 할 것이고, 이 점을 지적하는 논지는 이유 있다.

3. 그러므로 원심판결 중 피고 공단의 패소부분을 파기하여 이 부분 사건을 원심법원에 환송하고, 피고 회사의 상고는 이를 기각하며, 이 부분 상고비용은 패소자인 같은 피고의 부담으로 하기로 하여 관여 법관의 일치된 의견으로 주문과 같이 판결한다.

(출처 : 대법원 1994.6.10. 선고 93다58813 판결)

■ 지주설치작업을 하던 선산부인 광원이 부상당한 사고가 오로지 위 광원의 귀책사유로 인하여 발생한 것이라고 한 사례

[판시사항]

광업소 채준막장에서 신설 각주가 넘어져 지주설치작업을 하던 선산부인 광원이 부상당한 사고가 오로지 위 광원의 귀책사유로 인하여 발생한 것이라고 한 사례

[주 문]

상고를 모두 기각한다.

상고비용은 원고들의 부담으로 한다.

[이 유]

원고들의 상고이유를 본다.

1. 기록에 의하여 원심이 취사한 증거들을 살펴보면 원심이, 피고공사에서는 지주받침대를 승갱도 입구에 설치되어 있는 도구함에 넣어두고 있어 이것이 필요한 작업자들이 입갱시에 가지고 들어갈 수 있도록 하여 놓았고, 위 도구함에 지주받침대가 없을 때에는 작업자들이 자재창고에 가서 지주받침대를 달라고 하면 언제든지 지급하여 주고 있다고 인정하면서 위 인정에 반하는 갑 제38호증(소외인 작성의 확인서, 상고이유서에 갑 제36호증이라고 한 것은 오기로 보인다) 기재를 배척한 조치는 수긍이 되고, 거기에 소론 주장과 같은 채증법칙 위배의 위법이 없다.

2. 원심판결 이유에 의하면 원심은, 1989.10.9. 14:00 피고 산하 장성광업소 채준막장에서 신설중인 각주가 원고 1 등쪽으로 넘어져 위 원고가 부상을 당한 이 사건 사고가 발생한 원인과 경위 등에 관한 판시 사실을 인정한 다음, 위 인정사실에 의하면, 지주받침대는 피고공사측에서 갱내에 비치하여야 하거나 작업자에게 일일이 지급하는 것이 아니고 필요한 작업자들이 이를 챙겨 작업을 하여야 하는 것이므로 피고공사측에게 지주받침대를 준비하여 주지 아니한 것에 어떠한 과실이 있다고 할 수 없는 반면 이 사건

사고는 선산부인 위 원고가 지주설치작업을 하면서 신설 각주가 갱안으로 넘어지지 아니하도록 튼튼하게 후방 각주와 신설 각주를 빗장 질러 지지해 놓지 아니하고 손쉬운 방법인 환삽으로 신설 각주를 지지해 놓고 작업을 한 결과 위 환삽이 각주의 무게를 지탱하지 못하여 세워 놓은 신설 각주가 넘어지는 바람에 일어난 것으로 이는 오로지 위 원고의 귀책사유로 인하여 발생한 것이라고 판단하고 있는바, 기록에 의하여 살펴보면 위 원심의 사실인정과 판단은 정당한 것으로 수긍이 되고, 원심판결에 소론과 같은 채증법칙 위배, 심리미진 또는 직권으로 피고나 원고의 과실의 존부를 조사하지 아니한 잘못이나 과실상계의 법리오해 등의 위법이 있다고 할 수 없다. 논지는 이유 없다.

3. 그러므로 상고를 모두 기각하고 상고비용은 패소자의 부담으로 하여 관여 법관의 일치된 의견으로 주문과 같이 판결한다.

(출처 : 대법원 1994.4.26. 선고 94다2848 판결)

■ 과실상계에 있어서 고려되어야 할 사유

[판시사항]

가. 과실상계에 있어서 고려되어야 할 사유

나. 피해자의 과실을 70%로 본 원심판결을 파기한 사례

[판결요지]

가. 불법행위로 인한 손해의 발생 또는 확대에 관하여 피해자에게도 과실이 있을 때에는 그와 같은 사유는 가해자의 손해배상의 범위를 정함에 있어 당연히 참작되어야 하고 양자의 과실비율을 교량함에 있어서는 손해의 공평부담이라는 제도의 취지에 비추어 사고발생에 관련된 제반 상황이 충분히 고려되어야 할 것이며 과실상계사유에 관한 사실인정이나 그 비율을 정하는 것이 사실심의 전권사항이라고 하더라도 그것이 형평의 원칙에 비추어 현저히 불합리하여서는 안된다.

나. 피해자의 과실을 70%로 본 원심판결을 파기한 사례.

[주 문]

원심판결 중 재산상 손해에 관한 원고들 패소부분을 파기하고 이 부분 사건을 대구지방법원 합의부에 환송한다. 원고들의 나머지 상고를 각 기각한다.

상고기각된 부분의 상고비용은 원고들의 부담으로 한다.

[이 유]

원고들의 상고이유를 본다.

1. 불법행위로 인한 손해의 발생 또는 확대에 관하여 피해자에게도 과실이 있을 때에는 그와 같은 사유는 가해자의 손해배상의 범위를 정함에 있어 당연히 참작되어야 하고 양자의 과실비율을 교량함에 있어서는 손해의 공평부담이라는 제도의 취지에 비추어 사고발생에 관련된 제반상황이 충분히 고려되어야 할 것이며 과실상계사유에 관한 사실인정이나 그 비율을 정하는 것이 사실심의 전권사항이라고 하더라도 그것이 형평의 원칙에 비추어 현저히 불합리하여서는 안된다 할 것이다(당원 1993.7.13. 선고 92다

29719 판결 참조). 원심판결 이유에 의하면 원심은 그 거시증거에 의하여, 피고 주식회사 코리아호조(이하 피고회사라고만 한다)의 전기기사인 피고 2가 피고 회사 신축공사의 하도급업체인 소외 주식회사 동창건설의 토목기사인 망 소외 1로부터 위 신축공사부지 매립공사장에서 웅덩이에 고인 물을 퍼내기 위한 양수기에 접속할 릴콘센트박스의 한쪽끝 전선을 전원에 연결시켜 달라는 부탁을 받았으면 피고 2로서는 당시는 피고 회사의 중식시간이라 공장내부의 전원이 모두 차단되어 있었으나 중식시간이 끝나 공장내부의 전원에 전기가 들어오게 되면 위 콘센트 박스로 전기가 흐르게 되므로 공장내부의 전원에 전기가 들어오더라도 위 망인의 양수기 전원 연결작업이 모두 끝난 후에야 양수기에 전기가 공급되도록 전원차단기를 내려 놓아야 함에도 전원차단기가 올려진 상태에서 위 릴콘센트박스를 전원에 연결한 후 망인에게 단지 전원이 연결되었으니 조심하라는 취지의 이야기를 하고 현장을 떠나 버린 과실이 있고, 위 망인에게도 피고 2로부터 위와 같은 이야기를 들었으면 곧바로 중식시간이 끝나 릴콘센트에 전기가 흐르게 된다는 점을 충분히 예상할 수 있었으므로 위 망인 스스로 전원차단기를 내려두고 작업을 하거나 각별한 주의를 하여 작업을 하여야 함에도 만연히 물기가 많은 웅덩이에서 맨발에다 손이 물에 젖은 채로 양수기에 연결된 플러그를 릴콘센트에 연결하는 작업을 한 과실이 있다고 인정한 다음, 이러한 위 망인의 과실은 피고 2의 과실과 함께 이 사건 사고발생의 한 원인이 되었다고 하면서 그 과실비율을 70%로 인정하여 과실상계를 하였다.

2. 그러나 원심이 채용한 갑 제7호증의 12의 기재와 제1심 및 원심 증인 소외 2의 증언에 의하면, 위 망인이 공장전원에 연결된 릴콘센트에 양수기의 플러그를 접속시키기 전에 같이 작업을 하던 소외 2에게 "가서 전기스위치를 올리라"고 이야기 한 점, 피고 2가 릴콘센트의 전선을 공장의 전원에 연결할 당시 위 공장의 전원스위치 연결부위의 전선피복을 벗겨서 맨손으로 전선을 연결시켰기 때문에 위 소외 2는 위 릴콘센트의 전선에는 당연히 전기가 통하지 않는 것으로 알고 있었다고 진술하고 있는 점 등을 알

수 있는바, 이에 비추어 살펴보면 피고 회사의 직원이 아니라 피고 회사 신축공장부지 매립공사를 도급받은 소외 동창건설의 토목기사인 위 망인이 피고 회사 공장내부의 전원이 중식시간중에는 차단되고 중식시간이 끝나면 전원이 연결되어 위 릴콘센트로 전류가 흐르게 된다는 점을 익히 알고 있었다거나 피고 2로부터 전원이 연결되었다는 말 외에 조심하라는 취지의 말까지 들었다고 보기 어렵고, 또한 위 망인으로서는 "전원이 연결되었다"는 피고 2의 말을 전류가 흐른다는 의미로 이해하였다기 보다는 단지 위 릴콘센트의 전선을 전원에 연결시켜 놓았다라는 의미로 받아들였다고 봄이 상당하다고 할 것이다. 따라서 위와 같은 사정하에서라면 위 망인의 과실 비율을 70%로 인정하여 과실상계한 것은 형평의 원칙에 비추어 현저히 불합리하다고 하지 않을 수 없다. 이 점을 지적하는 논지는 이유 있다.

3. 원고들은 위자료부분에 대하여는 상고이유를 내세우지 아니하였다.

4. 그러므로 원심판결 중 재산상 손해에 관한 원고들 패소부분을 파기환송하고, 원고들의 나머지 상고를 각 기각하며, 상고기각된 부분의 상고비용은 패소자의 부담으로 하여 관여 법관의 일치된 의견으로 주문과 같이 판결한다.

(출처 : 대법원 1994.4.12. 선고 93다44401 판결)

■ 휴업급여가 소극적 손해액을 초과하는 경우 그 초과부분을 성질을 달리하는 손해의 배상액을 산정함에 있어서 공제할 것인지 여부

[판시사항]

가. 사실심의 변론종결에 이르기까지 불법행위시 이후의 어느 시점을 현가산정의 기준시점으로 할 수 있는지 여부
나. 피해자가 수령한 휴업급여가 소극적 손해액을 초과하는 경우 그 초과부분을 성질을 달리하는 손해의 배상액을 산정함에 있어서 공제할 것인지 여부
다. 피해자가 휴업급여를 지급받은 이후의 일실이익만을 청구하는 경우 휴업급여를 손해액에서 공제할 것인지 여부

[판결요지]

가. 당사자가 사실심의 변론종결에 이르기까지의 불법행위시 이후의 어느시점을 기준으로 하여 그 이후의 일실손해의 배상을 청구하면서 그때까지의 중간이자를 공제하는 방법으로 소득상실액의 가액을 산정하여 그 배상을 청구하는 경우에도 이것이 손해배상 본래의 방법을 벗어나거나 이에 모순, 저촉되는 것이 아닌 한 이를 허용하여도 무방할 것이고, 다만 이와 같은 경우에는 당연히 여기에 부가하여 그 이전의 지연손해금을 다시 청구하는 것은 허용될 수 없다.

나. 사용자의 불법행위로 인하여 재해를 입은 경우에 피해자가 근로기준법이나 산업재해보상보험법에 따라 휴업급여나 장해급여 등을 이미 지급받은 경우에 그 급여액을 일실이익의 배상액에서 공제하는 것은 그 손해의 성질이 동일하여 상호보완적 관계에 있는 것 사이에서만 이루어질 수 있으므로, 피해자가 수령한 휴업급여금이나 장애급여금이 법원에서 인정된 소극적 손해액을 초과하더라도 그 초과부분을 그 성질을 달리하는 손해의 배상액을 산정함에 있어서 공제할 것은 아니다.

다. 휴업급여는 휴업기간 중의 일실이익에 대응하는 것이므로 휴업급여금은그것이 지급된 휴업기간 중의 일실이익 상당의 손해액에서만 공제되어야 한다.

(출처 : 대법원 1993.12.21. 선고 93다34091 판결)

■ 외모에 생긴 추상장애와 노동능력 상실 여부

[판시사항]

외모에 생긴 추상장애와 노동능력 상실 여부

[판결요지]

불법행위로 인한 후유장애로 말미암아 외모에 추상이 생긴 경우에 그 사실만으로는 바로 육체적인 활동기능에는 장애를 가져오지 않는다고 하더라도 추상의 부위 및 정도, 피해자의 성별, 나이 등과 관련하여 그 추상이 장래의 취직, 직종선택, 승진, 전직에의 가능성 등에 영향을 미칠 정도로 현저한 경우에는 추상장애로 인하여 노동능력의 상실이 있다고 보는 것이 상당하다.

[주 문]

상고를 기각한다.

상고비용은 피고의 부담으로 한다.

[이 유]

피고의 상고이유에 대하여 판단한다.

1. 불법행위로 인한 손해배상사건에서 과실상계사유에 관한 사실인정이나 그 비율을 정하는 것은 그것이 형평의 원칙에 비추어 현저히 불합리하다고 인정되지 않는 한 사실심의 전권사항에 속한다고 할 것인바 기록에 의하여 살펴보아도 원심의 피해자에 대한 과실비율의 평가는 적절하고, 거기에 심리를 다하지 아니하거나 과실상계의 법리를 오해한 위법이 없다. 논지는 이유가 없다.

2. 불법행위로 인한 후유장애로 말미암아 외모에 추상이 생긴 경우에 그 사실만으로는 바로 육체적인 활동기능에는 장애를 가져오지 않는다고 하더라도 추상의 부위 및 정도, 피해자의 성별, 나이 등과 관련하여 그 추상이 장래의 취직, 직종선택, 승진, 전직에의 가능성 등에 영향을 미칠 정도로 현저한 경우에는 추상장애로 인하여 노동능력의 상실이 있다고 보는 것이 상당하다 (당원 1991.8.27. 선고 90다9773 판결 참조). 원심이 이와 같은 취지에

서 그 판시와 같은 원고 1의 장애에 대하여 노동능력상실비율을 15퍼센트로 인정판단한 것은 정당한 것으로 수긍이 가고, 원심판결에 소론과 같은 이유불비나 법리오해의 위법이 없다. 논지도 이유가 없다. 그러므로 피고의 상고를 기각하고 상고비용은 패소자인 피고의 부담으로 하기로 관여 법관의 의견이 일치되어 주문과 같이 판결한다.

(출처 : 대법원 1993.11.23. 선고 93다35421 판결)

■ 경비원과 늦게 퇴근하는 데 대하여 시비가 되어 싸우던 중 그에게 상해를 입게 한 경우 회사에 사용자책임을 인정한 사례

[판시사항]

회사원이 밤늦게 귀가하기 위하여 승강기를 타고 내려오다가 회사 경비원과 늦게 퇴근하는 데 대하여 시비가 되어 싸우던 중 그에게 상해를 입게 한 경우 회사에 사용자책임을 인정한 사례

[주 문]

상고를 기각한다.

상고비용은 피고의 부담으로 한다.

[이 유]

상고이유에 대하여

원심은, 피고 회사의 경비원이던 원고 1이 1989.6.17. 23:30경 서울 중구 (주소 생략)에 있는 피고 회사의 ○○빌딩에서 경비근무를 하던 중, 술에 취한 채 승강기를 타고 내려오는 피고 회사 사원 제1심 공동피고를 위 빌딩 2층 승강기 앞에서 발견하고 그에게 "야, 이 자식아. 근무가 끝났으면 집에 갈 것이지, 술을 먹고 돌아다니느냐."고 말한 게 발단이 되어 서로 싸우던 중, 위 제1심 공동피고에게 배를 걷어 차여 넘어지면서 시멘트 바닥에 머리를 부딪침으로써 그 판시 상해를 입은 사실, 위 제1심 공동피고는 피고 회사 시설과 영선실의 직원으로서 도장작업 등을 담당하고 있었는데, 위 사고일에 상사로부터 "오늘 오후부터 내일까지 ○○빌딩 14층과 15층의 내부를 외부업체에 용역을 주어 페인트로 도장하라." 는 지시를 받고 사고일 오후부터 위 빌딩에 남아서 도장작업을 하는 인부들을 감독하게 되었는바, 그 날 21:30경 일단 밖으로 나가 분식점에서 저녁식사를 하면서 소주 한 병을 마신후 23:00경 작업상태를 확인하기 위하여 다시 위 건물 안으로 들어가 보았더니, 인부들이 그날의 작업을 마치고 가버린 후라서 도장작업을 한 14층과 15층 사무실들의 문이 잘 잠겨있는지 여부만 확인한 후 23:30경 승강기를 타고 2층 밖 주차장 쪽으로 나오다가, 마침 심야에 운행되는 승강기를 수상히 여기고 위 2층 승강기 밖에서 기다리고

있던 위 원고를 만나게 되었고, 위와 같이 자극적인 욕설을 듣게 되자 그와 멱살을 잡고 다툰 끝에 이 사건 사고를 일으킨 사실을 인정한 다음, 그렇다면, 위제1심 공동피고의 이 사건 폭행행위를 그의 업무집행 자체로 볼 수 없음은 분명하나, 한편 이는 그가 밤늦게까지 도장작업을 감독한 후 그 업무를 마치고 귀가하기 위하여 피고 회사의 승강기를 타고 내려올 때 발생하였고, 또한 그 발생원인도 동인이 밤늦게까지 피고 회사의 사무실에 남아 있었던 사실에 대하여 위 원고가 시비를 걸었기 때문이므로, 위 폭행행위는 그의 사무집행과 관련하여 발생한 것이라고 판단하였는바, 원심의 이러한 판단은 옳고, 거기에 소론과 같은 위법이 있다고 할 수 없으니, 논지들은 모두 이유가 없다.

이에 상고를 기각하고 상고비용은 패소한 피고의 부담으로 하기로 관여 법관의 의견이 일치되어 주문과 같이 판결한다.

(출처 : 대법원 1993.9.24. 선고 93다15694 판결)

■ 근로자의 일실이익 손해에서 휴업급여를 공제할 경우 공제의 대상이 되는 기간

[판시사항]

근로자의 일실이익 손해에서 휴업급여를 공제할 경우 공제의 대상이 되는 기간

[판결요지]

요양중인 근로자가 휴업급여를 받았을 때에는 보험가입자는 그 금액의 한도 안에서 민법상의 손해배상책임이 면제가 되나 산업재해보상보험법 제9조의4에서 규정한 휴업급여는 업무상의 사유에 의한 부상 또는 질병으로 인하여 요양중에 있는 근로자가 요양으로 인하여 취업하지 못한 기간 중에 일정액의 급여를 지급함으로써 근로자의 최저생활을 보장하려는 데 그 취지가 있는 것이므로, 보험가입자가 수급권자의 일실이익의 손해액에서 휴업급여금을 공제하여야 할 경우에는 그것이 지급된 휴업기간 중의 일실이익 상당의 손해액에서만 공제하여야 한다.

[주 문]

상고를 기각한다.

상고비용은 피고의 부담으로 한다.

[이 유]

상고이유를 본다.

소론이 지적하는 점에 관한 원심의 인정판단은 원심판결이 설시한 증거관계에 비추어 정당한 것으로 수긍이 되고, 그 과정에 소론과 같이 채증법칙을 위반하거나 손해배상책임에 관한 법리를 오해하여 사실을 잘못 인정한 위법이 있다고 볼 수 없다. 또 이 사건 사고발생경위가 원심판시와 같다면 이 사건 사고발생에 있어서의 원고 1의 과실을 60%로 본 원심판단은 수긍이 가고 거기에 소론과 같은 과실비율을 잘못 판단한 위법이 없으므로 논지는 이유 없다.

요양중인 근로자가 휴업급여를 받았을 때에는 보험가입자는 그 금액의 한도 안

에서 민법상의 손해배상책임이 면제가 되나 (산업재해보상보험법 11조 2항) 산업재해보상보험법 9조의4에서 규정한 휴업급여는 업무상의 사유에 의한 부상 또는 질병으로 인하여 요양중에 있는 근로자가 요양으로 인하여 취업하지 못한 기간 중에 일정액의 급여를 지급함으로써 근로자의 최저생활을 보장하려는데 그 취지가 있는 것이므로, 보험가입자가 수급권자의 일실이익의 손해액에서 휴업급여금을 공제하여야 할 경우에는 그것이 지급된 휴업기간 중의 일실이익 상당의 손해액에서만 공제하여야 할 것이다. 같은 취지의 원심판결은 정당하고 거기에 소론과 같은 법리오해의 위법이 없다. 그러므로 상고를 기각하고 상고비용은 패소자의 부담으로 하기로 하여 관여 법관의 일치된 의견으로 주문과 같이 판결한다.

(출처 : 대법원 1993.9.10. 선고 93다10651 판결)

■ 폭우로 끝부분이 유실된 임시교량을 지나던 자동차가 하천으로 떨어
진 사고에서 교량건설회사의 손해배상책임을 인정한 사례

[판시사항]
폭우로 끝부분이 유실된 임시교량을 지나던 자동차가 하천으로 떨어진
사고에서 교량건설회사의 손해배상책임을 인정한 사례

[주 문]
상고를 기각한다.
상고비용은 피고의 부담으로 한다.

[이 유]
상고이유에 대하여
원심이, 피고 회사가 경기 안성군 양성면 난실리 소재 난실천 위에 새로운 교
량을 설치하기 위하여 기존의 낡은 교량을 헐고 그 바로 아래쪽에 임시교량을
설치하였는데, 위 임시교량은 새로운 교량이 설치된 후에는 철거될 것이어서 그
교량 자체가 튼튼하지 아니하였던데다가 기존도로와 위 임시교량을 연결하는
연결도로부분의 지반이 약하였기 때문에 이 사건 사고일 전날부터 계속된 폭우
로 위 임시교량 밑을 흐르는 난실천의 수위가 높아지게 되자 지반이 약한 위
연결도로부분부터 먼저 유실되기 시작하여 그 연결도로부분에 접하여 있는 교
량의 양쪽 끝부분이 점차 가운데 쪽으로 유실되어 나간 사실, 피고 회사에서는
위 임시교량을 관리하면서 그 위로 통과하는 차량들의 안전통행을 위하여 위
임시교량 양쪽 난간과 그 양쪽 진입로 입구에 붉은 등과 경광등을 설치하여 두
었었지만 위 사고 전날과 사고일의 양일간에 걸쳐 내린 집중폭우로 말미암아
위 사고 무렵에는 정전으로 위 등이 모두 꺼져 있었고, 위 교량 입구에 세워진
피고 회사의 현장사무실에서 경비근무를 담당하고 있던 소외 1 역시 위 집중폭
우로 인하여 발생할 수 있는 교량유실 등의 재해에 대비하여 교량 위로 통행하
는 차량을 통제하는 등의 대책을 세우지 아니한 채 잠들어 있었던 사실, 망 소
외 2는 자신의 승용차를 운전하여 위 임시교량을 용인읍에서 양성, 평택 방면
으로 건너갔다가 용무를 마치고 용인읍으로 되돌아 오던 중 위 임시교량의 용

인읍 쪽 끝부분이 유실된 것을 모르고 그대로 위 교량 위를 지나다가 연결도로가 유실되어 끊어진 부분에서 난실천 아래로 자동차와 함께 떨어져 익사한 사실을 인정한 다음, 이 사건 사고는 새로운 교량이 완공될 때까지 위 임시교량을 안전한 상태로 유지, 관리할 책임이 있는 피고 회사가 집중폭우가 계속되는데도 즉시 현장에 안전관리자를 파견하여 임시교량의 안전상태를 점검하고 적절한 대응을 하도록 조치하지 못한 잘못과, 피고 회사의 피용자인 위 소외 1이 계속되는 폭우로 인한 난실천의 수위와 위 임시교량의 상태를 예의 주시하였다가 위 임시교량 위로의 통행이 위험하다고 판단되면 즉시 위 교량 양쪽 진입로 쪽에 비치되어 있던 바리케이트로 위 교량으로의 진입을 막는 등의 조치를 취하여야 할 의무를 게을리 한 사무집행상의 과실로 발생한 것이라고 판단하였는바, 기록에 비추어 살펴보니 원심의 위와 같은 사실인정과 판단은 옳고 거기에 소론과 같은 채증법칙 위배로 인한 사실오인이나 공작물책임에 관한 법리오해의 위법이 있다고 할 수 없으므로, 논지들은 모두 이유가 없다. 이에 상고를 기각하고 상고비용은 패소한 피고의 부담으로 하기로 관여 법관의 의견이 일치되어 주문과 같이 판결한다.

(출처 : 대법원 1993.8.27. 선고 93다16826 판결)

■ 민법 제766조 제1항의 가해자를 안다는 것의 의미

[판시사항]

가. 민법 제766조 제1항의 가해자를 안다는 것의 의미

나. 피고 회사가 시공하는 작업장에서 작업중 피고 회사 근로자의 과실로 상해를 입은 경우 가해자를 알았다고 본 사례

[판결요지]

가. 민법 제766조 제1항의 가해자를 안다 함은 사실에 관한 인식의 문제일 뿐 사실에 대한 법률적 평가의 문제가 아니다.

나. 사고가 피고 회사가 시공하는 탱크의 제작 설치작업중에 발생하였고, 그 작업을 지휘 감독한 자나 사고의 원인을 제공한 근로자와 피해자가 모두 피고 회사의 근로자였다면, 피해자는 사고 발생 당시 손해발생사실 및 그 가해자 즉, 손해배상청구의 상대방으로 될 자가 피고 회사라는 사실을 구체적으로 인식하였다고 보이고, 그 공사의 도급인이 피고 회사에 대하여 사용자 관계에 있다고 주장하면서 도급인을 상대로 손해배상청구소송을 제기하였다가 패소판결을 선고받은 때 비로소 가해자가 피고 회사임을 알았다고 볼 수는 없다고 한 사례.

[주 문]

상고를 모두 기각한다.

상고비용은 원고들의 부담으로 한다.

[이 유]

1. 상고이유 제1점에 대하여

원심판결 이유를 보면 원심은, (1) 원고 1은 1987.12.24. 피고 회사에 제관공으로 입사한 후, 피고 회사가 소외 현대건설 주식회사로부터 하도급받아 시행하는 충남 서산군 (주소 생략) 소재 ○○석유 정유공장에 제품탱크 25기를 제작 설치하는 공사의 현장에 근무하여 온 사실, 위 원고는 1988.9.12. 10:00경 피고 회사의 현장감독인 소외인의 작업 지시에 따라

위 현장 에프엠(FM)-5296 탱크(높이 14.65m) 위에서 같은 제관공 2인과 함께 볼트교환작업을 하다가 공구를 가져오려고 땅에 내려가서 옆 탱크로 가던 중, 위 5296 탱크 정상부에서 일하던 피고 회사의 어느 근로자가 탱크 위에 풀어서 얹어 놓은 볼트 1개(무게 150g)가 굴러 떨어지면서 위 원고의 뒷머리를 충격함으로써 수개월의 치료를 요하는 뇌좌상등을 입은 사실, 나머지 원고들은 위 원고의 처, 부모, 자녀인 사실을 인정할 수 있으므로, (2) 이 사건 사고는 위 근로자가 볼트교환작업을 하면서 풀어놓은 볼트를 굴러떨어지기 쉬운 탱크 위에 방치한 과실과 현장감독인 위 소외인이 볼트 교환작업을 지시하면서 작업자들에게 안전수칙을 제대로 주지시키지 아니하고 감독을 소홀히 한 과실로 발생하였으니, 피고 회사는 위 근로자와 소외인의 사용자로서 원고들이 이 사건 사고로 입은 손해를 배상할 책임이 있다고 설시한 다음, (3) 그러나 앞서 본 바와 같이 이 사건 사고는 피고 회사가 시공하는 탱크의 제작 설치작업 중에 발생한 것인 점, 그 작업을 지휘·감독한 소외인이나 볼트를 떨어지게 한 근로자와 원고 1이 모두 피고 회사의 근로자였던 점에 비추어 볼 때, 원고들은 위 사고 발생 당시 이 사건 사고로 인한 손해발생사실 및 그 가해자 즉, 손해배상청구의 상대방으로 될 자가 피고 회사라는 사실을 구체적으로 인식하였다고 보이는바, 원고들은 위 사고일로부터 3년이 지난 후에야 이 사건 소를 제기하였음이 기록상 명백하므로, 원고들의 이 사건 손해배상청구권은 이미 시효로 소멸하였다고 판단하였다.

소론은 원고들이 이 사건 공사의 도급인인 소외 현대건설 주식회사가 피고 회사에 대하여 사용자관계에 있다고 주장하면서 위 소외회사를 상대로 손해배상청구소송을 제기하였다가 1991.4.26. 패소판결을 선고받았으므로, 원고들로서는 위 판결 선고일에야 비로소 이 사건 사고의 가해자가 피고 회사임을 알았다고 보아야 한다는 것이다. 그러나 민법 제766조 제1항의 가해자를 안다 함은 사실에 관한 인식의 문제일 뿐, 소론과 같이 사실에 대한 법률적 평가의 문제가 아니므로 (당원 1976.4.27.선고 76다289 판결 참조), 원심의 판단은 옳고, 논지는 받아들일 수 없다.

2. 상고이유 제2점에 대하여

　　소론은 원심에서 주장된 바 없으므로 적법한 상고이유가 될 수 없다.

3. 이에 상고를 모두 기각하고 상고비용은 패소한 원고들의 부담으로 하기로

　　관여 법관의 의견이 일치되어 주문과 같이 판결한다.

(출처 : 대법원 1993.8.27. 선고 93다23879 판결)

■ "불법행위를 한 날"의 의미와 소멸시효진행의 기산점

[판시사항]

가. 민법 제766조 제2항의 "불법행위를 한 날"의 의미와 소멸시효진행의 기산점

나. 사용자가 피용자에게 산업재해보험급여를 받는 데 필요한 증명을 하여 준 것이 손해배상채무를 승인한 것으로 볼 수 있는지 여부

[판결요지]

가. 불법행위에 기한 손해배상채권에 있어서 민법 제766조 제2항에 의한 소멸시효의 기산점이 되는 "불법행위를 한 날"이란 가해행위로 인한 손해의 결과발생이 현실적인 것으로 되었다고 할 수 있을 때를 의미하고 그 소멸시효는 피해자가 손해의 결과발생을 알았거나 예상할 수 있는가 여부에 관계없이 가해행위로 인한 손해가 현실적인 것으로 되었다고 볼 수 있는 때로부터 진행한다.

나. 피용자가 산업재해보험급여를 받는 데 필요한 증명을 요구함에 따라 회사가 산업재해보상보험법시행령 제34조 제2항의 규정에 따라 사업주로서 그 증명을 하여 준 것 또는 같은 조 제1항의 규정에 의하여 그 보험급여청구의 절차에 조력하여 준 것만으로 회사가 피용자 등에 대하여 손해배상채무가 있음을 승인하였던 것이라고 볼 수는 없다.

[주 문]

상고를 모두 기각한다.

상고비용은 원고들의 부담으로 한다.

[이 유]

원고들 소송대리인의 상고이유를 본다.

1. 불법행위에 기한 손해배상채권에 있어서 민법 제766조 제2항에 의한 소멸시효의 기산점이 되는 '불법행위를 한 날'이란 가해행위로 인한 손해의 결과발생이 현실적인 것으로 되었다고 할 수 있을 때를 의미하는 것 인바, 이

사건에 있어서 원심이 인용한 제1심판결이 인정한 바와 같이 원고 1이 1981.5.29. 이 사건 사고로 인하여 제4, 5요추 추간판탈출증의 상해를 입고 수술 등의 치료를 받았는데 그 후 위 상해가 재발하였다면, 원고가 위 사고로 입은 상해의 부위 및 정도, 위 상해에 대한 치료방법과 경과 및 요추추간판탈출증의 경우는 후유증이 생기는 것이 대부분이며 이 사건의 경우도 치료종결 후에 병증이 재발한 점 등에 비추어 볼 때 위 상해로 인하여 생긴 판시 후유장해는 이 사건 사고일인 1981.5.29. 당시 현실적인 것으로 되었다고 봄이 상당하므로, 이 사건 손해배상청구권의 민법 제766조 제2항에 의한 소멸시효가 1981.5 29.부터 진행한다고 판단한 원심은 정당하다 (다만 원심이 타인의 가해행위로 인하여 상해를 입은 경우에는 그 상해가 발생한 날 즉시 그 가해행위로 인한 손해의 결과발생이 확정적으로 현실화되었다고 할 것이라고 설시한 제1심판결 부분을 인용한 것은 소론이 지적하는 바와 같이 적절하지 못한 판시이나 결국 이는 판결결과에는 영향이 없는 것이다). 또 민법 제766조 제2항에 의한 소멸시효는 동조 제1항의 소멸시효와는 달리 피해자가 손해의 결과발생을 알았거나 예상할 수 있는가 여부에 관계없이 가해행위로 인한 손해가 현실적인 것으로 되었다고 볼 수 있는 때로부터 진행하는 것 이므로, 이 사건 손해배상청구권의 민법 제766조 제2항에 의한 소멸시효는 원고들이 이 사건 사고 당시 위 상해로 인한 후유장해가 발생할 것을 예상할 수 있는지의 여부에 관계없이 진행한다는 취지로 판단한 원심은 정당하고 거기에 소론과 같은 위법이 없다. 결국 원심판결에 민법 제766조 제2항 소정의 소멸시효에 관한 법리오해의 위법이 있다는 논지는 이유 없다.

2. 원심판결 이유에 의하면 원심은 피고 회사가 1990.1.29.경 원고 1이 위와 같이 재발한 제4, 5요추간 추간판탈출증세에 대하여 재요양을 받고자 하였을 때 산업재해보상보험법시행령 제8조 제1항의 규정에 의하여 노동부에 제출되는 위 원고 명의의 그 재요양신청서에 위 원고가 과거 피고 회사에 고용되어 일할 당시인 1981.5.29. 척추를 다쳐 입원수술을 받았다가 최근에 다시 그 증세가 재발한 것이 틀림없다는 증명을 하여 주고, 1990.6월경

에는 위 시행령 제10조의2 제4항의 규정에 의한 위 원고 명의의 평균임금 개정신청서에 위 원고와 같은 직종의 근로자에게 지급되는 통상임금이 위 사고 당시에 비하여 227.26퍼센트 인상된 것이 틀림없다는 증명을 하여 주었으며, 다시 같은 해 9.14.에는 위 시행령 제12조의 규정에 의한 위 원고 명의의 장해보상청구서에 위 원고가 피고 회사의 콘크리트공으로 근무하던 중 1981.5.29. 부상당하였다는 취지의 증명을 하여 주었던 사실을 인정할 수 있으나, 이는 위 원고가 산업재해 보험급여를 받는데 필요한 증명을 요구함에 따라 피고회사가 위 시행령 제34조 제2항의 규정에 따라 사업주로서 그 증명을 하여 준 것 또는 같은 조 제1항의 규정에 의하여 그 보험급여청구의 절차에 조력하여 준 것으로 보일 뿐, 위와 같은 사실만으로 피고회사가 원고들에 대하여 이 사건 사고로 인한 손해배상채무가 있음을 승인하였던 것이라고 볼 수는 없다 고 판단하였는바, 원심의 위와 같은 판단은 정당하고 거기에 소론과 같은 소멸시효중단에 관한 법리오해의 위법이 없으므로 이 점에 관한 논지도 이유 없다.

3. 그러므로 상고를 모두 기각하고 상고비용은 패소자의 부담으로 하여 관여 법관의 일치된 의견으로 주문과 같이 판결한다.

(출처 : 대법원 1993.7.27. 선고 93다357 판결)

■ 성질상 통상임금에 산입되어야 할 수당을 통상임금에서 제외하기로 하는 노사간 합의의 효력(=무효) 및 그 근거

[판시사항]

가. 성질상 통상임금에 산입되어야 할 수당을 통상임금에서 제외하기로 하는 노사간 합의의 효력(=무효) 및 그 근거

나. 출근일에 한하여 현물로 제공되거나 구매권으로 지급되는 식대보조비가 통상임금에 포함된다고 본 사례

다. 통상임금의 정의에서 "일률적"의 의의

라. 노사간의 합의에 따라 전근로자에게 지급하여 온 체력단련비가 지급형태와 지급조건에 비추어 평균임금에 포함된다고 본 사례

마. 체력단련비를 퇴직금산정의 기초가 되는 평균임금에서 제외하기로 하는 합의가 없었다고 한 원심판결을 사실오인 또는 심리미진의 위법이 있다는 이유로 파기한 사례

[판결요지]

가. 통상임금이란 정기적, 일률적으로 소정 근로의 양 또는 질에 대하여 지급하기로 된 임금으로서 실제 근무일이나 실제 수령한 임금에 구애됨이 없이 고정적이고 평균적으로 지급되는 일반임금인바, 이는 근로기준법 제19조 제2항에 의하여 실제 근로시간이나 실적에 따라 증감될 수 있는 평균임금의 최저한으로 보장되고 같은 법 제46조 소정의 시간외, 야간 및 휴일근로에 대한 가산수당, 제27조의2 소정의 해고예고수당 등의 산정근거가 되는데 위 각 조항에는 가산율 또는 지급일수 외의 별도의 최저기준이 규정된 바 없으므로 노사간의 합의에 따라 성질상 통상임금에 산입되어야 할 각종 수당을 통상임금에서 제외하기로 하는 합의의 효력을 인정한다면 위 각 조항이 시간외, 야간 및 휴일근로에 대하여 가산수당을 지급하고, 해고 근로자에게 일정기간 통상적으로 지급받을 급료를 지급하도록 규정한 취지는 몰각될 것이기 때문에 성질상 근로기준법 소정의 통상임금에 산입될 수당을 통상임금에서 제외하기로 하는 노사간의 합의는 같은 법 제20조 제1항 소정의 같은

법이 정한 기준에 달하지 못하는 근로조건을 정한 계약으로서 무효이다.

나. 출근일에 한하여 현물로 제공되거나 구매권으로 지급되는 식대보조비가 통상임금에 포함된다고 본 사례.

다. 통상임금의 정의에서 "일률적"으로 지급되는 것이라 함은 "모든 근로자에게" 지급되는 것뿐 아니라 "일정한 조건 또는 기준에 달한 모든 근로자에게" 지급되는 것도 포함된다고 해석되지만, 여기서 말하는 "일정한 조건"이란 "고정적이고 평균적인 임금"을 산출하려는 통상임금의 개념에 비추어 볼 때 "고정적인 조건"이어야 한다고 할 것이다.

라. 노사간의 합의에 따라 전근로자에게 지급하여 온 체력단련비가 지급형태와 지급조건에 비추어 평균임금에 포함된다고 본 사례.

마. 체력단련비를 퇴직금산정의 기초가 되는 평균임금에서 제외하기로 하는 합의가 없었다고 한 원심판결을 사실오인 또는 심리미진의 위법이 있다는 이유로 파기한 사례.

[주 문]

원심판결 중 피고 패소부분을 파기하고 이 부분 사건을 서울고등법원에 환송한다. 원고의 상고를 기각한다. 상고기각부분의 상고비용은 원고의 부담으로 한다.

[이 유]

1. 원고 소송대리인의 상고이유(상고이유보충서는 상고이유를 보충하는 범위 내에서)에 대하여

   (1) 원심판결 이유에 의하면, 원심은 제1심판결을 인용하여, 피고 공사는 갱내 교대근무에 관하여 입출갱 및 휴식시간을 포함하여 갑방은 08:00부터 16:00까지, 을방은 16:00부터 24:00까지, 병방은 24:00부터 다음날 08:00까지로 나누어 3교대 근무하는 것으로 하고 있는데, 원고가 근무한 장성갱 갑방 교대근무자의 경우(을방 및 병방근로자도 같은 방법으로 근무하고 있다) 07:20경에 갱 입구 사무실에 출근하여 작업복 및 안전등 수령 기타 출근확인을 마치면, 07:30경부터 약 10분간 취업회를 개최하여 담당보안계원으로부터 보안교육 및 작업지시를 받고 작업

조를 편성하며, 07:40경 갱 입구에서 입갱을 시작하고, 08:00경 수갱 케이지를 탑승하고 다시 갱내에서 인차를 갈아타는 등의 방법으로 입갱하여, 08:40 내지 08:50경까지 입갱을 완료하여 그때부터 공기압축기의 가동이 정지하는 15:20경까지 채탄 굴진작업에 종사하고, 15:20경 작업을 마무리 한 다음, 위와 같은 방법으로 출갱을 시작하여, 16:20경에 출갱을 완료하고 있는 사실과 갱내 근로자의 경우 각자가 작업 도중에 수시로 10 내지 20분씩 갱내 작업장 인근에서 자유로이 휴식시간을 이용하고, 중식은 지참한 도시락을 비교적 분진 등이 없는 주운반갱도 등으로 자리를 이동하여 약 30분 정도 휴식을 취하면서 식사를 하고 있는데 휴식 및 중식에 소요되는 시간은 1일 1시간 이상인 사실을 인정한 다음, 원고의 실제 작업시간은 단체협약 소정의 1일 근로시간인 6시간에 미달한다고 하여 원고의 시간외근로수당 청구를 배척하고 있다. 원심의 위 사실인정은 정당한 것으로 수긍된다. 또한 이 사건에서 취업회의 내용인 갱내 근무자에 대한 보안교육이나 작업지시 및 작업조의 편성은 갱내 교대근무를 위하여 필요불가결한 것으로서 사용자인 피고의 지휘, 감독에 의한 구속하에서 행하여질 수 밖에 없으므로 위와 같은 취업회시간도 실근로시간에 포함시키는 것이 타당하다고 할 것임은 소론과 같다 하더라도, 원심이 인정한 사실관계에 의하면, 10분에 불과한 취업회시간을 실근로시간에 포함시키더라도 실근로시간은 약정 실근로시간인 6시간을 초과하지 아니한다. 따라서 원심판결에 실근로시간 인정과 관련하여 심리를 미진하거나 채증법칙을 위반한 위법이 있다고 할 수 없다.

(2) 원심은 제1심판결을 인용하여, 피고 공사와 피고 노동조합 사이에 1981.1.1. 이후의 근속기간에 대한 퇴직금 산정에 있어서 기초가 되는 피고 공사 소정의 "기초임금"에서 체력단련비를 제외시키기로 하는 합의가 있었다고 인정하였는 바, 이는 정당하고 소론과 같은 채증법칙위반으로 인한 사실오인 등의 위법사유가 없다. 논지는 이유 없다.

2. 피고 소송대리인의 상고이유에 대하여

(1) 식대보조비에 대하여

통상임금이란 정기적, 일률적으로 소정 근로의 양 또는 질에 대하여 지급하기로 된 임금으로서 실제 근무일이나 실제 수령한 임금에 구애됨이 없이 고정적이고 평균적으로 지급되는 일반임금인바(당원 1990.11.9. 선고 90다카6948 판결 참조), 이는 근로기준법 제19조 제2항에 의하여 실제 근로시간이나 실적에 따라 증감될 수 있는 평균임금의 최저한으로 보장되고, 동법 제46조 소정의 시간외, 야간 및 휴일근로에 대한 가산수당, 제27조의2 소정의 해고예고수당 등의 산정근거가 된다. 그런데 위 각 조항에는 가산율 또는 지급일수 외의 별도의 최저기준이 규정된 바 없으므로 노사간의 합의에 따라 성질상 통상임금에 산입되어야 할 각종 수당을 통상임금에서 제외하기로 하는 합의의 효력을 인정한다면 위 각 조항이 시간외, 야간 및 휴일근로에 대하여 가산수당을 지급하고, 해고 근로자에게 일정기간 통상적으로 지급받을 급료를 지급하도록 규정한 취지는 몰각될 것이다. 그리하여 성질상 근로기준법 소정의 통상임금에 산입될 수당을 통상임금에서 제외하기로 하는 노사간의 합의는 동법 제20조 제1항 소정의 동법이 정한 기준에 달하지 못하는 근로조건을 정한 계약으로서 무효라고 보아야 할 것이다.

원심은 제1심판결을 인용하면서 부가판단으로, 피고 공사는 근로자에게 출근일에 한하여 일정금액 상당의 식사를 현물로 제공하되, 식사를 제공받지 아니하는 근로자에게는 동액 상당의 구판장이용 쿠폰을 지급하여 온 사실을 인정한 다음, 위 식대보조비는 그 지급조건 및 내용 등에 비추어 근로의 대가로 정기적, 일률적으로 지급된 것으로서 통상임금에 포함된다고 판단하고, 나아가 피고 공사가 1982.2.25.경 노동조합과의 사이에 식대보조비를 인상하면서, 위 식대보조비는 사원의 근로 및 작업조건 등에 비추어 정상 이상으로 소모되는 영양손실을 보전하여 주기 위한 복리후생비이고 근로의 대가가 아니라는 이유로 통상 및 평균임금을 산정함에 있어 이를 제외하기로 약정한 사실은 인정되나, 이와 같이 근로자가 소정근로 또는 총근로의 대가로서 수령하는 금원 상당 중 당연히 통상임금에 포함되어야 할 금원 상당의 일부를 제외하기로 하는 약정은 근로기준법 제20조의 규정에 위반되는 것으로 무효라고 판단하였다. 원심의 위와 같은 판단은 앞서 밝힌 통상임금의 개념 및 통상임금과 근로기준법 제20조 제1항의 관계에 관한 법리에 비추어 모두 정당하고, 통상임금에 관한 법리를 오해하거나 근로기준법 제20조 제1항을 잘못 해석한 위법이 있다고 할 수 없다. 논지는 이유 없다.

(2) 특수직무수당에 대하여

원심은 제1심판결을 인용하여, 피고 공사가 지하 600m 이하 심부작업장 근무자에게 1일 소정의 제3종 특수직무수당을 지급하고 있다고 인정한 다음, 위 수당은 그 지급조건 및 내용 등에 비추어 근로의 대가로 정기적, 일률적으로 지급된 것으로서 통상임금에 포함된다고 판단하였다. 앞서 든 통상임금의 정의에서 "일률적"으로 지급되는 것이라 함은 "모든 근로자에게" 지급되는 것 뿐아니라 "일정한 조건 또는 기준에 달한 모든 근로자에게" 지급되는 것도 포함된다고 해석되지만, 여기서 말하는 "일정한 조건"이란 "고정적이고 평균적인 임금"을 산출하려는 통상임금의 개념에 비추어 볼 때 "고정적인 조건"이어야 한다고 할 것이다. 그런데 원심이 인정한 사실만으로는 원고가 고정적으로 지하 600m 이하의 심부작업장에서만 근무하는 것인지 여부 등을 알 수 없어 위 수당이 정기적으로 지급된 것이기는 하나 "일률적"으로 지급된 것이라고 단정할 수는 없다 할 것이다. 그럼에도 불구하고 원심은 위 수당이 "일률적"으로 지급된 것으로서 통상임금에 산입되어야 한다고 판단하였는 바, 이러한 처사는 통상임금에 관한 법리를 오해하여 판결에 영향을 미친 위법이 있다는 지적을 면할 수 없다. 논지는 이유 있다.

(3) 체력단련비에 대하여

우선, 원심은 제1심판결을 인용하여, 피고 공사가 체력단련비를 전 근로자에게 노사간의 합의에 따라 연 소정액을 지급하여 온 사실을 인정한 다음, 그 지급형태와 지급조건에 비추어 이는 근로기준법 소정의 임금으로서 평균임금에 포함된다고 보았는 바, 이는 정당하고(당원 1990.11.27.

선고 90다카23868 판결; 1990.12.7. 선고 90다카19647 판결 참조) 평균임금산정에 관한 법리오해의 위법이 있다고 할 수 없다. 다음으로, 원심은 1980.12.31. 이전의 근속기간에 대한 퇴직금을 산정함에 있어서 기초가 되는 피고 공사 소정의 "평균임금"에서는 식대보조비, 연료보조비, 가족수당을, 1981.1.1. 이후의 기간에 대한 퇴직금을 산정함에 있어서 기초가 되는 피고 공사 소정의 "기초임금"에서는 식대보조비, 연료보조비, 가족수당, 체력단련비, 광산근무수당, 특수직무수당을 각 제외시키기로 하는 노사간의 합의가 있었다고 인정함으로써, 1980.12.31. 이전의 근속기간에 대한 퇴직금을 산정함에 있어서 체력단련비도 피고 공사 소정의 "평균임금"에서 제외하기로 하는 합의가 있었다는 피고의 주장을 배척하였다.

그런데, 원심이 노사간의 협의에 의하여 정하여진 것으로 인정한 직원퇴직금규정(을 제1호증) 제11조 제1항은 "1980.12.31. 이전 근속기간에 대한 퇴직금은 일반사원, 보조관리원, 기능직사원(촉탁 포함) 별로 각각 별표 2, 별표 3, 별표 4에 의하여 근속기간별로 구분 합산된 퇴직금 지급일수에 퇴직 당시의 '평균임금'을 승하여 계산한다"고 규정하고, 제2항은 "제1항에서 규정한 퇴직 당시의 '평균임금'은 1980.12.31. 현재 시행 중인 평균임금산정예규에 정한 바에 따라 산정한다"고 규정하고 있는바, 1980.12.31. 당시 시행 중이던 평균임금산정예규의 내용에 관한 직접적인 입증은 없으나, 을 제17호증의 2(임금관리지침, 갑 제6호증도 같다)의 기재에 의하면, 피고 공사의 임금관리지침(1987.7.1.시행) 제7조는 평균임금에 산입되는 임금을 "기본급, 제수당 및 상여금"으로 규정하고 있으며, 을 제3호증(급여지급방법)의 기재에 의하면, 피고 공사는 1979.9.5.자로 산하 전사업소장에게 월동건강관리비(후에 체력단련비로 명목이 바뀜)는 임금이 아닌 후생적 급여로 처리하도록 지시한 사정도 엿보이며, 을 제29호증의 전체적인 취지도 체력단련비가 처음 생긴 이후 현재까지 피고 공사의 임금체계상 후생적 급여로 보아 임금으로 처리하지 아니하기로 노사간에 합의가 이루어져 왔다는 것이다. 사정이 이러하다면 원심으로서는 1980.12.31. 당시 평균임금산정예규가 제정, 시행되었는지, 그 내용 중에 체력단련비를 "평균임금"에 포함시키지 아니한다는 것이 포함되어 있었는지 여부 등에 관하여 심리하였어야 함에도 불구하고 이에 나아가지 아니한 채, 1980.12.31.이전까지의 근속기간에 대한 퇴직금 산정에 관하여는 식대보조비, 연료보조비, 가족수당만 제외시키기로 하는 합의가 있었다고 인정하여 결과적으로 체력단련비에 관하여는 이러한 합의가 없었다고 단정하였으니 원심의 이러한 처사는 채증법칙위배로 인한 사실오인 또는 심리미진으로 판결에 영향을 미친 위법을 저지른 것이라고 아니할 수 없다. 논지는 이유 있다. 이상의 이유로 원심판결 중 피고 패소부분을 파기하고 이 부분 사건을 원심법원에 환송하며 원고의 상고를 기각하고 상고기각 부분의 상고비용은 패소자의 부담으로 하여 관여 법관의 일치된 의견으로 주문과 같이 판결한다.
(출처 : 대법원 1993.5.27. 선고 92다20316 판결)

■ 사고 당시 일정한 직업에 종사하여 수입을 얻고 있던 자가 노동능력
  을 일부상실한 경우 일실이익의 산정방법

[판시사항]

사고 당시 일정한 직업에 종사하여 수입을 얻고 있던 자가 노동능력을
일부상실한 경우 일실이익의 산정방법

[판결요지]

사고 당시 일정한 직업에 종사하여 수입을 얻고 있던 자가 사고로 인한 후유증
으로 신체기능의 일부를 상실하여 더 이상 그 직업에 종사할 수 없게 된 경우
에 종전의 소득으로부터 잔존한 신체기능을 가지고 다른 직업에 종사하여 얻을
수 있는 향후소득을 공제하는 방법으로 일실이익을 산정할 수도 있으나, 합리적
인 향후소득에 대한 입증이 부족하여 소득의 차액을 확정하기 어려운 경우에는
종전의 소득에 노동능력상실율을 적용하는 방법으로 일실이익을 산정하는 것이
타당하다.

[주 문]

상고를 기각한다.

상고비용은 원고의 부담으로 한다.

[이 유]

원고소송대리인의 상고이유를 본다.

사고당시 일정한 직업에 종사하여 수입을 얻고 있던 자가 사고로 인한 후유증
으로 신체기능의 일부를 상실하여 더 이상 그 직업에는 종사할 수 없게 된 경
우에 종전의 소득으로부터 잔존한 신체기능을 가지고 다른 직업에 종사하여 얻
을 수 있는 향후소득을 공제하는 방법으로 일실이익을 산정할 수도 있으나, 합
리적인 향후소득에 대한 입증이 부족하여 소득의 차액을 확정하기 어려운 경우
에는 종전의 소득에 노동능력상실율을 적용하는 방법으로 일실이익을 산정하는
것이 타당하다(당원 1990.11.23. 선고 90다카21022 판결 참조).

원심판결 이유에 의하면 원심은 원고가 이 사건 사고로 부상을 입어 치료를 받

고 그 증상이 고정된 뒤에도 우측슬관절 운동제한 등의 후유증이 남아 그로 인하여 그 당시 종사한 인천항운노동조합 조합원으로서의 노동능력을 52.6% 상실하였다는 사실을 적법하게 확정한 후, 장래의 일실수익의 손해액을 이 사건 사고 당시의 수입에 위 노동능력상실비율을 곱하는 방법으로 산정하고 있는바, 이러한 원심의 판단은 정당한 것으로 수긍이 가고 거기에 소론과 같은 일실이익산정과 손익상계의 법리오해나 심리미진의 위법이 없으며, 소론 판례는 이 사건과 사안을 달리하여 이 사건에 원용할 만한 적절한 선례가 되지 못한다. 논지는 이유 없다. 그러므로 상고를 기각하고 상고비용은 패소자의 부담으로 하여 관여 법관의 일치된 의견으로 주문과 같이 판결한다.

(출처 : 대법원 1992.12.22. 선고 92다19088 판결)

■ 피용자의 사무집행상 과실로 화재를 발생케 한 경우 과실의 경중을 판단하는 기준

[판시사항]

가. 실화책임에관한법률에서 말하는 중대한 과실의 의미

나. 피용자의 사무집행상 과실로 화재를 발생케 한 경우 과실의 경중을 판단하는 기준

다. 공작물 자체의 설치보존상 하자로 직접 발생한 화재로 인한 손해배상책임에 관하여 적용할 법조(= 민법 제758조 제1항)

라. 민법 제758조 제1항에서 말하는 공작물의 설치보존상 하자의 의미

[판결요지]

가. 실화책임에관한법률에서 말하는 중대한 과실이라 함은 통상인에게 요구되는 정도의 상당한 주의를 하지 않더라도 약간의 주의를 한다면 손쉽게 위법, 유해한 결과를 예견할 수가 있는 경우임에도 만연히 이를 간과함과 같은 거의 고의에 가까운 현저한 주의를 결여한 상태를 말한다.

나. 피용자의 사무집행상의 과실로 화재를 발생케 한 경우 피용자 과실의 경중은 그와 같은 업무와 직무에 종사하는 사람으로서 누구나 할 수 있는 정도를 표준으로 하여 판단하여야 한다.

다. 공작물 자체의 설치보존상의 하자로 인하여 직접 발생한 화재로 인한 손해배상책임에 관하여는 민법 제758조 제1항이 적용될 뿐 실화책임에관한법률의 적용이 없다.

라. 민법 제758조 제1항에서 말하는 공작물의 설치보존상의 하자라 함은 공작물이 용도에 따라 통상 갖추어야 할 안전성을 결여한 것을 말하는 것이고 여기에서 본래 갖추어야 할 안전성이라 함은 공작물 자체만의 용도에 한정된 안전성만이 아니라 공작물이 현실적으로 설치되어 사용되고 있는 상황에서 요구되는 안전성을 뜻하는 것이다.

[주 문]

상고를 기각한다.

상고비용은 피고의 부담으로 한다.

[이 유]

피고 및 피고소송대리인의 상고이유를 함께 본다.

1. 원심판결 이유에 의하면 원심은 그 거시증거에 의하여 원고 1이 실기사로 승선 중이던 피고 소유의 참치잡이 원양어선인 제3한보호(이하 피고 선박이라 한다)가 1987.7.30. 싱가포르 외항에 입항하여 그 곳에 정박중인 싱가포르 선적의 소외 킹스테이트오일(Kingstate oil)회사 소속 급유선인 라이언 오션(Lion Ocean)호로부터 선박연료유(Marine Gas Oil) 260킬로미터를 급유받게 된 사실, 위 급유작업은 피고 선박의 기관장인 소외 1의 지시, 감독하에 같은 날 12:00경 위 급유선을 피고 선박의 우현에 계류시킨 다음 급유선으로부터 직경 약 12센티미터 가량의 송유호스를 넘겨받아 이를 피고 선박의 선수유류탱크쪽으로 끌고 가 유류탱크 맨홀 뚜껑을 열어 그 속으로 호스를 넣고 같은 날 12:13경부터 급유를 시작하였는데, 급유개시 후 약 4분이 경과하였을 무렵 원고 1, 소외 2, 소외 3 등이 유류탱크 위 선수창고 안으로 들어서는 순간 같은 날 12:18경 연료유에서 발생된 가연성가스가 갑자기 연소폭발하면서 그 화염이 위 원고 등을 덮쳐 위 원고가 화상을 입은 사실, 위 선박연료유는 기화성이 강한 방카 에이(Bunker A)유이어서 이로부터 가연성가스가 발생하고 이 가연성가스의 공기중 혼합농도가 일정범위에 이르면 스파크나 마찰열, 정전기 등에 의해서도 쉽게 연소폭발될 수 있으므로 유류탱크는 가연성가스가 발생하더라도 쉽게 흩어질 수 있는 곳에 위치하여야 하고, 선박연료유의 주입구는 연료주입시 발생하는 가연성가스가 공기중으로 쉽게 흩어질 수 있는 개방된 갑판 위에 설치되어야 하며, 송유호스와 연료주입구는 유류의 종류, 사용상황 및 접촉면의 상태 등을 고려하여 적절한 재질의 연결기구나 덮개 등을 설치 사용함으로써 가연성가스가 새어나가지 않도록 견고하게 결합시킨 다음 급유작업을 하여야 하는데도, 피고 선박의 선수유류탱크는 밀폐된 선수창고의 밑에 설치되어 있는데다가 갑판 위에 연료주입구가 따로 설치되어 있었으나 주입구의 직경

이 너무 작아서 위 급유선의 송유호스와 그대로 연결하는 것이 불가능한 상태였으며, 피고 선박에는 서로 직경이 다른 연료주입구와 송유호스를 연결하는데 사용할 만한 적당한 연결기구도 비치되어 있지 아니하였던 사실, 위 사고당시 송유호스를 넣어 급유작업을 하던 맨홀은 가로 직경 67센티미터, 세로 직경 50센티미터 가량의 타원형의 구멍으로서 선수창고바닥에 설치되어 있으며, 원래 작업자들이 유류탱크의 내부를 청소하거나 점검할 때 위 선수창고로부터 위 맨홀 뚜껑을 열고 그 밑에 있는 유류탱크로 출입하기 위하여 설치되어 있었던 것이어서 송유호스를 견고하게 고정시키거나 연결부위를 덮어 가스의 유출을 방지할 수 있는 장치를 전혀 갖추지 못하였던 사실, 따라서 직경이 12센티미터에 불과한 송유호스로 위와 같이 직경이 큰 맨홀을 통하여 그대로 급유를 하게 되면 기름이 탱크에 떨어지면서 발생하는 가연성가스가 쉽게 위 선수창고 내부의 밀폐된 공간으로 올라와 차게 되고, 또한 송유호스가 넓은 공간 내에서 요동치면서 유류탱크 내벽 등에 충격 또는 마찰되기가 매우 용이하였던 사실, 그런데도 위 소외 1이나 소외 4 등은 위 맨홀뚜껑을 열고 송유호스를 40-50센티미터 가량 그 안으로 넣은 다음 이를 맨홀의 조임볼트부분에 밧줄로 묶기만 하고서 그대로 급유작업을 강행하였고, 유류탱크주위에서 급유상태를 계속 확인 점검할 인원을 배치하지도 아니한 채 방치함으로써 송유시에 발생한 압력으로 송유호스가 요동치면서 송유호스 끝부분에 설치된 철재밴드 및 클립 등이 유류탱크 내벽에 충격, 마찰되고 여기서 발생한 열기에 의해 유류탱크 및 위 선수창고부분에 차 있는 가연성가스가 연소폭발되어 위 사고가 발생한 사실을 인정한 다음, 위 인정사실에 의하면 위 사고는 피고 선박의 원래의 연료주입구가 너무 작아 송유호스의 규격에 맞지 아니함에도 불구하고 이를 송유호스와 연결할 만한 적절한 장치가 결여되어 있었고, 임시로 연료주입구로 사용하던 위 맨홀부분에도 가연성가스의 유출을 방지할 만한 연결기구나 덮개가 없었을 뿐 아니라 송유호스의 고정시설, 유류탱크 내벽의 충격방지시설 등이 갖추어져 있지 아니하였고, 이로 인해 유출된 가연성가스가 유류탱크 상부의 밀폐된 선수창고에 차서 밖으로 쉽게 배출될 수도 없는 상태에 있었던 위 선박급유관계시설물들의 설치, 보존상의 하자와, 위 선박용 연료유가 기화성이 강한 유류임을 잘 알고 있던 것으로 보이는 피고의 피용자들인 위 소외 1이나 소외 4 등이 조금만 주의를 기울였더라면 위와 같이 안전장치가 전혀 결여된 맨홀 구멍을 통하여 급유하는 것이 위험하다는 것을 쉽게 알 수 있었을 것임에도 불구하고 함부로 위 맨홀 구멍으로 급유를 하였을 뿐 아니라, 유류탱크부분의 급유상태를 지켜 보지도 아니한 채 방치하다가 피고 선박에 실습생으로 처음 승선한지 겨우 보름 남짓 밖에 되지 아니한 원고 1로 하여금 급유상태를 확인하도록 지시한 위 급유작업상의 중대한 과실이 경합하여 발생하였다 할 것이므로, 피고는 위 사고선박의 점유자 겸 소유자이자 위 소외 1 등의 사용자로서 이 사건 사고로 인하여 원고들이 입은 손해를 배상할 책임이 있다고 판단하였다.

2. 실화책임에관한법률에서 말하는 중대한 과실이라 함은 통상인에게 요구되는 정도의 주의를 하지 않더라도 약간의 주의를 한다면 손쉽게 위법, 유해한 결과를 예견할 수 있는 경우임에도 만연히 이를 간과함과 같은 거의 고의에 가까운 현저한 주의를 결여한 상태를 말하는 것이고, 피용자의 그 사무집행상의 과실로 화재를 발생케 한 경우 피용자과실의 경중(輕重)은 그와 같은 업무와 직무에 종사하는 사람으로서 누구나 할 수 있는 정도를 표준으로 하여 판단하여야 한다는 것이 당원의 견해이다(1990.6.12. 선고 88다카2 판결, 1987.4.28. 선고 86다카1448 판결 각 참조). 이 사건에 있어서 원심이 인정한 바에 의하면 이 사건 화재는 위 급유선의 송유호스가 요동치면서 송유호스 끝부분에 설치된 철재밴드 및 클립 등이 유류탱크 내벽에 충격, 마찰되고 여기서 발생한 열기에 의해 유류탱크 및 위 선수창고 부분에 차 있는 가연성가스가 연소폭발되어 발생하였다는 것이므로, 피고의 피용자들에게 중대한 과실이 있었다고 보려면 이들이 위 선박용 연료유인 방카에 이유가 기화성이 강한 유류임을 잘 알고 있었고 조금만 주의를 기울였더라면 위와 같이 안전장치가 전혀 결여된 맨홀 구멍을 통하여 급유하는 것이 위험하다는 것을 쉽게 알 수 있었던 경우, 즉 위 피용인들과 같은 업무와 직무에 종사하는 사람들에게 방카에 이유를 맨홀을 통하여 그대로

급유하게 되면 기름이 유류탱크에 떨어지면서 가연성가스가 발생한다는 사실이 널리 알려져 있거나, 송유호스밴드가 철로만 만들어진 경우 유류탱크 내벽과 마찰되면 스파크현상 등으로 열기가 일어날 수 있다는 사실이 널리 알려져 있고, 또 피고의 피용인들과 같은 업무와 직무에 종사하는 사람이 송유호스밴드를 조사하면 철로만 만들어져 있다는 사실을 손쉽게 알 수 있었다고 인정되는 경우이어야 할 것이다.

그럼에도 불구하고 원심이 위에서 지적한 사실들이 인정되는지 여부에 관하여 자세히 심리하여 보지도 아니한 채 만연히 피고의 피용인들에게 실화책임에관한법률에서 말하는 중대한 과실이 있다고 단정하고 말았음은 같은 법 소정의 중대한 과실에 관한 법리오해나 심리미진의 위법을 저지른 것이라고 하지 않을 수 없다.

3. 다만 공작물 자체의 설치보존상의 하자로 인하여 직접 발생한 화재로 인한 손해배상책임에 관하여는 민법 제758조 제1항이 적용될 뿐 실화책임에 관한 법률의 적용이 없는 것인바(당원 1983.12.13. 선고 82다카1038 판결 참조), 민법 제758조 제1항에서 말하는 공작물의 설치보존상의 하자라 함은 공작물이 그 용도에 따라 통상 갖추어야 할 안전성을 결여한 것을 말하는 것이고 여기에서 본래 갖추어야 할 안전성이라 함은 그 공작물 자체만의 용도에 한정된 안전성만이 아니라 그 공작물이 현실적으로 설치되어 사용되고 있는 상황에서 요구되는 안전성을 뜻하는 것이다 (당원 1988.10.24. 선고 87다카827 판결 참조). 원심이 채용한 증거들(특히 원심의 현장검증 결과)에 의하면 원양어선인 피고 선박에 설치된 연료주입구는 우리 나라나 일본국을 제외한 다른 나라 급유선의 호스의 크기와는 맞지 않아 타국에서 유류를 주유할 때에는 통상 원심판시 맨홀을 통하여 유류를 유류탱크에 주입하였던 사실을 인정할 수 있고, 이에 의하면 위 맨홀은 현실적으로 유류주입구로도 사용되고 있었다고 보이므로 위 맨홀은 본래의 용도인 유류탱크 내부의 청소나 점검을 위한 안전성뿐만 아니라 유류주입구로서의 안전성도 갖추었어야 할 것이다.

그런데 원심이 판시하고 있는 바와 같이 선박연료주입구는 연료주입시 가연성가스가 유출되지 않는 시설을 갖추거나 또는 유출된 가연성가스가 공기중으로 쉽게 흩어질 수 있는 곳에 설치되어야만 안전성을 갖춘 것으로 볼 수 있을 것인바, 원심이 적법하게 인정한 사실관계에 의하면 위 맨홀이 위와 같은 시설을 갖추고 있지 않았고 위와 같은 장소에 설치되어 있지도 아니하여 위 맨홀이 연료주입구로서 갖추어야할 안전성을 결여한 하자가 있고 이로 인하여 이 사건 화재가 발생하였다고 볼 것이므로, 피고는 이 사건 선박의 점유자 겸소유자로서 위와 같은 공작물의 설치보존상의 하자로 인하여 직접 발생한 이 사건 화재로 원고들이 입은 손해를 배상할 의무가 있다고 할 것이다. 결국 원고들의 청구를 인용한 원심판결은 정당하고 원심판결의 이유설시 중에 위에서 본 바와 같은 위법이 있다고 하더라도 이는 판결결과에 영향이 없으므로 논지는 모두 이유 없다.

4. 그러므로 상고를 기각하고 상고비용은 패소자의 부담으로 하여 관여 법관의 일치된 의견으로 주문과 같이 판결한다.

(출처 : 대법원 1992.10.27. 선고 92다21050 판결)

■ 지입회사와 지입차량의 양수인 사이에 민법 제756조 소정의 사용자
관계를 인정하기 위한 요건

[판시사항]

지입회사와 지입차량의 양수인 사이에 민법 제756조 소정의 사용자관
계를 인정하기 위한 요건

[판결요지]

지입회사와 그 지입차주 사이에 단순한 차량의 관리운영위탁관계 외에 업무상
의 지휘 감독관계도 존재하여 민법 제756조 소정의 사용자관계가 인정된다고
하더라도, 지입회사와 지입차량의 양수인 사이에 위와 같은 사용자관계를 인정
할 수 있으려면 위 양수인이 전지입차주와의 사이에서 지입차량을 양수한 것만
으로 부족하고 지입회사와 사이에서 전지입차주의 지입계약상 지위를 승계하거
나 새로이 지입계약을 체결함으로써 실제로 지입회사가 위 양수인을 지휘 감독
할 수 있는 지위에 있음이 인정되어야 할 것이다.

[주 문]

원심판결을 파기하고 사건을 서울고등법원에 환송한다.

[이 유]

피고 소송대리인의 상고이유를 본다.

1. 원심판결 이유에 의하면 원심은 망 소외 1이 이 사건 사고트럭의 운전사로
   서 1989.3.20. 위 트럭에 실어 운반한 철근을 하차하다가 과적된 철근이
   일시에 쏟아져 내리는 바람에 철근 더미에 깔려 사망한 사실, 위 트럭은 원
   래 소외 2가 사실상 소유하던 차량으로 위 소외인은 1988.12.9. 화물운송
   사업면허를 가지고 있는 피고 회사와 차량위수탁관리운영계약(소위 지입계
   약)을 체결하고 피고 회사에 위 차량을 지입하였는데, 소외 한양통운주식회
   사(이하 소외 회사라 한다)의 배차주임인 소외 3이 1989.2.21. 위 소외 2
   로부터 위 차량을 피고 회사에 지입하여 둔 채로 금 13,000,000원에 매수
   하여 계약금조로 금 6,500,000원만을 지급하고 잔대금을 지급하지 아니한

상태에서 이를 인도받아 위 망인을 운전기사로 채용한 다음 화물운송업을 하기 위하여 소외 회사 인천출장소에 위 차량을 고정배치하여 두고 소외 회사의 알선에 따라 철근 등을 운송하여 왔던바, 위 소외 3은 피고 회사와 위 차량에 대한 관리운영권양수절차를 밟지는 아니하였으나 피고 회사는 위 소외 3 내지는 소외 회사로부터 위 차량에 대한 지입료를 납부받아 왔던 사실, 위 차량의 사실상 소유자인 위 소외 3으로서는 위 망인에게 위와 같은 작업을 시킴에 있어서는 작업상의 안전을 위하여 보조운전사를 고용하여 배치하여야 할 뿐만 아니라 위 차량의 적재적량을 초과하는 화물을 싣지 아니하도록 하고 위와 같은 철근 등 무거운 물체의 하차작업시에는 옆으로 비켜서서 작업하도록 하는 등 사고를 미연에 방지하기 위하여 평소 안전교육을 실시하고 그 지휘 감독을 철저히 하여야 함에도 불구하고 이러한 안전조치를 제대로 취하지 아니한 잘못으로 위 사고가 일어나게 된 사실, 한편 위 사고 후 서울동부지방노동사무소는 위 사고에 대하여 사업장은 피고 회사, 피재 근로자는 위 망인으로 하여 산업재해보상보험처리를 하고 위 망인의 유족에게 위 법 소정의 유족급여와 장의비를 지급한 사실을 인정한 다음, 위 인정사실에 의하면 피고 회사는 위 차량의 차주였던 위 소외 2가 위 소외 3에게 위 차량을 매도한 후 위 소외 3과 위 차량에 대한 관리운영권양수절차를 정식으로 밟지는 아니하였으나 위 소외 3등으로부터 위 차량에 대한 지입료를 전과 다름없이 납부받음으로써 위 소외 2와 피고 회사 사이의 지입관계는 위 소외 3에게 승계되었다고 봄이 상당하고 여기에다가 위 망인이 산업재해보상보험처리상 피고 회사의 근로자로 취급되고 있었던 점 등을 종합해 보면 결국 피고 회사는 객관적으로 보아 위 소외 3을 지휘·감독할 지위에 있었다고 봄이 상당하므로, 위 소외 3의 위와 같은 과실로 발생한 위 사고로 말미암아 민법 제756조 소정의 제3자에 해당하는 위 망인이 사망함으로써 위 망인 및 위 망인의 상속인들인 원고들이 입은 모든 손해를 배상할 책임이 있다고 판단하였다.

2. 그러나 지입회사인 피고 회사와 그 지입차주사이에 단순한 차량의 관리운영 위탁관계 외에 업무상의 지휘·감독관계도 존재하여 민법 제756조 소정의

사용자관계가 인정된다고 하더라도, 피고 회사와 이 사건 지입차량의 양수인인 소외 3사이에 위와 같은 사용자관계를 인정할 수 있으려면 위 소외 3이 전지입차주와의 사이에서 지입차량을 양수한 것만으로 부족하고 피고 회사와 사이에서 전지입차주의 지입계약상 지위를 승계하거나 새로이 지입계약을 체결함으로써 실제로 피고 회사가 위 소외 3을 지휘·감독할 수 있는 지위에 있음이 인정되어야 할 것이다. 그런데 원심이 채용한 갑 제6호증의 30, 43의 각 기재와 1심증인 소외 4의 증언 및 원심이 배척하지 않은 갑 제6호증의 20의 기재 등을 종합하면 위 소외 3이 이 사건 지입차량을 전지입차주인 소외 2로부터 매수한 후 소외 회사 인천출장소에 고정배치하고 소외 회사의 알선에 따라 철근 등 운송업에 사용하였는데, 소외 회사가 위 차량의 운전사 봉급을 비롯한 경비일체를 대납하고 외형수입의 10%를 수수료로 공제한 후 그 나머지를 위 소외 3에게 지급하였으며, 위 소외 3이 위 지입차량을 양수한 후 피고 회사에 납부한 1989. 3.분 지입료도 위 소외 3이 아닌 소외 회사 대표이사인 소외 5 명의로 납부한 사실을 인정할 수 있고, 위 지입료를 위 소외 3이 자기명의로 피고 회사에 납부하였다고 인정할 만한 증거를 찾아 볼 수 없다. 사실관계가 위와 같다면 피고 회사가 이 사건 지입차량을 위 소외 3이 양수하고도 그 지입료는 소외 회사 대표이사인 소외 5 명의를 빌려 납부하는 것이라는 사정을 알면서 그 지입료를 수납하였다면 모르되, 그렇지 않다면 특별한 사정이 없는 한 피고 회사로서는 그 지입료의 납부명의자인 위 소외 5를 지입차량의 양수인으로 인식하고 동인에 대한 지입관계의 승계를 승낙하는 뜻에서 지입료를 수납하였다고 볼 것이지 위 소외 3과의 지입관계승계를 승낙하는 뜻에서 지입료를 수납한 것으로는 보기 어려운 것이므로, 피고 회사와의 사이에서 위 차량에 관한 지입관계가 위 소외 3에게 승계되었다고 볼 여지가 없다고 할 것이다. 원심으로서는 위와 같은 증거와 사실관계를 좀더 자세히 살펴서 피고 회사와 위 소외 3 사이의 사용자관계의 존부를 판단하였어야 함에도 불구하고 이에 이름이 없이 위와 같이 판단하고 말았음은 증거가치의 판단을 그르치고 심리미진으로 판결에 영향을 미친 위법을 저지른 것으로서 이 점에 관한 논지는 이유있다.

3. 그러므로 나머지 상고이유에 대한 판단을 생략하고 원심판결을 파기환송하기로 하여 관여 법관의 일치된 의견으로 주문과 같이 판결한다.

(출처 : 대법원 1992.8.18. 선고 92다10494 판결)

■ 보험급여를 수급권자에게 지급할 손해배상액에서 미리 공제할 수 있는지 여부(소극)

[판시사항]

장래 지급할 것이 확정된 산업재해보상보험법상의 보험급여를 수급권자에게 지급할 손해배상액에서 미리 공제할 수 있는지 여부(소극)

[판결요지]

현실적으로 산업재해보상보험법상의 보험급여를 지급하지 아니한 이상 장래에 보험급여를 지급할 것이 확정되어 있더라도 이러한 장래의 보험급여액을 그 수급권자에게 지급할 손해배상액에서 미리 공제할 수는 없다.

[주 문]

상고를 기각한다.

상고비용은 피고의 부담으로 한다.

[이 유]

피고 소송대리인들의 상고이유(상고이유보충서는 제출기간이 지난 뒤의 것이므로 상고이유를 보충하는 범위 내에서)에 대하여 원고가 이 사건 사고로 인하여 산업재해보상보험법에 따라 장래 1993.11.1.부터 그 사망시까지 매년 금 3,035,683원의 장해연금을 지급 받게 되어 있으므로 이를 원고의 재산적 손해액에서 공제하여야 한다는 피고의 주장에 대하여, 원심은 현실적으로 보험급여를 지급하지 아니한 이상 장래에 보험급여를 지급할 것이 확정되어 있더라도 이러한 장래의 보험급여액을 그 수급권자에게 지급할 손해배상액에서 미리 공제할 수는 없다고 판단하였는바, 이는 정당하고(당원 1976.4.27. 선고 75다1253 판결; 1979.10.30. 선고 79다1211 판결; 1989.6.27. 선고 88다카15512 판결 참조) 소론과 같은 위법이 있다고 할 수 없다. 논지는 이유 없다. 이에 상고를 기각하고 상고비용은 패소자의 부담으로 하여 관여 법관의 일치된 의견으로 주문과 같이 판결한다.

(출처 : 대법원 1992.5.8. 선고 91다39603 판결)

■ 불법행위로 인한 손해배상청구권의 소멸시효에 있어 그 손해 및 가해
　자를 안다는 것의 의미

[판시사항]

가. 불법행위로 인한 손해배상청구권의 소멸시효에 있어 그 손해 및 가
　해자를 안다는 것의 의미

나. 상해의 후유증으로 인하여 불법행위 당시에는 예견할 수 없었던 손
　해가 발생하거나 예상외로 손해가 확대된 경우 새로이 발생 또는
　확대된 손해를 알았다고 볼 시점(=그러한 사유가 판명된 때)

[판결요지]

가. 불법행위로 인한 손해배상의 청구권은 피해자나 그 법정대리인이 그 손해
　및 가해자를 안 날로부터 3년 간 행사하지 아니하면 시효로 인하여 소멸하
　는 것인바, 여기에서 그 손해 및 가해자를 안다는 것은 손해의 발생사실과
　그 손해가 가해자의 불법행위로 인하여 발생한 것이라는 사실을 알면 되는
　것이고 그 손해의 정도나 액수를 구체적으로 알아야 하는 것은 아니다.

나. 통상의 경우 상해의 피해자는 상해를 입었을 때 그 손해를 알았다고 보아
　야 할 것이고, 다만 그 후 후유증으로 인하여 불법행위 당시에는 전혀 예견
　할 수 없었던 새로운 손해가 발생하였다거나 예상외로 손해가 확대된 경우
　에 있어서는 그러한 사유가 판명된 때에 새로이 발생 또는 확대된 손해를
　알았다고 보아야 한다.

[주 문]

상고를 기각한다.

상고비용은 원고의 부담으로 한다.

[이 유]

상고이유를 본다.

상고이유보충서는 모두 상고이유서 제출기간이 지나서 제출된 것이므로 상고이
유서에 기재된 상고이유를 보충하는 범위 안에서 본다.

원심판결 이유에 의하면 원심은, 원고가 피고 회사의 형틀목공으로서 이라크국 바그다드 하이파지구 재개발공사현장에서 일하여 오던 중 1982.6.10. 부상을 입고 같은 해 8.1. 중도 귀국하였는데, 같은 해 8.3. 인천시립병원에서 "우측경골만성골수염"이란 진단을 받고 치료를 해 오다가 1985.8.21.부터 1986.1.20.까지 인제의과대학부속 백병원에서 같은 병명으로 통원치료를 받고, 1987.12.20.부터 1988.12.13.까지 인천에 있는 ○○의원에서 한방치료를 받는 등 계속적인 치료에도 불구하고 그 증세의 호전을 보지 못한 채 1989.2.10. 백병원에 입원하여 두 차례의 수술을 받고서야 그 증상이 일시 호전되어 같은 해 6.10. 퇴원하였다가 같은 해 10.7.부터 같은 해 11.22.까지 인천에 있는 △△의원에서 통원가료를 받은 사실이 있다고 인정하고, 이 사건 사고가 피고의 불법행위로 인한 것이라고 가정하더라도 늦어도 1986.1.20.에는 원고가 피고의 불법행위로 인하여 손해가 발생하였다는 사실을 알았다고 할 것이고, 더욱이 원고는 이 사건에서 1986.1.31.까지 발생한 일실수입 상당의 손해배상만을 청구하고 있으므로, 그중 어느 것을 기산일로 보더라도 그로부터 3년이 지난 후인 1989.5.19.에야 제기된 원고의 이 사건 손해배상채권은 시효로 인하여 소멸하였다고 판단하고, 피고가 시효의 이익을 포기하였다고 인정하지 아니하였는바, 기록에 비추어 보면 원심의 위와 같은 사실인정이나 판단은 정당한 것으로 수긍이 되고, 거기에 불법행위로 인한 손해배상청구권의 소멸시효 기산점에 대한 법리를 오해하고 심리를 미진한 위법이 있다고 할 수 없다. 불법행위로 인한 손해배상의 청구권은 피해자나 그 법정대리인이 그 손해 및 가해자를 안 날로부터 3년 간 행사하지 아니하면 시효로 인하여 소멸하는 것인바, 여기에서 그 손해 및 가해자를 안다는 것은 손해의 발생사실과 그 손해가 가해자의 불법행위로 인하여 발생한 것이라는 사실을 알면 되는 것이고 그 손해의 정도나 액수를 구체적으로 알아야 하는 것은 아니다.

그러므로 통상의 경우 상해의 피해자는 상해를 입었을 때 그 손해를 알았다고 보아야 할 것이고, 다만 그 후 후유증으로 인하여 불법행위 당시에는 전혀 예견할 수 없었던 새로운 손해가 발생하였다거나 예상외로 손해가 확대된 경우에 있어서는 그러한 사유가 판명된 때에 새로이 발생 또는 확대된 손해를 알았다고 보아야 할 것인바, 기록에 의하면 원고가 이 사건에서 배상을 구하는 손해는 위와 같은 예상할 수 없었던 새로운 손해가 아니므로, 사실관계가 원심이 인정한 바와 같다면 원고는 아무리 늦어도 1986.1.20.에는 원고가 피고의 불법행위로 인하여 이 사건 손해가 발생하였다는 사실을 알았다고 보아야 할 것이라는 원심의 판단도 정당하다. 소론의 판례는 이 사건에 적절한 것이 아니고, 기록을 살펴보아도 피고가 시효의 이익을 포기하였다고 인정할 수 없다. 따라서 반대의 입장에서 다투는 논지는 이유 없다.

그러므로 상고를 기각하고, 상고비용은 패소자의 부담으로 하여 관여 법관의 일치된 의견으로 주문과 같이 판결한다.

(출처 : 대법원 1992.4.14. 선고 92다2011 판결)

■ 회사측의 과실내용에 비추어 볼 때 지나치게 무겁게 평가한 것이라고
하여 원심판결을 파기한 사례

[판시사항]

프레스기 작업상 주의의무를 소홀히 한 피해자의 과실비율을 35%로 평
가한 것이 일용잡부로 입사한 피해자에게 작업에 관한 제반 기초사항을
알려 준 바가 없는 점 등의 회사측의 과실내용에 비추어 볼 때 지나치
게 무겁게 평가한 것이라고 하여 원심판결을 파기한 사례

[판결요지]

회사의 작업반장이 일용잡부로 입사한 피해자에게 프레스기계작업에 관한 기술
교육이나 안전교육 등 제반 기초사항을 알려 준 바도 없고 프레스기의 수리요
청을 받고서도 수리를 하여 주지 아니하였으며 프레스기에 부착되어 있는 전자
감응식 안전장치마저 고장난 상태여서 애당초 위 프레스기로 작업하도록 지시
하여서는 아니됨에도 불구하고 이를 무시한 채 피해자에게 계속 작업할 것을
지시한 과실로 사고가 발생하였다면, 프레스기로 작업을 함에 있어서 작업상의
주의의무를 소홀히 한 정도의 피해자의 과실만을 가지고 그 비율을 35%로 평
가한 것은 회사측의 과실내용에 비추어 볼 때 지나치게 무겁게 평가한 것으로
서 형평의 원칙에 현저히 반하는 것이라고 하여 원심판결을 파기한 사례.

[주 문]

원심판결 중 원고 패소부분을 파기하여 이 부분 사건을 서울고등법원에 환송한
다.

[이 유]

상고이유를 본다.

(1) 기록에 의하여 살펴보면 원심이 원고의 일실수입을 프레스공 임금이 아니
라 도시일반일용노임에 기하여 산정한 조치는 정당하고 거기에 소론과 같
은 일실수입산정에 관한 법리오해의 위법이 없으므로 이 부분을 다투는 논
지는 이유 없다.

(2) 제1심판결 이유에 의하면 제1심은 거시증거에 의하여 원고가 1990.3.8. 피고 회사에 일반잡부로 입사하여 근무하던 중 같은 달 19. 11:20경 위 회사 작업반장인 소외 1의 작업지시에 따라 150톤 유압프레스기를 이용한 브랭킹작업으로 자동차엔진 부품인 엔진마운틴을 제작하게 되었는 바 위 작업은 길이 120cm, 넓이 30cm 정도되는 철판을 프레스의 하단금형에 올려놓고 두 손으로 잡은 상태에서 프레스기 우측 밑부분에 부착되어 있는 작동스위치를 오른발로 누르면 상단금형이 내려와 하단금형과 맞물리면서 제품을 찍은 다음 원위치로 돌아가며 금형에 따라 프레스된 완성품은 자동적으로 금형을 이탈하여 밑으로 떨어지게 되고 다시 같은 방법으로 작업이 반복되는 것인데, 위 원고가 작업하는 도중 상단금형에 의하여 프레스된 철판제품이 금형으로부터 이탈되지 않으므로 즉시 작업반장인 소외 1에게 이러한 사실을 보고하고 프레스된 완성품이 금형에서 자동으로 이탈되도록 수리하여 줄 것을 요구하였으나 위 소외 1은 "곧 수리를 해 줄 터이니 우선 금형에서 자동으로 떨어져 나가지 않는 철판제품을 손으로 떼어내는 방법으로 작업을 계속하라"고 지시하므로 위 원고는 프레스된 완성품을 스패너로 쳐서 금형에서 떨어뜨리는 방법으로 작업을 하던 중 무심코 작동스위치를 밟고 있던 오른쪽 발에 힘이 가하여 위 프레스기를 작동시킴으로써 우 2, 3, 4수지 절단상 등의 상해를 입은 사실, 피고 회사의 작업반장인 위 소외 1은 노무자 모집용역업체인 제일기획을 통하여 피고 회사에 일용 잡부로 입사한 위 원고에게 프레스기계 작업에 관한 기술교육이나 안전교육 등 제반 기초사항을 알려준 다음에 작업지시를 하여야 하고, 위 원고로부터 위와 같이 프레스기의 수리요청을 받은 경우에는 즉시 이를 수리한 후에 작업하도록 하였어야 할 뿐만 아니라, 위 유압프레스기에 부착되어 있는 전자감응식 안전장치가 위 사고 당시에 고장난 상태였으므로 애당초 위 프레스기로 작업하도록 지시하여서는 아니됨에도 불구하고 이를 무시한 채 위 원고에게 계속 작업할 것을 지시한 과실로 이 사건 사고가 발생한 사실을 인정한 다음 위 인정사실에 의하면 이 사건 사고는 피고회사 작업반장인 소외 1의 위 인정과 같은 무리한 작업지시 및 보안감독상의 과실

과 위 프레스기의 설치, 보존상 하자로 인하여 발생한 것이라고 판시하고, 한편 거시증거에 의하면 위 원고로서도 프레스로 작업을 함에 있어서 부득이하게 상하금형 사이에 손을 넣을 경우에는 사고의 위험성이 높으므로 상당한 주의를 기울여야 하고 또한 작업시에는 작동스위치 위에 발을 계속 올려놓고 있어서는 아니됨에도 불구하고 이러한 주의의무를 소홀히 한 채 만연히 프레스기 작동스위치위에 발을 올려 놓은채 작업하다가 이 사건 사고를 당한 사실이 인정되는데 이러한 위 원고의 과실도 위 사고 발생의 한 원인이 되었다고 할 것이나 이로써 피고의 손해배상책임을 면하게 할 정도에는 이르지 아니한다 할 것이므로 피고가 배상할 손해액을 산정함에 있어서 이를 참작하기로 하되 이 사건 사고의 경위 및 결과, 쌍방의 과실내용 등 제반 사정을 종합하여 볼 때 위 원고의 과실비율은 20%로 봄이 상당하다고 판시하였으며, 원심은 그 판결 이유에서 이 사건 손해배상책임의 발생, 과실상계사유 및 위 원고의 과실비율에 관하여 원심이 설시하는 판결이유는 제1심판결 해당부분 이유 기재와 같으므로 민사소송법 제390조에 의하여 이를 그대로 인용하기로 하되 다만 원고의 과실비율은 쌍방의 과실내용에 비추어 전체의 35%정도로 봄이 상당하다고 판시하였다.

그러나 원심 인용의 제1심판결이 인정한 바와 같이 피고 회사의 작업반장인 위 소외 1이 일용잡부로 입사한 위 원고에게 프레스기계작업에 관한 기술교육이나 안전교육 등 제반 기초사항을 알려준 바도 없고 프레스기의 수리요청을 받고서도 수리를 하여 주지 아니하였으며 프레스기에 부착되어 있는 전자감응식 안전장치마저 고장난 상태여서 애당초 위 프레스기로 작업하도록 지시하여서는 아니됨에도 불구하고 이를 무시한 채 위 원고에게 계속 작업할 것을 지시한 과실로 이 사건 사고가 발생하였다면 위에서 본 바와 같은 정도의 위 원고의 과실만을 가지고 그 비율을 35%로 평가한 것은 앞서 본 피고 회사측의 과실내용에 비추어 볼 때 지나치게 무겁게 평가한 것으로서 형평의 원칙에 현저히 반하였다고 하지 아니할 수 없고 원심의 이와 같은 잘못은 판결에도 영향을 미쳤다고 할 것이므로 이점을 지적하는 논지는 이유 있다.

(3) 그러므로 원심판결 중 원고 패소부분을 파기하고 이 부분 사건을 원심법원
   에 환송하기로 하여 관여 법관의 일치된 의견으로 주문과 같이 판결한다.
   (출처 : 대법원 1992.3.31. 선고 91다37263 판결)

■ 감전되어 추락한 사고에 있어 고압선의 건물과의 이격거리가 법정 이
격거리를 초과한다 해도 한국전력주식회사에 불법행위책임이 있다고
한 사례

[판시사항]

가. 건물 신축공사장에서 비계공이 비계해체공사 중 고압선에 감전되어
추락한 사고에 있어 고압선의 건물과의 이격거리가 법정 이격거리
를 초과한다 해도 한국전력주식회사에 불법행위책임이 있다고 한
사례

나. 위 "가" 항의 경우 피해자인 비계공이 병원의 4층 중환자실에서 치
료를 받던 중 사고 이틀 뒤에 발작적으로 유리창을 깨고 12미터 아
래 땅바닥으로 투신하여 사망한 것에 대하여 감전사고와 사망과의
인과관계를 인정한 사례

다. 위 "가" 항의 경우 공동불법행위자인 한국전력주식회사와 건설회사
의 손해배상액을 산정함에 있어 참작할 피해자의 과실 비율을 공동
불법행위자별로 다르게 본 원심의 조치를 수긍한 사례

[판결요지]

가. 건물 신축공사장에서 비계공이 비계해체공사 중 고압선에 감전되어 추락한
사고에 있어 고압선의 건물과의 이격거리가 법정 이격거리를 초과한다 해
도 전기 공작물을 독점적으로 소유 내지 점유하고 그 보존 관리의 의무를
지고 있는 한국전력주식회사로서는 그 이격거리가 1.2미터에 불과하고 건
축공사장에서 사용되는 자재의 대부분이 전도체이기 때문에 공사의 진척
상황에 따라 감전사고가 발생할 위험성이 높다는 것을 능히 예견할 수 있
었다고 보아야 하며 더구나 공사 수급자로부터 감전사고에 대한 안전대책
을 문의받기까지 하였으므로 이러한 경우에는 사회통념상 그 공사현장에
그 소속직원을 보내어 감전사고 발생의 가능성 유무를 파악하여 공사 수급
자에게 사고 방지를 위한 안전 조치의 이행을 요구할 주의의무가 있다고
보아 그 주의의무를 다하지 아니한 한국전력주식회사에 불법행위책임이 있

다고 한 사례.

나. 위 "가"항의 경우 피해자인 비계공이 병원의 4층 중환자실에서 치료를 받던 중 사고 이틀 뒤에 발작적으로 유리창을 깨고 12미터 아래 땅바닥으로 투신하여 사망한 것에 대하여 피해자가 감전으로 인하여 입은 화상의 심한 통증과 감전된 사람에게 나타날 수 있는 정신장애가 겹쳐 투신자살을 기도한 것이라고 볼 수밖에 없다 하여 감전사고와 사망과의 인과관계를 인정한 사례.

다. 위 "가"항의 경우 공동불법행위자인 한국전력주식회사와 건설회사의 손해배상액을 산정함에 있어 참작할 피해자의 과실 비율을 공동불법행위자별로 다르게 보아 건설회사에 대한 관계에서는 55%, 한국전력주식회사에 대한 관계에서는 80%로 하여 상계한 원심의 조치를 수긍한 사례.

[주 문]

상고를 기각한다.

상고비용은 피고의 부담으로 한다.

[이 유]

상고이유를 본다.

원심판결 이유에 의하면 원심은 거시증거에 의하여 원심 상피고 주식회사 중원건설 (이하, 원심 상피고 중원이라고 한다)은 1988.12.경 소외 1로부터 부산 동구 (주소 1 생략) 소재 ○○빌딩(6층)의 신축공사를 도급받고 위 건물을 신축하기 위하여 분야별로 타업체에 부분 하도급을 주고 그들로 하여금 위 건물 신축공사장에서 작업토록 하였는데 소외 협성건설주식회사도 원심 상피고 중원으로부터 미장, 방수 및 타일공사를 하도급 받아 공사를 한 사실, 그런데 위 소외 협성건설주식회사에 고용된 일용비계공인 망 소외 2가 1989.5.20. 11:10경 위 건물신축공사장에서 위 건물 4층 외부에 설치되었던 비계해체공사를 하면서 해체된 비계용 강관을 아래로 내려주기 위하여 어깨에 메고 옮기다가 발이 각목 사이에 걸려 몸의 중심을 잃고 앞으로 넘어지는 바람에 어깨에 메고 있던 위 강관이 반대방향으로 넘어가면서 위 건물 앞을 통과하는 22,900볼트의 고압전선에 부딪쳐 위 고압전선이 절단됨과 동시에 위 소외 망인이 감전되어 3미터 아래인 2층으로 떨어져 왼쪽 손바닥 및 양측흉복부 등 체표면적의 25퍼센트에 달하는 범위에 1, 2도 전기화상을 입은 사실, 위 비계용강관은 길이가 6미터, 지름이 5센티미터, 무게가 20킬로그램이나 되는 것에 비하여 위 건물 앞의 고압선과 위 건물에 설치된 비계가장자리와의 이격거리는 1.2미터밖에 되지 않아 비계해체작업을 하는 작업자가 비계를 들고 있는 상태에서 자칫 잘못하여 몸의 중심을 잃게 되면 위 고압선에 위 비계가 닿아 감전되어 다칠 위험이 상존하고 있었는데도 위 공사현장에는 그 위험으로부터 작업자들을 보호할 보호막 등의 안전설비가 전혀 갖추어져 있지 아니하였던 사실, 피고는 이 사건 사고 고압선과 불과 1.2미터 떨어진 곳에서 위 건물 신축공사가 진행중임을 알고 있었고 위 소외 협성건설주식회사로부터 감전사고에 대한 안전대책을 문의받기까지 하였음에도 법정 이격거리가 유지되고 있다는 이유만으로 그 소속직원인 소외 3을 통하여 위 소외 협성건설주식회사측에 안전에 관한 계몽만을 세차례 실시한 데 그친 사실, 위 망 소외 2는 이 사건 사고 후 부산 서구 (주소 2 생략) 소재 △△△△대학 부속 □□병원에 입원하여 4층 중환자실에서 치료를 받던 중 이 사건 사고 이틀 뒤인 같은 달 22. 16:30경 발작적으로 위 중환자실의 유리창문을 깨고 12미터 아래 땅바닥으로 투신하여 좌측 다발성 늑골골절에 의한 혈흉 등의 상해를 입고 위 병원 응급실에서 치료를 받다가 결국 같은 날 17:40경 사망한 사실, 일반적으로 감전 등과 같은 충격적 경험을 겪은 사람은 외상 후 스트레스장애나 외상 후 신경증 혹은 외상 후 정신장애가 올 수 있고 이러한 정신장애증상으로 자살기도를 할 수도 있는 사실을 인정한 다음, 달리 위 소외 망인이 돌연 투신자살할 만한 아무런 사정을 찾아 볼 수 없는 이 사건에 있어 위 소외 망인은 위 감전으로 인하여 입은 화상의 심한 통증과 감전된 사람에게 나타날 수 있는 정신장애가 겹쳐 투신자살을 기도한 것이라고 볼 수밖에 없으므로 이 사건 감전사고와 위 소외인의 사망 사이에는 상당인과관계가 있다고 봄이 상당하다 할 것이고, 나아가 위 인정사실에 의하면 분야별로 여러 업체에 공사를 부분하도급하여 그들로 하여금 이 사건 공사장에서 동시 또는 이시에 작업을 시행토록 한 원심 상피고 중원으로서는 그 공사 수급자들이 공사를 수행하는 과정에서 조성되는 작업환경의 변화를 수시로 점검하여 위험요소가 조성되었을 경우에는 지체 없이 수급자로 하여금 이를 제거하거나 사고방지를 위한 안전설비를 갖추도록 촉구하여야 함은 물론 그 자신이 나서서라도 그러한 조치를 취할 주의의무가 있다고 할 것이고, 전기공작물을 독점적으로 소유 내지 점유하고 그 보존관리의 의무를 지고 있는 피고로서는 고압선과 위 건물에 설치된 비계의 가장자리와의 이격거리가 법정 이격거리를 초과한다 하더라도 그 이격거리가 1.2미터에 불과하고 건축공사장에서 사용되는 자재의 대부분이 전도체이기 때문에 공사의 진척상황에 따라 감전사고가 발생할 위험성이 높다는 것을 능히 예견할 수 있었다고 보아야 하며 더구나 위 소외 협성건설주식회사로부터 감전사고에 대한 안전대책을 문의받기까지 하였으므로 이런 경우에는 사회통념상 그 공사현장에 그 소속직원을 보내어 감전사고 발생의 가능성 유무를 파악하여 공사 수급자에게 사고방지를 위한 안전조치의 이행을 요구할 주의의무가 있다고 보아야 할 것이므로, 이 사건 사고는 위와 같은 주의의무를 다하지 아니하여 공사수행과정에서 조성된 위험한 작업환경을 그대로 방치한 원심 상피고 중원 소속 성명불상 작업감독자의 사무집행상의 과실과 피고 자신의 과실이 경합하여 발생하였다고 판시하고, 한편 위에서 인정한 사실에 의하면 위 망인에게도 안전조치의 이행을 요구하거나 작업을 거부함이 없이 조심성 없이 작업에 임함으로써 자신의 안전도모에 만전을 기하지 못한 점에서 과실이 있다고 할 것이고 또한 위 망인이 사망에 이르게 된 데에는 그의 선천적인 기질도 기여한바 있다고 보여 이 점도 그의 과실에 준하는 것으로 평가함이 사회통념상 합당하다 할 것이어서 위와 같은 사정도 위 망인의 과실로 인정하기로 하는바 이러한 위 망인의 과실은 피고들의 책임을 면제할 정도는 아니더라도 결코 경시할 수 없는 것이므로 배상액을 정함에 있어 참작하기로 하되, 위 망인의 과실 내용과 피고들의 과실 내용을 검토하여 보면 위 망인의 피고들에 대한 과실 비율을 달리 정함이 정의의 관념이나 공평의 관념에 부합된다고 판단되어 위 망인의 과실 비율을 피고별로 따로 정하기로 하여 각 그 과실 비율을 정하여 보면 위 망인의 과실 비율은 원심 상피고 중원에 대한 관계에서는 55퍼센트, 피고에 대한 관계에서는 80퍼센트로 봄이 상당하다고 판시하였다.

기록에 비추어 살펴보면 원심의 위와 같은 사실인정과 판단은 그대로 수긍이 되고 거기에 소론과 같은 심리미진 내지 채증법칙 위배로 인한 사실오인 또는 전기사업법 및 공작물설치보존, 손해배상, 인과관계, 과실상계에 관한 법리오해나 판단유탈 등의 위법이 있다고 할 수 없고 소론이 들고 있는 판례는 이 사건에 적절한 것이 아니다. 논지는 이유 없다. 그러므로 상고를 기각하고 상고비용은 패소자의 부담으로 하여 관여 법관의 일치된 의견으로 주문과 같이 판결한다.

(출처 : 대법원 1992.2.11. 선고 91다34233 판결)

■ 배관공의 임금을 기준으로 일용배관공의 일실이익을 산정한 원심판결을 법리오해와 심리미진의 위법이 있다 하여 파기한 사례

[판시사항]

직종별임금실태조사보고서상의 배관공의 임금을 기준으로 일용배관공의 일실이익을 산정한 원심판결을 법리오해와 심리미진의 위법이 있다 하여 파기한 사례

[판결요지]

불법행위 당시 일용배관공인 피해자에 대하여 그 얻고 있었던 월급여액보다도 높은 직종별임금실태조사보고서상의 배관공의 임금이 일용배관공의 임금인지의 여부를 밝혀 보지 않은 채 그 임금을 기준으로 일실이익을 산정한 원심판결을 일실이익 산정에 관한 법리오해와 심리미진의 위법이 있다 하여 파기한 사례.

[주 문]

원심판결 중 피고패소 부분을 파기하고 이 부분 사건을 서울고등법원에 환송한다.

[이 유]

1. 피고의 상고이유 1점을 본다.

   소론과 같이 원고와 소외 1이 함께 조장과 조수로서 한 팀을 이루어 10여년 넘게 일해왔다고 하여 위 소외 1의 과실이 곧 원고의 과실이라고 볼 수는 없는 것이고, 또 원심판시와 같이 위 소외 1이 비계에 오르다가 몸의 균형을 잃고 떨어지면서 원고의 몸을 붙든 행위가 조장인 원고의 감독소홀에 기인한 것이라고도 볼 수 없으므로, 이와 같은 취지에서 이 사건 사고발생에 피해자인 원고의 과실도 경합된 것이라는 피고항변을 배척한 원심조치는 정당하고 소론과 같은 위법이 없다. 논지는 이유 없다.

2. 같은 상고이유 2점을 본다.

   원심판결 이유에 의하면 원심은 원고의 일실수입을 산정함에 있어서 원고의 현실적인 소득액에 가까운 노동부 발간 직종별임금실태조사보고서상의 10년

이상 경력 배관공의 월평균급여액 703,867원(원고가 일용배관공으로 이 사건 사고 당시 받고 있던 월급여액 646,354원보다 약간 상회하는 금액이다)을 기초로 하여 산정하였다.

그러나 일실이익의 손해는 특별한 사정이 없는 한 불법행위 당시의 피해자의 수익을 기준으로 산정하여야 할 것인 바, 원심판시에 의하면 원고는 불법행위 당시 일용배관공으로서 월급여액 646,354원의 수익을 얻고 있었다는 것이므로 위 직종별임금실태조사보고서의 배관공 임금이 일용배관공의 임금이라면 모르되 일용배관공이 아닌 상용배관공의 임금이라면, 원고가 불법행위 당시 일용배관공으로서 얻고 있던 수입보다 높은 상용배관공의 수입을 기초로 원고의 일실이익을 산정함은 잘못이라고 할 것이다.

그런데 갑 제6호증의 1, 2 기재를 살펴보아도 직종별임금실태조사보고서의 배관공 임금이 일용배관공의 임금인지의 여부가 분명치 않음에도 불구하고, 원심이 이 점을 밝혀 보지도 않고 만연히 원고가 실제로 얻고 있던 일용배관공의 임금보다 높은 위 보고서 기재의 임금을 기초로 일실이익을 산정한 것은 일실이익 산정에 관한 법리오해와 심리미진으로 판결에 영향을 미친 위법을 저지른 것으로서 이 점에 관한 논지는 이유 있다.

3. 그러므로 원심판결 중 피고패소 부분을 파기환송하기로 하여 관여 법관의 일치된 의견으로 주문과 같이 판결한다.

(출처 : 대법원 1991.12.10. 선고 91다29941 판결)

■ 공단 소재 공장들에서 배출된 공해물질(각종 유해가스 및 분진)로 인하여 초래된 공단 주변 주민들에게 공동불법행위자로서 위자료 지급의무가 있다고 본 사례

[판시사항]

공단 소재 공장들에서 배출된 공해물질(각종 유해가스 및 분진)로 인하여 초래된 공단 주변 주민들의 생활환경 침해 및 장차 발병가능한 만성적인 신체건강상의 장해로 인한 정신적 고통에 대하여 공장주들에게 공동불법행위자로서 위자료 지급의무가 있다고 본 사례

[주 문]

상고를 모두 기각한다.

상고비용은 피고들의 부담으로 한다.

[이 유]

상고이유를 본다.

원심판결 이유에 의하면, 원심은 거시증거에 의하여 원고들은 경남 울주군 ○○면 관내에 거주하면서 농업에 종사하여 왔는데 1974.경부터 위 ○○면에 비철금속단지인 ○○공단이 조성되어 피고들 공장이 각종 유해가스 및 분진을 배출하면서 가동되어 각종 오염물질이 ○○면의 대기 및 수질 등의 오염을 초래하였고, 원고들은 이러한 오염지역에 거주하면서 인체에 해로운 각종 유해가스와 강하분진으로 오염된 대기에 노출된 결과 이 지역 각 부락에서 1년에 수백명씩 피부병, 호흡기질환 및 눈병 등이 발생하여 집단적인 치료를 받았을 뿐만 아니라 그 외의 질병으로 인한 각종 자각증상을 호소하게 된 사실을 인정한 후, 피고들의 공장에서 배출된 공해물질로 인하여 초래된 환경오염의 정도에 비추어 볼 때 원고들이 구체적인 발병에 이르지는 아니하였다 하여도 적어도 장차 발병 가능한 만성적인 신체건강상의 장해를 입었고 이는 통상의 수인한도를 넘는다고 할 것인바, 위와 같은 환경오염을 초래한 피고들의 행위는 생활환경의 보호와 그 침해에 대한 구제를 규정하고 있는 헌법 제35조 및 환경보전법 제60조 등에 비추어 볼 때 그 위법성이 있다 할 것이므로 피고들은

공동불법행위자로서 이로 인한 손해를 배상할 책임이 있다 할 것인데, 원고들이 위와 같은 생활환경의 침해 및 이로 인한 발병 가능한 만성적인 신체건강상의 장해로 심대한 정신적 고통을 받았을 것임은 경험칙상 넉넉히 수긍되므로 피고들은 공동불법행위자로서 원고들이 받은 위와 같은 정신적 고통을 위자함에 상당한 위자료를 지급할 의무가 있다고 판시하였던바, 기록에 비추어 보면 원심의 위와 같은 사실인정과 법률판단은 정당하고 거기에 소론과 같은 채증법칙위배로 인한 사실오인의 위법이 있다거나 위자료나 소송물에 관한 법리오해의 위법이 있다고 볼 수 없고, 또한 이 사건 위자료는 위와 같이 피고들의 불법행위로 인한 생활환경의 침해 및 이로 인한 발병 가능한 만성적인 신체건강상의 장해로 인한 심대한 정신적 고통에 대한 것이지 재산권의 침해로 인한 위자료 청구가 아니므로 재산적인 손해의 배상에 의하여도 회복할 수 없는 특별한 정신적인 손해가 발생하였다는 입증이 없다는 논지도 이유 없다.

그러므로 상고를 모두 기각하고 상고비용은 피고들의 부담으로 하여 관여법관의 일치된 의견으로 주문과 같이 판결한다.

(출처 : 대법원 1991.7.26. 선고 90다카26607 판결)

■ 손해액을 초과하는 경우 그 초과부분을 적극적 손해의 배상액 산정에 있어 공제하여야 하는지 여부(소극)

[판시사항]

산업재해보상보험법 제11조 제2항 소정의 "동일한 사유"의 의미와 피해자가 보험금으로 수령한 휴업급여금과 장해보상급여금이 법원에서 인정된 소극적 손해액을 초과하는 경우 그 초과부분을 적극적 손해의 배상액 산정에 있어 공제하여야 하는지 여부(소극)

[판결요지]

산업재해보상보험법 제11조 제2항 소정의 "동일한 사유"라고 하는 것은 보험급여의 대상이 된 손해와 민사상의 손해배상의 대상이 된 손해가 같은 성질을 띠는 것이어서 보험급여와 손해배상이 상호보완적 관계에 있는 경우를 말하므로, 피해자가 보험금으로 수령한 휴업급여금과 장해보상급여금이 법원에서 인정된 소극적 손해액을 초과하더라도 그 초과부분을 그 성질을 달리하는 적극적 손해의 배상액을 산정하는 데 있어 공제할 것이 아니다.

[주 문]

상고를 기각한다.

상고비용은 피고부담으로 한다.

[이 유]

원심판결 이유에 의하면 원심은 원고가 이 사건 사고로 입은 손해액을 일실수익금 28,897,664원 향후치료비 1,500,000원, 개호비 43,363,861원이 된다고 인정하고 그것을 소극적 손해와 적극적 손해로 양분한 다음 원고의 과실비율을 40퍼센트로 보아 과실상계를 하여 가해자가 배상하여야 할 금액을 소극적 손해금 17,338,598원, 적극적 손해금 26,918,316원이 된다고 인정하는 한편 원고가 산업재해보상보험법에 따라 보험금으로 지급받은 금액이 휴업급여금 15,039,640원, 장해보상급여금 39,042,750원 요양급여금 2,637,690원이 된다고 인정하고 그 중 전 2자는 소극적 손해를 전보하고 후자는 적극적 손해를 전보하는 성질을 가진다고 하여 성질을 같이하는 손해금에서 각기 공제하고 나서 소극적 손해에서는 원고가 손해액보다 36,743,792원을 더 전보받은 결과가 되나 적극적 손해에서는 손해액보다 24,280,626원을 아직 전보받지 못하였다고 인정하여 피고에게 위 적극적 손해 미전보분 24,280,626원과 위자료 3,000,000원의 지급을 명하였다. 살펴보건대 산업재해보상보험법 제11조 제2항에 의하면 수급권자가 동일한 사유에 대하여 이 법에 의한 보험급여를 받았을 때에는 보험가입자는 그 금액의 한도 안에서 민법 기타 법령에 의한 손해배상의 책임이 면제된다고 규정하고 있는바 여기서 동일한 사유라고 하는 것은 보험급여의 대상이 된 손해와 민사상의 손해배상의 대상이 된 손해가 같은 성질을 띠는 것이어서 보험급여와 손해배상이 상호보완적 관계에 있는 경우를 말하는 것이므로 원심인정과 같이 원고가 보험금으로 휴업급여금 15,039,640원, 장해보상급여금 39,042,750원을 수령하여 원심인정의 소극적 손해액보다 36,743,792원을 더 전보 받은 결과가 된다 하더라도 그 초과부분을 그 성질을 달리하는 적극적 손해의 배상액을 산정하는 데 있어 공제할 것이 아니다. 원심판단은 정당한 것이다.

상고논지는 이유 없으므로 상고를 기각하고 상고비용은 패소자에게 부담시키기로 관여법관의 의견이 일치되어 주문과 같이 판결한다.

(출처 : 대법원 1991.7.23. 선고 90다11776 판결)

■ 요추손상을 입은 사고에 대하여 회사의 사용자책임을 인정한 후 피해
　자의 과실비율을 70퍼센트로 본 원심의 조치를 수긍한 사례

[판시사항]

회사직원의 지시에 따라 음료수상자 배달작업을 하던 피해자가 혼자 무
리하게 상자 3개를 한꺼번에 들어 올려놓으려다가 요추손상을 입은 사
고에 대하여 회사의 사용자책임을 인정한 후 피해자의 과실비율을 70퍼
센트로 본 원심의 조치를 수긍한 사례

[판결요지]

회사직원의 지시에 따라 음료수상자 배달작업을 하던 피해자가 혼자 무리하게
상자 3개를 한꺼번에 들어 올려 놓으려다가 요추손상을 입은 사고에 대하여
회사의 사용자책임을 인정한 후 피해자에게도 자기 힘에 맞는 양의 상자를 안
전한 자세로 들어 올려 놓지 아니한 과실이 있다 하여 그 과실비율을 70퍼센
트로 본 원심의 조치를 수긍한 사례

[주 문]

상고를 모두 기각한다.

상고비용은 각자의 부담으로 한다.

[이 유]

원고들 및 피고의 상고이유를 함께 본다.

원심판결 이유에 의하면 원심은 거시증거에 의하여 피고는 과천시에 있는 관
광공원유희시설인 서울랜드를 경영하는 회사로서 그가 운영하는 위 서울랜드
내에서의 단순작업 등을 보조하게 하기 위한 필요인원을 인력공급용역을 맡고
있는 한성실업사로부터 충당하여 왔는데 원고 1은 소위 아르바이트 학생으로
서 1988.8.1.부터 위 한성실업사의 인력공급에 따라 피고 회사 영업부에서 일
용종업원으로 일하여 온 사실, 피고 회사 영업부에 배치된 원고 등 일용종업원
이 하는 일은 주로 서울랜드 내의 여섯 군데에 설치된 매장에 음료수 등을 배
달하고 그 판매를 보조하는 것인데 음료수를 배달할 때는 영업부사원인 소외

1 또는 소외 2가 일용종업원들과 함께 위 서울랜드 내에 있는 음료수 창고까지 가서 그곳에 보관된 음료수 상자를 꺼내어 이를 차에 싣고 일단 위 서울랜드 후문까지 옮겨 하차한 다음 이를 핸드카에 옮겨싣고 각 핸드카 1대당 일용종업원 2명과 피고 회사 영업부직원 1인이 배치되어 위 일용종업원 2명은 함께 배치된 피고 회사 영업부 사원의 지시에 따라 각 매장을 돌면서 필요한 수량만큼 음료수 상자를 배달하고 이를 하차하는 작업을 하는 것인데 위 음료수 상자의 무게는 1개당 약 9키로그람 내지 10키로그람 정도되고 핸드카 1대에 적재하는 상자수는 보통 8상자인 사실, 위 원고가 일을 시작한 1988.8월 초순경에는 4명의 아르바이트 학생이 일용종업원으로 근무하였는데 같은 해 9월 초순경 1명이 그만두고 1명은 매장에서 판매만을 전담하게 되어 그 후는 위 원고와 소외 3이 매장에 음료수 등을 배달하는 업무를 맡게 되어 매일 할 일이 동인들의 체력에 비해 다소 과중하였던 사실, 위 원고는 1988.10.5. 14:00경 혼자 핸드카에 음료수상자를 싣고 동행한 피고 회사 직원 소외 1의 지시에 따라 각 매장을 돌면서 음료수 배달을 하다가 그 매장 중의 하나인 삼천리 매장이라는 곳에 도달하여 무리하게 음료수 상자 3개를 한꺼번에 들어올려 높이 약1미터 정도의 진열대 문턱에 놓으려다가 제4, 5 요추간추간판탈출증의 허리부상을 입은 사실을 인정한 다음 이 사건 사고는 위 원고 등 일용종업원이 하는 일이 물건의 운반 배달 등의 단순한 일이기는 하나 위 원고 등이 작업량에 쫓겨 무리하게 일을 하다가 허리등에 부상을 입을 위험성이 있으므로 피고 회사의 영업부사원인 위 소외 1 등은 피고 회사에 건의하여 빠진 인원을 보충하고 또 보충이 안된 상태에서 일을 시키려면 위 원고 등으로 하여금 자기의 체력에 맞춰 적당한 양의 음료수 상자를 들어 올리도록 감독할 의무가 있음에도 이와 같은 조치를 취하지 아니한 과실과 원고 1로서도 스스로의 체력을 제일 잘 알 수 있는 자이므로 매번 자기힘에 맞는 양의 음료수상자를 안전한 자세로 들어 올려 진열대에 놓아야 할 것인데도 그와 같이 하지 아니한 과실이 경합하여 발생한 것이고 그 중 원고의 과실비율은 70퍼센트 정도로 보는 것이 상당하다고 판시하였는바, 원심판결이 적시한 증거들을 기록과 대조하여 살펴보면 원심의 위와 같은 사실인정과 판단은 수긍이 되고 거기

에 소론과 같이 채증법칙을 위배하여 사실을 잘못 인정한 위법이나 불법행위
의 성립에 관한 법리오해, 과실상계에 관한 법리오해의 위법이 있다고 할 수
없으므로 원고나 피고의 상고논지는 어느 것이나 이유없다.

그러므로 상고를 모두 기각하고 상고비용은 각 상고인의 부담으로 하여 관여
법관의 일치된 의견으로 주문과 같이 판결한다.

(출처 : 대법원 1991.7.23. 선고 91다12325 판결)

■ 향후 계속적으로 지출하여야 하는 치료비 또는 개호비 손해의 지급청
   구방법

[판시사항]

가. 향후 계속적으로 지출하여야 하는 치료비 또는 개호비 손해의 지급
   청구방법
나. 개호인비용의 산정기준
다. 사실심 변론종결시까지의 개호비 청구요건
라. 책임감경사유 또는 과실상계사유에 관한 사실인정이나 그 비율을
   정하는 것이 사실심의 전권사항에 속하는지 여부

[판결요지]

가. 불법행위로 입은 상해의 후유장애로 인하여 향후 계속적으로 치료비 또는
   개호비를 지출하여야 하는 손해를 입은 경우 당사자가 그 배상청구를 함에
   있어서 이를 정기금으로 지급할 것을 구할 수도 있고, 중간이자를 공제한
   현가를 산정하여 일시금으로 지급할 것을 구할 수도 있다.
나. 신체의 부자유로 인하여 개호인의 조력을 받을 필요가 있는 경우 개호인
   비용은 특단의 사정이 없는 한 개호를 필요로 하는 기간의 전 일수에 해
   당하는 노임액을 기준으로 산정함이 마땅하다.
다. 피해자가 사고로 인한 후유장애로 말미암아 개호가 필요하게 되었다 하더
   라도 사실심 변론종결시까지의 개호비를 청구하기 위하여는 실제로 개호를
   받아 그 비용을 지출하였거나 또는 개호비를 현실로 지출하지 않았다 하더
   라도 적어도 피해자의 부모나 배우자 등 근친자의 개호를 실제로 받았을
   것이 요구된다.
라. 불법행위로 인한 손해배상청구사건에서 피해자에게 손해의 발생이나 확대
   에 관하여 과실이 있는 경우에는 배상책임의 범위를 정함에 있어서 당연히
   이를 참작하여야 할 것이나 책임감경사유 또는 과실상계사유에 관한 사실
   인정이나 그 비율을 정하는 것은 그것이 현저히 형평의 원칙에 비추어 불
   합리하다고 인정되지 아니하는 한 사실심의 전권사항에 속한다.
(출처 : 대법원 1991.5.14. 선고 91다8081 판결)

■ 도급인이 수급인이나 수급인의 피용자의 불법행위로 인하여 제3자에게 가한 손해에 대하여 사용자 책임을 지는 경우

[판시사항]

가. 도급인이 수급인이나 수급인의 피용자의 불법행위로 인하여 제3자에게 가한 손해에 대하여 사용자 책임을 지는 경우

나. 하도급자가 하수급자를 구체적으로 지휘감독한 내용을 밝혀 심리판단하지 아니한 채 사용자 책임을 인정한 것이 심리미진, 이유불비 및 법리오해의 위법을 범하였다하여 원심판결을 파기한 사례

[판결요지]

가. 도급계약에 있어서 도급인은 도급 또는 지시에 관하여 중대한 과실이 없는 한 그 수급인이 그 일에 관하여 제3자에게 가한 손해를 배상할 책임은 없는 것이고 다만 도급인이 수급인의 일의 진행 및 방법에 관하여 구체적인 지휘감독권을 유보하고 공사의 시행에 관하여 구체적으로 지휘감독을 한 경우에는 도급인과 수급인의 관계는 실질적으로 사용자와 피용자의 관계와 다를 바가 없으므로, 수급인이나 수급인의 피용자의 불법행위로 인하여 제3자에게 가한 손해에 대하여 도급인은 민법 제756조 소정의 사용자 책임을 면할 수 없는 것으로서 위 지휘감독이란 실질적인 사용자관계가 인정될 정도로 구체적으로 공사의 운영 및 시행을 직접 지시, 지도하고 감시, 독려하는 등 공사시행방법과 공사진행에 관한 것이어야 할 것이다.

나. 하도급자가 하수급자의 실질적인 사용자로서 하수급자의 과실로 인한 손해에 대하여 사용자책임이 있다고 하려면 하도급자가 하수급자의 공사에 구체적인 지휘감독을 한 내용이 확정된 후에 이를 판단하여야 할 것이므로 하도급자가 공사에 관하여 구체적으로 지휘감독한 내용을 석명하여 이를 판단하여야 할 것임에도 불구하고 이에 이르지 아니하고 막연히 "구체적으로 지휘감독하였다"는 증언만으로 하도급자가 구체적으로 지휘감독하였다고 설시하여 하도급자에게 사용자책임을 인정한 것은 심리미진이나 이유불비, 도급인의 사용자책임에 대한 법리를 오해한 잘못을 범하였다고 하겠다.

[주 문]

원심판결 중 피고 패소부분을 파기하고 이 부분 사건을 서울고등법원에 환송한다.

[이 유]

상고이유를 본다.

원심은, 갑 제2, 3호증, 제5호증의2, 을 제1호증의1, 2, 3, 4의 각 기재와 1심증인 김병순, 1심 및 원심증인 김길석의 각 일부 증언에 의하여 피고 회사가 서울강남구 논현동 1 소재 삼주빌딩 옥상에 대형간판을 설치하는 공사를 함에 있어서 위 공사를 위한 비계(족장가설재)설치 및 해체작업은 소외 김길석에게, 간판설치작업은 다른 사람에게 각 하도급을 주고 위 간판설치작업과 이를 위한 비계설치 및 해체작업에 관하여 총괄적인 지휘감독을 하면서 그 일환으로 비계설치 및 해체작업을 하도급 받은 위 김길석에 대하여도 현장에 피고 회사 직원인 손상무, 김차장 등을 파견하여 전체적으로 작업방법 등에 관하여 구체적으로 지휘감독을 함으로써 위 김길석이 피고 회사의 실질적인 피용자 관계에 있다고 인정하고, 나아가 위 김길석에게 고용된 원고가 비계, 해체작업 중 원심판시와 같은 부상을 당하게 된 것은 피고 회사와 실질적인 고용관계에 있는 위 소외 김길석의 원심판시와 같은 과실에 인한 것이므로 피고는 이 사건 부상으로 원고 김정현이가 입은 손해를 배상할 책임이 있다고 판시하였다.

도급계약에 있어서 도급인은 도급 또는 지시에 관하여 중대한 과실이 없는 한 그 수급인이 그 일에 관하여 제3자에게 가한 손해를 배상할 책임은 없는 것이고 다만 도급인이 수급인의 일의 진행 및 방법에 관하여 구체적인 지휘감독권을 유보하고 공사의 시행에 관하여 구체적으로 지휘감독을 한 경우에는 도급인과 수급인의 관계는 실질적으로 사용자와 피용자의 관계와 다를 바가 없으므로, 수급인이나 수급인의 피용자의 불법행위로 인하여 제3자에게 가한 손해에 대하여 도급인은 민법 제756조 소정의 사용자 책임을 면할 수 없는 것이다. 따라서 위 지휘감독이란, 실질적인 사용자관계가 인정될 정도로, 구체적으로 공사의 운영및 시행을 직접 지시, 지도하고 감시, 독려하는 등 공사시행방법과 공사진행에 관한 것이어야 할 것이다(당원 1983.11.22. 선고 83다카 1153 판결).

살피건대, 원심이 인용한 위 서증들은 위 김길석이가 피고 회사로부터 위 대형 간판설치작업 중 비계의 설치 및 해체작업을 도급금 2,600,000원에 하도급을 받았고 그 도급금의 지급은 비계설치후 50퍼센트, 철거완료후 50퍼센트씩 2회에 나누어 지급한다는 것이고 위 김길석이가 위 작업을 함에 있어서 피고회사가 지휘감독을 한다는 내용은 없다. 또 원심인용의 위 증인 등의 일부 증언에는 위 김길석이가 고용한 원고를 포함한 5인의 비계공 인부들이 위 김길석의 지시에 의하여 위 작업을 하였는데, 피고 회사의 직원인 손상무, 김차장이 현장에서 위 작업을 "구체적으로 지휘감독하였다"는 막연한 내용이 있을 뿐 그 지휘감독의 내용에는 아무런 언급이 없다. 오히려 위 증인 김길석의 원심에서의 증언 중에는 피고 회사로부터 현장에 파견되어 위 김길석의 작업을 구체적으로 지휘감독하였다는 손상무, 김차장은 "건축 및 크레인에 관한 지식이 전무한 사람들"이고 그들이 현장에 나오게 된 것은 "자재를 운반하는 작업을 진행하는 경우에 그 밑으로 지나가는 통행자들을 다른 곳으로 안전하게 지나갈 수 있도록 통제하는 등의 일을 하기 위한 인원이 더 필요해서 그와 같은 일을 하여 주기 위한 것이었다"고 진술하고 있다. 더욱 기록에 의하면, 피고 회사는 간판제조업 및 장치업, 광고업대행 및 관리, 네온사인 제작 및 설치 등을 목적으로 하는 광고업체로서 그 직원들도 대부분 광고전문의 사무직원으로 구성되어 있고, 이 사건에 있어서도 소외 럭키증권으로부터 대형 간판의 설치를 도급 맡아 간판의 설치위치, 간판의 크기, 형태 등을 설계한 다음 간판설치를 위한 비계의 설치와 해체공사를 위 김길석에게 하도급을 준 사실이 인정된다.

하도급자인 피고 회사가 하수급자인 위 김길석의 실질적인 사용자로서 위 김길석의 과실로 인한 손해에 대하여 사용자책임이 있다고 하려면, 피고 회사가 위 김길석의 공사에 구체적인 지휘감독을 한 내용이 확정된 후에 이를 판단하여야 할 것이므로 피고 회사가 이 사건 비계설치 및 해체공사에 관하여 구체적으로 지휘감독한 내용을 석명하여 이를 심리판단하였어야 할 것임에도 불구하고 이에 이르지 아니하고 막연히 "구체적으로 지휘감독하였다"는 증언만으로 피고가 구체적으로 지휘감독하였다고 설시하여 피고에게 사용자책임을 인정한 것은 심리미진이나 이유불비, 도급인의 사용자책임에 관한 법리를 오해한 잘못을 범하였다고 하겠다.

이 점을 지적하는 논지는 그 이유있으므로 과실상계에 관한 상고이유는 판단할 것 없이 원심판결 중 피고 패소부분을 파기하고 이 부분 사건을 원심법원에 환송하기로 하여 관여 법관의 일치된 의견으로 주문과 같이 판결한다.

(출처 : 대법원 1991.3.8. 선고 90다18432 판결)

■ 자격을 갖춘 자로 하여금 화약류취급을 하도록 일임한 경우 그에 따른 사고발생방지 의무를 다한 것으로 되는지 여부(소극)

[판시사항]

광산의 화약류관리 보안책임자가 발파작업을 함에 있어 광산보안법 제10조 단서에 의한 자격을 갖춘 자로 하여금 화약류취급을 하도록 일임한 경우 그에 따른 사고발생방지 의무를 다한 것으로 되는지 여부(소극)

[판결요지]

광산보안법 제10조 단서의 규정은 광산에서의 화약류 사용의 특수성을 감안하여 화약류관리보안책임자로 하여금 그 책임 하에 같은법시행규칙 제72조 소정의 자격을 갖춘 자에 한하여 직접 화약류를 취급하게 할 수 있도록 허용하는 취지에 지나지 아니하고 구체적인 경우 위 규정에 따라 유자격자로 하여금 직접 화약류취급을 하게 할 것인지의 여부는 관리보안책임자가 그 유자격자의 경력과 숙련정도, 작업의 내용과 그에 수반되는 위험의 정도 등 제반사정을 고려하여 그 책임하에 결정하는 것이므로, 위와 같이 유자격자로 하여금 화약류를 위급하게 하는 경우에도 역시 그에 따른 사고의 발생을 미연에 방지함에 필요한 조치를 강구할 책임이 있다고 할 것으로서 위 규정들에 의하여 직접 발파작업을 포함한 화약류취급을 할 수 있는 자격은 있으나 이 사건 발파작업을 할 당시 그 자격을 취득한지 얼마되지 않아 발파작업이 아직 미숙한 상태인 자에게 발파작업을 시행함에 있어서는 이에 입회하여 그 작업의 일부를 분담하거나 그 적절한 이행을 확인 내지 감독하여야 하는데도 이러한 조치를 취하지 아니하고 일임하여 독자적으로 발파작업을 하게 한 탓으로 이 사건 사고가 발생하였다면 위 화약류 관리보안책임자에게 과실이 없다고 할 수 없다.

[주 문]

상고를 기각한다.

상고비용은 피고의 부담으로 한다.

[이 유]

상고이유를 본다.

광산보안법 제10조 제1항 단서의 규정은, 광산에서의 화약류사용의 특수성을 감안하여 화약류 관리보안책임자로 하여금 그 책임하에 일정한 자격을 가진 자 즉 같은법시행규칙 제72조 소정의 발파보안계원 및 화약보안계원과 공사 (대한광업진흥공사를 말한다)의 사장이 행하는 화약류취급에 관한 소정의 교육을 이수한 자로서 화약류 관리보안책임자가 지정한 자에 한하여 직접 화약류를 취급하게 할 수 있도록 허용하는 취지에 지나지 아니하고, 구체적인 경우 위 규정에 따라 유자격자로 하여금 직접 화약류취급을 하게 할 것인지 여부는 화약류 관리보안책임자가 그 유자격자의 경력과 숙련정도, 작업의 내용과 그에 수반되는 위험의 정도 등 제반사정을 고려하여 그 책임하에 결정하는 것이므로, 위와 같이 유자격자로 하여금 화약류를 취급하게 하는 경우에도 역시 그에 따른 사고의 발생을 미연에 방지함에 필요한 조치를 강구하여야 할 책임이 있다고 할 것이다. 원심이 인정한 바에 의하면, 원고 이내희는 광산보안법시행규칙 제72조 소정의 "공사의 사장이 행하는 화약류취급에 관한 소정의 교육을 이수한 자로서 화약류 관리보안책임자가 지정한 자"에 해당하여 광산보안법 제10조 제1항 단서에 의하여 직접 발파작업을 포함한 화약류취급을 할 수 있는 자격은 있으나 이 사건 발파작업을 할 당시 그 자격을 취득한지 얼마되지 않아 발파작업이 아직 미숙한 상태이었다는 것이므로, 이러한 경우 화약류 관리보안책임자로서는 위 원고로 하여금 이 사건 발파작업을 시행하게 함에 있어 이에 입회하여 그 작업의 일부를 분담하거나 그 적절한 이행을 확인 내지 감독하여야 하는데도 이러한 조치를 취하지 아니하고 위 피고에게 일임하여 독자적으로 발파작업을 하게 한 탓으로 이 사건 사고가 발생하였다면 위 화약류 관리보안책임자에게 과실이 없다고 할 수 없다. 같은 취지로 판시한 원심의 조치는 정당하고 거기에 소론과 같이 광산보안법의 법리를 오해한 위법이 있다 할 수 없다. 또한 소론 대법원 판결은 화약류 관리보안책임자가 총포, 도검, 화약류단속법 제31조 제1항에 위반하여 안전상의 감독업무를 게을리함으로써 처벌규정인 같은 법 제71조 제3호에 저촉한 여부에 관하여 판시한 것으로서 화약류 관리보안책임자의 업무상의 주의의무해태에 의한 민사상의 불법행위책임의 성립여부가 쟁점이 된 이 사건에 적절한 선례가 되지 아니하므로 원심판결이 위 판결의 판시에 저촉된다고도 할 수 없다. 논지는 이유없다.

그러므로 상고를 기각하고 상고비용은 패소자의 부담으로하여 관여 법관의 일치된 의견으로 주문과 같이 판결한다.

(출처 : 대법원 1991.2.22. 선고 90다15990 판결)

■ 일정한 직업에 종사하여 수입을 얻고 있던 자가 사망한 경우의 일실
   이익 손해의 산정

[판시사항]

기중기의 작업반경 바깥이지만 붐대의 길이 범위 내에서 일하던 용접조
공이 기중기의 작용상황을 주시하지 아니한 잘못이 있다고 하여 5%의
과실상계를 인정한 사례나. 일정한 직업에 종사하여 수입을 얻고 있던
자가 사망한 경우의 일실이익 손해의 산정

[판결요지]

가. 볼탱크제작 및 설치공사 현장에서 기중기의 작업반경 바깥이지만 붐대의
   길이 범위 내에서 일하던 용접조공이 기중기의 작동상황을 주시하여 위험
   이 발생할 경우 즉시 피할 수 있는 태세를 갖추는 등으로 스스로의 안전
   을 꾀하여야 함에도 불구하고 이를 게을리한 잘못이 있다고 하여 5%의
   과실상계를 인정한 사례

나. 불법행위로 인하여 일정한 직업에 종사하여 수입을 얻고 있던 피해자가 사
   망한 경우의 일실이익손해는 특별한 사정이 없는 한 원칙적으로 손해가 발
   생한 불법행위 당시 그 직업으로부터 얻고 있었던 수입금액을 기준으로 삼
   아 산정하여야 되는 것이다.

[주 문]

상고를 기각한다.

상고비용은 피고의 부담으로 한다.

[이 유]

1. 피고 소송대리인의 상고이유 제1점에 대한 판단

   원심은, 소외 망 박상규가 원심공동피고 경신건설 주식회사가 소외 삼성중
   공업주식회사로부터 도급받은 소외 주식회사 유공의 볼탱크제작 및 설치공
   사 현장에서 용접조공으로 일하던 중, 그 부근에서 길이가 20미터, 무게가
   20톤가량 되는 붐대를 지표면에 대하여 60도 가량의 각도를 유지한채 작

업중이던 기중기의 붐대를 견양하는 굵기 18미리미터의 로프가 끊어져 붐대가 바닥으로 떨어지면서, 기중기의 작업 반경 바깥이지만 붐대의 길이 범위 내에서 일하던 위 박상규를 덮치는 바람에 위 박상규가 붐대에 깔려 그 무렵 사망한 사실을 인정하고, 위 박상규로서도 기중기가 작업하는 부근에 있는 경우에는 기중기의 붐대가 바닥으로 떨어질 우려가 있으므로 기중기의 작동 상황을 주시하여 위험이 발생할 경우 즉시 피할 수 있는 태세를 갖추는 등으로 스스로의 안전을 꾀하여야 함에도 불구하고 이를 게을리한 잘못이 있다고 판단한 다음, 위 박상규의 이와 같은 과실의 비율을 5퍼센트로 보아 과실상계를 하였다.

원심이 채용한 증거를 기록과 대조하여 검토하면 원심의 위와 같은 사실인정과 판단은 정당한 것으로 수긍이 되고, 원심판결에 소론과 같이 과실상계에 관한 법리를 오해한 위법이 있다고 볼 수없으므로, 논지는 이유가 없다.

2. 같은 상고이유 제2점에 대한 판단.

불법행위로 인하여 사망한 피해자가 입은 일실이익손해는, 그 피해자가 불법행위당시 일정한 직업에 종사하여 수입을 얻고 있었던 경우에는, 특별한 다른 사정이 없는 한 원칙적으로 손해가 발생한 불법행위당시 그 직업으로부터 얻고 있었던 수입금액을 기준으로 삼아 산정하여야 되는 것이므로(당원 1989.10.27. 선고 89다카5222 판결), 논지도 이유가 없다.

3. 그러므로 피고의 상고를 기각하고 상고비용은 패소자인 피고의 부담으로 하기로 관여 법관의 의견이 일치되어 주문과 같이 판결한다.

(출처 : 대법원 1991.1.11. 선고 90다7500 판결)

■ 지입주 겸 기사의 불법행위책임 외에 지입회사의 사용자책임을 인정한 사례

[판시사항]

공기압축기 지입주 겸 그 기사의 건물철거작업지시상의 과실로 부레카기사가 상해를 입은 경우 지입주 겸 기사의 불법행위책임 외에 지입회사의 사용자책임을 인정한 사례

[판결요지]

피고 갑 중기회사의 공기압축기 지입주이자 위 회사의 공기압축기 기사인 피고 을이 가옥철거공사의 하수급인과 간에 공기압축기 1대의 임대계약을 맺으면서 부레카기사 1명을 대동하기로 약정하여 피고 을이 부레카기사인 원고와 함께 공기압축기에 연결된 부레카로 대문슬라브 철거작업을 하던 중 피고 을이 철거작업을 쉽게 하도록 슬라브의 가운데 부분을 먼저 철거하라고 지시하여 원고가 슬라브의 가운데 부분을 브레카로 깨는 순간 슬라브가 무너지면서 원고가 약 2미터 아래로 떨어져 상해를 입었다면 피고 을은 불법행위자로서, 피고 갑 중기회사는 피고 을의 사용자로서 피고 을의 과실로 발생한 사고로 원고가 입은 손해를 배상할 책임이 있다.

[주 문]

상고를 모두 기각한다.

상고비용은 피고들의 부담으로 한다.

[이 유]

상고이유를 본다.

1. 원심판결에 의하면 원심은 거시증거에 의하여 소외 노시균은 소외 조익래 소유 가옥신축공사 중 구 가옥철거 및 토목공사를 도급받은 소외 최윤식으로부터 위 철거공사를 하도급 받아 공기압축기 대여업을 하는 피고 대화중기주식회사의 공기압축기 지입주이자 위 회사의 공기압축기 기사인 피고 안응순과 공기압축기 1대를 1일 금 60,000원에 임대하면서 부레카기사 1

명을 일당 금 35,000원으로 정하여 대동하기로 약정하여 피고 안응순은 1989.5.7. 평소 알고 지내던 원고 안창균을 대동하고 위 공사현장으로 가서 피고 안응순은 공기압축기를 대동시키고 원고 안창균은 공기압축기에 연결된 부레카로 대문 슬라브철거작업을 하던 중 같은 날 14:40경 피고 안응순이 철거작업을 쉽게 하도록 슬라브의 가운데 부분을 먼저 철거하라고 지시하여 원고 안창균이 슬라브 가운데 부분을 부레카로 깨는 순간 슬라브가 무너지면서 위 원고가 약 2미터 아래로 떨어져 판시와 같은 상해를 입은 사실을 인정하고 나서 피고 안응순은 불법행위자로 피고 대화중기주식회사는 피고 안응순의 사용자로서 피고 안응순의 과실로 발생한 이 사건 사고로 원고들이 입은 손해를 배상할 책임이 있다고 판시하였다. 기록에 의하여 살펴보면 원심의 증거취사와 사실인정은 정당하고 그 과정에 소론과 같은 심리미진이나 채증법칙위배의 잘못이 있다할 수 없으므로 이 점에 관한 논지는 이유없다.

2. 원심이 위와 같은 사실인정에 터잡아 피고 대화중기주식회사를 불법행위자인 피고 안응순의 사용자라고 판단한 것은 정당하고, 또 소론과 같이 부레카가 공기압축기와는 별도의 조작장치가 되어있다 하더라도 이 사건 사고는 공기압축기나 부페카의 하자나 작동상의 잘못에 기하여 발생한 것이 아니고 피고 안응순의 판시와 같은 철거작업지시상의 과실로 판시와 같이 위험부위에서 공기압축기와 부레카를 작동하여 작업을 하는 순간에 발생된 것이므로 원심 판단에 소론과 같은 법리오해가 있다할 수 없다.

3. 기록에 의하여 살펴보면 원심이 거시증거에 의하여 원고 안창균이 이 사건 사고당시까지 7년 이상 부레카공으로 종사하여 오면서 이 사건 사고무렵 일당 돈 35,000원씩 받다가 이 사건 사고로 부레카공의 노동능력의 35퍼센트를 상실하게 된 사실을 인정하고서 위 부레카공으로서는 55세가 끝날 때까지 매월 25일씩 종사할 수 있음이 경험칙상이라 하여 위 원고의 가득수입을 월 금 306,250원(35,000×25×0.35)으로 산정한 조치는 수긍이 가고 이것이 위법이며 그 가득수입은 도시일용노임을 기준으로 산정하여야 한다는 논지는 이유없다. 그러므로 상고를 모두 기각하고 상고비용은 패소

자들의 부담으로 하기로 관여 법관의 의견이 일치되어 주문과 같이 판결한
다.
(출처 : 대법원 1990.12.11. 선고 90다7616 판결)

■ 사고로 상해를 입은 사람이 자살한 경우의 수익상실로 인한 손해배상의 범위

[판시사항]

사고로 상해를 입은 사람이 자살한 경우의 수익상실로 인한 손해배상의 범위

[판결요지]

사고로 상해를 입은 사람이 자살한 경우 사고와 사망과의 사이에 조건적 관계가 존재하지 않는 한 그 사고에 기한 수익상실로 인한 손해배상은 사망할 때까지만 이를 산정하면 되고 평균여명이 끝날 때까지의 일실수익을 그 산정기초로 삼는 것은 그릇된 것이다.

[주 문]

원심판결 중 재산상 손해에 관한 피고의 패소 부분을 파기하고 이 부분 사건을 서울고등법원에 환송한다. 피고의 나머지 상고를 기각한다.

상고가 기각된 부분의 상고비용은 피고의 부담으로 한다.

[이 유]

상고이유를 본다.

원심판결 이유에 의하면, 원심은 이 사건 손해배상의 발생에 관한 판단에서 제1심판결이 든 증거 외에 을제6호증(사망진단서)를 추가하고 "원고 이주철"을 "소외 망 이주철"로 고치는 외에는 모두 제1심판결 이유와 같다고하여 이를 그대로 인용한 다음 위 이주철의 이 사건 사고로 인한 일실수익을 산정함에 있어서 그가 이 사건 사고로 인하여 판시와 같은 상해를 입었고 판시 평균수명 내에서 55세가 끝날 때까지 광부 또는 농촌일용노동에 종사할 것을 전제로 하였음이 분명하다.

그러나 원심이 확정한 바와 같이 위 이주철이 1987.4.13. 23:00경 광업소의 갱도바닥에 깔아 놓은 사다리를 밟고 지나가다가 미끄러져 넘어짐으로써 이 사건 사고가 발생하여 상해를 입었고 원고도 그 성립을 인정하고 있는 을제

6₩호증(사망진단서)의 기재에 의하면, 그가 1989.1.8. 사망한 사실을 인정할 수 있으므로 이 사건 사고와 위 사망과의 사이에 조건적 관계가 존재한다면 몰라도 그렇지 아니한 경우에는 피고로서는 위 이주철이 사망할 때까지의 손해만 배상하면 된다 할 것이다(당원 1979.4.24. 선고 79다156 판결 참조). 더구나 위 사망진단서에 의하면, 위 이주철은 그가 사는 마을 야산에서 목을 매달아 사망했다는 것이므로 이 사건 사고와 위 사망과의 사이에는 어떤 조건적 관계가 존재한다고 단정하기도 어렵다. 그런데도 원심이 위 이주철이 사망한 사실을 인정하면서도 그의 일실수익을 산정함에 있어서 아무런 이유도 설시함이 없이 평균여명내인 55세가 끝날 때까지를 그 산정기초로 삼은 것은 손해배상의 범위에 관한 법리를 오해하고 심리를 다하지 아니함으로써 판결결과에 영향을 미쳤다 할 것이다. 이 점은 지적하는 주장은 이유있다.

피고는 원심판결 전부에 대하여 상고하였으면서도 위자료부분에 대하여는 상고이유를 내세우지 아니하였다. 그러므로 원심판결 중 재산상 손해에 관한 피고 패소부분을 파기하여 그 부분 사건을 원심법원에 환송하고, 나머지 상고는 기각하며 상고가 기각된 부분의 상고비용은 피고의 부담으로 하여 관여 법관의 일치된 의견으로 주문과 같이 판결한다.

(출처 : 대법원 1990.10.30. 선고 90다카12790 판결)

■ 피용자의 업무집행상의 과실로 인하여 피해자가 입은 상해에 대한 도급인의 사용자 책임 유무(적극)

[판시사항]

건축공사의 도급인이 현장소장을 상주시켜 작업원들을 구체적으로 지휘, 감독케 한 경우 수급인으로부터 일부 작업을 노무하도급 받은 하수급인의 피용자의 업무집행상의 과실로 인하여 피해자가 입은 상해에 대한 도급인의 사용자 책임 유무(적극)

[판결요지]

피고가 빌딩신축공사 중 미장공사부분을 갑에게 도급주면서 미장에 필요한 건축자재를 직접 공급하고, 그 공사장에 을을 현장소장으로 상주시켜 전반적인 작업의 시행에 관하여 작업원들을 구체적으로 지휘·감독하였고, 갑은 그 미장공사 중 옥상으로의 모래운반작업을 병에게 노무하도급 주어병이 원고와 윈치공 정을 일당으로 고용하여 작업을 하던중 정의 업무집행상의 과실로 원고가 상해를 입은 경우 피고는 그의 현장소장인 을을 통하여 노무하도급 받은 병 및 그 작업원들을 직접 지시, 감독하는 관계에 있었으므로 이들에 대한 사용자로서 정의 업무집행상의 과실로 인하여 원고가 입은 손해를 배상할 책임이 있다.

[주 문]

상고를 기각한다.

상고비용은 피고의 부담으로 한다.

[이 유]

상고이유를 본다.

원심이 인용한 제1심 판결이유에 의하면, 원심은 거시증거에 의하여 피고는 그 판시 빌딩신축공사 중 미장공사 부분을 소외 이해구에게 도급주면서 미장에 필요한 건축자재를 직접 공급하고, 그 공사장에 소외 박호생을 현장소장으로 상주시켜 전반적인 작업의 시행에 관하여 작업원들을 구체적으로 지휘, 감독하였고, 위 이해구는 그 미장공사중 옥상에로의 모래운반작업을 소외 손창원에게 노무하도급 주어 위 손창원은 원고 김동식과 윈치공 소외 성명불상자를 일당으로 고용하여 위 현장소장의 지휘, 감독하에 작업을 하던 중 판시의 경위로 이 사건 사고에 이른 사실을 인정한 다음, 피고는 그의 현장소장인 소외 박호생을 통하여 노무하도급 받은 소외 손창원 및 그 작업원들을 직접 지시, 감독하는 관계에 있었으므로 이들에 대한 사용자로서 그 피용자인 윈치공 소외 성명불상자의 업무집행상의 과실로 인하여 발생한 이 사건 사고로 원고들이 입은 손해를 배상할 책임이 있다고 판시하고 있다. 기록에 비추어 검토하여 보면 원심의 그와 같은 사실인정 및 판단은 수긍이 가고, 거기에 소론과 같은 채증법칙위배로 인한 사실오인이나 도급에 관한 법리오해의 위법이 없으므로 논지는 이유없다.

그러므로 상고를 기각하기로 하여 관여 법관의 일치된 의견으로 주문과 같이 판결한다.

(출처 : 대법원 1990.10.30. 선고 90다카23592 판결)

■ 형틀목공의 가동연한

[판시사항]

형틀목공의 가동연한

[판결요지]

육체노동을 주된 내용으로 하는 생계활동의 가동연한은 만 55세를 넘는 것이므로 형틀목공의 가동연한을 만 55세가 끝날 때까지라고 인정한 원심판시는 위법하다.

[주 문]

원심판결 중 원고 패소부분을 파기한다.

사건을 서울고등법원에 환송한다.

[이 유]

1. 상고이유 1.에 대하여,

   원심판결의 이유설시를 기록과 대조하여 살펴보면 원심이 인정한 이건 사고 발생의 경위와 원고의 과실이 50퍼센트가 된다는 사실인정을 수긍할 수 있고 거기에 소론과 같은 심리미진이나 채증법칙위반의 허물이 있다할 수 없다.

2. 상고이유 2.에 대하여,

   원심판결은 원고가 종사하고 있던 형틀목공의 가동년한을 만 55세가 끝날 때까지라고 인정하였다. 그러나 육체노동을 주된 내용으로 하는 생계활동의 가동년한은 만 55세를 넘는다고 하는 것이 당원의 판례(1989.12.26. 선고 88다카16867호 판결)이므로 위 원심판시는 위법하다. 이 점을 지적한 상고논지는 이유가 있다.

3. 그러므로 원심판결 중 원고패소 부분을 파기하고 그 부분 사건을 원심법원에 환송하기로 관여 법관의 의견이 일치되어 주문과 같이 판결한다.

(출처 : 대법원 1990.7.13. 선고 90다카4324 판결)

■ 형틀목공의 가동연한의 인정을 위한 증거조사 방법

[판시사항]

형틀목공의 가동연한의 인정을 위한 증거조사 방법

[판결요지]

오늘날 우리나라 국민의 평균여명과 경제수준, 고용조건 등의 사회적, 경제적 여건을 감안할 때 형틀목공과 같은 일반육체노동을 주로 하는 생계활동의 가동연한은 만 55세를 넘는다고 보는 것이 경험칙에 합당하다 할 것이므로 사실심으로서는 위와 같은 사회적, 경제적 여건 외에 연령별 근로자인구수, 취업률 또는 근로참가율 및 직종별 근로조건과 정년제한 등 제반사정을 조사하여 이로부터 경험칙상 추정되는 일반육체노동의 가동연한을 도출하든가 또는 원고의 연령, 직업, 경력, 건강상태 등 구체적인 사정을 심리하여 그 가동연한을 인정하든가 하여야 할 것이다.

[주 문]

원심판결 중 재산상 손해에 관한 원고의 패소부분을 파기하고, 그 부분 사건을 서울고등법원에 환송한다. 원고의 나머지 상고를 기각한다.

상고가 기각된 부분의 상고비용은 원고의 부담으로 한다.

[이 유]

상고이유를 본다.

제1점에 대하여,

원심판결 이유에 의하면, 원심은 원고의 일실수입을 산정함에 있어서 원고의 주장에 부합하는 증거들을 적법하게 배척하고 갑제6호증의1, 2에 의하여 원고가 형틀목공으로서 장차 월평균 금 458,648원의 수입을 얻을 수 있는 사실을 인정하고 있는바, 기록에 비추어 원심의 판단은 옳게 수긍이 가고 거기에 지적하는 바와 같은 채증법칙을 어긴 위법이 없다. 주장은 이유없다.

제2점에 대하여,

원심판결은 그 이유에서 원고가 형틀목공으로서 55세가 끝날 때까지만 종사할 수 있다고 판단하였다. 그러나 원고는 1989.10.21. 준비서면에서 그 가동연한을 60세로 주장하고 있음이 분명하고 오늘날 우리나라 국민의 평균여명과 경제수준, 고용조건 등의 사회적, 경제적 여건을 감안할 때 형틀목공과 같은 일반육체노동을 주로 하는 생계활동의 가동연한은 만55세를 넘는다고 보는 것이 경험칙에 합당하다 할 것이므로 원심으로는 위와 같은 사회적, 경제적 여건 외에 연령별 근로자인구수, 취업율 또는 근로참가율 및 직종별 근로조건과 정년제한 등 제반사정을 조사하여 이로부터 경험칙상 추정되는 일반육체노동의 가동연한을 도출하든가 또는 원고의 연령, 직업, 경력, 건강상태 등 구체적인 사정을 심리하여 그 가동연한을 인정하든가 하여야 할 것인데(당원 1989.12.26. 선고 88다카16867 판결) 그에 이르지 아니한 채 막연히 원고의 가동연한을 55세가 끝나는 날까지로 단정한 것은 채증법칙위배, 이유불비의 위법이 있어 판결결과에 영향을 미쳤다 하겠고 이는 소송촉진등에관한특례법 제12조 제2항의 파기사유에 해당한다. 주장은 이유있다.

제3점에 관하여,

원심판결은 이 사건 사고에 있어서의 판시와 같은 사실을 바탕으로 원고의 과실비율을 20퍼센트로 잡고 있는바, 기록에 비추어 원심의 판단은 정당하고 거기에 지적하는 바와 같은 심리미진의 위법이 없다. 그러므로 원심판결 중 재산상 손해에 관한 원고의 패소부분을 파기하여 그 부분 사건을 원심법원에 환송하며 위자료부분은 상고이유로서 불복한 바 없어 이를 기각하기로 하고, 그 부분에 대한 상고비용은 원고의 부담으로 하여 관여법관의 일치된 의견으로 주문과 같이 판결한다.

(출처 : 대법원 1990.6.12. 선고 90다카2397 판결)

■ 일용 용접공의 가동연한

[판시사항]

일용 용접공의 가동연한

[판결요지]

일반육체노동 또는 육체노동을 주된 내용으로 하는 생계활동의 가동연한이 만 55세라는 경험칙에 의한 추정은 더 이상 유지될 수 없고 오히려 일반적으로 만 55세를 넘어도 가동할 수 있다고 보는 것이 경험칙에 합당하다고 할 것이므로 일용용접공의 가동연한이 55세가 끝날 때까지라고 인정한 것은 채증법칙에 위반된다.

[주 문]

원심판결 중 재산적 손해에 관한 원고 패소부분을 파기하고, 이 부분 사건을 서울고등법원에 환송한다.

[이 유]

상고이유를 본다.

1. 원심은, 원고는 이 사건 사고이전에 원판시와 같이 허리를 다쳐 기존질환이 있는데 의사의 입원권유를 거절하고 진통제만을 복용한 후 계속하여 용접작업을 하다가 원판시와 같이 발판을 밟은 잘못으로 이 사건 사고를 당한 사실을 인정하고 이러한 원고의 잘못과 기존질환은 이 사고의 발생 및 그로 인한 손해확대의 한 원인이 되었다고 판시하고 있는 바, 기록에 비추어 살펴보면 원심의 위 조치는 정당하고 거기에 소론과 같은 심리미진이나 증거 없이 사실을 인정한 잘못이 없으므로 논지는 이유 없다.

2. 원심판결 이유에 의하면, 원심은 원판시 사고로 인하여 부상을 입은 원고의 가동연한을 인정함에 있어서 원고는 일용용접공으로서 55세가 끝날 때까지 일할 수 있음은 경험칙상 명백하다고 판시하고 있다. 그러나 일반육체노동 또는 육체노동을 주된 내용으로 하는 생계활동의 가동연한이 만 55세라는 경험칙에 의한 추정은 더 이상 유지될 수 없고 오히려 일반적으로 만 55

세를 넘어도 가동할 수 있다고 보는 것이 경험칙에 합당하다고 할 것이므로(당원 1989.12.26. 선고 88다카16867 판결 참조) 원심의 위 판시는 원고의 가동연한을 인정함에 있어서 채증법칙에 위반하여 판결에 영향을 미친 위법이 있다 할 것이고 이 점을 지적하는 논지는 이유있다.

3. 그러므로 원심판결 중 재산적 손해에 관한 원고 패소부분을 파기하고,이 부분 사건을 원심법원에 환송하기로 하여 관여 법관의 일치된 의견으로 주문과 같이 판결한다.

(출처 : 대법원 1990.4.10. 선고 89다카23244 판결)

■ 농촌노동자의 가동연한

[판시사항]

농촌노동자의 가동연한

[판결요지]

농촌노동자의 가동연한이 만 55세라는 경험칙에 의한 추정은 더 이상 유지될 수 없고 오히려 일반적으로 55세를 넘어도 가동할 수 있다고 보는 것이 경험칙에 합당하다.

[주 문]

원심판결 중 원고 패소부분을 파기하고 이 부분 사건을 광주고등법원에 환송한다.

[이 유]

상고이유를 본다.

원심판결 이유에 의하면, 원심은 원판시 사고로 인하여 부상을 입은 원고의 가동연한을 인정함에 있어서 원고는 농촌노동자로서 55세가 끝날 때까지 가동할 수 있음은 경험칙상 명백하다고 판시하고 있다.

그러나 농촌노동자의 가동연한이 만 55세라는 경험칙에 의한 추정은 더 이상 유지될 수 없고 오히려 일반적으로 55세를 넘어도 가동할 수 있다고 보는 것이 경험칙에 합당하다고 할 것이므로(당원 1989.12.26. 선고 88다카16867 판결 참조) 원심의 위 판시는 원고의 가동연한을 인정함에 있어서 채증법칙에 위반하여 판결에 영향을 미친 위법이 있다 할 것이고 이 점을 지적하는 논지는 이유있다.

그러므로 원심판결 중 원고 패소부분을 파기하고, 이 부분 사건을 원심법원에 환송하기로 하여 관여 법관의 일치된 의견으로 주문과 같이 판결한다.

(출처 : 대법원 1990.1.23. 선고 89다카7723 판결)

제5장

자동차사고로 인한
손해배상

제5장 자동차사고로 인한 손해배상

1. 자동차운행자의 책임

1-1. 의 의

① 자동차사고에 의한 손해배상책임에 관하여는 피해자의 보호를 위하여 자동차손해배상보장법이 제정되어 있습니다. 즉 자동차의 운행으로 사람이 사망하거나 부상한 경우의 손해배상에 관해서는 자동차손해배상보장법이 특별법으로서 민법에 우선하여 적용됩니다.

② 법원은 피해자가 자동차손해배상보장법에 의한 손해배상을 주장하지 않더라도 민법에 우선하여 자동차손해배상보장법을 적용하여야 합니다.

1-2. 자동차손해배상보장법의 적용범위

① 자동차손해배상보장법(이하 '자배법'이라 줄여 씁니다)은 '자동차의 운행으로 사람이 사망 또는 부상하거나 재물이 멸실 또는 훼손된 경우에 손해배상을 보장하는 제도를 확립하여 피해자를 보호하고, 자동차사고로 인한 사회적 손실을 방지함으로써 자동차운송의 건전한 발전을 촉진함을 목적'으로 제정되었습니다(동법 제1조).

② 따라서 자동차가 아닌 것, 자동차라도 운행 중의 사고가 아닌 것, 운행 중의 사고라도 물적 손해에 대하여는 자배법은 적용되지 않는다. 그러므로 물적 손해나 자배법으로 배상받지 못하는 손해에 대하여는 민법상 일반 불법행위 또는 사용자책임 등이 적용됩니다.

2. 자동차운행자 책임의 성립요건

2-1. 성립요건

① 자기를 위하여 자동차를 운행하는 자는 그 운행으로 다른 사람을 사망하게 하거나 부상하게 한 경우에는 그 손해를 배상할 책임을 집니다.

② 다만, 다음 각 호의 어느 하나에 해당하면 그러하지 아니합니다.

    1) 승객이 아닌 자가 사망하거나 부상한 경우에 자기와 운전자가 자동차의 운행에 주의를 게을리 하지 아니하였고, 피해자 또는 자기 및 운전자 외의 제3자에게 고의 또는 과실이 있으며, 자동차의 구조상의 결함이나 기능상의 장해가 없었다는 것을 증명한 경우

    2) 승객이 고의나 자살행위로 사망하거나 부상한 경우

2-2. 자동차를 운행하는 자일 것

2-2-1. 의 의

① 책임을 부담하는 자는 '자기를 위하여 자동차를 운행하는 자', 즉 자동차운행자입니다. 자기를 위하여 자동차를 운행하는 자란 자배법 제3조가 위험책임과 보상책임의 원리를 바탕으로 하여 자동차에 대한 '운행지배'와 '운행이익'을 가지는 자에게 그 운행으로 인한 손해를 부담케 하자는 데 그 취지가 있어, 자동차에 대한 운행을 지배하여 그 이익을 향수하는 책임주체로서의 지위에 있는 자를 말합니다.

② 자동차의 운행자는 자배법 제2조 제3호에서 말하는 자동차의 보유자(소유자 내지는 임차인)보다는 넓은 개념입니다. 즉 소유자이더

라도 운행지배로부터 떠나 있는 때에는 운행자가 아니며, 소유자가 아니더라도 운행지배와 운행이익을 가지는 때에는 운행자가 됩니다.

③ 따라서 타인을 위하여 자동차를 운전하는 피용자인 '운전자'는 운행지배도 없고 운행이익도 없기 때문에 운행자는 아닙니다.

2-2-2. 누가 운행자인지 여부가 문제되는 경우

① 무단운전의 경우

㉮ 자동차의 소유자 기타 정당한 권리자의 승낙 없이 운전하는 것이 무단운전입니다. 무단운전자의 경우 소유자의 운행지배와 운행이익의 상실 여부는 평소의 자동차나 열쇠의 보관 및 관리상태, 소유자의 의사와 관계없이 운행이 가능하게 된 경위, 소유자와 운전자의 인적 관계, 운전자의 차량 반환의사의 유무, 무단운행 후 소유자의 사후승낙 가능성, 무단운전에 대한 피해자의 인식 유무 등 객관적이고 외형적인 여러 사정을 사회통념에 따라 종합적으로 평가하여 판단하여야 한다는 것이 판례의 태도입니다.

㉯ 따라서 이 기준에 따라 무면허인 미성년자가 아버지가 출타한 사이에 바지 호주머니에 넣어 둔 열쇠를 꺼내어 그 무단운행 사실을 알고 있는 친구를 태우고 운전하다가 사고를 낸 사안에서 아버지의 자동차 운행자로서의 책임을 인정하였습니다(대법원 1998.7.10.선고 98다1072판결).

㉰ 그러나 자동차 소유자인 회사의 피용자가 회사의 승낙을 받지 않고 제3자와 함께 같이 음주상태에서 회사에서 멀리 떨어진 곳에서 술을 마실 목적으로 그 자동차를 운전해 가다가 무상동

승자인 제3자가 사고로 부상을 입은 사안에서, 위 자동차의 운행경위에 비추어 볼 때 그 운행은 자동차소유자인 회사의 운행지배와 운행이익의 범위를 완전히 벗어난 것으로 보았습니다(대법원 1994.9.23.선고 94다9085판결).

② 절도운전의 경우

㉮ 이 경우에는 그 도둑이 운행자의 책임을 지고, 소유자의 운행지배가 상실된다고 보는 것이 통설입니다.

㉯ 다만 차량의 키를 뽑지 않고 출입문도 잠그지 않은 채 노상에 주차시킨 과실로 제3자가 그 차량을 절취하여 운전하던 중 사고를 일으킨 경우, 소유자의 위 과실과 손해 사이에는 상당인과관계가 있어 제750조에 의한 일반불법행위책임을 지는 것은 별개입니다(대법원 1988.3.22.선고 86다카2747판결).

③ 사용대차·임대차의 경우

㉮ 자동차의 소유자가 그 친구 등 밀접한 인적관계에 있는 자에게 자동차를 무상으로 대여한 사안에서(사용대차), 판례는 그 자동차에 대한 운행지배나 운행이익은 여전히 자동차 소유자에게 있고 자동차를 빌린 자는 이를 이용했다는 사정만으로 운행자로 볼 수 없다고 하였습니다(대법원 1991.5.10.선고 691다3918판결).

㉯ 자동차대여업자가 1일간 자동차를 유상으로 대여한 사안(임대차)에서는 대여업자가 운행자가 된다고 보았지만 임차인도 운행자가 되는지에 관해서는 명시적으로 밝히지 않고 있습니다(대법원 1991.7.12.선고 91다8418판결).

④ 대리운전의 경우

자동차의 소유자가 또는 보유자가 음주 등의 사유로 일시적으로 타인에게 대리운전을 시킨 경우에는 자동차의 소유자 또는 보유자가 운행자가 됩니다(대법원 1994.4.15.선고 94다5502판결).

⑤ 자동차의 소유권유보부 매매의 경우

자동차를 매수하고 이전등록을 하지 않은 상태에서 매수인이 운행하다가 사고가 난 경우에는 매수인이 운행자가 됩니다(대법원 1994.2.22.선고 93다37052판결). 즉 등록명의가 매도인에게 남아 있더라도 운행지배권은 이미 그에게서 이탈한 것이므로 그는 운행자가 아닙니다(대법원 1985.4.23.선고 84다카1484판결).

⑥ 자동차 정비의 경우

㉮ 자동차정비업체의 직원이 자동차 보유자로부터 차를 인도받아 직접 운전하여 가져가 수리를 마친 다음 이를 반환하기 위하여 운반하는 도중에 일어난 사고에 대하여 자동차 보유자에게 운행지배권이 있다고 보아 운행공용자로서의 책임이 인정됩니다 (대법원 1993.2.9.선고 92다40167판결).

㉯ 자동차의 수리를 위해 정비업자에게 자동차를 맡긴 동안에는 그 정비업자만이 운행자가 되고, 그의 피용자가 그 자동차를 무단운전하다가 일으킨 사고에 대하여는 그 정비업자가 운행자로서 배상책임을 집니다(대법원 1995.2.17.선고 94다카21856판결).

㉰ 자동차 소유자의 피용자가 수리업자에게 자동차의 수리를 맡기고서도 자리를 뜨지 않고 부품 교체작업을 보조·간섭하였을 뿐만 아니라, 위 교체작업의 마지막 단계에서는 수리업자의 부탁으로 시동까지 걸어준 경우(그 과정에서 수리업자가 벨트에 손을 다친 사안임), 자동차 소유자는 수리작업 동안 수리업자와

공동으로 자동차에 대한 운행지배를 하고 있다고 봅니다(대법원 2000.4.11.선고 98다56645판결).

⑦ 운전학원에서 피교습자가 운전학원의 자동차로 운전연습을 하는 경우

판례는 이러한 경우의 법률관계를 사용대차 또는 임대차로 보면서, 이 때에는 차주인 피교습자가 자동차를 사용할 권리가 있고 그래서 자동차손해보상보장법의 운행자에 해당한다고 하였습니다(대법원 2000.1.9.선고 2000다12533판결).

⑧ 양도담보의 경우

채권담보의 목적으로 자동차 등록원부에 소유자로 등록된 자는 자동차에 관한 운행지배나 운행이익을 가지고 있다고 볼 수 없어 운행자가 아닙니다(대법원 1980.4.8.선고 79다302판결).

⑨ 명의대여의 경우

빌라건설회사가 빌라 입주자들의 교통편의를 위하여 차량을 매입하여 준 뒤 그 운행은 빌라입주자들의 자치기구인 빌라관리회에서 운전사를 고용하고 입주자들로부터 일정 요금을 받아 연료비, 보수비, 보험료, 제세공과금 등의 차량운영관리비에 충당하여 왔으나, 그 등록명의는 위 관리회가 법인이 아니어서 위 회사 명의로 소유권이전등록을 하여 둔 것이라면, 비록 회사가 위 차량의 운행에 관하여 실제로는 별다른 이해 관계가 없다고 하더라도 위 차량은 대외적으로는 여전히 위 회사의 소유인 것이고, 또 위 차량의 등록명의를 그 명의로 유보하여 둔 채 운행할 것을 허용한 것으로 볼 것이므로 위 회사는 자동차손해배상보장법 제3조 소정의 "자기를 위하여 자동차를 운행하는 자"에 해당합니다(대법원 1991.2.26. 선고 90다6460 판결).

2-2-3. 자동차의 운행에 의하여 인적손해가 발생하였을 것

① '운행'의 의의

㉮ 자동차의 '운행'이라 함은 사람 또는 물건의 운송 여부에 관계없이 자동차를 그 용법에 따라 사용 또는 관리하는 것을 말합니다(자배법 제2조 제2호).

㉯ 운행 중의 사고가 아닌 것, 이를테면 주차·정차중의 사고에 대해서는 자배법에 의한 운행자의 책임은 발생하지 않습니다. 다만 판례는 "동승자가 주차한 자동차에서 하차하다가 차량 밖의 터널바닥으로 떨어져 다친 사고는 자동차의 운행으로 인한 사고에 해당한다"고 하였습니다(대법원 1998.9.4.선고98다22604, 22611판결).

② 운행에 해당하지 않는 사례

㉮ "화물 하차작업 중 화물고정용 밧줄에 오토바이가 걸려 넘어져 사고가 발생한 경우에 그 사고는 자동차의 운행으로 인한 것이라고는 볼 수 없다"고 합니다(대법원 1996.5.31.선고 95다19232판결).

㉯ 방한 목적으로 자동차에서 시동과 히터를 켜놓은 상태에서 잠을 자다 질식사한 경우, 이 사고는 자동차의 운송수단으로서의 본질이나 위험과는 무관하게 사용된 경우로서 운행에 포함되지 않습니다(대판 2000.1.21. 99다41824).

2-2-4. 타인에게 인적 손해(사망, 부상)가 발생하였을 것

① 타인의 의미

㉮ 피해자에 해당하는 '타인'에는 책임의 주체인 운행자는 포함되지 않으며, 운전자도 이에 포함되지 않습니다(대법원 2000.3.28.

선고 99다53827판결). 결국 위 '타인'에는 위에서와 같이 이에 포함되지 않는 자를 제외한 자, 즉 승객과 그 이외의 제3자를 의미한다고 할 것입니다(자배법 제3조 참조). ㉯ 따라서 예컨대 친구나 지인 등을 호의로 동승케 한 때, 이를 이른바 '호의동승자'가 타인에 속함은 물론입니다(대법원 1987.12.22. 선고 86다카2994판결).

㉰ 판례는 "차량의 운행자가 아무런 대가를 받지 않고 오직 동승자의 편의와 이익을 위하여 동승을 허용하고 동승자로서도 그 자신의 편의와 이익을 위하여 그 제공을 받은 경우 그 운행의 목적, 동승자와 운행자와의 인적 관계, 동승의 경위 등 제반 사정에 비추어 가해자에게 일반의 교통사고와 같은 책임을 지우는 것이 신의칙이나 형평의 원칙상 매우 불합리하다고 인정되는 경우에는 그 배상액을 감경할 수 있다"고 하였습니다(대법원 1992.5.12.선고 94다40993판결).

㉱ 그리고 동일한 자동차에 대하여 복수로 존재하는 운행자 중 1인이 당해 자동차의 사고로 피해를 입은 경우에도 사고를 당한 그 운행자는 다른 운행자에 대하여 자신이 자배법 제3조 소정의 타인임을 주장할 수 없는 것이 원칙이고, 다만 사고를 당한 운행자의 운행지배 및 운행이익에 비하여 상대방의 그것이 보다 주도적이거나 직접적이고 구체적으로 나타나 있어 상대방이 용이하게 사고의 발생을 방지할 수 있었다고 보여지는 경우에 한하여 비로소 자신이 타인임을 주장할 수 있을 뿐입니다(대법원 2002.12.10. 선고 2002다51654 판결).

② 인적 손해

자배법이 적용되는 것은 타인을 사망하게 하거나 부상케 한 인적 손해에 한합니다. 따라서 충돌사고의 자동차나 운행 중의 사고로 타인의 물건을 훼손한 경우처럼 물적 손해에 대해서는 동법은 적용되지 않습니다.

2-2-5. 면책사유가 없을 것

① 자배법은 자동차의 운행이라는 위험성에 근거하여 이를 지배하고 이용하는 운행자에게 사실상 무과실책임에 가까운 무거운 책임을 부과합니다.

② '승객'이 사상한 경우에는 '승객 아닌 자'가 사상한 때와 달리 면책요건이 더욱 까다로운데, 승객의 경우에는 운행자의 지배하에 있는 자동차에 탑승함으로써 직접적인 위험에 수용된 점에서 승객이 아닌 자와는 본질적인 차이가 있고, 한편 자배법이 위험책임의 법리에 기초한 것인 점에서 위와 같은 차별에는 합리적 이유가 있기 때문에, 위 규정이 헌법이 보장한 재산권을 침해하는 규정이라고 볼 수 없습니다(대법원 1998.7.10.선고 97다52653판결).

③ 운행자가 그 책임을 면하기 위해서는 피해자가 승객이 아닌 자와 승객인 경우에 따라 다음의 사유를 입증하여야 합니다.

㉮ 승객이 아닌 자가 사상한 경우

다음 3가지를 모두 증명한 때, 즉 ⓐ 자기와 운전자가 자동차의 운행에 관하여 주의를 게을리 하지 아니하고, ⓑ 피해자 또는 자기 및 운전자 외의 제3자에게 고의 또는 과실이 있으며, ⓒ 자동차에 구조상의 결함 또는 기능에 장해가 없었다는 사실(동법 3조 1호).

㉯ 승객이 사상한 경우

그 승객의 고의나 자살행위로 인한 것인 때(자배법 제3조 제2호).

3. 손해배상의 종류

3-1. 자동차 운전에 따른 손해 배상

자동차를 운행 중 타인의 신체나 재물을 손상시켰을 때에는 그 손해를 배상해야 합니다.

3-2. 자동차손해배상 보장법에 따른 손해배상

① 자동차손해배상 보장법은 자동차의 운행으로 사람이 사망 또는 부상하거나 재물이 멸실 또는 훼손된 경우에 있어서의 손해배상을 보장하는 제도를 확립함으로써 피해자를 보호하고 자동차운행의 건전한 발전을 촉진하려고 제정된 법으로 민법의 특별법입니다.

② 자기를 위하여 자동차를 운행하는 자의 손해배상책임에 대하여는 자동차손해배상 보장법 제3조에 따른 경우 외에는 민법에 따릅니다.

3-3. 자동차 보유자의 손해배상 책임

① 자기를 위해 자동차를 운행하는 자는 그 운행으로 다른 사람을 사망하게 하거나 부상하게 한 경우에는 그 손해를 배상할 책임을 집니다.

② 다만, 다음의 경우에는 손해배상책임을 지지 않습니다.

  1) 승객이 아닌 자가 사망하거나 부상한 경우에는 다음을 증명하는 경우

    - 자기와 운전자가 자동차의 운행에 주의를 게을리 하지 않았을 것

    - 피해자 또는 자기 및 운전자 외의 제3자에게 고의 또는 과

실이 있음

    – 자동차의 구조상의 결함이나 기능상의 장해가 없었다는 것

  2) 승객이 고의나 자살행위로 사망하거나 부상한 경우

3-4. 민법에 따른 손해배상

① 자기를 위해 자동차를 운행하는 자의 손해배상책임에 관해서는 자동차손해배상 보장법 제3조에 따르는 경우 외에는 민법을 따릅니다. 여기서 말하는 민법은 주로 같은 법 제3편제5장 불법행위(제750조부터 제766조까지)의 규정을 말합니다.

② 따라서 손해배상의 성립 요건, 손해배상의 범위, 손해배상의 방법, 과실상계, 손해배상자의 대위, 손해배상청구권자의 범위, 손해배상청구권의 상속, 법정대리, 손해배상청구권의 소멸, 손익상계, 감액청구, 공동불법행위, 사용자책임 등에 관하여도 민법의 규정이 적용됩니다.

③ 고의 또는 과실로 인한 위법행위로 타인에게 손해를 가한 자는 그 손해를 배상할 책임이 있습니다.

4. 자동차손해배상 보장사업

4-1. 정부의 자동차사고 피해자 보상

① 정부는 다음 어느 하나에 해당하는 경우에는 피해자의 청구에 따라 책임보험의 보험금 한도에서 그가 입은 피해를 보상합니다.

  1. 자동차보유자를 알 수 없는 자동차의 운행으로 사망하거나 부상한 경우

  2. 보험가입자 등이 아닌 자가 자동차손해배상 보장법 제3조에 따라 손해배상의 책임을 지게 되는 경우. 다만, 다음의 자동차 운

행으로 인한 경우는 제외합니다.

- 대한민국에 주둔하는 국제연합군대가 보유하는 자동차
- 대한민국에 주둔하는 미합중국군대가 보유하는 자동차
- 위의 두 가지에 해당하지 않는 외국인으로서 국토교통부장관
  이 지정하는 자가 보유하는 자동차
- 견인되어 육지를 이동할 수 있도록 제작된 피견인자동차
- 도로(도로교통법 제2조제1호에 따른 도로를 말함)가 아닌 장
  소에서만 운행하는 자동차

② 다만, 정부는 피해자가 청구하지 않는 경우에도 직권으로 조사하
여 책임보험의 보험금 한도에서 그가 입은 피해를 보상할 수 있습
니다.

4-2. 교통사고 피해자의 지원

① 정부는 자동차의 운행으로 인한 사망자나 중증 후유장애인의 유자
녀 및 피부양가족이 경제적으로 어려워 생계가 곤란하거나 학업을
중단해야 하는 문제 등을 해결하고 중증 후유장애인이 재활할 수
있도록 지원할 수 있습니다.

② 지원대상자

정부가 지원할 수 있는 대상자는 중증 후유장애인, 사망자 또는
중증 후유장애인의 유자녀와 피부양가족으로서 생계를 같이 하는
가족의 생활형편이 국민기초생활 보장법에 따른 기준 중위소득을
고려하여 국토교통부장관이 정하는 기준에 해당되어 생계 유지,
학업 또는 재활치료(중증 후유장애인인 경우만 해당함)를 계속하기
곤란한 상태에 있는 자로서 자동차손해배상 보장법 시행령 제23
조제2항에 따라 지원대상자로 결정된 사람입니다.

③ 지원 기준

　1. 중증후유장애인의 경우:

　　- 의료법에 따른 의료기관 또는 장애인복지법에 따른 재활시설을 이용하거나 그 밖에 요양을 하기 위하여 필요한 비용의 보조

　　- 학업의 유지를 위한 장학금의 지급

　2. 유자녀의 경우:

　　- 생활자금의 대출

　　- 학업의 유지를 위한 장학금의 지급

　　- 자립지원을 위하여 유자녀의 보호자(유자녀의 친권자, 후견인, 유자녀를 보호·양육·교육하거나 그 의무가 있는 자 또는 업무·고용 등의 관계로 사실상 유자녀를 보호·감독하는자를 말함)가 유자녀의 명의로 저축한 금액에 따른 지원자금(이하 '자립지원금'이라 함)의 지급

　3. 피부양가족:

　　노부모 등의 생활의 정도를 고려한 보조금의 지급

　4. 위의 1.부터 3.까지의 규정에 해당하는 사람에 대한 심리치료 등의 정서적 지원 사업

④ 지원금액

지원을 위한 재원을 고려하여 국토교통부장관이 기준금액의 2분의 1의 범위에서 가감하여 정하는 금액을 지원합니다.

지원 대상	지원 구분	기준금액
1. 중증 후유 장애인	가. 재활보조금 지급	월 20만원
	나. 장학금 지급	분기 30만원
2. 유자녀	가. 생활자금의 무이자 대출	월 15만원
	나. 장학금 지급	분기 30만원

| | 다. 자립지원금 지급 | 월 6만원 |
| 3. 피부양가족 | 보조금 지급 | 월 20만원 |

4-3. 피해자의 배상 청구

4-3-1. 보험금 등의 청구

① 교통사고가 발생하는 경우 피해자는 보험사업자 등에 대해 보험금 등을 자기에게 직접 지급할 것을 청구할 수 있고, 자동차보험 진료수가에 해당하는 금액을 진료를 한 의료기관에 직접 지급할 것을 청구할 수 있습니다.

② 의무보험에 가입한 자와 그 의무보험 계약의 피보험자(이하 '보험가입자 등'이라 함) 또는 자동차손해배상 보장법 제10조제1항 후단에 따른 피해자가 청구하거나 그 밖의 원인으로 교통사고환자가 발생한 것을 안 경우에는 지체 없이 그 교통사고환자를 진료하는 의료기관에 해당 진료에 따른 자동차보험진료수가의 지급 의사 유무와 지급 한도를 알려야 합니다.

③ 보험가입자 등은 보험회사(공제사업자를 포함함. 이하 '보험회사 등'이라 함)가 보험금등을 지급하기 전에 피해자에게 손해에 대한 배상금을 지급한 경우에는 보험회사 등에게 보험금 등의 보상한도에서 그가 피해자에게 지급한 금액의 지급을 청구할 수 있습니다.

4-3-2. 피해자에 대한 가불금

① 보험가입자 등이 자동차의 운행으로 다른 사람을 사망하게 하거나 부상하게 한 경우에는 피해자는 자동차손해배상 보장법 시행령 제7조의 절차에 따라 보험회사 등에게 자동차보험진료수가에 대하여는 그 전액을 가불금(假拂金)으로 지급할 것을 청구할 수 있습니다.

② 그 외의 보험금 등에 대하여는 다음과 같이 정한 금액을 자동차손 해배상 보장법 제10조에 따른 보험금 등을 지급하기 위한 가불금 으로 지급할 것을 청구할 수 있습니다.

> ※ 피해자 1명당 다음의 구분에 따른 금액의 범위에서 피해자에게 발생한 손해액의 100분의 50에 해당하는 금액

1) 사망의 경우: 1억원
2) 부상한 경우: 자동차손해배상 보장법 시행령 별표 1에서 정하는 상해내용별 한도금액

[별표1] 상해의 구분과 책임보험금의 한도금액
1. 상해 구분별 한도금액

상해 급별	한도 금액	상해내용
1급	3천만원	1. 수술 여부와 상관없이 뇌손상으로 신경학적 증상이 고도인 상해(신경학적 증상이 48시간 이상 지속되는 경우에 적용한다)
		2. 양안 안구 파열로 안구 적출술 또는 안구내용 제거술과 의안 삽입술을 시행한 상해
		3. 심장 파열로 수술을 시행한 상해
		4. 흉부 대동맥 손상 또는 이에 준하는 대혈관 손상으로 수술 또는 스탠트그라프트 삽입술을 시행한 상해
		5. 척주 손상으로 완전 사지마비 또는 완전 하반신 마비를 동반한 상해
		6. 척수 손상을 동반한 불안정성 방출성 척추 골절
		7. 척수 손상을 동반한 척추 신연손상 또는 전위성 (회전성) 골절
		8. 상완신경총 완전 손상으로 수술을 시행한 상해
		9. 상완부 완전 절단(주관절부 이단을 포함한다) 소실로 재접합술을 시행한 상해
		10. 불안정성 골반골 골절로 수술을 시행한 상해
		11. 비구 골절 또는 비구 골절 탈구로 수술을 시행한 상해
		12. 대퇴부 완전 절단(슬관절부 이단을 포함한다) 소실로 재접합술을 시행한 상해
		13. 골의 분절 소실로 유리생골 이식술을 시행한 상해(근육, 근막 또는 피부 등 연부 조직을 포함한 경우에 적용한다)
		14. 화상·좌창·괴사창 등 연부 조직의 심한 손상이 몸 표면의 9퍼센트 이상인 상해
		15. 그 밖에 1급에 해당한다고 인정되는 상해

2급	1,500 만원	1. 뇌손상으로 신경학적 증상이 중등도인 상해(신경학적 증상이 48시간 이상 지속되는 경우로 수술을 시행한 경우에 적용한다)
		2. 흉부 기관, 기관지 파열, 폐 손상 또는 식도 손상으로 절제술을 시행한 상해
		3. 내부 장기 손상으로 장기의 일부분이라도 적출 수술을 시행한 상해
		4. 신장 파열로 수술한 상해
		5. 척주 손상으로 불완전 사지마비를 동반한 상해
		6. 신경 손상 없는 불안정성 방출성 척추 골절로 수술적 고정술을 시행한 상해 또는 경추 골절(치돌기 골절을 포함한다) 또는 탈구로 할로베스트나 수술적 고정술을 시행한 상해
		7. 상완 신경총 상부간부 또는 하부간부의 완전 손상으로 수술을 시행한 상해
		8. 전완부 완전 절단(완관절부 이단을 포함한다) 소실로 재접합술을 시행한 상해
		9. 고관절의 골절성 탈구로 수술을 시행한 상해(비구 골절을 동반하지 않은 경우에 적용한다)
		10. 대퇴 골두 골절로 수술을 시행한 상해
		11. 대퇴골 경부 분쇄 골절, 전자하부 분쇄 골절, 과부 분쇄 골절, 경골 과부 분쇄 골절 또는 경골 원위 관절내 분쇄 골절
		12. 슬관절의 골절 및 탈구로 수술을 시행한 상해
		13. 하퇴부 완전 절단(족관절부 이단을 포함한다) 소실로 재접합술을 시행한 상해
		14. 사지 연부 조직에 손상이 심하여 유리 피판술을 시행한 상해
		15. 그 밖에 2급에 해당한다고 인정되는 상해
		1. 뇌손상으로 신경학적 증상이 고도인 상해(신경학적 증상이 48시간 미만 지속되는 경우로 수술을 시행한 경우에 적용한다)
		2. 뇌손상으로 신경학적 증상이 중등도인 상해(신경학적 증상이 48시간 이상 지속되는 경우로 수술을 시행하지 않은 경우에 적용한다)

3급	1,200 만원	3. 단안 안구 적출술 또는 안구 내용 제거술과 의 안 삽입술을 시행한 상해
		4. 흉부 대동맥 손상 또는 이에 준하는 대혈관 손 상으로 수술을 시행하지 않은 상해
		5. 절제술을 제외한 개흉 또는 흉강경 수술을 시행 한 상해(진단적 목적으로 시행한 경우는 4급에 해당한다)
		6. 요도 파열로 요도 성형술 또는 요도 내시경을 이용한 요도 절개술을 시행한 상해
		7. 내부 장기 손상(장간막 파열을 포함한다)으로 장 기 적출 없이 재건수술 또는 지혈수술 등을 시 행한 상해
		8. 척주 손상으로 불완전 하반신마비를 동반한 상해
		9. 견관절 골절 및 탈구로 수술을 시행한 상해
		10. 상완부 완전 절단(주관절부 이단을 포함한다) 소실로 재접합술을 시행하지 않은 상해
		11. 주관절부 골절 및 탈구로 수술을 시행한 상해
		12. 수근부 완전 절단 소실로 재접합술을 시행한 상해
		13. 대퇴골 또는 경골 골절(대퇴골 골두 골절은 제 외한다)
		14. 대퇴부 완전 절단(슬관절부 이단을 포함한다) 소실로 재접합술을 시행하지 않은 상해
		15. 슬관절의 전방 및 후방 십자인대의 파열
		16. 족관절 골절 및 탈구로 수술을 시행한 상해
		17. 족근관절의 손상으로 족근골의 완전탈구가 동 반된 상해
		18. 족근부 완전 절단 소실로 재접합술을 시행한 상해
		19. 그 밖에 3급에 해당한다고 인정되는 상해
		1. 뇌손상으로 신경학적 증상이 고도인 상해(신경학 적 증상이 48시간 미만 지속되는 경우로 수술을 시행하지 않은 경우에 적용한다)
		2. 각막 이식술을 시행한 상해
		3. 후안부 안내 수술을 시행한 상해(유리체 출혈,

4급	1천만원	망막 박리 등으로 수술을 시행한 경우에 적용한다)
		4. 흉부 손상 또는 복합 손상으로 인공호흡기를 시행한 상해(기관절개술을 시행한 경우도 포함한다)
		5. 진단적 목적으로 복부 또는 흉부 수술을 시행한 상해(복강경 또는 흉강경 수술도 포함한다)
		6. 상완신경총 완전 손상으로 수술을 시행하지 않은 상해
		7. 상완신경총 불완전 손상(2개 이상의 주요 말초신경 장애를 보이는 손상에 적용한다)으로 수술을 시행한 상해
		8. 상완골 경부 골절
		9. 상완골 간부 분쇄성 골절
		10. 상완골 과상부 또는 상완골 원위부 관절내 골절(경과 골절, 과간 골절, 내과 골절, 소두 골절에 적용한다)로 수술을 시행한 상해
		11. 요골 원위부 골절과 척골 골두 탈구가 동반된 상해(갈레아찌 골절을 말한다)
		12. 척골 근위부 골절과 요골 골두 탈구가 동반된 상해(몬테지아 골절을 말한다)
		13. 전완부 완전 절단(완관절부 이단을 포함한다) 소실로 재접합술을 시행하지 않은 상해
		14. 요수근관절 골절 및 탈구(수근골간 관절 탈구, 원위 요척관절 탈구를 포함한다)로 수술을 시행한 상해
		15. 수근골 골절 및 탈구가 동반된 상해
		16. 무지 또는 다발성 수지의 완전 절단 소실로 재접합술을 시행한 상해
		17. 불안정성 골반골 골절로 수술하지 않은 상해
		18. 골반환이 안정적인 골반골 골절(천골 골절 및 미골 골절을 포함한다)로 수술을 시행한 상해
		19. 골반골 관절의 이개로 수술을 시행한 상해
		20. 비구 골절 또는 비구 골절 탈구로 수술을 시행하지 않은 상해
		21. 슬관절 탈구로 수술을 시행한 상해

		22. 하퇴부 완전 절단(족관절부 이단을 포함한다) 소실로 재접합술을 시행하지 않은 상해
		23. 거골 또는 종골 골절
		24. 무족지 또는 다발성 족지의 완전 절단 소실로 재접합술을 시행한 상해
		25. 사지의 연부 조직에 손상이 심하여 유경 피판술 또는 원거리 피판술을 시행한 상해
		26. 화상, 좌창, 괴사창 등으로 연부 조직의 손상이 몸 표면의 약 4.5퍼센트 이상인 상해
		27. 그 밖에 4급에 해당한다고 인정되는 상해
5급	900만 원	1. 뇌손상으로 신경학적 증상이 중등도에 해당하는 상해(신경학적 증상이 48시간 미만 지속되는 경우로 수술을 시행한 경우에 적용한다)
		2. 안와 골절에 의한 복시로 안와 골절 재건술과 사시 수술을 시행한 상해
		3. 복강내 출혈 또는 장기 파열 등으로 중재적 방사선학적 시술을 통하여 지혈술을 시행하거나 경피적 배액술 등을 시행하여 보존적으로 치료한 상해
		4. 안정성 추체 골절
		5. 상완 신경총 상부 간부 또는 하부 간부의 완전 손상으로 수술하지 않은 상해
		6. 상완골 간부 골절
		7. 요골 골두 또는 척골 구상돌기 골절로 수술을 시행한 상해
		8. 요골과 척골의 간부 골절이 동반된 상해
		9. 요골 경상돌기 골절
		10. 요골 원위부 관절내 골절
		11. 수근 주상골 골절
		12. 수근부 완전 절단 소실로 재접합술을 시행하지 않은 상해
		13. 무지를 제외한 단일 수지의 완전 절단 소실로 재접합술을 시행한 상해
		14. 고관절의 골절성 탈구로 수술을 시행하지 않은 상해(비구 골절을 동반하지 않은 경우에 적용한

		다)
		15. 고관절 탈구로 수술을 시행한 상해
		16. 대퇴골두 골절로 수술을 시행하지 않은 상해
		17. 대퇴골 또는 근위 경골의 견열골절
		18. 슬관절의 골절 및 탈구로 수술을 시행하지 않은 상해
		19. 슬관절의 전방 또는 후방 십자인대의 파열
		20. 슬개골 골절
		21. 족관절의 양과 골절 또는 삼과 골절(내과, 외과, 후과를 말한다)
		22. 족관절 탈구로 수술을 시행한 상해
		23. 그 밖의 족근골 골절(거골 및 종골은 제외한다)
		24. 중족족근관절 손상(리스프랑 관절을 말한다)
		25. 3개 이상의 중족골 골절로 수술을 시행한 상해
		26. 족근부 완전 절단 소실로 재접합술을 시행하지 않은 상해
		27. 무족지를 제외한 단일 족지의 완전 절단 소실로 재접합술을 시행한 상해
		28. 아킬레스건, 슬개건, 대퇴 사두건 또는 대퇴 이두건 파열로 수술을 시행한 상해
		29. 사지 근 또는 건 파열로 6개 이상의 근 또는 건 봉합술을 시행한 상해
		30. 다발성 사지의 주요 혈관 손상으로 봉합술 또는 이식술을 시행한 상해
		31. 사지의 주요 말초 신경 손상으로 수술을 시행한 상해
		32. 23치 이상의 치과보철을 필요로 하는 상해
		33. 그 밖에 5급에 해당한다고 인정되는 상해
		1. 뇌손상으로 신경학적 증상이 경도인 상해(수술을 시행한 경우에 적용한다)
		2. 뇌손상으로 신경학적 증상이 중등도에 해당하는 상해(신경학적 증상이 48시간 미만 지속되는 경우로 수술을 시행하지 않은 경우에 적용한다)
		3. 전안부 안내 수술을 시행한 상해(외상성 백내장, 녹내장 등으로 수술을 시행한 경우에 적용한다)
		4. 심장 타박

6급	700만 원	5. 폐좌상(일측 폐의 50퍼센트 이상 면적을 흉부 CT 등에서 확인한 경우에 한정한다)
		6. 요도 파열로 유치 카테타, 부지 삽입술을 시행한 상해
		7. 혈흉 또는 기흉이 발생하여 폐쇄식 흉관 삽관수술을 시행한 상해
		8. 견관절의 회전근개 파열로 수술을 시행한 상해
		9. 외상성 상부관절와순 파열로 수술을 시행한 상해
		10. 견관절 탈구로 수술을 시행한 상해
		11. 견관절의 골절 및 탈구로 수술을 시행하지 않은 상해
		12. 상완골 대결절 견열 골절
		13. 상완골 원위부 견열골절(외상과 골절, 내상과 골절 등에 해당한다)
		14. 주관절부 골절 및 탈구로 수술을 시행하지 않은 상해
		15. 주관절 탈구로 수술을 시행한 상해
		16. 주관절 내측 또는 외측 측부 인대 파열로 수술을 시행한 상해
		17. 요골간부 또는 원위부 관절외 골절
		18. 요골 경부 골절
		19. 척골 주두부 골절
		20. 척골 간부 골절(근위부 골절은 제외한다)
		21. 다발성 수근중수골 관절 탈구 또는 다발성 골절탈구
		22. 무지 또는 다발성 수지의 완전 절단 소실로 재접합술을 시행하지 않은 상해
		23. 슬관절 탈구로 수술을 시행하지 않은 상해
		24. 슬관절 내측 또는 외측 측부인대 파열로 수술을 시행한 상해
		25. 반월상 연골 파열로 수술을 시행한 상해
		26. 족관절 골절 및 탈구로 수술을 시행하지 않은 상해
		27. 족관절 내측 또는 외측 측부인대의 파열 또는 골절을 동반하지 않은 원위 경비골 이개

		28. 2개 이하의 중족골 골절로 수술을 시행한 상해
		29. 무족지 또는 다발성 족지의 완전 절단 소실로 재접합술을 시행하지 않은 상해
		30. 사지 근 또는 건 파열로 3개 이상 5개 이하의 근 또는 건 봉합술을 시행한 상해
		31. 19치 이상 22치 이하의 치과보철을 필요로 하는 상해
		32. 그 밖에 6급에 해당한다고 인정되는 상해
7급	500만 원	1. 다발성 안면 두개골 골절 또는 뇌신경 손상과 동반된 안면 두개골 골절
		2. 복시를 동반한 마비 또는 제한 사시로 사시수술을 시행한 상해
		3. 안와 골절로 재건술을 시행한 상해
		4. 골다공증성 척추 압박골절
		5. 쇄골 골절
		6. 견갑골 골절(견갑골극, 체부, 흉곽내 탈구, 경부, 과부, 견봉돌기, 오구돌기를 포함한다)
		7. 견봉 쇄골인대 및 오구 쇄골인대 완전 파열
		8. 상완신경총 불완전 손상으로 수술을 시행하지 않은 상해
		9. 요골 골두 또는 척골 구상돌기 골절로 수술을 시행하지 않은 상해
		10. 척골 경상돌기 기저부 골절
		11. 삼각섬유연골 복합체 손상
		12. 요수근관절 탈구(수근골간관절 탈구, 원위 요척관절 탈구를 포함한다)로 수술을 시행한 상해
		13. 요수근관절 골절 및 탈구(수근골간관절 탈구, 원위 요척관절 탈구를 포함한다)로 수술을 시행하지 않은 상해
		14. 주상골 외 수근골 골절
		15. 수근부 주상골·월상골간 인대 파열
		16. 수근중수골 관절의 탈구 또는 골절탈구
		17. 다발성 중수골 골절
		18. 중수수지관절의 골절 및 탈구
		19. 무지를 제외한 단일 수지의 완전 절단 소실로

		재접합술을 시행하지 않은 상해
		20. 골반골 관절의 이개로 수술을 시행하지 않은 상해
		21. 고관절 탈구로 수술을 시행하지 않은 상해
		22. 비골 간부 골절 또는 골두 골절
		23. 족관절 탈구로 수술을 시행하지 않은 상해
		24. 족관절 내과, 외과 또는 후과 골절
		25. 무족지를 제외한 단일 족지의 완전 절단 소실로 재접합술을 시행하지 않은 상해
		26. 16치 이상 18치 이하의 치과보철을 필요로 하는 상해
		27. 그 밖에 7급에 해당한다고 인정되는 상해
8급	300만 원	1. 뇌손상으로 신경학적 증상이 경도인 상해(수술을 시행하지 않은 경우에 적용한다)
		2. 상악골, 하악골, 치조골 등의 안면 두개골 골절
		3. 외상성 시신경병증
		4. 외상성 안검하수로 수술을 시행한 상해
		5. 복합 고막 파열
		6. 혈흉 또는 기흉이 발생하여 폐쇄식 흉관 삽관수술을 시행하지 않은 상해
		7. 3개 이상의 다발성 늑골 골절
		8. 각종 돌기 골절(극돌기, 횡돌기) 또는 후궁 골절
		9. 견관절 탈구로 수술을 시행하지 않은 상해
		10. 상완골 과상부 또는 상완골 원위부 관절내 골절(경과 골절, 과간 골절. 내과 골절, 소두 골절 등을 말한다)로 수술을 시행하지 않은 상해
		11. 주관절 탈구로 수술을 시행하지 않은 상해
		12. 중수골 골절
		13. 수지골의 근위지간 또는 원위지간 골절 탈구
		14. 다발성 수지골 골절
		15. 무지 중수지관절 측부인대 파열
		16. 골반환이 안정적인 골반골 골절(천골 골절 및 미골 골절을 포함한다)로 수술을 시행하지 않은 상해
		17. 슬관절 십자인대 부분 파열로 수술을 시행하지

		않은 상해
		18. 3개 이상의 중족골 골절로 수술을 시행하지 않은 상해
		19. 수족지골 골절 및 탈구로 수술을 시행한 상해
		20. 사지의 근 또는 건 파열로 하나 또는 두 개의 근 또는 건 봉합술을 시행한 상해
		21. 사지의 주요 말초 신경 손상으로 수술을 시행하지 않은 상해
		22. 사지의 감각 신경 손상으로 수술을 시행한 상해
		23. 사지의 다발성 주요 혈관손상으로 봉합술 혹은 이식술을 시행한 상해
		24. 사지의 연부 조직 손상으로 피부 이식술이나 국소 피판술을 시행한 상해
		25. 13치 이상 15치 이하의 치과보철을 필요로 하는 상해
		26. 그 밖에 8급에 해당한다고 인정되는 상해
		1. 안면부의 비골 골절로 수술을 시행한 상해
		2. 2개 이하의 단순 늑골골절
		3. 고환 손상으로 수술을 시행한 상해
		4. 음경 손상으로 수술을 시행한 상해
		5. 흉골 골절
		6. 추간판 탈출증
		7. 흉쇄관절 탈구
		8. 주관절 내측 또는 외측 측부 인대 파열로 수술을 시행하지 않은 상해
		9. 요수근관절 탈구(수근골간관절 탈구, 원위 요척관절 탈구를 포함한다)로 수술을 시행하지 않은 상해
		10. 수지골 골절로 수술을 시행한 상해
		11. 수지관절 탈구
		12. 슬관절 측부인대 부분 파열로 수술을 시행하지 않은 상해
		13. 2개 이하의 중족골 골절로 수술을 시행하지 않은 상해
		14. 족지골 골절 또는 족지관절 탈구로 수술을 시

9급	240만 원	행한 상해
		15. 그 밖에 견열골절 등 제불완전골절
		16. 아킬레스건, 슬개건, 대퇴 사두건 또는 대퇴 이 두건 파열로 수술을 시행하지 않은 상해
		17. 수족지 신전건 1개의 파열로 건 봉합술을 시행 한 상해
		18. 사지의 주요 혈관손상으로 봉합술 혹은 이식술 을 시행한 상해
		19. 11치 이상 12치 이하의 치과보철을 필요로 하 는 상해
		20. 그 밖에 9급에 해당한다고 인정되는 상해
10 급	200만 원	1. 3cm 이상 안면부 열상
		2. 안검과 누소관 열상으로 봉합술과 누소관 재건 술을 시행한 상해
		3. 각막, 공막 등의 열상으로 일차 봉합술만 시행한 상해
		4. 견관절부위의 회전근개 파열로 수술을 시행하지 않은 상해
		5. 외상성 상부관절와순 파열 중 수술을 시행하지 않은 상해
		6. 수족지관절 골절 및 탈구로 수술을 시행하지 않 은 상해
		7. 하지 3대 관절의 혈관절증
		8. 연부조직 또는 피부 결손으로 수술을 시행하지 않은 상해
		9. 9치 이상 10치 이하의 치과보철을 필요로 하는 상해
		10. 그 밖에 10급에 해당한다고 인정되는 상해
11 급	160만 원	1. 뇌진탕
		2. 안면부의 비골 골절로 수술을 시행하지 않는 상해
		3. 수지골 골절 또는 수지관절 탈구로 수술을 시행 하지 않은 상해
		4. 족지골 골절 또는 족지관절 탈구로 수술을 시행 하지 않은 상해
		5. 6치 이상 8치 이하의 치과보철을 필요로 하는 상해
		6. 그 밖에 11급에 해당한다고 인정되는 상해
		1. 외상 후 급성 스트레스 장애

12 급	120만 원	2. 3cm 미만 안면부 열상
		3. 척추 염좌
		4. 사지 관절의 근 또는 건의 단순 염좌
		5. 사지의 열상으로 창상 봉합술을 시행한 상해(길이에 관계없이 적용한다)
		6. 사지 감각 신경 손상으로 수술을 시행하지 않은 상해
		7. 4치 이상 5치 이하의 치과보철을 필요로 하는 상해
		8. 그 밖에 12급에 해당한다고 인정되는 상해
13 급	80만원	1. 결막의 열상으로 일차 봉합술을 시행한 상해
		2. 단순 고막 파열
		3. 흉부 타박상으로 늑골 골절 없이 흉부의 동통을 동반한 상해
		4. 2치 이상 3치 이하의 치과보철을 필요로 하는 상해
		5. 그 밖에 13급에 해당한다고 인정되는 상해
14 급	50만원	1. 방광, 요도, 고환, 음경, 신장, 간, 지라 등 내부장기 손상(장간막파열을 포함한다)으로 수술을 시행하지 않은 상해
		2. 수족지 관절 염좌
		3. 사지의 단순 타박
		4. 1치 이하의 치과보철을 필요로 하는 상해
		5. 그 밖에 14급에 해당한다고 인정되는 상해

2. 영역별 세부지침

영역	내용
	가. 2급부터 11급까지의 상해 내용 중 2가지 이상의 상해가 중복된 경우에는 가장 높은 등급에 해당하는 상해부터 하위 3등급(예: 상해내용이 2급에 해당하는 경우에는 5급까지) 사이의 상해가 중복된 경우에만 가장 높은 상해 내용의 등급보다 한 등급 높은 금액으로 배상(이하 "병급"이라 한다)한다.

공통	나. 일반 외상과 치과보철을 필요로 하는 상해가 중복된 경우에는 각각의 상해 등급별 금액을 배상하되, 그 합산액이 1급의 금액을 초과하지 않는 범위에서 배상한다.
	다. 1개의 상해에서 2개 이상의 상향 또는 하향 조정의 요인이 있을 때 등급 상향 또는 하향 조정은 1회만 큰 폭의 조정을 적용한다. 다만, 상향 조정 요인과 하향 조정 요인이 여러 개가 함께 있을 때에는 큰 폭의 상향 또는 큰 폭의 하향 조정 요인을 각각 선택하여 함께 반영한다.
	라. 재해 발생 시 만 13세 미만인 사람은 소아로 인정한다.
	마. 연부 조직에 손상이 심하여 유리 피판술, 유경 피판술, 원거리 피판술, 국소 피판술이나 피부 이식술을 시행할 경우 안면부는 1등급 상위등급을 적용하고, 수부, 족부에 국한된 손상에 대해서는 한 등급 아래의 등급을 적용한다.
두부	가. "뇌손상"이란 국소성 뇌손상인 외상성 두개강안의 출혈(경막상·하 출혈, 뇌실 내 및 뇌실질 내 출혈, 거미막하 출혈 등을 말한다) 또는 경막하 수활액낭종, 거미막 낭종, 두개골 골절(두개 기저부 골절을 포함한다) 등과 미만성 축삭손상을 포함한 뇌좌상을 말한다.
	나. 4급 이하(4급에서 14급까지를 말한다)에서 의식 외에 뇌신경 손상이나 국소성 신경학적 이상 소견이 있는 경우 한 등급을 상향 조정할 수 있다.
	다. 신경학적 증상은 글라스고우 혼수척도(Glasgow coma scale)로 구분하며, 고도는 8점 이하, 중등도는 9점 이상 12점 이하, 경도는 13점 이상 15점 이하를 말한다.
	라. 글라스고우 혼수척도는 진정치료 전에 평가하는 것을 원칙으로 한다.
	마. 글라스고우 혼수척도 평가 시 의식이 있는 상태에서 기관지 삽관이 필요한 경우는 제외한다.
	바. 의무기록 상 의식상태가 혼수(coma)와 반혼수(semicoma)는 고도, 혼미(stupor)는 중등도, 기면(drowsy)은 경도로 본다.
	사. 두피 좌상, 열창은 14급으로 본다.

		아. 만성 경막하 혈종으로 수술을 시행한 경우에는 6급 2호를 적용한다.
		자. 외상 후 급성 스트레스 장애는 다른 진단이 전혀 없이 단독 상병으로 외상 후 1개월 이내 발병된 경우에 적용한다.
	흉·복부	심장타박(6급)의 경우, ①심전도에서 Tachyarrythmia 또는 ST변화 또는 부정맥, ②심초음파에서 심낭액증가소견이 있거나 심장벽운동저하, ③심장효소치증가(CPK-MB, and Troponin T)의 세가지 요구 충족 시 인정한다.
	척추	가. 완전 마비는 근력등급 3 이하인 경우이며, 불완전 마비는 근력등급 4인 경우로 정한다.
		나. 척추관 협착증이나 추간판 탈출증이 외상으로 증상이 발생한 경우나 악화된 경우는 9급으로 본다.
		다. 척주 손상으로 인하여 신경근증 이나 감각이상을 호소하는 경우는 9급으로 본다.
		라. 마미증후군은 척수손상으로 본다.
상·하지	공통	가. 2급부터 11급까지의 내용 중 사지 골절에서 별도로 상해 등급이 규정되지 않은 경우, 보존적 치료를 시행한 골절은 해당 등급에서 2급 낮은 등급을 적용하며, 도수 정복 및 경피적 핀고정술을 시행한 경우에는 해당 등급에서 1급 낮은 등급을 적용한다.
		나. 2급부터 11급까지의 상해 내용 중 개방성 골절 또는 탈구에서 거스틸로 2형 이상(개방창의 길이가 1cm 이상인 경우를 말한다)의 개방성 골절 또는 탈구에서만 1등급 상위 등급을 적용한다.
		다. 2급부터 11급까지의 상해 내용 중 "수술적 치료를 시행하지 않은"이라고 명기되지 않은 각 등급 손상 내용은 수술적 치료를 시행한 경우를 말하며, 보존적 치료를 시행한 경우가 따로 명시되지 않은 경우는 두 등급 하향 조정함을 원칙으로 한다.
		라. 양측 또는 단측을 별도로 규정한 경우에는 병합하지 않으나, 별도 규정이 없는 양측 손상인 경우에는 병합한다.
		마. 골절에 주요 말초신경의 손상 동반 시 해당 골절보다 1등급 상위 등급을 적용한다.

바.	재접합술을 시행한 절단소실의 경우 해당부위의 절단보다 2급 높은 등급을 적용한다.
사.	아절단은 완전 절단에 준한다.
아.	관절 이단의 경우는 상위부 절단으로 본다.
자.	골절 치료로 인공관절 치환술 시행할 경우 해당부위의 골절과 동일한 등급으로 본다.
차.	사지 근 또는 건의 부분 파열로 보존적으로 치료한 경우 근 또는 건의 단순 염좌(12급)로 본다.
카.	사지 관절의 인공관절 치환 후 재치환 시 해당 부위 골절보다 1등급 높은 등급을 적용한다.
타.	보존적으로 치료한 사지 주요관절 골절 및 탈구는 해당관절의 골절 및 탈구보다 3등급 낮은 등급을 적용한다.
파.	수술을 시행한 사지 주요 관절 탈구는 해당 관절의 보존적으로 치료한 탈구보다 2등급 높은 등급을 적용한다.
하.	동일 관절 혹은 동일 골의 손상은 병합하지 않으며 상위 등급을 적용한다
거.	분쇄 골절을 형성하는 골절선은 선상 골절이 아닌 골절선으로 판단한다.
너.	수족지 절단 시 절단부위에 따른 차이는 두지 않는다.
더.	"근, 건, 인대 파열"이란 완전 파열을 말하며, 부분 파열은 수술을 시행한 경우에 완전 파열로 본다.
러.	사지골 골절 중 상해등급에서 별도로 명시하지 않은 사지골 골절(견열골절을 포함한다)은 제불완전골절로 본다. 다만, 관혈적 정복술을 시행한 경우는 해당 부위 골절 항에 적용한다.
머.	사지골 골절 시 시행한 외고정술도 수술을 한 것으로 본다.
버.	소아의 경우, 성인의 동일 부위 골절보다 1급 낮게 적용한다. 다만, 성장판 손상이 동반된 경우와 연부조직 손상은 성인과 동일한 등급을 적용한다.
서.	주요 동맥 또는 정맥 파열로 봉합술을 시행한 상해의 경우, 주요 동맥 또는 정맥이란 수술을 통한 혈행의 확보가 의학적으로 필요한 경우를 말하며, "다발성 혈관 손상"이란 2개 부위 이상의 주요 동맥 또는 정

		맥의 손상을 말한다.
상지	가.	상부관절순 파열은 외상성 파열만 인정한다.
	나.	회전근개 파열 개수에 따른 차등을 두지 않는다.
	다.	6급의 견관절 탈구에서 재발성 탈구를 초래할 수 있는 해부학적 병변이 병발된 경우는 수술 여부에 상관없이 6급을 적용한다.
	라.	견봉 쇄골간 관절 탈구, 관절낭 또는 견봉 쇄골간 인대 파열은 견봉 쇄골인대 및 오구 쇄골인대의 완전 파열에 포함되고, 견봉 쇄골인대 및 오구 쇄골인대의 완전 파열로 수술한 경우 7급을 적용하며, 부분 파열로 보존적 치료를 시행한 경우 9급을 적용하고, 단순 염좌의 경우 12급을 적용한다.
하지	가.	양측 치골지 골절, 치골 상하지 골절 등에서는 병급하지 않는다.
	나.	천골 골절, 미골 골절은 골반골 골절로 본다.
	다.	슬관절 십자인대 파열은 전후방 십자인대의 동시 파열이 별도로 규정되어 있으므로 병급하지 않으나 내외측 측부인대 동시 파열, 십자인대와 측부인대 파열, 반월상 연골판 파열 등은 병급한다.
	라.	후경골건 및 전경골건 파열은 족관절 측부인대 파열로 수술을 시행한 경우의 등급으로 본다.
	마.	대퇴골 또는 경비골의 견열성 골절의 경우, 동일 관절의 인대 손상에 대하여 수술적 치료를 시행한 경우는 인대 손상 등급으로 본다.
	바.	경골 후과의 단독 골절 시 족관절 내과 또는 외과의 골절로 본다.
	사.	고관절이란 대퇴골두와 골반골의 비구를 포함하며, "골절 탈구"란 골절과 동시에 관절의 탈구가 발생한 상태를 말한다.
	아.	불안정성 골반 골절은 골반환을 이루는 골간의 골절 탈구를 포함한다.
	자.	"하지의 3대 관절"이란 고관절, 슬관절, 족관절을 말한다.
	차.	슬관절의 전방 또는 후방 십자인대의 파열은 완전파열(또는 이에 준하는 파열)로 인대 복원수술을 시행한 파열에 적용한다.
	카.	골반환이 안정적인 골반골의 수술을 시행한 골절은 치골 골절로 수술한 경우 등을 포함한다.

3. 후유장애가 생긴 경우: 자동차손해배상 보장법 시행령 별표 2에서 정하는 신체장애 내용별 한도금액

[별표 2] 후유장애의 구분과 책임보험금의 한도금액

장애급별	한도금액	신체장애 내용
1급	1억5천만원	1. 두 눈이 실명된 사람 2. 말하는 기능과 음식물을 씹는 기능을 완전히 잃은 사람 3. 신경계통의 기능 또는 정신기능에 뚜렷한 장애가 남아 항상 보호를 받아야 하는 사람 4. 흉복부 장기의 기능에 뚜렷한 장애가 남아 항상 보호를 받아야 하는 사람 5. 반신불수가 된 사람 6. 두 팔을 팔꿈치관절 이상의 부위에서 잃은 사람 7. 두 팔을 완전히 사용하지 못하게 된 사람 8. 두 다리를 무릎관절 이상의 부위에서 잃은 사람 9. 두 다리를 완전히 사용하지 못하게 된 사람
2급	1억3,500만원	1. 한쪽 눈이 실명되고 다른 쪽 눈의 시력이 0.02 이하로 된 사람 2. 두 눈의 시력이 각각 0.02 이하로 된 사람 3. 두 팔을 손목관절 이상의 부위에서 잃은 사람 4. 두 다리를 발목관절 이상의 부위에서 잃은 사람 5. 신경계통의 기능 또는 정신기능에 뚜렷한 장애가 남아 수시로 보호를 받아야 하는 사람 6. 흉복부 장기의 기능에 뚜렷한 장애가 남아 수시로 보호를 받아야 하는 사람
3급	1억2천만원	1. 한쪽 눈이 실명되고 다른 쪽 눈의 시력이 0.06 이하로 된 사람 2. 말하는 기능이나 음식물을 씹는 기능을 완전히 잃은 사람 3. 신경계통의 기능 또는 정신기능에 뚜렷한 장애가 남아 일생 동안 노무에 종사할 수 없는 사람 4. 흉복부 장기의 기능에 뚜렷한 장애가 남아 일생 동안 노무에 종사할 수 없는 사람

		5. 두 손의 손가락을 모두 잃은 사람
4급	1억500 만원	1. 두 눈의 시력이 0.06 이하로 된 사람 2. 말하는 기능과 음식물을 씹는 기능에 뚜렷한 장애가 남은 사람 3. 고막이 전부 결손되거나 그 외의 원인으로 인하여 두 귀의 청력을 완전히 잃은 사람 4. 한쪽 팔을 팔꿈치관절 이상의 부위에서 잃은 사람 5. 한쪽 다리를 무릎관절 이상의 부위에서 잃은 사람 6. 두 손의 손가락을 모두 제대로 못쓰게 된 사람 7. 두 발을 족근중족(Lisfranc) 관절 이상의 부위에서 잃은 사람
5급	9천만원	1. 한쪽 눈이 실명되고 다른 쪽 눈의 시력이 0.1 이하로 된 사람 2. 한쪽 팔을 손목관절 이상의 부위에서 잃은 사람 3. 한쪽 다리를 발목관절 이상의 부위에서 잃은 사람 4. 한쪽 팔을 완전히 사용하지 못하게 된 사람 5. 한쪽 다리를 완전히 사용하지 못하게 된 사람 6. 두 발의 발가락을 모두 잃은 사람 7. 신경계통의 기능 또는 정신기능에 뚜렷한 장애가 남아 특별히 손쉬운 노무 외에는 종사할 수 없는 사람 8. 흉복부 장기의 기능에 뚜렷한 장애가 남아 특별히 손쉬운 노무 외에는 종사할 수 없는 사람
6급	7,500만원	1. 두 눈의 시력이 0.1 이하로 된 사람 2. 말하는 기능이나 음식물을 씹는 기능에 뚜렷한 장애가 남은 사람 3. 고막이 대부분 결손되거나 그 외의 원인으로 인하여 두 귀의 청력이 귀에 입을 대고 말하지 않으면 큰 말소리를 알아듣지 못하게 된 사람 4. 한 귀가 전혀 들리지 않게 되고 다른 귀의 청력이 40센티미터 이상의 거리에서는 보통의 말소리를 알아듣지 못하게 된 사람

		5. 척주에 뚜렷한 기형이나 뚜렷한 운동장애가 남은 사람 6. 한쪽 팔의 3대 관절 중 2개 관절을 못 쓰게 된 사람 7. 한쪽 다리의 3대 관절 중 2개 관절을 못 쓰게 된 사람 8. 한쪽 손의 5개 손가락을 잃거나 한쪽 손의 엄지손가락과 둘째손가락을 포함하여 4개의 손가락을 잃은 사람
7급	6천만원	1. 한쪽 눈이 실명되고 다른 쪽 눈의 시력이 0.6 이하로 된 사람 2. 두 귀의 청력이 모두 40센티미터 이상의 거리에서는 보통의 말소리를 알아듣지 못하게 된 사람 3. 한쪽 귀가 전혀 들리지 않게 되고 다른 쪽 귀의 청력이 1미터 이상의 거리에서는 보통의 말소리를 알아듣지 못하게 된 사람 4. 신경계통의 기능 또는 정신기능에 장애가 남아 손쉬운 노무 외에는 종사하지 못하는 사람 5. 흉복부 장기의 기능에 장애가 남아 손쉬운 노무 외에는 종사하지 못하는 사람 6. 한쪽 손의 엄지손가락과 둘째손가락을 잃은 사람 또는 한쪽 손의 엄지 손가락이나 둘째손가락을 포함하여 3개 이상의 손가락을 잃은 사람 7. 한쪽 손의 5개의 손가락 또는 한쪽 손의 엄지손가락과 둘째손가락을 포함하여 4개의 손가락을 제대로 못쓰게 된 사람 8. 한쪽 발을 족근중족 관절 이상의 부위에서 잃은 사람 9. 한쪽 팔에 가관절이 남아 뚜렷한 운동장애가 남은 사람 10. 한쪽 다리에 가관절이 남아 뚜렷한 운동장애가 남은 사람 11. 두 발의 발가락을 모두 제대로 못쓰게 된 사람 12. 외모에 뚜렷한 흉터가 남은 사람 13. 양쪽의 고환을 잃은 사람
		1. 한쪽 눈이 시력이 0.02 이하로 된 사람

8급	4,500만원	2. 척추에 운동장애가 남은 사람 3. 한쪽 손의 엄지손가락을 포함하여 2개의 손가락을 잃은 사람 4. 한쪽 손의 엄지손가락과 둘째손가락을 제대로 못 쓰게 된 사람 또는 한쪽 손의 엄지손가락이나 둘째손가락을 포함하여 3개 이상의 손가락을 제대로 못쓰게 된 사람 5. 한쪽 다리가 5센티미터 이상 짧아진 사람 6. 한쪽 팔의 3대 관절 중 1개 관절을 제대로 못 쓰게 된 사람 7. 한쪽 다리의 3대 관절 중 1개 관절을 제대로 못 쓰게 된 사람 8. 한쪽 팔에 가관절이 남은 사람 9. 한쪽 다리에 가관절이 남은 사람 10. 한쪽 발의 발가락을 모두 잃은 사람 11. 비장 또는 한쪽의 신장을 잃은 사람
9급	3,800만원	1. 두 눈의 시력이 각각 0.6 이하로 된 사람 2. 한쪽 눈의 시력이 0.06 이하로 된 사람 3. 두 눈에 반맹증·시야협착 또는 시야결손이 남은 사람 4. 두 눈의 눈꺼풀에 뚜렷한 결손이 남은 사람 5. 코가 결손되어 그 기능에 뚜렷한 장애가 남은 사람 6. 말하는 기능과 음식물을 씹는 기능에 장애가 남은 사람 7. 두 귀의 청력이 모두 1미터 이상의 거리에서는 보통의 말소리를 알아듣지 못하게 된 사람 8. 한쪽 귀의 청력이 귀에 입을 대고 말하지 않으면 큰 말소리를 알아듣지 못하고 다른 쪽 귀의 청력이 1미터 이상의 거리에서는 보통의 말소리를 알아듣지 못하게 된 사람 9. 한쪽 귀의 청력을 완전히 잃은 사람 10. 한쪽 손의 엄지손가락을 잃은 사람 또는 둘째손가락을 포함하여 2개의 손가락을 잃은 사람 또는 엄지손가락과 둘째손가락 외의 3개의 손가락을 잃은 사람 11. 한쪽 손의 엄지손가락을 포함하여 2개의 손가락을 제대로 못쓰게 된 사람

		12. 한쪽 발의 엄지발가락을 포함하여 2개 이상의 발가락을 잃은 사람 13. 한쪽 발의 발가락을 모두 제대로 못쓰게 된 사람 14. 생식기에 뚜렷한 장애가 남은 사람 15. 신경계통의 기능 또는 정신기능에 장애가 남아 노무가 상당한 정도로 제한된 사람 16. 흉복부 장기의 기능에 장애가 남아 노무가 상당한 정도로 제한된 사람
10급	2,700만원	1. 한쪽 눈이 시력이 0.1 이하로 된 사람 2. 말하는 기능이나 음식물을 씹는 기능에 장애가 남은 사람 3. 14개 이상의 치아에 대하여 치과보철을 한 사람 4. 한쪽 귀의 청력이 귀에 입을 대고 말하지 않으면 큰 말소리를 알아듣지 못하게 된 사람 5. 두 귀의 청력이 모두 1미터 이상의 거리에서 보통의 말소리를 듣는 데 지장이 있는 사람 6. 한쪽 손의 둘째손가락을 잃은 사람 또는 엄지손가락과 둘째 가락 외의 2개의 손가락을 잃은 사람 7. 한쪽 손의 엄지손가락을 제대로 못쓰게 된 사람 또는 한쪽 손의 둘째손가락을 포함하여 2개의 손가락을 제대로 못쓰게 된 사람 또는 한쪽 손의 엄지손가락과 둘째손가락 외의 3개의 손가락을 제대로 못쓰게 된 사람 8. 한쪽 다리가 3센티미터 이상 짧아진 사람 9. 한쪽 발의 엄지발가락 또는 그 외의 4개의 발가락을 잃은 사람 10. 한쪽 팔의 3대 관절 중 1개 관절의 기능에 뚜렷한 장애가 남은 사람 11. 한쪽 다리의 3대 관절 중 1개 관절의 기능에 뚜렷한 장애가 남은 사람
		1. 두 눈이 모두 근접반사 기능에 뚜렷한 장애가 남거나 뚜렷한 운동장애가 남은 사람 2. 두 눈의 눈꺼풀에 뚜렷한 장애가 남은 사람 3. 한쪽 눈의 눈꺼풀에 결손이 남은 사람 4. 한쪽 귀의 청력이 40센티미터 이상의 거리에서는

		보통의 말소리를 알아듣지 못하게 된 사람
11급	2,300만원	5. 두 귀의 청력이 모두 1미터 이상의 거리에서는 작은 말소리를 알아듣지 못하게 된 사람 6. 척주에 기형이 남은 사람 7. 한쪽 손의 가운데손가락 또는 넷째손가락을 잃은 사람 8. 한쪽 손의 둘째손가락을 제대로 못쓰게 된 사람 또는 한쪽 손의 엄지손가락과 둘째손가락 외의 2개의 손가락을 제대로 못쓰게 된 사람 9. 한쪽 발의 엄지발가락을 포함하여 2개 이상의 발가락을 제대로 못쓰게 된 사람 10. 흉복부 장기의 기능에 장애가 남은 사람 11. 10개 이상의 치아에 대하여 치과보철을 한 사람
12급	1,900만원	1. 한쪽 눈의 근접반사 기능에 뚜렷한 장애가 있거나 뚜렷한 운동장애가 남은 사람 2. 한쪽 눈의 눈꺼풀에 뚜렷한 운동장애가 남은 사람 3. 7개 이상의 치아에 대하여 치과보철을 한 사람 4. 한쪽 귀의 귓바퀴가 대부분 결손된 사람 5. 쇄골, 흉골, 늑골, 견갑골 또는 골반골에 뚜렷한 기형이 남은 사람 6. 한쪽 팔의 3대 관절 중 1개 관절의 기능에 장애가 남은 사람 7. 한쪽 다리의 3대 관절 중 1개 관절의 기능에 장애가 남은 사람 8. 장관골에 기형이 남은 사람 9. 한쪽 손의 가운데손가락이나 넷째손가락을 제대로 못쓰게 된 사람 10. 한쪽 발의 둘째발가락을 잃은 사람 또는 한쪽 발의 둘째발가락을 포함하여 2개의 발가락을 잃은 사람 또는 한쪽 발의 가운데 발가락 이하의 3개의 발가락을 잃은 사람 11. 한쪽 발의 엄지발가락 또는 그 외의 4개의 발가락을 제대로 못쓰게 된 사람 12. 국부에 뚜렷한 신경증상이 남은 사람 13. 외모에 흉터가 남은 사람

13급	1,500만원	1. 한쪽 눈의 시력이 0.6 이하로 된 사람 2. 한쪽 눈에 반맹증, 시야협착 또는 시야결손이 남은 사람 3. 두 눈의 눈꺼풀의 일부에 결손이 남거나 속눈썹에 결손이 남은 사람 4. 5개 이상의 치아에 대하여 치과보철을 한 사람 5. 한쪽 손의 새끼손가락을 잃은 사람 6. 한쪽 손의 엄지손가락 마디뼈의 일부를 잃은 사람 7. 한쪽 손의 둘째손가락 마디뼈의 일부를 잃은 사람 8. 한쪽 손의 둘째손가락의 끝관절을 굽히고 펼 수 없게 된 사람 9. 한쪽 다리가 1센티미터 이상 짧아진 사람 10. 한쪽 발의 가운데발가락 이하의 발가락 1개 또는 2개를 잃은 사람 11. 한쪽 발의 둘째발가락을 제대로 못쓰게 된 사람 또는 한쪽 발이 둘째발가락을 포함하여 2개의 발가락을 제대로 못쓰게 된 사람 또는 한쪽 발의 가운데 발가락 이하의 발가락 3개를 제대로 못쓰게 된 사람
14급	1천만원	1. 한쪽 눈의 눈꺼풀의 일부에 결손이 있거나 속눈썹에 결손이 남은 사람 2. 3개 이상의 치아에 대하여 치과보철을 한 사람 3. 한쪽 귀의 청력이 1미터 이상의 거리에서는 보통의 말소리를 알아듣지 못하게 된 사람 4. 팔의 노출된 면에 손바닥 크기의 흉터가 남은 사람 5. 다리의 노출된 면에 손바닥 크기의 흉터가 남은 사람 6. 한쪽 손의 새끼손가락을 제대로 못쓰게 된 사람 7. 한쪽 손의 엄지손가락과 둘째손가락 외의 손가락 마디뼈의 일부를 잃은 사람 8. 한 손의 엄지손가락과 둘째손가락 외의 손가락 끝관절을 제대로 못쓰게 된 사람 9. 한 발의 가운데발가락 이하의 발가락 1개 또는 2개를 제대로 못쓰게 된 사람 10. 국부에 신경증상이 남은 사람

비 고

1. 신체장애가 둘 이상 있는 경우에는 중한 신체장애에 해당하는 장애등급보다 한 등급 높은 금액으로 배상한다.
2. 시력의 측정은 국제식 시력표로 하며, 굴절 이상이 있는 사람에 대해서는 원칙적으로 교정시력을 측정한다.
3. "손가락을 잃은 것"이란 엄지손가락은 지관절, 그 밖의 손가락은 제1지관절 이상을 잃은 경우를 말한다.
4. "손가락을 제대로 못쓰게 된 것"이란 손가락 끝부분의 2분의 1 이상을 잃거나 중수지관절 또는 제1지관절(엄지손가락의 경우에는 지관절을 말한다)에 뚜렷한 운동장애가 남은 경우를 말한다.
5. "발가락을 잃은 것"이란 발가락의 전부를 잃은 경우를 말한다.
6. "발가락을 제대로 못쓰게 된 것"이란 엄지발가락은 끝관절의 2분의 1 이상을, 그 밖의 발가락은 끝관절 이상을 잃거나 중족지관절 또는 제1지관절(엄지발가락의 경우에는 지관절을 말한다)에 뚜렷한 운동장애가 남은 경우를 말한다.
7. "흉터가 남은 것"이란 성형수술을 한 후에도 육안으로 식별이 가능한 흔적이 있는 상태를 말한다.
8. "항상 보호를 받아야 하는 것"이란 일상생활에서 기본적인 음식섭취, 배뇨 등을 다른 사람에게 의존해야 하는 것을 말한다.
9. "수시로 보호를 받아야 하는 것"이란 일상생활에서 기본적인 음식섭취, 배뇨 등은 가능하나, 그 외의 일은 다른 사람에게 의존해야 하는 것을 말한다.
10. "항상보호 또는 수시보호를 받아야 하는 기간"은 의사가 판정하는 노동능력상실기간을 기준으로 하여 타당한 기간으로 정한다.
11. "제대로 못 쓰게 된 것"이란 정상기능의 4분의 3 이상을 상실한 경우를 말하고, "뚜렷한 장애가 남은 것"이란 정상기능의 2분의 1 이상을 상실한 경우를 말하며, "장애가 남은 것"이란 정상기능의 4분의 1 이상을 상실한 경우를 말한다.
12. "신경계통의 기능 또는 정신기능에 뚜렷한 장애가 남아 특별히 손쉬운 노무 외에는 종사할 수 없는 것"이란 신경계통의 기능 또는 정신기능의 뚜렷한 장애로 노동능력이 일반인의 4분의 1 정도만 남아 평생 동안 특별히 쉬운 일 외에는 노동을 할 수 없는 사람을 말한다.
13. "신경계통의 기능 또는 정신기능에 장애가 남아 노무가 상당한 정도로 제한된 것"이란 노동능력이 어느 정도 남아 있으나 신경계통의 기능 또는 정신기능의 장애로 종사할 수 있는 직종의 범위가 상당한 정도로 제한된 경우로서 다음 각 목의 어느 하나에

해당하는 경우를 말한다.

　　가. 신체적 능력은 정상이지만 뇌손상에 따른 정신적 결손증상이 인정되는 경우

　　나. 전간(癲癎) 발작과 현기증이 나타날 가능성이 의학적·타각적(他覺的) 소견으로 증명되는 사람

　　다. 사지에 경도(輕度)의 단마비(單痲痺)가 인정되는 사람

14. "흉복부 장기의 기능에 뚜렷한 장애가 남아 특별히 손쉬운 노무 외에는 종사할 수 없는 것"이란 흉복부 장기의 장애로 노동능력이 일반인의 4분의 1 정도만 남은 경우를 말한다.

15. "흉복부 장기의 기능에 장애가 남아 손쉬운 노무 외에는 종사할 수 없는 것"이란 중등도(中等度)의 흉복부 장기의 장애로 노동능력이 일반인의 2분의 1 정도만 남은 경우를 말한다.

16. "흉복부 장기의 기능에 장애가 남아 노무가 상당한 정도로 제한된 것"이란 중등도의 흉복부 장기의 장애로 취업가능한 직종의 범위가 상당한 정도로 제한된 경우를 말한다.

4-4. 교통사고 피해자에 대한 손해배상 절차

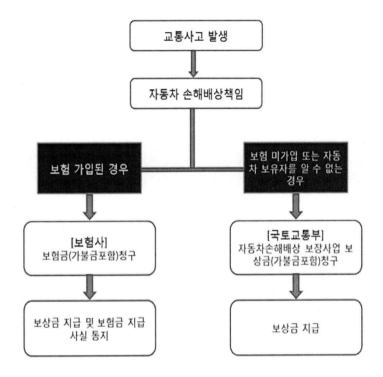

```
                    ┌─────────────────┐
                    │   교통사고 발생    │
                    └─────────────────┘
                             │
                             ▼
                    ┌─────────────────┐
                    │ 자동차 손해배상책임 │
                    └─────────────────┘
                             │
         ┌───────────────────┴───────────────────┐
         ▼                                         ▼
┌─────────────────┐                    ┌─────────────────────┐
│   보험 가입된 경우  │                    │ 보험 미가입 또는 자동 │
│                 │                    │ 차 보유자를 알 수 없는 │
│                 │                    │        경우          │
└─────────────────┘                    └─────────────────────┘
         │                                         │
         ▼                                         ▼
┌─────────────────┐                    ┌─────────────────────┐
│     [보험사]     │                    │    [국토교통부]      │
│ 보험금(가불금포함)청구│                    │ 자동차손해배상 보장사업 보│
│                 │                    │ 상금(가불금포함)청구   │
└─────────────────┘                    └─────────────────────┘
         │                                         │
         ▼                                         ▼
┌─────────────────┐                    ┌─────────────────────┐
│ 보상금 지급 및 보험금 지급│                  │     보상금 지급       │
│    사실 통지      │                    │                     │
└─────────────────┘                    └─────────────────────┘
```

※ **보험금 청구시 구비서류**
- 보험금 지급청구서(①청구인 성명, 주소, ②청구인과 사망자의 관계, ③피해자 및 가해자의 성명, 주소, ④사고발생의 일시·장소·개요, ⑤사고자동차의 종류 및 등록번호, ⑥보험가입자의 성명, 주소, ⑦청구금액과 그 산출기조를 기재함)
- 진단서 또는 검안서
- 증명서류 (②,③,④를 증명하는 서류)
- 치료비의 내역별로 단위,단가,수량 및 금액을 명시해 의료기관이 발행한 치료비 청구명세서 및 치료비 추정서 (주치의의 치료에 대한 의견 표시)

※ **자동차손해배상 보장사업 보상금 청구시 구비서류**
- 보험금 지급청구서(① 청구인의 성명 및 주소, ② 청구인과 사

망자의 관계(피해자가 사망한 경우만 해당함), ③ 피해자 및 가해자(자동차보유자를 알 수 없는 자동차의 운행으로 사망하거나 부상한 경우는 제외함)의 성명 및 주소, ④ 사고 발생의 일시·장소 및 개요, ⑤해당 자동차의 종류 및 등록번호(자동차보유자를 알 수 없는 자동차의 운행으로 사망하거나 부상한 경우는 제외함), ⑥청구금액을 기재함)
- 진단서 또는 검안서
- ②,③,④를 증명할 수 있는 서류(④를 증명하는 서류는 사고장소를 관할하는 경찰서장의 확인이 있을 것)

4-5. 교통사고 과실비율표

4-5-1. 보행자 횡단사고

기 본 요 소			과실비율	
			사람	차
횡단 보도상	신호등 있는 곳	푸른 신호등 붉은 신호등 횡단 중 붉은 신호등	0 70 20	100 30 80
	신호등 없는 곳	보행자가 좌우를 살핀 경우 보행자가 좌우를 살피지 않은 경우	0 10	100 90
횡단 보도밖	횡단용 시설물 (육교, 지하도 등) 없는 곳	횡단보도 근처(100m) 간선도로(3차선 이상) 일반도로 횡단보도가 없는 지방도로 교차로 및 부근	20 40 30 20 20	80 60 70 80 80
	횡단용시설물이 있는 부근		50	50

4-5-2. 보행자 사고

기 본 요 소		과실비율	
		사람	차
인도·차도 구별 있는 곳	인도보행 차도보행	0 20	100 80
인도·차도 구별 없는 곳	좌측통행 우측통행 단, 골목길의 경우 도로 한가운데	0 10 0 20	100 90 100 80
노상에 누워 있는 사람	주간 야간	40 60	60 40

4-5-3. 끼어들기 사고

기 본 요 소	과실비율	
	끼어든 차	추돌차
끼어들기 금지구역	100	0
끼어들기 금지구역 외 장소	70	30

4-5-4. 차량의 교차로 사고

기 본 요 소		과실비율	
		"갑"차	"을"차
신호가 있는 곳	"갑"차 신호위반	100	0
신호가 없는 곳	회전금지된 곳 "갑"차 위반 일단정지위반 "갑"차 위반 일반통행위반 "갑"차 위반 양보의무위반 "갑""을"차 동순위 "갑"차 후순위	85 80 80 50 60	15 20 20 50 40

4-5-5. 동승의 유형

동승의 유형		운행목적	감액 비율
운전자(운행자)의 승낙이 없는 경우	강요동승 무단동승		100%
운전자의 승낙이 있는 경우	동승자의 요청	거의 전부 동승자에게 동승자가 주, 운전자가 종 동승자와 운전자에게 공존.평등 운전자가 주, 동승자가 종	50% 40% 30% 20%
	상호의논 합의	동승자가 주, 운전자가 종 동승자와 운전자에게 공존.평등 운전자가 주, 동승자가 종	30% 20% 10%
	운전자의 권유	동승자가 주, 운전자는 종 동승자와 운전자에게 공존.평등	20% 10%

| | | 운전자가 주, 동승자는 종 | 5% |
| | | 거의 전부 운전자에게 | 0 |

※ 수정요소

수 정 요 소	수 정 비 율
동승자의 동승과정에 과실이 있는 경우	+10 ~ 20%

4-5-6. 교통사고 피해자 책임기준표

사고상황	피해자 책임
주택가 골목길, 지방국도 무단횡단	20%
차도와 인도가 구분되고 차량이 많은 도로 무단횡단	25%기준으로 1차선마다 5% 씩 가산
야간 또는 음주상태 무단횡단	사고상황에 따라 5%씩 가산
부모 감독소흘.어린이의 무단횡단	사고상황에 따라 5~10%씩 가산
노상유희상태에서의 사고	20%
차도에 내려 택시잡기	15%
신호등 없는 횡단보도 보행	10%
신호등 있는 횡단보도서 빨간불 무시	50%
안전벨트 또는 띠 미착용	앞좌석 10%, 뒷좌석 5%
오토바이 무면허 운전	10%
오토바이 야간운행	사고상황에 따라 10% 가산
오토바이를 정지차량 뒷부분에 들이받은 경우	60%

5. 도로의 관리부족으로 차량 파손 등 손해발생시 국가배상청구

5-1. 국가배상청구

'국가배상청구'란 공무원의 직무상 불법행위나 도로·하천과 같은 영조물의 설치·관리의 잘못으로 손해를 입은 국민이 국가 또는 지방자치단체를 상대로 손해배상을 청구하는 것을 말합니다.

5-2. 도로 관리청의 확인

도로의 관리청은 다음의 구분에 따릅니다.

- 국도(지선을 포함): 국토교통부장관
- 국가지원지방도: 특별자치시장·도지사·특별자치도지사(특별시와 광역시에 있는 구간은 해당 시장)
- 그 밖의 도로: 해당 노선을 인정한 행정청

5-3. 배상심의회에 배상 신청

① 배상금의 지급을 받으려는 사람은 그 사람의 주소지·소재지 또는 배상원인 발생지를 관할하는 지구심의회에 배상신청을 해야 합니다.

② 배상심의회에는 본부배상심의회(법무부)와 그 소속 지구배상심의회(전국 14개)가 있습니다.

[Q&A] 교통신호기의 고장으로 교통사고가 발생한 경우 누가 책임을 지는지요?

Q. 甲지방자치단체장이 횡단보도와 함께 설치하고, 乙지방경찰청장에게 관리권한이 위임된 교통신호기가 낙뢰로 고장이 발생하여 보행자신호기와 차량신호기에 동시에 녹색등이 표시되게 되었는데, 그 관리업무를 담당하는 교통종합관제센터(甲지방자치단체 소속 공무원과 乙지방경찰청 소속 공무원이 합동근무함)에서 신고를 받고 수리업체에 신고하도록 하였으나, 수리업체직원이 고장 난 신호등을 찾지 못하여 위 신호기가 고장난 채 방치되어 있던 중 보행자신호기의 녹색등을 보고 횡단보도를 건너던 丙이 차량신호기의 녹색등을 보고 도로를 주행하던 丁의 승용차에 충격 되어 상해를 입는 교통사고가 발생하였습니다. 그런데 丁은 무보험차량을 운전하였고, 재산도 거의 없습니다. 이 경우 丙은 교통신호기의 관리책임을 물어 국가배상청구를 하려고 하는데, 누구를 상대로 배상청구를 하여야 하는지요?

A. 「국가배상법」 제5조 제1항 전문에서 도로·하천, 그 밖의 공공의 영조물의 설치나 관리에 하자가 있기 때문에 타인에게 손해를 발생하게 하였을 때에는 국가나 지방자치단체는 그 손해를 배상하여야 한다고 규정하고 있습니다. 그러므로 이 사건의 경우 사고가 발생한 도로의 관리하자를 입증할 수 있다면 국가배상을 청구할 수 있습니다.

그리고 「도로교통법」 제3조 제1항에서 특별시장·광역시장·제주특별자치도지사 또는 시장·군수(광역시의 군수를 제외)는 도로에서의 위험을 방지하고 교통의 안전과 원활한 소통을 확보하기 위하여 필요하다고 인정하는 때에는 신호기 및 안전표지를 설치·관리하여야 하고, 「도로교통법시행령」 제86조 제1항 제1호에서는 특별시장·광역시장이 위 법률규정에 의한 신호기 및 안전표지의 설치·관리에 관한 권한을 지방경찰청장에게 위임하는 것으로 규정하고 있습니다. 또한, 법령상 지방자치단체의 장이 처리하도록 하고 있는 사무가 자치사무인지 기관위임사무인지의 판단기준에 관해서는 판례를 보면, 법령상 지방자치단체의 장이 처리하도록 하고 있는 사무가 자치사무인지 아니면 기관위임사무인지를 판단함에 있어서는 그에 관한 법령의 규정형식과 취지를 우선 고려하여야 할 것이지만, 그 밖에 그 사무의 성질이 전국적으로 통일적인 처리가 요구되는 사무인지, 그에 관한 경비부담과 최종적인 책임귀속의 주체가 누구인지 등도 함께 고려하여 판단하여야 한다고 하였습니다(대법원 2010.12.9. 선고 2008다71575 판결).

그런데 지방자치단체장이 설치하여 관할지방경찰청장에게 관리권한이 위임된 교통신호기의 고장으로 인하여 교통사고가 발생한 경우, 누가 그 배상책임을 지는지 판례를 보면, 행정권한이 기관위임 된 경우 권한을 위임받은 기관은 권한을 위임한 기관이 속하는 지방자치단체의 산하행정기관의 지위에서 그 사무를 처리하는 것이므로 사무귀속의 주체가 달라진다고 할 수 없고, 따라서 권한을 위임받은 기관소속의 공무원이 위임사무처리에 있어 고의 또는 과실로 타인에게 손해를 가하였거나 위임사무로 설치·관리하는 영조물의 하자로 타인에게 손해를 발생하게 한 경우에는 권한을 위임한 관청이 소속된 지방자치단체가 「국가배상법」 제2조 또는 제5조에 의한 배상책임을 부담하고, 권한을 위임받은 관청이 속하는 지방자치단체 또는 국가가 국가배상법 제2조 또는 제5조에 의한 배상책임을 부담하는 것이 아니므로, 지방자치단체장이 교통신호기를 설치하여 그 관리권한이 구 「도로교통법」 제71조의2 제1항(현행 도로교통법 시행령 제86조 제1항)의 규정에 의하여 관할지방경찰청장에게 위임되어 지방자치단체소속공무원과 지방경찰청소속공무원이 합동근무 하는 교통종합관제센터에서 그 관리업무를 담당하던 중 위 신호기가 고장난 채 방치되어 교통사고가 발생한 경우, 「국가배상법」 제2조 또는 제5조에 의한 배상책임을 부담하는 것은 지방경찰청장이 소속된 국가가 아니라, 그 권한을 위임한 지방자치단체장이 소속된 지방자치단체라고 할 것이나, 한편 「국가배상법」 제6조 제1항은 「국가배상법」 제2조, 제3조 및 제5조의 규정에 의하여 국가 또는 지방자치단체가 손해를 배상할 책임이 있는 경우에 공무원의 선임·감독 또는 영조물의 설치·관리를 맡은 자와 공무원의 봉급·급여 기타의 비용 또는 영조물의 설치·관리의 비용을 부담하는 자가 동일하지 아니한 경우에는 그 비용을 부담하는 자도 손해를 배상하여야 한다고 규정하고 있으므로 교통신호기를 관리하는 지방경찰청장 산하경찰관들에 대한 봉급을 부담하는 국가도 「국가배상법」 제6조 제1항에 의한 배상책임을 부담한다고 하였습니다(대법원 1999.6.25. 선고 99다11120 판결, 2000.1.14. 선고 99다24201 판결).

따라서 위 사안에서도 丙은 국가와 甲지방자치단체를 모두에게 그들의 연대책임을 물어 국가배상청구를 해볼 수 있을 것입니다. 참고로 「국가배상법」에 의한 손해배상청구의 소송은 배상심의회에 배상신청을 하지 아니하고도 이를 제기할 수 있습니다(같은 법 제9조).

※ 관련판례

국가배상법 제5조 제1항 소정의 영조물의 설치 또는 관리의 하자는 영조물이 그 용도에 따라 통상 갖추어야 할 안전성을 갖추지 못한 상태에 있음을 말하는 것으로서, 영조물이 완전무결한 상태에 있지 아니하고 그 기능상 어떠한 결함이 있다는 것만으로 영조물의 설치 또는 관리에 하자가 있다고 할 수는 없다. 그리고 위와 같은 안전성의 구비 여부를 판단함에 있어서는 당해 영조물의 용도, 그 설치 장소의 현황 및 이용 상황 등 제반 사정을 종합적으로 고려하여 설치 관리자가 그 영조물의 위험성에 비례하여 사회통념상 일반적으로 요구되는 정도의 방호조치의무를 다하였는지 여부를 그 기준으로 함이 상당하며, 객관적으로 보아 시간적·장소적으로 영조물의 기능상 결함으로 인한 손해발생의 예견가능성과 회피가능성이 없는 경우, 즉 그 영조물의 결함이 영조물의 설치관리자의 관리행위가 미칠 수 없는 상황 아래에 있는 경우에는 영조물의 설치관리상의 하자가 인정되지 아니한다(대법원 2000.2.25. 선고 99다54004 판결 참조). (대법원 2014.4.24. 선고 2014다201087 판결)

[Q&A] 상호 모순된 교통신호기의 신호로 교통사고 발생한 경우 국가를 상대로 국가배상청구를 할 수 있는지요?

Q. 甲은 乙지방자치단체에서 설치하여 관리하는 가변차로의 신호등에 이상이 생겨 양방향 모두 진행신호가 켜져 있는 중앙선 쪽 1차선으로 진입하다가 반대방향에서 같은 차로를 달려오는 乙의 차량과 충돌하여 중상을 입고 차량은 거의 모두 파손되었습니다. 이 경우 위 신호등의 설치 또는 관리의 책임을 물어 乙지방자치단체를 상대로 국가배상청구를 할 수 있는지요?

A. 「국가배상법」 제5조 제1항 전문에서 도로·하천, 그 밖의 공공의 영조물의 설치나 관리에 하자가 있기 때문에 타인에게 손해를 발생하게 하였을 때에는 국가나 지방자치단체는 그 손해를 배상하여야 한다고 규정하고 있습니다.

그런데 「국가배상법」 제5조 제1항에 정해진 영조물의 설치 또는 관리의 하자의 의미 및 그 판단기준에 관하여 판례를 보면, 「국가배상법」 제5조 제1항에 정해진 영조물의 설치 또는 관리의 하자라 함은 영조물이 그 용도에 따라 통상 갖추어야 할 안전성을 갖추지 못한 상태에 있음을 말하는 것이며, 다만 영조물이 완전무결한 상태에 있지 아니하고 그 기능상 어떠한 결함이 있다는 것만으로 영조물의 설치 또는 관리에 하자가 있다고 할 수 없는 것이고, 위와 같은 안전성의 구비여부를 판단함에 있어서는 당해 영조물의 용도, 그 설치장소의 현황 및 이용상황 등 제반사정을 종합적으로 고려하여 설치·관리자가 그 영조물의 위험성에 비례하여 사회통념상 일반적으로 요구되는 정도의 방호조치의무를 다하였는지를 그 기준으로 삼아야 하며, 만일 객관적으로 보아 시간적·장소적으로 영조물의 기능상 결함으로 인한 손해발생의 예견가능성과 회피가능성이 없는 경우, 즉 그 영조물의 결함이 영조물의 설치·관리자의 관리행위가 미칠 수 없는 상황 아래에 있는 경우임이 입증되는 경우라면 영조물의 설치·관리상의 하자를 인정할 수 없다고 하면서, 가변차로에 설치된 신호등의 용도와 오작동시에 발생하는 사고의 위험성과 심각성을 감안할 때, 만일 가변차로에 설치된 두 개의 신호기에서 서로 모순되는 신호가 들어오는 고장을 예방할 방법이 없음에도 그러한 신호기를 설치하여 그와 같은 고장을 발생하게 한 것이라면, 그 고장이 자연재해 등 외부요인에 의한 불가항력에 기인한 것이 아닌 한 그 자체로 설치·관리자의 방호조치의무를 다하지 못한 것으로서 신호등이 그 용도에 따라 통상 갖추어야 할 안전성을 갖추지 못한 상태에 있었다고 할 것이고, 설령 적정전압보다 낮은 저전압이 원인이 되어 위와 같은 오작동이 발생하였고 그 고장은 현재의 기술수준상 부득이한 것이라고 가정하더라도 그와 같은 사정만으로 손해발생의 예견가능성이나 회피가능성이 없어 영조물의 하자를 인정할 수 없는 경우라고 단정할 수 없다고 한 사례가 있습니다(대법원 2001.7.27. 선고 2000다56822 판결).

따라서 위 사안에서 甲도 乙지방자치단체를 상대로 국가배상청구를 해볼 수 있을 듯합니다.

[Q&A] 교통할아버지의 수신호 잘못으로 교통사고 발생한 경우 손해배상을 지방자치단체가 하여야 하는지요?

Q. 甲지방자치단체는 교통할아버지 봉사활동계획을 수립한 후 봉사원을 선정하여 그들에게 활동시간과 장소까지 지정해주면서 그 활동시간에 비례한 수당을 지급하고, 그 활동에 필요한 모자, 완장 등 물품을 공급함으로써, 甲지방자치단체의 복지행정업무에 해당하는 어린이보호, 교통안내, 거리질서확립 등의 공무를 위탁하였는데, 그 봉사원 乙은 지정된 시간 중에 위탁받은 업무범위를 넘어 교차로 중앙에서 교통정리를 하다가 수신호의 잘못으로 인하여 교통사고가 발생되었습니다. 이 경우 乙의 과실로 인한 손해배상을 甲지방자치단체가 하여야 하는지요?

A. 「국가배상법」제2조 제1항 본문에서 국가나 지방자치단체는 공무원 또는 공무를 위탁받은 사인이 직무를 집행하면서 고의 또는 과실로 법령을 위반하여 타인에게 손해를 입히거나, 「자동차손해배상 보장법」에 따라 손해배상의 책임이 있을 때에는 이 법에 따라 그 손해를 배상하여야 한다고 규정하고 있습니다. 그런데 공무원의 의미와 관련하여 판례를 보면, 「국가배상법」제2조에서 정한 '공무원'이란 「국가공무원법」이나 「지방공무원법」에 의하여 공무원으로서의 신분을 가진 자에 국한하지 않고, 널리 공무를 위탁받아 실질적으로 공무에 종사하고 있는 일체의 자를 가리키는 것으로서, 공무의 위탁이 일시적이고 한정적인 사항에 관한 활동을 위한 것이어도 달리 볼 것은 아니라고 하였습니다(대법원 2001.1.5. 선고 98다39060 판결). 그리고 국가배상청구의 요건인 '공무원의 직무'의 범위에 관하여 판례를 보면, 국가배상청구의 요건인 '공무원의 직무'에는 권력적 작용만이 아니라 비권력적 작용도 포함되며, 단지 행정주체가 사경제주체로서 하는 활동만 제외된다고 하였고(대법원 2004.4.9. 선고 2002다10691 판결), 「국가배상법」제2조 제1항에서 정한 '직무를 집행하면서'의 의미에 관해서는, 구「국가배상법」(2008.3.14. 법률 제8897호로 개정되기 전의 것) 제2조 제1항의 '직무를 집행함에 당하여'라 함은 직접 공무원의 직무집행행위이거나 그와 밀접한 관련이 있는 행위를 말하고, 이를 판단함에 있어서는 행위자체의 외관을 관찰하여 객관적으로 공무원의 직

무행위로 보일 때에는 비록 그것이 실질적으로 직무행위가 아니거나 또는 행위자로서는 주관적으로 공무집행의 의사가 없었다고 하더라도 공무원이 '직무를 집행함에 당하여' 한 행위로 보아야 한다고 하였습니다(대법원 2008.6.12. 선고 2007다64365 판결).

그런데 위 사안과 유사한 사례에 대한 판례를 보면, 지방자치단체가 '교통할아버지 봉사활동계획'을 수립한 후 관할동장으로 하여금 교통할아버지를 선정하게 하여 어린이보호, 교통안내, 거리질서확립 등의 공무를 위탁하여 집행하게 하던 중 '교통할아버지'로 선정된 노인이 위탁받은 업무범위를 넘어 교차로 중앙에서 교통정리를 하다가 교통사고를 발생시킨 경우, 지방자치단체가 「국가배상법」 제2조에서 정한 배상책임을 부담한다고 한 사례가 있습니다(대법원 2001.1.5. 선고 98다39060 판결). 따라서 위 사안에 있어서도 甲지방자치단체는 위 사고에 대하여 배상책임을 부담하여야 할 듯합니다.

[Q&A] 보행자 신호기가 고장 난 횡단보도 상에서 교통사고가 발생한 경우 국가배상책임이 인정되는지요?

Q. 보행자 신호기가 고장 난 횡단보도 상에서 교통사고가 발생한 경우, 위 보행자 신호기가 적색등의 전구가 단선되어 있었다면 지방자치단체의 배상책임이 인정될 수 있을까요?

A. 국가배상법 제5조 제1항 에 정해진 영조물의 설치 또는 관리의 하자라 함은 영조물이 그 용도에 따라 통상 갖추어야 할 안전성을 갖추지 못한 상태에 있음을 말하는 것이며, 다만 영조물이 완전무결한 상태에 있지 아니하고 그 기능상 어떠한 결함이 있다는 것만으로 영조물의 설치 또는 관리에 하자가 있다고 할 수 없고, 위와 같은 안전성의 구비 여부를 판단함에 있어서는 당해 영조물의 용도, 그 설치장소의 현황 및 이용 상황 등 제반 사정을 종합적으로 고려하여 설치·관리자가 그 영조물의 위험성에 비례하여 사회통념상 일반적으로 요구되는 정도의 방호조치의무를 다하였는지 여부를 그 기준으로 삼아야 할 것이며, 만일 객관적으로 보아 시간적·장소적으로 영조물의 기능상 결함으로 인한 손해발생의 예견가능성과 회피가능성이 없는 경우, 즉 그 영조물의 결함이 영조물의 설치·관리자의 관리행위가 미칠 수 없는 상황 아래에 있는 경우임이 입증되는 경우라면 영조물의 설치·관리상의 하자를 인정할 수 없다고 할 수 있습니다. (대법원 2000.2.25. 선고 99다54004 판결 , 대법원 2001.7.27. 선고 2000다56822 판결 등 참조) 횡단보도에 설치된 보행자 신호기가 고장이 나서 그 신호기의 신호와 차량용 신호기의 신호가 불일치 또는 모순되는 경우 교통사고가 발생할 위험성이 큰 점 등을 고려할 때, 지방자치단체가 자신이 관리하는 영조물인 이 사건 보행자 신호기의 위험성에 비례하여 사회통념상 일반적으로 요구되는 정도의 방호조치의무를 다하였다고는 볼 수 없고, 객관적으로 보아 시간적·장소적으로 영조물의 기능상 결함으로 인한 손해발생의 예견가능성과 회피가능성이 없는 경우에 해당한다고 볼 수도 없다는 이유로, 이 사건 사고 당시 적색등의 전구가 단선되어 있었던 이 사건 보행자 신호기에는 그 용도에 따라 통상 갖추어야 할 안전성을 갖추지 못한 관리상의 하자가 있었다고 본 판례가 있습니다.(대법원 2007.10.26. 선고 2005다51235 판결)

[Q&A] 일반 국도상의 적설로 인한 교통사고가 발생한 경우 손해배상청구을 청구할 수 있는지요?

Q. 저는 야간에 일반도로를 승용차로 정상속도를 유지하여 주행하다가 강설로 인하여 결빙된 지점인 것을 미처 알지 못하여 결빙구간에서 차량이 도로 밖으로 미끄러져 차량이 파손되는 피해를 입었는바, 이러한 경우 위 도로를 설치·관리하는 기관은 제설작업을 하거나 제설제를 살포하는 등의 조치를 하지도 않았고, 결빙구간의 위험표시도 하지 않았으므로 위와 같은 사고에 대해 책임이 인정되지 않는지요?

A. 「민법」 제758조 제1항에서 공작물의 설치 또는 보존의 하자로 인하여 타인에게 손해를 가한 때에는 공작물점유자가 손해를 배상할 책임이 있고, 다만 점유자가 손해의 방지에 필요한 주의를 게을리 하지 아니한 때에는 그 소유자가 손해를 배상할 책임이 있다고 규정하고 있으며, 「국가배상법」 제5조 제1항 전문에서 도로·하천, 그 밖의 공공의 영조물의 설치나 관리에 하자가 있기 때문에 타인에게 손해를 발생하게 하였을 때에는 국가나 지방자치단체는 그 손해를 배상하여야 한다고 규정하고 있습니다. 「국가배상법」 제5조 제1항에 정한 '영조물설치 또는 관리의 하자'의 의미에 관한 판례를 보면, 「국가배상법」 제5조 제1항에 정하여진 '영조물 설치·관리상의 하자'란 공공의 목적에 공여된 영조물이 그 용도에 따라 통상 갖추어야 할 안전성을 갖추지 못한 상태에 있음을 말하는바, 영조물의 설치 및 관리에 있어서 항상 완전무결한 상태를 유지할 정도의 고도의 안전성을 갖추지 아니하였다고 하여 영조물의 설치 또는 관리에 하자가 있다고 단정할 수 없는 것이고, 영조물의 설치자 또는 관리자에게 부과되는 방호조치의무는 영조물의 위험성에 비례하여 사회통념상 일반적으로 요구되는 정도의 것을 의미하므로 영조물인 도로의 경우도 다른 생활필수시설과의 관계나 그것을 설치하고 관리하는 주체의 재정적, 인적, 물적 제약 등을 고려하여 그것을 이용하는 자의 상식적이고 질서 있는 이용방법을 기대한 상대적인 안전성을 갖추는 것으로 충분하다고 하고 있으며(대법원 2002.8.23.선고 2002다9158 판결), 도로의 설치·관리상의 하자는 도로의 위치 등 장소적인 조건, 도로의 구조, 교통량, 사고시에 있어서의 교통

사정 등 도로의 이용상황과 본래의 이용목적 등 제반 사정과 물적 결함의 위치, 형상 등을 종합적으로 고려하여 사회통념에 따라 구체적으로 판단하여야 하는데(대법원 2008.3.13. 선고 2007다29287, 29294 판결), 특히 강설은 기본적 환경의 하나인 자연현상으로서 그것이 도로교통의 안전을 해치는 위험성의 정도나 그 시기를 예측하기 어렵고 통상 광범위한 지역에 걸쳐 일시에 나타나고 일정한 시간을 경과하면 소멸되는 일과성을 띠는 경우가 많은 점에 비하여, 이로 인하여 발생되는 도로상의 위험에 대처하기 위한 완벽한 방법으로서 도로자체에 융설설비를 갖추는 것은 현대의 과학기술의 수준이나 재정사정에 비추어 사실상 불가능하고, 가능한 방법으로 인위적으로 제설작업을 하거나 제설제를 살포하는 등의 방법을 택할 수밖에 없는데, 그러한 경우에 있어서도 적설지대에 속하는 지역의 도로라든가 최저속도의 제한이 있는 고속도로 등 특수목적을 갖고 있는 도로가 아닌 일반 보통의 도로까지도 도로관리자에게 완전한 인적·물적 설비를 갖추고 제설작업을 하여 도로통행상의 위험을 즉시 배제하여 그 안전성을 확보하도록 하는 관리의무를 부과하는 것은 도로의 안전성의 성질에 비추어 적당하지 않고, 오히려 그러한 경우의 도로통행의 안전성은 그와 같은 위험에 대면하여 도로를 이용하는 통행자 개개인의 책임으로 확보하여야 한다. 강설의 특성, 기상적 요인과 지리적 요인, 이에 따른 도로의 상대적 안전성을 고려하면 겨울철 산간지역에 위치한 도로에 강설로 생긴 빙판을 그대로 방치하고 도로상황에 대한 경고나 위험표지판을 설치하지 않았다는 사정만으로 도로관리상의 하자가 있다고 볼 수 없다고 한 경우가 있습니다(대법원 2000.4.25. 선고 99다54998 판결).

따라서 위 사안에 있어서도 귀하가 위 도로의 설치·관리상의 하자를 이유로 설치·관리자에 대하여 손해배상을 청구하기는 어려울 것으로 보입니다. 참고로 강설에 대처하기 위하여 완벽한 방법으로 도로자체에 융설 설비를 갖추는 것이 현대의 과학기술수준이나 재정사정에 비추어 사실상 불가능하다고 하더라도, 최저속도의 제한이 있는 고속도로의 경우에 있어서는 도로관리자가 도로의 구조, 기상예보 등을 고려하여 사전에 충분한 인적·물적 설비를 갖추어 강설시 신속한 제설작업을 하고 나아가 필요한 경우 제때에 교통통제 조치를 취함으로써 고속도로로서의 기본적인 기능을 유지하거나 신속히 회복할 수 있도록 하는 관리의무가 있고, 고속도로의 관리상 하자가 인정되는 이상 고속도로의 점유관리자는 그 하자가 불가항력에 의한 것이거나 손해의 방지에 필요한 주의를 게을리 하지 아니하였다는 점을 주장·입증하여야 비로소 그 책임을 면할 수 있으며, 폭설로 차량운전자 등이 고속도로에서 장시간 고립된 사안에서, 고속도로의 관리자가 고립구간의 교통정체를 충분히 예견할 수 있었음에도 교통제한 및 운행정지 등 필요한 조치를 충실히 이행하지 아니하였으므로 고속도로의 관리상 하자가 있다고 한 사례가 있습니다(대법원 2008.3.13. 선고 2007다 29287, 29294 판결).

[Q&A] 교통사고로 인도에 설치된 전신주가 넘어지면서 화재가 발생한 경우 손해배상을 전주를 설치한 한국전력공사에게 청구할 수는 없는지요?

Q. 甲회사의 11톤 트럭이 시속 50킬로미터로 내리막길을 진행하다가 승객을 승차시키기 위하여 일시 정차해있던 乙회사의 시내버스를 충격하였고, 그 시내버스가 다시 인도에 설치된 전주를 충격하여 전신주가 넘어지면서 고압선이 떨어져 인근의 공장에서 화재가 발생한 경우, 그 공장의 화재로 인한 손해배상을 甲·乙회사 및 인도에 전주를 설치한 한국전력공사에게 청구할 수는 없는지요?

A. 「민법」제758조 제1항에서 공작물의 설치 또는 보존의 하자로 인하여 타인에게 손해를 가한 때에는 공작물점유자가 손해를 배상할 책임이 있고, 다만 점유자가 손해의 방지에 필요한 주의를 게을리 하지 아니한 때에는 그 소유자가 손해를 배상할 책임이 있다고 규정하고 있으며, 「실화책임에 관한 법률」(법률 제9648호로 전부개정, 2009.5.8.부터 시행되는 것)은 실화의 특수성을 고려하여 실화자에게 중대한 과실이 없는 경우 그 손해 배상액의 경감에 관한 「민법」제765조의 특례를 정함을 목적으로 하고 (같은 법 제1조), 실화로 인하여 화재가 발생한 경우 연소(延燒)로 인한 부분에 대한 손해배상청구에 한하여 적용하고 있습니다(같은 법 제2조). 한편, 판례는 2009.5.8.법률 제9648호로 전부 개정된 실화책임에 관한 법률(이하 '개정 실화책임법'이라고 한다)은 구 실화책임에 관한 법률 (2009.5.8.법률 제9648호로 전부 개정되기 전의 것)과 달리 손해배상액의 경감에 관한 특례 규정만을 두었을 뿐 손해배상의무의 성립을 제한하는 규정을 두고 있지 아니하므로, 공작물의 점유자 또는 소유자가 공작물의 설치·보존상의 하자로 인하여 생긴 화재에 대하여 손해배상책임을 지는지는 다른 법률에 달리 정함이 없는 한 일반 민법의 규정에 의하여 판단하여야 한다. 따라서 공작물의 설치·보존상의 하자에 의하여 직접 발생한 화재로 인한 손해배상책임뿐만 아니라 그 화재로부터 연소한 부분에 대한 손해배상책임에 관하여도 공작물의 설치·보존상의 하자와 손해 사이에 상당인과관계가 있는 경우에는 민법 제758조 제1항이 적용되고, 실화가 중대한 과실로 인한 것이 아닌 한 그 화재로부터 연소한 부분에 대한

손해의 배상의무자는 개정 실화책임 법 제3조 에 의하여 손해배상액의 경감을 받을 수 있다고 보았습니다(대법원 2013.3.28. 선고 2010다71318 판결). 그런데 공작물의 설치·보존의 하자의 판단기준에 관하여 판례를 보면, 「민법」 제758조 제1항에 규정된 공작물의 설치·보존상의 하자란 공작물이 그 용도에 따라 통상 갖추어야 할 안전성을 갖추지 못한 상태에 있음을 말하는 것으로서, 이러한 안전성의 구비여부를 판단함에 있어서는 당해 공작물의 설치·보존자가 그 공작물의 위험성에 비례하여 사회통념상 일반적으로 요구되는 정도의 방호조치의무를 다하였는지를 기준으로 삼아야 할 것이므로, 공작물에서 발생한 사고라도 그것이 공작물의 통상의 용법에 따르지 아니한 이례적인 행동의 결과 발생한 사고라면, 특별한 사정이 없는 한 공작물의 설치·보존자에게 그러한 사고에까지 대비하여야 할 방호조치 의무가 있다고 할 수는 없다고 하였습니다(대법원 2006.1.26. 선고 2004다21053 판결). 또한, 공작물의 설치 또는 보존상의 하자로 인한 사고는 공작물의 설치 또는 보존상의 하자만이 손해발생의 원인이 되는 경우만을 말하는 것이 아니고, 공작물의 설치 또는 보존상의 하자가 사고의 공동원인의 하나가 되는 이상 사고로 인한 손해는 공작물의 설치 또는 보존상의 하자에 의하여 발생한 것이라고 보아야 한다. 그리고 화재가 공작물의 설치 또는 보존상의 하자가 아닌 다른 원인으로 발생하였거나 화재의 발생 원인이 밝혀지지 않은 경우에도 공작물의 설치 또는 보존상의 하자로 인하여 화재가 확산되어 손해가 발생하였다면 공작물의 설치 또는 보존상의 하자는 화재사고의 공동원인의 하나가 되었다고 볼 수 있다고 하였습니다(대법원 2010.4.29. 선고 2009다101343 판결, 대법원 2015.2.12. 선고 2013다61602 판결).

위 사안과 관련하여 인도에 설치한 전신주의 설치·보존상의 하자로 인한 한국전력공사의 책임여부에 관하여 살펴보면, 한국전력공사로서는 전주를 인도에 설치하였다고 하여 그러한 사유만으로 공작물의 설치·보존의 하자가 있다고 할 수 없고, 인도에 설치된 전주를 시내버스가 충격할 것까지 예상하여 안전시설이나 보호장치를 갖추어 전신주 및 변압기를 설치하여야 할 주의의무가 있다고 보기 어려우며, 그밖에 달리 전신주 및 변압기에 설치·보존의 하자가 있음을 인정할 수 없고, 또한 그 전신주에 과전류 차단기나 지락전류를 차단하기 위한 중성선 등의 장치 및 접지선과 접지

봉 등 접지시설이 설치되어 있었으므로 그러한 시설을 제대로 설치·보존하지 않았다거나 관할변전소의 계전기의 기기상의 하자가 있었다고 인정할 수 없어, 한국전력공사소유인 그 전신주의 하자로 인하여 화재가 발생하였음을 이유로 한 손해배상청구를 배척한 조치는 정당하다고 하였습니다(대법원 1997.10.10. 선고 96다52311 판결). 그리고 위 사안의 경우 甲회사운전자가 약 30톤가량의 화물을 적재한 11톤 카고트럭을 운전하여 내리막길을 진행함에 있어 전방 및 좌우를 살피지 아니한 채 기어를 중립에 둔 상태에서 카고트럭 및 화물자체의 중량으로 내리막길에서 미끄러져 내려가는 탄력을 이용하여 시속 약 50킬로미터로 진행한 것은 구「실화책임에 관한 법률」(법률 제9648호로 2009.5.8. 전부개정되기 전의 것)이 규정하는 중과실이라고 단정하기 어렵다고 하였으나, 현행 「실화책임에 관한 법률」은 중대한 과실이 아닐 경우에도 손해배상액의 경감을 청구할 수 있음에 그치도록 규정하고 있으므로 일응 「실화책임에 관한 법률」의 적용대상이 될 것으로 보이지만, 乙회사운전자는 시내버스를 버스정류장에서 약 19미터 떨어진 지점에 정차하여 승객을 승하차시켰다는 사정만으로 화재발생의 원인이 되는 과실이 있었다고 볼 수 없을 것이므로 「실화책임에 관한 법률」의 적용여지도 없을 것으로 보입니다. 그런데 채무불이행으로 인한 손해배상범위에 관하여 「민법」 제393조 제2항에서 특별한 사정으로 인한 손해는 채무자가 그 사정을 알았거나 알 수 있었을 때에 한하여 배상의 책임이 있다고 규정하고, 이 규정은 「민법」 제763조에 의하여 불법행위로 인한 손해배상에 준용하도록 규정하고 있는데, 관련 판례를 보면 불법행위의 직접적 대상에 대한 손해가 아닌 간접적 손해는 특별한 사정으로 인한 손해로서 가해자가 그 사정을 알았거나 알 수 있었을 것이라고 인정되는 경우에만 배상책임이 있다고 하였습니다(대법원 2006.3.10. 선고 2005다31361 판결). 위 사안과 관련하여 사례를 보면, 甲회사운전자가 카고트럭으로 乙회사 운전자가 운전하는 시내버스를 부딪쳐 그 충격으로 시내버스가 특고압전선이 설치된 전신주를 충격할 경우 전신주에 설치된 특고압전선이 떨어져 지락전류로 인하여 인근공장에 화재가 발생함으로써 손실을 입게 될지는 불확실할 뿐만 아니라, 이러한 손실은 가해행위와 너무 먼 손해라고 할 것이므로, 당시 甲회사운전자나 乙회사운전자가 인근공장에 그러한 손실이 발생할 것이라는 것을 알거나

알 수 있었다고 보기 어렵다고 하였습니다(대법원 1997.10.10. 선고 96
다52311 판결).그렇다면 위 사안에서 공장주가 甲·乙회사 및 그들의 운
전자, 한국전력공사에게 손해배상을 청구하기는 어려울 것으로 보입니다.

6. 민사소송으로 손해배상 청구

6-1. 소장의 작성방법

6-1-1. 필수적 기재사항

소장에 기재해야 하는 필수 기재사항은 다음과 같습니다.

1. 당사자의 성명·명칭 또는 상호와 주소
2. 법정대리인의 성명과 주소
3. 사건의 표시
4. 청구 취지
5. 청구 원인
6. 덧붙인 서류의 표시
7. 작성한 날짜
8. 법원의 표시

6-1-2. 청구취지

① '청구취지'란 원고가 소송을 제기해 얻길 원하는 판결의 내용을 말하는 것으로서 소의 결론부분입니다. 따라서 청구취지는 판결의 기준이 됩니다.

② 예를 들어, 신청인이 원하는 것이 전세보증금 5,000만원을 돌려받길 원하는 것이라면 '피고는 원고에게 5,000만원을 지급하라.'가 청구취지가 됩니다.

③ 또한 판사가 5,000만원을 지급해야 할 의무가 있다고 판단되어도 원고가 청구취지에서 1,000만원의 지급을 구하고 있다면 판결은 1,000만원을 지급하라고 결정됩니다. 때문에 청구취지는 정확하게 기재해야 합니다.

6-1-3. 청구원인

① 청구원인은 원고가 주장하는 권리 또는 법률관계의 성립원인으로 소송을 제기하게 된 이유를 자세하게 기재하면 됩니다.

② 청구원인은 6하 원칙에 따라 일목요연하고, 자세하게 작성합니다.

③ 덧붙인 서류의 표시

   1) 입증방법

     – 입증방법은 소장을 제출할 때 첨부하는 증거서류를 말하는데, 당사자가 주장한 사실을 뒷받침하는 증거자료를 하나씩 기재하면 됩니다.

     – 증거부호의 표시는 원고가 제출하는 것은 갑 제 호증이라고 기재합니다.

   2) 첨부서류

     – '첨부서류'란 소장에 첨부하는 서류들의 명칭과 통수를 기재하는 것을 말합니다.

     – 입증방법으로 제시하는 서류의 명칭과 제출하는 통수를 기재하면 되고, 증거방법 등을 열거해 두면 제출 누락을 방지하고 법원에서도 확인하기 쉬우며 후일 문제를 일으킬 염려가 없습니다.

6-1-4. 임의적 기재사항

임의적으로 소장에 기재할 수 있는 것은 공격방법에 관한 것입니다. 즉 자신의 주장과 요청사항 등이 정당함을 주장하고 사실상 주장을 증명하기 위한 증거방법도 함께 기재할 수 있습니다.

6-2. 사건의 표시

손해배상 청구소송은 손해배상을 청구하게 된 이유가 다양하므로 사건의 표시에 청구원인도 표시합니다.

1) 손해배상(자) 청구의 소: 자동차손해배상 보장법에서 정한 자동차·원동기장치자전거·철도차량의 운행으로 인한 손해배상청구

2) 손해배상(산) 청구의 소: 근로자의 업무상 재해로 인한 손해배상청구

3) 손해배상(의) 청구의 소: 의료과오로 인한 손해배상청구

4) 손해배상(환) 청구의 소: 공해(토지오염, 수질오염, 공기오염, 소음 등), 그 밖의 환경오염 또는 훼손으로 인한 손해배상청구

5) 손해배상(지) 청구의 소: 지식재산권(특허권, 실용신안권, 상표권, 의장권, 프로그램 저작권 등)의 침해로 인한 손해배상청구

6) 손해배상(저) 청구의 소: 프로그램 저작권 이외의 저작권침해로 인한 손해배상청구

7) 손해배상(언) 청구의 소: 언론보도로 인한 손해배상청구

8) 손해배상(건) 청구의 소: 건설·건축 관련 손해배상청구

9) 손해배상(국) 청구의 소: 국가 또는 지방자치단체를 상대로 하는 손해배상청구

10) 손해배상(기) 청구의 소: 기타 사유로 인한 손해배상청구

6-3. 소가 산정

① 손해배상 청구소송은 금전의 지급을 청구하는 소송이므로 소가는 청구금액(이자는 불산입)이 됩니다.

② 1심 소가에 따른 인지액

소 가	인 지 대
소가 1천만원 미만	소가 × 50 / 10,000
소가 1천만원 이상 1억원 미만	소가 × 45 / 10,000 + 5,000
소가 1억원 이상 10억원 미만	소가 × 40 / 10,000 + 55,000
소가 10억원 이상	소가 × 35 / 10,000 + 555,000
※ 인지액이 1천원 미만이면 그 인지액은 1천원으로 하고, 1천원 이상 이면 100원 미만은 계산하지 않습니다.	

③ 인지액의 납부방법

㉮ 현금납부

소장에 첨부하거나 보정해야 할 인지액(이미 납부한 인지액이 있는 경우에는 그 합산액)이 1만원 이상인 경우에는 그 인지의 첨부 또는 보정에 갈음해 인지액 상당의 금액 전액을 현금으로 납부해야 합니다. 인지액 상당 금액을 현금으로 납부할 경우에는 송달료 수납은행에 내야 합니다.

㉯ 신용카드납부

신청인은 인지액 상당의 금액을 현금으로 납부할 수 있는 경우 이를 수납은행 또는 인지납부대행기관의 인터넷 홈페이지에서 인지납부대행기관을 통해 신용카드·직불카드 등으로도 납부할 수 있습니다.

㉰ 인지납부일

인지액 상당의 금액을 신용카드 등으로 납부하는 경우에는 인지납부대행기관의 승인일을 인지납부일로 봅니다.

㉱ 신청인은 수납은행이나 인지납부대행기관으로부터 교부받거나 출력한 영수필확인서를 소장에 첨부하여 법원에 제출해야 합니다.

④ 송달료 납부

민사 제1심 단독 또는 합의사건의 송달료는 당사자수 × 4,500원

× 15회분입니다.

6-4. 소장부본

소장 제출 시 송달에 필요한 수의 부본을 함께 제출해야 합니다.

소　장

원　고　1. 한①○ (주민등록번호)
　　　　　　　○○시 ○○구 ○○길 ○○(우편번호)
　　　　　　　전화.휴대폰번호:
　　　　　　　팩스번호, 전자우편(e-mail)주소:
　　　　　2. 한②○ (주민등록번호)
　　　　　　　○○시 ○○구 ○○길 ○○(우편번호)
　　　　　　　전화.휴대폰번호:
　　　　　　　팩스번호, 전자우편(e-mail)주소:
피　고　전국버스운송사업조합연합회
　　　　　　○○시 ○○구 ○○길 ○○(우편번호)
　　　　　　회장 ◇◇◇
　　　　　　전화.휴대폰번호:
　　　　　　팩스번호, 전자우편(e-mail)주소:

손해배상(자)청구의 소

청 구 취 지

1. 피고는 원고 한①○, 원고 한②○에게 각 금 ○○○○원 및 각 이에 대하여 20○○.○.○.부터 이 사건 소장부본 송달일까지는 연 5%의, 그 다음날부터 다 갚는 날까지는 연 15%의 각 비율에 의한 돈을 지급하라.
2. 소송비용은 피고의 부담으로 한다.
3. 위 제1항은 가집행 할 수 있다.
라는 판결을 구합니다.

청 구 원 인

1. 당사자들의 지위
   가. 원고 한①○, 원고 한②○는 이 사건 교통사고로 사망한 소외 망 한●●의 아들입니다.
   나. 피고는 이 사건 교통사고의 가해차량인 소외 ◎◎버스회사 소유의 ○○12타○○○○호 시내버스에 관하여 공제계약을 체결한 공제사업자입니다.

2. 손해배상책임의 발생
   가. 소외 조◆◆는 소외 ◎◎버스회사에 고용되어 소외 ◎◎버스회사 소유의 ○○12타○○○○호 시내버스의 운전사로서 20○○.○.○. 19:00경 ○○시 ○○길 소재 ○○공장 앞 편도 2차선도로를 시속 약 70㎞의 속도로 운행 중 같은 방향으로 앞서가던 소외 망 한●●가 운전하는 경운기를 미처 발견하지 못하고 뒤에서 들이받아 같은 경운기가 넘어지도록 함으로써 이를 운전하던 피해자 소외 망 한●●를 사망에 이르게 하였는바, 소외 조◆◆는 버스운전자로서 당시 저녁시간으로 어두워 앞이 잘 보이지 않은 상태이고 제한속도가 시속 50㎞ 구간의 위험한 도로를 주행하고 있었으므로 제한속도를 지켜 앞에 장애물이 있는지 잘 살펴 운전해야 할 주의의무가 있음에도 불구하고 이를 게을리 한 채 과속으로 운전함으로써 이 사건 교통사고를 발생시켰습니다.
   나. 이 경우 소외 ◎◎버스회사는 자동차손해배상보장법 제3조의 "자기를 위하여 자동차를 운행한 자"에 해당하므로 같은 규정에 따라 이 사건 교통사고로 인한 피해자에 대한 모든 손해를 배상할 책임이 있다 할 것이며, 피고는 위 사고차량에 관하여 공제계약을 체결한 공제사업자로서 손해배상책임이 있습니다.

3. 손해배상책임의 범위
   가. 소외 망 한●●의 일실수입

소외 망 한◉◉는 19○○.○.○.생으로 사망일 현재 만 58세 6개월 남짓한 신체 건강한 남자로서 한국인표준생명표에 의한 기대여명은 18.98년이므로 76세까지는 생존이 추정됩니다. 위 망인은 ○○ ○○군 ○○면 ○○길에서 태어나 이 사건 사고로 사망할 때까지 평생동안 농사일을 하며 생계를 유지해왔는바, 만약 이 사건 사고가 발생하지 않았더라면 최소한 앞으로 65세까지 6년 6개월간(78개월) 더 일할 수 있습니다.

따라서 사망일에 가까운 20○○.○.의 농협조사월보에 의하면 20○○.○.현재 성인남자의 농촌일용노임은 금 ○○○원으로 매월 25일만 일하는 것으로 하여 위 가동연한까지 소득을 월 12분의 5%의 비율에 의한 중간이자를 단리할인법(호프만식 계산법)에 따라 공제하여 이 사건 사고 당시의 현가로 계산하면 금 ○○○○원{농촌일용노임 금 ○○○원×25일×65세까지 78개월에 대한 단리연금 현가표상 수치(=호프만수치)}이 됩니다.

여기서 위 망인의 생계비로 3분의 1정도를 공제하면 이 사건 교통사고로 인한 위 망인의 일실수입 총액은 금 ○○○○원(위 현가 금 ○○○○원×2/3, 원 미만 버림)입니다.

나. 소외 망 한◉◉의 위자료

소외 망 한◉◉가 사망함에 있어 심한 정신적 고통을 입었으리라는 사정은 쉽게 짐작되는 바이므로 피고로서는 이를 위자할 책임이 있다 할 것인데, 망인의 학력과 경력 그리고 이 사건 사고의 경위 및 결과 등 여러 사정을 참작하면 위자료로 금 ○○○원 정도가 상당하다고 할 것입니다.

다. 상속관계

피고의 소외 망 한◉◉에 대한 배상책임의 액수는 앞서와 같이 합계 금 ○○○○원(일실수입 금 ○○○○원 + 위자료 금 ○○○원)이 되는바, 그와 같은 손해배상채권은 그의 재산상속인들인 원고 한①○, 원고 한②○에게 각 금 ○○○○원(위 합계 금 ○○○○원×1/2)씩 귀속되었습니다.

라. 원고들의 위자료

앞서와 같이 소외 망 한◉◉가 사망함으로써 그의 아들인 원고들이 심한 정신적 고통을 입었으리라는 것은 쉽게 짐작되는 바이므로 피고로서는 이를 위자할 책임이 있다 할 것인바, 원고들의 학력.경력.신분관계 등 여러 사정을 참작하면 원고 한①○, 원고 한②○에 대한 위자료는 각 금 ○○○원 정도가 상당하다고 생각됩니다.

마. 소외 망 한◉◉의 장례비

원고 한①○은 망인의 장남으로서 금 ○○○원 정도를 지출하여 그 장례를 치루었는바, 이러한 지출도 이 사건 교통사고로 인하여 원고 한①○가 입은 손해라 할 것이므로 피고로서는 이를 원고 한①○에게 배상하여야 할 책임이 있다 할 것입니다.

4. 결론

그렇다면 피고는 원고 한①○에게 금 ○○○○원(상속분 금 ○○○○원+위자료 금 ○○○원+장례비 금 ○○○원), 원고 한②○에게 금 ○○○○원(상속분 금 ○○○○원+위자료 금 ○○○원)씩을 지급하여 배상하여야 할 책임이 있다 할 것이므로 그 지급 및 이에 대한 민법과 소송촉진등에관한특례법에서 정한 각 비율에 의한 지연손해금의 지급을 구하고자 이 사건 청구에 이른 것입니다.

입 증 방 법

1. 갑 제1호증   기본증명서
   (단, 2007.12.31. 이전 사망한 경우 제적등본)

1. 갑 제2호증   가족관계증명서
   (또는, 상속관계를 확인할 수 있는 제적등본)
1. 갑 제3호증   주민등록등본
1. 갑 제4호증   자동차등록원부
1. 갑 제5호증   교통사고사실확인원
1. 갑 제6호증   사망진단서
1. 갑 제7호증의 1, 2 한국인표준생명표 표지 및 내용
1. 갑 제8호증의 1, 2   농협조사월보 표지 및 내용

첨 부 서 류

1. 위 입증서류   각 1통
1. 법인등기사항증명서   1통
1. 소장부본   1통
1. 송달료납부서   1통

20○○. ○. ○.
위 원고   1. 한①○ (서명 또는 날인)
          2. 한②○ (서명 또는 날인)

○○지방법원 귀중

■ 참 고 ■

① 관할

1) 소(訴)는 피고의 보통재판적(普通裁判籍)이 있는 곳의 법원
   의 관할에 속하고, 사람의 보통재판적은 그의 주소에 따라
   정하여지나, 대한민국에 주소가 없거나 주소를 알 수 없는
   경우에는 거소에 따라 정하고, 거소가 일정하지 아니하거나
   거소도 알 수 없으면 마지막 주소에 따라 정하여 집니다.

2) 불법행위에 관한 소를 제기하는 경우에는 행위지의 법원에

제기할 수 있습니다.

　　3) 따라서 위 사안에서 원고는 피고의 주소지를 관할하는 법원
이나 교통사고발생지를 관할하는 법원에 소를 제기할 수 있
습니다. 또한, 금전채권의 경우 의무이행지에 해당하는 원고
의 주소지를 관할하는 법원에 소를 제기할 수도 있습니다.

② 소멸시효

피해자의 보험자에 대한 직접청구권의 성질은 손해배상청구권
으로서 민법 제766조의 소멸시효가 적용되므로 손해 및 가해
자를 안 날로부터 3년 또는 불법행위시부터 10년간 행사하지
아니하면 소멸시효가 완성됩니다(대법원 2005.10.7. 선고 2003
다6774 판결)

③ 인 지

소장에는 소송목적의 값에 따라 민사소송등인지법 제2조 제1
항 각 호에 따른 금액 상당의 인지를 붙여야 합니다. 다만, 대
법원 규칙이 정하는 바에 의하여 인지의 첩부에 갈음하여 당해
인지액 상당의 금액을 현금이나 신용카드·직불카드 등으로 납
부하게 할 수 있는바, 현행 규정으로는 인지첩부액이 1만원 이
상일 경우에는 현금으로 납부하여야 하고 또한 인지액 상당의
금액을 현금으로 납부할 수 있는 경우 이를 수납은행 또는 인
지납부대행기관의 인터넷 홈페이지에서 인지납부대행기관을 통
하여 신용카드 등으로도 납부할 수 있습니다.

※ 관련판례

농업노동 또는 농업노동을 주로 하는 자의 일실수입산정의 기초가
되는 가동연한은 경험칙상 만 60세가 될 때까지로 보아야 하고,
다만 그의 연령, 직업, 경력, 건강상태 등 구체적인 사정을 고려하
여 위와 같은 경험칙을 배제하고 만 60세를 넘어서도 가동할 수
있다는 특별한 사정이 있는 경우에는 그의 가동연한은 만 60세를
넘어서도 인정할 수 있음(대법원 1997.12.26. 선고 96다25852 판

결). 1994년경 우리나라 전체 농가인구 중 60세 이상의 농가인구가 차지하는 비율이 25%에 달하고 있고, 사고당시 망인이 거주하고 있던 면에 거주하는 성인 중 농업에 종사하는 전체인구는 약 3,370명인데 그 중 60세 이상 65세 미만은 610명이고, 65세 이상은 547명인 사정에다 농촌인구의 도시 유입으로 인한 농촌인구의 고령화라는 우리나라 농촌의 현실과 망인은 사고당시 만 52세 7개월의 나이로서 실제 농업노동에 종사하여 왔을 뿐 아니라, 농한기인 1994.10.부터 1995.3.까지는 건설현장에서 근무할 정도로 건강하였음에 비추어 볼 때 농업에 종사하는 망인의 가동연한은 65세가 될 때까지로 봄이 상당하다(대법원 1997.12.23. 선고 96다46491 판결).

[서식 예] 손해배상(자)청구의 소(일용직 잡부 사망, 영업용택시)

소 장

원   고   1. 박○○(주민등록번호)
        2. 김①○(주민등록번호)
        3. 김②○(주민등록번호)
        원고들의 주소:○○시 ○○구 ○○길 ○○ (우편번호)
          전화.휴대폰번호:
          팩스번호, 전자우편(e-mail)주소:
피   고   전국택시운송사업조합연합회
        ○○시 ○○구 ○○길 ○○(우편번호)
        회장 ◇◇◇
        전화.휴대폰번호:
        팩스번호, 전자우편(e-mail)주소:

손해배상(자)청구의 소

청 구 취 지

1. 피고는 원고 박○○에게 금 ○○○○원, 원고 김①○, 원고 김②○에게 각 금 ○○○○원 및 각 이에 대하여 20○○.○.○.부터 이 사건 소장부본 송달일까지는 연 5%의, 그 다음날부터 다 갚는 날까지는 연 15%의 각 비율에 의한 돈을 지급하라.
2. 소송비용은 피고의 부담으로 한다.
3. 위 제1항은 가집행 할 수 있다.
라는 판결을 구합니다.

청 구 원 인

1. 당사자들의 지위

   가. 원고 박○○은 이 사건 교통사고로 사망한 소외 망 김◉◉의 처이고, 원고 김①○, 원고 김②○는 각 소외 망 김◉◉의 아들입니다.

   나. 피고는 이 사건 교통사고의 가해차량인 소외 ◎◎운수(주) 소유의 ○○32파○○○○호 영업용택시에 관하여 공제계약을 체결한 공제사업자입니다.

2. 손해배상책임의 발생

   가. 소외 ◎◎운수(주)의 운전원으로 근무하는 소외 최◆◆는 20○○.○.○. 21:00경 소외 ◎◎운수(주) 소유의 ○○32파○○○○호 영업용택시를 운전하여 ○○방면에서 ○○방면으로 운행 중 ○○시 ○○구 ○○길 ○○은행 앞 노상에 이르렀는바, 이곳은 보행자의 통행이 빈번한 곳이므로 미리 속도를 줄이고 전방좌우를 잘 살펴 보행자가 있는지를 잘 확인한 후 안전하게 운행하여야 할 주의의무가 있음에도 불구하고 이를 게을리 한 채 진행한 과실로 때마침 위 가해차량의 진행방향의 우측에서 좌측으로 위 도로상을 건너던 피해자 소외 망 김◉◉를 그대로 치어 현장에서 사망케 하였습니다.

   나. 이 경우 소외 ◎◎운수(주)는 자동차손해배상보장법 제3조의 "자기를 위하여 자동차를 운행한 자"에 해당하므로 같은 규정에 따라 이 사건 교통사고로 인한 피해자에 대한 모든 손해를 배상할 책임이 있다 할 것이며, 피고는 위 사고차량에 관한 공제계약에 따라 원고들의 위 모든 손해를 배상할 책임이 있습니다.

3. 손해배상책임의 범위

   가. 소외 망 김◉◉의 일실수입

   　 소외 망 김◉◉는 19○○.○.○.생의 신체 건강한 남자로서 통계청 발행의 한국인생명표에 의하면 사망일 현재 기대여명은 ○○년이므로 71세까지는 생존이 추정됩니다. 위 망인은 시골에서 중학교만 졸업하고 위 교통사고로 사망할 때까지 ○○시 ○○동에서 거주하면서 일용직 잡부로 막노동을 하며 생계를 이어온 사람으로 특별한 직업이나 기술은 없었고 일정한 소득을 확인할 수는 없으나 사망일에 가까운 20○○.○.의 대한건설협회 발행의 월간거래가격에 따르면 평균 도시일용노임이 ○○○원인 바, 피해자가 사망하지 않았더라면 도시일용노동자로서 적어도 매월 22일씩 일하여 기대여명내인 60세까지 ○○년 ○개월 동안은 근로하여 소득을 얻을 수 있었을 것인데 이 사건 교통사고로 인하여 사망함에 따라 그 소득을 매월 순차적으로 상실하게 되었습니다.

따라서 상실한 위 소득을 이 사건 교통사고 당시를 기준으로 단리 연 5%의 중간이자를 공제하는 호프만식 계산법으로 그 현가를 계산하면 금 ○○○○○원{도시일용노임 ○○○원×22일×60세까지 ○○○개월에 대한 단리연금현가표상 수치(호프만수치)}이 됩니다. 여기서 위 망인의 생계비로 3분의 1정도를 공제하면 이 사건 교통사고로 인한 소외 망 김◉◉의 일실수입의 총액은 금 ○○○○○원(위 현가 금 ○○○○○×2/3, 원미만 버림)이 됩니다.

나. 소외 망 김◉◉의 위자료

소외 망 김◉◉가 사망함에 있어 심한 정신적 고통을 입었으리라는 사정은 쉽게 짐작되는 바이므로, 피고로서는 이를 위자할 책임이 있다 할 것인데, 망인의 학력과 경력 그리고 이 사건 사고의 경위 및 결과 등 여러 사정을 참작하면 위자료로 금 ○○○○원 정도가 상당하다고 할 것입니다.

다. 상속관계

피고의 소외 망 김◉◉에 대한 배상책임의 액수는 앞서와 같이 합계 금 ○○○○○원(일실수입 금 ○○○○○원 + 위자료 금 ○○○○원)이 되는바, 그와 같은 손해배상 채권은 그의 재산상속인들인 원고 박○○에게 금○○○○원(위 합계 금○○○○○원×3/7), 원고 김①○, 원고 김②○에게 각 금 ○○○○원(위 합계 금○○○○○원 ×2/7)씩 귀속되었습니다.

라. 원고들의 위자료

앞서와 같이 소외 망 김◉◉가 사망함으로써 그의 처 또는 아들인 원고들이 심한 정신적 고통을 입었으리라는 것은 쉽게 짐작되는 바이므로 피고로서는 이를 위자할 책임이 있다 할 것인바, 원고들의 학력.경력.신분관계 등 여러 사정을 참작하면 그의 처인 원고 박○○에 대한 위자료는 금 ○○○, 그의 아들인 원고 김①○, 같은 김②○에 대한 위자료는 각 금 ○○○원 정도가 상당하다고 생각됩니다.

마. 소외 망 김◉◉의 장례비

원고 박○○은 위 망인의 처로서 금 ○○○원 정도를 지출하여 그 장례를 치루었는바, 이러한 지출도 이 사건 교통사고로 인하여 원고 박○○가 입은 손해라 할 것이므로 피고로서는 이를 원고 박○○에게 배상하여야 할 책임이 있다 할 것입니다.

4. 결론

그렇다면 피고는 원고 박○○에게 금 ○○○○원(상속분 금 ○○○○원 + 위자료 금 ○○○원 + 장례비 금 ○○○원), 원고 김①○, 원고 김②○에게 각 금 ○○○○원(상속분 금 ○○○○원 + 위자료 각 금 ○○○원)씩을 지급하여 배상하여야 할 책임이 있다 할 것이므로 그 지급 및 이에 대한 민법과 소송촉진등에관한특례법에서 정한 각 비율에 의한 지연손해금의 지급을 구하고자 이 사건 청구에 이른 것입니다.

입 증 방 법

1. 갑 제1호증   기본증명서
          (단, 2007.12.31. 이전 사망한 경우 제적등본)
1. 갑 제2호증   가족관계증명서
          (또는, 상속관계를 확인할 수 있는 제적등본)
1. 갑 제3호증   주민등록등본
1. 갑 제4호증   자동차등록원부
1. 갑 제5호증   교통사고사실확인원
1. 갑 제6호증   사망진단서
1. 갑 제7호증의 1, 2   월간거래가격표지 및 내용
1. 갑 제8호증의 1, 2   한국인표준생명표 표지 및 내용

첨 부 서 류

1. 위 입증방법   각 1통
1. 법인등기사항증명서   1통
1. 소장부본   1통
1. 송달료납부서   1통

20○○. ○. ○.
위 원고   1. 박○○   (서명 또는 날인)
          2. 김①○   (서명 또는 날인)
          3. 김②○   (서명 또는 날인)

○○지방법원   귀중

※ 관련판례

택시 운전자인 피고인이 교통신호를 위반하여 4거리 교차로를 진행한 과실로 교차로 내에서 갑이 운전하는 승용차와 충돌하여 갑 등으로 하여금 상해를 입게 하였다고 하여 교통사고처리 특례법 위반

으로 기소된 사안에서, 피고인의 택시가 차량 신호등이 적색 등화임에도 횡단보도 앞 정지선 직전에 정지하지 않고 상당한 속도로 정지선을 넘어 횡단보도에 진입하였고, 횡단보도에 들어선 이후 차량 신호등이 녹색 등화로 바뀌자 교차로로 계속 직진하여 교차로에 진입하자마자 교차로를 거의 통과하였던 갑의 승용차 오른쪽 뒤 문짝 부분을 피고인 택시 앞 범퍼 부분으로 충돌한 점 등을 종합할 때, 피고인이 적색 등화에 따라 정지선 직전에 정지하였더라면 교통사고는 발생하지 않았을 것임이 분명하여 피고인의 신호위반행위가 교통사고 발생의 직접적인 원인이 되었다고 보아야 하는데도, 이와 달리 보아 공소를 기각한 원심판결에 신호위반과 교통사고의 인과관계에 관한 법리오해의 위법이 있다고 한 사례(대법원 2012.3.15. 선고 2011도17117 판결).

[서식 예] 손해배상(자)청구의 소
(월급생활자 사망, 보험가입한 승용차)

소　장

원　고　1. 김○○(주민등록번호)
　　　　2. 박①○(주민등록번호)
　　　　3. 박②○(주민등록번호)
　　　　4. 최○○(주민등록번호)
　　　　원고 2, 3은 미성년자이므로 법정대리인 친권자 모 김○○
　　　　원고들의 주소:○○시 ○○구 ○○길 ○○ (우편번호)
　　　　　　전화.휴대폰번호:
　　　　　　팩스번호, 전자우편(e-mail)주소:

피　고　　◇◇화재해상보험주식회사
　　　　　○○시 ○○구 ○○길 ○○(우편번호)
　　　　　대표이사 ◇◇◇
　　　　　전화.휴대폰번호:
　　　　　팩스번호, 전자우편(e-mail)주소:

손해배상(자)청구의 소

청　구　취　지

1. 피고는 원고 김○○에게 금 107,365,776원, 원고 박①○, 원고 박②○에게 각 금 68,577,184원, 원고 최○○에게 금 7,000,000원 및 각 이에 대한 2000.6.15.부터 이 사건 소장부본 송달일까지는 연 5%의, 그 다음날부터 다 갚는 날까지는 연 15%의 각 비율에 의한 돈을 지급하라.
2. 소송비용은 피고의 부담으로 한다.

3. 위 제1항은 가집행 할 수 있다.
라는 판결을 구합니다.

<h1>청 구 원 인</h1>

1. 당사자들의 지위
　가. 원고 김○○는 이 사건 교통사고로 사망한 소외 망 박◉
　　◉의 처, 원고 박①○, 원고 박②○는 소외 망 박◉◉의
　　자녀들로서 상속인이고, 원고 최○○는 소외 망 박◉◉의
　　어머니입니다.
　나. 피고　◇◇화재해상보험주식회사는 이　사건　가해차량인
　　소외 이◆◆ 소유의 서울○○바○○○○호 승용차에 관
　　하여 자동차보험계약을 체결한 보험자입니다.

2. 손해배상책임의 발생
　가. 교통사고의 발생
　　(1) 발생일시: 2000.6.15. 22:30경
　　(2) 발생장소: ○○시 ○○구 ○○길 ○○ ○○빌딩 앞 4
　　　　차선도로상 횡단보도
　　(3) 사고차량: 서울○○바○○○○호 승용차
　　(4) 운전자 겸 소유자: 소외 이◆◆
　　(5) 피 해 자: 소외 망 박◉◉
　　(6) 피해상황: 위 도로에 설치된 횡단보도를 보행자신호
　　　　에 따라 건너던 피해자 소외 망 박◉◉는 신호를 무
　　　　시하고 달리는 소외 이◆◆가 운전하는 위 승용차가
　　　　충격 되어 뇌진탕 등의 상해를 입고 같은 날 23:50경
　　　　○○병원에서 사망하였음.
　나. 피고의 손해배상책임
　　소외 이◆◆는 신호를 무시한 채 사고차량을 운전한 결과
　　로 피해자 소외 망 박◉◉를 사망하게 하였으므로 민법
　　제750조에 의한 손해배상책임이 있는바, 피고는 위 사고

차량에 대하여 자동차보험계약을 체결한 보험자로서 상법 제726조의2에 의하여 손해배상책임이 있습니다.

3. 손해배상책임의 범위

　가. 소외 망 박◉◉의 일실수입

　　소외 망 박◉◉가 이 사건 사고로 상실한 가동능력에 대한 금전적 총평가액 상당의 일실수입은 다음 (1)과 같은 사실을 기초로 하여 다음 (2)와 같은 월 5/12%의 비율로 계산한 중간이자를 공제하는 단리할인법(호프만식 계산법)에 따라 이 사건 사고 당시의 현가로 계산한 금 191,317,302원입니다.

　　(1) 기초사실

　　　(가) 성별: 남자

　　　　　생년월일: 1956.10.18.생

　　　　　연령: 사고당시 43세 7개월 남짓

　　　　　기대여명: 31.21년

　　　(나) 직업 경력: 위 망인은 1990.5.15.부터 소외 ◎◎주식회사에서 근무하여 왔고, 사고 당시 영업과장으로 근무하고 있었음.

　　　(다) 정년 및 가동연한: 위 망인의 소외 ◎◎주식회사에서의 정년은 만 55세가 되는 다음날이고, 그 다음날부터 위 망인이 만 60세가 되는 2016.10.17.까지는 도시일용노동에 종사하여 그 임금 상당의 수입을 얻을 수 있었을 것임.

　　　(라) 가동능력에 대한 금전적 평가

　　　　- 정년시까지: 위 망인은 2000.1.1.부터 2000.3.31. 까지 근로소득으로 합계 금 6,900,000원을 지급받았는바, 장차 승급에 따라 그 수입이 증가되리라고 예상되므로 위 망인은 적어도 2000.1.1.부터 2000.3.31.까지의 근로소득을 매월로 환산한 금 2,300,000원(금 6,900,000

원÷3월) 상당의 월급여를 받을 수 있음.
- 정년 이후 가동연한까지: 대한건설협회 작성의 2003년 상반기 적용 건설업임금실태조사 보고서중 보통인부의 2003.1월 현재 1일 시중노임단가 금 50,683원을 기초로 한 월급여 금 1,115,026원{금 50,683원(시중노임단가)×22일(월평균가동일수)} 상당을 얻을 수 있다고 봄이 상당함.

    (마) 생계비 : 수입의 1/3

(2) 기간 및 계산(계산의 편의상 월 미만과 원 미만은 버림. 다음부터 같음)

    ① 기간: 2000.6.15.부터 2011.10.19.까지(11년 4개월 남짓)

    계산: 금 2,300,000원 × 2/3 × 107.5674(136개월에 대한 호프만수치) = 금 164,936,679원

    ② 기간: 2011.10.20.부터 2016.10.17.까지(4년 11개월 남짓)

    계산: 금 1,115,026원×2/3×35.4888{143.0562(사고시부터 60세까지 196개월에 대한 호프만수치)-107.5674(사고시부터 정년까지 136개월에 대한 호프만수치)=35.4888}=금 26,380,623원

    ③ 합계 : ①+②=금 191,317,302원

나. 일실퇴직금

소외 망 박◉◉의 이 사건 사고로 인한 일실퇴직금 손해는 다음 (1)과 같은 사실을 기초로 하여 다음 (2)와 같은 월 5/12%의 비율로 계산한 중간이자를 공제하는 단리할인법(호프만식 계산법)에 따라 이 사건 사고 당시의 현가로 계산한 금 8,202,844원입니다.

(1) 기초사실

    (가) 입사일: 1990.5.25.

(나) 정년에 따른 퇴직예정일 및 근속기간: 정년인
2011.10.19.까지 21년 4개월 남짓
(다) 이 사건 사고로 인한 퇴직일 및 근속기간:
2000.6.15.까지 10년 남짓
(라) 퇴직금의 근거와 산정방식: 소외 ◎◎주식회사는
근로기준법의 규정에 따 라 근속년수 1년에 1월
분의 평균임금을 퇴직금으로 지급하고 있음.
(마) 보수월액: 금 2,300,000원(※원칙적으로는 퇴직
당시의 평균임금을 기초로 하여야 하나 편의상
보수월액으로 하였음)
(바) 사고시까지의 계산상 퇴직금:
월급여 금 2,300,000원×(10+22/365)년(1990.5.25.
부터 2000.6.15.까지)=금 23,138,630원
(2) 계산
(가) 정년퇴직시 예상퇴직금:
금 2,300,000원×(21+148/365)= 금 49,232,602
원
(나) 정년퇴직시 예상퇴직금의 사고당시 현가
금 49,232,602원×0.6366
(사고시부터 정년퇴직시까지 11년 5월에 대한 호
프만수치,1/{1+0.05×(11+5/12)}=금 31,341,474원
(다) 사고시까지의 계산상 퇴직금공제: 금 31,341,474
원-금 23,138,630원=금 8,202,844원
라. 소외 망 박○○의 위자료
소외 망 박○○는 이 사건 사고로 사망하는 순간 견딜
수 없는 정신적 고통을 겪었을 것이므로 피고는 소외 망
박○○에게 위자료로 금 30,000,000원을 지급함이 상당
하다 할 것입니다.
마. 상속관계
위와 같이 소외 망 박◉◉가 이 사건 사고로 입은 손해

액은 합계 금 229,520,146원{금 191,317,302원(일실수
입) + 금 8,202,844원(일실퇴직금)+금 30,000,000원(위
자료)}인바, 이 손해배상채권은 위 망인의 처인 원고 김
○○에게 금 98,365,776원(위 손해액×상속지분 3/7), 위
망인의 아들 원고 박①○, 망인의 딸 원고 박②○에게는
각 금 65,577,184원(위 손해액×상속지분 2/7)이 상속되
었습니다.

바. 원고들의 위자료
원고들도 소외 망 박○○의 사망으로 인하여 크나큰 정
신적 고통을 받았을 것임은 경험칙상 명백하므로 위 망
인의 처인 원고 김◉◉에게 금 7,000,000원, 위 망인의
자녀인 원고 박①○, 원고 박②○에게 각 금 3,000,000
원, 위 망인의 어머니인 원고 최○○에게 금 7,000,000
원씩을 위자료로 지급함이 상당하다 할 것입니다.

사. 장례비 : 금 2,000,000원
지출자 : 원고 김○○

4. 결론
이와 같이 피고는 원고 김○○에게 금 107,365,776원(상속분 금
98,365,776원+위자료 금 7,000,000원+장례비 금 2,000,000
원), 원고 박①○, 원고 박②○에게 각 금 68,577,184원(상속분
금 65,577,184원+위자료 금 3,000,000원), 원고 최○○에게
금 7,000,000원(위자료)씩을 지급할 책임이 있다 할 것인바,
원고들은 피고로부터 위 돈의 지급과 아울러 이에 대한 소외
망 박◉◉가 사망한 사고일인 2000. 6. 15.부터 이 사건 소
장부본 송달일까지는 민법에서 정한 연 5%의, 그 다음날부터
다 갚는 날까지는 소송촉진등에관한특례법에서 정한 연 15%
의 각 비율에 의한 지연손해금의 지급을 받고자 이 사건 청
구에 이른 것입니다.

입 증 방 법

1. 갑 제1호증   기본증명서
(단, 2007.12.31. 이전 사망한 경우 제적등본)
1. 갑 제2호증   가족관계증명서
(또는, 상속관계를 확인할 수 있는 제적등본)
1. 갑 제3호증   주민등록등본
1. 갑 제4호증   자동차등록원부
1. 갑 제5호증   교통사고사실확인원
1. 갑 제6호증   사망진단서
1. 갑 제7호증   근로소득원천징수영수증
1. 갑 제8호증의 1, 2   월간거래가격표지 및 내용
1. 갑 제9호증의 1, 2   한국인표준생명표 표지 및 내용

첨 부 서 류

1. 위 입증방법   각 1통
1. 법인등기사항증명서   1통
1. 소장부본   1통
1. 송달료납부서   1통

20○○. ○. ○.
위 원고   1. 김○○(서명 또는 날인)
            2. 박①○
            3. 박②○
            4. 최○○(서명 또는 날인)
            원고 2, 3은 미성년자이므로
법정대리인 친권자 모 김○○(서명 또는 날인)

○○지방법원 귀중

　자동차 운전자인 피고인이, 갑이 운전하는 선행차량에 충격되어 도로에 쓰러져 있던 피해자 을을 다시 역과함으로써 사망에 이르게 하고도 필요한 조치를 취하지 않고 도주하였다고 하여 특정범죄가중처벌 등에 관한 법률 위반(도주차량)으로 기소된 사안에서, 제출된 증거들만으로는 피고인 운전 차량이 2차로 을을 역과할 당시 아직 을이 생존해 있었다고 단정하기 어렵다는 이유로, 이와 달리 보아 피고인에게 유죄를 인정한 원심판결에 선행 교통사고와 후행 교통사고가 경합하여 피해자가 사망한 경우 후행 교통사고와 피해자의 사망 사이의 인과관계 증명책임에 관한 법리오해 등의 위법이 있다고 한 사례(대법원 2014.6.12. 선고 2014도3163 판결).

[서식 예] 손해배상(자)청구의 소
         (개인택시 운전기사 사망, 무보험 승용차)

소　장

원　　고　1. 김○○ (주민등록번호)
　　　　　　　○○시 ○○구 ○○길 ○○(우편번호)
　　　　　　　전화.휴대폰번호:
　　　　　　　팩스번호, 전자우편(e-mail)주소:
　　　　　　2. 이①○ (주민등록번호)
　　　　　　　○○시 ○○구 ○○길 ○○(우편번호)
　　　　　　　전화.휴대폰번호:
　　　　　　　팩스번호, 전자우편(e-mail)주소:
　　　　　　3. 이②○ (주민등록번호)
　　　　　　　○○시 ○○구 ○○길 ○○(우편번호)
　　　　　　　전화.휴대폰번호:
　　　　　　　팩스번호, 전자우편(e-mail)주소:
피　　고　1. 김◇◇ (주민등록번호)
　　　　　　　○○시 ○○구 ○○길 ○○(우편번호)
　　　　　　　전화.휴대폰번호:
　　　　　　　팩스번호, 전자우편(e-mail)주소:
　　　　　　2. 정◇◇ (주민등록번호)
　　　　　　　○○시 ○○구 ○○길 ○○(우편번호)
　　　　　　　전화.휴대폰번호:
　　　　　　　팩스번호, 전자우편(e-mail)주소:

손해배상(자)청구의 소

청 구 취 지

1. 피고들은 각자 원고 김○○에게 금 54,148,911원, 원고 이①
   ○, 원고 이②○에게 각 금 29,099,327원 및 각 이에 대하여
   2000.7.22.부터 이 사건 소장부본 송달일까지는 연 5%의, 그
   다음날부터 다 갚는 날까지는 연 15%의 각 비율에 의한 돈
   을 지급하라.
2. 소송비용은 피고들의 부담으로 한다.
3. 위 제1항은 가집행 할 수 있다.
라는 판결을 구합니다.

청 구 원 인

1. 당사자들의 지위
   소외 망 이◉◉는 이 사건 사고로 사망한 사람인바, 원고 김
   ○○는 소외 망 이◉◉의 처이고, 원고 이①○, 원고 이②○
   는 소외 망 이◉◉의 아들이고, 피고 김◇◇는 이 사건 가해
   차량의 운전자, 정◇◇는 이 사건 가해차량의 소유자입니다.

2. 손해배상책임의 발생
   가. 피고 김◇◇는 2000.7.22. 21:20경 소외 정◇◇ 소유인
      서울 ○○고○○○○호 그랜저 승용차를 소외 정◇◇가
      시동을 켜둔 채로 잠시 운전석을 이탈한 사이에 절취하
      여 운전하던 중 서울 ○○구 ○○길 ○○교차로 방면에
      서 ○○방면으로 편도 3차선 도로를 1차로를 따라 시속
      약 80km로 진행하다가 신호등이 있는 횡단보도에서 보행
      자신호를 따라 횡단보도를 횡단하던 소외 망 이◉◉를
      충돌하여 그 충격으로 소외 망 이◉◉가 뇌진탕으로 사
      고현장에서 사망에 이르게 한 것입니다.
   나. 그렇다면 피고 김◇◇는 민법 제750조에 규정한 불법행
      위자로서 이 사건 사고의 피해자인 소외 망 이◉◉ 및

소외 망 이◉◉의 유족인 원고들이 입은 재산적, 정신적 손해를 배상할 책임이 있다 할 것이고, 피고 정◇◇는 시동을 켜둔 채로 운전석을 이탈함으로써 자동차보유자로서 차량 및 시동열쇠 관리상의 과실이 중대하고, 시간적으로도 피고 김◇◇가 가해차량을 절취한 직후 사고를 야기하였으므로 피고 정◇◇는 자동차손해배상보장법 제3조에서 규정한 자동차보유자로서 운행지배와 운행이익이 잔존하고 있다고 평가할 수 있는 경우에 해당된다고 보아야 할 것이므로 역시 이 사건 사고의 피해자인 소외 망 이◉◉ 및 소외 망 이◉◉의 유족인 원고들이 입은 재산적, 정신적 손해를 배상할 책임이 있다 할 것입니다.

3. 손해배상의 범위

가. 일실수입

소외 망 이◉◉가 이 사건 사고로 입은 일실수입 손해는 다음 (1)과 같은 인정사실 및 평가내용을 기초로 하여, 다음 (2)와 같이 월 5/12%비율에 의한 중간이자를 공제하는 단리할인법(호프만식 계산법)에 따라 이 사건 사고 당시의 현가로 계산한 금 57,847,646원입니다.

(1) 인정사실 및 평가내용

　　(가) 성 별 : 남자
　　　　생년월일 : 1945.3.16.생
　　　　연령(사고당시) : 55세 4개월 정도
　　　　기대여명 : 21.26년

　　(나) 직업 및 경력
　　　　소외 망 이◉◉는 19○○.○.○○.부터 개인택시운송사업면허를 얻어 개인택시운송사업을 하고 있는 사람임.

　　(다) 가동기간 : 개인택시운송사업자로서 적어도 만 62세가 될 때까지는 가동할 수 있을 것으로 예

상됨.

(라) 가동능력에 대한 금전적인 평가

개인택시운송사업자인 소외 망 이◉◉는 월평
균 20일간 영업하면서 1일 평균 금 85,800원씩
월평균 금 1,716,000(85,800원 × 20일) 상당의
총수입을 얻는데, 위 영업을 위하여 매월 평균
적 감가상각비를 비롯한 차량유지비, 각종 검사
비, 세금, 각종 보험료, 공과금 등의 경비로 매
월 금 353,105원이 소요되므로 월간 순수입은
금 1,362,895원이고, 위 개인택시영업을 하기
위한 투하자본은 금 9,000,000원 정도이며, 그
에 대한 자본수익율은 연 12%이므로, 위 월간
순수입 금 1,362,895원에서 위 투하자본에 대
한 자본수입금인 월 금 90,000원(9,000,000원
×12/100×1/12)을 공제한 금 1,272,895원이 됩
니다.

(마) 생계비 : 수입의 1/3

(2) 계산

(가) 호프만 수치:
68.1686{사고일인 2000.7.22.부터 만 62세가 되는
2007.3.15.까지 79개월간(월미만은 버림) 해당분}

(나)【계산】
1,272,895원 × 2/3 × 68.1686=57,847,646원(원미
만은 버림, 이하 같음)

나. 소외 망 이◉◉의 위자료

소외 망 이◉◉가 사망함에 있어 입은 정신적 고통에 대
하여 피고는 이를 위자할 책임이 있다 할 것인데, 위 망
인의 학력과 경력 그리고 이 사건 사고의 내용 등 사정
을 참작하면 위자료로 금 30,000,000원 정도가 상당하다
고 할 것입니다.

다. 상속관계
   (1) 재산상속인, 상속비율
      원고 김○○ : 3/7
      원고 이①○, 원고 이②○ : 각 2/7
   (2) 상속재산
      금 87,847,646원
      (재산상 손해 57,847,646원 + 위자료 30,000,000원)
   (3) 상속금액의 계산
      원고 김○○ : 금 37,648,911원(87,847,646원×3/7)
      원고 이①○, 원고 이②○ :
      각 금 25,099,327원 (87,847,646원×2/7)

라. 원고들의 위자료
소외 망 이●●가 사망함으로써 그의 처와 아들인 원고들이 심한 정신적 고통을 입었다 할 것이므로 피고는 이를 위자할 책임이 있고, 원고들의 경력.신분관계 등 사정을 참작하면 위 망인의 처인 원고 김○○에 대한 위자료는 금 12,000,000원, 위 망인의 아들인 원고 이①○, 원고 이②○에게 각 금 4,000,000원씩을 위자료로 지급함이 상당하다 할 것입니다.

마. 장례비
이 사건 사고를 당하여 원고 김○○는 소외 망 이●●의 장례를 위하여 장례비 및 장례를 위한 제반비용 등으로 금 4,500,000원을 지출하였으므로 피고들은 원고 김○○에게 이를 배상할 책임이 있다 할 것입니다.

4. 결론
그렇다면 피고는 원고 김○○에게 금 54,148,911원(상속분 금 37,648,911원 + 본인 위자료 금 12,000,000원 + 장례비 금 4,500,000원), 원고 이①○, 원고 이②○에게 각 금 29,099,327원(상속분 금 25,099,327원 + 본인 위자료 금 4,000,000원) 및 각 이에 대하여 이 사건 사고일인 2000.7.22.부터 이 사건 소

장부본 송달일까지는 민법에서 정한 연 5%의, 그 다음날부터
다 갚는 날까지는 소송촉진등에관한특례법에서 정한 연 15%
의 각 비율에 의한 지연손해금을 지급 받고자 이 사건 청구
에 이르게 되었습니다.

입 증 방 법

1. 갑 제1호증   기본증명서
         (단, 2007.12.31. 이전 사망한 경우 제적등본)
1. 갑 제2호증   가족관계증명서
         (또는, 상속관계를 확인할 수 있는 제적등본)
1. 갑 제3호증   사망진단서
1. 갑 제4호증   사체검안서
1. 갑 제5호증   교통사고사실확인원
1. 갑 제6호증   자동차등록원부
1. 갑 제7호증의 1, 2   한국인표준생명표 표지 및 내용
1. 갑 제8호증   자동차운송사업면허증
1. 갑 제9호증   사업자등록증
1. 갑 제10호증의 1, 2   사실조회 회신 및 내용

첨 부 서 류

1. 위 입증방법   각 1통
1. 소장부본   2통
1. 송달료납부서   1통

         20○○. ○. ○.
         위 원고   1. 김○○ (서명 또는 날인)
                        2. 이①○ (서명 또는 날인)
                        3. 이②○ (서명 또는 날인)

○○지방법원 귀중

[서식 예] 손해배상(자)청구의 소(미성년 남자고등학생, 부상)

소 장

원 고 1. 박○○ (주민등록번호)
　　　 2. 박◉◉ (주민등록번호)
　　　 3. 이◉◉ (주민등록번호)
　　　 4. 박◎◎ (주민등록번호)
　　　 원고 1, 4는 미성년자이므로
　　　 법정대리인 친권자 부 박◉◉
　　　　　　　　　　　　 모 이◉◉
　　　 원고들의 주소:○○시 ○○구 ○○길 ○○(우편번호)
　　　　 전화.휴대폰번호:
　　　　 팩스번호, 전자우편(e-mail)주소:
피 고 ◇◇화재해상보험주식회사
　　　 ○○시 ○○구 ○○로 ○○(우편번호)
　　　 대표이사 ◇◇◇
　　　 전화.휴대폰번호:
　　　 팩스번호, 전자우편(e-mail)주소:

손해배상(자)청구의 소

청 구 취 지

1. 피고는 원고 박○○에게 금 26,723,065원, 원고 박◉◉, 원고 이◉◉에게 각 금 2,000,000원, 원고 박◎◎에게 금 1,000,000원 및 각 이에 대하여 2000.8.29.부터 이 사건 소장부본 송달일까지는 연 5%의, 그 다음날부터 다 갚는 날까지는 연 15%의 각 비율에 의한 돈을 지급하라.
2. 소송비용은 피고의 부담으로 한다.

3. 위 제1항은 가집행 할 수 있다.
라는 판결을 구합니다.

청 구 원 인

1. 당사자의 지위
   원고 박○○는 이 사건 사고로 인하여 부상을 입고 장해가
   발생한 사람인바, 원고 박●●, 원고 이●●는 원고 박○○의
   부모이고, 원고 박◎◎는 원고 박○○의 동생이며, 피고 ◇◇
   화재해상보험주식회사는 이 사건 가해차량의 자동차종합보험
   이 가입된 보험회사입니다.

2. 손해배상책임의 발생
   가. 소외 정◆◆는 2000.8.29. 22:20경 그의 소유인 이 사건
      사고차량인 서울 ○○고○○○○호 레간자 자가용승용차
      를 운전하여 서울 ○○구 ○○동 ○○교차로 방면에서
      ○○방면으로 가변차선 편도 3차선 도로를 1차로를 따라
      시속 약 40㎞로 진행 중 ○○시 ○○구 ○○길 ○○ 앞
      노상에는 신호등 있는 횡단보도가 설치되어 있는 곳이므
      로 운전업무에 종사하는 사람으로서 신호에 따라 안전하
      게 진행함으로써 사고를 미연에 방지하여야 할 업무상
      주의의무가 있음에도 불구하고 신호를 위반한 채 진행한
      과실로 때마침 보행자신호에 따라 횡단보도를 건너는 원
      고 박○○를 충돌하여 그에게 우측대퇴골 경부골절, 경부
      및 요부 염좌 등의 상해를 입혀 그 후유증으로 고관절
      운동제한으로 노동능력상실이 예상되는 장해가 발생하도
      록 하였습니다.
   나. 그렇다면 위 사고차량의 소유자인 소외 정◆◆는 자동차
      손해배상보장법 제3조에서 규정한 자기를 위하여 자동차
      를 운행하는 자로서 이 사건 원고들이 입은 재산적, 정신
      적 손해를 배상할 책임이 있다 할 것인데, 위 가해 자동

차는   피고회사의 자동차종합보험에 가입되어 있으므로
피고회사는 상법 제726조의 2에 의하여 손해배상책임이
있다 할 것입니다.

3. 손해배상의 범위
　가. 원고 박○○의 일실수입
　　　(1) 산정요소
　　　　　(가) 성별: 남자
　　　　　(나) 생년월일: 1983.3.21.생
　　　　　(다) 사고당시 나이: 만 17세 5개월 남짓
　　　　　(라) 기대여명: 55.54년
　　　　　(마) 거주지: 도시지역
　　　　　(바) 소득실태(도시일용노임): 금 37,052원(2000년 하
　　　　　　　 반기 시중노임단가)
　　　　　(사) 가동연한: 만 60세가 되는 2043.3.20.까지 월
　　　　　　　 22일씩 가동
　　　　　(아) 노동능력상실율: 추후 신체감정결과에 의해 확정
　　　　　　　 될 것이나 일응 12%로 예상됨.
　　　　　(자) 호프만 수치 : 222.0780(=273.1245 - 51.0465)
　　　　　　　 273.1245{사고일부터 만 60세가 되는 2043.3.20.
　　　　　　　 까지 510개월간 해당분, (월미만은 버림. 다음부
　　　　　　　 터 같음)}
　　　　　　　 51.0465(사고일부터 군복무 26개월을 마치는
　　　　　　　 2005.5.21.까지 57개월간 해당분)
　　　(2)【계산】
　　　　　[(37,052원×22일×0.12)×(273.1254-51.0465=222.0780)]
　　　　　=21,723,065원 (월 미만 및 원 미만은 버림)
　나. 향후치료비
　　　향후 신체감정결과에 따라 청구하겠습니다.
　다. 위자료
　　　원고 박○○는 ○○고등학교 1학년에 재학 중인 학생으

로서 이 사건 사고로 인하여 정상적인 수업을 받지 못하였을 뿐만 아니고, 노동력상실이 예상되는 장해를 입었으므로 감수성이 예민한 시기에 그 정신적 고통이 극심하였을 뿐만 아니라, 앞서 기재한 가족관계에 있는 나머지 원고들도 크나큰 정신적 고통을 받았을 것임은 경험칙상 명백하므로 피고는 그 위자료로서 원고 박○○에게 금 5,000,000원, 부모인 원고 박◉◉, 원고 이◉◉에게 각 금 2,000,000원, 동생인 원고 박◎◎에게 금 1,000,000원을 지급함이 상당합니다.

4. 결 론

그렇다면 피고는 원고 박○○에게 금 26,723,065원(향후 신체감정결과에 따라 확장 하겠음), 원고 박◉◉, 원고 이◉◉에게 각 금 2,000,000원, 원고 박◎◎에게 금 1,000,000원 및 각 이에 대하여 이 사건 사고일인 2000.8.29.부터 이 사건 소장부본 송달일까지는 민법에서 정한 연 5%의, 그 다음날부터 다 갚을 때까지는 소송촉진등에관한특례법에서 정한 연 15%의 각 비율에 의한 지연손해금을 지급할 의무가 있으므로 그 지급을 구하기 위해 이 사건 소제기에 이르렀습니다.

입 증 방 법

1. 갑 제1호증	가족관계증명서
1. 갑 제2호증	교통사고사실확인원
1. 갑 제3호증	자동차등록원부
1. 갑 제4호증	진단서
1. 갑 제5호증	후유장해진단서
1. 갑 제6호증의 1, 2	한국인표준생명표 표지 및 내용
1. 갑 제7호증의 1, 2	월간거래가격표지 및 내용

첨 부 서 류

1. 위 입증방법   각 1통
1. 법인등기사항증명서   1통
1. 소장부본   1통
1. 송달료납부서   1통

        20○○. ○. ○.
       위 원고   1. 박○○
                2. 박◉◉ (서명 또는 날인)
                3. 이◉◉ (서명 또는 날인)
                4. 박◎◎
    원고 1, 4는 미성년자이므로 법정대리인
       친권자 부 박◉◉ (서명 또는 날인)
           모 이◉◉ (서명 또는 날인)

○○지방법원 귀중

소　장

원　　고　　1. 박◉◉ (주민등록번호)
　　　　　　2. 이◉◉ (주민등록번호)
　　　　　　3. 박◎◎ (주민등록번호)
　　　　　　원고 박◎◎는 미성년자이므로
　　　　　　법정대리인 친권자 부 박◉◉　　　모 이◉◉
　　　　　　원고들의 주소:○○시 ○○구 ○○길 ○○(우편번호)
　　　　　　전화.휴대폰번호:
　　　　　　팩스번호, 전자우편(e-mail)주소:
피　　고　　◇◇화재해상보험주식회사
　　　　　　○○시 ○○구 ○○로 ○○(우편번호)
　　　　　　대표이사 ◇◇◇
　　　　　　전화.휴대폰번호:
　　　　　　팩스번호, 전자우편(e-mail)주소:

손해배상(자)청구의 소

청 구 취 지

1. 피고는 원고 박◉◉에게 금 97,330,558원, 원고 이◉◉에게 금 72,330,558원, 원고 박◎◎에게 금 4,000,000원 및 각 이에 대하여 2000.8.22.부터 이 사건 소장부본 송달일까지는 연 5%의, 그 다음날부터 다 갚을 때까지는 연 15%의 각 비율에 의한 돈을 지급하라.
2. 소송비용은 피고의 부담으로 한다.
3. 위 제1항은 가집행 할 수 있다.
라는 판결을 구합니다.

청 구 원 인

1. 당사자들의 지위

   소외 망 박○○는 이 사건 사고로 사망한 사람인바, 원고 박●●, 원고 이●●는 위 소외 망 박○○의 부모이고, 원고 박◎◎는 소외 망 박○○의 오빠이고, 피고 ◇◇화재해상보험주식회사(다음부터 피고회사라고만 함)는 이 사건 가해차량의 자동차종합보험이 가입된 보험회사입니다.

2. 손해배상책임의 발생

   가. 소외 정◆◆는 2000.8.22. 16:20경 소외 ○○관광(주) 소유인 충남 ○○바○○○○호 관광버스를 운전하고 ○○○○군 ○○면 ○○길 ○○아파트부근 소외 황◆◆의 집 앞길을 ○○방면에서 ○○아파트 방면으로 시속 약60㎞의 속도로 진행함에 있어서 그곳은 차선이 그려져 있지 않은 주택가 도로(국도나 지방도 아님)로 사람의 통행이 빈번하여 사고지점 50m 못 미쳐 과속방지 턱이 설치되어 있는 도로이고, 당시 피해자 소외 망 박○○(여, 4세)가 다른 아이의 3륜자전거를 뒤에서 밀면서 놀고 있는 것을 보았으므로 이러한 경우 운전업무에 종사하는 사람은 속도를 줄이고 충분한 간격을 두고 피해가거나 일단 정지하여 사고를 미연에 방지하여야 할 업무상 주의의무가 있음에도 불구하고 이를 게을리 한 채 그대로 진행한 과실로 사고차량을 보고 도로 중앙에서 사고차량 진행방향 좌측으로 급히 달려 피하는 피해자 소외 망 박○○를 사고차량 앞 범퍼 좌측부분으로 들이받아 도로에 넘어뜨린 후 계속 진행하여 좌측 앞바퀴로 피해자 소외 망 박○○의 머리부위를 넘어가 피해자 소외 망 박○○로 하여금 두개골 파열에 의한 뇌출혈로 그 자리에서 사망에 이르게 한 것입니다.

   나. 그렇다면 위 사고차량의 소유자인 소외 ○○관광(주)는 자

동차손해배상보장법 제3조에서 규정한 자기를 위하여 자동차를 운행하는 자로서 이 사건 사고의 피해자인 소외 망 박○○ 및 소외 망 박○○의 유족인 원고들이 입은 재산적, 정신적 손해를 배상할 책임이 있다 할 것이고, 또한 위 가해자동차는 피고회사의 자동차종합보험에 가입되어 있으므로 상법 제726조의 2에 의하여 피고회사에 손해배상책임이 있다 할 것입니다.

3. 손해배상의 범위

  가. 기대수입 상실액

    1) 소외 망 박○○는 1996.1.5.생 신체 건강한 여자로서 이 사건 사고당시 만 4년 7개월 남짓한 정도이고, 그 기대여명은 75.79년이므로 특단의 사정이 없는 한 79세까지는 생존이 가능하다 할 것입니다.

    2) 소외 망 박○○는 미성년자로서 이 사건 사고가 아니었다면 성년이 되는 만 20세가 되는 2016.1.5.부터 위 기대여명 내 가동연한인 만 60세가 되는 2056.1.4.까지 최소한 도시일용노동자로서 종사하여 도시일용노임상당의 수입을 얻었을 것임에도 불구하고 이 사건 사고로 인하여 매월 순차적으로 이를 상실하였다고 할 것인데, 이를 사고당시를 기준하여 일시에 청구하므로 호프만식 계산법에 따라 월 12분의 5%의 중간이자를 공제하고 이 사건 사고 당시의 현가로 산정하면 아래와 같이 금 98,661,117원이 됩니다.

    【계산】 [(37,052원×22일×2/3)×(317.9187-136.3659
=181.5528)]=98,661,117원

    (월 미만 및 원 미만은 버림)

    * 성별 : 여자

    * 생년월일: 1996.1.5.생

    * 거주지역: 도시지역

    * 가동연한: 만 60세가 되는 2056.1.4.까지 월 22일씩

가동
* 소득실태(도시일용노임): 금 37,052원(2000년 하반
기 시중 노임단가)
* 망인의 생계비공제 : 월수입의 1/3정도
* 호프만수치 : 181.5528(=317.9187 - 136.3659)
- 317.9187(사고일부터 만 60세가 되는 2056.1.4.
까지 664개월간 해당분)
- 136.3659(사고일부터 만 20세가 되는 2016.1.4.
까지 184개월간 해당분)

나. 소외 망 박○○의 위자료

소외 망 박○○는 이 사건 사고로 사망하는 순간 견딜 수
없는 고통과 이제 4세의 어린 나이로 부모를 앞에 둔 채
여명을 다하지 못하고 한을 품은 채 운명하였을 것이므로
피고는 소외 망 박○○에게 금 30,000,000원을 위자료로
지급함이 상당하다 할 것입니다.

다. 상속관계

소외 망 박○○의 재산적 손해 및 위자료를 합하면 금
128,661,117원(재산적 손해 금 98,661,117원 + 위자료
금 30,000,000원)인바, 소외 망 박○○의 부모인 원고 박
◉◉ 원고 이◉◉에게 각 2분의 1씩 공동상속 되었다 할
것입니다.

라. 위자료

원고들도 소외 망 박○○의 사망으로 인하여 크나큰 정신
적 고통을 받았을 것임은 경험칙상 명백하므로 위 망인의
부모인 원고 박◉◉, 원고 이◉◉에게 각 금 8,000,000
원, 위 망인의 오빠인 원고 박◎◎에게 금 4,000,000원씩
을 위자료로 지급함이 상당하다 할 것입니다.

마. 장례비

이 사건 사고를 당하여 원고 박◉◉는 소외 망 박○○의
장례를 위하여 장례비 및 장례를 위한 제반비용 등으로

금 2,500,000원을 지출하였으므로 피고는 원고 박◉◉에게 이를 배상할 책임이 있다 할 것입니다.

4. 결 론

그렇다면 피고는 원고 박◉◉에게 금 97,330,558원(망인의 일실수익 및 위자료 상속분 금 64,330,558원 + 위자료 금 8,000,000원 + 장례비 금 2,500,000원), 원고 이◉◉에게 금 72,330,558원(망인의 일실수익 및 위자료 상속분 금 64,330,558원 + 위자료 금 8,000,000원), 원고 박◎◎에게 금 4,000,000원 및 각 이에 대하여 이 사건 불법행위일인 2000.8.22.부터 이 사건 소장부본 송달일까지는 민법에서 정한 연 5%의, 그 다음날부터 다 갚는 날까지는 소송촉진등에관한특례법에서 정한 연 15%의 각 비율에 의한 지연손해금을 지급할 의무가 있다 할 것이므로, 그 지급을 구하기 위하여 이 사건 청구에 이른 것입니다.

입 증 방 법

1. 갑 제1호증   기본증명서
       (단, 2007.12.31. 이전 사망한 경우 제적등본)
1. 갑 제2호증   가족관계증명서
       (또는, 상속관계를 확인할 수 있는 제적등본)
1. 갑 제3호증   주민등록등본
1. 갑 제4호증   사망진단서
1. 갑 제5호증   사체검안서
1. 갑 제6호증   교통사고사실확인원
1. 갑 제7호증   자동차등록원부
1. 갑 제8호증의 1, 2   한국인표준생명표 표지 및 내용
1. 갑 제9호증의 1, 2   월간거래가격표지 및 내용

첨 부 서 류

1. 위 입증방법   각 1통
1. 법인등기사항증명서   1통
1. 소장부본   1통
1. 송달료납부서   1통

20○○. ○. ○.

위 원고 1. 박◉◉ (서명 또는 날인)

2. 이◉◉ (서명 또는 날인)

3. 박◎◎

원고 박◎◎는 미성년자이므로 법정대리인

친권자 부 박◉◉ (서명 또는 날인)

모 이◉◉ (서명 또는 날인)

○○지방법원 귀중

[서식 예] 손해배상(자)청구의 소
(여고생사망, 호프만수치 240넘는 경우)

소　장

원　　고　1. 김●● (주민등록번호)
　　　　　2. 이●● (주민등록번호)
　　　　　3. 김◎◎ (주민등록번호)
　　　　　원고 김◎◎는 미성년자이므로
　　　　　법정대리인 친권자 부 김●●
　　　　　　　　　　　　　　모 이●●
　　　　　원고들의 주소:○○시 ○○구 ○○길 ○○(우편번호)
　　　　　전화.휴대폰번호:
　　　　　팩스번호, 전자우편(e-mail)주소:
피　　고　◇◇화재해상보험주식회사
　　　　　○○시 ○○구 ○○로 ○○(우편번호)
　　　　　대표이사 ◇◇◇
　　　　　전화.휴대폰번호:
　　　　　팩스번호, 전자우편(e-mail)주소:

손해배상(자)청구의 소

청　구　취　지

1. 피고는 원고 김●●에게 금 90,711,520원, 원고 이●●에게 금 88,211,520원, 원고 김◎◎에게 금 4,000,000원 및 각 이에 대하여 2000.8.2.부터 이 사건 소장부본 송달일까지는 연 5%의, 그 다음날부터 다 갚는 날까지는 연 15%의 각 비율에 의한 돈을 각 지급하라.
2. 소송비용은 피고의 부담으로 한다.

3. 위 제1항은 가집행 할 수 있다.
라는 판결을 구합니다.

청 구 원 인

1. 당사자들의 관계
   피고는 소외 ◆◆◆의 보험사업자이고, 원고 김◉◉는 소외
   ◆◆◆의 교통사고에 의하여 사망한 소외 망 김○○의 아버지
   이고, 원고 이◉◉는 그 어머니이며, 원고 김◎◎는 그 동생
   입니다.

2. 손해배상책임의 발생
   소외 ◆◆◆는 광주○도○○○○호 세피아승용차의 운전업무
   에 종사하는 사람인바, 2000.8.2. 19:40경 위 차량을 운전하
   여 ○○시 ○○구 ○○길 소재 ◎◎약국 앞 도로상을 ○○동
   방면에서 ◎◎경찰서 방면으로 시속 80km로 진행하게 함에
   있어 전방주시의무를 게을리 하여 같은 방향으로 위 도로가장
   자리를 보행하던 소외 망 김○○(여, 18세)를 충격 하여 도로
   에 넘어지게 함으로써 소외 망 김○○가 현장에서 뇌진탕 등
   에 의하여 사망하게 한 것입니다.
   그렇다면 위 사고차량의 소유자인 소외 ◆◆◆는 자동차손해
   배상보장법 제3조에서 규정한 자기를 위하여 자동차를 운행
   하는 자로서 이 사건 사고의 피해자인 소외 망 김○○ 및 소
   외 망 김○○의 유족인 원고들이 입은 재산적, 정신적 손해를
   배상할 책임이 있다 할 것인데, 위 가해 자동차는 피고회사의
   자동차종합보험에 가입되어 있으므로 피고회사는 상법 제726
   조의2에 의하여 손해배상책임이 있다 할 것입니다.

3. 손해배상의 범위
   가. 원고 김○○의 일실수입
      (1) 산정요소
         (가) 성별: 여자

(나) 생년월일: 1982.7.20.생

(다) 사고당시 나이: 만 18세 남짓

(라) 기대여명: 62.02년

(마) 거주지: 도시지역

(바) 소득실태(도시일용노임): 금 37,052원(2000년 하반기 시중노임단가)

(사) 가동연한: 만 60세가 되는 2042.7.19.까지 월 22일씩 가동

(자) 호프만 수치: 240[270.8755{사고일부터 만 60세가 되는 2042.7.19.까지 503개월(월 미만은 버림)해당분 호프만수치) - 22.8290(만 20세가 되는 2002.7.19.까지 24개월에 대한 호프만수치)=248.0465이나 240을 초과하므로 240으로 함

(아) 생계비공제: 월수입의 1/3정도

(2)【계산】

〔(37,052 × 22) × 240 × 2/3〕=130,423,040원(원 미만은 버림)

나. 소외 망 김○○의 위자료

소외 망 김○○는 이 사건 사고로 사망하는 순간 견딜 수 없는 고통과 여자고등학교 2학년에 재학 중인 학생으로서 부모를 앞에 둔 채 여명을 다하지 못하고 한을 품은 채 운명하였을 것이므로 피고는 소외 망 김○○에게 금 30,000,000원을 위자료로 지급함이 상당하다 할 것입니다.

다. 상속관계

소외 망 김○○의 재산적 손해 및 위자료를 합하면 금 160,423,040원(재산적 손해 금 130,423,040원 + 위자료 금 30,000,000원)인바, 소외 망 김○○의 부모인 원고 김◉◉ 원고 이◉◉에게 각 2분의 1씩 공동상속 되었다 할 것입니다.

라. 원고들의 위자료

원고들도 소외 망 김○○의 사망으로 인하여 크나큰 정신적 고통을 받았을 것임은 경험칙상 명백하므로 위 망인의 부모인 원고 김◉◉, 원고 이◉◉에게 각 금 8,000,000원, 위 망인의 동생인 원고 김◎◎에게 금 4,000,000원씩을 위자료로 지급함이 상당하다 할 것입니다.

마. 장례비

이 사건 사고를 당하여 원고 김◉◉는 소외 망 김○○의 장례를 위하여 장례비 및 장례를 위한 제반비용 등으로 금 2,500,000원을 지출하였으므로 피고는 원고 김◉◉에게 이를 배상할 책임이 있다 할 것입니다.

4. 결 론

그렇다면 피고는 원고 김◉◉에게 금 90,711,520원(망인의 일실수익 및 위자료 상속분 금 80,211,520원 + 위자료 금 8,000,000원 + 장례비 금 2,500,000원), 원고 이◉◉에게 금 88,211,520원(망인의 일실수익 및 위자료 상속분 금 80,211,520원 + 위자료 금 8,000,000원), 원고 김◎◎에게 금 4,000,000원 및 각 이에 대하여 이 사건 불법행위일인 2000.8.22.부터 이 사건 소장부본 송달일까지는 민법에서 정한 연 5%의, 그 다음날부터 다 갚는 날까지는 소송촉진등에관한특례법에서 정한 연 15%의 각 비율에 의한 지연손해금을 지급할 의무가 있다 할 것이므로, 그 지급을 구하기 위하여 이 사건 청구에 이른 것입니다.

입 증 방 법

1. 갑 제1호증   제적등본
  (단, 2008.1.1. 이후 사망한 경우 기본증명서)
1. 갑 제2호증 상속관계를 확인할 수 있는 제적등본
            (또는, 가족관계증명서)
1. 갑 제3호증   주민등록등본

1. 갑 제4호증   사망진단서
1. 갑 제5호증   사체검안서
1. 갑 제6호증   교통사고사실확인원
1. 갑 제7호증   자동차등록원부
1. 갑 제8호증의 1, 2 한국인표준생명표 표지 및 내용
1. 갑 제9호증의 1, 2   월간거래가격표지 및 내용

첨 부 서 류

1. 위 입증방법   각 1통
1. 법인등기사항증명서   1통
1. 소장부본   1통
1. 송달료납부서   1통

20○○. ○. ○.
위 원고 1. 김●● (서명 또는 날인)
2. 이●● (서명 또는 날인)
3. 김◎◎
원고 김◎◎는 미성년자이므로 법정대리인
친권자 부 박●● (서명 또는 날인)
모 이●● (서명 또는 날인)

○○지방법원 귀중

소 장

원 고 ○○○ (주민등록번호)
　　　　○○시 ○○구 ○○길 ○○(우편번호)
　　　　전화.휴대폰번호:
　　　　팩스번호, 전자우편(e-mail)주소:
피 고 ◇◇화재해상보험주식회사
　　　　○○시 ○○구 ○○로 ○○(우편번호)
　　　　대표이사 ◇◇◇
　　　　전화.휴대폰번호:
　　　　팩스번호, 전자우편(e-mail)주소:

손해배상(자)청구의 소

청 구 취 지

1. 피고는 원고에게 금 15,964,090원 및 이에 대한 2000.5.26.
   부터 이 사건 소장부본 송달일까지는 연 5%의, 그 다음날부
   터 다 갚는 날까지 연 15%의 각 비율에 의한 돈을 지급하라
2. 소송비용은 피고의 부담으로 한다.
3. 위 제1항은 가집행 할 수 있다.
라는 판결을 구합니다.

청 구 원 인

1. 당사자들의 지위
   원고는 이 사건 교통사고의 피해자 본인으로 ○○시 라○○○
   ○호 오토바이 운전자이고, 피고 ◇◇화재해상보험주식회사는
   (다음부터 피고 보험회사라고 함) 이 사건 가해차량인 충남

○○나○○○○호 승용차의 소유자인 소외 ◆◆주식회사가 피보험자로 하여 가입한 자동차종합보험회사입니다.

2. 손해배상책임의 발생

　가. 사고경위

　　소외 박◆◆는 피보험자인 소외 ◆◆주식회사에 근무하는 직원으로, 위 승용차를 운전하여 2000.5.26. 11:40경 ○○ ○○시 ○○면 ○○ 소재 ○○삼거리로부터 500m 떨어진 지점을 ◎◎방면에서 ○○삼거리방면으로 진행 중에 다른 진행차량 여부를 잘 살펴 운전하여야 할 주의의무가 있음에도 불구하고 이를 게을리 한 채 그대로 위 차량을 운전한 과실로 갓길에 정차 중이던 원고의 위 오토바이 중앙부분을 충격 하여 원고로 하여금 방광파열 후부요도 파열골반골절 및 혈종 등으로 장해가능성이 예상되는 상해를 입게 하였습니다.

　나. 그렇다면 위 승용차의 소유자인 소외 ◆◆주식회사는 자동차손해배상보장법 제3조에서 규정한 자기를 위하여 자동차를 운행하는 자로서 이 사건 사고의 피해자인 원고가 입은 재산적, 정신적 손해를 배상할 책임이 있다 할 것이고, 또한 피고 보험회사는 소외 ◆◆주식회사가 피보험자인 자동차보험자로서 상법 제726조의2에 따라 위 사고로 입은 모든 손해를 지급할 책임이 있다 할 것입니다.

3. 손해배상책임의 범위

　가. 일실수입

　　(1) 원고는 19○○.○.○.생으로서 위 사고 당시 34세 10월 남짓한 건강한 남자이고 그 평균여명은 33.56년입니다.

　　(2) 원고는 이 사건 사고 당시 도시일용노동에 종사하여 왔는데, 이 사건 사고로 말미암아 방광파열 후부요도 파열골반골절 및 혈종 등의 상해를 입어 장해가능성이 예상되는바, 추후신체감정결과에 따라 정산하기로

- 580 -

하고 우선 금 1,000,000원만 청구합니다.

나. 기왕치료비

원고는 이 사건 사고로 말미암아 사고일인 2000.5.26.부터 이 사건 소제기시까지 ○○시 ○○동 소재 ○○재단 ○○병원에서 입원치료를 받으면서 그 치료비로 금 4,964,090원을 지급하였습니다.

다. 향후치료비

추후 신체감정결과에 따라 청구하겠습니다.

라. 위자료

원고는 이 사건 사고로 말미암아 방광파열 후부요도파열 골반골절 및 혈종 등의 상해를 입어 장해가능성이 예상되므로 원고가 상당한 정신상 고통을 받았을 것임은 명백하고, 피고는 이를 금전적으로 위로하고 도와줄 의무가 있다 할 것이므로 금 10,000,000원을 위자료로 지급함이 상당하다 할 것입니다.

4. 결 론

따라서 피고 보험회사는 원고에게 금 15,964,090원 및 이에 대하여 이 사건 불법행위일인 2000.5.26.부터 이 사건 소장부본 송달일까지는 민법에서 정한 연 5%의, 그 다음날부터 다 갚을 때까지는 소송촉진등에관한특례법에서 정한 연 15%의 각 비율에 의한 지연손해금을 지급할 의무가 있으므로, 원고는 피고 보험회사에 대하여 위 돈의 지급을 구하기 위하여 이 사건 청구에 이른 것입니다.

입 증 방 법

1. 갑 제1호증	교통사고사실확인원
1. 갑 제2호증	교통사고보고실황조사서
1. 갑 제3호증	진단서
1. 갑 제4호증의 1 내지 9	각 치료비영수증

1. 갑 제5호증   자동차등록원부
1. 갑 제6호증의 1, 2 한국인표준생명표 표지 및 내용

첨 부 서 류

1. 위 입증방법   각 1통
1. 법인등기사항증명서   1통
1. 소장부본   1통
1. 송달료납부서   1통

        2000. ○. ○.
        위 원고 ○○○ (서명 또는 날인)

○○지방법원 귀중

소 장

원   고   1. 김◉◉
          2. 이◉◉
          3. 김◎◎
          원고 김◎◎는 미성년자이므로
          법정대리인 친권자 부 김◉◉
                        모 이◉◉
          원고들의 주소:○○시 ○○구 ○○길 ○○(우편번호)
          전화.휴대폰번호:
          팩스번호, 전자우편(e-mail)주소:
피   고   ◇◇화재해상보험주식회사
          ○○시 ○○구 ○○로 ○○(우편번호)
          대표이사 ◇◇◇
          전화.휴대폰번호:
          팩스번호, 전자우편(e-mail)주소:

손해배상(자)청구의 소

청 구 취 지

1. 피고는 원고 김◉◉에게 금 91,211,520원, 원고 이◉◉에게
   금 88,211,520원, 원고 김◎◎에게 금 4,000,000원 및 각 이
   에 대하여 2000.8.2.부터 이 사건 소장부본 송달일까지는 연
   5%의, 그 다음날부터 다 갚는 날까지는 연 15%의 각 비율
   에 의한 돈을 각 지급하라.
2. 소송비용은 피고의 부담으로 한다.

3. 위 제1항은 가집행 할 수 있다.
라는 판결을 구합니다.

청 구 원 인

1. 당사자들의 관계

피고는 소외 ◈◈◈의 보험사업자이고, 원고 김●●는 소외 ◈◈◈의 교통사고에 의하여 사망한 소외 망 김○○의 아버지이고, 원고 이●●는 그 어머니이며, 원고 김◎◎는 그 동생입니다.

2. 손해배상책임의 발생

소외 ◈◈◈는 광주○도○○○○호 세피아승용차의 운전업무에 종사하는 사람인바, 2000.8.2. 19:40경 위 차량을 운전하여 ○○시 ○○구 ○○길 소재 ◎◎약국 앞 도로상을 ○○동 방면에서 ◎◎경찰서 방면으로 시속 80㎞로 진행하게 함에 있어 전방주시의무를 게을리 하여 같은 방향으로 위 도로가장자리를 보행하던 소외 망 김○○(남, 23세)를 충격 하여 도로에 넘어지게 함으로써 소외 망 김○○가 현장에서 뇌진탕 등에 의하여 사망하게 한 것입니다.

그렇다면 위 사고차량의 소유자인 소외 ◈◈◈는 자동차손해배상보장법 제3조에서 규정한 자기를 위하여 자동차를 운행하는 자로서 이 사건 사고의 피해자인 소외 망 김○○ 및 소외 망 김○○의 유족인 원고들이 입은 재산적, 정신적 손해를 배상할 책임이 있다 할 것인데, 위 가해 자동차는 피고회사의 자동차종합보험에 가입되어 있으므로 피고회사는 상법 제726조의2에 의하여 손해배상책임이 있다 할 것입니다.

3. 손해배상의 범위

가. 원고 김○○의 일실수입

(1) 산정요소

(가) 성별: 남자

(나) 생년월일: 1977.7.2.생

(다) 사고당시 나이: 만 23세 1개월

(라) 기대여명: 49.81년

(마) 거주지: 도시지역

(바) 소득실태(도시일용노임): 금 37,052원(2000년 하반기 시중노임단가)

(사) 가동연한: 만 60세가 되는 2037.7.2.까지 월 22일씩 가동

(자) 호프만 수치: 240{사고일부터 만 60세가 되는 2037.7.2.까지 443개월(월 미만은 버림) 해당분 호프만수치는 250.6814이나 240을 초과하므로 240으로 함}

(아) 생계비공제: 월수입의 1/3정도

(2)【계산】

〔(37,052 × 22) × 240 × 2/3〕=130,423,040원(원 미만은 버림)

나. 장례비

이 사건 사고를 당하여 원고 김◉◉는 소외 망 김○○의 장례를 위하여 장례비 및 장례를 위한 제반비용 등으로 금 3,000,000원을 지출하였으므로 피고는 원고 김◉◉에게 이를 배상할 책임이 있다 할 것입니다.

다. 위자료

소외 망 김○○는 이 사건 사고로 사망하는 순간 견딜 수 없는 고통과 부모를 앞에 둔 채 여명을 다하지 못하고 한을 품은 채 운명하였을 것이므로 피고는 소외 망 김○○ 및 앞서 본 가족관계가 인정되는 소외 망 김○○의 유족들을 위로하고 도와줄 의무가 있다 할 것인바, 소외 망 김○○에게 금 30,000,000원, 원고 김◉◉에게 금 8,000,000원, 원고 이◉◉에게 금 8,000,000원, 원고 김◎◎에게 금 4,000,000원씩을 위자료로 지급함이 상당하다 할 것입니다.

라. 상속관계

　　소외 망 김○○의 재산적 손해 및 위자료를 합하면 금 160,423,040원(재산적 손해 금 130,423,040원 + 위자료 금 30,000,000원)인바, 소외 망 김○○의 부모인 원고 김◉◉ 원고 이◉◉에게 각 2분의 1씩 공동상속 되었다 할 것입니다.

4. 결 론

　　그렇다면 피고는 원고 김◉◉에게 금 91,211,520원(망인의 일실수입 및 위자료 상속분 금 80,211,520원 + 위자료 금 8,000,000원 + 장례비 금 3,000,000원), 원고 이◉◉에게 금 88,211,520원(망인의 일실수입 및 위자료 상속분 금 80,211,520원 + 위자료 금 8,000,000원), 원고 김◎◎에게 금 4,000,000원 및 각 이에 대하여 이 사건 불법행위일인 2000. 8. 22.부터 이 사건 소장부본 송달일까지는 민법에서 정한 연 5%의, 그 다음날부터 다 갚는 날까지는 소송촉진등에관한특례법에서 정한 연 15%의 각 비율에 의한 지연손해금을 각 지급할 의무가 있다 할 것이므로, 그 지급을 구하기 위하여 이 사건 청구에 이른 것입니다.

입 증 자 료

1. 갑 제1호증	가족관계증명서
1. 갑 제2호증	기본증명서
1. 갑 제2호증	주민등록초본
1. 갑 제3호증	사망진단서
1. 갑 제4호증	사체검안서
1. 갑 제5호증	교통사고사실확인원
1. 갑 제6호증	자동차등록원부
1. 갑 제7호증의 1, 2	한국인표준생명표 표지 및 내용
1. 갑 제8호증의 1, 2	월간거래가격표지 및 내용

첨 부 서 류

1. 위 입증방법   각 1통
1. 법인등기부등본   1통
1. 소장부본   1통
1. 송달료납부서   1통

20○○. ○. ○.
위 원고 1. 김●● (서명 또는 날인)
        2. 이●● (서명 또는 날인)
        3. 김◎◎
원고 김◎◎는 미성년자이므로 법정대리인
    친권자 부 박●● (서명 또는 날인)
            모 이●● (서명 또는 날인)

○○지방법원 귀중

소　장

원 고　1. 박○○(주민등록번호)
　　　　2. 김○○(주민등록번호)
　　　　　원고들의 주소:○○시 ○○구 ○○길 ○○(우편번호)
　　　　　전화.휴대폰번호:
　　　　　팩스번호, 전자우편(e-mail)주소:
피 　 고　전국화물자동차운송사업연합회
　　　　　○○시 ○○구 ○○길 ○○(우편번호)
　　　　　회장 ◇◇◇
　　　　　전화.휴대폰번호:
　　　　　팩스번호, 전자우편(e-mail)주소:

손해배상(자)청구의 소

청 구 취 지

1. 피고는 원고 박○○에게 금 ○○○○○원, 원고 김○○에게 금 ○○○○○원 및 각 이에 대하여 20○○.○.○.부터 이 사건 소장부본 송달일까지는 연 5%의, 그 다음날부터 다 갚는 날까지는 연 15%의 각 비율에 의한 돈을 지급하라.
2. 소송비용은 피고의 부담으로 한다.
3. 위 제1항은 가집행 할 수 있다.
라는 판결을 구합니다.

청 구 원 인

1. 당사자들의 지위

   가. 원고 박○○는 이 사건 교통사고로 사망한 소외 망 김◉◉의 처, 원고 김○○는 소외 망 김◉◉의 아들입니다.

   나. 피고는 이 사건 교통사고의 가해차량인 소외 ○○화물주식회사(다음부터 소외회사라고만 함) 소유의 ○○15타○○○○호 화물자동차에 관하여 공제계약을 체결한 공제사업자입니다.

2. 손해배상책임의 발생

   가. 소외 권◆◆는 소외회사의 운전원으로 재직하고 있는 사람으로서 20○○.○.○. 06:00경 소외회사 소유의 ○○15타○○○○호 화물자동차를 운전하여 ○○ ○○군 ○○면 ○○길 ○○마을 앞 편도 1차선 도로를 운행하던 중 졸음운전으로 인하여 중앙선을 넘어 마주 오던 반대차선의 소외 망 김◉◉이 운전하던 승용차를 들이받아 소외 망 김◉◉를 현장에서 사망케 하고 승용차를 손괴하는 사고를 발생시켰는바, 이는 전방주시를 철저히 하여 안전하게 운행하여야 할 주의의무가 있음에도 불구하고 이를 게을리한 채 졸음운전을 하였기 때문입니다.

   나. 따라서 소외회사는 자동차손해배상보장법 제3조의 "자기를 위하여 자동차를 운행한 자"에 해당하므로 같은 규정에 따라 이 사건 교통사고로 인한 피해자에 대한 모든 손해를 배상할 책임이 있다 할 것이며, 피고는 위 사고차량에 관한 공제계약에 따라 원고들의 위 모든 손해를 배상할 책임이 있습니다.

3. 손해배상책임의 범위

   가. 소외 망 김◉◉의 일실수입

   소외 망 김◉◉는 19○○.○.○. 출생한 신체 건강한 남자로서 이 사건 사고일인 20○○.○.○.현재 나이 ○○세로 통계청발행의 한국인표준생명표에 의하면 기대여명이 ○○년은 되므로 최소한 72세까지는 생존 가능한 것으로 추정되고 적어도 같은 여명내의 만 60세가 되는 해인 20○○.○.○.까지 ○○년 ○개월은 더 일할 수 있었을 것입니다. 위 망인은 위 교통사고로 사망할 때까지 약 30년간 각종 공사장에서 형틀목공으로 일해왔던 자로서 사고일에 가까운 20○○.○.의 대한건설협회 발행의 월간거래가격에 따르면 형틀목공의 1일 평균임금은 금 ○○○원인바, 피해자가 사망하지 않았더라면 적어도 매월 22일씩 일하여 기대여명내인 60세까지 ○○년 ○개월 동안은 근로하여 소득을 얻을 수 있었을 것인데, 이 사건 교통사고로 인하여 사망함에 따라 그 소득을 매월 순차적으로 상실하게 되었습니다. 따라서 위 망인이 상실한 위 소득을 이 사건 교통사고 당시를 기준으로 단리 월 5/12%의 중간이자를 공제하는 호프만식 계산법에 따라 그 현가를 계산하면 금 ○○○○○원{형틀목공 1일 시중노임 금 ○○○원×22일×60세까지 ○○○개월에 대한 단리연금현가표상 수치(호프만수치)}이 됩니다. 여기서 위 망인의 생계비로 3분의 1정도를 공제하면 이 사건 교통사고로 인한 위 망인의 일실수입 총액은 금 ○○○○○원(위 현가 금 ○○○○○원×2/3, 원미만 버림)이 됩니다.

나. 소외 망 김◉◉의 위자료

소외 망 김◉◉가 사망함에 있어 입은 정신적 고통에 대하여 피고는 이를 위자할 책임이 있다 할 것인데 위 망인의 학력과 경력 그리고 이 사건 사고의 내용 등 사정을 참작하면 위자료로 금 ○○○○원 정도가 상당하다고 할 것입니다.

다. 상속관계

피고의 소외 망 김◉◉에 대한 배상책임의 액수는 앞서와 같이 합계 금 ○○○○○원(일실수입 금 ○○○○○원＋

위자료 금 ○○○○원)이 되는바, 그와 같은 손해배상채권
은 그의 재산상속인들인 원고 박○○에게 금 ○○○○○
원(위 합계 금○○○○○원×3/5), 원고 김○○에게 금 ○
○○○○원(위 합계 금○○○○○원×2/5)씩 귀속되었습니
다.

라. 원고들의 위자료

소외 망 김◉◉가 사망함으로써 그의 처와 아들인 원고들
이 심한 정신적 고통을 입었다 할 것이므로 피고는 이를
위자할 책임이 있고, 원고들의 경력.신분관계 등 사정을
참작하면 그의 처인 원고 박○○에 대한 위자료는 금 ○
○○원, 그의 아들인 원고 김○○에 대한 위자료는 금 ○
○○원 정도가 상당하다고 생각됩니다.

마. 소외 망 김◉◉의 장례비

원고 박○○은 망인의 처로서 그 장례를 치루면서 금 ○
○○원을 지출하였는바, 이 또한 이 사건 교통사고로 인
하여 원고 박○○가 입은 손해라 할 것이므로 피고로서는
이를 원고 박○○에게 배상하여야 할 책임이 있다 할 것
입니다.

4. 결론

그렇다면 피고는 원고 박○○에게 금 ○○○○○원(상속분 금
○○○○○원 + 위자료 금 ○○○원 + 장례비 금 ○○○원), 원
고 김○○에게 금 ○○○○○원(상속분 금 ○○○○○원 + 위
자료 금 ○○○원)씩을 지급하여 배상하여야 할 책임이 있다
할 것이므로, 원고들은 피고로부터 위 돈의 지급과 아울러 이
에 대하여 피해자가 사망한 사고일부터 이 사건 소장부본 송
달일까지는 민법에서 정한 연 5%의, 그 다음날부터 다 갚는
날까지는 소송촉진등에관한특례법에서 정한 연 15%의 각 비
율에 의한 지연손해금의 지급을 받고자 이 사건 청구에 이른
것입니다.

입 증 방 법

1. 갑 제1호증   기본증명서
   (단, 2007.12.31. 이전 사망한 경우 제적등본)
1. 갑 제2호증   가족관계증명서
   (또는, 상속관계를 확인할 수 있는 제적등본)
1. 갑 제3호증   주민등록등본
1. 갑 제4호증   자동차등록원부
1. 갑 제5호증   교통사고사실확인원
1. 갑 제6호증   사망진단서
1. 갑 제7호증의 1, 2   월간거래가격표지 및 내용
1. 갑 제8호증의 1, 2   한국인표준생명표 표지 및 내용

첨 부 서 류

1. 위 입증방법   각 1통
1. 법인등기사항증명서   1통
1. 소장부본   1통
1. 송달료납부서   1통

20○○. ○. ○.
위 원고   1. 박○○ (서명 또는 날인)
         2. 김○○ (서명 또는 날인)

○○지방법원 귀중

소 장

원 고　　1. 김○○ (주민등록번호)

　　　　　　○○시 ○○구 ○○길 ○○(우편번호)

　　　　　　전화.휴대폰번호:

　　　　　　팩스번호, 전자우편(e-mail)주소:

　　　　2. 이①○ (주민등록번호)

　　　　　　○○시 ○○구 ○○길 ○○(우편번호)

　　　　　　전화.휴대폰번호:

　　　　　　팩스번호, 전자우편(e-mail)주소:

　　　　3. 이②○ (주민등록번호)

　　　　　　○○시 ○○구 ○○길 ○○(우편번호)

　　　　　　전화.휴대폰번호:

　　　　　　팩스번호, 전자우편(e-mail)주소:

피 고　　　◇◇◇ (주민등록번호)

　　　　　　○○시 ○○구 ○○길 ○○(우편번호)

　　　　　　전화.휴대폰번호:

　　　　　　팩스번호, 전자우편(e-mail)주소:

손해배상(자)청구의 소

청 구 취 지

1. 피고는 원고 김○○에게 금 169,689,019원, 원고 이①○, 원고 이②○에게 각 금106,126,012원 및 이에 대하여 2000.7.22.부터 이 사건 소장부본 송달일까지는 연 5%의, 그 다음날부터

다 갚는 날까지는 연 15%의 각 비율에 의한 돈을 각 지급하라.
2. 소송비용은 피고의 부담으로 한다.
3. 위 제1항은 가집행 할 수 있다.
라는 판결을 구합니다.

청 구 원 인

1. 당사자들의 지위
   소외 망 이◉◉는 이 사건 사고로 사망한 사람인바, 원고 김
   ○○는 소외 망 이◉◉의 처이고, 원고 이①○, 원고 이②○
   는 소외 망 이◉◉의 아들이며, 피고 ◇◇◇는 이 사건 가해
   차량의 운전자입니다.

2. 손해배상 책임의 발생
   가. 피고 ◇◇◇는 2000.7.22. 21:20경 소외 정◆◆를 흉기
       로 위협하여 자동차 열쇠를 빼앗아 소외 정◆◆ 소유인
       서울 ○○고○○○○호 그랜저 승용차를 강제로 빼앗아
       운전하던 중 서울 ○○구 ○○길 ○○교차로 방면에서
       ○○방면으로 편도 3차선 도로를 1차로를 따라 시속 약
       80㎞로 진행하다가 신호등 있는 횡단보도를 보행자신호
       에 따라 횡단보도를 건너는 소외 망 이◉◉를 충돌하여
       사고차량 앞 범퍼 좌측부분으로 들이받아 도로에 넘어뜨
       린 후 계속 진행하여 좌측 앞바퀴로 피해자의 머리부위
       를 넘어가 피해자로 하여금 두개골 파열에 의한 뇌출혈
       로 그 자리에서 사망에 이르게 한 것입니다.
   나. 그렇다면 피고는 민법 제750조에 규정한 불법행위자로
       서 이 사건 사고의 피해자인 소외 망 이◉◉ 및 소외
       망 이◉◉의 유족인 원고들이 입은 재산적, 정신적 손해
       를 배상할 책임이 있다 할 것입니다.

3. 손해배상의 범위

　가. 일실수입

　　　망인이 이 사건 사고로 입은 일실수입 손해는 다음 (1)
　　　과 같은 인정사실 및 평가내용을 기초로 하여, 다음 (2)
　　　와 같이 월 5/12%의 비율에 의한 중간이자를 공제하는
　　　단리할인법에 따라 이 사건 사고 당시의 현가로 계산한
　　　금327,441,045원입니다.

　　　(1) 인정사실 및 평가내용

　　　　　(가) 성 별 : 남자

　　　　　　　생년월일 : 1950.3.16.생

　　　　　　　연령(사고당시) : 50세 4개월 정도

　　　　　　　기대여명 : 25.28년

　　　　　(나) 직업 및 경력

　　　　　　　19○○.○.○○. ○○신학교를 졸업하고, 19○
　　　　　　　○.○.○○. 대한예수교 ○○노회에서 목사임직
　　　　　　　을 받고 19○○.○.○○.부터 ○○시 ○○구 ○
　　　　　　　○동 ○○ 소재 ○○교회의 당회장 목사로 부
　　　　　　　임한 이래 이 사건 사고시까지 위 교회에서 10
　　　　　　　년 이상 목회를 하고 있었습니다.

　　　　　(다) 가동기간 : 목사(종교관계종사자)로서 70세까지
　　　　　　　가동할 수 있을 것으로 예상됨.

　　　　　(라) 가동능력에 대한 금전적인 평가

　　　　　　　통계청이 고시한 1992년 한국표준직업분류(통
　　　　　　　계청고시 제1992-1호)에 따르면 목사 및 부흥
　　　　　　　사는 24. 기타 전문가. 246. 종교전문가에 속
　　　　　　　하고, 노동부 발행의 1999년 임금구조기본통계
　　　　　　　조사보고서(조사기준기간 1999.6.1.부터 같은
　　　　　　　해 6. 30.까지)에 의하면 24. 기타 전문가, 10
　　　　　　　년 이상 경력의 남자의 월수입은 금 3,002,300
　　　　　　　원(월급여액 2,304,775원 + 연간특별 급여액

8,370,310원/12, 원 미만은 버림)이 됩니다. 그런데 소외 망 이◉◉는 10년 이상 목사로서 재직하고 있으나 그 보수가 일정치 않으므로 객관적인 자료에 의해 적정하다고 여겨지는 액수를 소외 망 이◉◉의 금전적인 가동능력으로 평가할 수밖에 없다 할 것인데, 그렇게 볼 때 소외 망 이◉◉과 같은 목사는 앞서 본 한국표준직업분류에 의한 종교전문가(246번)에 속한다 할 것이고 위에서 인정한 임금구조기본통계보고서상의 10년 이상 경력 남자 종교전문가의 월수입을 망인의 가동능력에 대한 금전적인 평가로 인정함이 상당하다고 할 것입니다.

    (마) 생계비 : 수입의 1/3

  (2) 계산

    (가) 호프만 수치: 163.5951{사고일인 2000.7.22.부터 만 70세가 되는 2020.3.15.까지 235개월간 (월 미만은 버림) 해당분}

    (나)【계산】 3,002,300원 × 2/3 × 163.5951=327,441,045 (원 미만은 버림)

나. 소외 망 이◉◉의 위자료

  소외 망 이◉◉가 사망함에 있어 입은 정신적 고통에 대하여 피고는 이를 위자할 책임이 있다 할 것인데, 위 망인의 학력과 경력 그리고 이 사건 사고의 내용 등 사정을 참작하면 위자료로 금 30,000,000원 정도가 상당하다고 할 것입니다.

다. 상속관계

  (1) 재산상속인, 상속비율

    원고 김○○ : 3/7

    원고 이①○, 원고 이②○ : 각 2/7

  (2) 상속재산

금 357,441,045원

(재산상 손해 327,441,045원 + 위자료 30,000,000원)

(3) 상속금액의 계산

원고 김○○ : 금 153,189,019원(357,441,045원×3/7)

원고 이①○, 원고 이②○ :

각 금 102,126,012원(357,441,045원×2/7)

라. 원고들의 위자료

소외 망 이●●가 사망함으로써 그의 처와 아들인 원고들이 심한 정신적 고통을 입었다 할 것이므로 피고는 이를 위자할 책임이 있고, 원고들의 경력.신분관계 등 사정을 참작하면 위 망인의 처인 원고 김○○에 대한 위자료는 금 12,000,000원, 위 망인의 아들인 원고 이①○, 원고 이②○에게 각 금 4,000,000원씩을 위자료로 지급함이 상당하다 할 것입니다.

마. 장례비

이 사건 사고를 당하여 원고 김○○는 소외 망 이●●의 장례를 위하여 장례비 및 장례를 위한 제반비용 등으로 금 4,500,000원을 지출하였으므로 피고는 원고 김○○에게 이를 배상할 책임이 있다 할 것입니다.

4. 결론

그렇다면 피고는 원고 김○○에게 금 169,689,019원(상속분 금 153,189,019원 + 본인 위자료 금 12,000,000원 + 장례비 금 4,500,000원), 원고 이①○, 원고 이②○에게 각 금 106,126,012원(상속분 금 102,126,012원 + 본인 위자료 금 4,000,000원) 및 이에 대하여 이 사건 사고일인 2000. 7. 22.부터 이 사건 소장부본 송달일까지는 민법에서 정한 연 5%의, 그 다음날부터 다 갚는 날까지는 소송촉진등에관한특례법에서 정한 연 15%의 각 비율에 의한 지연손해금을 각 지급 받고자 이 사건 청구에 이르게 되었습니다.

입 증 방 법

1. 갑 제1호증   기본증명서

           (단, 2007.12.31. 이전 사망한 경우 제적등본)

1. 갑 제2호증   가족관계증명서

           (또는, 상속관계를 확인할 수 있는 제적등본)

1. 갑 제3호증   주민등록등본

1. 갑 제4호증   사망진단서

1. 갑 제5호증   사체검안서

1. 갑 제6호증   교통사고사실확인원

1. 갑 제7호증   자동차등록원부

1. 갑 제8호증의 1, 2   한국인표준생명표 표지 및 내용

1. 갑 제9호증의 1, 2   한국표준직업분류 표지 및 내용

1. 갑 제10호증의 1, 2   임금구조기본통계조사보고서

                               표지 및 내용

첨 부 서 류

1. 위 입증서류   각 1통

1. 소장부본   1통

1. 송달료납부서   1통

20○○. ○. ○.

위 원고   1. 김○○   (서명 또는 날인)

               2. 이①○   (서명 또는 날인)

               3. 이②○   (서명 또는 날인)

○○지방법원   귀중

[서식 예] 조정신청서{손해배상(자)청구}

조 정 신 청 서

신 청 일 20○○.○○.○○.
사 건 명 손해배상(자)

신 청 인 ○○○(주민등록번호)
　　　　　○○시○○구○○길○○(우편번호)
　　　　　전화.휴대폰번호:
　　　　　팩스번호, 전자우편(e-mail)주소:
피신청인 ◇◇◇(주민등록번호)
　　　　　○○시○○구○○길○○(우편번호)
　　　　　전화.휴대폰번호:
　　　　　팩스번호, 전자우편(e-mail)주소:

조정신청 사항가액	금 3,736,876원	수수료	금 1,800원	송달료	금 32,500원
(인지첩부란)					

신 청 취 지

1. 피신청인은 신청인에게 금 3,736,876원 및 이에 대한 20○
   ○.○.○.부터 이 사건 신청서부본 송달일까지는 연 5%의, 그
   다음날부터 다 갚는 날까지는 연 15%의 각 비율에 의한 돈을
   지급한다.
2. 조정비용은 피신청인의 부담으로 한다.
라는 조정을 구합니다.

신 청 원 인

1. 신분관계

신청인은 이 사건 교통사고의 직접 피해자이고, 피신청인은 울산○○다○○○○호 베스타 승합자동차의 소유자겸 이 사건 교통사고를 야기한 불법행위자입니다.

2. 손해배상책임의 발생

신청인은 ○○시 ○○구 ○○길 소재 올림피아호텔 뒤편 소방도로를 걸어가고 있을 즈음, 피신청인이 울산○○다○○○○호 베스타 승합차를 운행하여 위 호텔 주차장 쪽에서 호텔 뒤편 공터로 진행하게 되었는바, 이러한 경우 운전업무에 종사하는 피신청인으로서는 전후 좌우를 잘 살펴 안전하게 운전함으로써 사고를 미리 방지하여야 할 주의의무가 있음에도 불구하고 이를 게을리 한 채 운전한 과실로 위 차량 운전석 앞 백밀러 부위로 보행 중이던 신청인을 충격, 전도케 하여 신청인으로 하여금 염좌, 견관절, 좌상 등의 중상해를 입게 하였습니다.

그렇다면 피신청인은 자기를 위하여 자동차를 운행하는 자로서, 위 교통사고를 발생시킨 불법행위자로서 신청인이 입게 된 모든 손해를 배상할 책임이 있다 할 것입니다.

3. 손해배상의 범위

가. 일실수입

신청인은 이 사고로 치료를 위하여 통원치료 47일간 아무런 일에도 종사하지 못하여 금 1,736,876원의 일실손해를 입었습니다.

【계 산】

20○○.9.경. 도시일용노임(건설업보통인부): 금 50,683원

월평균 가동일수: 22일

47일의 호프만지수: 1.5577[=1개월의 호프만지수(0.9958) + {2개월의 호프만지수(1.9875) - 1개월의 호프만지수(0.9958)}×17/30]

금 1,736,876원[=금 50,683원×22일×1.5577, 원미만 버림]

나. 치료비

치료비는 피신청인이 가입한 책임보험회사에서 전액 지급하였으므로 향후 치료비 금 1,000,000원을 청구합니다.

다. 위자료

신청인의 나이, 이 사건 사고의 경위 및 그 결과, 치료기간 등 신청인의 모든 사정을 감안하여 금 1,000,000원은 지급되어야 할 것입니다.

4. 결론

그렇다면 피신청인은 신청인에게 금 3,736,876원(일실수입금 1,736,876원 + 향후치료비 금 1,000,000원 + 위자료 금 1,000,000원) 및 이에 대하여 이 사건 사고발생일인 20○○.○.○.부터 이 사건 신청서부본 송달일까지는 민법에서 정한 연 5%의, 그 다음 날부터 다 갚는 날까지는 소송촉진등에관한특례법에서 정한 연 15%의 각 비율에 의한 지연손해금을 지급할 의무가 있다 할 것이므로 이 사건 신청에 이른 것입니다.

입 증 방 법

1. 갑 제1호증   주민등록표등본
1. 갑 제2호증   진단서
1. 갑 제3호증   치료확인서
1. 갑 제4호증   향후치료비추정서
1. 갑 제5호증   자동차등록원부
1. 갑 제6호증의1, 2   월간거래가격표지 및 내용

첨 부 서 류

1. 위 입증방법   각 1통
1. 신청서부본   1통
1. 송달료납부서   1통

2O○○. ○○. ○○.
위 신청인 ○○○ (서명 또는 날인)

○○지방법원 귀중

답 변 서

사 건   20○○가단○○○○ 손해배상(자)
원 고   ○○○
피 고   ◇◇보험주식회사

　　위 사건에 관하여 피고는 원고의 청구에 대하여 아래와 같이 답변합니다.

청구취지에 대한 답변

1. 원고의 청구를 기각한다.
2. 소송비용은 원고의 부담으로 한다.
라는 재판을 구합니다.

청구원인에 대한 답변

1. 원고의 주장
　　원고는 20○○.○.○. ○○:○○경 소외 ◆◆◆ 운전의 경남○고○○○○호 승용차가 ○○시 ○○구 ○○길 소재 ○○숯불갈비 앞에서 공사용 가드레일을 들이받아 그 파편이 원고에게 튕기면서 다발성 좌상, 미골탈구, 추간판탈출증 등의 상해를 입게 하였으므로 위 승용차의 보험자인 피고로서는 원고의 손해를 배상할 책임이 있다고 주장하고 있습니다.
2. 채무의 부존재
　　가. 위와 같은 원고의 주장과는 달리 이 사건 사고로 인하여 원고가 입은 상해는 장기간의 치료를 요하거나 후유장해를 남기는 상해가 아니라 경미한 좌상에 불과하였습니다.

나. 이에 피고는 이 사건 소제기 전에 원고의 치료요청에 따라 원고가 입은 손해의 전부인 치료비 전액 금 3,133,970원을 지급함으로써 이 사건 사고로 인한 배상책임을 모두 이행하였습니다. (피고는 추후 신체감정 및 형사기록이 송부되는 대로 원고가 주장하고 있는 사고발생 경위, 일실수입, 치료비 및 위자료에 대하여 적극적으로 다툴 예 정입니다)

3. 결 어

피고는 그 지급책임이 있는 범위내의 모든 채무를 이행하였으므로 원고의 이 사건 청구는 마땅히 기각되어야 할 것입니다.

20○○.○.○.

위 피고   ◇◇보험주식회사

대표이사 ◇◇◇ (서명 또는 날인)

○○지방법원 제○○민사단독   귀중

답 변 서

사　　건　　20○○가단○○○ 손해배상(자)
원　　고　　○○○
피　　고　　◇◇◇

위 사건에 관하여 피고는 다음과 같이 답변합니다.

청구취지에 대한 답변

1. 원고의 청구를 기각한다.
2. 소송비용은 원고의 부담으로 한다.
라는 판결을 구합니다.

청구원인에 대한 답변

1. 원고의 주장사실 가운데 이 사건 사고발생사실과 원고가 교통사고로 상해를 입은 사실은 인정합니다.
2. 과실상계의 주장
   원고는 오토바이를 무면허로 운전하였고, 안전모를 착용하지 않았으며 사고발생시 과속운전을 한 사실로 보아 이 사건 사고발생에 원고의 과실이 경합하여, 원고의 손해발생과 손해범위의 확대에 기여하였으므로 손해배상액산정에 있어서 원고의 과실부분은 참작되어야 할 것입니다.
3. 채무의 부존재
   가. 원고의 주장과는 달리 이 사건 사고로 인하여 원고가 입은 상해는 장기간의 치료를 요하거나 후유장해를 남기는 상해가 아니라 단순 좌측 팔골절상에 불과하였습니다.
   나. 이에 피고는 이 사건 소제기 전에 원고의 치료 요청에 따

라 원고가 입은 손해의 전부인 치료비 전액 금 ○○○원
및 위자료로 금 ○○○원을 지급함으로써 이 사건 사고로
인한 배상책임을 모두 이행하였습니다.
(피고는 추후 신체감정 및 형사기록이 송부되는 대로 원
고가 주장하고 있는 사고발생 경위, 일실수입, 치료비 및
위자료에 대하여 적극적으로 다툴 예 정입니다)

4. 결 어
피고는 피고에게 지급책임이 있는 범위내의 모든 채무를 이행
하였으므로 원고의 이 사건 청구는 마땅히 기각되어야 할 것
입니다.

20○○. ○. ○.

위 피고   ◇◇◇ (서명 또는 날인)

○○지방법원 제○민사단독 귀중

[서식 예] 준비서면{손해배상(자), 원고}

준 비 서 면

사   건   20○○가단○○○○ 손해배상(자)
원   고   황○○ 외 2
피   고   ◇◇화재해상보험주식회사

위 사건에 관하여 원고들은 다음과 같이 변론을 준비합니다.

다   음

1. 원고 황○○의 과실이라고 주장하는 부분에 관하여
   피고는 '이 사건 교통사고에서 택시운전자 소외 김◆◆를 비
   롯하여 원고와 같이 택시에 승차하였던 소외 이●●, 소외 박
   ●● 등은 경미한 부상을 입은 점, 피해차량의 파손부분 등
   대물손해가 손해인 점에도 불구하고 원고 황○○는 전치 4주
   간의 요추부 등의 수핵탈출증의 중상해를 입은 점에 비추어
   볼 때 그 스스로의 안전을 게을리 하였다고 추정된다 할 것'
   이라고 주장하며 원고 황○○의 과실비율은 20%를 상회한다
   는 취지로 주장합니다.
   황○○의 전치 4주의 상해에 비해 소외 이●●의 전치 3주의
   상해(갑 제7호증의 4 범죄인지보고 참조)가 도대체 어떠한 근
   거에서 경미한 부상이라고 주장하는지, 그리고 금 426,690원
   의 차량손괴가 어떠한 근거에서 소액이라는 것인지를 알 수
   없다는 사실은 차치 하더라도, 피고의 위와 같은 주장은 탑승
   위치에 따라서 그 부상의 정도가 크게 차이가 날 수 있다는
   사실을 알지 못하고, 만연이 원고 황○○의 상해정도가 다른
   탑승인에 비해 심하다는 사실로부터 원고 황○○에게도 과실
   이 있다는 식으로 추론을 하여 버림으로서 그 추론에 있어서

논리적 과오를 범하고 있는 것입니다.

2. 손익공제 주장에 관하여

피고는 원고 황○○의 치료비로 ○○병원 등에 합계 금 13,848,270원을 지급하였으므로 이를 공제하여야 한다고 주장합니다. 그러나 원고들은 그 치료비의 청구에 있어서 피고가 이미 지급한 치료비를 공제하고 원고들 자신이 지급한 치료비만을 청구하고 있으므로 피고의 위 주장은 이유 없는 주장이라 할 것입니다.

20○○. ○. ○.
위 원고   1. 황○○ (서명 또는 날인)
          2. 정○○ (서명 또는 날인)
          3. 황①○ (서명 또는 날인)

○○지방법원 제○○민사단독   귀중

제6장

의료사고로 인한
손해배상

제6장 의료사고로 인한 손해배상 소송

1. 개요

의료인의 치료행위 과정에서 환자에게 손해를 발생시킨 경우 환자 측은 의료인의 채무불이행 또는 불법행위로 인한 손해배상을 청구할 수 있습니다(민법 제393조 및 제750조).

① 채무불이행 책임 : 의료인이 환자에게 진료비 등을 받고 의료행위를 하기로 한 계약(의료계약)을 충실히 이행하지 않았음을 이유로 손해배상을 청구하는 것입니다(민법 제393조).

② 불법행위 책임 : 의료행위 중에 의료인이 마땅히 취했어야 할 최선의 주의를 기울이지 않았음을 이유로 손해배상을 청구하는 것입니다(민법 제750조).

민법상 채무불이행 또는 불법행위를 이유로 손해배상을 청구하기 위해서는 의료인의 과실, 위법성, 손해의 발생, 그리고 의료인의 과실로 인해 의료사고가 발생한 사실(인과관계)의 입증이 있어야 합니다. 채무불이행 또는 불법행위를 이유로 소송을 제기하는 경우, 법원에서는 요건에 충족하는지, 그에 대한 입증을 할 수 있는지 등 여러 가지를 판단하게 됩니다. 의료사고를 당해 의료인에게 손해배상 청구를 할 때에는 치료비 · 개호비 · 장례비 등의 적극적 손해부분과 일실이익 · 일실 퇴직금 등 소극적 손해, 위자료 등을 합산하여 손해배상금을 계산하게 됩니다. 환자가 재판에서 승소하더라도 환자가 주장하는 손해배상금 전부가 인정되는 것은 아닙니다. 재판장은 환자의 과실비율, 환자의 노동능력 상실률 등을 포함하여 전체 손해배상금을 조정합니다.

2. 의료사고로 인한 전체 손해액의 확정

① 손해액의 산정

의료사고로 인한 손해배상금 또는 합의금을 산출하기 위해서는 먼저 외형상의 총 손해액을 확정해야 합니다. 의료사고로 인해 발생하는 민법상의 손해배상 형태는 적극적 손해, 소극적 손해, 위자료 등으로 나눠집니다. 전체 손해배상액을 계산하는 방식은 다음과 같습니다.

② 전체 손해배상금

{(적극적 손해 + 소극적 손해) X (1 ― 환자의 과실비율)} + 위자료 ③ 치료비 개호비 장례비 등(적극적 손해)

3. 치료비, 개호비 장례비 등(적극적 손해)

① 적극적 손해의 의미

적극적 손해라고 하는 것은 의료사고로 인해 존재하던 이익이 없어지거나 감소되는 것으로서, 치료비의 지급을 위하여 재산이 감소되거나 부담하게 된 채무를 말합니다. 그 예로 치료비 개호비 장례비 등을 들 수 있습니다. 적극적 손해를 계산하는 방식은 다음과 같습니다.

적극적 손해 = 치료비 + 개호비 + 장례비

② 치료비

치료비는 해당 의료인의 과실로 인해 발생하게 된 치료행위 범위에서만 배상청구 가능합니다. 예를 들어 의료사고 이전부터 앓고 있던 질병(기왕증)의 치료를 위한 비용이나 과잉치료를 받은 비용은 법원에서 인정되지 않습니다. 입원 당시 일반 병실이 아닌 특실 입원, 특별 진찰료, 특실 식대 등은 치료행위의 특성상 반드시 특실에 입원하여 진료를 받아야 할 필요성(예를 들어 다른 환자들에 비해 감염의 위험성이 '높다'라는 담당의사의 진단 소견에 따른 특실입원 등)이 인정되지 않는다면 청구할 수 없고, 일반 병실에 있었던 정도의 범위 내로 청구할 수 있습니다.

③ 개호비(介護費)

개호비란 피해자가 중상을 입어 그 치료기간 동안 다른 사람의 간호를 받아야 할 경우 또는 치료를 마친 후에도 고칠 수 없는 후유장애로 다른 사람의 도움을 받아야 할 경우 이에 필요한 비용을 말합니다. 개호비를 산정할 때는 개호를 필요로 하는 기간의 전 일수에 해당하는 노임액을 기준으로 합니다. 다만, 직업적인 간병인이 아닌 가족이 환자를 돌보는 개호의 경우 통상 도시일용노임을 기초로 하되 1일 개호에 투입되는 시간이 4시간 정도라고 보아 0.5인의 개호로 인정한 판례가 있습니다.

법원에서 인정하는 개호비를 식으로 정리하면 다음과 같습니다.

개호비 = 1일 개호비용 X 12개월(365일) X 개호인원 X 여명기간까지 월수에 대한 단리이자(호프만수치)

※ 호프만수치란 이자를 계산함에 있어서 단리로 적용하는 것입니다. 다만, 환자가 과잉배상을 받지 않도록 이자 계산 기간이 414개월을 초과하는 경우(연 단위에 있어서는 36개월을 초과하는 경우) 수치표상의 단리연금현가율이 얼마인지를 불문하고 일정수준(연단위는 단리연금현가율 수치 20으로, 월 단위는 단리연금현가율 수치 240)으로 정하여 적용하도록 하고 있습니다.

④ 장례비

의료사고로 인해 사망이 발생한 경우에 한정하여 장례비의 청구를 인정하고 있습니다. 장례비의 경우 가족의 풍습 등에 따라 지출된 비용이 다를 수 있는데, 법원에서는 통상 2,000,000원~3,000,000원의 범위에서 장례비의 청구를 인정하고 있습니다.

4. 일실이익 일실 퇴직금 등(소극적 손해)

① 소극적 손해의 의미

소극적 손해라고 하는 것은 의료사고가 없었더라면 얻을 수 있었는데, 의료사고가 발생해서 얻을 수 없게 된 이익을 말합니다. 그 예로 직장인이었다면 퇴직까지 받을 수 있었던 월급 등을 들 수 있습니다.

소극적 손해를 계산하는 방식은 다음과 같습니다.

소극적 손해 = [{일실이익 X 노동능력 상실률 X 앞으로 일할 수 있는 월수(가동연령) X 생계비공제(사망의 경우 2/3이고 생존의 경우 1/3)} ― 중간이자]

② 일실이익

일실이익이란 환자가 의료사고로 인해 수입을 얻을 수 없는 경우, 의료사고를 당하지 않았으면 얻었을 이익(예를 들어 월급 등)을 말합니다. 일실이익을 산정하기 위해서는 우선 사고당시의 월 소득을 산정하고, 다음으로 노동능력상실률을 밝히고, 앞으로 일할 수 있었던 기간(가동기간)을 정하여야 합니다.

월 소득은 사고당시의 실제 소득 기준으로 산정할 수 있고, 통계상의 소득(예를 들어 임금실태조사보고서)을 기준으로 산정할 수도 있습니다. 만약 직장이 없어 실제 수입이 없는 무직자, 취업전의 학생, 가정주부, 일용노무자 등에 대해서는 보통 인부의 일용 노임을 그 일실이익으로 인정하고 있습니다.

③ 노동능력상실률

노동능력상실률이란 신체기능의 영구적 장해 또는 훼손 상태를 말하는 것으로, 환자가 부상하여 치료를 받은 결과 신체에 정신적 또는 육체적 훼손상태가 영구적으로 남게 되어 생긴 노동능력의 감소를 말하는 것입니다.

㉮ 하나의 장애가 있는 경우

하나의 장애에 따른 노동능력상실의 정도는 「산업재해보상보험법」,「국가배상법」등의 장해등급표를 사용하고 있습니다. 예를 들어 노동능력을 30퍼센트 상실한 환자의 평균 월 급여가 1,000,000원이라고 한다면 월 손해액은 1,000,000 X 30퍼센트 = 300,000원이 되는 것입니다.

※ 신체장해 등급과 노동능력 상실률

- 제1급 (노동능력 상실률 100퍼센트)
  1. 두 눈이 실명된 자
  2. 씹는 것과 언어의 기능이 전폐된 자
  3. 정신에 현저한 장해가 남아 항상 간호를 요하는 자
  4. 흉복부 장기에 현저한 장해가 남아 항상 개호를 요하는 자
  5. 반신불수가 된 자
  6. 두 팔을 주관절이상에서 상실한 자
  7. 두 팔의 기능이 전폐된 자
  8. 두 다리를 슬관절이상에서 상실한 자
  9. 두 다리의 기능이 전폐된 자

- 제2급 (노동능력 상실률 100퍼센트)
  1. 한 눈이 실명되고 다른 눈의 시력이 0.02이하로 된 자

2. 두 눈의 시력이 0.02이하로 된 자

3. 두 팔을 완관절이상에서 상실한 자

4. 두 다리를 족관절이상에서 상실한 자

- 제3급 (노동능력 상실률 100퍼센트)

1. 한 눈이 실명되고 다른 눈의 시력이 0.06이하로 된 자

2. 씹는 것 또는 언어의 기능이 전폐된 자

3. 정신에 현저한 장해가 남아 종신토록 노무에 종사하지 못
하는 자

4. 흉복부 장기의 기능에 현저한 장해가 남아 종신토록 노무
종사하지 못하는 자

5. 두 손의 수지를 모두 상실한 자

- 제4급 (노동능력 상실률 90퍼센트)

1. 두 눈의 시력이 0.06이하로 된 자

2. 씹는 것과 언어의 기능에 현저한 장해가 남은 자

3. 고막의 전부의 결손이나 그 외의 원인으로 인하여 두 귀
의 청력을 아주 상실한 자

4. 한 팔을 주관절이상에서 상실한자

5. 한 다리를 슬관절이상에서 상실한 자

6. 두 손의 수지가 모두 폐용된 자

7. 두 발을 '리스푸랑' 관절이상에서 상실한 자

- 제5급 (노동능력 상실률 80퍼센트)

1. 한 눈이 실명되고 다른 눈의 시력이 0.1이하로 된 자

2. 한 팔을 완관절이상에서 상실한 자

3. 한 다리를 족관절이상에서 상실한 자

4. 한 팔의 기능이 전폐된 자

5. 한 다리의 기능이 전폐된 자

6. 두발의 족지를 모두 상실한 자

- 제6급 (노동능력 상실률 70퍼센트)
  1. 두 눈의 시력이 0.1이하로 된 자
  2. 씹는 것 또는 언어의 기능에 현저한 장해가 남은 자
  3. 고막의 대부분이 결손이나 그 외의 원인으로 인하여 두 귀의 청력이 이각에 접하지 아니하고서는 큰 말소리를 해득하지 못하는 자
  4. 척추에 현저한 기형이나 현저한 운동장해가 남은 자
  5. 한 팔의 3대 관절중의 2개 관절이 폐용된 자
  6. 한 다리의 3대 관절중의 2개 관절이 폐용된 자
  7. 한 손의 5개의 수지 또는 무지와 시지를 포함하여 4개의 수지를 상실한 자

- 제7급 (노동능력 상실률 60퍼센트)
  1. 한 눈이 실명되고 다른 눈의 시력이 0.6이하로 된 자
  2. 고막의 중등도의 결손이나 그 외의 원인으로 두 귀의 청력이 40센티미터 이상의 거리에서는 보통 말소리를 해득하지 못하는 자
  3. 정신에 장해가 남아 경이(輕易)한 노무 이외에는 종사하지 못하는 자
  4. 신경계통의 기능에 현저한 장해가 남아 경이한 노무 이외에는 종사하지 못하는 자
  5. 흉복부 장기의 기능에 장해가 남아 경이한 노무 이외에는 종사하지 못하는 자
  6. 한 손의 무지와 시지를 상실한 자 또는 무지나 시지를 포함하여 3개 이상의 수지를 상실한 자
  7. 한 손의 5개의 수지 또는 무지와 시지를 포함하여 4개의 수지가 폐용된 자

8. 한 발을 '리스푸랑관절'이상에서 상실한 자

9. 한 팔에 가관절이 남아 현저한 운동장해가 남은 자

10. 한 다리에 가관절이 남아 현저한 운동장해가 남은 자

11. 두 발의 족지가 모두 폐용된 자

12. 외모에 현저한 추상이 남은 자

13. 양쪽의 고환을 상실한 자

- 제8급 (노동능력 상실률 50퍼센트)

1. 한 눈이 실명되거나 한 눈의 시력이 0.02이하로 된 자

2. 척추에 운동장해가 남은 자

3. 한 손의 무지를 포함하여 2개의 수지를 상실한 자

4. 한 손의 무지와 시지가 폐용된 자 또는 한 손의 무지나 시지를 포함하여 3개 이상의 수지가 폐용된 자

5. 한 다리가 5센티미터 이상 단축된 자

6. 한 팔의 3대 관절중의 1개 관절이 폐용된 자

7. 한 다리의 3대 관절중의 1개 관절이 폐용된 자

8. 한 팔에 가관절이 남은 자

9. 한 다리에 가관절이 남은 자

10. 한 발의 5개의 족지를 모두 상실한 자

11. 비장 또는 한쪽의 신장을 상실한 자

12. 전신의 40퍼센트 이상에 추상이 남은 자

- 제9급 (노동능력 상실률 40퍼센트)

1. 두 눈의 시력이 0.6이하로 된 자

2. 한 눈의 시력이 0.06이하로 된 자

3. 두 눈에 반맹증·시야협착 또는 시야변상이 남은 자

4. 두 눈의 안검에 현저한 결손이 남은 자

5. 코가 결손되어 그 기능에 현저한 장해가 남은 자

6. 씹는 것과 언어의 기능에 장해가 남은 자

7. 고막의 전부가 결손이나 그 외의 원인으로 인하여 한 귀의 청력을 아주 상실한 자

8. 한 손의 무지를 상실한 자 또는 시지를 포함하여 2개의 수지를 상실한 자 또는 무지와 시지 외의 3개의 수지를 상실한 자

9. 한 손의 무지를 포함하여 2개의 수지가 폐용된 자

10. 한 발의 제1족지를 포함하여 2개 이상의 족지를 상실한자

11. 한 발의 족지가 모두 폐용된 자

12. 생식기에 현저한 장해가 남은 자

13. 정신에 장해가 남아 종사할 수 있는 노무가 상당한 정도로 제한된 자

14. 신경계통의 기능에 장해가 남아 종사할 수 있는 노무가 상당한 정도로 제한된 자

- 제10급 (노동능력 상실률 30퍼센트)

1. 한눈의 시력이 0.1이하로 된 자

2. 씹는 것 또는 언어의 기능에 장해가 남은 자

3. 14개 이상의 치아에 대하여 치과 보철을 가한 자

4. 고막의 대부분의 결손이나 그 외의 원인으로 인하여 한 귀의 청력이 이각에 접하지 아니하고서는 큰 말소리를 해득하지 못하는 자

5. 한 손의 시지를 상실한 자 또는 무지와 시지 이외의 2개의 수지를 상실한 자

6. 한 손의 무지가 폐용된 자 또는 시지를 포함하여 2개의 수지가 폐용된 자 또는 무지와 시지 외의 3개의 수지가 폐용된 자

7. 한 다리가 3센티미터 이상 단축된 자

8. 한 발의 제1족지 또는 그 외의 4개의 족지를 상실한 자

9. 한 팔에 3대 관절중의 1개 관절의 기능에 현저한 장해가 남은 자
10. 한 다리의 3대 관절중의 1개 관절의 기능에 현저한 장해가 남은 자

- 제11급 (노동능력 상실률 20퍼센트)
  1. 두 눈의 안구에 현저한 조절 기능장해나 또는 현저한 운동장해가 남은 자
  2. 두 눈의 안검에 현저한 운동장해가 남은 자
  3. 한 눈의 안검에 현저한 결손이 남은 자
  4. 고막의 중등도의 결손이나 그 외의 원인으로 인하여 한 귀의 청력이 40센티미터 이상의 거리에서는 보통 말소리를 해득하지 못하는 자
  5. 척추에 기형이 남은 자
  6. 한 손의 중지 또는 약지를 상실한 자
  7. 한 손의 시지가 폐용된 자 또는 무지와 시지 이외에 2개의 수지가 폐용된 자
  8. 한 발의 제1족지를 포함하여 2개 이상의 족지가 폐용된자
  9. 흉복부 장기에 장해가 남은 자

- 제12급 (노동능력 상실률 15퍼센트)
  1. 한 눈의 안구에 현저한 조절기능장해 또는 현저한 운동장해가 남은 자
  2. 한 눈의 안검에 현저한 운동장해가 남은 자
  3. 7개 이상의 차이에 대하여 치과보철을 가한 자
  4. 한 귀의 이각의 대부분이 결손된 자
  5. 쇄골·흉골·늑골·견갑골이나 또는 골반골에 현저한 기형이 남은 자
  6. 한 팔의 3대 관절중의 1개 관절의 기능에 장해가 남은자

7. 한 다리의 3대 관절중의 1개관절의 기능에 장해가 남은자

8. 장관골에 기형이 남은 자

9. 한 손의 중지 또는 약지가 폐용된 자

10. 한 발의 제2족지를 상실한 자 또는 제2족지를 포함하여 2개의 족지를 상실한 자 또는 제3족지 이하의 3개의 족지를 상실한 자

11. 한 발의 제1족지 또는 그 외의 4개의 족지가 폐용된자

12. 국부에 완고한 신경증상이 남은 자

13. 외모에 추상이 남은 자

- 제13급 (노동능력 상실률 10퍼센트)

1. 한 눈의 시력이 0.6이하로 된 자

2. 한 눈에 반맹증 · 시야협착 또는 시야변상이 남은 자

3. 두눈의 안검의 일부에 결손이 남거나 속눈썹에 결손이 남은 자

4. 한 손의 소지를 상실한 자

5. 한 손의 무지의 지골의 일부를 상실한 자

6. 한 손의 시지의 지골의 일부를 상실한 자

7. 한 손의 시지의 말관절을 굴신할 수 없는 자

8. 한 다리가 1센티미터이상 단축된 자

9. 한 발의 제3족지 이하의 1개 또는 2개의 족지를 상실한 자

10. 한 발의 제2족지가 폐용된 자 또는 제2족지를 포함하여 2개의 족지가 폐용된 자 또는 제3족지이하의 3개의 족지가 폐용된 자

- 제14급 (노동능력 상실률 5퍼센트)

1. 한 눈의 안검의 일부에 결손이 남거나 또는 속눈썹에 결손이 남은 자

2. 3개 이상의 치아에 대하여 치과보철을 가한 자

3. 팔의 노출면에 수장대의 추흔이 남은 자

4. 다리의 노출면에 수장대의 추흔이 남은 자

5. 한 손의 소지가 폐용된 자

6. 한 손의 무지와 시지 외의 수지의 지골이 일부를 상실한 자

7. 한손의 무지와 시지 외의 수지의 말관절을 굴신할 수 없는 자

8. 한 발의 제3족지이하의 1개 또는 2개의 족지가 폐용된 자

9. 국부에 신경증상이 남은 자

㉯ 장애 부위가 둘 이상 있는 경우

장애 부위가 둘 이상 있는 경우 복합장애로 노동능력 상실률의 계산이 문제가 됩니다. 보통 상실률이 큰 장애와 작은 장애가 있는데 이 경우 아래와 같이 계산합니다.

* 복합 장애가 있는 경우 총 상실률 = 큰 상실률 + (1 — 큰 상실률) X 작은 상실률

예를 들어 A장애로 60퍼센트 노동능력의 상실과, B장애로 30퍼센트의 노동능력 장애가 있을 때, 총 상실률은 60/100 + (1 — 60/100) X 30/100 = 72/100 으로 72퍼센트가 되는 것입니다.

㉰ 기왕증(환자가 경험했던 질병)이 의료사고에 영향을 끼친 경우

기왕증이 환자가 의료사고 후 겪는 증상의 일부에 기여한 경우에는 기여한 정도(퍼센트) 에 따라 의료인의 손해배상액을 줄여 줍니다.

※ 환자의 기왕증이 의료사고로 인한 손해배상액에 영향을 끼친 사례는 이 사이트 『의료분쟁에 관한 유형별 판례』의 〈진료 및 검사 단계에서 환자가 의료사고 원인의 일부를 제공한 경우〉, 〈치료 및 처치 단계에서 환자가 의료사고 원인의 일부를 제공한 경우〉, 〈간호 및 관리단계에서 환자

가 의료사고 원인의 일부를 제공한 경우〉 부분에서 확인할 수 있습니다.

④ 앞으로 일할 수 있는 기간(가동연한)

㉮ 가동개시연령

가동개시연령은 원칙적으로 성년이 되는 19세부터이고, 남자의 경우 병역복무기간이 제외됩니다.

미성년자의 경우 의료사고 당시 현실로 수입을 얻고 있었고, 그러한 수입을 계속 얻을 수 있으리라는 사정이 인정되는 경우에는 사고 당시부터의 수입 상실을 인정합니다.

㉯ 가동종료연령

정년제도가 있는 공무원이나 회사의 종사자인 경우 그 기간을 가동연령으로 인정합니다. 이 때 ○○세라 함은 ○○세에 도달하는 날을 말합니다.

정년에 관한 규정이 없는 회사의 직원의 경우 동일·유사한 직종의 퇴직 연한으로 인정합니다. 판례에서는 일반 도시 일용 노동자의 경우 만 60세가 될 때까지 일할 수 있는 것으로 보고 있습니다.

⑤ 중간이자공제방식

㉮ 중간이자의 의미

장래에 주어야 할 돈을 현시점으로 앞당겨서 준다면 당겨진 기간만큼의 이자를 감안해야 합니다. 즉 10년 후에 750만원을 받아야 할 것을 현재 받게 된다면 얼마를 받아야 할 것인가의 문제입니다. 이와 같이 돈이 사용되는 시기와 돈을 받는 시기 사이의 기간을 중간기간이라고 하고, 그 기간에 해당하는 이자를 중간이자라고 합니다.

④ 호프만식과 라이프니치식

호프만식 : 중간이자를 단리로 적용하여 계산하는 방식으로 현재 민사소송에서는 호프만식을 따르고 있습니다.

라이프니치식 : 중간이자를 복리로 적용하여 계산하는 방식입니다. 복리계산으로 인해 이자에 이자까지 합쳐서 공제하는 것으로 손해배상금을 갚는 사람이 유리한 방식입니다. 그러나 현재 민사소송에서는 라이프니치식을 따르고 있지 않습니다.

5. 위자료

① 위자료의 의미

위자료는 정신상의 고통을 금전으로 보상하기 위하여 지급되는 비용입니다. 이 때 정신상의 고통은 과거와 현재의 것뿐만 아니라 장래의 고통도 포함시키고 있습니다.

② 위자료 청구권자

위자료의 청구는 일반적으로 환자의 배우자, 직계존속, 직계비속이 청구할 수 있고, 이때는 정신적 고통에 대한 특별한 입증을 요하지 않습니다. 다만, 환자의 형제, 자매, 며느리나 사위 등 친족들이 청구하는 경우에는 그 정신적 고통에 대한 입증을 하여야 합니다.

③ 위자료의 산정

법원의 위자료 산정 기준을 보면 환자가 사망한 경우에 피해자 전체에 대해 50,000,000원을 인정하되, 이에 환자의 노동능력상실율을 곱하고 환자의 과실비율 중 10분의 6을 곱하여 최종 위자료를 산정하고 있습니다. 이렇게 나온 금액에서 신분 관계에 따라 배분하게 됩니다.

위자료 산정기준을 식으로 정리하면 다음과 같습니다.

* 위자료=법원의 위자료기준금액 X 노동능력상실율 X {1 — (환자
  의 과실비율 X 6/10)}

6. 의료사고로 인한 민사(손해배상청구)소송 비용

소송비용은 소송에서 패소한 당사자가 부담하게 됩니다. 의료소송에
드는 비용은 변호사 선임료 이외에 소장 접수시 납부해야 하는 인지
대, 송달료, 신체감정비, 기록감정비 및 사실조회비 등이 있습니다.

6-1. 변호사 선임료

① 변호사의 선임과 변호사 보수(선임료)

민사소송 혹은 형사소송에서는 변호사를 대리인으로 하여 소송을
진행할 수 있습니다. 법률전문가인 변호사를 통해 소송하는 경우
변호사 보수를 지급하게 됩니다.

변호사 보수(선임료)는 정해진 액수가 있는 것이 아닙니다. 다만
변호사는 공공성을 지닌 전문직이므로 그 보수는 과다하여서는 아
니된다(변호사윤리장전 제31조제1항)는 규정에 따라 너무 과다한 경
우 법원에 소송으로 보수(선임료)를 감해줄 것을 요구할 수 있습니
다(대법원 2002.4.12. 선고 2000다50190 판결).

② 변호사 보수(선임료)에 관한 질의응답

Q. 가족이 의료사고로 사망하여 수술한 의사에게 손해배상 청구를 하였어요. 소송을 맡은 변호사가 성공할 수 있다고 장담하여 시작한 소송인데, 결국 의료사고와 환자의 사망 간에 인과관계가 인정되지 않아 패소하였습니다. 이렇게 패소한 경우에도 변호사 선임료를 주어야 하는 것인가요?

A. 변호사 보수는 위임 받은 법률사건을 처리하는 대가로 주는 것입니다. 따라서 소송의 성공여부에 상관없이 위임된 사무 즉, 소송이 끝나면 변호사의 보수를 지급해야 합니다.

Q. 의료사고를 맡은 변호사가 승소하여 성공보수를 요구하고 있어요. 성공보수 자체가 불법인 것은 아닌가요?

A. 변호사와 의뢰인 사이의 성공보수에 관한 약정은 사적자치의 원칙에 따라 자유롭게 할 수 있습니다. 다만, 성공보수가 선량한 풍속 또는 사회질서에 위반하거나(「민법」 제103조) 의뢰인의 궁박, 경솔함으로 인해 현저하게 공정을 잃은 상태에서 계약된 경우(「민법」 제104조)에는 인정되지 않습니다. 다만, 승소하면 성공보수를 지급하겠다는 약속에 따른 범위에서 요구할 수 있는 것이지 약속하지 않은 상태에서 소송이 끝난 뒤 추가보수를 요구하는 것은 허용되지 않습니다(「변호사윤리규칙」 제33조).

Q. 변호사 보수는 선불인가요? 후불인가요?

A. 변호사의 보수는 착수금과 성공보수로 이루어져 있습니다. 착수금을 비롯한 보수의 지급은 당사자가 특약으로 자유롭게 정할 수 있습니다. 다만, 변호사 보수를 언제 지급할지에 대한 특별한 약속을 정하지 않았다면 후급입니다. 이런 경우, 변호사는 위임사무를 완료한 후(즉, 소송이 끝난 뒤) 보수를 청구할 수 있습니다(민법 제686조제2항).

6-2. 인지대

인지대는 소송목적의 값에 비례하여 납부하게 됩니다. 소송목적의 값이란 의료사고로 인한 손해배상금으로 청구한 금액을 말합니다.

소장(반소장 및 대법원 제출 소장 제외)에는 소가에 따라 다음 금액의 인지를 붙여야 합니다[민사소송 등 인지법 제2조제1항].

① 1심 소가에 따른 인지액

소가 1천만원 미만 = 소가 × 50/10,000

소가 1천만원 이상 1억원 미만 = 소가×45/10,000 + 5,000

소가 1억원 이상 10억원 미만 = 소가×40/10,000 + 55,000

소가 10억원 이상 = 소가× 35/10,000 + 555,000

※ 인지액이 1천원 미만이면 그 인지액은 1천원으로 하고, 1천원 이상이면 100원 미만은 계산하지 않습니다(민사소송 등 인지법 제2조제2항).

※ 소송의 진행 과정에서 환자의 신체감정 후 청구 취지변경에서 소가가 증가될 경우에는 증가된 만큼을 기준으로 인지대를 추가 납부하여야 합니다.

② 1심의 소송 결과에 만족하지 않아 2심(항소)을 신청하는 경우에는 위 규정액의 1.5배, 3심(상고)를 신청하는 경우의 인지액은위 규정액의 2배입니다.

6-3. 송달료

송달료는 법원에서 각 당사자에게 서류를 보내는 우편요금입니다.

의료소송은 민사 합의사건으로 당사자수, 우편 발송 회수 15회, 우편료 3,700원을 곱한 값으로 책정됩니다. 예를 들면 환자 1인(원고)이 의료인 2인(피고)에 대해 소송을 제기한 경우 166,500원(3,700 X 15

X 3)을 납부하게 되는 것입니다.

> ※ 송달료 계산방식 [「송달료규칙의 시행에 따른 업무처리요령」
> (대법원 재판예규 제1555호, 2015.12.8. 발령, 2016.3.1. 시행
> 시행) 별표 1]
>
> 민사 제1심 소액사건 = 당사자수 × 3,700원 × 10회분
>
> 민사 제1심 단독사건 = 당사자수 × 3,700원 × 15회분
>
> 민사 제1심 합의사건 = 당사자수 × 3,700원 × 15회분
>
> 민사 항소사건 = 당사자수 × 3,700원 × 12회분
>
> 민사 상고사건 = 당사자수 × 3,700원 × 8회분
>
> 민사 (재)항고사건 = 당사자수 × 3,700원 × 5회분
>
> 민사 조정사건 = 당사자수 × 3,700원 × 5회분
>
> 부동산 등 경매사건=(신청서상의 이해관계인 수+3) ×10회분

6-4. 증인여비

증인여비는 소송 중 증언을 위해 출석하는 증인의 교통비 등을 위해 지급하는 비용으로 신청하는 증인 1인당 37,000원을 납부해야 합니다.

6-5. 신체감정비

신체감정은 상해로 후유장애를 입은 경우 손해액을 입증하기 위하여 필요한 절차입니다. 법원에서는 감정할 병원을 지정하여 의료사고를 입은 환자가 방문 및 감정을 받도록 조치하고 있습니다.

신체감정비용은 과목당 200,000원이고 미리 법원에 납부해야 합니다. 예를 들어 내과 및 재활의학과 감정을 받는 경우, 두 과목에 해당하는 비용인 400,000원을 법원에 미리 납부하게 됩니다.

신체감정 이후 좀 더 면밀한 검사를 위해 해당 병원의 감정의가 추가 검사를 요구할 수 있습니다. 이 경우 추가검사에 따른 검사비용이 청구됩니다.

6-6. 기록감정비 및 사실조회비

의료소송에서 의료인의 과실을 입증하기 위하여 가장 중요한 것이 기록감정 및 사실조회로 이는 의료소송에서 필수적인 절차입니다. 기록감정은 법원에서 감정처를 지정하여 서류를 발송하여 이루어지게 됩니다. 2010년 평균적인 기록 감정 비용은 과목당 500,000원 정도 (대한의사협회를 경유하는 경우 1,000,000원 정도), 사실조회 비용은 300,000원 정도로 이 비용은 감정기관에 따라 다를 수 있습니다.

7. 승소 또는 패소에 따른 소송비용 부담

① 승소 시 소송비용

승소 시 소송비용은 패소한 당사자가 부담하게 됩니다.

'원고승소'가 아닌 '원고일부승소'일 경우, 원고(환자) 및 피고 (의료인)가 부담해야 할 소송비용은 승소 비율에 따라 판결문에서 결정해줍니다.

② 패소 시 소송비용

소송비용은 패소한 당사자가 부담하도록 하는 원칙에 따라 소송 일체의 비용을 부담하게 됩니다.

8. 형사 고소 및 고발을 통한 처벌요구

8-1. 의료사고로 인한 형사 고소 및 고발

의료인의 위법행위로 환자가 상해 또는 사망에 이른 경우 의료인을 수사기관에 신고함으로써 국가의 처벌을 요구할 수 있습니다. 환자가 의료인의 과실로 상해나 사망에 이른 경우 업무상과실치사상죄로 고소(또는 고발)할 수 있고, 의료인의 허위진단서 작성, 위조사문서등의 행사, 낙태, 업무상비밀누설, 사기 등의 위법행위가 있을 경우 해당 죄목으로 고소(또는 고발)할 수 있습니다.

8-2. 고소 및 고발의 원인이 되는 의료행위

① 환자가 사망하거나 상해를 입은 경우

　　의료인이 잘못하여 발생한 의료사고로 환자가 사망하거나 상해를 입은 경우 고소 또는 고발을 통해 업무상과실치사상죄(형법 제268조)에 해당 여부를 따지게 됩니다.

　　업무상과실치사상죄가 인정되기 위해서는 국가가 의료인을 처벌할 만큼 의료인의 잘못이 명백해야만 유죄로 인정하고 있습니다.

② 기타 의료인의 위법행위가 있는 경우

　　환자의 사망 또는 상해가 아닌 의료인의 위법행위가 있는 경우로는 허위진단서등의 작성(형법 제233조), 위조사문서등의 행사(형법 제234조), 낙태(형법 제270조), 업무상비밀누설(형법 제317조제1항), 사기(형법 제347조) 등이 문제가 될 수 있습니다.

　　㉮ 허위진단서등의 작성

　　　　의사 · 한의사 · 치과의사 · 조산사가 진단서, 검안서, 생사에 관한 증명서를 허위로 작성한 경우

　　㉯ 위조사문서등의 행사

허위로 만들어진 문서, 도화, 전자기록 등 특수매체 기록 등을
행사한 경우

㉣ 의사 등의 낙태·부동의 낙태

의사·한의사·조산사가 부녀의 부탁이나 승낙을 받아 낙태하
게 한 경우 및 부녀의 부탁이나 승낙 없이 낙태한 경우(형법
제270조)

㉤ 업무상비밀누설

의사·한의사·치과의사·약제사·조산사 또는 그 보조자가 의
료행위 중 알게 된 환자의 비밀을 누설한 경우

㉥ 사기

허위로 진료비를 청구하여 환자나 진료비를 지급하는 기관이나
단체를 속인 경우

※ 의료법 제8조제4호에서는 의료인을 고소·고발할 수 있는
죄명을 위의 몇 가지로 한정하고 있습니다. 그 이유는 의료
행위가 기본적으로 사람의 신체를 다루는 것으로 어느 정
도의 침해를 가져오는 특성이 있기 때문입니다. 따라서 고
소·고발 당할 수 있는 죄명을 한정하여 의료인이 재량의
범위에서 적극적인 치료행위를 할 수 있도록 배려하고 있
습니다.

9. 의료소송(형사) 절차 및 준비사항

피해를 당한 당사자(환자)나 고소권이 있는 피해자 가족들이 직접 처
벌을 요구(고소)하거나, 고소권이 없는 제3자가 의료인의 처벌을 요구
(고발)하는 경우에 수사기관의 수사가 이루어집니다. 수사 결과에 따
라 검사의 기소여부가 결정되고, 기소하는 경우 형사재판 절차가 진행

됩니다.

고소 및 고발을 하는 방식은 제한이 없고, 직접 수사기관에 출석하여 구두로 고소하거나 고소장을 작성하여 제출할 수 있습니다(형사소송법 제237조).

① 고소

고소는 의료사고로 피해를 입은 환자나 그 보호자 등 고소권을 가진 사람이 수사기관에 의료인을 처벌해 달라고 요구하는 것입니다 (형사소송법 제223조).

② 고발

고발이란 의료사고 피해자나 그 가족이 아닌 제3자가 수사기관에 의료인을 처벌해 달라고 요구하는 것입니다(형사소송법제234조).

③ 고소장 기재사항

고소장에는 고소인과 피고소인의 이름, 주소, 연락처 등의 인적사항과 피해를 입은 내용, 처벌을 원한다는 뜻만 들어 있으면 반드시 무슨 죄에 해당하는지 밝힐 필요는 없습니다. 다만, 피해사실 등의 내용이 무엇인지 알 수 있을 정도로 가능한 명확하고 특정되어야 합니다.

고 소 장

고 소 인   ㊞
주 소   전화
주민등록번호

피고소인   ㊞
주 소   전화
주민등록번호

고 소 취 지

피고소인은 고소인을 기망하여 금   원을 편취한 사실이 있습니다.

고 소 사 실

　피고소인은　　동　　번지 소재　　　의 대표이사로서　　　년
월　　일 위회사 소유인　　　동 소재의 공장건물　　　평을 소외
에게 임대하는 임대차계약을 체결하고, 동 건물을 소외　　　에게 또
임대차계약을 체결, 동 공장건물은 타인에게 다시 임대할 수 없음을 잘
알면서 위와 같은 사정을 잘 모르는 고소인을 기망하여 재물을 편취할
것을 마음먹고, 고소인과 귀 공장건물에 대한 임대차계약을 체결하고
같은 날 계약금으로 금　　　만원을 교부받아 이를 편취한 사실이 있
습니다.
　이와 같은 사실을 들어 고소하오니 조사하여 엄벌하여 주시기 바랍
니다.

소 명 방 법
1. 계약서	
1. 영수증	

년　　　월　　　일
위 고소인   ㊞

경찰서장　　　귀하

④ 고소 · 고발에 관한 질의응답

Q. 의료사고로 우리 아들이 죽었어요. 민사소송으로 손해배상을 받을 수도 있지만, 저는 의료인이 처벌받았으면 좋겠어요. 어디에 위치한 경찰서에 고소해야 하나요?

A. 고소장은 고소를 당하는 피고소인(의료인 또는 병원)의 주소지를 관할하는 수사기관에 제출하는 것이 원칙입니다.

Q. 의료사고를 일으킨 의료인을 고소하였어요. 이제 제가 준비할 것은 무엇이죠?

A. 수사는 고소 혹은 고발을 받은 경찰서에서 담당합니다. 의료인에 대한 수사를 한 뒤 공소제기 여부를 결정하게 되는데, 의료인의 범죄 혐의가 인정되어야만 형사소송이 제기되기 때문에 환자 또는 그 보호자는 가지고 있는 증거(예를 들어, 진료기록부 사본 등)를 수사기관에 충분히 제공해야 합니다.

10. 수사단계 및 공소제기 단계

10-1. 경찰의 수사단계

경찰관은 고소 및 고발 받은 사건에 대하여 여러 정황 및 증거자료 등을 수사합니다(형사소송법 제196조 및 제199조) 그리고 수사한 모든 형사사건에 대하여 그 기록과 증거물을 검찰청에 보냅니다(형사소송법 제238조). 이를 '송치'라고 합니다.

10-2. 검사의 기소(공소제기) 단계

검사는 경찰로부터 송치 받은 사건에 대하여 피의자(피고소인, 의료인)가 재판을 받아야 하는지를 판단합니다. 재판을 받음이 마땅하다고 판단되는 경우에만 이를 법원에 회부하게 됩니다(형사소송법 제246조). 이를 '기소한다' 또는 '공소제기'라고 합니다.

검사는 사건을 검토하면서 피의자(피고소인, 의료인)의 범죄가 무겁고, 도망 또는 증거인멸의 염려가 있는 경우에 피의자를 구속하게 됩니다(형사소송법 제201조).

※ 만약 피의자가 체포 또는 구속되었더라도 적부심사절차에 따라 다시 법원으로부터 그 적법여부를 심사받을 수 있습니다(형사소송법 제214조의2조). 이 절차에서 피의자의 체포 또는 구속이 부당하다고 하여 법원이 석방을 명하면 피의자는 즉시 석방됩니다. 다만 석방되었다고 해서 검사의 공소제기가 취소되는 것은 아닙니다.

10-3. 기소(공소제기) 이후의 재판 단계

검사가 기소한 사건에 대하여 법원은 공판을 열어 재판을 하게 됩니다. 이 재판과정에서 피고인은 자기의 억울함이나 정당함을 주장할 수 있고, 변호인의 도움을 받을 수 있습니다.

재판장은 사건에 대하여 유죄로 인정할 증거가 없으면 피고인에게 무죄 판결을 내리고, 인정할 근거가 있으면 유죄 판결을 내립니다(형사소송법 제325조). 재판장이 유죄 판결을 내렸더라도 피고인에게 형의 집행을 받지 않으면서 스스로 사회에 복귀할 필요성이 인정될 경우 집행유예 선고를 할 수 있습니다(형사소송법 제321조). 이는 피고인이 3년 이하의 징역 또는 금고의 형을 선고 받았으나 그 정상에 참작할 사유가 있는 경우에 한정됩니다.

우리나라에서는 공정한 재판을 위해 3심 제도를 운영하고 있습니다. 따라서 재판결과에 불만이 있는 피고인은 상급법원에 상소할 수 있습니다(형사소송법 제338조). 1심 법원의 재판결과에 불복하여 다시 소를 재기하는 것을 항소, 2심법원의 재판결과에 불복하는 것을 상고라고 합니다.

■ 편 저 이창범 ■

□ 경희대 법정대학 법률학과 졸업
□ 서울지방경찰청 근무
□ 광주지방검찰청 사건과 근무

□ 저서 : 수사서류작성 실례집
□ 저서 : 진정서·탄원서·내용증명·고
　　　　소장 사례실무
□ 저서 : 수사해법과 형벌사례 연구
□ 저서 : 바뀐형벌법

■ 감 수 김태균 ■

□ 1989. 용산고등학교 졸
□ 1993. 고려대학교 철학과 졸
□ 1997. 고려대학교 법학과 졸
□ 제43회 사법시험(제33기 사법연수원 수료)
　　현 법무법인 겨레 대표변호사
□ 인천지방법원 개인파산관재인(2013~2016)
□ 인천지방법원 법인파산관재인
□ 인천시 소방심사위원회(2016~2018)
□ 인천시 치과의사회 고문변호사(2017~2019)

손해배상청구 방법
(산업재해·교통사고·의료사고)

2쇄 인쇄 2023년 08월 05일
2쇄 발행 2023년 08월 10일

편　저 이창범
감　수 김태균
발행인 김현호
발행처 법문북스
공급처 법률미디어

주소　서울 구로구 경인로 54길4(구로동 636-62)
전화　02)2636-2911~2, 팩스 02)2636-3012
홈페이지 www.lawb.co.kr
등록일자 1979년 8월 27일
등록번호 제5-22호

ISBN 978-89-7535-928-6 [93360]
정 가 90,000 원